工部美術学校の研究

——イタリア王国の美術外交と日本——

河上 眞理

中央公論美術出版

Kōbu Bijutsu Gakkō:
la prima scuola statale di Belle Arti di Tokio (1876-1883) e la politica estera del Regno d'Italia

by

Mari KAWAKAMI-SHIMIZU

Copyright© Mari KAWAKAMI-SHIMIZU 2011

Published 2011 in Japan by Chuokoron Bijutsu Shuppan Co., Ltd.
ISBN978-4-8055-0637-0

目　次

序 ……………………………………………………………………… 3
 1. 既往の研究 ………………………………………………………… 4
 2. 研究の方法 ………………………………………………………… 6
 3. 本書の構成 ………………………………………………………… 7

第Ⅰ部　工部美術学校創設前史

第1章　日本における西洋美術受容略史 ……………………… 12

第2章　日伊交流の黎明 ……………………………………… 16
 1. 両国間の国交樹立 ………………………………………………… 16
 2. 岩倉使節団が見たイタリア王国とウィーン万国博覧会 ……… 17
  a. イタリア王国視察 ……………………………………………… 17
  b. ウィーン万国博覧会視察 ……………………………………… 18

第3章　「美術」とイタリア王国 ……………………………… 21
 はじめに …………………………………………………………… 21
 1. 「美術」という言葉をめぐって ………………………………… 21
  a. 「美術」という言葉の創成 …………………………………… 21
  b. 岩倉使節団が理解した「美術」の姿 ………………………… 23
 2. 「美術」におけるイタリア人抜擢 ……………………………… 24
 まとめ ……………………………………………………………… 25

第4章　「美術学校」創設へ向けて ……………………………… 28
 はじめに …………………………………………………………… 28
 1. 美術学校設立の目的に関する既往の説 ………………………… 28
 2. 美術学校設立の契機と政策意図 ………………………………… 29
 3. 「美術学校」創設のための2案 ………………………………… 30
  a. ゴットフリート・ヴァグナーによる「画学校」案 ………… 30
  b. あるロシア人新聞記者の案 …………………………………… 33
 4. イタリア人教師招聘決定の背景 ………………………………… 34

第Ⅱ部　工部美術学校の創設から終焉へ

第1章　工部美術学校創設に関する文書とその翻訳 …………… 40
　はじめに ……………………………………………………………… 40
　1. 「工学寮、外国教師三名御雇入伺」………………………………… 40
　2. 「覚書」原本とその翻訳 …………………………………………… 42
　　　a. 開講される教育施設と講座名 ………………………………… 43
　　　b. 教師に望むことと教科内容について ………………………… 43
　　　c. 指令系統について ……………………………………………… 46
　　　d. 必須言語について ……………………………………………… 46
　　　e. 契約期間について ……………………………………………… 47
　　　f. 給料の額について ……………………………………………… 47
　　　g. 最初の給料の支払いについて ………………………………… 48
　　　h. 職務への専任 …………………………………………………… 48
　　　i. 往復の旅費について …………………………………………… 48
　　　j. 住居と医療費について ………………………………………… 49
　3. フェーによる「在東京イタリアの美術学校における
　　　教師雇い入れに関するメモ」と学校像 …………………………… 49
　まとめ ………………………………………………………………… 51

第2章　イタリア王国における教師候補者選抜の経緯 …………… 53
　はじめに ……………………………………………………………… 53
　1. 教師候補者の選抜事務の主導権 …………………………………… 54
　　　a. イタリア外務省から公共教育省への通達 …………………… 54
　　　b. 公共教育省における「覚書」の解釈をめぐる問題 ………… 55
　　　c. 外務省と公共教育省の思惑
　　　　　――教師候補者選抜を主導するのは日本か、イタリアか …… 56
　　　d. 教師候補者の選抜事務主導権が意味するもの ……………… 57
　2. イタリア公共教育省から王立美術学校6校への照会 …………… 58
　　　a. フィレンツェ王立美術専門学校 ……………………………… 60
　　　b. ローマ王立美術専門学校 ……………………………………… 61
　　　c. トリーノ・アルベルティーナ王立美術学院 ………………… 66
　　　d. ミラーノ王立美術学院 ………………………………………… 66
　　　e. ヴェネツィア王立美術学院 …………………………………… 67
　　　f. ナポリ王立美術専門学校 ……………………………………… 69
　3. イタリア公共教育省による候補者のとりまとめ ………………… 77

第3章　〈画学〉教師決定をめぐる問題 …………………………… 83
はじめに ……………………………………………………………… 83
1．風景画と人物画をめぐる問題 …………………………………… 83
- a．第1の推薦者案 ……………………………………………… 83
- b．第2の推薦者案と絵画教育2講座分割案 ………………… 84
- c．フォンタネージかトーファノか …………………………… 85

2．フォンタネージの応募の背景 …………………………………… 86
- a．フォンタネージの後援者 …………………………………… 86
- b．フォンタネージとリカーソリ ……………………………… 87
- c．フォンタネージの資質と採用条件の合致 ………………… 90

まとめ ………………………………………………………………… 91

第4章　〈家屋装飾術〉をめぐる諸問題 …………………………… 93
はじめに ……………………………………………………………… 93
1．〈家屋装飾術〉とは何か ………………………………………… 93
- a．『公文録工部省』における〈家屋装飾術〉 ……………… 93
- b．イタリア公共教育省による〈家屋装飾術〉の解釈 ……… 95
- c．日伊双方における〈家屋装飾術〉設置の意味 …………… 97

2．イタリアにおける教師選抜から見た〈家屋装飾術〉をめぐる問題 …… 97
- a．オスカッレ・カポッチの選抜と辞退 ……………………… 98
- b．カッペッレッティの選抜と渡日 …………………………… 101

3．〈家屋装飾術〉設置の意味——工部美術学校と工学寮 ……… 102
- a．工学寮における「造家術」 ………………………………… 102
- b．工学寮と工部美術学校における「建築」分野の重複 …… 103
- c．建築教師をめぐる英伊間の綱引き ………………………… 105
- d．〈家屋装飾術〉の消滅 ……………………………………… 106

まとめ ………………………………………………………………… 109

第5章　3名のイタリア人教師の雇用契約 ………………………… 113
1．契約の締結 ………………………………………………………… 113
2．雇用契約書草案とその翻訳 ……………………………………… 114
3．教師の出発と雇用契約の開始 …………………………………… 122

第6章　〈画学〉教師の交替 ………………………………………… 124
はじめに ……………………………………………………………… 124
1．アントニオ・フォンタネージからプロスペロ・フェッレッティへ …… 124
- a．フォンタネージが抱える諸問題 …………………………… 125

   b．フェッレッティの雇用経緯 ………………………………… *129*
 2．プロスペロ・フェッレッティからアキッレ・サンジョヴァンニへ …… *131*
   a．フェッレッティの後任選抜 ………………………………… *132*
   b．1879（明治12）年の後任〈画学〉教師の選抜過程 ……………… *133*
 まとめ ……………………………………………………………… *144*

第7章　工部美術学校の終焉とイタリア王国の対応 ……………… *148*
 はじめに …………………………………………………………… *148*
 1．工部美術学校廃校の理由 ……………………………………… *148*
   a．既往研究における工部美術学校終焉の要因 ……………… *148*
   b．工部美術学校の社会的還元への疑義 ……………………… *150*
 2．イタリア王国における工部美術学校終焉に対する意識 …… *153*
   a．ジェノヴァ公の工部美術学校視察報告とイタリア王国政府の対応 ……… *153*
   b．イタリア王国への工部美術学校廃校通達とその反応 …… *158*
   c．相互叙勲のイタリア王国における意味 …………………… *162*
 まとめ ……………………………………………………………… *167*

第Ⅲ部　工部美術学校教師列伝

第1章　ジョヴァンニ・ヴィンチェンツォ・カッペッレッティ ………… *172*
 はじめに …………………………………………………………… *172*
 1．出生 ……………………………………………………………… *173*
 2．ミラーノ王立美術学院での修学 ……………………………… *174*
 3．来日以前の活動 ………………………………………………… *176*
   a．ヴィッタディーニ財団主催の建築設計競技 ……………… *176*
   b．カノニカ財団主催の建築設計競技と
    1872年第2回全イタリア美術展覧会 ……………………… *178*
   c．オッジョーニ助成金への応募 ……………………………… *185*
 4．建築家としての日本での活動 ………………………………… *186*
   a．大蔵卿大隈重信宛文書記載の柱頭の素描 ………………… *187*
   b．太政大臣官舎の室内装飾と附属の庭園の設計 …………… *188*
   c．雇用先の変更 ………………………………………………… *188*
   d．《遊就館》 …………………………………………………… *189*
   e．《参謀本部》 ………………………………………………… *192*
 5．日本での教育活動 ……………………………………………… *195*
   a．〈予科〉との関わり ………………………………………… *195*
   b．建築関係の教材 ……………………………………………… *196*

		c. 教育の成果	201
	6.	サンフランシスコでの建築活動	201
		a. サンフランシスコ滞在に関する既往研究	201
		b. サンフランシスコ在住記録	202
		c. サンフランシスコでの設計	204

第2章　ヴィンチェンツォ・ラグーザ　215

はじめに　215
1. 出生　215
2. パレルモでの修業　216
   a. 彫刻家への道程　216
   b. 国内美術研究生派遣競技　217
3. ミラーノ時代　220
4. 来日経緯　222
5. 日本での活動　225
6. 石膏像教材　225
7. 帰国後の活動　232
   a. ガリバルディ騎馬像の制作　232
   b. 工芸学校の設立　233
   c. パレルモ王立美術専門学校「人物造形美術の講座」　234
   d. 日本政府の公的学校への就職嘆願　234

第3章　アントーニオ・フォンタネージ　239

はじめに　239
1. フォンタネージに関する既往研究　239
   a. 主要な既往研究　239
   b. 残された問題点　240
2. フォンタネージ、フェッレッティ間の民事裁判　241
   a. 民事裁判の内容及び、在日本イタリア公使館から日本政府への依頼事項　241
   b. 日本政府の対応とその後　243

第4章　プロスペロ・フェッレッティ　247

はじめに　247
1. 出生　247
2. レッジョ・エミーリアでの修業　248
3. カルカッタ時代　249

  4．日本滞在 ··· 250
    a．雇用について ··· 250
    b．生徒の連袂退学とその波紋 ·· 251
  5．帰国後の活動 ·· 253
  6．作品 ··· 255
  おわりに ·· 258

 第5章　アキッレ・サンジョヴァンニ ·· 263
  はじめに ·· 263
  1．出生 ··· 263
  2．ナポリでの修業とその後 ·· 265
    a．徴兵免除願い ··· 266
    b．助成金申請 ·· 267
    c．イタリア王室コレクションへ ·· 268
    d．サンクトペテルブルクへ ·· 269
  3．1875年の工部美術学校の教師への応募 ··· 270
  4．1875年の〈画学〉教師落選後の制作とその周辺 ································ 272
    a．再びイタリア王室コレクションへ ··· 273
    b．「ナポリ全イタリア美術展覧会」出品 ·· 273
    c．《国王ヴィットーリオ・エマヌエーレ2世》像2点の制作 ············· 274
    d．日本からの制作委嘱──《明治天皇肖像》、《昭憲皇太后肖像》及び、
      宮内庁三の丸尚蔵館蔵《締盟國元首肖像》2点の制作 ················· 274
  5．1879年の後任〈画学〉教師の選抜とサンジョヴァンニの来日 ············· 277
  6．日本滞在中の活動 ··· 278
    a．教育 ··· 278
    b．制作 ··· 279
    c．京都旅行 ··· 280
  7．帰国後の活動 ·· 280
  おわりに ·· 281

第Ⅳ部　イタリア王国の美術外交と工部美術学校

 第1章　イタリア王国の美術と政治家 ··· 286
  はじめに ·· 286
  1．イタリア王国にとっての工部美術学校 ·· 287
    a．フェーの建言 ··· 287
    b．フェーと美術 ··· 289

    2. イタリア王国建国と美術 ……………………………………… 290
        a. ダゼーリオと美術 ……………………………………… 290
        b. リカーソリと美術 ……………………………………… 291
    3. ヴィスコンティ・ヴェノスタと美術 ………………………… 293
        a. 政治家としての略歴 ………………………………… 293
        b. グロージオのヴィッラと収蔵品 …………………… 295
        c. ミラーノ王立美術学院の学長 ……………………… 297
    まとめ ………………………………………………………………… 299

第2章　サンフランシスコ美術学校とイタリア王国 ……………… 302
    はじめに ……………………………………………………………… 302
    1. サンフランシスコ美術学校からの依頼 ……………………… 302
    2. サンフランシスコ美術協会所蔵の石膏像 …………………… 305
    3. イタリア王国に期待された美術教材 ………………………… 307
        a. 教材としてのイタリア美術作品 …………………… 307
        b. イタリア王国政府及びイタリアの王立美術学院の対応 … 310
        c. イタリア王国にとっての美術学校への援助の意味 … 311
    まとめ ………………………………………………………………… 312

第3章　結論——国際的文脈における工部美術学校 ……………… 315
    はじめに ……………………………………………………………… 315
    1. 日本とサンフランシスコにおける
        美術学校問題の同時性と、フランスへの対抗心 …………… 315
    2. 工部美術学校創設にかけたイタリア王国の意図 …………… 316
    3. イギリスの工部大学校とイタリアの工部美術学校 ………… 317
    4. 美術外交の政策的背景 ………………………………………… 318

    引用・参考史料一覧 ……………………………………………… 321
    図版出典一覧 ……………………………………………………… 327

史　料 ……………………………………………………………………… 329

    あとがき …………………………………………………………… 631
    索　引 ……………………………………………………………… 641

工部美術学校の研究
――イタリア王国の美術外交と日本――

本書は、独立行政法人日本学術振興会平成22年度科学研究費補助金（研究成果公開促進費）の交付を受けた出版である。

序

　日本初の官立西洋美術教育機関は、画家、彫刻家、建築家の3人のイタリア人教師を招いて1876（明治9）年から1883（明治16）年の間に開設された工部美術学校である。日本近代美術史上において周知のことだが、ここにはいくつもの不可思議な点がある。なぜ、美術学校が殖産興業政策を担う工部省に置かれたのか。なぜ、それが西洋美術の教育機関という形をとったのか。なぜ、イタリア人が教師となったのか。

　ここには、「美術」概念をめぐる認識の生成プロセスが影を落としている。また、国内における政策上の思惑が錯綜している。当時の日本をめぐる国際的な政治状況の影響もあるだろう。工部美術学校をめぐるこれまでの研究は、こうした枠組みにおいて十分に考察されてきたとはいえまい。

　工部美術学校については、昭和初年以来の本格的な研究の長い歴史がある。そこでは、日本国内において調べうる限りの史料が博捜され、学校の組織、教育内容、教師及び生徒の経歴と作品など、多くの事実が明らかにされ、その歴史的意義も考察されてきた。しかしながら、素朴ともいえる上述の根本的な問題は、いくつかの仮説が提示されるのみで、説得的な根拠をもった答えが提示されているとはいいがたい。その理由は、ひとえに、この学校が日本国内の文脈のみにおいて考察されてきたためにほかならない。

　本書は、イタリアに残された工部美術学校に関する史料群の発掘を通して、工部美術学校をイタリア王国並びに同時代の国際的文脈の中に置き直して再解釈し、その外交史、美術史、教育史的意義を明らかにするものである。

1. 既往の研究

　工部美術学校に関する本格的な研究は、帝国美術院附属の美術研究所嘱託だった隈元謙次郎によって開始された。最初の研究論文は「明治初期来朝せる伊太利亜美術家と其の功績」であり、伊太利亜中亜極東協会の1938（昭和13）年「第一回レオナルド・ダ・ヴィンチ賞」を受賞した。この論文では工部美術学校の教師だったアントーニオ・フォンタネージ、ヴィンチェンツォ・ラグーザ、ジョヴァンニ・ヴィンチェンツォ・カッペッレッティ、アキッレ・サンジョヴァンニ、大蔵省印刷局から招聘されたエドアルド・キヨッソーネの、合計5名のイタリア人美術家の日本での事績を明らかにすることに主眼が置かれている。これに先だって、隈元は1937（昭和12）年8月、受賞対象論文の一部である「ラグーザに就いて」を『美術研究』（68号）に発表していたが、受賞後にその他の受賞対象論文を5回に分けて同誌に発表した。すなわち、「エドアルト・キヨソーネに就て（一）」（1939年7月、91号）、「エドアルト・キヨソーネに就て（二）」（1939年8月、92号）、「アントニオ・フォンタネージに就て」（1939年10月、94号）、「カッペレツテイおよびサン・ヂヨヴアンニに就て」（1939年12月、96号）である。

　さらに、『美術研究』誌に発表したこれらの論文に附録を付し、『明治初期来朝伊太利亜美術家の研究』（三省堂、1940年）にまとめた。同書が刊行された1940（昭和15）年は日独伊三国同盟が締結された年である。序文に「曩に日伊文化協定の成立を見、両国間の文化提携益々緊密ならんとする時、此の小著を刊行し得ることは、余の衷心栄誉とするところであって、これがまた吾学会に若干の寄与をなし得るならば、幸これに過ぐるものはない」（7頁）と記しているように、これらの研究は日伊関係が急激な深まりを見せる時期に上梓されたのである。その後、これらの論文は『近代日本美術の研究』（大蔵省印刷局、1964年）に再録され、また1976年には『お雇い外国人』シリーズ第16巻『美術』に簡略化されて掲載された。1978（昭和53）年には『明治初期伊太利亜美術家の研究』改定版が刊行された。一連の隈元の論文は、工部美術学校という教育機関そのものについて、またそこで教育をおこなった美術家の事績を考察する上で、基礎的研究成果としてその後も確固たる位置を占めてきた。

　一方、教育機関としての工部美術学校に関する研究は、隈元の研究を基礎として、多くの研究成果が続いた。とりわけ、工部美術学校創立百周年を過ぎた1977（昭和52）年、東京都近代美術館において『フォンタネージ、ラグーザと明治前期の美術』展が開催され、工部美術学校の教師と生徒作品が多数集められ、図録も発行された（東京国立近代美術館、1977年）。翌年には、青木茂編纂の『フォンタネージと工部美術学校』（至文堂、1978年）

が発行され、生徒であった小山正太郎が持っていた「工部美術学校画学生徒改級表」に依拠したフォンタネージの絵画教育の実態、及び国立公文書館蔵『大政紀要』一、第一巻「自明治九年至同十五年　工部省　美術」（以下、本書では「工部省　美術」と表記する）に記載された「美術画学生徒進歩表」に基づくサンジョヴァンニの絵画教育の実態などが明らかにされた。

　1985（昭和60）年には、東京藝術大学藝術資料館において『工部美術学校生徒習画作品展』が開催され、多くの生徒の作品が公開され、生徒の力量、翻ってイタリア人教師が何を教えていたのかが一層明確になった。同時発行された図録（東京藝術大学藝術資料館、1985年）は工部美術学校の教育を考える上での根本資料として利用されている。1989（平成元）年、工部美術学校の生徒だった松岡壽に関する展覧会が開催され、同名図録（神奈川県立近代美術館／岡山県立近代美術館、1989年）の中で、尾埼尚文が「松岡壽と工部美術学校」において学校名の変遷を明らかにした。これらの展覧会の開催にあたり、作品の保存状態が吟味され、修復がなされることによって明らかにされたことが多数ある。これらの研究を総括すべく、近代日本美術教育史の観点から、金子一夫が『近代日本美術教育の研究　明治時代』（中央公論美術出版、1992年）及び『近代日本美術教育の研究　明治・大正時代』（中央公論美術出版、1999年）において、工部美術学校における絵画及び彫刻教育の実態を詳細に論じた。とりわけ後者では、同校生徒の生い立ち、教育の成果としての進路など、これまで不明だった多くの点が明らかにされ、工部美術学校における美術教育の実態に関する研究の基本文献となっている。

　工部美術学校で学んだ者たちの履歴が次第に明らかになっていった一方で、イタリア人教師の履歴は隈元の研究から大きな進展はないままだった。漸く1997（平成9）年になって研究が進展した。この年はイタリア外務省主催の下に「日本におけるイタリア年」に関連した催事が日本各地で開催された年でもあった。宮内庁三の丸尚蔵館で開催された『ヨーロッパの近代美術　歴史の忘れ形見』展、及び東京都庭園美術館での『フォンタネージと日本の近代美術　志士の美術家たち』展において、それまで知られていなかった絵画教師のアキッレ・サンジョヴァンニの作品が展示されたことの意義は大きい。だが、サンジョヴァンニの生誕年、画家への道程、来日前後の経歴については依然として不明のままだった。また、〈家屋装飾術〉の教師として来日したカッペッレッティや、フォンタネージ帰国後に絵画教師となったプロスペロ・フェッレッティについても、やはり不明な点が多く残されていた。

　隈元謙次郎に始まり、その後の同校の関係史料及び生徒の履歴の調査・研究、教師及び生徒の絵画作品の修復結果などから、日本近代美術史上における西洋の純粋美術教育機

関としての同校の位置づけが明らかにされてきた。だが、これまでの研究では未だ明確にされていない点がある。工部美術学校は、工部省という殖産興業政策を推進する省の管轄下にある教育施設である工学寮に附属して、「百工ノ補助トナサンカ為ニ」設置された[1]。よって、その目的は陶器やその絵付けなどの実用のための美術、つまり産業美術や商業美術などの教育にあったはずなのに、純粋美術の教育機関に変貌してしまったという点である。西洋絵画の導入は、軍事上の製図の必要があってなされたことに端的に示されているように[2]、西洋美術の技術としての側面が重視されたことによる[3]。よって、このような前史があり、さらに西洋の近代的な技術を教育した「工学寮ノ発展ト共ニ美術教育ノ必要ヲ生ジ」[4]、工部美術学校が設置されたという説明は理解できる。だが、それが純粋美術の教育機関に変わってしまった点については、日本側の文脈からすれば矛盾していることになろう。この矛盾点が解釈しきれぬままであるのは、工部美術学校の設立事情が日本に限定された状況から考察されてきたことによると考えられる。

ところで、同校創設にあたっては、当時の在日本イタリア王国特命全権公使アレッサンドロ・フェー・ドスティアーニの「尽力大なるものがあった」とされ、フェーが工部卿伊藤博文に美術の必要とイタリア美術の優秀性を説き、当時各国よりそれぞれの技術上の長所によって専門家を招聘したように、「美術に於ては伊太利亜より教師を招聘すべきを建言」したと伝えられている[5]。このことから、同校設立にはイタリア側の意図があったと想定されてきた。しかし、イタリア王国政府にとって、工部美術学校の存在がどのような意味をもち得たのかについての具体的な考察はなされぬままであった。この考察には、イタリア側の視点に立って、工部美術学校の設立事情を繙く必要があると考えられる。

2. 研究の方法

既往研究に欠けていた本質的問題の解決のために、本書では次の研究方法を設定する。
①工部美術学校をイタリア王国側から見ること。
②工部美術学校を日本国とイタリア王国という国家間の外交上の問題として見ること。
③工部美術学校を当時の国際情勢に位置づけること。

その根本となるのが、工部美術学校に関連するイタリア王国の公文書である。イタリアにおける工部美術学校関連公文書の存在はこれまで知られておらず、筆者はイタリア各地の公文書を所蔵する文書館及び資料館などにおいて関連文書の博捜をおこなった。その中で、国立中央公文書館（Archivio Centrale dello Stato）において、公共教育省の公文書を調査した結果、工部美術学校の開校時から閉校時までの関係文書をまとめたファイル *Ministero della Pubblica Istruzione, Direzione Generale delle Antichità e Belle Arti, Istituti di Belle Arti 1860-1896*, b. 36, *Affari Generali, Accademie e Istituti Esteri, Giappone 1875-1884*（『公共教育省』「考古

美術局、美術学院及び美術専門学校（1860年〜1896年）」第36冊「一般業務、海外の美術学院及び美術専門学校、日本（1875年〜1884年）」、以下、邦訳の場合には「工部美術学校関係史料」と呼ぶ）を見いだした。それは、公共教育省発信文書の案文ないし控え、公共教育省着信文書、メモ類など計157点からなるもので、工部美術学校をめぐるイタリア王国政府の活動に関する公文書類が一括された一件書類である。文書中の件名（Oggetto）は、概ねScuola di Belle Arti in (/di) Tokio、「東京美術学校」と記されているが、東京藝術大学の前身のそれではなく工部美術学校を意味する。

「工部美術学校関係史料」157点は、1875（明治8）年の教師選考に関する52点と、1879（明治12）年の後任絵画教師の選考から同校閉校に至る105点に分けられる。本書には157点の文書のうち148点を書き起こし、5から152の番号を付した（巻末「史料」参照）[6]。

工部美術学校の教師の履歴や事績の調査に関しては、イタリア人教師のそれぞれの出身地、及び活動した都市に所在する文書館、資料館、図書館、美術大学附属の文書室などを中心に史料の博捜をおこなった。多数見いだされた断片的な史料から、これまで知られてこなかった事項を明らかにし、各教師の履歴・事績の全体像を提示した。必要不可欠な史料も書き起こし、153から223の番号を附した（巻末「史料」参照）。また、日本の文書館、図書館などにおいても工部美術学校全体に関連する文書の調査・研究をおこなった。

本書で巻末掲載の史料を引用する場合には文書番号を、例えばdoc. 1のように記した。

なお、本書執筆にあたり引用、もしくは参照した文書を所蔵する文書館・資料館などの名称及び、その省略記号、簿冊名などについては「引用・参考史料一覧」（321〜326頁）を参照されたい。

また、本文中及び、史料翻訳文中の丸括弧（　）は原注、角括弧［　］は本著者による補足を示す。

3．本書の構成

本書は、4部構成をとる。

第Ⅰ部　工部美術学校創設前史

工部美術学校を創設するに至った経緯を主に日本政府の意図から論じた。工部美術学校創設以前の日本では必ずしもイタリアから西洋美術を受容してはおらず（第1章）、日本・イタリア王国間の国交も美術を介して樹立されたのではなかった（第2章）。しかし、1873（明治6）年の岩倉使節団によるイタリア視察並びにウィーン万国博覧会における美術展見学の結果、「伊太利ハ美術ノ根本地」であるという認識が得られ、その結果、日本政府が美術の分野においてイタリア人を抜擢することになった（第3章）。これが先例となり、当

時の日本が西洋化による殖産興業政策を推進していたこともあり、イタリアからの教師招聘をともなう工部美術学校を創設することになったと結論づけた（第4章）。

第Ⅱ部　工部美術学校の創設から終焉へ

　筆者がイタリアの国立中央公文書館において見いだした工部美術学校の開校から廃校に至るまでの経緯を語る150余点の未公刊「工部美術学校関係史料」の読解と分析により、多くの新事実を明らかにした。この学校が実用の美術教育を目的として設立されたにもかかわらず、純粋美術教育の学校に変わってしまったのは、教師の人選をしたイタリア側の解釈の結果であること（第1章）、教師候補者はこれまで言われてきたイタリア全国ではなく、主要な6校の王立美術学校を通じて公募され、合計で43名の候補者があったこと（第2章）、絵画教師として来日したフォンタネージが選ばれた知られざる経緯（第3章）を明らかにし、〈家屋装飾術〉担当教師選抜の経緯と〈家屋装飾術〉消滅の経緯を考察した（第4章）。教師の雇用契約締結までの流れと契約書草案とその翻訳、契約書の比較検討をした（第5章）。さらに同校開校後の絵画教師交替をめぐっておこなわれた人選の経緯を明らかにした（第6章）。最終章として、工部美術学校終焉の要因を論じ、イタリア王国政府側からみた工部美術学校の設立事情、及びその存在意義を分析し論じた（第7章）。

第Ⅲ部　工部美術学校教師列伝

　工部美術学校の教壇に立った5名の教師の列伝である。フォンタネージは既に評伝があるので新知見のみを論じ（第3章）、評伝があるものの不明点の多かったラグーザ（第2章）、そしてこれまで伝記的な情報がほとんど欠如していたカッペッレッティ（第1章）、フェッレッティ（第4章）、サンジョヴァンニ（第5章）について、各人の生誕地における史料の博捜と考察の結果得られた、多くの新知見を提示するとともに、イタリア王国政府が教師に選んだ根拠を示した。

第Ⅳ部　イタリア王国の美術外交と工部美術学校

　最終部であり、本書全体のまとめをなす。第Ⅰ部から第Ⅲ部までの考察の結果、イタリア王国にとって工部美術学校の設立とは、欧州列強に遅れて1861年に国民国家として建国したばかりのイタリア王国が「伊太利ハ美術ノ根本地」という国家像を、日本のみならず列強にも投げかける絶好の機会であり、美術に秀でているという伝統を継承した国として列強に連なる意図を込めたできごとであることが浮かび上がった。

　このイタリア王国建国期に、政府の中核をなした人物には、美術に造詣が深く、美術がイタリア王国にとって外交上の重要なカードになり得ることを考えた人物が数多くいた。とりわけ、それが最大限の効果を発揮した時期にほぼ重なるように外務大臣を歴任したエ

ミーリオ・ヴィスコンティ・ヴェノスタが、こうした政策に深く関与した可能性を論じた（第1章）。美術学校を舞台にイタリア王国が繰り広げた外交としての施策は、1873年に浮上したサンフランシスコ美術学校への美術教材援助に関する問題があり、そこには「美術の発祥の地」としてのイタリア王国の自負心やフランスへの対抗心が読み取れること、また工部美術学校創設問題との同時性と相違が見られることについて論じた（第2章）。以後の諸状況は、イタリア王国政府が美術を外交上の重要なカードと認識していたことをよく示しており、それは「美術外交」と呼ぶべきものであると考えられる。日本における工部美術学校の設立は、イタリア王国にとってはもっとも強みを活かすことのできる美術という分野で対日本外交を進展させる好機であり、かつ、美術外交がもっとも成功した例であったと結論づけた（第3章）。

注

1 国立公文書館蔵国立公文書館蔵『大政紀要』一、第一巻「自明治九年至同十五年　工部省美術」。この部分は青木茂編『フォンタネージと工部美術学校』至文堂、1978年、96頁に採録。
2 小山正太郎「フォンタネジー」『美術正論』第1巻第1号、1913年、10頁。
3 隈元謙次郎「明治初期の洋画」『近代日本美術の研究』大蔵省印刷局、1964年、20～41頁。
4 『旧工部大学校史料』旧工部大学校史料編纂会、1913年、102頁。
5 隈元謙次郎『明治初期来朝伊太利亜美術家の研究』三省堂、1940年、10頁。
6 ヴェネツィア・カ・フォスカリ大学博士論文 Mari Kawakami, *Kôbu Bijutsu Gakkô. Relazioni diplomatiche e rapporti artistici tra Italia e Giappone nella storia della prima Scuola Statale di Belle Arti di Tokio (1876-1883)*, tesi di dottorato di ricerca, Università Ca' Foscari di Venezia, XI ciclo, Venezia 2001.

第Ⅰ部　工部美術学校創設前史

第1章　日本における西洋美術受容略史

　1876（明治9）年に工部美術学校が創設される以前の日本において、どのように西洋美術が受容されてきたのか、その歴史を概観しよう。
　西洋美術の受容は、キリスト教の伝来によって始まる[1]。1549（天文18）年にフランシスコ・デ・ザビエルが鹿児島に上陸して以後、イエズス会による日本でのキリスト教布教が開始され、これにともなって西洋美術が伝えられた。キリスト教布教のために伝来した西洋画は、当然のことながら聖画であったが、世俗画も伝来した。イエズス会士は将来の聖画によって布教活動をおこなった。やがて、日本におけるキリスト教信者の増加にともなう聖画の不足から、セミナリオにおいて聖画の制作をおこない、また日本人修道士に聖画の指導をしたという。また既存の和風建築の廃寺・古寺を利用した、あるいは新築のキリスト教会堂の他、本格的なヨーロッパ風の教会が長崎に建てられた。
　ザビエルが上陸した翌年、ポルトガル船が初めて平戸に入港して以後、ポルトガル及びスペインとの、いわゆる南蛮貿易が開始された。彼らが伝える文物に触発されて、日本人が伝統的な画法に従って南蛮人や南蛮風俗を描いた「南蛮人交易図屏風」や、蒔絵や工芸品が制作された。また日本画古来の画風と伝来の西欧美術とを折衷した作品も制作された。
　しかしながら、ポルトガルやスペインによる領土侵略の可能性や、キリスト教信仰を基盤とする民衆の抵抗運動を危惧した為政者は、キリスト教を排除する政策を開始した。まず、豊臣秀吉は1587（天正15）年にキリスト教者を一向宗になぞらえ、天下統一の障害として宣教師追放令を発布した。しかし貿易は認めたので、貿易と結び付いたイエズス会宣教師の入国は阻止できず、キリスト教の隆盛は続いた。1603（慶長8）年に、徳川家康が江戸に幕府を開き、治世が変わった。江戸幕府もはじめは貿易継続のためにキリスト教を黙認したが、1612（慶長17）年に全面的なキリスト教禁教に踏み切り、キリシタンの弾圧を開始した。1630（寛永7）年頃には表面的にはキリスト教者は消滅し、棄教しないキリシタンは地下に潜伏することになった。キリスト教禁教は1873（明治6）年まで続くことになる。
　一方、貿易に関しても、1639（寛永16）年にはキリスト教布教活動に熱心だったポルトガル船の来航を禁止し、以後、日本は「鎖国」状態に入る。しかしながら、キリスト教布

教活動をおこなわないオランダ及び中国との通商関係は続けたので完全な鎖国ではなかった。外国人との接触は、長崎に作った人工の島「出島」において幕府関係者のみに限られておこなわれた。こうして一般の民衆がキリスト教以外の西欧文化に接することもなくなった。

　キリスト教にともなう西洋文物の伝播により、日本において、聖画や西欧文物を取り入れた世俗画が制作され始めた。「南蛮美術」と称されるこれらの作品からは西洋事物に対する飽く無き興味や関心がうかがえるが、「近代化」や「西洋化」への意志を読み取ることはほとんどできない。「近代化」や「西洋化」への意識は、1612（慶長17）年のキリスト教禁制からおよそ百年を経た後に次第に芽生えることになる。

　1639（寛永16）年以来「鎖国」となった日本だが、八代将軍吉宗の実学奨励策を契機に、1720（享保5）年にはキリスト教以外の洋書の輸入が解禁となり、当局関係者はオランダ語による書物やそれらの漢訳書の講読が許可された。その結果、オランダ語学の他、医学・天文学・暦学・地理学・物理学・化学などの自然科学や軍事技術などの学問が僅かずつ浸透し始めた。1720（享保5）年を契機に、西洋の「近代的」な事物を積極的に取り入れようとする明確な意志が現れたのである。これは「近代化」への関心であって、「西洋化」を意図したものでない。

　西洋美術への興味は、これらの近代的かつ自然科学的な興味の延長上に生じた。オランダから直接あるいは中国経由で伝来した透視図法を使った、あるいは「真を写した」リアリスティックな絵画、主に銅版画や書物の挿し絵などを通して、日本人による西洋美術研究が始まった。江戸時代における西洋美術研究は絵画を中心に、初めは個人レベルで秋田藩や江戸において始まった[2]。幕末には軍事上の目的から幕府においてもおこなわれた。

　1773（安永2）年に秋田藩に招かれた平賀源内（1728-1779）が、秋田藩士小野田直武（1749-1780）に西洋画の理論と技法を伝授、直武は藩主佐竹義敦（曙山，1748-1785）と角館城代佐竹義身に伝えた。秋田藩での西洋風絵画を秋田蘭画と称する。狩野派の作風と西洋画法を折衷したもので、江戸の司馬江漢（1738-1818）や亜欧堂田善（1748-1822）らに影響を与えた。

　徳川幕府は、1811（文化8）年に幕府の科学研究機関である天文方に「蕃書和解御用」を設置して蘭学の公学化を図った。しかし、北方問題や1840（天保11）年に始まったアヘン戦争、1853（嘉永6）年のペリー来航などが引き金となって、1855（安政2）年に「蕃書和解御用」は幕府の洋学研究機関「洋学所」として独立した。翌年には外交文書翻訳局も兼ねた洋学研究機関として「蕃書調所」に改称した。1857（安政4）年にはこの「蕃書調所」内に「絵図調出所」が設置され、川上冬崖（1827-1881）が西洋美術の研究及び指導を命じられた。1861（文久2）年、「絵図調出所」は画学局と改名された。

　幕末の徳川幕府における西洋美術研究と平行して、洋風画家たちは私塾を開設し、それ

第I部　工部美術学校創設前史

それが西洋絵画の研究をするとともに、後進の育成もおこなった。川上冬崖の聴香読画館、高橋由一（1828-1894）の天絵社、国沢新九郎（1847-1877）の彰技堂、五姓田芳柳（1827-1892）の浅草の私塾、五姓田義松（1855-1915）の向島の私塾などが知られている。画材も教材も十分ではなかったにもかかわらず、これらの私塾における西洋絵画研究は、工部美術学校での本格的な西洋絵画教育の土台となった[3]。

明治時代に入り海外渡航が可能になると、直接、海外で西洋絵画研究を志す者が出てきた。その行き先は各人各様である。1875（明治8）年に工部美術学校の創設が決定した時に、教師はイタリアから招聘されることになるのだが、これ以前の明治初頭の日本においてはイタリアだけが美術の国であると認識されていたのではないことが、美術修業のために出掛けた人々の留学先を振り返ってみるだけでも理解できる[4]。国沢新九郎は1870（明治3）年にロンドンへ渡った。外交官だった百武兼行（1842-1884）は赴任先で絵画の勉強もしており、1876（明治9）年にロンドンで、1878（明治11）年からはパリで、1880（明治13）年にはローマで学んだ。川村清雄（1852-1934）は1872（明治5）年にワシントン近郊のジョージタウンへ向かうが、翌年にはパリへ、そして1876（明治9）年にはヴェネツィアへと留学先を変更している。加地為也（?-1894）は1875（明治8）年にサンフランシスコへ、さらにイギリス経由で渡ったベルリンで学んだ。岩橋教章（1835-1883）は1873（明治6）年にウィーン万国博覧会開催の折にかの地に留学した。

明治初頭の日本において美術を学ぼうとする者にとって、イタリアという国が「美術のメッカ」として映っていたわけではなかったのである。しかしながら、日本政府は1875（明治8）年に初めて官立の美術教育機関、すなわち、工部美術学校の創設を決定した時に、教師をイタリアから招聘した。日本政府がこの決定を下すまでの間に、「イタリアは美術の国である」と認識する機会があったのだと考えられる。工部美術学校創設にあたって、なぜイタリアから教師を招聘することになったのかについて、次章以降、順を追って考察していこう。

注

1　キリスト教伝来にともなう南蛮美術の展開に関しては多数の既往研究があるが、本書では以下を参照した。隈元謙次郎「近時発見の帝王図について」『近代日本美術の研究』大蔵省印刷局、1964年、1～19頁；岡本良知『日本の美術　19巻　南蛮美術』平凡社、1965年；坂本満・菅瀬正・成瀬不二雄・相賀徹夫『原色日本の美術　第25巻　南蛮美術と洋風画』小学館、1970年；国立歴史民俗博物館『国立歴史民俗博物館研究報告　第75集　南蛮美術総目録［洋風画篇］』財団法人歴史民俗博物館振興会、1997年；東武美術館／朝日新聞社『来日450周年　大ザビエル展　図録』東武美術館／朝日新聞社、1999年。

2　秋田蘭画については、高階秀爾監修『江戸のなかの近代　秋田蘭画と『解体新書』』筑摩書房、1996年；今橋理子『秋田蘭画の近代――小田野直武「不忍池図」を読む』東京大学

出版会、2009年を参照。
3　隈元謙次郎「明治初期の洋画」『近代日本美術の研究』大蔵省印刷局、1964年、20〜40頁。
4　三輪英夫『日本の美術7　明治の洋画　明治の渡欧画家』至文堂、1995年。

第2章　日伊交流の黎明

1. 両国間の国交樹立[1]

　日本とイタリア王国との国交樹立は、その背景としてイタリア絹工業界の危機的状況があり、それを打開するための方策としてイタリアが日本へ働きかけてきたことに端を発する[2]。1850年代末から1860年代初めにかけてヨーロッパ全域において蚕の病気が流行し、イタリアの絹工業も危機に陥った。イタリアの養蚕業者は、打開策として日本から蚕卵紙を輸入できるようにイタリア政府に要望した。この強い要請が両国の国交樹立への直接契機となった。その一方で、1859（安政6）年にスエズ運河開削工事が始まり、欧州諸国内では運河開通後のアジアへの通路の短縮とそれにともなう多方面の交流が予見された。1861（文久元）年にイタリア王国が建国されると、イタリアはアジア方面との交通上、欧州諸国の中で地理的に有利な条件にあることから、アジア諸国との通商条約締結への機運が高まってきた。このような中、1866（慶応2）年7月16日に日伊修好通商条約が調印され、日本とイタリアとの間の国交が正式に開かれたのである[3]。

　1867（慶応3）年5月10日、ヴィットーリオ・サリエール・デ・ラ・トゥール（Vittorio Sallier De La Tour, 1827-1894）が、初代在日本イタリア特派全権公使として着任した。この結果、イタリアの養蚕業者は日本に蚕卵紙や生糸を購入しに来られるようになり、イタリアの絹工業は救済された。1869（明治2）年には、デ・ラ・トゥール特派全権公使自らが、当時、優良な蚕の生育に成功していた埼玉、群馬両県の養蚕地帯視察をおこなった。この視察のために北イタリアのアレッサンドリアから来日して同行したピエトロ・サヴィオ（Pietro Savio, 1838-1904）による旅行記が残されている[4]。イタリアにとって養蚕業がいかに重要な産業だったかがうかがえる。

　1868年の明治維新以後、日本は幕藩制国家から近代天皇制国家へと転換した。明治政府は資本主義育成をめざした政策をとっていく。養蚕業・製糸工業は、殖産興業政策の基幹産業としてばかりでなく、外貨獲得のための輸出政策にも結びついていた。従って、日本にとって、日伊間の国交樹立は、当時欧州随一の絹工業を誇るイタリアという市場を得ることを意味したのである。日伊両国の関係は、養蚕業・製糸工業を介した相互扶助

的な関係であったといえるだろう。これを引き継ぐ形で1870（明治3）年10月10日には、養蚕業の盛んな北イタリアのブレシャ出身のアレッサンドロ・フェー・ドスティアーニ（Alessandro Fè d'Ostiani, 1825-1905、以下フェーと記載）が第2代在日本イタリア特命全権公使として着任する[5]。フェーが工部美術学校の創設に関わることになる。

2. 岩倉使節団が見たイタリア王国とウィーン万国博覧会

1871（明治4）年11月、岩倉具視を特命全権大使とする遣外使節団が欧米12ヶ国に向けて横浜港を発った。当初10ヶ月の予定で出発したが、一行が横浜に帰港したのは1年10ヶ月後のことであった。正式メンバーだけで総勢約50名であったこの大使節団の4人の副使の1人として工部大輔の伊藤博文も同行している。伊藤は後に工部美術学校設立伺を太政大臣に出すことになる。

岩倉使節団の動向については、同行した久米邦武が編纂し、1876（明治9）年に刊行された『特命全権大使　米欧回覧実記』から知られる[6]。使節団の目的は3点あり、第1は、条約締結国を歴訪して各国の元首に国書を奉呈すること、第2は、条約改正打診の予備交渉をすること、第3は、欧米先進諸国の制度・文物を調査・研究することだった[7]。第3の目的を遂行すべく、実際の視察から得た各国の政治、経済、科学、工業、商業、文化などの状況が詳細に記述されている。当時の基準から見て、訪問した国のもっとも優秀な面を積極的に視察していることもわかる。同書は久米個人の編纂によるものだが、「岩倉使節団の公約数的な見聞実録であり米欧文明考察記」となっている[8]。また岩倉使節団の視察結果は、その後の日本のさまざまな分野において直接的、間接的に多くの影響を与えていることからすれば、この視察経験は岩倉使節団に随行した人々だけのものではなく、日本国全体の経験であったと言えるだろう。

a. イタリア王国視察

岩倉使節団のイタリア王国視察は、1873（明治6）年5月8日から6月2日までおこなわれた[9]。ミュンヘン、インスブルック経由で、5月8日午前11時にイタリアの国境に達し、ヴェローナからフィレンツェに向かった。その後、ローマ、カゼルタ、ナポリ、ポンペイを視察した後、ヴェネツィアなどを訪問し、6月2日にウィーンへ向けて発った。

『米欧回覧実記』によれば、イタリア視察は「以太利国ハ、欧州養蚕ノ根本ノ地」[10]であるとの認識に立ち、同国の養蚕業の状況把握に重点が置かれていたことがうかがえる。日伊間の国交が養蚕業を仲立ちとして始まったという事実を考えれば、これはもっともなことである。しかし養蚕業関係の施設等の視察のみがおこなわれたわけではなかった。

使節団は5月9日にフィレンツェに到着した。イタリアに帰国していたフェーが「接伴掛」

として出迎え、そして使節団の視察に同行している。使節団はサンタ・マリア・デル・フィオーレ大聖堂、聖ジョヴァンニ洗礼堂を見学し、ウフィッツィ美術館を訪れ、「伊太利ハ美術ノ根本地」[11]だと述べた。

「伊太利ハ美術ノ根本地」と記したこの「美術」の語には、注意が必要である。次章で見るように、「美術」という言葉はこの時期に作られたものであり、そのため、言葉が作られた当初においては意味する内容が必ずしも統一されていたわけではないからである。しかし、使節団のいう「美術」は、今日理解されているような西洋の純粋美術（Beaux Arts, Fine Arts）としての「美術」、つまり、古代ギリシャ、ローマに発し、ルネサンス時代に花開き今日にまで至る西欧の古典的かつアカデミックな美術という意味であったことが前後の文脈から理解できる。このことは、工部美術学校が「百工ノ補助」（doc. 4）を目的として設立されたにもかかわらず、実際には純粋美術に携わる芸術家の育成に寄与する学校になったという点を理解する上での手がかりの一つとなる。

さて、岩倉使節団は、使節団の第3の目的である欧米先進諸国の制度・文物の調査・研究に向けて、出発に先立って周到な準備をおこなっていた。従って、イタリアは西洋の純粋美術の根本地だとする認識をすでにもってはいただろう。しかし、現地で実見することによってこの認識を強めたに違いない。また欧州各国を訪問し、各国における美術に関する状況を比較検討することによって、イタリアの優位をさらに確かめた、ということもあっただろう。「伊太利ハ美術ノ根本地」との認識は、この後浮上してくる美術学校の創設に際して教師を招聘する国を選択するのに、重要な参考事項になったと考えられる。

b．ウィーン万国博覧会視察

1873（明治6）年6月2日にヴェネツィアを発った岩倉使節団は、トリエステ経由で翌日ウィーン入りし、即日、オーストリア皇帝フランツ・ヨーゼフ1世に謁見した。その後、ウィーン滞在中に万国博覧会及び同時開催された美術展を見学している[12]。

この美術展は欧米各国の美術作品の特徴、相違を理解するのには良い機会であった。『米欧回覧実記』によれば、絵画は「此両国ノ人最モ画ニ長シ、其画法モ相類スル」とフランス、イタリアが長けているという。「仏国ノ画ハ、活発ニテ落想奇抜ナリ、筆ヲ殺キテ筆外ニ意想ヲ生シ、図取ニ才思ヲミル」と述べ、「以太利人ハ筆熟シ工敏ニシテ、穏当沈着セルニ妙アリ、能ク自然ノ精神ヲ写出シテ活動ス、愈看テ愈味アリ」と両国の相違を記している。大理石彫刻については、「石像ハ白大理石ヲ以テ、人物ノ肉身ヲ彫刻シ、少シモ彩色ヲヨウセスシテ、精神活動シ、直ニ其人物ニ接スル思ヒヲナサシム、是其苦心ノ所ナリ、全ク画法ト其意ヲ同クス、以太利人殊ニ此技ニ長ス」と記し、特にイタリアが優れているという。

ウィーン万博開催中及び閉会後、参加国はその報告書を刊行しているが、イタリアに

おいてもウィーン万博の詳細が伝えられた。「外国人によって評価されたウィーンでのイタリア美術」という記事において、同じ展覧会を見た、当代一流の美術・建築批評家であるウージェーヌ・ヴィオレ・ル・デュクは、「イタリア彫刻のこの大げさな表現は、2世紀以上も前の先例に訴えることで正当化される」と、バロック彫刻の亜流に陥っている当代彫刻を批判し、また「イタリアにおいては絵画にも進歩が見られない」と厳しく批判したと伝えられている[13]。連綿と連なるイタリア美術を知っていたヴィオレ・ル・デュクが、当時のイタリア美術に見るべきものがないと酷評をしていても、西欧絵画や彫刻に慣れ親しんだことのない岩倉使節団を代表とする日本人の眼には、当時のイタリア美術もまた「伊太利ハ美術ノ根本地」という認識を低めるものではなかった。

また、岩倉使節団を代表とする日本人が、この美術展見学によって、「西洋ニテ雅芸ノ一部」[14]である美術、というあり方を認識し、欧州に深く根を張っている純粋美術としての美術に長けている国としてイタリアを認めたことは、工部美術学校の設立を考える上で重要な位置を占めていたと考えられる。実際、工部美術学校が設立される以前に、「美術」の分野においてイタリア人ジュゼッペ・ウゴリーニ及び、エドアルド・キヨッソーネが抜擢されることになったのである。

注

1 本節については、吉浦盛純『日伊文化史考』イタリア書房、1968年；日伊協会編『幕末・明治期における日伊交流』日本放送出版協会、1984年を参照。

2 Claudio Zanier, *Semai - Setaioli italiani in Giappone (1861-1880)*, Padova 2006.

3 日伊修好通商条約調印に至るまでの経緯については以下を参照。Vittorio Arminjon, *Il Giappone e il viaggio della Corvetta Magenta nel 1866*, Genova 1869（邦訳は、V・F・アルミニヨン、大久保昭男訳『イタリア使節の幕末見聞記』講談社、2000年）.

4 Pietro Savio, *La prima spedizione italiana nell'interno del Giappon e nei centri sericoli effettuatasi nel mese di giugno dell'anno 1869 da sua eccellenza il conte De La Tour. Racconto particolaggiato del viaggio e delle nozioni speciali ottenute sull'allevamento dei bachi non meno che sulla coltivazione e sul prodotto del suolo giapponese*, Milano 1870.

5 アレッサンドロ・フェー・ドスティアーニについては、石井元章『ヴェネツィアと日本 美術をめぐる交流』ブリュッケ、1999年、25～31頁。

6 久米邦武編『特命全権大使　米欧回覧実記』博聞社、1878年。本書では、久米邦武編、田中彰校注『特命全権大使　米欧回覧実記』（一）～（五）、岩波書店、1977～1980年を使用。久米邦武著、水沢周訳『現代語訳　特命全権大使　米欧回覧実記』慶應義塾大学出版会、2005年も参照。

7 田中彰「解説　岩倉使節団と『米欧回覧実記』」『特命全権大使　米欧回覧実記』（　）、岩波書店、1977年、404頁。

8 同上、413頁。

第Ⅰ部　工部美術学校創設前史

9　イタリア視察に関しては『特命全権大使　米欧回覧実記』（四）、岩波書店、1980年、252～357頁。岩倉使節団のイタリア訪問に関しては以下がある。Iwakura Shoko（a cura di）, *Il Giappone scopre l'Occidente. Una missione diplomatica (1871-73)*, Istituto Giapponese di Cultura, 1994；Iwakura Shoko（a cura di）, *Prima e dopo la Missione Iwakura. Testimonianze inedite*, «L'Erma» di Bretschneider, 1994；岩倉翔子編著『岩倉使節団とイタリア』京都大学学術出版会、1977年。

10　前掲注9『特命全権大使　米欧回覧実記』（四）、342頁。

11　同上、276頁。

12　『特命全権大使　米欧回覧実記』（五）、岩波書店、1982年、47頁。

13　"L'Arte italiana a Vienna giudicata dagli stranieri", *L'Esposizione universale di Vienna del 1873 illustrata*, Milano 1873, pp. 519-520.

14　前掲注12『特命全権大使　米欧回覧実記』（五）、44頁。

第3章 「美術」とイタリア王国

はじめに

　日本とイタリア王国との国交は、第2章で見たように、イタリア王国における養蚕業界の不振が背景にあり、イタリア人養蚕業者らがイタリア王国政府を動かすことによって開かれた。養蚕業や絹織物業を介した両国間の交流は活発化したが、日本においても蚕の卵の病気が流行し始めた結果、イタリア人養蚕業者は日本から次第に遠のいていった。養蚕業に代わって、日本とイタリア王国の関係を取りもつことになったのが「美術」の分野である。本章では、「美術」を介した両国間の交流がどのように開始され、それが工部美術学校の設立とどのような関係があるのかをみていきたい。

1.「美術」という言葉をめぐって

a.「美術」という言葉の創成

　1873 (明治6) 年5月1から11月2日まで、ウィーンで万国博覧会が開催された。開催国オーストリアを初め、20余国が参加した。

　1871 (明治4) 年2月にオーストリア政府から万国博覧会参加の要請を受けた日本政府は、同年末には正院に墺国博覧会事務局を置き、参加準備に取りかかった。ウィーン万国博覧会の参加は、近代天皇制国家となった日本にとって、国際的な場所におけるデビューであった。それゆえ、明治新政府は樹立後初めての積極的で大がかりな事業として準備にあたった[1]。

　翌年早々には博覧会への出品心得を頒布し、日本全国から出品の勧誘を開始した。日本の産物、人工の品々を博覧会に出品することによって、それらを世界に知らしめ、ひいては輸出増大をはかることが意図された。実際、常に輸入超過の問題に悩まされていた日本政府にとって、ウィーン万国博覧会参加は輸出増大へ転換する好機となるのである。

　日本における「美術」について考察する上で、ウィーン万国博覧会への参加は重要な意

味をもっている。ウィーン万国博覧会参加の機会に、ドイツ語のKunstgewerbe、フランス語のBeaux Artsを意味する「美術」という言葉が作られたからである。これ以前、日本には「美術」という言葉も概念も存在しなかった。佐藤道信が明らかにしたように、これ以前の日本においては、「工芸」という言葉と概念が、絵画や彫刻などのBeaux Artsを意味する美術、漆工や金工などの専門技術を必要とする職人による技術など全てを包括していたのである[2]。

　北澤憲昭が指摘したように、「美術」という言葉は、ウィーン万国博覧会に参加する際に、26種類に分けられた「出品ノ縦覧及び陳列区分」の中の第22区に記されたドイツ語のKunstgewerbeの官製翻訳語として生まれた。このとき、「美術」という言葉には注記として「西洋ニテ音楽図学像ヲ作ル術詩学等ヲ美術ト云フ」と記された[3]。この結果、日本語の「美術」は美術を含む諸芸術の意味を担うことにもなった。さらに佐藤は「美術」という言葉と概念が「日本ではまず殖産興業という経済政策の中で」移植され、普及していった点を指摘している[4]。

　「美術」が官製の概念として成立すると、日本政府は「美術の制度化」を押し進めた。つまり、国家が政策として美術を扱い始めたのである。佐藤によれば、具体的には以下の3つの美術行政としておこなわれたという[5]。①殖産興業としての美術工芸品の振興と輸出、②古美術保護、③美術教育制度の確立である。これらの美術行政のうち前二者は、「美術」という言葉が生まれたウィーン万博参加を機に開始されている。第三の美術教育制度の確立は、佐藤によれば、1887（明治20）年の文部省主導による東京美術学校の設立によるという。

　だが、国家による美術教育は、さらに早く工部美術学校において開始された。しかも、所轄官庁は文部省ではなく、殖産興業推進機関の工部省であった。これまでの研究が明らかにしてきたように、実体としては、日本で初めての本格的な西洋美術教育がおこなわれたのだが、設立の目的は純粋美術の教育機関ではなく、「百工ノ補助トナサンカ為」であった[6]。よって、その目的は陶器やその絵付けなどの実用のための美術、つまり産業美術や商業美術などの教育にあった。工部美術学校における美術は、佐藤が指摘した第1の「殖産興業としての美術工芸品の振興と輸出」という美術行政を背景としていたと考えられる。この意味からすると、「美術」はむしろ「技術」として、あるいは「技術」の一側面として理解されていたと推察される。実際、後述するように、伊藤博文工部卿が三條實美太政大臣に提出した「工学寮、外国教師三名御雇入伺」の「副申」に添えられた「覚書」(doc. 3)には「日本政府其東京ノ学校ニ於テ技術科ヲ設ケ」と記されている。「其東京ノ学校」は工学寮（後の工部大学校）であり、「技術科」とは工学寮に附属して創設されることになる工部美術学校を指している。つまり、当時の日本においては「美術」と「技術」という言葉の境目が曖昧だったことを示している。

しかし、イタリアに伝えられた「覚書」のイタリア語訳文書には、「Il Governo giapponese desidera formare nel Collegio di Tokio una Scuola di arti」と記されている (doc. 6)。「技術科」は「Scuola di arti」と訳されたのである。arti（arteの複数形）という言葉は「技術」という意味があり、日本語を忠実に訳していることがわかる。しかし、教師の選考を担うイタリアでは純粋美術（Belle Arti）という意味で理解されることになる。この点については第Ⅱ部で詳細に見ていきたい。

b. 岩倉使節団が理解した「美術」の姿

「美術」という言葉とその概念は、日本ではまず殖産興業という経済政策の中で移植され、日本政府による具体的な美術行政とともに普及していった。しかしながら、純粋美術としての「美術」という認識が全くなかったかというと、そうではなかった。

1873（明治6）年6月2日にヴェネツィアを発った岩倉使節団は、オーストリア皇帝フランツ・ヨーゼフ1世に謁見後、ウィーン万国博覧会と同時開催された美術展を見学し、次のように伝えている[7]。

> 美術展覧ハ、即チ画ト石像トノ展覧ナリ、此二芸ハ、西洋ニテ雅芸ノ一部ニテ、上等ノ士君子モ亦執心シ学フコト、猶我邦人ノ文人学士、書、画、点刻ヲ学フカ如シ。
>
> （傍点は筆者）

この美術展覧会は、絵画（この美術展には、鉛筆画、石版画、銅版画、油彩画等が展示されていた）と彫刻からなり、それは「雅芸」の一部であり、東洋で文人が書、画、点刻を学ぶことに匹敵するものだと認識している。

江戸時代以来、西洋絵画への興味・関心は「実用」に結びつく傾向にあった。また、当時新しく作られた「美術」という言葉と概念は大筋において、殖産興業という経済政策に寄与する実用的なものとして理解されてきた。しかしここには、西欧における純粋美術としての美術、殖産興業に直接には結びつかない「雅芸」としての美術理解が見られる。

岩倉使節団はウィーン万国博覧会において同時開催されていた美術展を見学し、純粋美術としての「美術」を認識した。1871（明治4）年にウィーン万国博覧会参加の準備開始により「美術」という言葉と概念が作られてから、1878（明治11）年の『米欧回覧実記』の出版までに7年間の時間経過があった。その間に西洋の純粋美術を教育する工部美術学校が設立され、「美術」という言葉の理解の揺らぎが無くなりつつあったという状況があり、そのことが『米欧回覧実記』に反映されている可能性も考慮する必要はある。だが、「美術」という言葉に対する日本人の理解が、西洋におけるそれに近くなったことは確かだろう。

純粋美術としての「美術」という理解に関して、その後の展開を考える上で、岩倉使節

第Ⅰ部　工部美術学校創設前史

団がもう一点重要な認識をしている。第2章で見たように、岩倉使節団はウィーン万国博覧会と同時開催された美術展を見学し、絵画についてはフランスとイタリアが、大理石彫刻についてはイタリアが優れているという判断を下していることである。岩倉使節団の帰国の後、日本政府は初めて「美術」の分野において外国人を抜擢する。その最初を飾ったのはイタリア人である。

2.「美術」におけるイタリア人抜擢

fig. 1　ジュゼッペ・ウゴリーニ《明治天皇肖像》　1874年　宮内庁三の丸尚蔵館

fig. 2　同《昭憲皇太后肖像》　1874年　宮内庁三の丸尚蔵館

　1873（明治6）年9月に岩倉使節団帰国後からほどなくして、日本政府は「美術」の分野でイタリア人を抜擢する。ここに「美術」を仲立ちとする日本とイタリア王国との交流が始まった。

　宮内省は、当時日本が条約を結んでいた国々の元首の肖像画を宮中の一室に飾ることを企画し、イタリア人のジュゼッペ・ウゴリーニ（Giuseppe Ugolini, 1826-1897）が14ヶ国の《締盟國元首肖像》を制作することになった[8]。ウゴリーニは、エミーリア・ロマーニャ州のレッジョ・エミーリアの出身だが、当時はミラノで活動していた画家である。この元首の肖像画連作は、「帝室・宮内庁が同時代の、しかも当時の日本にあってはまだ目新しかった油彩画による美術作品を自発的な意志で入手した最初の確実な事例である」という点においても重要な意味をもっている[9]。また、ウゴリーニは明治天皇（fig. 1）・皇后（fig. 2）の肖像画一対も制作し[10]、この一対は《締盟國元首肖像》連作よりも早く1874（明治7）年11月に献上された[11]。

　それから2ヶ月後の1875（明治8）年1月、大蔵省の招聘によりイタリア人のエドアルド・キヨッソーネ（Edoardo Chiossone, 1833-1898）が来日する。キヨッソーネは、イタリア王立銀行からドイツのドントルフ・ナウマン社に派遣されていた間の1871（明治4）年、日本政府がドイツに発注した紙幣の図柄彫刻を担当し、そして1874（明治7）年、来日交渉を受けた[12]。キヨッソーネ招聘の主目的は、《交換銀行紙幣（国立銀行紙

24

fig. 3 エドアルド・キヨッソーネ《交換銀行紙幣（国立銀行紙幣・水兵）》 1877年

fig. 4 ジュゼッペ・ウゴリーニ《伊太利皇帝》（《締盟國元首肖像》の内） 1875年 宮内庁三の丸尚蔵館

幣・水兵）》（fig. 3）に見られる印刷技術の導入にあった。しかし日本政府は、キヨッソーネの制作において、技術は美術的なセンスや能力も必要とされることを看取したであろう。

宮内省及び外務省によるウゴリーニの抜擢、大蔵省によるキヨッソーネ招聘は、岩倉使節団の「伊太利ハ美術ノ根本地」との認識と矛盾しないだろう。日本政府によるウゴリーニ及びキヨッソーネの起用という出来事から、フェーは美術を介した日伊関係をさらに押し進めるという考えに及んだのではないかと思われる。実際、フェーは日本における産業振興に寄与する美術教育機関設置の動静に着目し、西洋化による殖産興業政策推進機関である工部省の長、伊藤博文工部卿に「美術に於ては伊太利亜より教師を招聘すべきを建言」し[13]、美術外交を進展させることになるのである。

1875（明治8）年春、《伊太利皇帝》（fig. 4）を含む《締盟國元首肖像》連作が完成する。作品は、同年3月11日から20日までミラーノのサン・プリーモ通りの「エスポジツィオーネ・ペルマネンテ」に展示された[14]。ウゴリーニの作品展開催前の3月9日、同地の新聞『イル・プンゴロ』紙に作品が紹介され[15]、その後も同紙にはこれに関する記事が見られる[16]。その間の3月10日には「日本に4講座からなるイタリア人による美術学校が創設されることになる」と伝えられている[17]。この記事は、伊藤工部卿による工部美術学校の創設の正式な申請よりも1ヶ月以上も早い時期に、イタリア側ではイタリア人による美術学校の創設が確実視されていたことを物語る。この時期のイタリアにおいても、美術を介した日伊関係の成り行きが注目されていたのである。

まとめ

1868（明治元）年の明治維新以後、日本は欧米列強に対抗できる近代的国家としての体

裁を整えるべく、高給を支払って各国から多くの「御雇い外国人」と呼ばれる専門家を招聘した[18]。各分野、当時の基準から見てもっとも優れた国と解せられる国から招聘した。海軍と工業の分野はイギリス人、陸軍と法制関係はフランス人、医学はドイツ人といった具合である。

イタリアは「欧州養蚕ノ根本ノ地」であると認識されていたが、日本政府は、この分野において日本人留学生をイタリアへ派遣することはあっても、イタリア人を教師として日本へ招聘することはなかった。キヨッソーネ以前のイタリア人御雇い外国人はごく僅かである。大蔵省造幣局において伸金方として招聘され1870（明治3）年から1877（明治10）年まで滞在したニコラ・カルロ・ナポレオーネ・マンチーニ（Nicola Carlo Napoleone Mancini, 生没年不明）と、工部省鉄道局において時計師として招聘され1872（明治5）年6月から1873（明治6）年2月まで滞在した「ヒートロ・バルッカ」、工部省燈台局においてランプ掛として招聘され1875（明治8）年3月2日から1877（明治10）年11月16日まで滞在した「ギンセップ」などである[19]。

日本が「伊太利ハ美術ノ根本地」であると認識した上で、ウゴリーニとキヨッソーネという2名のイタリア人を抜擢したという事実は、イタリア側からすれば、美術を仲立ちとして、さらに日伊関係を深める好機として映っただろう。言い換えれば、イタリア王国が美術を介して、日本に外交上の自国の拠点を築くために活用すべき良き前例になった、と見ることができるだろう。

在日本イタリア王国特命全権公使であるフェーが工部卿伊藤博文に「美術の必要と伊太利亜美術の優秀性」[20]を説いたのは、赴任国において自国の文化拠点を築くという外交官としての使命感ゆえのことだろう。フェーが伊藤工部卿にイタリアから教師を招いて美術学校を設立することを説得した当時、各国からの「御雇い外国人」と呼ばれる専門家が日本に溢れていた。1874（明治7）年の政府機関への外国人雇い入れは総数503名、半数近い228名が工部省雇いであり、そのうちの185名がイギリス人だった[21]。

フェーは日本における西洋美術教育の必要性を説くことによって、イギリス人主導の工部省の中にイタリア人教師による美術学校の創設を成功させる。これは、やがて日本におけるイタリア文化の拠点としてイタリア側において明確に意識されるほどの存在になるのである。

注
1 ウィーン万国博覧会への日本参加に関しては、『墺国博覧会筆記』巻1、巻2、出版社不明、1873年。
2 佐藤道信『〈日本美術〉誕生 近代日本の「ことば」と戦略』講談社、1996年、54〜58頁。
3 北澤憲章『眼の神殿』美術出版社、1989年、143頁。

4　佐藤注2前掲書、35頁。
5　佐藤道信『明治国家と近代美術——美の政治学』吉川弘文館、1999年、25頁。
6　国立公文書館『大政紀要一　第一巻』「工部省　美術、自明治九年至同十五年」。この部分は青木茂編『フォンタネージと工部美術学校』至文堂、1978年、96頁に採録。doc. 4-a及び4-b「学校之目的」も参照。
7　『特命全権大使　米欧回覧実記』(五)、岩波書店、1982年、44頁。
8　リア・ベレッタ「皇室コレクションにおけるジュゼッペ・ウゴリーニ作の肖像画」『Spazio』第55号、1997年、27～34頁。
9　大熊敏之「六　新しい伝統美」東京国立美術館編『御即位10年記念特別展　皇室の名宝——美と伝統の精華』NHK、1999年、34頁。
10　明治天皇・皇后の肖像画制作の経緯については、宮内庁三の丸尚蔵館編『ヨーロッパの近代美術——歴史の忘れ形見』財団法人菊葉文化協会、1999年、27頁。
11　宮内庁臨時帝室編修局編『明治天皇紀』第三巻、吉川弘文館、1969年、332頁。
12　明治美術学会・財団法人印刷局朝陽会編『お雇い外国人　キヨッソーネ研究』中央公論美術出版、1999年、285～288頁。
13　隈元謙次郎『明治初期来朝伊太利亜美術家の研究』三省堂、1940年、10頁。
14　展覧会の日程については、"Il Pungolo", 9 marzo 1875, p. 2, *Cose d'Arte. Un'Esposizione di Savoia e Capi popolo*; 12 marzo 1875, p. 2, *Il Comitato dell'Esposizione permanente*; 21 marzo 1875, p. 2, Ringraziamento.
15　"Il Pungolo", 9 marzo 1875の記事は、3月11日付の"Corriere di Reggio Nell'Emilia"紙に転載され、その抜粋翻訳は、前掲注10『ヨーロッパの近代美術』33頁。
16　注14参照。
17　"Il Pungolo", 10 marzo 1875, p. 3, L'arte italiana nel Giappone.
　　　"Leggiamo nel Giornate delle Colonie: «Sappiamo che al Giappone verrà stabilita una scuola italiana di belle arti con quattro cattedre: scultura, pittura, architettura decorativa e manifattura di mosaici della scuola vaticana. (...) »"
「Giornate delle Colonie紙からの引用」とあるが、現在までのところ同新聞は見あたらない。4講座は当初開講が予定されていた「彫刻、絵画、家屋装飾術」の3科と「教皇庁の（あるいはヴァティカン内の学校の意味か）モザイク制作術」とある。後者の意味内容を的確に判断し得ないが、イタリア側では第4の学科が伝えられていたのである。
18　梅溪昇『お雇い外国人①概説』鹿島出版、1968年。
19　村田哲朗『欧化政策のなかの洋風美術』『日本洋画商史』美術出版社、1985年、68頁。「ヒートロ・バルッカ」、「ギンセップ」両者の名前の原語綴り及び生没年は不明。
20　隈元注13前掲書、10頁。
21　梅溪注18前掲書、71頁。

第4章 「美術学校」創設へ向けて

はじめに

これまで見てきたように、日本とイタリア王国間の国交は、養蚕業を介して開始されたが、まもなく「美術」が新たな媒介となる。岩倉使節団によるイタリア視察及びウィーン万国博覧会と同時開催された美術展見学により、「伊太利ハ美術ノ根本地」という認識を得、同使節団帰国直後に「美術」の分野において2人のイタリア人を抜擢し、日本がイタリアから西洋の「美術」を受容する形で新たな交流が始まった。この交流の先に、イタリア人を招聘することによって工部美術学校が創設されることになる。だが、美術もしくは工芸に関する教育施設創設の提案は、異なる背景をもつ三者からなされていた。イタリア人招聘をともなう美術学校案が採択されたのには、積極的な意図があったはずである。

本章では、まず、美術学校設立の契機と政策意図を明らかにし、次に、その観点から同時期に提案されていた異なる美術学校創設案の比較検討をおこなう。その上で、なぜイタリア人教師による工部美術学校を創設することになったのかを明らかにしたい。

1. 美術学校設立の目的に関する既往の説

工部美術学校に関する最初の史料は、第Ⅱ部第1章において詳細に見ることになる、国立公文書館所蔵の『公文録』「工部省明治八年五月、四、工学寮、外国教師三名御雇入伺」(doc. 1) である。しかし、ここには設置に至った経緯や設置目的については全く記されていない。

同校設置の目的については、1876（明治9）年11月制定の『工学寮美術学校諸規則』「学校之目的」の冒頭に「一　美術学校ハ欧州近世ノ技術ヲ以テ我日本国旧来ノ職風ニ移シ百工ノ補助トナサンカ為ニ設ケルモノナリ」と記されている[1] (doc. 4-a)。工部美術学校廃校後に編纂された、国立公文書館所蔵の「工部省　美術」[2]の冒頭には、「本校ハ欧州近世ノ技術ヲ以テ我国旧来ノ職風ヲ移シ百工ノ補助ト為サント欲ス」と記されており、開校時から同校を設置した目的は「百工ノ補助トナサンカ為」であったと考えられる。

一方、1931（昭和6）年に発行された『旧工部大学校史料』には、西洋の近代的な技術を教育した「工学寮ノ発展ト共ニ美術教育ノ必要ヲ生ジ」[3]、工部美術学校が設置されたと記されている。しかし、いつ、どのような契機によって、「百工ノ補助トナサンカ為」の美術教育の必要性が生じ、その結果、工部美術学校を設立することになったのかについての具体的な説明は全くなされていない。

以上の史料をもとに、工部美術学校の設立目的は、次のように考えられてきた。

工部省という殖産興業政策を推進する省の管轄下に置かれた教育施設である工学寮に附属して設置された工部美術学校の目的は、上部組織の工部省の政策に合致する「百工ノ補助」である。従って、その目標は、陶器やその絵付けなどの実用のための美術教育をなすこと、つまり産業美術や商業美術などに寄与する教育にあった。幕末以来の西洋絵画の導入からしても、軍事上の製図の必要があってなされたことに端的に示されているように[4]、西洋美術の技術としての実用的な側面が重視されたことによる[5]。西洋の近代的な技術を導入するという方向性をもって、西洋美術教育が推進されたというものである。しかし、工部美術学校はこうした所期の目的から逸れて、純粋美術の教育機関に変貌してしまっており、両者の間には断絶がある。すなわち、美術学校の設置に際して、所期の目的とは異なる意図が働いたことが想定されるわけだが、この転換については、全く解決されないまま残されている。

そもそも、「百工ノ補助トナサンカ為」の美術教育を開始するにあたって、なぜ、1871（明治4）年の工学寮設置と同時期ではなく、1875（明治8）年という時期に設置されることになったのか。その背景をなす政策意図は何か。

2. 美術学校設立の契機と政策意図

イタリア人教師招聘による美術学校の創設が決定した後の1875（明治8）年6月12日付で、在日本特命全権公使であるフェーが本国外務省へ報告した文書（doc. 5）に、これらの疑問を解決する手がかりが見いだされる。

> ウィーン［万国］博覧会という国際的な場での競争に備える目的でおこなわれた、特産品、工業製品、工芸品についての調査によって、我々は、この日本が、生活に必要なもの、すなわち便利な設備を入手することや、人間の知性の働きによるところが著しいような美しいものを好む、という明確な考えを得ました。
>
> ウィーンの［万国］博覧会で好結果を得たことに勇気づけられて、日本は、国内外生活における［人々の］豪華さに対する要求、快適さ、必需品を支援すべく、広範囲にわたる分野において自国の産業を開拓するを確信しました。

このような考察から、美術学校あるいは美術アカデミー［の設立］という考えが生まれました。（中略）
　従って、日本における美術学校の目的は、彼らの昔からの産業や、近年の産業を導き、それらを外国の使用及び習慣、国際的な通商の場により適合させることなのです。（中略）

　ここには、これまで明確ではなかった工部美術学校設立の契機と政策意図が記されている。1873（明治6）年のウィーン万国博覧会で日本製品が好評価を得たことが美術学校創設の契機であること、そして美術学校の政策意図は国内の産業振興と商品の輸出増加にあったことがわかる。このような殖産興業に寄与する美術教育は、1851年のロンドン万博以後、欧州で盛んにおこなわれており[6]、日本において創設されることになった美術学校も、その意図においては西欧との同時代的な性格が期待されていたと考えられる。フェー＝工部省案ばかりでなく、以下に見るように、ゴットフリート・ヴァグナーによる「画学校」案、ロシア人新聞記者による学校案も欧州との同時代性が読み取れるだろう。
　ウィーン万国博覧会は1873（明治6）年5月1日から11月2日まで開催され、その後、美術学校設立という課題が具体的に検討されたのだろう。閉会からおよそ2年を経た1875（明治8）年8月、墺国博覧事務局は『墺国博覧会報告書』全34冊を出版する。ヴァグナーによる「画学校」案は同書に掲載されているのだが、出版直前である同年4月にフェー＝工部省案が提出されたのである。さらにロシア人による学校案が雑誌に掲載される。つまり、『墺国博覧会報告書』がまとめられていた同時期に、三者それぞれが美術学校設立という課題に向かっていたと考えられる。工部美術学校の設立について、『旧工部大学校史料』には「工学寮ノ発展ト共ニ美術教育ノ必要ヲ生ジ」と記されていたが、1871（明治4）年の工学寮設置の時期においてではなく、1873（明治6）年のウィーン万国博覧会を経験した結果、美術教育の必要が検討され、1875（明治8）年になって具体的な学校像が提示されたのである。
　次にヴァグナーによる「画学校」案とロシア人による学校案を検討し、なぜフェー＝工部省案が採択されることになったのかを見ていきたい。

3.「美術学校」創設のための2案

a. ゴットフリート・ヴァグナーによる「画学校」案

　1873（明治6）年のウィーン万国博覧会は、明治の代になって初めて日本が国を挙げて参加した最初の博覧会である。万国博覧会という近代ナショナリズムを競う国際的な場所

への参加にあたって、明治政府は周到な準備をおこなった。

　オーストリア政府による出品分類区分に従って、日本は生糸、織物、茶、漆器、磁器、銅器、七宝、竹器、彫刻物、紙、蠟、皮、刀剣等を出品した。ドイツ人御雇い外国人として大学東校で理科を教授していたゴットフリート・ヴァグナーは、ウィーン万国博覧会の出品事務取り扱いの顧問として雇われ、これらの出品物の選定から博覧会会場における陳列の仕方までの一切を取り仕切った。その甲斐あって、万国博覧会という国際的な場所で、陶器、漆器、寄せ木細工等の日本の工芸品は称賛を浴びた。また、これらの日本の天然及び人工の特産物に加えて、やはりドイツ人御雇い外国人のアレキザンダー・フォン・シーボルトが日本の珍奇な物や大きなものを出品して注視を集めることを唱え、名古屋城の金の鯱や鎌倉の大仏の張りぼて、谷中天王寺の五重塔の模型などが展示された。シーボルトの意図は成功し、それらの品々とともに日本の出品物は、博覧会の近況を報告する新聞等に絵入りで紹介されている[7]。

　既に欧州において日本の文物を愛好するジャポニスムの流行が興っていたが、このウィーン万国博覧会はその波に拍車をかけることになった。一方、日本政府は万国博覧会という近代ナショナリズムを競う国際的な場所で日本の工芸品が称賛されたことにより、自信をもって「殖産興業としての美術工芸品の振興と輸出」という美術行政を積極的に推進していくことになる。欧米に渡ったこれらの日本美術工芸品は、固有の文化をもった近代的な国民国家としての日本のイメージ戦略にも役立っただろう。

　ところで、この「工芸」という言葉は、明治初年の日本にあっては「工業」という言葉と同義的に使われていた。機械技術が未発達であった当時の日本にあっては、Applied Artとしての「工芸」も、手工業としての「工業」という言葉と実質的に違いがなかったらからである[8]。従って、「美術」という言葉が「日本ではまず殖産興業という経済政策の中で」移植され、普及していった一方で、より具体的には「工芸品」こそが、このような意味での「美術」を体現していたと見ていいだろう。

　日本の伝統的な工芸品が明治政府の殖産興業政策及び輸出振興政策の対象と成り得ることが明確に意識されるようになると、それらを保護、育成する方向へ向かうのは必然である。そして、より多く、高く海外に売れる工芸品を作っていくことが次の目標となる。こうして、とりわけ万国博覧会の事務に関わった人々を中心に、日本固有の美術もしくは工芸に関する教育施設の設置が検討され始めた。その中心人物の1人がヴァグナーである。

　ヴァグナーは1875（明治8）年2月25日付の「ワク子ル氏東京博物館建設報告　芸術ノ部」において「画学校」の設置を唱えている[9]。

　この提言は、伊藤博文工部卿が同年4月25日付で三條實美太政大臣に提出した「工学寮、外国教師三名御雇入伺」よりも2ヶ月早いのだが、「美術」に関係する学校を新たに設立するという考えがまとまり、それぞれが具体的な像をともなう案として提出した時期が、

第Ⅰ部　工部美術学校創設前史

ウィーン万国博覧会参加後の報告書の作成という検証作業中のほぼ同時期だったことは注目してよいだろう。「美術」に関係する学校新設の背景として、ウィーン万国博覧会参加による好評価が後押ししたことが理解されるからである。

さて、ヴァグナーは、これまでに開催された万国博覧会において称賛されたフランスやイギリスなどの「百工芸術上物産」である工芸品の輸出額の増減を時系列に述べ、輸出額伸長の背後には、それらを育成するための学校が設立されたこと、そしてそこでのたゆまぬ努力があることを説いている。イギリス、プロシア、オーストリア、ベルギーなどの国々には、工芸品を育成するための学校や、それらを陳列して教育に役立てる博物館の存在があることを指摘し、日本もこれらの外国の例に倣うべきだと進言し、具体的には芸術博物館と画学校の設置を唱えた。

ヴァグナーの唱えた「画学校」及び博物館は、18世紀中葉から欧州各国に設立され始めた施設と同様の意図をもつものであり、とりわけ、1851年のロンドン万国博覧会以降は各国において益々力が注がれるようになる[10]。従って、ヴァグナーは、西洋の純粋美術教育のための施設ではなく、日本の殖産興業という経済政策に結びつくような「美術」、すなわち日本固有の美術工芸品育成のための「画学校」の設立を説いた。しかもその「画学校ハ芸術博物館ノ最要ナル物ニシテ百工ノ心軸タルノ地ニハ必ス此設ケアルヘキナリ」と、博物館に附属して画学校を設立すべきだということも提唱している。

ヴァグナーは、また「欧州ノ建築学、芸術歴吏造塑等ノ業悉ク已ニ開手シテ教授セル者[ママ]トハ少ナク相異ナルノ勢アリ而又真ニ外国教師ヲ雇フモ欲スル所ニ非ス」とも主張している。欧州の「建築学」や「芸術」、「歴吏」、「造塑」等全てを教えられる人は少ないし、それぞれにさまざまな様式がある。よって、外国から教師を雇う必要もないという。

さらに、日本人は昔時のギリシア人や中古のイタリア人のように「広大奇異ノ産物」を製出したことはないが、「日本真正ノ芸術」があり、それは「一個殊特ニシテ其原本アリ而又実ニ美麗ノ品格ヲ有スル物」だという。この時期の明治政府があらゆる分野において欧化政策を進めていた中で、「日本真正ノ芸術」の保護育成を説いているのは興味深い。

ヴァグナーが唱える画学校及び博物館の目的は以下のようなものであった。

　　　　此画学校及ヒ博物館第一目的ハ恰モ日本芸術即チ其最上美麗ノ造物ヲ学ヒ得ヘキ又学フヘキ其良好ナル伝業ヲ教ヘ務メテ数人ヲシテ容易ニ一様同価ノ物ヲ造リ得セシメ且ツ往時及ヒ当今ノ卓越ナル本国芸術ノ優劣ヲ比競スルニアリ。

ヴァグナーは、博物館及びこれに附属の「画学校」を設立して、「日本真正ノ芸術」を学べる中心地を作り、「容易ニ一様同価ノ物」を作れるような人物を育成すると同時にお互いに切磋琢磨させるという。その最終目的は、「日本真正ノ芸術」である美術工芸品の

輸出を増加させることによって国益を増すという殖産興業政策に則ったものに他ならない。この考え方の前例として、イギリスの例を挙げている。

そして「画学校」の教師として、「日本ノ能図者二三名ヲ聘スルヨリシテ起スヘシ而シテ其人タル者ハ嘗テ著色修飾ノ画派又花鳥等ヲ学ヒ得タル者」を提案した[11]。これは、フェー＝工部省案、後に見るロシア人新聞記者の案と全く異なる点である。

まず、日本人の有能な画家2、3名を雇うことを提案している。彼らは彩色法を心得、花鳥画を学んでいる者であることという条件を付けている。教育方法としては、「形兒ノ良好ナル修飾ノ美麗ナル或ハ著色ノ妙絶ナル物ノ模写ヲ首トシテ」とあり、形や色の美しい物の模写を主としておこなうべきだという。この方法は「当今欧羅巴ニ於テ最好トテ一般ニ採用スル所」であると付言している。だが、師匠の代表的な作品を模写することによって画力を養う方法は、日本においても狩野派に代表される絵師の育成においてなされてきた方法であり、違和感なく受け止めることのできた教育方法と言えるだろう。模写の他に「日本芸術ノ歴史」、色彩の配合方法、著色学、粘土または蠟等による塑造、木彫などの教育も提案している。そして、学費を納入させることによって、生徒に真剣さが出てくるので、学費を徴収すべきことも主張している。

b．あるロシア人新聞記者の案

1876（明治9）年文部省から発刊された『教育雑誌』第1号に掲載された、学校設立の一案がある[12]。既に発行されていたものの改題となっているが、ロシアのサンクトペテルブルクのゴーロス新聞社同盟グリーツニンという人物が、当時の文部大輔田中不二麿へ提案する形となっている。田中は文部大丞として岩倉使節団に随行し、欧米の教育制度の調査をおこなっている。この案がどのような経緯から生じたものかはわからない。雑誌は1876（明治9）年の発行だが、ロシア人新聞記者の提案は、これ以前に日本に到着していたものだと考えられる。提案の骨子は、美術と音楽とを総合した芸術大学の設置であり、今日の東京藝術大学の組織に通じる。美術教育に限って見れば、講義内容には「画学論、刻像学論、建築学論、彫刻学論」などがあり、教師は「画学教授2名、刻像学1名、建築学1名、彫刻学1名」が提案されている。教師の数に違いはあるが、工部美術学校の設立案に類似している。しかし、この案には教師の国籍についての言及はない。

工部美術学校の創設に先だって発表されたのだとすれば、文部省は何らかの意図をもっていたのかもしれない。工部美術学校が伊藤博文工部卿へのイタリア人からの働きかけによって設立されるのに対し、この案は田中不二麿文部大輔へのロシア人からの提言である。一方はイタリア王国の外交官であり、他方は一ロシア人新聞記者という違いはあるが、日本における美術に関する学校新設においてイタリアとロシアから提案されたことは興味深い。結果としては、ロシア人新聞記者によるこの案も採択されなかった。

4. イタリア人教師招聘決定の背景

　1873年6月12日付のフェーの文書（doc. 5）に記されていたように、「美術」に関係する学校新設の背景にはウィーン万国博覧会参加による好結果があり、そして3つの学校案が提出されたことを見てきた。フェー＝工部省案が採択されたのはなぜなのか。
　フェーは1873（明治6）年5月8日から6月2日まで岩倉使節団のイタリア視察に同行し、その後引き続きウィーン万国博覧会の日本館のために尽力したことが知られている[13]。フェーがイタリア特命全権公使として日本に帰任するのは、1874（明治7）年9月である[14]。よって、これ以降にイタリア人教師による美術学校という案が工部省との間で具体的に討議されたと考えられるが、この間のことを明らかにする史料は今のところ見あたらない。日本及びイタリアにおいて残されているのは、1875（明治8）年4月20日に伊藤工部卿が三條太政大臣に提出した「工学寮、外国教師三名御雇入伺」（doc. 1）、その「副申」（doc. 2）とこれに添付された「覚書」（doc. 3）のみである。これらの文書については第Ⅱ部第1章で検討したい。
　3つの学校案が出された中で、フェー＝工部省案が採択された理由に関しても、これまで明確な答えを得ていない。しかし、先に引用した1875年6月12日付のフェーの文書（doc. 5）は、その答えを記している。

　　　　また、ヨーロッパ宮廷を訪問した日本の大使節団もまたイタリアが芸術の発祥の地だと納得したので、日本における美術学校のために彼の国から教師を招聘するという考えが生まれました。

　「ヨーロッパ宮廷を訪問した日本の大使節団」は、岩倉具視を特命全権大使とする使節団、すなわち岩倉使節団である。同使節団が「イタリアは芸術の発祥の地だと納得した」ことについては、本部第2章で考察したように、『特命全権大使　米欧回覧実記』のイタリア王国訪問記において「伊太利ハ美術ノ根本地」[15]と記されていることからも確認できた。だが、フェーの「イタリアは芸術の発祥地」という発言、岩倉使節団の「伊太利ハ美術ノ根本地」との認識における芸術もしくは美術は、建築、絵画、彫刻などの純粋美術が中心に据えられた遺産としての美術、もしくはその歴史的な遺産を受け継いだ当代の純粋美術を指している。そうであるならば、実用のための美術を教育する工部美術学校のために、純粋美術の地である「イタリアから教師を招聘するという考えが生まれ」たとするフェーの説明は飛躍していることになるだろう。
　しかしながら、1873（明治6）年のウィーン万国博覧会からこの文書が書かれた1875（明

治8）年6月までの間に、フェーの説明が飛躍していることにはならない経緯、つまり日本側が工部美術学校設立にあたり、純粋美術の国であるイタリアからの教師招聘を決定する経緯や事情があったことも、本部第3章において見てきた。すなわち、宮内省及び外務省によるウゴリーニの抜擢、大蔵省によるキヨッソーネ招聘は、岩倉使節団の「伊太利ハ美術ノ根本地」との認識と矛盾しない。日本政府によるウゴリーニ及びキヨッソーネの起用という出来事から、フェーは美術を介した日伊関係をさらに押し進めるという考えに及んだのではないかと思われる。実際、フェーは日本における産業振興に寄与する美術教育機関設置の動静に着目し、西洋化による殖産興業政策推進機関である工部省の長となった伊藤博文に「美術に於ては伊太利亜より教師を招聘すべきを建言」し、美術外交を進展させたのである。

ところで、フェーは日本が欲している美術学校がどのようなものであるかについても、同文書の中で本国外務省に伝えている。

> その新しい学校によって、日本が古代ギリシア流の彫像やヨーロッパの古代や近世の流派の絵画を再生することを期待してるわけではありません。日本は、自国で鋳造するための原型制作者、自国の磁器や紙のための画家、自国の住居や家具のための建築家を求めているのです。これら目的のさらなる結果として、ただ愉快かつ思いがけない満足が得られることでしょう。

注目すべきことは、フェーは日本が「古代ギリシア流の彫像やヨーロッパの古代や近世の流派の絵画を再生することを期待していません」と断言していることである。この文言には、開設される美術学校において、イタリアの美術アカデミー及び美術学校において教育されてきた、古代ギリシア・ローマに発し、ルネサンス期に展開した西洋の純粋美術の教育によって、それらを日本において再生することが望まれているわけではないことが明確に示されている。重要なことは、あくまでも日本固有の文化の育成・発展に寄与することが目的であり、西洋美術そのものの移植ではなく、日本が元来もっている固有の生活全般を鼓舞することであると、明言している点である。そして、そのために、日本政府は岩倉使節団によって納得された「芸術の発祥の地」であり「美術ノ根本地」であるイタリアから教師を招聘し、美術教育をおこなうことを決定したのだと伝えているのである。

ヴァグナー案がそうであったように、フェー＝工部省案も、学校設立の当初の目的は、殖産興業政策及び、輸出振興政策を推進することにあった。ヴァグナー案では、日本に既存の伝統工芸を育成するという目的から教師には日本人画家を提案し、教育方法は欧州において一般におこなわれている模写を中心とするものであった。一方、フェー＝工部省案においても、「日本は、自前の鋳造のための原型制作者、自前の磁器や紙のための画家、

自分の住居や家具のための建築家を探している」と記されているように、日本固有の文化の育成・発展が目的であり、そのためにイタリアから建築、絵画、彫刻のそれぞれを担当する合計3名の教師を招聘するというものだった。ヴァグナー案とフェー＝工部省案の違いの争点は、教師を誰にするかという問題に帰結する。そして、教師を誰にするかで、教育内容、使用する教材に変化が生じるのは当然のことである。結果としては、第Ⅱ部で詳しく見るように、イタリアから建築、絵画、彫刻のそれぞれを担当する合計3名の教師を招聘し、西洋の純粋美術の教育がなされることになる。

　工部省がフェーの進言を受け入れ、それを元にした美術学校案を採用し、決定したのは、それが明治政府の殖産興業政策に結びつき、なおかつ当時推進されていた「欧化政策」と結び付いたことが大きいのだろう。明治初年から1880年代前半までの日本は、近代化と西洋化とがほぼ同義であった。1880年代後半からは、近代化は益々推進されつつも、西洋化への反動が起き、やがて国粋主義へと向かうことになる。工部美術学校の閉校はまさにそのような波が起こる直前の時期にあたるのだが、美術学校設立案が提出された1875（明治8）年前後は欧化政策をさまざまな分野で進めていた時期であった。ヴァグナー案が採択されなかった理由の一つとしてこのような社会背景があったと考えられる。実際、1880年代後半からの国粋主義的な波が起こると、ヴァグナーが提案したような学校が次々創設され、日本固有の美術工芸品の保護、育成が図られるようになる。また、1887（明治20）年に文部省主導によって、東京藝術大学の前身である東京美術学校が設立された時に、西洋画の講座が開設されなかったのも、反欧化政策に関係している。

　フェーは、日本自らが「伊太利ハ美術ノ根本地」であると認識したがゆえに、美術学校創設にあたってイタリアから教師を招聘し西洋美術教育をおこなうことを決定したと言い、その目的はあくまでも日本固有の文化の育成・発展の寄与にあり、西欧美術そのものの移植ではないとも言う。一見もっともらしく思われるが、美術学校の設立目的が西洋美術そのものの移植ではないとすれば、西洋美術の根本地であるイタリアから教師を招聘する必然性は低かったようにも思われる。

　それにもかかわらず、日本政府がイタリアから教師を招聘することに決定したのは、フェーによる外交上の説得・交渉の結果とみるべきだろう。上述したように、日伊交流の黎明期に特命全権公使として日本へ赴任したフェーは、外交官として、赴任国において自国の文化的拠点を築くという使命感をもっていたはずである。フェーの「各国より教師を雇うたにかかわらずイタリーより教師を雇はなかったから、自国からも雇はせようとした」[16]という言説は、この意味において解釈されるべきだろう。すなわち、これはフェーという一個人の美術への思い入れという問題ではなく、イタリア王国による外交政策上の問題なのである。そして日本政府がフェーの説得を受け入れた事実からは、工部美術学校設立という問題が、日本とイタリア王国それぞれが当時もっていた外交関係全体のバラン

スから理解されるべきものであることを示唆している。

注

1 松岡壽旧蔵の『工学寮美術学校諸規則』は、青木茂、歌田眞介編『松岡壽研究』中央公論美術出版、2002年、5〜9頁に翻刻されている。同史料については、金子一夫「松岡壽評伝——西洋画修学とその画家意識を中心に」同書、351〜355頁に詳しい。
2 国立公文書館蔵『大政紀要』一、第一巻「自明治九年至同十五年　工部省　美術」の表書きには「工部省　美術、自明治九年至同十五年」とあるが、実際には1883（明治16）年1月23日の工部美術学校廃校にまで言及している。同書は青木茂編纂の『フォンタネージと工部美術学校』至文堂、1978年、96〜99頁に全文が採録され、95頁にはその解説がある。
3 『旧工部大学校史料』旧工部大学校史料編纂会、1931年、102頁。
4 小山正太郎「フォンタネジー」『美術正論』第1巻第1号、1913年、10頁。
5 隈元謙次郎「明治初期の洋画」『近代日本美術の研究』大蔵省印刷局、1964年、20〜41頁。
6 N. ペヴスナー（中森義宗・内藤秀雄訳）『美術アカデミーの歴史』中央大学出版部、1974年（Pevsner N., *Accademies of Art, Past and Present*, Cambridge 1940)、27〜28頁。イギリスの美術教育については、金子一夫『近代日本美術教育の研究　明治・大正時代』中央公論美術出版、1999年、81〜97頁。
7 田中芳男、平山成信篇『澳国博覧会参同記要』1897年；*L'Exposition universalle de Vienne illustree*, Paris 1873, pp. 132, 248-249, 253, 290-292, 418.
8 森仁史『日本〈工芸〉の近代　美術とデザインの母胎として』吉川弘文館、2009年、39〜40頁。
9 ゴットフリート・ヴァグナー、浅見忠雅訳「ワクネル氏東京博物館建設報告藝術ノ部」『澳国博覧会報告書』博物館部、澳国博覧会事務局、1875年。
10 注6参照。
11 『澳国博覧会報告書』、［4-6］博物館部。「画学校」案は以下に採録。浦崎永錫『日本近代美術発達史［明治篇］』東京美術、1974年、30〜34頁。
12 『教育雑誌』第一号（明治9年4月17日）、1876年、1〜20頁。学校案は以下に採録。上野直昭編『明治文化史　第八巻　美術』原書房、1981年（初版は開国百年記念文化事業会編『明治文化史　第八巻　美術編』、洋々社、1956年）、22〜24頁。
13 石井元章『ヴェネツィアと日本　美術をめぐる交流』ブリュッケ、1999年、28〜31頁。
14 同上、28頁。
15 『特命全権大使　米欧回覧実記』（四）、岩波書店、1980年、276頁。
16 小山正太郎「フォンタネジー」『美術正論』第1巻第1号、1913年、10頁。

第Ⅱ部　工部美術学校の創設から終焉へ

　第Ⅱ部は、主にイタリアの国立中央公文書館所蔵の「工部美術学校関係史料」に拠りながら、これまで知られていなかった工部美術学校の教師の選考過程を明らかにし、その間にイタリア側で生じた問題を検証し、かつ、それがどのように解決されたかを時系列に沿って見ていく。工部美術学校設立に関する文書の内容の確認とイタリアにおけるその解釈における問題点を示したい（第1章）。その上で、その解釈に基づいてなされた1875（明治8）年におけるイタリア人教師の選抜過程（第2章）、その時にイタリア側で議論になった〈画学〉教師の決定をめぐっての問題（第3章）、〈家屋装飾術〉をめぐる諸問題（第4章）、〈画学〉科に生じた教師交替と代人教師及び後任教師の選抜過程（第6章）を論じていく。そして、工部美術学校が廃校になった諸要因とそれに対するイタリア側の対応（第7章）を検証する。これらの考察により、工部美術学校がイタリア王国にとってどのような存在であったかを明らかにしたい。

第1章　工部美術学校創設に関する文書とその翻訳

はじめに

　工部美術学校創設に関する日本側の根本史料は、3点残されている。国立公文書館所蔵の『公文録』「工部省明治八年五月、四、工学寮、外国教師三名御雇入伺」(doc. 1)、「伺」と同日に提出された「工学寮、外国教師三名傭入伺ニ付副申」(doc. 2)、これに添付された「覚書」原本 (doc. 3) である。一方、イタリアにおいて工部美術学校の教師候補者の選抜にあたり、必要かつ参照された翻訳文書のうち、現存するのは次の3点である。「覚書」原本 (doc. 3) のイタリア語訳文書 (doc. 6)、契約書草案イタリア語訳 (doc. 7)、契約書草案に添付されたフェーによる「在東京イタリアの美術学校における教師雇い入れに関するメモ」(doc. 5) である。

　イタリアに教師選抜が依頼されるにあたり、イタリア語への翻訳がおこなわれた。国交樹立から間もないこの時期において、日本語からイタリア語への翻訳は容易ではなかっただろう。第Ⅰ部第3章で論じたように、この時期の日本において、外国由来の「美術」という概念が咀嚼しきれていたとはいい難く、それゆえ「美術」が意味する内容は必ずしも一元的ではなかったということに端的に表れているだろう。従って、日本語からイタリア語への翻訳によって、解釈のずれが生じた箇所があった可能性がある。

　本章では、まず、「工学寮、外国教師三名御雇入伺」(doc. 1) の内容を検証する。次に、「覚書」原本 (doc. 3) とそのイタリア語訳文書 (doc. 6) を検討すべく、原本とイタリア語訳を再度日本語に翻訳することによって比較検討する。最後に、契約書草案に添付されたイタリア王国特命全権公使フェーによる「在東京イタリアの美術学校における教師雇い入れに関するメモ」(doc. 5) を検討する。契約書の内容については、フォンタネージとラグーザが実際に締結した契約書に基づいて、第Ⅱ部第5章において検討することにしたい。

1.「工学寮、外国教師三名御雇入伺」

　日本で初めての官立の西洋美術教育機関となる工部美術学校は、明治初期に殖産興業政

策を推進する工部省の管轄下に設立された。

　工部省は、1870（明治3）年閏十月に殖産興業政策を推進するための機関として設けられ、そして1885（明治18）年には廃止されてしまう省である。しかし明治初期において近代的な産業育成のために果たした役割は大きい。工部省には工業・交通部門などの近代的な技術を日本へ移植するために、多数のお雇い外国人が招聘されたが、その殆どがイギリス人だった。実際、1874（明治7）年における日本政府機関への外国人雇い入れは総数503名で、半数近い228名が工部省雇いであり、そのうちの185名がイギリス人だった[1]。工部省が産業革命を起こし近代的な産業の姿を世界に先駆けて実現したイギリスから専門家を多数招聘したことは理に適ったことだった。イギリス側からすれば、工部省は彼らの牙城であったと言えるだろう。

　将来の産業界を担う人材育成を目的として、工部省の管轄下に、1871（明治4）年、工学寮が一等寮として設置された。工学寮は、1874（明治6）年に学校として開校し、1877（明治10）年に工部大学校と改称される。工学寮では、土木、機械、電信、造家、実地科学と鎔鋳、鉱山などの科学技術系の6学科が教授された。日本で初めての官立の西洋美術教育機関となる工部美術学校は、この工学寮に附属する機関として発足することになる。

　1875（明治8）年4月20日、伊藤博文工部卿は三條實美太政大臣に、「工学寮、外国教師三名御雇入伺」として、工学寮において「画学教師一名、造家教師一名、彫像教師一名」合計3名の外国人を新規に雇い入れたい旨の決裁を仰いだ（doc. 1）。

　　　名三十三号
　　　工学寮、外国教師三名御雇入伺
　　　一　画学教師　　一名
　　　一　造家教師　　一名
　　　一　彫像教師　　一名
　右旨工学寮ニ於テ要用ニ有之候処伊太利国者右等ノ芸術ニ長シ候趣ニ付同国公使ヘ□及打合然處給料ノ儀者一名毎ニ相定候ヨリ凡金高何程ト取極人物之優劣ニ依リ給料高低之儀者撰挙人ニテ相定候方便利之由ニ付右三名ニテ一カ年凡壱万円以内之見込ヲ以テ各三カ年間雇入ノ儀同国ヘ申遣度尤給料呼寄費用等ハ当省定額之内ヲ以相辨可申候間至急御許可相成候様致度此段相伺候也
　　　　　　　　　　　　　　　　　　　　　　　　明治八年四月廿日
　太政大臣三條實美殿

　伺之通
　　　　　　　　　　　　　　　　　　　　　　但副申之趣聞置候事

第Ⅱ部　工部美術学校の創設から終焉へ

明治八年五月七日

　この史料から推察できることは、1875（明治8）年4月20日以前に、工部卿の伊藤博文がイタリア公使のフェーとイタリア人教師の雇用に関し、既に協議していたということである。また、この時点では、雇用する教師の専門は〈画学〉すなわち絵画、「造家」すなわち建築、「彫像」すなわち彫刻である。しかし、後に「造家教師」すなわち建築教師は〈家屋装飾術〉の教師に変化してしまう。また、これらの芸術の分野はイタリアが長じているので、イタリアから招聘すること、3名で1年間10,000円以内の見込みで、3年間雇用すること、教師の選抜を担う選考委員が人物の優劣によって3名の給料の高低を決定するのが便利だろうということまで取り決めていたことがわかる。

　「伺」と同日に「工学寮、外国教師三名備入伺ニ付副申」（doc. 2）が提出されており、そこにはイタリア人教師3名の雇い入れに関し、別紙の「覚書」（doc. 3）の趣旨をもって日本在駐のイタリア公使に教師の人選を依頼すること、写しをもってイタリア在駐の日本国公使である河瀬真孝に伝えることが述べられている。

　「伺」の末には、「伺之通／但副申之趣聞置候事／明治八年五月七日」と記されており、「伺」と「副申」は1875（明治8）年5月7日付で許可されたことがわかる。ここにイタリア人教師を招聘することが正式に決定した。この日以降に、イタリア公使のフェー及び、イタリア在駐の日本公使の河瀬へ、遅滞なく正式に、イタリア人教師の人選依頼が伝えられたと考えられるが、その明確な時期についてはわからない。

2.「覚書」原本とその翻訳

　さて、「工学寮、外国教師三名備入伺ニ付副申」には別添書類として、「覚書」（doc. 3）が添付されていた。番号は付されていないが、内容としては10項目からなっており、実際に教師の選考をするにあたっての条件が盛り込まれた重要な文書である。現存するイタリア語訳「覚書」（doc. 6）は、「在日本イタリア国王陛下の公使館」と印字されたレターヘッドのある用紙に筆記されていることから、「覚書」（doc. 3）は、在日本イタリア公使館の協力によって、もしくは同公使館が主体となってイタリア語に翻訳されたと考えられる。イタリア語訳「覚書」は原本に忠実に翻訳され、また場合によっては日本語の意味する内容を汲み取って意訳されたことが理解できる。しかしながら、実際の教師選考では「覚書」の内容の解釈をめぐってイタリア側において議論され、その議論を基に教師の人選の決定がなされることになる。従って、翻訳された「覚書」は重要な役割を担っていることは確かである。

　ここでは、「覚書」（doc. 3）原本（ア）、イタリア語訳「覚書」（doc. 6）（イ）、筆者が再

度日本語に直した文章（ウ）によって内容を比較し、10項目を検討してみよう。

　　　　a．開講される教育施設と講座名

（ア）「日本政府其東京ノ学校ニ於テ技術科ヲ設ケ画学並家屋装飾術及彫刻術ヲ以テ日本
　　　生徒ヲ教導スベキ画工彫工等三名ヲ備用セント欲ス」

（イ）"Il Governo giapponese desidera formare nel Collegio di Tokio una Scuola di arti, ed a questo scopo si propone di prendere al suo servizio tre artisti, onde istruiscano studenti giapponesi nelle arti della pittura, dell'architettura ornamentale e della scoltura."

（ウ）「日本政府は工学寮の中に技術学校を設立することを切望しており、この目的のた
　　　めにこれに奉職する3名のイタリア人を雇い入れ、それにより、日本人学生に絵画、
　　　建築装飾、彫刻の技術を教育する」

「東京ノ学校ニ於テ技術科ヲ設ケ」、つまり「東京ノ学校」すなわち工学寮の中に「技術科」を設けると記されている。新設される学校は、独立の美術学校ではなく、工学寮（後、工部大学校に名称変更）に附属して技術科が設置されるというものである。
「技術科」という単語は、「Scuola di arti（技術学校）」と翻訳されている。純粋美術を教育する機関である「Accademia di Belle Arti（美術学院、美術アカデミー）」、あるいは「Istituto di Belle Arti（美術専門学校）」などの言葉によって表現されていないことは注目すべきだろう。つまり、「Belle Arti（美術、純粋美術）」という語を使用していない「Scuola di arti（技術学校）」という訳語には、西洋の純粋美術そのものの移植ではなく、あくまでも「百工ノ補助」となる技術の移植を目的とした学校であることが示されていると考えられるからである。1851年のロンドン万国博覧会以降、イタリアにおいても工芸振興を目的とした学校が設立されることになるが、それらはScuola d'arteと総称されていたようだ[2]。しかし、ここでは単数形のarteではなく複数形のartiと記されている。学校名のイタリア語表記の問題については次節で検討したい。
　講座名は、〈画学〉〈家屋装飾術〉〈彫刻術〉の3講座で、それぞれ「絵画」「建築装飾」「彫刻」と翻訳されている。

　　　　b．教師に望むことと教科内容について

（ア）「方今欧州ニ存スル如キ是等ノ技術ヲ日本ニ採取ヤント欲スルニ今其生徒タルモノ
　　　会テ是等ノ術ヲ全ク知ラザルモノナレバ之ガ師タル者ハ一科ノ学術ノ者ヨリハ却テ
　　　普通ノモノヲ得ンコトヲ欲ス此故ニ専業ノモノハ現今此学校ノ希望スル所ニ適セズ

第Ⅱ部　工部美術学校の創設から終焉へ

唯是等ノ技術ノ諸分課ヲ教導スルヲ得ベキモノヲ要スルナリ」

（イ）"Lo scopo essendo di introdurre nel Giappone queste arti quali esistono in Europa, e gli studenti giapponesi essendone attualmente interamente ignari, è desiderabile di procurarsi i servizi d'istruttori, le conoscenze dei quali siano piuttosto generali che speciali. Uno specialista non soddisferebbe ai bisogni della Scuola; gli istruttori sarebbero chiamati ad istruire in tutte le diverse partite della loro arte."

（ウ）「欧州美術の日本への導入を希望しているが、この学校の生徒となるものはこれまでに西洋美術を全く知らない者たちなので、教師となる人は一つのことを専門とする人ではなく幅広い知識をもっている人を希望する。従って、今般、専門家は学校が希望するところには適さない。ただそれぞれの学科を教導できる人を要求する」

ここには翻訳における大きな相違は認められない。「生徒タルモノ会テ是等ノ術ヲ全ク知ラザルモノ」、すなわち「この学校の生徒となる者はこれまでに西洋美術を全く知らない者たち」と記されている。しかし実際には〈画学〉に入学した学生の中には、既に洋画の研究をしてきた者が多数いた。工部省はこの点を認識していなかったものと考えられる文言である。

①〈画学〉
〈画学〉の教科内容には以下が求められた。

（ア）「仮令バ画術ニ於テハ地景及画像等ノミナラズ図引並絵ノ具混合方、遠景図及「アート・オフ・コンポシシユン」画ノ位置ヲ定ムルノ術等ヲ以テ生徒ヲ教導スルヲ要ス」

（イ）"Per esempio nel caso della pittura, non soltanto paesaggi e figure si richiedono, ma bene anche il disegno, il mescolare i colori, la prospettiva e l'arte della composizione;"

（ウ）「画学においては、風景画及び人物画などだけではなく、素描、絵の具の混ぜ方、構成法などを生徒に教えることが要求される」

『大日本国語辞典』によっても、「地景」は「風景画」を、「画像」は「人物画」を意味する[3]。工部省は、風景画も人物画も描ける画家を希望したのだが、両方に長けた一人の画家を選択することはイタリアにおいてはかえって難しいことと考えられたようである。これについては第Ⅱ部第3章において詳述する。

② 〈家屋装飾術〉
〈家屋装飾術〉の教育内容は以下の通り。
（ア）「家屋装飾術ニ就テハ諸般ノ造営装飾術及彫嵌ニ用ユル大理石等ノ彫刻術モ又之を伝エシメ」

（イ）"nel caso dell'architettura ornamentale si richiede che l'istruttore insegni ogni genere e scuola di architettura ornamentale, ed anche il lavorare sul marmo e sulla pietra ecc. ecc."

（ウ）「家屋装飾術（建築装飾）の場合には、教育者は建築装飾のあらゆる種類と流派、また大理石や他の石等の上に細工することを指導することが望まれる」

「諸般ノ造営装飾術」とは「建築装飾のあらゆる種類と流派」であり、「彫嵌ニ用ユル大理石等ノ彫刻術」は「大理石や他の石等の上に細工すること」を示している。しかし、後者は彫刻の教師がおこなうことであろう。実際、この点について、教師の人選を担当するボンギ公共教育大臣が質問を呈することになる。

先の「工学寮、外国教師三名御雇入伺」において明記されていた「造家教師」、すなわち建築教師が担当する教育内容は、「覚書」にはこれ以外に記されていないことからすると、建築の専門家が〈家屋装飾術〉を教えるということになり、人物の専門性と担う教育内容との合致が認めにくい。〈家屋装飾術〉を担当する教師として来日したのはジョヴァンニ・ヴィンチェンツォ・カッペッレッティだが、工部美術学校開校時に〈家屋装飾術〉の講座は開かれなかった。その理由については未だ十分な回答を得ていないが、少なくとも「覚書」をイタリア語に翻訳するという最初の時点で、既に問題を孕んでいたことがわかる。〈家屋装飾術〉をめぐる諸問題については、第Ⅱ部第4章で詳しく見ることにしたい。

③ 〈彫刻術〉
〈彫刻術〉の教科内容には以下が求められた。
（ア）「又彫刻術に在テハ人形ノ偶像及板面ノ小像並禽獣虫魚花実等ヲ彫刻スルノ術ヲ教授セシメント欲スルナリ」

（イ）"e nel caso della scoltura il rappresentare la figura umana in intiero ed in medallioni[sic] ecc. ed il rappresentare anche gli animali, i frutti, i fiori ecc. ecc.."

（ウ）「彫刻術においては、丸彫り及び浮き彫りなどで人物像を表現する。また動物、果

第Ⅱ部　工部美術学校の創設から終焉へ

実、花などを表現する」

「虫」や「魚」は省略されているが、それは「動物」に含められたものと解釈すれば、日本語原典がほぼ忠実に翻訳されたものとみることができるだろう。

c. 指令系統について

(ア)「此教師タル者ハ此学校ノ日本長官及欧人都検ノ指揮ニ随ヒテ其職分を行フベシ」

(イ) "Essi agiranno dietro istruzioni del Commissario Giapponese e del Direttore Europeo del Collegio."

(ウ)「教師たちは組織の日本人代表者とヨーロッパ人校長の指示の下に行動する」

「欧人都検」は工学寮工部大学校都検つまり、今日でいう「教頭」を意味する[4]。工作局長の大鳥圭介が工部大学校の初代校長を兼任した。初代都検にはイギリス人ヘンリー・ダイアー (Henry Dyer, 1848-1918) が就いたが、実質的にはダイアーが校長の役割を担った。従って、翻訳はこうした実状に即してなされたと考えられ、ここで述べている「日本人代表」は大鳥圭介であり、「ヨーロッパ人校長」はダイアーを指している。

工部省の御雇い外国人の大半がイギリス人であり、工部省の管轄下に開設された工部大学校の教員の多くはイギリス人だった。ここでは「イギリス人都検」ではなく、「欧人都検」と記されていることは興味深い。その一方で、次に見るように、必須言語に関する項目では「皆英人」と記されているからである。

d. 必須言語について

(ア)「其他ノ教師ハ総テ皆英人ナレバ若シ是等ノ工芸者モ亦英語ニ通ズル時ハ自カラ大ニ便ヲ得ベク且ツ生徒ノ能ク知ル所ノモノ亦英語ナレガ故ニ其生徒モ亦便ナルナリ然レドモ若シ其者英語ヲ能クスル事ヲ得ザレバ必ズ仏蘭西語ヲ知ラザルベカラズ即推挙ヲ得テ渡来スベキ教師此両国語ノ内一箇国ノ語ニハ必ズ通ズベキナリ」

(イ) "Se questi artisti sanno parlare l'inglese, sarà per loro un gran vantaggio (tutti gli altri istruttori essendo inglesi) ed per gli studenti essendo l'inglese la lingua più generalmente conosciuta fra di loro.
　Ma se non sanno parlare l'inglese, la conoscenza del francese sarà indispensabile. Gli istruttori, che siano qui mandati, dovranno poter parlare una di queste due lingue."

(ウ)「(その他の全ての教師はイギリス人であり)、そして生徒たちにとっても、彼らの間でもっとも広く知られている言語が英語なので、これらの芸術家が英語を知っていれば、彼らにとって大いなる利点となるだろう。しかし、英語を話せない場合には、フランス語の知識は不可欠である。ここに派遣される教師はこれら二言語の内の一つを話せなくてはならない」

内容の点において齟齬はない。フォンタネージ、ラグーザ、カッペッレッティはフランス語で講義し、外務省の役人が通訳したことが知られている。

e. 契約期間について

(ア)「其約定期限ハ其者東京ニ着シテ工部卿ニ申達スルノ日ヨリ三箇年タルベシ」

(イ)"I loro contratti sono per 3 anni dal giorno che annuncino il loro arrivo in Tokio al Ministro dei Lavori Pubblici;"

(ウ)「彼らの契約は、東京に彼らが到着したことを工部卿に告げた日から3年間である」

両者に違いは見られない。選抜された教師はローマで契約を締結することになるのだが、この点については「覚書」には記されていない。契約の締結はローマでおこない、東京で工部卿に面会した日が契約期間の開始日であることを意味している。

f. 給料の額について

(ア)「而シテ其給料ハ羅馬ニアル日本使節ト伊太利政府協議ノ上決定スルヲ得ベシ」「然シ其総金高一箇年壱萬弗ヲ越ユルベカラズ」「即一教師一箇年ノ給料ハ凡参千参百弗以月賦トシ毎月末之ヲ附與スベシ」

(イ)"il loro salario potrà essere fissato dal Governo Italiano d'accordo col Ministro Giapponese in Roma, con questo limite che la somma totale da fissarsi per questo scopo non oltrepassi dollari 10.000 all'anno."

(ウ)「彼らの給料は、1年間に10,000ドルを越えないという目的をもって定められた合計額の上限をもって、ローマの日本公使との合意によりイタリア政府によって定められ得るだろう」

翻訳には、「即一教師一箇年ノ給料ハ凡参千参百弗以月賦トシ」、すなわち「一教師の一年間の給料は凡そ3,300ドルをもって月給とする」の部分は翻訳されなかった。それゆえ、後にボンギ公共教育大臣は「10,000ドル」の意味するところついて質問することになる。

g. 最初の給料の支払いについて

（ア）「其初度ノ月賦ハ其者遅滞ナク東京ニ着シテ工部卿ニ報告スルノ日ヨリ一箇月ニシテ之ヲ受ルヲ得ベシ」

（イ）"Questi salarii saranno pagabili mensilmente, la prima rata mensile pagabile un mese dopo che gli istruttori abbiano annunciato il loro arrivo in Tokio al Ministro pei Lavori Pubblici, dal quale debbono recarsi senza indugio."

（ウ）「これらの給料は毎月支払われ、最初の月の支払い金は工部卿に東京に彼らが到着したことを告げた日の1ヶ月後であるがゆえに、遅滞なく赴かなければならない」

両者の内容における違いは見られない。イタリア人教師たちは1876（明治9）年8月29日に伊藤博文工部卿に面会する。それから1ヶ月後の9月29日に初月給を受領することになる。

h. 職務への専任

（ア）「終始此政府ノ職務ニ専任シ此学校ノ規則條例ヲ遵奉セザルベカラズ」

（イ）"Tutto il loro tempo deve essere consacrato al servizio del Governo e saranno tenuti di conformarsi ai Regolamenti del Collegio."

（ウ）「彼らの全ての時間は政府への奉仕に捧げられなければならない。そして組織の規則に合致した行動をとるように強いられるだろう」

ここには、契約期間中は政府の職務に専任し、工部大学校の規則条例を遵守すべきことが記されているのだが、「彼らの全ての時間は政府への奉仕に捧げられなければならない」の解釈に関し、イタリア側から質問がなされることになる。

i. 往復の旅費について

（ア）「伊太利國ヨリ日本迄ノ路銀及其約定金トシテ往返各壱百弗ヲ給與スベシ」

(イ) "Loro sarà pagato il viaggio dall'Italia al Giappone e espirato il loro contratto dal Giappone all'Italia, e riceveranno una somma di $100, tanto nel venire che nel tornare per spese minute lungo il viaggio."

(ウ)「彼らはイタリアから日本まで、そして契約を完遂した後には日本からイタリアまでの旅費が支払われる。また、長い旅路の往復路の仕度金として合計100ドルを受け取るだろう」

両者の内容に差異はみられない。

j. 住居と医療費について

(ア)「其勤務中ハ家具ナキ住居ヲ給シ且ツ医療ヲ受クルヲ得セムベシ」

(イ) "Loro sarà dato l'alloggio, mentre continueranno al servizio, e parimenti i servizii di un medico."

(ウ)「職務を遂行している間は、彼らには宿舎が与えられる。同様に医療サービスが与えられる」

原本の「家具ナキ」の部分は、イタリア語に翻訳されていない。
傷病の場合には、政府が医療費を支払うということを意味しており、契約書にはさらに詳しい記載がある。

以上見てきたように、「覚書」原本（ア）と、イタリア語訳「覚書」を再度日本語に直した文章（ウ）とを比較してみると、必ずしも完全な一致が見られないことがわかる。イタリア側での教師の選考過程において、「覚書」原本には記載されているのにイタリア語に翻訳されていない箇所、あるいは原本に記載されていない箇所の解釈をめぐって質問がなされることになる。

3. フェーによる「在東京イタリアの美術学校における教師雇い入れに関するメモ」と学校像

「工部美術学校関係史料」の中でもっとも古い文書は、1875年6月12日付の、在日本イタリア王国特命全権公使アレッサンドロ・フェー・ドスティアーニによる、「在東京イタ

リアの美術学校における教師雇い入れに関するメモ」（doc. 5；以下、「メモ」）である。この文書には宛名が記されていないが、第1頁の左側に、手書きで、下から上に向かって、横書きで「商業通信1875年6月12日付第267号に添付／在日本［イタリア］公使館から」と記されていることから、本国外務省に宛てた文書であると考えられる。実際、この文書は、イタリア外務省から教師候補者選考を担当することになった公共教育書へ、候補者募集開始後の8月7日に転伝された。

　この「メモ」は、「商業通信1875年6月12日付第267号に添付」されたもので、これには契約書草案（doc. 7）も添付されていた。フェーは日本政府の意向を斟酌しつつ、契約書草案（doc. 7）の内容を補完すべく起草したのだという（doc. 12）。

　この「メモ」には、イタリア側において、新設される学校像を決定づける重要な要素が2点示されている。

　まず、工部美術学校を示すイタリア語表記である。

　フェーの文書の冒頭には「在東京イタリアの美術学校における教師雇い入れに関するメモ（Pro-memorie per l'ingaggio dei professori alla scuola italiana di Belle Arti in Tokio）」と記されている。前章で見たように、「覚書」原本において、工部美術学校を示す言葉は「技術科」であり、「Scuola di arti（技術学校）」と翻訳されていた。しかし、フェーの文書の標題では「scuola italiana di Belle Arti in Tokio（在東京イタリアの美術学校）」となっている。また、文書中では、「una scuola o accademia di Belle Arti（美術学校もしくは美術アカデミー）」、「Scuola di belle arti al Giappone（日本における美術学校）」と記されている。

　「芸術教育の根本原理としてのBelle Artiという概念そのものは、アカデミーと共に誕生した概念」[5]であり、「Belle Arti（美術、純粋美術）」という言葉が使われることによって、イタリア側における学校像はほぼ規定されることになっただろう。フェーは「百工ノ補助」となる「Belle Arti（美術、純粋美術）」の教育が必要となった経緯、教育によって期待される成果などについて詳細に説明しているが、イタリアにおいて、標題の言葉から想像される学校は、純粋美術を教育する学校だったに違いない。

　実際、東京に美術学校を創設するという案件がイタリア外務省に伝わると、外務省はイタリアにおける殖産興業政策を推進し、そのための美術教育機関である「Scuola d'arte（技術学校）」を管轄していた農工商務省ではなく、「Accademia di Belle Arti（美術学院、美術アカデミー）」及び「Istituto di Belle Arti（美術専門学校）」を管轄する公共教育省に教師候補者選抜の実務を依頼した。この時点で、工部美術学校は純粋美術育成のための教育機関となることが決定的になった。

　イタリアの公文書において、工部美術学校はほとんど全てScuola di Belle Arti di Tokioもしくは Scuola di Belle Arti in Tokio、すなわち「東京美術学校」と訳されているが、東京藝術大学の前身のそれではなく、工部美術学校を意味している。これらのイタリア語の名称

からは、「Belle Arti（美術、純粋美術）」を教育する学校という像は浮かぶが、「百工ノ補助」という目的が込められていることを読み取ることはできない。実際、これ以降、工部美術学校設立の所期の目的がイタリアにおいて顧みられることはないのである。

　この「メモ」そのものがイタリア外務省へ到着するのは8月7日より少し前のことだっただろう。しかし、次章で見るように、遅くとも7月23日までには在日本イタリア公使館からイタリア外務省へ、工部美術学校の設立と3名の教師が招聘されることが報告されていた。その際に工部美術学校を示すイタリア語も Scuola di Belle Arti di Tokio もしくは Scuola di Belle Arti in Tokio であっただろう。「Belle Arti（美術、純粋美術）」の教育機関を示す表記はその後の文書においても変わらない[6]。イタリアにおいては初めから、東京に創設されることになった学校に対して確固とした像を描いていたものであったことを示唆しているように思われる。

　第2は、工部美術学校で必要となる教材である。

　フェーの「メモ」には、「工学寮、外国教師三名御雇入伺」（doc. 1）、「副申」（doc. 2）、「覚書」（doc. 3）には全く言及されていない、美術学校開設に必要となることが予想されるさまざまな教材が言及されている。

　　　さしあたって、同様な施設に必要とされる、少量だが多岐にわたる物品を準備することに限定するのは適切でしょう。必要と思われるものは以下のものです。学校での使用のためのみならず、生徒の私的な使用のためにも、石膏像、少量の石灰石の粉、建築デザインや遠近法のテキスト。油彩画用の絵の具、少量のカッラーラ産の大理石、彫刻家が使用するいくつかのコンパス、大理石に用いる鋼鉄製工具。ここに欠けている唯一のものは、上等なフランス製の鉛筆です。その名は"コンテ"。

　フェーは「同様の施設」において必要とされるものとして、石膏像、石灰石の粉、建築デザインや遠近法のテキスト、油彩画用の絵の具、カッラーラ産の大理石、彫刻用コンパス、大理石に用いる鋼鉄製工具などを列挙している。これらを必要とする「同様の施設」とは、純粋美術の教育をおこなってきた美術学校に他ならない。イタリアにおいては、これらの必要な教材からも、「百工ノ補助」を目的とした学校像を思い描くどころか、むしろ伝統的な純粋美術教育の現場がすぐに想起されたと考えられる。

　　まとめ

　以上、イタリアにおいて工部美術学校の教師候補者の選抜に関する根本的な文書である「覚書」原本（doc. 3）のイタリア語訳文書（doc. 6）、契約書草案に添付されたフェーによ

る「在東京イタリアの美術学校における教師雇い入れに関するメモ」(doc. 5) には、日本語文書原本の解釈に相違があったことを見てきた。文書の解釈に相違があった結果、工部美術学校は、イタリア語によって理解された学校像、すなわち、「百工ノ補助」を目的とした学校ではなく、西洋において伝統的な純粋美術の教育をなす学校像としてとらえられ、それに相応しい教師の候補者が募集され、選抜されることになる。だが、それは教師候補者の選抜事務を誰が主に担うのか、ということとも関係していたはずである。次章ではこのことを検証していきたい。

注
1 梅溪昇『お雇い外国人①概説』鹿島出版会、1968年、71頁。
2 管見の限り、Scuola d'arteの問題について明確に論じたものは未見である。Scuola d'arteもしくはIstituto d'arteは、イタリア各地における伝統と結びついた産業振興を目的とした学校の名称として使われている。以上、*Enciclopedia Universale dell'Arte*, Sansono, Firenze 1958, vol. IV, p. 318. イタリアの国立中央公文書館編纂の所蔵目録 *Ministero della Pubblica Istruzione* には、具体的な学校名が記されている。
3 上田万年、松井簡治共著『大日本国語辞典』富山房、1940～41年、巻1及び巻3。
4 青木茂編『フォンタネージと工部美術学校』至文堂、1978年、18頁。
5 *Enciclopedia Universale dell'Arte, cit.*, p. 309.
6 イタリア語での工部美術学校の名称は、doc. 137のサンジョヴァンニへの叙勲関係文書ではAccademia di Belle Arti（美術学院）と記され、また工部美術学校終焉に関する文書であるdoc. 142以降においては、従来のScuola di Belle Arti di Tokio（東京美術学校）に加えて、l'imperiale scuola di Belle Arti（帝国美術学校）、Accademia di Belle Arti（in/a Tokio）（東京美術学院）、Accademia Imperiale di Belle Arti（in Tokio）（東京帝国美術学院）などと記されることになる。

第2章　イタリア王国における教師候補者選抜の経緯

　　　　はじめに

　工部美術学校の教師はどのような経緯によって選抜されたのか。日本にはそれを知る史料は現存しないため、この件については全く不明のまま今日に至っている。しかし、イタリアの国立中央公文書館に保管される「工部美術学校関係史料」には、その経緯を詳細に追うことのできる文書が含まれている。

　工部美術学校の教師をイタリアから招聘することが正式に決定すると、在日本イタリア公使館はイタリア外務省に本件を報告し、報告を受けた外務省は教師候補者の選抜事務を、純粋美術の教育をなす王立美術学校（美術学院、美術専門学校）を統括する公共教育省に依頼した。それは、日本政府による外交通牒である口上書の発出をもっての正式な依頼よりも早く開始されたのである。口上書の発出よりも早期に着手されたという事実から、イタリア外務省にとって、本件が一刻も早く着手すべき重要な意味をもっていたのだろうと想像される。依頼を受けた公共教育省は、翻訳された「覚書」を元に候補者の選抜事務を着手する。しかし、第Ⅱ部第1章で見たように、公共教育省は翻訳された「覚書」の内容についてすぐに疑義を呈した。そして、公共教育省における解釈に基づいて、工部美術学校の教師候補者の選抜事務が開始された。まず、イタリア外務省と公共教育省との間で取り交わされた文書を検討する。

　次に、公共教育省の依頼により、教師候補者の選抜の窓口となった6校の王立美術学校、すなわちフィレンツェ王立美術専門学校、ローマ王立美術専門学校、トリーノ・アルベルティーナ王立美術学院、ミラーノ王立美術学院、ヴェネツィア王立美術学院、ナポリ王立美術専門学校のそれぞれの対応を検証し、全ての候補者名を明らかにしたい。そして、教師候補者をとりまとめた公共教育省において、どの候補者が推されていたのかについても見ていこう。

第Ⅱ部　工部美術学校の創設から終焉へ

1. 教師候補者の選抜事務の主導権

a. イタリア外務省から公共教育省への通達

　1875（明治8）年5月7日、工部美術学校の教師をイタリアから招聘することが承認された後、遅滞無く、在日本イタリア公使館はイタリア外務省に本件を伝えたものと思われる。その第一報がいつだったのかについてはわからない。遅くとも7月23日には、イタリア外務省は公共教育省に教師候補者の選抜事務を依頼している。ここではイタリア外務省の対応の早さが注目されるが、同時に公共教育省に本件を委ねることにしたイタリア外務省の判断も看過できない。その結果、殖産興業政策を推進し、そのための美術教育機関を管轄していた農工商務省[1]ではなく、美術学院などを統括する公共教育省を主管省として教師候補者選抜の実務が開始されることになり、この時点で、工部美術学校は純粋美術育成のための教育機関への方向付けがなされたと考えられるからである。

　1875年7月23日付の、イタリア外務省イザッコ・アルトム事務次官がエミーリオ・ヴィスコンティ・ヴェノスタ（以下、ヴェノスタ）外務大臣名で、ルッジェーロ・ボンギ公共教育大臣（以下、ボンギ）に宛てた文書（doc. 8）は、「工部美術学校関係史料」中において、イタリア外務省から公共教育省へ宛てた工部美術学校に関する最初の文書である。この文書には、この時点でのイタリア外務省の意思を示す事項が7点記されている。すなわち、

　第1は、公共教育省は「日本政府が東京に美術学校を設立すると決定したことを、恐らく、しばらく前から注目されていたことでしょう」と指摘していること。
　第2は、ローマ在駐の河瀬真孝在イタリア特命全権日本公使が教師選抜の任務にあたるはずであること。
　第3は、日本政府は河瀬がイタリア政府から教師選抜を補佐されると信じていること。
　第4は、イタリア政府にとって新たな美術学校の設立は「名誉」であり、それゆえ本件に「無関心でいられるはずのない」こと。
　第5は、美術学校設立はフェーの先導によっていること。
　第6は、河瀬公使からいかなる通信も受理していないが、河瀬から教師選抜の指揮を執ることのできる人物照会を依頼する口上書が発出されると考えていること。
　第7は、河瀬からの依頼に先んじて、「在ローマ日本公使館に送付された『覚書』の写し」のイタリア語訳と英語訳を公共教育大臣に送付し、然るべき対処を期待していること。

の7点である。

第1の、美術学校を統括する公共教育省が、「東京に美術学校を設立すると決定したことを、恐らく、しばらく前から注目」していたはずだという指摘は的を射たものだっただろう。第Ⅰ部第3章で見たように、ミラーノの「エスポジツィオーネ・ペルマネンテ」における《締盟國元首肖像》展覧会開催前日の1875（明治8）年3月10日、同地新聞『イル・プンゴロ』は「日本に4講座からなるイタリア人による美術学校が創設されることになる」と伝えており、伊藤工部卿による工部美術学校の創設の正式な申請よりも1ヶ月以上も早い時期に、イタリアにおいてイタリア人による美術学校の創設が注目されていた[2]。美術学校を統括する公共教育省であれば、当然、東京に創設されるはずのイタリア人による美術学校に無関心であるはずはない、という指摘だろう。

　第4の、工部美術学校の設立はフェーの尽力に依るものであるということについては、既往研究において指摘され続けてきたことであるが、この点については第Ⅳ部第1章において再検討することにしたい。これ以外の点を総括すると、イタリア外務省は、工部美術学校の設立はイタリア王国政府にとって「名誉」であり、それゆえ教師選抜に「無関心ではいられるはずがない」と考え、ボンギに日本側から教師選抜の補佐を依頼された場合に備えた対応を要請する、ということに尽きるだろう。

　文面から「在ローマ日本公使館に送付された『覚書』の写し」のイタリア語訳（doc. 6）と英語訳は、この文書が発出された7月23日以前にイタリア外務省へ到着していたことがわかる。

b. 公共教育省における「覚書」の解釈をめぐる問題

　公共教育省は、上述の7月23日付文書の返信として、8月4日付でボンギ公共教育大臣発ヴェノスタ外務大臣宛の文書（doc. 9）を発出した。ここでは、「覚書」のイタリア語訳及び英語訳を添付して返却するとともに、「覚書」の記載内容のうち、2点について疑問を呈している。

　第1は、「10,000［メキシコ］ドルの給料」の解釈についてである。

　「10,000ドルは、総計として3名の教師に支払われるものなのか、あるいは各々の教師に支払われるものなのか」と尋ねている。「覚書」原本の翻訳（doc. 6）において、「即一教師一箇年ノ給料ハ凡参千参百弗以月賦トシ」、すなわち「一教師の一年間の給料は凡そ3,300ドルをもって月給とする」の部分が翻訳されなかったために挙がった問題点である。10月2日付の公共教育省から王立美術学校6校宛の文書案文（doc. 30）において、この疑問に対して外務省から返答を得たことがわかる。そこには、「かかる金額は3人の教師全体で支払われるものであり、彼らの中で、同額で、あるいは採用場所の条件の勘案により比例して分配される」という解釈が示されており、これについての疑問は解消された。

　第2は、〈家屋装飾術〉の教育内容についてである。

ボンギは、「建築教師は大理石や石の上の制作も教えなければならないと述べている箇所は、過ちが犯されているものと確信しています。かかる教師は当然そのことに属せず、明らかに彫刻教師に固有のものだからです」と疑義を呈した。第Ⅱ部第1章で見たように、「覚書」原本の「家屋装飾術ニ就テハ諸般ノ造営装飾術及彫嵌ニ用ユル大理石等ノ彫刻術モ又之ヲ伝エシメ」の部分をイタリア語に翻訳した文章を再度、日本語で検討してみると、「家屋装飾術（建築装飾）の場合には、教育者は建築装飾のあらゆる種類と流派、また大理石や他の石等の上に細工することを指導することが望まれる」となる。ボンギは「大理石や他の石等の上に細工することを指導する」のは、彫刻の教師がおこなうことなのではないか、と質問したのである。これに対する外務省側から公共教育省宛に返答した文書は保管されておらず、返答されたのか否かについても不明である。

ボンギが「大理石や他の石等の上に細工することを指導する」のが彫刻教師であると理解したことは、〈家屋装飾術〉を、建築学として受けとめたことを意味する。この認識をもって、ボンギは絵画、彫刻とともに、建築学の教育に相応しい人材の推薦を各美術学校に打診することとなった。実際、日本が必要としたのは「画学教師」、「彫像教師」、「造家教師」各1名であった（doc. 1）。そして候補に挙がった者たちは、フォンタネージ、ラグーザ、カッペッレッティに典型的に見られるような、絵画、彫刻、建築を専門におこなう者たちであり、それゆえイタリアの美術アカデミーでおこなわれていた純粋美術の教育を日本で実践し得たのである。だが、それは「百工ノ補助トナサンカ為」の産業美術や商業美術などの教育という工部省の当初の意図から逸れることになる。

なお、カッペッレッティは〈家屋装飾術〉の教師として選抜されたにもかかわらず、工部美術学校が開校したときには、〈家屋装飾術〉は開かれなかった。この混乱した状況をどのように理解すべきなのか、これまでの研究では十分に示されてきてはいない。この問題については、第Ⅱ部第4章で詳細に論じたい。

c. 外務省と公共教育省の思惑
—— 教師候補者選抜を主導するのは日本か、イタリアか

イタリア外務省領事通商総局局長アウグスト・ペイロレーリは、在日本イタリア公使館から教師の契約書草案とそれを補完すべくフェーが起草した「在東京イタリアの美術学校における教師雇い入れに関するメモ」（doc. 5）を入手するや否や、8月7日には公共教育省へこれらの文書を、返却を条件として転送した（doc. 12）。9月1日、公共教育省事務次官エンリーコ・ベッティは大臣名により、契約書草案とフェーによる「メモ」を返却する際に、在イタリア日本公使館がイタリア政府に「公式な依頼をするつもりであるのかどうか」、そして、前便でも話題に上がっていたが、公共教育省が「河瀬氏を指導しうる人物を推薦してほしいと依頼してくる」のかどうかをヴェノスタ外務大臣に問い質している（doc. 13）。9

月4日付の外務大臣名によるペイロレーリから公共教育省への返信で (doc. 14)、これまで公共教育省へ送った、翻訳された「覚書」、「契約書草案」、フェーが起草した「メモ」は、「在日本 [イタリア] 王国公使から非公式に送付」されたものだったことを明かし、「公式な申し出は在ローマ日本公使館からなされるはずだから」という理由も述べている。そして河瀬公使に「届けられるはずの必要な指示を日本公使殿に早急に求めるよう試みましょう」と約束している。

　日本でイタリア人教師の招聘が承認されてからわずか2ヶ月強でイタリア外務省に本件が伝えられていたように、在イタリア日本公使の河瀬の元にも遅滞無く「覚書」の写しが届けられ、教師候補者選抜のための事務が着手されて然るべきだっただろう。だが、上述の往復文書から、9月4日までの間、河瀬がイタリア王国政府へ外交通牒である口上書の発出をおこなっていなかったことがわかる。口上書が発出されなければ、本件事務を正式に開始することはできないはずである。従って、口上書発出が遅れれば、それだけ教師候補者の選抜も遅れることになる。口上書発出の遅延理由はわからない。工部美術学校は、日本で初めて創設された官立の美術教育機関であり、創設以前の段階において、「美術学校」が何であるのか、十分に理解できた日本人は少なかっただろう。恐らく、河瀬も十分に理解していたとは思われない。これを遅延の理由とするのは推断に過ぎようが、そもそも十分に理解できない案件、あるいは関心の低い案件というものは処理しがたいものなのではないか。恐らく河瀬は、イタリア外務省からの要請を受けて漸く口上書を発出することができたのだろう。

　9月10日付で、ペイロレーリが外務大臣名で公共教育省へ宛てた文書は、9月7日付で、在イタリア日本公使館からイタリア外務省へ口上書が発出されたことを知らせている (doc. 15)。ペイロレーリは、在イタリア日本公使館が「東京美術学校において教授するために赴く用意のある3名の教師選抜のための公務を王国政府においておこなうよう、日本政府から委任を受け」、「日本政府の名の下に日本公使館が契約書に署名する権限を与えられたことも知らせてきたことを言い添えてい」ることを伝え、「今や、日本公使館における3名の教師選抜に、貴省が従事しうるように思われます」と結んでいる。ここには、外務省と公共教育省が手を携えて、嬉々としている様子が浮かんでくるようである。

　日本公使館が「3名の教師選抜のための公務を王国政府においておこなうよう、日本政府から委任を受け」、「日本政府の名の下に日本公使館が契約書に署名する権限を与えられた」ことは、「日本公使館における3名の教師選抜に、貴省 [公共教育省] が従事しうる」ことに直結しないだろう。なぜ、イタリア外務省は両者が結びつくと考えたのか。

d. 教師候補者の選抜事務主導権が意味するもの

　工部美術学校の教師候補者選抜の事務に関し、外務省と公共教育省との間で交わされ

てきた7月23日から9月10日までの文書を見てきた。教師候補者選抜の事務を公共教育省へ依頼したイタリア外務省の判断、工部美術学校の教育内容を絵画、彫刻、建築と理解し、それに相応しい専門家の推薦をイタリアの王立美術学校6校に打診した公共教育大臣ボンギの判断、以上のイタリア側が下した2度の判断により、日本における美術学校の構想は思わぬ方向へ進むことになる。しかし、誰が教師候補者の選抜事務を主として担うのかによって、さらなる変化が生じる可能性が残されていたはずである。それゆえ、イタリア外務省と公共教育省は、教師候補者の選抜事務を主導するのが日本なのか、イタリアなのかについて注目していたのである。ここで取り上げた両省間で取り交わされた文書では、この一点のみが注視されていたと言っても過言ではないだろう。

　日本政府は河瀬日本公使に本件を委任し、河瀬は教師候補者決定に関する契約書に署名する権限も委ねられた。イタリア側は「3名の教師選考に公共教育省が従事しうる」好都合なこととして、このことを受け取った。両省は、イタリア人教師候補者の選抜事務を着手するために必要な口上書をすぐに発出しなかった在イタリア日本公使館の河瀬が、教師候補者の選抜事務に積極的に関わるはずはないだろうと踏んでいたのではないだろうか。実際、河瀬公使は教師候補者の選抜に関わらないばかりか、候補者の最終決定もイタリア王国政府に一任することになるのである。このことは、河瀬公使、つまり日本政府にとって、誰が教師として来日するのかということが問題視されていなかったことを示しており、それは日本で初めて創設される「美術学校」というものの実像を十分にイメージすることができなかったことも示している。

　これに対して、イタリア王国政府は創設される美術学校に対する確固としたイメージをもっていたと考えられる。それは、Scuola di Belle Arti in(/di) Tokio という訳語が端的に物語る、純粋美術を教えるための学校というイメージである。そして、そこに誰が教師として赴き、何を伝えるのかという問題は、まさにイタリア王国の「名誉」に関わる重要事項であった。「名誉」たらしめるためには、誰が教師候補者の選抜事務を主導し、最終決断を下すのか、ということがその前提となるだろう。それゆえに、イタリア外務省と公共教育省は、誰が教師候補者の選抜事務を主導するのかを注視していたのだろう。この後、両省の期待通り、公共教育省の主導の下、教師候補者の選抜事務が展開していくのである。イタリア側における学校像理解の下、工部美術学校は純粋美術のための教育機関に変貌する。これが工部美術学校の設立目的とその実態との間に矛盾が生じた原因なのである。

2. イタリア公共教育省から王立美術学校6校への照会

　イタリア側の理解した学校像に基づいて、教師候補者の選抜事務は公共教育省が担うことになった。工部美術学校の教師の募集は、これまで言われてきたように「全国の美術学

校」[3]を対象におこなわれたのではなく、公共教育省管轄下のトリーノ、ミラーノ、ヴェネツィア、フィレンツェ、ローマ、ナポリの6校の純粋美術教育をおこなう王立美術学校、すなわち美術学院及び美術専門学校が候補者募集の窓口となって進められた。これら6校に限って教師の募集をおこなうという方法は、公共教育省による決定である。

6校に限って募集をおこなった明白な理由はわからない。絵画教師フォンタネージの正式な後任として着任することになるアキッレ・サンジョヴァンニは、公募窓口となった6校が指名されたのは、その当時、これら6校の王立美術学校長による別件の会議が公共教育省で開かれていたからに過ぎないと指摘している[4]。しかし、サンジョヴァンニの指摘は、逆に、当時この6校がイタリアの美術教育に関する議案があれば必ず招集される学校であり、主導的役割を担っていたことの裏付けになるだろう。ローマ王立美術専門学校は、イタリア王国建国後に開校した新設校だが、首都に置かれた王立美術学校という理由により、募集窓口の1校に挙げられたのではないかと考えられる。他5校は、いずれも歴史ある美術学校であり、教授陣には有名芸術家が配され、また多くの著名芸術家を輩出しており、イタリア王国の美術を牽引する役割がやはり期待されていたのだろう。

ボンギはヴェノスタに「覚書」の解釈をめぐって問題提起する一方、イタリアの主要な王立美術学校6校の長に打診を開始した。1875年8月4日付で、トリーノ、ミラーノ、フィレンツェ、ローマ、ナポリの各王立美術学校長へ、そして5日付でヴェネツィア王立美術学院長へ同じ内容の文書を送るとともに、ボンギはイタリア外務省が入手した「覚書」[5]のイタリア語訳及び英語訳もそれぞれに同封した（doc. 10）。そして、日本政府から3名の「教師の選考について意見を求められる」場合に備えて、推薦可能な人物を照会できるように「適切な調査」を打診した。

1875年9月7日、日本公使館からイタリア外務省へ口上書が届いたのを受けて、9月10日、外務省は公共教育省に「日本公使館における3名の教師選考に、貴省が従事しうるように思われます」と通達した（doc. 15）。9月14日、公共教育省事務次官のベッティはボンギ大臣名により、王立美術学校6校の長へ、改めて教師候補者の推薦を促した（doc. 16）[6]。

「工部美術学校関係史料」には、各校から候補者を推薦する多数の文書が含まれている。この中に、1875年12月に公共教育省が候補者をとりまとめた報告書の冊子が3部見いだされた。ここでは便宜上「冊子一」、「冊子二」、「冊子三」と呼ぶ。「冊子一」は下書きである。「冊子二」（doc. 34）は、浄書されたものだが加筆訂正もあり、冊子の冒頭には、公共教育省担当官による講評が添付され、候補者ごとの技能、主要作品、推薦者名などが記されている。「冊子三」（doc. 36）は、「冊子二」とほぼ同一だが、候補者がさらに1名追加され、担当官の講評はなく、ほとんどの場合、推薦者名が削除されている。「冊子三」が最終的な候補者リストの報告書であり、日本側へ提出された冊子の草稿、かつ控えだと考えられる。

いずれの「冊子」も、建築、絵画、彫刻の枠に分けられ、各分野は6校の学校毎に候補

者名とその紹介文が続く。上述の各学校が公共教育省に宛てた文書と、これらの「冊子」から、各候補者がどのような経緯で候補に上がったのかをほぼ理解することができる。それは次の4種類に分けられる。

　　①美術学校長もしくは美術学校長代理が推薦した候補者
　　②美術家が美術学校長へ自薦して候補者になった者
　　③外務省やその他の機関や人物が公共教育省へ推薦して候補者になった者
　　④美術学校を通さずに直接公共教育省へ自薦して候補者となった者

　従って、「冊子」は、学校毎に候補者が記されているが、必ずしも、該当する学校での修学や、該当する学校から推薦されたことを意味しない。この場合、候補者は便宜的に出身地に近い王立美術学校の枠に収められたものと考えられる。表1は本著者が作成した工部美術学校教師候補者一覧であり、ここに、①から④の候補に挙がった経緯を示す番号を記した。「①美術学校長もしくは美術学校長代理が推薦した候補者」の中には、第三者が学校長へ推薦した結果、候補者となった者も含むと考えられるが、ほとんどの場合、そのことを裏付ける文書は見あたらない。候補者を支持し、学校長に推した人物が明白な場合には、「直接の支持者・後援者」欄に丸括弧を付して名前を明記した。

　候補者となった芸術家は、当時既に有名だった者、後に大成する者、今日ではほとんど知られていない者など、年齢・経歴・実力ともさまざまであり、この一覧からあたかもイタリア王国建国期における美術の状況が立ち上がってくるかのごとく、魅力に富んでいるように思われる。各人が候補者になった経緯や理由、代表的な作品などについては、窓口となった美術学校が公共教育省へ送った文書によって、ある程度、理解することが可能である。しかし、生年は記載されていないので、ほとんどの教師候補者の生没年については、コマンドゥッチによる辞書[7]、パンツェッタによる辞書[8]を参照した。前者には19世紀から20世紀初頭に活躍した画家の、後者には彫刻家の基本情報が記載されているが、これらを含めイタリアの文献おいては、工部美術学校の教師候補者になった事実について触れているものはほとんどない。また、同時代のイタリア人建築家を全国的に網羅した辞書は、管見の限り見あたらないが[9]、それでも3名の建築家についての断片的な情報を得ることができた。

　以下、美術学校6校それぞれの依頼に対する対応と、どのような芸術家が推薦されたのかを見ていこう。

　　　a. フィレンツェ王立美術専門学校

　1875年9月16日、フィレンツェ王立美術専門学校のエミーリオ・デ・ファブリス校長

は[10]、9月14日の文書（doc. 16）の返信において、「最大限の真剣さをもって」選考にあたるとボンギに伝えている（doc. 17）。9月20日、デ・ファブリス校長は、彫刻家ジョヴァンニ・パガヌッチ（Giovanni Paganucci, ? –1889）[11]と画家ジョヴァンニ・コスタ（Giovanni Costa, 1833–1893）[12]を候補者として推薦する一方、同校の建築教師ジュゼッペ・カステッラッツィの助言を仰いだが、建築分野に適任者が見つからないと報告している（doc. 19）。

10月2日付の公共教育省からの文書で「10,000［メキシコ］ドルの給料」の解釈についての回答を得た後、10月4日付でデ・ファブリスは「先の9月20日付の私からの公文書を閣下が受け取られていないのではないかという疑問」から、パガヌッチとコスタを候補者として照会した9月20日付文書を再送した（doc. 31）。

結局、フィレンツェ王立美術専門学校からは、校長がパガヌッチとコスタの2人を推薦し、建築家候補者は挙がらなかった。

b. ローマ王立美術専門学校

ローマ王立美術専門学校フィリッポ・プロスペリ校長は、9月22日付公共教育省宛の文書で、夏期休暇中で芸術家及び美術教師の多くは不在だが、ローマに残っている人物について打診したところ、「遠い地方においてイタリアの名誉となる芸術上の能力を有する人々」にのみ打診した結果だが、「誰も受諾したがりませんでした」と伝えた（doc. 20）。その後もローマ王立美術専門学校は候補者を推薦していない。同校は、ローマ遷都後の1873年に新設された学校だったため、推薦可能な人材がなかったのかもしれない。

だが、公共教育省による候補者とりまとめの際に、ローマ王立美術専門学校枠に2人の彫刻家が順次加えられた。まず、彫刻家ミケーレ・カプリ（Michele Capri, ? –1884?）[13]が「冊子二」に加えられたが、「カプリは自身で出願を提出しました」とあり、カプリ本人が公共教育省へ出願したことがわかる（doc. 34）。プロスペリ校長は「カプリについていかなる情報も得ていないと述べています」とも記されている。さらに、最終的な候補者リストの「冊子三」には、彫刻家のエットレ・フェッラーリ（Ettore Ferrari, 1845/1849?–1929）[14]も加えられた。「ローマ出身のエットレ・フェッラーリは、以下の書類とともに出願書を提出しました」とあり、彼も自薦によるものだったことがわかる（doc. 36）。

fig. 5　エットレ・フェッラーリ《ジョルダーノ・ブルーノ》 1888年
ローマ、カンポ・デイ・フィオーリ

第Ⅱ部　工部美術学校の創設から終焉へ

表1　工部美術学校教師候補者名一覧（1875年12月）

専門 （候補者数小計）	学校名	候補者名
建築（5名）	フィレンツェ王立美術専門学校	候補者なし
	ローマ王立美術専門学校	候補者なし
	トリーノ・アルベルティーナ王立美術学院	候補者なし
	ミラーノ王立美術学院	ジョヴァンニ・ヴィンチェンツォ・カッペッレッティ
	ヴェネツィア王立美術学院	カルロ・ファッセッタ
	ナポリ王立美術専門学校	アントーニオ・クッリ
		オスカッレ・カポッチ
		カルロ・カリ
絵画（23名）	フィレンツェ王立美術専門学校	ジョヴァンニ・コスタ
	ローマ王立美術専門学校	候補者なし
	トリーノ・アルベルティーナ王立美術学院	アレリーノ・アモッシ
		アルベルト・マゾ・ジッリ
		アントーニオ・フォンタネージ
	ミラーノ王立美術学院	パオロ・カリアーリ
		エンリーコ・ロモロ
	ヴェネツィア王立美術学院	［アントーニオ・］エルモラオ・パオレッティ
	ナポリ王立美術専門学校	フランチェスコ・マンチーニ
		フランチェスコ・ネッティ
		ジュゼッペ・コセンツァ
		ルイジ・ファブロン
		サヴェリオ・アルタムーラ
		フランチェスコ・サリアーノ
		ジュゼッペ・デ・ニグリス
		アキッレ・タラリコ
		エドゥアルド・ブッチーニ

62

第2章　イタリア王国における教師候補者選抜の経緯

候補者名原語	生没年	候補者に挙がった経緯	直接の支持者・後援者
×	×	×	×
×	×	×	×
×	×	×	×
Giovanni Vincenzo Cappelletti	1843-1891?	①	
Carlo Fassetta	不明	③	
Antonio Curri	1850-1917	①	
Oscarre Cappocci	1825-1904	②	
Carlo Calì	不明	④	
Giovanni Costa	1833-1893	①	フィレンツェ王立美術専門学校エンリーコ・ポラスティーニ教授
×	×	×	×
Alerino Amossi	1843-1886	②	
Alberto Maso Gilli	1840-1894	①	トリーノ・アルベルティーナ王立美術学院学長マルチェッロ・パニッセーラ・ディ・ヴェリオ
Antonio Fontanesi	1818-1882	①	元首相ベッティーノ・リカーソリ
Paolo Caliari	不明	①	
Enrico Romolo	不明	①	
(Antonio) Ermolao Paoletti	1834-1912	①	
Francesco Mancini	1830-1905	①	
Francesco Netti	1832-1894	①	
Giuseppe Cosenza	1846-1905	①	
Luigi Fabron	1855-1907	①	
Saverio Altamura	1826?-1897	②	
Francesco Sagliano	1826-1890	②	
Giuseppe De Nigris	1832-1903	②	
Achille Talarico	1837-1902	②	
Eduardo Buccini	不明	②	

63

第Ⅱ部　工部美術学校の創設から終焉へ

専門 (候補者数小計)	学校名	候補者名
絵画（23名、承前）	ナポリ王立美術専門学校（承前）	エドゥアルド・トーファノ
		フランチェスコ・パオロ・ミケッティ
		ルイジ・スタービレ
		アキッレ・サンジョヴァンニ
		テオフィーロ・パティーニ
		アルベルト・ボッツァ
		ルーカ・バルビエーリ
彫刻（15名）	フィレンツェ王立美術専門学校	ジョヴァンニ・パガヌッチ
	ローマ王立美術専門学校	ミケーレ・カプリ
		エットレ・フェッラーリ
	トリーノ・アルベルティーナ王立美術学院	候補者なし
	ミラーノ王立美術学院	ヴィンチェンツォ・ラグーザ
		インノチェンテ・パンティアーニ
		ドナート・バルカリア
	ヴェネツィア王立美術学院	候補者なし
	ナポリ王立美術専門学校	ヴィンチェンツォ・ジェミト
		フランチェスコ・イェラーチェ
		アキッレ・ドルシ
		アリスティーデ・リッカ
		エマヌエーレ・カッジャーノ
		ラッファエーレ・ベッリアッツィ
		アントーニオ・ボルトーネ
		フランチェスコ・パオロ・エヴァンジェリスタ
		ニコーラ・アヴェッリーノ

64

第2章　イタリア王国における教師候補者選抜の経緯

候補者名原語	生没年	候補者に挙がった経緯	直接の支持者・後援者
Eduardo Tofano	1838-?	恐らく①	(ナポリ王立美術専門学校ドメニコ・モレッリ教授)
Francesco Paolo Michetti	1851-1929	②	
Luigi Stabile	1822-?	②	
Achille Sangiovanni	1840-?	④	イタリア国王陛下特務局長ナターレ・アゲーモ
Teofilo Patini	1840-1906	恐らく①	
Alberto Bozza	不明	③	下院議員デル・フォイ伯爵
Luca Barbieri	不明	恐らく④	
Giovanni Paganucci	?-1889?	①	
Michele Capri	?-1884?	④	
Ettore Ferrari	1845/49-1929	④	
×	×	×	
Vincenzo Ragusa	1841-1927	①	ミラーノ王立美術学院学長カルロ・ベルジョイオーソ、ミラーノ王立美術学院評議員ジベルト・ボッロメーオ
Innocente Pandiani	?-1901	①	
Donato Barcaglia	1849-1930	①	ミラーノ王立美術学院学長カルロ・ベルジョイオーソ、ミラーノ王立美術学院評議員ジベルト・ボッロメーオ
×	×	×	
Vincenzo Gemito	1846-1929	①	
Francesco Jerace	1853/54-1937	①	
Achille D'Orsi	1854-1929	①	
Aristide Ricca	不明	①	
Emanuele Caggiano	1837-1905	②	
Raffaele Belliazzi	1835/36-1917	②	
Antonio Bortone	1844/47-1938	①	コメンダトーレ勲章受章者ラッファエーレ・コンフォルティ
Francesco Paolo Evangelista	1837-1917	①	
Nicola Avellino	不明	①	

①美術学校長もしくは美術学校長代理が推薦した候補者
②美術家が美術学校長へ自薦して候補者になった者
③外務省やその他の機関や人物が公共教育省へ推薦して候補者になった者
④美術学校を通さずに直接公共教育省へ自薦して候補者となった者

大学で文学を修めた後、フェッラーリは彫刻家の父フィリッポの薫陶を受ける一方、アッカデミア・サン・ルーカで学んだ。19世紀イタリアを代表する彫刻家の1人で、ローマ王立美術専門学校の彫刻教師及び校長として教育に携わる一方、1882年から1892年まで3期に渡って国会議員を務めた。ローマのカンポ・デイ・フィオーリ（花の広場、の意味）に立つ《ジョルダーノ・ブルーノ》（fig. 5）は、「力強いリアリズムに因った彼の傑作」である[15]。1882年、イタリア王国統一に貢献したジュゼッペ・ガリバルディ没後、イタリア各地においてガリバルディ像が建立されるが、フェッラーリはロヴィーゴの《ガリバルディ騎馬像》、ピサの《ガリバルディ立像》[16]などイタリア各地の多くのガリバルディ像を手がけた他、著名な人物の記念碑彫刻も多数制作した。

c. トリーノ・アルベルティーナ王立美術学院

10月7日、トリーノ・アルベルティーナ王立美術学院学長マルチェッロ・パニッセーラ・ディ・ヴェリオは、公共教育省からの8月4日（doc. 10）、9月14日（doc.16）、10月1日（doc. 27）、10月2日付の文書（doc. 30）[17]の返信として、漸く画家アルベルト・マゾ・ジッリ（Alberto Maso Gilli, 1840-1894）[18]及び、アレリーノ・アモッシ（Alerino Amossi, 1843-1886）[19]を同校から推薦しているが、2人の候補者の内、ジッリを「篤く閣下に委ねます」とも述べている。そして彫刻及び建築の分野では希望者はまだ出ていないが今後も調査をすると付言している（doc. 33）。

絵画教師として来日するフォンタネージは、当時、同校において風景画教師として奉職していたが、国立中央公文書館所蔵の「工部美術学校関係史料」中には、パニッセーラ学長によるフォンタネージ推薦の文書は残っていない。しかし、トリーノ・アルベルティーナ美術大学歴史資料室には、11月22日付学長発公共教育省宛文書の草稿が保管されている。それによると、「絵画科に新たな希望者を得た」と前置きし、「6年来、同校の風景画科の教師を担当しているカヴァリエーレ勲章受章者フォンタネージ」を推薦するとしている[20]。しかし、そこへ至るまでの経緯は平坦ではなかったことが知られている。アントニオ・フォンタネージの本件応募、そして渡日決定については、第Ⅲ部第3章で詳しくみるが、フォンタネージの支持者がイタリア王国元首相のベッティーノ・リカーソリだったことが深く作用していたと考えられることをここに記しておきたい。

d. ミラーノ王立美術学院

ミラーノ王立美術学院は9月25日付の公共教育省宛の文書において、5名を候補者として推薦した（doc. 24）。発信者は「学長不在のため」、書記のアントニーオ・カイミである。カイミは同校で美術史を講じてもいた。

建築家には、ジョヴァンニ・ヴィンチェンツォ・カッペッレッティ（正しくは、Giovanni

Battista Vincenzo Cappelletti, 1843–1891頃？）を推薦している[21]。画家には、パオロ・カリアーリ（Paolo Caliari, 生没年不明）及び、エンリーコ・ロモロ（Enrico Romolo, 生没年不明）を挙げている。彫刻家には、ヴィンチェンツォ・ラグーザ（Vincenzo Ragusa, 1841–1927）[22]及びインノチェンテ・パンティアーニ（Innocente Pandiani, ? – 1901）[23]を挙げている。

　管見の限り、現ブレラ美術大学歴史資料室には本件に関する史料は見あたらないが、ミラーノ王立美術学院からの上記5名の候補者はいずれも学長からの推薦と考えられる。同校から推薦され、実際に渡日を果たしたラグーザに関しては、学長のカルロ・バルビアーノ・ディ・ベルジョイオーソ及び、評議員であるジベルト・ボッロメーオが推挙し（doc. 34）、とりわけ、ボッロメーオは2度に渡ってボンギに推薦状を送っている。ラグーザの応募、そして渡日決定については、第Ⅲ部第2章で詳しくみたい。一方、最終的に抜擢されて日本へ向かうことになるカッペッレッティに関し、この種の個人的な推薦文、もしくは彼の決定に関する文書は全く残っていない。〈家屋装飾術〉の教師として来日するカッペッレッティについては第Ⅱ部第4章において詳述する。

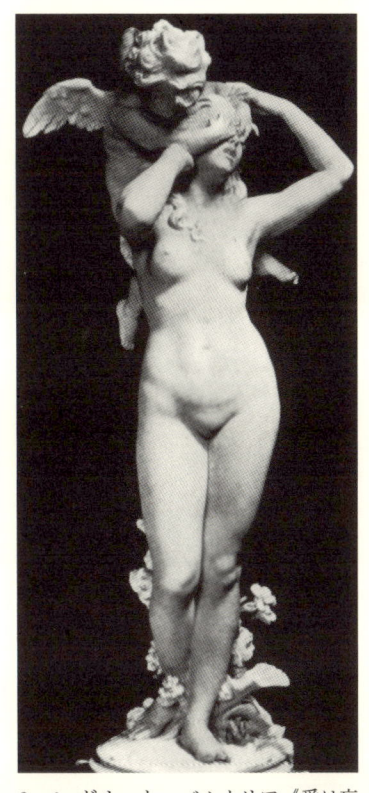

fig. 6　ドナート・バルカリア《愛は盲目にする》　1875年　所在不明

　ミラーノ王立美術学院から公共教育省へ推薦する文書は残されていないが、同省における最終的なとりまとめの際には、同校の枠に彫刻家のドナート・バルカリア（Donato Barcaglia, 1849–1930）[24]が加えられた。バルカリアもまたベルジョイオーソ学長及び、ボッロメーオ評議員が熱烈に推している（doc. 34）。バルカリアは僅か17歳の時に《ぶどう摘みをする人》が美術協会によって買い上げられたという逸話をもち、墓碑彫刻や記念碑彫刻を多く手がけることになる。代表作として、1876年のフィラデルフィア万国博覧会に出品され、現在トリエステのロヴォルテッラ美術館所蔵の《時を引き留める女》がある他、所在不明だが《愛は盲目にする》（fig. 6）が知られている。

e. ヴェネツィア王立美術学院

　ヴェネツィア王立美術学院は、9月18日付公共教育省宛の文書で、8月5日付の公共教育省からの文書（doc. 10）を受け取っていないため、また「現在、教員は休暇中」のため、「現在のところ回答しかねる」と返答し、8月5日付の文書の再送を依頼した（doc. 18）。

第Ⅱ部　工部美術学校の創設から終焉へ

ボンギは10月1日付の返信で、「できるだけ申し分なく平等を期したいので、可能な限り、その情報の送付を早急にするよう」に依頼している（doc. 28）。9月14日（doc. 16）、10月1日（doc. 28）及び2日付（doc. 30）の公共教育省発の文書に対する10月6日付の返信で、「7月23日の文書も、前便で引き合いに出しました8月5日のも到着しなかった」ので、本件を広く伝えしめかねていたと述べている。一方で、「ここヴェネツィアでは、おそらく、家や家族の愛ゆえか、少数の人に認められる性質である冒険心の不足ゆえか、派遣に応じる者を見つけられませんでした」とも述べている（doc. 32）。

しかし、公共教育省における最終的なとりまとめの際には、ヴェネツィア王立美術学院の建築枠にカルロ・ファッセッタ（Carlo Fassetta, 生没年不明）[25]と、絵画枠にアントーニオ・エルモラオ・パオレッティ（Antonio Ermolao Paoletti, 1834-1912）[26]が加えられた（doc. 34、36）。

ファッセッタについては、「9月15日の文書によって、外務省はヴェネツィア生まれの技師カルロ・ファッセッタ氏の申請書を発送しました」と記されている。ファッセッタはイタリア外務省に応募書類を送付し、そこから公共教育省へ転送されたと考えられる。また、公共教育省がヴェネツィア王立美術学院にファッセッタについて照会したところ、彼は同校では修学しておらず、パドヴァ大学で学んだが、すぐに実社会に出た人物だと返答している。彼は「日本語をよく知っています」と紹介されているのは興味深い（doc. 34）。ヴェネツィア大学の前身であるヴェネツィア商業高等学校には、1873年に日本語講座が開設されており[27]、ファッセッタが日本語を学ぶ機会はあっただろう。日本への関心が応募動機の一つであったと考えられる。

一方、パオレッティについては、ヴェネツィア王立美術学院が彼を公共教育省へ推薦したことを示す文書は保管されていないが、同校が推薦したと考えられる。パオレッティは、同校で1851年から人物画、1867年から逝去するまで絵画の名誉教授を務めた、歴史画家ポンペオ・マリーノ・モルメンティ（Pompeo Marino Molmenti, 1819-1894）の弟子である。モルメンティは、ナポリのドメニコ・モレッリに匹敵する人物で、ジャコモ・ファブレット、ルイジ・ノーノ、エットレ・ティートなど、写生に基づくリアリズム絵画で19世紀末のヴェネツィア画壇を代表する画家を育てた[28]。パオレッティは「テンペラ画、フレスコ画、油彩画のいずれの作画法においてもたいへん有能」と紹介されており（doc. 36）、サンタポナー

fig. 7　アントーニオ・エルモラオ・パオレッティ《オウムといる婦人》ワズワース・アシニーアム美術館

ルのパパドーポリ館におけるフレスコ画による天井画《神々》他、多くの私邸及び教会の装飾を手がけた。1865年からヴェネツィア美術振興会に出品を重ねた。パオレッティが提出した「主要な絵画作品のリスト」(doc. 36) のうち、「F．ミサの葡萄酒」は、1872年のミラーノでの第2回全イタリア美術展に出品した《ほら、ミサでの葡萄酒はいかが！(Ecco come va il vino nelle messe!)》であり、「H．オウムといる婦人」は、コネチカット州のワズワース・アシニーアム美術館所蔵の《オウムといる婦人》(fig. 7) と同定できるものと考えられる。また、「良い教師に適っている」とも記されていた通り、1895年から13年間、ヴェネツィア工芸学校の校長職に就くことになる。

f. ナポリ王立美術専門学校

ナポリ王立美術専門学校チェーザレ・ダルボーノ校長は、8月4日付公共教育省からの文書を受け取ると、翌日には適任者探しを開始すると伝えている (doc. 11)。

9月22日、ダルボーノ自身が適任と判断した美術家に渡日の意志を確かめた9名を推薦している (doc. 21)。画家には、フランチェスコ・マンチーニ (Francesco Mancini, 1830-1905)[29]、フランチェスコ・ネッティ (Francesco Netti, 1832-1894)[30]、ジュゼッペ・コセンツァ (Giuseppe Cosenza, 1846-1922)[31]、ルイジ・ファブロン (Luigi Fabron, 1855-1907)[32]、彫刻家には、ヴィンチェンツォ・ジェミト (Vincenzo Gemito, 1852-1929)[33]、フランチェスコ・イェラーチェ (Francesco Jerace, 1853/54-1937)[34]、アキッレ・ドルシ (Achille D'Orsi, 1854-1929)[35]、アリスティーデ・リッカ (Aristide Ricca, 生没年不明)[36]、建築家にはアントーニオ・クッリ (Antonio Curri, 1850-1917)[37]である。文書には各人の紹介や特記すべき事項を記した報告書が添付された (doc. 22)。

9月24日付の文書において、カヴァリエーレ勲章受章者のサヴェリオ・アルタムーラ (Saverio Altamura, 1826-1897)[38]が候補者に加えられた (doc. 23)。「ナポリの最も優秀で著名な画家の1人である、カヴァリエーレ勲章受章者のサヴェリオ・アルタムーラが現れた時に、日本の学校への志願者に関する私の去る22日付、420番の文書は発出してしまっていました」と記されており、アルタムーラ自身が候補者に挙げられたのは自薦によるものと考えられる。この後、ナポリ王立美術専門学校には、自薦して候補者リストに加えられる美術家が続くことになる。

9月27日付の文書において、彫刻家1名、画家3名、合計4名の美術家が自薦によって、さらに候補者として加えられた (doc. 25)。すなわち、彫刻家のエマヌエーレ・カッジャーノ (Emanuele Caggiano, 1837-1905)[39]、画家のフランチェスコ・サリアーノ (Francesco Sagliano, 1826-1890)[40]、ジュゼッペ・デ・ニグリス (Giuseppe De Nigris, 1832-1903)[41]、アキッレ・タラリコ (Achille Talarico, 1837-1902)[42]である。

9月29日付の文書では、彫刻家ラッファエーレ・ベッリアッツィ (Raffaele Belliazzi,

1835/36-1917)[43]と建築家オスカッレ・カポッチ（Oscarre Capocci, 1825-1904）[44]の2人が加えられたが、やはり両者とも自薦して候補者リストに加えられた（doc. 26）。カポッチは、選考に残ることになるのだが、最終的には日本行きを断念してしまう。その経緯については、第Ⅱ部第4章において詳述したい。

さらに10月2日付の文書では、フランチェスコ・パオロ・ミケッティ（Francesco Paolo Michetti, 1851-1929)[45]とルイジ・スタービレ（Luigi Stabile, 1822-？）[46]の2名の画家が自薦により候補者に加えられた（doc. 29）。

ナポリ王立美術専門学校から公共教育省へ宛てた推薦文書は残っていないが、最終的な報告書では、さらに建築家1名、画家6名、彫刻家3名が加えられた。すなわち、建築枠にカルロ・カリ（Carlo Cali, 生没年不明）[47]、絵画枠に、エドゥアルド・ブッチーニ（Eduardo Buccini, 生没年不明）[48]、エドゥアルド・トーファノ（Eduardo Tofano, 1838-？）[49]、アキッレ・サンジョヴァンニ（Achille Sangiovanni, 1840-？）、テオフィーロ・パティーニ（Teofilo Patini, 1840-1906)[50]、アルベルト・ボッツァ（Alberto Bozza, 生没年不明）[51]、ルーカ・バルビエーリ（Luca Barbieri, 生没年不明）[52]、彫刻枠に、アントーニオ・ボルトーネ（Antonio Bortone, 生没年不明）[53]、フランチェスコ・パオロ・エヴァンジェリスタ（Francesco Paolo Evangelista, 生没年不明）[54]、ニコーラ・アヴェッリーノ（Nicola Avellino, 生没年不明）[55]が加えられている。

画家のルーカ・バルビエーリの名前は追加項目リスト（doc. 35）に初出後、「冊子三」（doc. 36）で正式な候補者に挙げられるのだが、その他の者は「冊子二」（doc. 34）、「冊子三」の両方に記載されている。

フォンタネージの正式な後任として1880（明治13）年に来日するサンジョヴァンニが候補者として名前を連ねているのは注目に値する。サンジョヴァンニについては第Ⅲ部第5章において詳述したい。

以上見てきたように、ナポリ王立美術専門学校からは、最終的に、建築家3名、画家16名、彫刻家9名、合計28名が候補者として推薦された。当時既に有名だった美術家、後に当代一流の美術家となっていく者が多数含まれている。ここでは、その代表的な建築家1名、画家6名、彫刻家4名に限って手短に紹介しておこう。

①建築家の候補者
アントーニオ・クッリ

「学士号ももっておらず、大学で勉強もしていないので、本来は建築家と呼ぶことはできません」（doc. 22）と紹介されたクッリは、ナポリ王立美術専門学校で「建築素描と装飾」を学び、様式建築には必須となる建築における装飾を専門的に手がけた建築家である。その代表的なものとして、後にエルネスト・ディ・マウロとともにおこなった《ウンベルト1世のガレリア》（建築デザインはエマヌエーレ・ロッコによる）の内部装飾がある。

②画家の候補者

フランチェスコ・ネッティ

　土地所有階級に生まれたネッティは、法学で大学を卒業後、絵画の道を進む。ナポリ王立美術専門学校への登録は1855年のみだが、ボノリスやデ・ナポリなどの画家に私淑し、1856年から1859年までローマに滞在し古代作品に学んだという。ドメニコ・モレッリとは修学時代からの友人である。イタリア王国建国後の混乱を避けてか、1866年から1871年までパリに滞在し、バルビゾン派の画家たちと交流し、クールベ作品に親しんだ。ナポリ帰郷後は《ポンペイでの晩餐中の剣闘士の戦い》（カポディモンテ美術館蔵）のように古代をテーマとしたが、1880年以降は同時代

fig. 8 フランチェスコ・ネッティ《ベッドの上の裸婦》 1884年頃　バーリ県立美術館

社会にテーマを移した。1883年のローマでのイタリア美術展に出品した《アッシジの法廷》（バーリ県立美術館蔵）はその代表的な作品である。1884年にトルコを旅行し、《午睡》（バーリ県立美術館蔵）、《オダリスク》（個人蔵）など東方趣味的な作品を1886年頃までに発表する。同時期に、ジャポニスムをうかがわせる花鳥が描かれた金屏風が印象的な《ベッドの上の裸婦》（fig. 8）を描いたと考えられている[56]。ネッティが渡日を希望していた事実と併せて再考すべき作品だと思われる。ネッティは美術批評家としても著名である。

サヴェリオ・アルタムーラ

　南イタリアのプーリア州フォッジャに誕生したアルタムーラは、1840年ナポリへ移住し、ナポリ王立美術専門学校の夜間コースで学んだ。モレッリとは同窓である。1848年、独立運動に参加した結果、ナポリを去らざるを得なくなり、フィレンツェへ移住した。同地カフェ・ミケンランジェロに通い、後にマッキャイオーリと呼ばれることになる画家らと親交を重ねた。1855年、

fig. 9 サヴェリオ・アルタムーラ《ブオンデルモンテの埋葬》
　　　 1860年　ローマ国立近現代美術館

第Ⅱ部　工部美術学校の創設から終焉へ

モレッリやセラフィーノ・デ・ティヴォリらとパリ万博へ行き、バルビゾン派作品に見られる光の表現に感銘を受けたという。アルタムーラは歴史や文学に取材した作品を手がけ、1861年にフィレンツェで開催された第1回全イタリア美術展に、中世のフィレンツェに取材した《ブオンデルモンテの埋葬》（fig. 9）を出品した。一方、《1859年フィレンツェにもたらされた最初のイタリア国旗》（トリーノ国立イタリア・リソルジメント美術館蔵）に見られる愛国主義的な作品も手がけた。国家統一後にナポリへ戻った後は、歴史に取材した作品やプーリア州の教会や修道院をテーマとした作品を描いた。

フランチェスコ・サリアーノ

サリアーノは、はじめ文学を学ぶが、20歳の時に絵画に目覚め、ニコーラ・パリッツィに師事する。サリアーノも1848年、独立運動に参加し、カラーブリアへ逃亡した。ナポリに戻り、モレッリによる歴史画の「改革」に加わる一方、1853年にはナポリ王立美術専門学校に登録し、歴史画家ジュゼッペ・マンチネッリの薫陶を受け、1855年にはローマ国内給費留学生試験に合格した。1862年の第1回ナポリ美術振興会展覧会で展示された直後に、国王ヴィットーリオ・エマヌエーレ2世に買い上げられた《勇ましい狙撃隊員(ベルサリエーレ)と国民護衛兵が大虐殺から、ジョルジとラグランジェのゲリラ隊に誘拐された数名の女性を救う》（fig. 10）は、大構図の歴史画の伝統を踏襲し、人物の迫力に満ちた動きをとらえる一方、戦場に見られる自然描写や光の描写に優れている。

fig. 10　フランチェスコ・サリアーノ《勇ましい狙撃隊員(ベルサリエーレ)と国民護衛兵が大虐殺から、ジョルジとラグランジェのゲリラ隊に誘拐された数名の女性を救う》 1862年 国立カポディモンテ美術館

エドゥアルド・トーファノ

トーファノは、トリーノ、ボローニャで学び、最後にナポリ王立美術専門学校でドメニコ・モレッリの下で絵画修業を終えた後、1861年、23歳の時にナポリ王立美術専門学校の教師に迎えられたが、1864年に教職を退いたという[57]。「冊子二」（doc. 34）及び「冊子三」（doc. 36）からトーファノの推薦者はモレッリだったと推察される。《修道女》（fig. 11）は、1864年のナポリ美術振興会展覧会で展示されてナポリ市に買い上げられ、1867年のパリ万博、1870年のパルマでのイタリア美術展に出品された。

72

工部美術学校教師の選抜に落選した後パリへ渡り、19世紀末の有産階級社会に取材した風俗画や、肖像画、甘美な女性像を多数手がけた。

フランチェスコ・パオロ・ミケッティ

　ミケッティは、アブルッツォ州キエーティ県議会からの修学助成を得てナポリへ出、同地王立美術専門学校に登録し、モレッリの指導を受けた。1871年、ジュゼッペ・デ・ニッティスの仲介により画商のルートリンガーを知り、1872年及び1875年にパリのサロンに出品した。1874年、マリアーノ・フォルトゥニー作品を知り、その色調に影響を受ける。1877年、ナポリでのイタリア美術展に出品した《聖体節の行列》は大評判を呼び、1877～78年度、ナポリ王立美術専門学校の名誉教授に任命された。1883年ローマでのイタリア美術展に出品した《誓い》(fig.12)は公共教育省に買い上げられた。ミケッティはこうした南部イタリアの農村における民衆の暮らしをテーマとした作品を描いた。絵画制作において写真を利用していたミケッティは、絵画制作のペースを落とすほどまでに写真にのめりこんでいる。同じアブルッツォ州出身のガブリエーレ・ダヌンツィオと深い交流があったことは良く知られている。

fig.11　エドゥアルド・トーファノ《修道女》1864年頃　カステルヌオーヴォ・ナポリ市立美術館

fig.12　フランチェスコ・パオロ・ミケッテイ《誓い》1881～1883年　ローマ国立近現代美術館

テオフィーロ・パティーニ

　南部イタリアのアブルッツォ州ラークイラ県の小村の裁判所書記官の家に誕生したパティーニは、1856年ナポリ大学に登録するものの、すぐにナポリ王立美術専門学校へ移り、ジュゼッペ・マンチネッリの素描教室に学んだ。1860年ガリバルディの千人隊がナポリに到着すると、独立運動に参加した。国家統一後、王立美術専門学校の修学に戻る一方、1861年にモレッリらが設立したナポリ美術振興会に登録し、そこでの展覧会で作品

第Ⅱ部　工部美術学校の創設から終焉へ

を発表し、1873年のウィーン万博において1872年制作の《サルヴァトーレ・ローザの工房にて》を出品した。パティーニは、1881年ミラーノにおけるイタリア美術展に出品した《息子》(fig. 13)や1886年制作の《荷物運搬人たち》（ラークイラ県蔵）など、南部イタリアの農村における社会的疎外をテーマとした作品を発表する一方、自然主義的な風景画や宗教画も手がけた。

fig. 13　テオフィーロ・パティーニ《息子》　1880年　ローマ国立近現代美術館

③彫刻家の候補者
ヴィンチェンツォ・ジェミト

　ナポリの聖アヌンツィアータ修道院の捨て子院に届けられたジェミトは、職人の養父母の下で育ち、1861年9歳の時に、エマヌエーレ・カッジャーノの工房に弟子入りし写生を学んだ。カッジャーノも工部美術学校の彫刻教師の候補者として紹介された人物である。ジェミトは、翌年以降スタニスラオ・リスタの下で塑像制作を学んだ。1871年ナポリ王立美術専門学校主催のローマ国内留学給費コンクールに、テラコッタ製《ブルータス》（フィレンツェ、近代美術館蔵）を出品して勝利したが、許可を得てナポリでの修学・制作活動を続けた。70年代前半は、ダルボーノ校長の推薦状に記されていたように、《ドメニコ・モレッリ》(fig. 14)、《ジュゼッペ・ヴェルディ》（個人蔵）、《マリアーノ・フォルトゥニー》（カステルヌオーヴォ・ナポリ市立美術館蔵）など、同時代の著名人の肖像彫刻を手がけた。1877年、少年時代からの友人であるアントーニオ・マンチーニと共にパリへ行き、サロンに《釣りをする少年》（フィレンツェ、国立バルジェッロ美術館蔵）を出品した。バランスをとりながら岩にしゃがみ、捕った魚を胸元で押さえる、典型的なナポリの「いたずらっ子」の一瞬の姿をとらえた像は選外佳作賞を得て、パリに滞在し、画家のジャン・ルイ・エルネスト・メッソニエールとも親交を深めた。1880年帰国後、さまざまな展

fig. 14　ヴィンチェンツォ・ジェミト《ドメニコ・モレッリ》　1873年　国立カポディモンテ美術館

覧会に出品した。

フランチェスコ・イェラーチェ

　イタリア半島南端のレッジョ・カラーブリア県で生まれたイェラーチェは、初め彫刻家の祖父に学び、その後、ナポリ王立美術専門学校に入学しティート・アンジェリーニに学び、アルタムーラ、トーファノ、デ・ニッティス、ミケッティなどと交流した。1870年に制作した《小さなやくざ者》（個人蔵）は写実的な作品で、1875年のナポリ美術振興会展覧会、1877年のナポリにおける全イタリア美術展などの展覧会に出品された。しかし、イェラーチェの真骨頂は、女性胸像、著名人肖像彫刻、記念碑彫刻に見られる古典的な作風にある。1880年トリーノにおけるイタリア美術展に初出品された、ポーランドの寓意彫刻である《ヴィクタ》（fig. 15）は、十数もの複製品が創られた。記念碑彫刻作品には、1880年頃制作された《ベートーヴェン》（ナポリ、サン・ピエロ・マイエッラ音楽院）や、1897年制作の《ガエターノ・ドニゼッティ記念碑》（ベルガモ、カヴール広場）などがある。

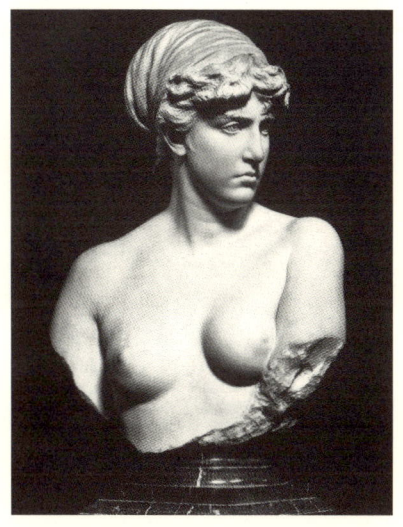

fig. 15　フランチェスコ・イェラーチェ《ヴィクタ》　1880年頃　ナポリ市立ガエターノ・フィランジェーリ美術館

アキッレ・ドルシ

　ドルシもナポリ王立美術専門学校でティート・アンジェリーニに学んだ後、ローマで修業を積み、1876年に帰郷し、本格的な活動を展開することになる。ダルボーノの推薦状にあった《サルヴァトーレ・ローザ》像はテラコッタ製で1871年のナポリ美術振興会展覧会に出品されたもの[58]と考えられる。ナポリのサン・マルティーノ美術館所蔵の石膏像にブロンズ色で上塗りした同名作品（fig. 16）は、1899年に同美術館に購入されたものだという。18世紀の画家がキャンバスに向かった後、絵筆とパレットを持ったまま一歩後退して

fig. 16　アキッレ・ドルシ《サルヴァトーレ・ローザ》　1871年頃　ナポリ、サン・マルティーノ美術館

作品を見直す姿を描写したものである。絵筆は木製でパレットは実物を使い、リアリティに満ちている。1877年のナポリにおけるイタリア美術展に出品された《食客》(カポディモンテ美術館蔵)、1880年のトリーノでのイタリア美術展に出品された《ポジッリポにて》(ヴィッラ・ブルーノ蔵) にも同様のリアリズムが見られる。制作の一方、ドルシは母校で長く彫刻教師を務めた。

ラッファエーレ・ベッリアッツィ

はじめ建築装飾部位の模型制作者である父親から、次いでトンマーゾ・ソラーリの下で彫塑を学んだベッリアッツィは、19世紀後半の南イタリアにおけるヴェリズモ (フランスの自然主義の影響を受けて19世紀末にイタリアで興った運動で、真実主義と訳すこともある) 彫刻を代表する人物の一人である。ダルボーノの推薦状に記されているように、1875年まではもちろんのこと、その後も国内外の主要な展覧会のほぼ全てに出品している。1872年のミラーノにおける第2回全イタリア美術展覧会に出品した《春》は国王ヴィットーリオ・エマヌエーレ2世に買い上げられ、1873年のウィーン万博にも展示された。1877年のナポリにおけるイタリア美術展に出品したテラコッタ製《暴風雨の接近》は、金14000リラでカッラーラ産大理石による複製品を1878年までに引き渡すという条件付きでイタリア王国宮廷に購入された。1879年の年記と署名のある同作品は国立カポディモンテ美術館にある (fig. 17)。1895年から1912年までナポリ王立美術専門学校において彫塑芸術を教えた。パンツェッタは、ベッリアッツィがナポリ近郊の都市アヴェッリーノの応用美術学校 (Scuola d'Arte Applicata all'Industria) を設立したと伝えている[59]。ラグーザが帰国後に設立した工芸学校との比較検討が可能かもしれない。

fig. 17 ラッファエーレ・ベッリアッツィ《暴風雨の接近》 1879年 国立カポディモンテ美術館

ナポリ王立美術専門学校長からの推薦ではなかった美術家も含まれるものの、全候補者数43名のうち28名もの候補者が同校から推薦された理由はいくつか考えられるだろう。

第1に、経済的な要因が挙げられるだろう。ナポリはかつて両シチリア王国の都市として文化的にも経済的にも栄えたが、イタリア王国建国以降は、経済的に窮乏の一途を辿っ

ていた。実際、ダルボーノ校長が伝える推薦状には経済的に窮していることが言い添えられている芸術家が複数いた。そのような社会的状況を背景に新天地を求めて多くの芸術家が日本行きを希望したのだと考えられる。

　第2に、選考のとりまとめを担当することになる公共教育大臣のボンギがナポリ出身であったために、ナポリ及び近郊出身のこれらの美術家たちは、ボンギが同郷者を優遇するのではないかと期待したのではないだろうか。

　第3に、最終的に選抜されなかったとしても、教師候補者として名前を連ねること自体に、何らかの名誉を認める向きがあったのではないかと考えられる。

　第4に、当時のナポリ美術界の人間関係が挙げられるだろう。ここに挙げた11名の美術家の略歴をダルボーノの推薦状と併せて見てみると、候補者の何人かは親しい友人関係にあったことがわかる。先に候補者になった美術家の友人が、あるいはそのライバルが、「我も、我も」と後から自薦して候補者リストに加えられる、ということが繰り返しなされたのだろう。

　また、全てではないにせよ、これらの候補者の多くは、ある人物と友人関係、もしくは師弟関係にあった。その人物とは、ドメニコ・モレッリ（Domenico Morelli, 1826-1901）である。モレッリはナポリ王立美術専門学校で学び、早くから画家としての頭角を現す一方、ナポリの美術振興に尽力した人物で、19世紀末イタリア美術界における重鎮の1人である。イタリア王国統一直後の1861年、フィリッポ・パリッツィとともにナポリ美術振興会を設立し、そこで売り立てと結びつく展覧会を開催した。また、教育者として、1868年にはナポリ王立美術専門学校の絵画教師に、1876年には人物画科長に、1899年には同校校長に就任した。モレッリの作風に見られる「感傷的歴史主義」は義弟パスクアーレ・ヴィッラリ（Pasquale Villari, 1827-1917）との関係が指摘されているが、恐らく政治的な面においても両者は密接に結びついていたと考えられる。ヴィッラリは歴史家で、教育に携わる一方、1870年に下院議員となり、1880年に上院議員に、そして1891年から1892年まで公共教育大臣になり、その間の1891年には現在の美術建築物保護局の母体となる、記念建造物保護地方局を設立した人物で、イタリアにおける美術建築行政において特記すべき人物だからである。工部美術学校の教師候補者を選抜することになった1875年、ナポリ美術界における影響力をもち、ナポリ王立美術専門学校で教鞭を執っていたモレッリが親しい友人や弟子筋の人物を同校校長に直接・間接に推薦したと考えられる。

3．イタリア公共教育省による候補者のとりまとめ

　1875年9月14日付の公共教育省発の文書によって正式に募集が開始された工部美術学校教師候補者は、同年12月に報告書としてまとめられた。上述のように、「工部美術学校

関係史料」には、「冊子一」、「冊子二」（doc. 34)、「冊子三」（doc. 36) の報告書があり、「冊子三」が最終的な候補者リストの報告書であり、日本側へ提出された冊子の草稿、かつ控えだと考えられる。

　報告書をとりまとめた担当官は、公共教育省第2局長ジュリオ・レザスコである。「冊子二」（doc. 34) には、彼個人のものと考えられる見解が付されている。それによると、建築ではジョヴァンニ・ヴィンチェンツォ・カッペッレッティ、彫刻ではヴィンチェンツォ・ラグーザが優れていると記している。絵画については、サヴェリオ・アルタムーラ、エドアルド・トーファノ、テオフィーロ・パティーニ、アキッレ・サンジョヴァンニのナポリ王立美術専門学校枠に記された4名を推している。実際に来日するアントーニオ・フォンタネージの名前がないのは注目に値する。（ママ）

　1875年12月17日、ボンギ公共教育大臣は、ヴェノスタ外務大臣へ文書を付して、報告書及び、添付されるべき必要書類を送付した（doc. 37)。文書には、報告書及び同書類を在イタリア日本公使館へ転送するように依頼している。従って、候補者のとりまとめは12月17日以前に終了したと考えられる。ボンギは同文書において、「もし、日本公使殿が私の省も選抜事務に加わることを望まれるのであれば、委員には応募者が修学した講座の教師は選ばないように配慮しつつ、上述の日本公使殿から選ばれた2人と、本省からの2人の計4人の芸術家で構成された委員会を招集し、人選をおこなうようご提案申し上げます」と述べている。

　日付は不明だが、イタリア外務省は速やかに候補者をとりまとめた報告書及び、添付の必要書類を在イタリア日本公使の河瀬へ転送し、ボンギが提案した教師選抜のための委員会を招集する案も伝えたと考えられる。そして、在イタリア日本公使館への報告を終えた後の12月29日、外務省事務次官のイザッコ・アルトムは公共教育省宛の文書で、「これら3名が日本政府によって用意された契約において定められた条件に従うのであれば、前述の公使は候補者の能力及び適性を的確に判断できかねるので、貴省に3名の教師の選抜を全面的に委ねています」と伝え、「去る17日の第2局第11344号の通達とともに送られたリスト、資格証明書類、その他の文書」は公共教育省へ返送され、選抜が委ねられたのである（doc. 38)。

　本文書によって、日本政府がイタリア政府に教師の選抜及び決定を一任したことがわかる。日伊双方から2名ずつ、「4人の芸術家で構成された委員会」を設ける、というボンギの提案は実現せず、イタリア政府側のみで最終的な選抜がおこなわれたと判断できるだろう。選抜にあたり、イタリア側のみであれ、教師選抜のための委員会が設けられた可能性を完全に否定することはできないが、恐らくボンギの一存によって候補者が決定されたと考えられる[60]。この後の経過を伝える史料は保管されていないが、明年1月24日以前に公共教育省から外務省へ、そこから在イタリア日本公使館へ結果が伝えられたことは、次の

文書によって明らかである。

　1876（明治9）年1月24日付の外務省領事商務総局局長アウグスト・ペイロレーリの公共教育省宛の文書（doc. 39）から、外務省が河瀬日本公使へ選抜した芸術家を「非公式に」伝えたことがわかる。

　それは、「カポッチ、フォンタネージ、トーファノ、ラグーザの4氏の芸術家の名前」だった。すなわち、我々が知る3名のイタリア人教師とは一致しない上、1名多い4名となっているのである。

　各学科は1名、合計3名であるにもかかわらず4名となっているのは、フォンタネージとトーファノの2人が〈画学〉教師として選ばれ、絵画教育を2講座に分けておこなうことが提案されたためである。だが、この提案に対して河瀬は、「学校の教師の採用は3名のみ、つまり絵画に1名、彫刻に1名、建築に1名であり、全体で10,000ドルの給与と定められており、それを越えることはできない、絵画教育を2講座に分けるという助言にどんな理由があろうとも、公使から既に指示された3名の芸術家という数を断固維持せざるを得ない状態にある」と指摘したことを同文書は伝えている。

　以上が、教師選抜結果が日本側にはじめて伝達されるまでの経緯である。しかし、日本にはこれらの経緯を伝える文書は全く現存しない。ここには、〈画学〉教師としてフォンタネージとトーファノの2名が選ばれていること、また〈家屋装飾術〉の教師として来日するカッペッレッティの名前が挙げられていないことが指摘できる。これら2点について、第Ⅱ部第3章及び第4章において考察をしていこう。

注

1　農工商務省下の産業美術育成の学校については、Ministero di Agricoltura, Industria e Commercio, Gl'Istituti Tecnici in Italia, Firenze 1869, pp. XX. Istituto per la Collaborazione Culturale, Venezia-Roma, *Enciclopedia Universale dell'Arte*, VII, Firenze 1958, pp. 824-826.

2　第Ⅰ部第3章、25頁。

3　岩倉翔子「フォンタネージ来日の経緯——トリノ・アルベルティーナ美術学校資料にもとづく——」『日本歴史』373号、1976年、65頁。

4　doc. 81。但し、「別件の会議」の内容については、サンジョヴァンニは明確にしていない。

5　直訳すれば「指針」。原本は「覚書」（doc. 3）である。

6　doc. 16は、トリーノ・アルベルティーナ美術大学歴史資料室においても保管されており、以下に掲載された。Bollea, L., *Antonio Fontanesi alla R. Accademia Albertina*, Torino 1932, p. 77. その邦訳は、岩倉注3前掲論文、65～67頁。マリオ・オリヴェリ著、吉浦盛純訳「大理石の芸術家」、木村毅編『ラグーザお玉自叙伝』恒文社、1980年、273頁。

7　Agostino Mario Comanducci, *I pittori italiani dell'Ottocento. Dizionario critico e documentario*, *Malavasi*, Milano 1999. 初版は1934年だが、本書ではコマンドゥッチ単書の1990年版及び、コマンドゥッチ編纂の Comanducci (a cura di), *Dizionario illustrato dei pittori, disegnatori e incisori italiani moderni e contemporanei*, Vol. III, Milano 1962 を参照した。その他に、Enrico Castelnuovo（a cura di）, *La Pittura in Italia. L'Ottocento*, Electa, Milano 1990, Tomo secondo 巻末の"Dizionario biografico degli artisti"も参照。

8　Alfonso Panzetta, *Dizionario degli scultori italiani dell'Ottocento e del primo Novecento*, Umberto Allemnadi & C., Torino 1994.

9　ミラーノで活躍した建築家に関しては以下がある。Maria Pia Belski, *1860-1919: Milano cresce. L'espansione architettonica di Milano in un'epoca di grandi fermenti storici*, Firenze Libri, Firenze 1995.

10　Emilio De Fabris（1808-1883）は、1887年に完成するフィレンツェのサンタ・マリア・デル・フィオーレ大聖堂正面のデザインをした建築家である。なお、文書のレターヘッドには「フィレンツェ王立素描美術学院（Regia Accademia delle Belle Arti del Disegno in Firenze）」と記されているが、本書では公共教育省が使用する名称「フィレンツェ王立美術専門学校（Regio Istituto di Belle Arti di Firenze）を使用する。

11　ジョヴァンニ・パガヌッチに関しては、Panzetta, *op. cit.*, 1994, p. 202.

12　ジョヴァンニ・コスタに関しては、Comanducci（a cura di）, *op. cit.*, 1962, p. 506 ; Comanducci, *op. cit.*, 1999, p. 164. 同時代に「ニーノ」の愛称で有名な、ローマ出身のマッキャイオーリ派の同名のジョヴァンニ・コスタとは別人である。

13　ミケーレ・カプリについては不明だが、「ローマ出身で、1884年頃のヴェラーノでの墓碑彫刻を制作した作家」と記載された"Capri, M."だと考えられる。Panzetta, *op. cit.*, 1994, p. 77.

14　エットレ・フェッラーリについては、Mario De Micheli, *La scultura dell'Ottocento*, Utet, Torino 1992, pp. 233-239, pp. 325-326 ; Panzetta, *op. cit.*, 1994, pp. 123-124.

15　Panzetta, *op. cit.*, 1994, pp. 123-124.

16　AA. VV., Garibaldi. Iconografia tra Italia e Americhe, Silvana Editoriale, Milano 2008, pp. 100-103.

17　これらの回状は既に刊行されている。Bollea, *op. cit.*, 1932, pp. 74-82.

18　アルベルト・マゾ・ジッリについては、主に、Comanducci（a cura di）, *op. cit.*, 1962, p. 858 ; Castelnuovo（a cura di）, *op. cit.*, 1990, pp. 74, 85, 852-853 ; Comanducci, *op. cit.*, 1999, p. 297.

19　アレリーノ・アモッシについては、Comanducci（a cura di）, *op. cit.*, 1962, p. 46 ; Comanducci, *op. cit.*, 1999, p. 13.

20　Bollea, *op. cit.*, 1932, p. 80.

21　カッペッレッティについては、第Ⅲ部第1章を参照。

22　ラグーザについては、第Ⅲ部第2章を参照。

23　インノチェンテ・パンティアーニについてはPanzetta, *op. cit.*, 1994, p. 205.

24　ドナート・バルカリアについてはPanzetta, *op. cit.*, 1994, p. 33.

25　カルロ・ファッセッタについては不明。

26　エルモラオ・パオレッティのフルネームは、Antonio Ermolao Paoletti（1834-1912）であり、彼についてはComanducci（a cura di）, *op. cit.*, 1962, p. 1354 ; Comanducci, *op. cit.*, 1999, p. 500 ; Giuseppe Pavanello（a cura di）, *La pittura nel Veneto. L'Ottocento*, Tomo secondo, 2003, pp. 194, 287, 299, 308, 339, 470, 472, 475, 497, 563, 783.

27　石井元章『ヴェネツィアと日本——美術をめぐる交流』ブリュッケ、1999年、41〜46頁。
28　Pavanello, *op. cit.*, p. 768.
29　フランチェスコ・マンチーニについてはComanducci（a cura di）, *op. cit.*, 1962, p. 1073； *La Pittura in Italia*, 1990, pp. 218, 384, 491, 501, 503, 538, 897-898； Comanducci, *op. cit.*, 1999, p. 390.
30　フランチェスコ・ネッティについてはComanducci（a cura di）, *op. cit.*, 1962, p. 1284； Castelnuovo（a cura di）, *op. cit.*, 1990, pp. 134, 447, 456, 468, 496, 504, 506, 509, 513, 514, 519-520, 597-598, 601, 623, 628, 649, 938-939； AA. VV., *Civiltà dell'Ottocento. Le arti figurative*, Electa Napoli, Napoli 1997, pp. 588-593, 625； Comanducci, *op. cit.*, 1999, p. 472.
31　ジュゼッペ・コセンツァについてはComanducci（a cura di）, *op. cit.*, 1962, p. 501； Comanducci, *op. cit.*, 1999, pp. 161-162.
32　ルイジ・ファブロンについてはComanducci（a cura di）, *op. cit.*, 1962, pp. 654-655, Comanducci, *op. cit.*, 1999, p. 212.
33　「工部美術学校関係史料」においてヴィンチェンツォ・ジェミトは"Vincenzo Gemiti"と表記されているが、doc. 22の文章の内容から彫刻家Vincenzo Gemitoと同一人物だとわかる。また今日は後者の表記が一般に通用している。ジェミトについてはDe Micheli, *op. cit.*, 1992, pp. 261-271, 276, 279, 284-285, 326； Panzetta, *op. cit.*, 1994, pp. 141-142； *Civiltà dell'Ottocento. Le arti*, 1997, pp. 335-343, 389-392.
34　フランチェスコ・イェラーチェについてはDe Micheli, *op. cit.*, 1992, pp. 271-280, 282, 327； Panzetta, *op. cit.*, 1994, pp. 158-159； *Civiltà dell'Ottocento. Le arti*, 1997, pp. 343-347, 622.
35　アキッレ・ドルシについてはDe Micheli, *op. cit.*, 1992, pp. 279, 288-292, 295, 325； Panzetta, *op. cit.*, 1994, p. 115； *Civiltà dell'Ottocento. Le arti*, 1997, pp. 350-353, 619.
36　アリスティーデ・リッカについてはPanzetta, *op. cit.*, 1994, p. 231.
37　アントーニオ・クッリについてはRenato De Fusco, *L'Architettura dell'Ottocento*, Utet, Torino 1980, pp. 165, 224.
38　サヴェリオ・アルタムーラについてはComanducci（a cura di）, *op. cit.*, 1962, p. 36； Castelnuovo（a cura di）, *op. cit.*, 1990, p. 663； *Civiltà dell'Ottocento. Le arti*, 1997, pp. 536-538, 611； Comanducci, *op. cit.*, 1999, p. 12； Silvestra Bietoletti, *I Macchiaioli. La storia, gli artisti, le opere*, Giunti, Firenze 2001, pp. 40-43.
39　エマヌエーレ・カッジャーノについてはDe Micheli, *op. cit.*, 1992, pp. 271-280, 282, 327； Panzetta, *op. cit.*, 1994, p. 69； *Civiltà dell'Ottocento. Le arti*, 1997, pp. 343-347, 622.
40　フランチェスコ・サリアーノについてはComanducci（a cura di）, *op. cit.*, 1962, pp. 1688-1689； *La Pittura in Italia*, 1990, pp. 32, 134, 140, 278, 318, 321-322, 325-326, 330, 446, 485, 490-491, 493-497, 505-506, 508, 511-512, 517-519, 553, 557, 601, 622, 625, 642, 647, 1004-1005； *Civiltà dell'Ottocento. Le arti*, 1997, pp. 566, 611； Comanducci, *op. cit.*, 1999, pp. 633-634.
41　原本には"Giuseppe de Negris"と表記されているが、doc. 25に記されたGiuseppe De Nigrisが正しい。ジュゼッペ・デ・ニグリスについてはComanducci（a cura di）, *op. cit.*, 1962, p. 598； Castelnuovo（a cura di）, *op. cit.*, 1990, pp. 509, 800； Comanducci, *op. cit.*, 1999, p. 196.
42　アキッレ・タラリコについてはComanducci（a cura di）, *op. cit.*, 1962, p. 1884； *La Pittura in*

  Italia, 1990, pp. 512, 1034-1035 ; Comanducci, *op. cit.*, 1999, p. 715.
43 ラッファエーレ・ベッリアッツィについては De Micheli, *op. cit.*, 1992, pp. 279, 283-285, 289, 325 ; Panzetta, *op. cit.*, 1994, p. 40 ; *Civiltà dell'Ottocento. Le arti*, 1997, pp. 347-348, 612.
44 カポッチについては、Anile, A., *Di Oscar Capocci*, 'Atti della Accademia Pontaniana', Vol. XL, Napoli, 1910, pp. 1-11. 正式な名前のOscarre（オスカッレ）は、トロンカメントによる省略表記により、しばしばOscar（オスカール）と表記されている。
45 フランチェスコ・パオロ・ミケッティについては Comanducci (a cura di), *op. cit.*, 1962, pp. 1178-1179 ; Castelnuovo (a cura di), *op. cit.*, 1990, pp. 36, 447, 453, 456-457, 467, 510-512, 514-515, 596-598, 647, 917-918 ; *Civiltà dell'Ottocento. Le arti*, 1997, pp. 575-576, 624 ; Comanducci, *op. cit.*, 1999, pp. 429-430 ; *Francesco Paolo Michetti. Dipinti, Pastelli, Disegni*, Electa Napoli, Napoli 1999 ; *Francesco Paolo Michetti. Il cenacolo delle arti tra fotografia e decorazione*, Electa Napoli, Napoli 1999.
46 ルイジ・スタービレについては Comanducci (a cura di), *op. cit.*, 1962, p. 1861 ; Comanducci, *op. cit.*, 1999, p. 705.
47 カルロ・カリについては、管見の限り、不明である。
48 エドゥアルド・ブッチーニについては、管見の限り、不明である。
49 「工部美術学校関係史料」において "Edoardo Tofano" と表記されているが、文献によれば "Eduardo Tofano" と記載するのが正しいようである。トーファノについては Comanducci (a cura di), *op. cit.*, 1962, p. 1388 ; Castelnuovo (a cura di), *op. cit.*, 1990, pp. 504, 510, 1042 ; *Civiltà dell'Ottocento. Le arti*, 1997, p. 628 ; Comanducci, *op. cit.*, 1999, pp. 732, 734.
50 テオフィーロ・パティーニについては Comanducci (a cura di), *op. cit.*, 1962, p. 1388 ; Castelnuovo (a cura di), *op. cit.*, 1990, pp. 445, 504, 506, 508-510, 520, 586, 954-955 ; *Civiltà dell'Ottocento. Le arti*, 1997, pp. 573-574, 625 ; Comanducci, *op. cit.*, 1999, pp. 511-512.
51 アルベルト・ボッツァについては、管見の限り、不明。
52 ルーカ・バルビエーリについては、管見の限り、不明。doc. 35を参照。
53 アントーニオ・ボルトーネについては De Micheli, *op. cit.*, 1992, pp. 279, 285-286, 321 ; Panzetta, *op. cit.*, 1994, p. 57.
54 フランチェスコ・パオロ・エヴァンジェリスタについては Panzetta, *op. cit.*, 1994, p. 118.
55 ニコーラ・アヴェッリーノについては、管見の限り、不明。
56 *Civiltà dell'Ottocento. Le arti figurative*, Electa Napoli, Napoli 1997, p. 590.
57 Castelnuovo (a cura di), *op. cit.*, p. 1042.
58 *Civiltà dell'Ottocento*, *op. cit.*, p. 351.
59 Panzetta, *op. cit.*, p. 40.
60 1879（明治12）年におこなわれたフォンタネージの後任教師選抜の過程において、サンジョヴァンニは1875年の教師候補者選抜を振り返り、候補者の資格証明は「ある委員会によって審査されるはず」(doc. 97) だったが、結局、ボンギの一存によって選抜がなされたことを仄めかし、非難している。

第3章　〈画学〉教師決定をめぐる問題

　　　はじめに

　イタリア王国政府による教師候補者選抜過程でもっとも難航したのが、〈画学〉教師の選抜である。実際に来日にすることになるフォンタネージは選抜過程の最終段階になるまで登場しないし、選抜過程でサンジョヴァンニの名前も現れるなど、選抜結果として日本に来日した教師の動向から考察されてきたこれまでの工部美術学校像と大きく異なる状況があったことが想像される。本章では、〈画学〉教師決定までの過程にいかなる事情が存在したのかを明らかにし、フォンタネージが選抜されたことの意味を再考したい。

　　1．風景画と人物画をめぐる問題

　　　a．第1の推薦者案

　1875（明治8）年12月に、公共教育省によって候補者がとりまとめられ、外務省に送付された報告書の草稿が「冊子二」（doc. 34）である。イタリア国内の王立美術学校6校から出された教師候補者に対し、イタリア王国政府担当者から最初に絵画教師として推薦されたのは、アルタムーラ、トーファノ、パティーニ、サンジョヴァンニの4名である。この中にフォンタネージの名前はなかった。これらの4名の得意とするジャンルは、歴史画、風俗画、あるいは宗教画であって、各々異なってはいるものの、共通していることはいずれも人物画に秀でていることである。担当の公共教育省官僚のジュリオ・レザスコは、日本で初めての官立の西洋美術教育機関創設にあたっての絵画教師には、まず西洋美術の伝統的なジャンルである人物画に秀でた画家であること、そして「覚書」の条件に沿うような、全てのジャンルを教授できる人材を推したのだと考えられる。実際、公共教育省内における美術関係畑を歩んだレザスコは、「風景画の美術学校教育での有用性」を確信していなかったのである[1]。

b. 第2の推薦者案と絵画教育2講座分割案

　12月29日付外務省発公共教育省宛の文書（doc. 38）において、教師の最終決定を委ねられた公共教育省は、遅滞なく推薦者案を外務省へ提出したはずだが、その文書の控えは保管されていない。当初から、教師は建築、絵画、彫刻各1名ずつ、計3名であり、年俸は3名で10,000ドルと決められていたにもかかわらず、公共教育省は絵画教師に、アントーニオ・フォンタネージとエドゥアルド・トーファノの2名を推したことが、1月24日付の外務省発公共教育省宛の文書からわかる。公共教育省からの推薦者案に対し、外務省は「絵画教育を2講座に分けるという助言にどんな理由があろうとも」、年俸は3名で10,000ドルと決められているので、候補者を3名に減らして欲しいと、公共教育省へ再度依頼をしたのである（doc. 39）。この文書から、「絵画教育を2講座に分ける」ことを提案し、フォンタネージとトーファノを推薦したのがボンギ公共教育大臣であったことが推察される。

　「覚書」（doc. 3）に明記されているように、絵画教師には「地景及画像等ノミナラズ図引並絵ノ具混合方、遠景図及『アート・オブ・ポジション』画ノ位置ヲ定ムルノ術等」を教授できる者を必要とした。日本政府からすれば、この条件を満たすならば、風景画を専門とする者であれ、人物画を専門とする者であれ、どちらでも良く、むしろ「一科ノ学術ノ者ヨリハ却テ普通ノモノヲ得ンコトヲ欲ス」とも記されてあったように、全てのジャンルを教育可能な人物であることの方が重要だったというのが実情だったのだろう。一見もっともらしく聞こえるこの条件は、西洋美術の伝統があり、美術学校での絵画教育も細かく区分されており、それぞれのジャンルで専門教育をおこなっているイタリア側からすれば、かえって難しい注文だったかもしれない。実際、絵画教育を2講座に分割すべきという提案は「覚書」の条件を十分に満たすためであったと考えることも可能だろう。また西洋美術教育の歴史があるがゆえに提案可能だったとも考えられる。

　分割した2講座の名称は明記されていないが、「覚書」に記されていた「地景」すなわち風景画と、「画像」すなわち人物画を、それぞれ専門とする画家2名に振り分けることであったと思われる。次節で見るように、実はボンギには、フォンタネージを推さなければならない理由があったのだが、それはおくとしても、絵画教育を風景画と人物画の2講座に分割するという提案は、イタリアの美術学校での絵画教育において、両者がそれぞれ単独の講座となっている事実に由来するものであろう。

　1月24日付の外務省からの文書に対する、2月11日付の返信文書草稿で、ボンギは依然、絵画教師2名を含む計4名の候補者を挙げた上で、「カヴァリエーレ勲章受章者のフォンタネージ氏は、イギリスにおいてたいへん好意的に知られている優れた風景画家で、かつてルッカ王立美術専門学校で人物素描を教え、現在はトリーノ［・アルベルティーナ］王立美術学院の風景画教師です。トーファノ氏は趣味のいい人物画、花鳥画、遠近画などの教

fig. 19 アントーニオ・フォンタネージ《四月》 1873年 トリーノ市立近現代美術館

fig. 18 エドゥアルド・トーファノ《パリの女》 1877年 所蔵先不明

師で称賛に値し、両者とも優秀な美術家です。しかし、私が強調しましたように、両者にはそれぞれ異なる長所と能力があります」と訴えている（doc. 40）。

　当時のイタリアの美術学校でのアカデミックな美術教育の実態と、挙げられた2人の専門性から判断すれば、フォンタネージによる風景画講座と、トーファノによる人物画講座だったと考えられる。やはり、絵画教育の二分割案は、「覚書」にある「地景」すなわち風景画と、「画像」すなわち人物画を満たすためでもあったと考えられる。

　トーファノは、トリーノ、ボローニャで学び、最後にナポリ王立美術専門学校でドメニコ・モレッリの下で絵画修業を終えた後、1861年、23歳の時にナポリ王立美術専門学校の教師に迎えられたが、1864年に教職を退いたという[2]。「冊子二」（doc. 34）及び「冊子三」（doc. 36）からトーファノの推薦者はモレッリだったと推察される。結果を言えば、トーファノは工部美術学校教師の選抜に洩れたのち、パリへ渡り、そこで19世紀末の有産階級社会や、肖像画風の甘美な女性像を多数制作した。画面左上方に「E. Tofano / Paris 77」の署名のある《パリの女》（fig. 18）はその1枚である。フォンタネージとは全く趣の異なる作品を描いていたことが理解できる（fig. 19）。

c. フォンタネージかトーファノか

　さて、ボンギは先の文書の中で、「イタリアの教育施設ということであれば、容易に両者のうちのいずれかを選択することができましょう。しかし、私の全く与り知らない国で初めて創設される教育施設のことでありますので、2名の候補者の確実な選択をおこなえる人は、その国における必要性を知り、いずれの教育がより有効かについても知っている日本国公使だけです。その判断には、上述いたしました2人の芸術家の異なる特質につい

ての私の評価が、信用できる指標としてお役に立つでしょう」（doc. 40）と続け、フォンタネージとトーファノの二者択一を在イタリア河瀬日本公使に委ねることを表明した。

この文書を受け取ったイタリア外務省が、ボンギの文書内容を在イタリア日本公使館へ伝達したかどうかを知る手掛かりとなるような文書は残っていない。時系列的にこの後の文書として残っているのは、2月19日付で公共教育省が在イタリア日本公使館宛に文書を発信したことを記したメモ（doc. 41）だけである。

しかし、フォンタネージかトーファノかという選択は、イタリア側がおこなった。1876（明治9）年2月26日に外務省が公共教育省に宛てた文書には、「日本公使殿は、彼に明示された東京美術学校への芸術家選抜を、つまり、建築にカポッチ氏、彫刻にラグーザ氏、絵画にフォンタネージ氏という人々に関し、たいへん快く受け入れました」（doc. 42）との文言から、やはり河瀬公使が教師を選んだのではなく、ボンギが選抜の決定を下したと判断できる。金子一夫は「江戸時代の価値観を引き継いで、明治時代も人物画は俗な画題であって、士族が積極的に描くべきものではなかった」という状況があったことを指摘し、風景画家フォンタネージが絵画教師として来日した事実のなかに「日本的選択があったとみるべきであろう」とした[3]。だが、フォンタネージを選んだのは、彼を受け入れた日本側ではなく、彼を送り出したイタリア公共教育省であった。

2. フォンタネージの応募の背景

a. フォンタネージの後援者

フォンタネージの来日経緯については、最も早くフォンタネージの伝記を書いた弟子のマルコ・カルデリーニ（Marco Calderini, 1850-1914）が記している[4]。そこにはフォンタネージの書簡も多数、引用されており、フォンタネージの弟子のカルロ・ストラッタ宛の書簡において、渡日の経緯を説明している[5]。岩倉翔子の訳出によれば[6]、「小生に給料の増額を約束しておきながら、文部省の予算を使い果たしてしまったボンギが、日本が東京につくろうとしていた美術学校のために3人の教官を要請してきた話に渡りに舟とばかりにとびつき、そのポストのひとつを小生にくれたからです」というものである。またフォンタネージは「90パーセントは給料増額」という経済的理由から「このポストを引き受けた」と述べている。フォンタネージがこのポストを獲得するまでのトリーノ・アルベルティーナ王立美術学院内における複雑な経緯は、ボッレーアによる同校所蔵の未公刊だった史料の研究によって明らかにされている[7]。

これまでのところ、フォンタネージは公共教育大臣のボンギとの間で昇給に関する約束があり、それが不可能となったために日本の絵画教師のポストに応募した、ということが

上述のフォンタネージの文書から指摘されてきた。岩倉は、ボンギとフォンタネージの間に「個人的な内約」がすでにあったのだろうと指摘している[8]。だが、なぜ公共教育大臣という職に就いているボンギと、画家であるフォンタネージとの間にこのような極めて個人的な約束が交わされることになり、ボンギがその約束を遂行するために働く必要があったのかについては、これまでイタリアにおいても明白にされてこなかった。

　1875年10月9日にボンギが元首相のベッティーノ・リカーソリへ宛てた文書は、フォンタネージ、ボンギ、リカーソリの関係を示唆している（doc. 168）。文面から本文書は、1875年9月29日付リカーソリの文書に対する返信として記されたことがわかる[9]。そして、以前からボンギがリカーソリに対し、フォンタネージに好条件を与える約束をしていたこともわかる。とりわけ、次の文言は注目に値する。

　　フォンタネージの件から始めるならば、彼にふさわしく、またあなた様が彼のためにこいねがう、ある条件を彼に与えるために、私はあらん限り心を配って、そのことを確認するしかありません。そして、私が日本政府にそのことを承認させられることができるならば、私にとっても、それが最善の選択だと思われますので、私はそれを喜ばしいものと存じます。

　ボンギがリカーソリを介してフォンタネージに工部美術学校教師への応募を勧め、なおかつ、ボンギは日本政府にフォンタネージの絵画教師採用に向けて何らかの承認を得ようとしていたことがわかる。日本政府がイタリア政府に工部美術学校の教師の選抜を一任した直後には、ボンギが絵画教師にはフォンタネージ、と決めていたということを、この書簡は明らかにしている。本文書から、フォンタネージの言うボンギとの約束とは、フォンタネージが直接ボンギと交わしたものと考えるよりも、フォンタネージのポストとそれに伴う給与をめぐって、ボンギとリカーソリとの間で交わされていた約束であったと考える方が妥当なように思われる。

　　　　b．フォンタネージとリカーソリ

　フォンタネージとリカーソリは、1855年、ジュネーヴの共通の友人宅で初めて出会った[10]。イタリア王国統一運動に身を捧げたリカーソリと、やはり統一戦線に従軍したフォンタネージは意気投合するところがあったのだろう。1848年の第1次統一戦線の際には志願兵であったフォンタネージは、1859年の戦では「王国軍の将校の立場で呼び戻され」（doc. 167）たという。フォンタネージが軍人としても有能であったということなのだろう。そうであれば、なおさらリカーソリからの信頼は篤かったと思われる。

　リカーソリは「トスカーナ地方及びフィレンツェに住むイタリア人美術家」の保護振興

を目的とした国庫による「リカーソリ・コンクール」を開催した人物であり[11]、1861年6月から翌年2月までは首相の座に就いたイタリア王国建国時の元勲の1人である。

　フォンタネージは1865年10月からロンドンに滞在するが、1年後には困窮し、「突然、イギリスを立ち去った」[12]。リカーソリがフォンタネージにイタリアの美術学校にポストがあると知らせて本国へ呼び戻したからだという[13]。2人の関係が続いていたことがわかる。帰国を決意したフォンタネージは、政治家リカーソリの力によって、国内の美術学校において自身の専門である風景画の教職に就くことを期待していた。しかし、ロンドンから帰国して2年後の1867年に就いたのは、ルッカ王立美術専門学校で年俸1,600リラの人物素描講座のポストだった。フォンタネージにとっては不本意であり、公共教育省に対して「激しい苦情と批判を引き起こし」たと、報告書「冊子二」の執筆者であるレザスコは伝えている（doc. 34）。

　ボッレーアは、「1861年から1869年の1月に我々の風景画家［フォンタネージ］がアルベルティーナの講座に就任するまで、彼は講座［を得ること］に思いを馳せていたのに、フォンタネージは11人の公共教育大臣が次々と現れるのを見、11人もの大臣を手なずけようと考えたにちがいない」と述べている[14]。旧知のリカーソリが首相だった1861年、フォンタネージに国内の美術学校で風景画教師としての就任の可能性が語られ、それを「約束」と理解したフォンタネージは公共教育省の下で実現されるのを待った。そして、1869年にトリーノ・アルベルティーナ王立美術学院に風景画科が設置され、その教師への就任によって希望が叶った、ということだと考えられる。これは、公共教育大臣がエミーリオ・ブローリオの時代であった。

　以上の2つの講座にフォンタネージが就任するにあたって、直接・間接にリカーソリからの支援があった。そして、フォンタネージの日本行きに関してもリカーソリが支援していたのである。

　フォンタネージは1850年にスイスに購入したアトリエ代金の返済のために生活が逼迫していた。フォンタネージが公共教育省へ給料の増額や補助金の申請を繰り返していたことからもうかがえる[15]。この経済問題を一挙に解決し「老後を平和に過ごすため」の手段として[16]、フォンタネージは日本の美術学校教師のポストに応募したという[17]。この日本のポストの年俸は1人につき3,333メキシコ・ドルだったが、1876年当時で16,650リラに相当したことが、フォンタネージの後任のフェッレッティが帰国後に就職したブレシャ・ニコロ・タルターリア王立技術専門学校が発行した公文書である身分証明書からわかる（doc. 166）。工部美術学校の教職の年俸は、ルッカやトリーノの美術学校におけるフォンタネージの年俸の10倍ほどの破格のものだった。

　カルデリーニによれば、フォンタネージは1875年夏に、フランス南東部のイゼール県モレステルで制作していた頃、「我々の新聞よりもかなり早く、フランスの芸術新聞で」

日本での美術学校のポストの募集を知ったという[18]。しかしカルデリーニは、「恐らく既に、"影響力のある人物"が口頭でフォンタネージに提案していただろう」とも指摘している[19]。しかし、それがいつ、誰によるものであったのかこれまで全く不明であった。レザスコは、報告書「冊子二」(doc. 34) においてそれを明かしている。引用が少し長くなるが、「カヴァリエーレ勲章受章者アントーニオ・フォンタネージ」の項をみていこう。

　　ここで私は、この美術家の支持者であるリカーソリ男爵の止めどない要求によって、閣下［ボンギのこと。以下同様］が8月5日に同男爵殿へ、フォンタネージが東京美術学校に開設されるはずのポストの一つに応募する気があるのならば、<u>日本政府から説明を求められた場合には、彼を推薦するための通達に彼の名前を喜んで記しますので</u>、彼に本件を知らせて欲しい、と依頼したことを思い出さなければなりません。
　　実は、この手紙が閣下によって指示され、署名されていなかったならば、閣下は判断における大いなる自由をもってご自身の選択をなさることができたと、私は大いに喜んで申し上げられたでしょう。去る11月12日に閣下によってリカーソリ男爵に送られた第2の文書において、私は以下の言葉を記しました。「<u>それぞれの志願者の特質を公平に検討することなくしては、いかなる判断（フォンタネージのことを意味しています）も下せないでしょう</u>」と。

　ここには、①フォンタネージの支持者であるリカーソリがボンギに止めどなく、彼の処遇に関して要求していたこと、②8月5日付でボンギがリカーソリに宛てた文書において、工部美術学校教師の募集があり、フォンタネージがそのポストを望むのであれば、日本政府へ働きかけると確約してしまったこと、③それゆえに、ボンギはこの時点で絵画教師を選択する自由を失ってしまったこと、④レザスコはそのことを憂えており、11月12日付のボンギがリカーソリに宛てた文書に、レザスコが「それぞれの志願者の特質を公平に検討することなくしては、いかなる判断（フォンタネージのことを意味しています）も下せないでしょう」と付言したこと、が記されている。
　ボンギは、王立美術学校6校の長に工部美術学校の教師募集の件を知らせた (doc. 10) のと同じ1875年8月5日に、リカーソリにも本件を知らせた。そして、リカーソリはすぐにフォンタネージに伝達したと考えられる。従って、カルデリーニが伝える"影響力のある人物"は、ボンギではなく、フォンタネージにとって旧知のリカーソリであっただろう。
　しかし、フォンタネージは日本行きを逡巡していたのだろうか。渡日を希望していたのであれば、十分に間に合ったはずの1875年10月7日付のトリーノ・アルベルティーナ王立美術学院パニッセーラ学長からボンギ宛の文書には、アレリーノ・アモッシとアルベルト・マゾ・ジッリのみが推薦され (doc. 33)、フォンタネージの名前はない。フォンタネー

ジが渡日の意思表明をしなかったからだろう。

「去る11月12日付でリカーソリ男爵宛に書いた手紙の後に、フォンタネージは申請書を発送しました」（doc. 34）とあるが、事の次第は以下のようなことではなかっただろうか。ボンギが「去る11月12日付でリカーソリ男爵宛に書いた手紙」において、リカーソリからフォンタネージへ渡日の意思表明をするように依頼し、その結果、フォンタネージはパニッセーラ宛に「申請書を発送し」、パニッセーラが11月20日付で公共教育省へフォンタネージを推薦した[20]。カルデリーニの著書における「大臣と芸術家との間の君と君という間柄ですべてが運ばれた」との文言に対し、岩倉は「はたして真実であろうか」と疑義を呈したが[21]、カルデリーニの文言は全てではないとしても、真実を語っていたのである。しかし、以上見てきたように、フォンタネージを真に支援していたのはリカーソリであった。フォンタネージがリカーソリ元首相も認める画家であったことは、彼が選ばれる一つの要因になり得ただろう。

c．フォンタネージの資質と採用条件の合致

工部美術学校の絵画教師には風景画家のフォンタネージが選ばれ、1876（明治9）年4月13日に、彼はローマの在イタリア日本公使館で雇用契約を結んだ（doc. 46）。

風景画家として名を成していたフォンタネージが、風景画だけしか描かない画家であったならば、専門家は欲しくないという「覚書」の条件に合わず、選考に残ることもなかっただろう。フォンタネージが、出願時には風景画教師であり、これ以前には人物素描の教師だったという経歴は、「覚書」の条件を満たす要因として判断され、抜擢される根拠となったと考えられる。ただし、日本に残る和文の雇用契約書の教育内容は「景色・油画・水画・形象併絵ノ具混合・遠近画術・画薬調合等ノ術」とあり[22]、「覚書」の中に記されていた人物画を意味する「画像」は削除されている。このことから、金子一夫は「少なくとも日本側が人体画を必要と考えなかったのは事実であろう」としている[23]。

フォンタネージ自身は次のように述べている[24]。

> いかなる芸術であれ、科学であれ、専門というものはほとんど消えてしまう、あるいは、いずれにせよ、相違の垣根は瞑想や熟考によって取り去りうるものなのだ。風景画家も人物画家も導いているのは、同じ真実の愛であり、同じ美への礼賛であり、同じ一般的な規則であり、同じ規律なのだ。一方は"空間における人物"を描き、他方は"人物とともに空間"を描く……従って、風景画家にとっては空間における遠近法が、人物画家にとっては人間の形や人の魂のさまざま表現が主要な勉強となる。……従って、風景画家が数か月の解剖学の勉強の末に人物を描けるように、人物画家は短時間で風景を描くことができるのだ。

フォンタネージは、風景画家や人物画家というジャンル分けに対し懐疑的態度を見せている。だが、絵画教育を2講座に分けるという提案との整合性をもたせるために、ローマでの雇用契約に際し、イタリア側が「画像」、すなわち人物画の削除を申し出た結果によるとも考えられる。

まとめ

　フォンタネージは、風景画家か人物画家かという細分化されたイタリア美術の中では、風景画家に属する。絵画教師選抜においても、そのイタリア美術の文脈において、人物画が秀でたトーファノと対比するようにフォンタネージは位置づけられていた。しかし、結果としては、フォンタネージは、風景画家というジャンルによってではなく、イタリアを代表する、アカデミックな美術的素養と能力のある画家として、実績、そして名声をもった人物として選ばれたといえよう。その選択はあくまでもイタリア王国側の意志によるものであった。

　フォンタネージは「イギリスにおいてたいへん好意的に知られている」（doc. 40）画家でもあった。ここには、イギリス人教師がひしめく工学寮に附属して設立される美術学校に絵画教師を送り込む上での、イタリア王国側の戦略も幾分かはあったのではないか。すなわち、絵画教師選抜の過程、そしてフォンタネージという人物の選抜には、工部美術学校というものにイタリア王国が求めた外交上の意義が強く反映されているように思われるのである。

　フォンタネージは、これまでの研究が明らかにしてきたように、日本における洋画教育者として多くの功績を残した。風景を重視する日本の絵画的伝統に、たまたま彼の風景画家としての側面が合致した結果、よりスムーズに教育が浸透したということだろう[25]。それは、フォンタネージが、送り主であるイタリア王国政府の重い期待を超える活躍をなしたということも意味するのである。

注

1　Bollea, *op. cit.*, p. 15.
2　Castelnuovo, E.（a cura di）, *La Pittura in Italia. L'Ottocento*, Electa, Milano 1990, p. 1042.
3　金子一夫「近代日本美術教育の出発と風景画」『語る現在、語られる過去』平凡社、1999年、74〜79頁。
4　Marco Calderini, *Antonio Fontanesi. Pittore Paesista 1818-1882*, Ditta G. B. Paravia e comp., prima edizione, Torino 1901. 1925年に第二版が出版されたが、本書では第一版を使用。
5　Calderini, *op. cit.*, p. 179.

第Ⅱ部　工部美術学校の創設から終焉へ

6　岩倉翔子「フォンタネージ来日の経緯——トリノ・アルベルティーナ美術学校資料にもとづく——」『日本歴史』373号、1979年、63～77頁。なお、訳文中の「文部省」はMinistero della Pubblica Istruzioneのことで、本書では「公共教育省」とした。
7　Bollea L. C., 'Antonio Fontaesi alla R. Accademia Albertina, Collezione'. *La R. Accademia Albertina delle Belle Arti*, N. 5, Fratelli Bocca, Torino 1932.
8　岩倉注6前掲論文、68頁。
9　国立中央公文書館には、1875年9月29日付のリカーソリからの文書は保管されていない。
10　Calderini, *op. cit.*, p. 36.
11　C. Bon, 'Il Concorso Ricasoli nel 1859: le opere di pittura', *Ricerche di Storia dell'arte*, n. 23, 1984, pp. 4-32.
12　Calderini, *op. cit.*, p. 119.
13　*Ibid.*, p. 133.
14　Bollea, *op. cit.*, pp. 23-24.
15　Bollea, *op. cit.*, pp. 48-50.
16　Calderini, *op. cit.*, p. 170.
17　Bollea, *op. cit.*, p. 49.
18　Calderini, *op. cit.*, p. 168.
19　*Ibid.*, p. 169.
20　岩倉注6前掲論文。だが、その推薦文はイタリアの公共教育省には保管されていない。
21　岩倉注6前掲論文、71頁。
22　隈元謙次郎『明治初期来朝伊太利亜美術家の研究』三省堂、1940年、11頁。
23　金子一夫『近代日本美術教育の研究　明治・大正時代』中央公論美術出版、1999年、148頁。
24　Calderini, *op. cit.*, p. 136.
25　金子注23前掲書、148頁参照。

第4章 〈家屋装飾術〉をめぐる諸問題

はじめに

　日本で初めての官立の美術教育機関である工部美術学校は、3名のイタリア人美術家を教師として設立された学校である。この学校には、当初、〈家屋装飾術〉という聞き慣れない学科の設置が検討されていた。〈画学（絵画）〉〈彫刻術（彫刻）〉の2科と並べて計画されていたもので、これらの2科に加えるのであれば、〈建築〉とするのが自然に思われる。この〈家屋装飾術〉は、1876（明治9）年の開校時には姿を消し、幻の学科となった。しかしその一方で、教師として選抜された建築家のジョヴァンニ・ヴィンチェンツォ・カッペッレッティ（Giovanni Vincenzo Cappelletti, 1843–1891頃？）は来日していたという混乱した状態で、工部美術学校は開校を迎えたのである。なぜ〈家屋装飾術〉の設置が必要とされたのか、そしてそれはなぜ開講しなかったのか。〈家屋装飾術〉の教師選考過程をイタリアの史料から追い、この〈家屋装飾術〉が有した意味について考えたい。

1. 〈家屋装飾術〉とは何か

a. 『公文録工部省』における〈家屋装飾術〉

　まず、〈家屋装飾術〉とは何か、そしてこれを担当する専門家が誰なのかを確認しておきたい。それは、1875（明治8）年4月20日付、伊藤博文工部卿が三條實美太政大臣へ宛てた文書「工学寮、外国教師三名御雇入伺」に記されている（doc. 1）。

　　名三十三号
　　　工学寮、外国教師三名御雇入伺
　　　　一　画学教師　　一名
　　　　一　造家教師　　一名
　　　　一　彫像教師　　一名

第Ⅱ部　工部美術学校の創設から終焉へ

　右旨工学寮ニ於テ要用ニ有之候処伊太利国者右等ノ芸術ニ長シ候趣ニ付同国公使ヘ□
及打合然處給料ノ儀者一名毎ニ相定候ヨリ凡金高何程ト取極人物之優劣ニ依リ給料高
低之儀者撰挙人ニテ相定候方便利之由ニ付右三名ニテ一カ年凡壱万円以内之見込ヲ以
テ各三カ年間雇入ノ儀同国ヘ申遣度尤給料呼寄費用等ハ当省定額之内ヲ以相辨可申候
間至急御許可相成候様致度此段相伺候也

　　　　　　　　　　　　　　　　　　　　　　　　　　　明治八年四月廿日
太政大臣三條實美殿

　これは、工部省管轄下の教育機関である工学寮（後の工部大学校）において「画学教師
一名、造家教師一名、彫像教師一名」合計3名の外国人を新規に雇い入れたい旨を記した
申請書である。ここに講座名と教師の人数、給与、雇い入れの年数などが明記されている。
必要な教師の専門を現在の言葉で記すならば、絵画教師1名、建築教師1名、彫刻教師1
名となる。従って、それぞれの専門家は、画家、建築家、彫刻家となる。
　「工学寮、外国教師三名御雇入伺」には「覚書」が添付されている。ここには3つの学
科が記されており、「画学並家屋装飾術及彫刻術」とされている。従って、「造家教師」す
なわち建築家が担当する学科は、〈家屋装飾術〉という名称を有することになる。覚書に
は3学科をそれぞれ担当する専門家による教科内容が記されている。〈家屋装飾術〉の教
育内容は次のように説明されている（doc. 3）。

　　　家屋装飾術ニ就テハ諸般ノ造営装飾術及彫嵌ニ用ユル大理石等ノ彫刻術モ又之ヲ伝
　　エシメ

　これら2通の文書からは、造家、すなわち建築学を想定しながら、そうではないものに
転換したという状況が読み取れる。〈家屋装飾術〉には家屋という言葉が使われているが、
建築学そのものではない。「諸般ノ造営装飾術」は、西洋建築に見られる、たとえば、天
井装飾、付け柱の装飾、あるいは暖炉の装飾などのスタッコ（化粧漆喰）などによる装飾
技術を、そして「彫嵌ニ用ユル大理石等ノ彫刻術」は、大理石などの石材を彫刻する技術
を指していると考えられる。つまり、ここにいう〈家屋装飾術〉とは、西洋建築に付随す
る装飾をなすための技術である。
　デザインとしての建築装飾は建築家が担うこともあるだろうが、〈家屋装飾術〉の教育
内容は彫塑技術を専門とする彫刻家が担うものに分類されるものであると解される。建
築家が担う教育内容ではなく、彫刻家が担う建築装飾に必要な彫塑技術ということである。
従って、建築教師による〈家屋装飾術〉の教育という設定には明らかに無理がある。そ
れだけに、逆に言えば、敢えてこのような記載をしなければならなかった事情が存在した、

ということになろう。では、なぜ工部美術学校の設立が提起された当初に、建築教師による〈家屋装飾術〉の教育という不可思議な設定がなされたのだろうか。

b. イタリア公共教育省による〈家屋装飾術〉の解釈

第Ⅱ部第2章で見たように、工部美術学校の教師選抜はイタリア王国政府に一任された。〈家屋装飾術〉に対しても、他の2科同様に教師選定がイタリア公共教育省に委任された。しかし、イタリアの王立美術学校（美術学院・美術専門学校）には、この〈家屋装飾術〉に対応する学科は存在しない。従って、イタリア公共教育省でも、この〈家屋装飾術〉に対する解釈が必要とされたのである。その〈家屋装飾術〉の解釈の過程を「工部美術学校関係史料」から追っていこう。

工部美術学校の教師をイタリアから招聘することが決定され、日本の外務省からイタリア外務省へ、上述の「覚書」のイタリア語訳並びに英語訳の文書が届けられ、さらに教師選考を担うイタリア公共教育省へ伝わった。イタリア語訳「覚書」において、〈家屋装飾術〉は次のように記載されている（doc. 6）。

> nel caso dell'architettura ornamentale si richiede che l'istruttore insegni ogni genere e scuola di architettura ornamentale, ed anche il lavorare sul marmo e sulla pietra ecc. ecc.

これを和訳すれば、次のようになる。

> 家屋装飾術（建築装飾）の場合には、教育者は建築装飾のあらゆる種類と流派、また大理石や他の石等の上に細工することを指導することが望まれる。

原文とイタリア語訳に大差はない。「諸般ノ造営装飾術」とは「建築装飾のあらゆる種類と流派」であり、「彫嵌ニ用ユル大理石等ノ彫刻術」は「大理石や他の石等の上に細工すること」を示しており、むしろイタリア語訳の方が具体的な教育内容を想像できる。

建築教師が担うとされたこの教育内容に関し、イタリア公共教育省から異議が唱えられた。

公共教育大臣のルッジェーロ・ボンギ（Ruggiero Bonghi, 1826-1895）は1875年8月4日付で外務大臣のエミーリオ・ヴィスコンティ・ヴェノスタ（Emilo Visconti Venosta, 1829-1914）宛に、「建築教師は大理石や石の上の制作も教えなければならないと述べている箇所は、過ちが犯されているものと確信しています。かかる教師は当然そのことに属せず、明らかに彫刻教師に固有のものだからです」と記し、〈家屋装飾術〉の教育内容について疑問を示した（doc. 9）。ボンギは、「覚書」に記された〈家屋装飾術〉の教育を担当するのは彫

刻教師であり、建築を専門とする者に拠らないとの見解を述べたのである。

　石材による西洋建築では、装飾もやはり大理石などの石材によって施される。建築装飾のデザインは建築家に依るものであっても、実際に石を刻むのは石工あるいは彫刻家が携わるのが常である。従って、建築を専門とする者自身が彫刻を教育するように受け取れるこの文言を、ボンギは誤謬だと判断したのである。

　では、当時のイタリアの美術学校において、〈家屋装飾術〉に類する教育はおこなわれていたのだろうか。

　1870年当時、公共教育省管轄下のイタリアの王立美術学校において、もっとも学生数を有していた[1]ミラーノ王立美術学院の規約・学則と比較してみると[2]、〈家屋装飾術〉の教育内容と同様な教育をなす学科は存在しない。

　建築家が携わったのは、建築を専門とする者を教育するための「建築学科（Scuola di Architettura）」である。一方、装飾に関する学科としては、「装飾学科（Scuola d'Ornato、もしくはScuola di Ornamenti〈ママ〉）」があった。これは「さまざまな時代の装飾様式を包含し、その応用にまで広げる」[3]ことを目指す学科であり、教育内容によって、上級と初級の学科分けがなされていた。美術学校に入学したばかりの入門者は、「装飾学科（Scuola d'Ornato）」において、専門性に関わらず、美術学校における基礎的な学習を5年間程おこなう。実際にこのミラーノ王立美術学院で学んだカッペッレッティも「装飾学科（Scuola di Ornamenti）」に5年間所属している[4]。美術アカデミー（美術学院）が必要としている基礎的な学習をおこなうのが、初等の「装飾学科」であり、いわば造形美術家に必要な教養に相当するものと考えられる。工部美術学校において後に設置され、カッペッレッティが担当した〈予科〉は、イタリアの美術学校における初等の「装飾学科」に相当すると考えられる。

　ボンギは、イタリアの美術学校の建築学科で教えられている教科内容と比較した場合に、日本政府が提案した〈家屋装飾術〉の内容は全くそぐわないために、「誤謬」だと判断した。そしてボンギは、絵画、彫刻、〈家屋装飾術〉の教科内容を、絵画、彫刻、建築と理解し、その教育に相応しい人材を、イタリアの6校の王立美術学校に打診した。実際、候補に挙がった者たちは、フォンタネージ、ラグーザ、カッペッレッティに典型的に見られるような、絵画、彫刻、建築を専門におこなう者たちであり、それゆえイタリアの美術アカデミー（美術学院）でおこなわれていた純粋美術の教育を日本で実践し得たのである。だが、それは工部省の「百工ノ補助トナサンカ為ニ」美術学校を設置するという、当初の意図から外れるものだった。

　ボンギの疑問に対するイタリア外務省もしくは、在日本イタリア公使館、あるいは在イタリア日本公使館から回答がなされたかどうかは不明である。これに関する文書は残されていないからである。しかしながら、教師選抜の実務を請け負ったイタリア公共教育省は、〈家屋装飾術〉を「建築」と考え、建築家を募集したのである。

c. 日伊双方における〈家屋装飾術〉設置の意味

　日本及びイタリアの双方において、それぞれ解釈が必要な、不可思議ともいえる実体の見えにくい学科が生まれ出ようとしていた。

　工部美術学校創設にあたり、日本政府は西洋の美術学校の教育内容を検討し、「百工ノ補助」となる美術教育をなす学校を創設しようとした。当時の日本は、「美術」という言葉が作られてから間もない時期にあった[5]。それゆえ、この言葉が意味する教育内容を十分に理解しきれていなかったために、〈家屋装飾術〉という実体の見えにくい学科が美術学校内に想定されてしまったのだという説明も可能だろう。しかし、果たしてそうだろうか。

　一方、工部美術学校はイタリアから教師を招聘することによって創られた学校であるのだから、教師を送り出したイタリアの王立美術学校の教育内容に則して、工部美術学校の教育内容が検討されたはずだと考えられる。だが、イタリアの王立美術学校において、建築家が彫塑技術をもって教育する〈家屋装飾術〉に相当する教育はなされていなかった。

　では、なぜ建築教師による〈家屋装飾術〉という学科が工部美術学校において設定されたのか。教育内容からすれば彫刻教師が担うべきものである。だが、「覚書」には、建築教師が担うべき他の教育の記載はない。つまり、工部美術学校において建築教師1名は宙に浮く立場となってしまう。

　雇い入れ側の日本政府からすれば、不必要な御雇い外国人を雇用する理由はない。しかし、イタリア王国政府側からすれば、1人でも多くの御雇い外国人を日本社会に送り出したいという希望があったのだろう。当時外交官として日本に在駐し、日本におけるさまざまな動向を見つめる職務を負っていたアレッサンドロ・フェー・ドスティアーニ特命全権公使は、他でもない工部卿の伊藤博文に美術教育の必要性とイタリア美術の優秀性を説き、当時各国の技術上の長所に即して招聘する専門家の国籍が概ね決められたように、「美術に於ては伊太利亜より教師を招聘すべきを建言」[6]したことが知られている。このような建言をしたフェー自身はイタリア美術に造詣が深い人物だったのかどうか、また、この建言の背景については第IV部第1章において検討するが、イタリア王国政府の外交の窓口であるイタリア外務省は、日本に新設される美術学校へ、1人でも多くのイタリア人教師の派遣を模索していたと考えられる。このことは、〈家屋装飾術〉教師の選考過程からも読み取ることができる。

2. イタリアにおける教師選抜から見た〈家屋装飾術〉をめぐる問題

　工部美術学校の教師選抜は、日本政府からイタリア王国政府に委託された。紆余曲折を

経て、絵画教師には画家アントーニオ・フォンタネージ、彫刻教師には彫刻家ヴィンチェンツォ・ラグーザが選ばれた。〈家屋装飾術〉教師については、建築家カッペッレッティが選ばれるわけだが、やはり単純とは言い難い経過があった。この教師選抜過程を追い、〈家屋装飾術〉が引き起こした問題を考えていこう。

a．オスカッレ・カポッチの選抜と辞退

第II部第2章で見たように、イタリア公共教育省は、日本政府からの要請を受けて、1875（明治8）年8月上旬、フィレンツェ、ローマ、トリーノ、ミラーノ、ヴェネツィア、ナポリの6校の王立美術学校に対して、候補となる人物の照会を依頼した。その結果、同年12月には、建築5名、絵画23名、彫刻15名、総数43名の候補が集まった（62～65頁、表1）。その後、これらの候補者の絞り込みがなされ、翌年2月には、絵画教師に画家フォンタネージ、彫刻教師に彫刻家ラグーザ、そして建築教師には建築家オスカッレ・カポッチ（Oscarre Capocci, 1825-1904）[7]が選出された。カポッチは、毎年契約更新が必要なナポリ大学数学科建築デッサンの助教授で、ナポリのキアイア通り添いの水族館[8]（fig. 20）を手がけたところだった。

fig. 20 オスカッレ・カポッチ、他《水族館》 1872年 ナポリ、キアイア通り

　ここで教師選考は終結するはずであった。ところが、いよいよ工部美術学校教師の契約締結という段階の1876（明治9）年3月、カポッチは雇用条件についての説明が必要だと主張した。だが、これ以前にも、カポッチは渡日にあたっての希望を公共教育省へ述べていた。カポッチの主張の具体的内容は、公共教育省管轄下の学校に奉職していた人物の個人的な案件をとりまとめた史料群に収められた、カポッチ関係史料[9]を繙くことによって明らかとなる。彼が公共教育省に求めた説明は、第1にナポリ大学の臨時教員職の保持、第2に日本での俸給、の2点であった。以下、順にそれぞれの詳細を見ていきたい。

①ナポリ大学の臨時教員職の保持
　イタリア公共教育省で教師候補者のとりまとめに入る1ヶ月も前の1875年11月13日、カポッチが勤めるナポリ大学学長のアルカンジェロ・スカッキは公共教育省へ、12日付のカポッチからの文書（doc. 155）を添付して送付した（doc. 156）。カポッチは自身の「境

遇からすれば、引き受けた義務を果たして帰国した際に、現在本大学で彼が従事している職に戻ることができるということを予め確認できないのであれば、そこへ行くことに同意できない」と述べ、スカッキから公共教育省へ、当時就いていたナポリ大学の臨時教員職への復職保証が得られるように依頼した。スカッキはカポッチの希望と、「学部の教授たちは、カポッチの願いに対して賛成の見解を表明」したことを伝えた（doc. 156）。

カポッチは、スカッキの文書が公共教育省へ届いた頃合いをはかって、直接ボンギへも文書を送り、「3年間の不在に際しての許可を得られる」場合には、「署名者［カポッチ］は栄えある特別な任務に応じることを表明します」（doc. 157）と願い出た。しかし、公共教育省はこのカポッチからの要望を却下した。本文書の端に、イタリアの大学を所轄していた公共教育省第3局担当官による走り書きで、「第3局の配慮として、本省は、日本からの帰国まで、ナポリ大学における臨時教員の職をカポッチ氏のために保持しておくことはできないと返答した」と記されている。実際、公共教育省事務次官のエンリーコ・ベッティは11月18日付の公共教育大臣名の返信で、スカッキへそのことを伝えた（doc. 158）。

公共教育省からの返信を受けたカポッチの対応についてはわからない。しかしこの返答の後も依然、候補者のままでいた事実からすると、正式な決定が下されるまで様子を見ようということであったのだろう。ちなみに、トリーノ・アルベルティーナ王立美術学院の風景画教師だったフォンタネージは、工部美術学校の契約途中で帰国した後、復職している[10]。

公共教育省管轄下の美術学校をとりまとめていた同省第2局の担当官で、工部美術学校の教師候補者のとりまとめを担当したジュリオ・レザスコは、このカポッチの要望を知っていた。1875年12月17日以後に、教師候補者の略歴をまとめた報告書草案（doc. 34）において、カポッチは「公共教育省が、彼が現在就いているナポリ大学の教授のポストを彼のために取っておくと約束しないとしても、彼は東京のポストを受け容れるでしょう」と紹介しているからだ。だからこそ、全てを知っているレザスコが報告書草案に添付した彼個人の見解をまとめた巻頭文には、条件付きで応募しているカポッチではなく、「建築の候補者の中では、ミラーノのカッペッレッティが、他の候補者よりも優れ、かつ相応しい資質を有している」と記したと考えられる。

レザスコによるこの報告書草案の巻頭文において、絵画教師には、サヴェリオ・アルタムーラ、エドゥアルド・トーファノ、テオフィーロ・パティーニ、アキッレ・サンジョヴァンニの4者の名前を挙げ、フォンタネージの名前は挙げられていなかった。しかし、その後フォンタネージが絵画教師の最終選考に浮上し、結果、選ばれた。ボンギがフォンタネージを推す直接・間接の理由があったのだが[11]、イタリア王国政府が教師を選ぶ際には、フォンタネージがルッカにおいては人物素描の教師であり、トリーノにおいては風景画の教師だったという教職歴を評価したと考えられる。同様なことがカポッチの場合にも当て

はまるのかもしれない。5名の〈家屋装飾術〉の教師候補者の中でカポッチだけが実際に教鞭を取っていたという事実は、選抜の場において高く評価されたと考えられる。

②日本での俸給

1876年3月6日、公共教育省事務次官のベッティは、公共教育大臣ボンギの名で、カポッチ、フォンタネージ、ラグーザの3名へ「覚書2通と契約草稿」[12]を送り、雇用条件の確認にあたった（doc. 43）。3月20日付のベッティは外務省宛の文書には、フォンタネージ及びラグーザは直ちに肯定的な返事をしたが、「カポッチ氏は、決断する前に、2通の覚書及び契約書案に示された条件のいくつかに関するなにがしかの説明を必要としておりました。それらの解明のために、今週、ローマを訪問することを心に決めました」（doc. 44）と報告されており、直ちに承諾しなかったことがわかる。一方、フォンタネージとラグーザは日本公使が指定した4月13日にローマにおいて契約を締結することになる（doc. 45）。

史料から、カポッチは、来訪日は不明だが、3月20日から間もなくローマを訪れたことが判明している。また、公共教育省に対して雇用条件に関するどのような説明を要求したかについて知ることのできる、カポッチ本人による、あるいはカポッチの質問に対する公共教育省の返答に関する文書そのものは残っていない。だが、残る史料からカポッチの質問や要求をある程度、推測できる。

まず、4月8日付の外務省発公共教育省宛の文書には、「10,000ドルの総額は、3名で均等に分配されるはずだと、日本公使殿が申し分なく判断されて明言した、今月1日付の通達第2局第3433号の複写を添付します」（doc. 45）とある。文中の4月1日付公共教育省発外務省宛の文書は現存しないが、本文書によって10,000ドルが公平に分配されることが確認できる。

さらに、4月11日付で公共教育大臣ミケーレ・コッピーノが外務大臣ルイジ・アメデーオ・メレガーリへ文書を送付し、「3人全員の教師のために日本政府によって既に定められた10,000ドルの3分の1に相当する給与が守られるように私が望んでおり、彼らのそれぞれには、他の2人の教師の利益に損害を与えてはならない」と念を押している（doc. 48）。

以上、2件の文書から、カポッチが10,000メキシコ・ドルの年俸が3名の教師の間で等分されるのではなく、他2名よりも多く分配されることを希望したと推測できる。だが、その要望が応えられることはなかった。

その後の経緯を知る文書は今のところ見当たらない。だが、何らかの方法によって、公共教育省はカポッチ本人へ希望が通らないことを伝え、カポッチは〈家屋装飾術〉教師の辞退を表明した。1876年5月31日付で、スカッキが公共教育省へ宛てた文書は、カポッチが1876～1877年度もナポリ大学数学科の臨時教員として建築デッサン講座の継続承認が受理されるよう依頼したものである（doc. 159）。従って、この文書が発信される以前に、

カポッチが正式に工部美術学校の教職を辞退したことは確かである。

1876年8月12日、大学を管轄する公共教育省第3局第1課課長ルイジ・ザンフィは、同省第2局へ、カポッチが工部美術学校「建築の教師の職」に指名された後、どのような措置がとられたのかを尋ねた（doc. 160）。8月14日、第2局局長レザスコは、第3局局長へ「オスカッレ・カポッチ氏は、東京美術学校の建築教師の公務のために日本政府によって提示された条件に応じなかったので、そのポストには他の者が選ばれました」と返信している（doc. 161）。カポッチは、「日本政府によって提示された条件に応じなかった」ゆえに、「他の者」つまり、ジョヴァンニ・ヴィンチェンツォ・カッペッレッティが選ばれたことがわかる。

b. カッペッレッティの選抜と渡日

カポッチが辞退したため、新たな教師の選考が必要となった。1876年4月11日付コッピーノ公共教育大臣発外務省宛の文書（doc. 48）から、5月31日付のスカッキ発公共教育省宛の文書（doc. 159）が発出されるまでの間に、新たな〈家屋装飾術〉教師の選考が進められただろう。その結果、ミラーノ王立美術学院出身のジョヴァンニ・ヴィンチェンツォ・カッペッレッティが選ばれた。

残念ながら、カッペッレッティの選抜経緯を伝える文書も、彼の選抜決定を伝える文書も残っていない。イタリアに残っているのは、1876年6月19日付と考えられる公共教育省によるメモだけで、そこには「（日本）東京美術学校の教師に任命された」3名の名前が列記されている（doc. 50）。

カッペッレッティが選ばれた背景として、彼がミラーノ出身者であり、ミラーノ王立美術学院で修学した、ということを指摘できるのではないかと考える。第IV部第1章で見るように、同校と外務大臣だったエミーリオ・ヴィスコンティ・ヴェノスタとの関係が深いからである。

カッペッレッティの経歴は、近年まで不明であり、「経歴は奇妙で、はたして建築の専門家だったのかも疑わしい」[13]とされてきた。しかし、筆者の調査により、ミラーノ王立美術学院で10年間建築の勉強をし、建築設計に関わったこと、離日後に移り住んだサンフランシスコにおいても建築設計をおこなったことが明らかになった[14]。まぎれもない建築家だったわけである。

建築家カッペッレッティは、フォンタネージ及びラグーザとともに、1876（明治9）年8月29日に東京において工部卿伊藤博文に面会し、3名ともこの日をもって雇用契約が開始した。しかし、1876（明治9）年11月6日の開校に際しては、〈画学〉〈彫刻術〉の2講座のみが開講し、〈家屋装飾術〉は消滅していた。カッペッレッティは、来日当初は工部美術学校の教育に携わることができなかったわけである。翌年の規則改正によって新たに〈予

科〉が設置され、かろうじて教育に関与することができた。教師を招聘しておきながら、担当学科を開講せず、担当職務の無いままに一時期放置するというこの不自然な状況は、なぜ生じたのか。これまでもその不可解さが指摘されてきた問題であるが、未だ明確な説明を得ていない。その理由を考えるために、工部美術学校が附属していた親機関である工部大学校（当時は工学寮）について考える必要がある。

3.〈家屋装飾術〉設置の意味──工部美術学校と工学寮

　工部美術学校は、工部省に設置された教育機関である工学寮に附属する美術学校として創設された。工学寮は、1873（明治6）年に開校し、1877（明治10）年に工部大学校に改組されるものである。その学科には、「造家術」、すなわち建築教育が含まれている。工部美術学校における〈家屋装飾術〉は、工学寮で既に建築教育が開始されているところに割って入るかの如く登場したものであった。それだけでなく、工学寮における「造家術」は、他の学科に比して専門の教師の着任が遅れ、まさに工部美術学校の創設と時を同じくしてイギリス人教師が着任するという、偶然とは思いにくい状況が重なっている。工学寮における建築教師着任事情を、工部美術学校における〈家屋装飾術〉と関連させつつ再考してみたい。

a. 工学寮における「造家術」

　工学寮は、「工部省ノ所轄ニシテ工部ニ奉職スル工業士官ヲ教育スル校」（1874（明治7）年2月改正「工学寮学科並諸規則」）である。1873（明治6）年の設置当初は土木、機械、電信、造家、実地化学及び鎔鋳、鉱山の6科であった[15]。設置当初より、「造家」つまり建築教育が含まれていた。

　教師は、都検（後に教頭と称す）のヘンリー・ダイアー（Henry Dyer, 1848-1918）を筆頭に、グラスゴー大学より各分野の専門家が招かれたが、建築学と地質学教師については、設置当初は専門の教師が置かれなかった。建築教育は、「グラスゴー・マフィアとさえ言えるような」「ネットワークの一員である」[16]アルフレッド・チャールズ・シャストゥル・デ・ボアンビル（Alfred Charles Chastel de Boinville）、イギリス人のジョン・ダイアック（John Diack）が担当したものの、専任の教師ではなかった[17]。

　専任教師の雇用は、1875（明治8）年2月20日、工部大輔の山尾庸三が伊藤博文工部卿の代理として三條實美太政大臣宛に、工学寮への「建築学及地質学教師ノ雇入レニツキ伺出」を申請し、同年3月4日付で認可された[18]。その結果、イギリス人ジョサイア・コンドル（Josiah Conder, 1852-1920）が「造家教師」すなわち建築教師として来日し、1877（明治10）年1月28日付で契約が発効し、翌日から教壇に立った。

工学寮における「造家術」は、後に工部大学校造家科となり、帝国大学工科大学造家学科に引き継がれ、日本における工学分野での建築教育の中心をなしていく。ジョサイア・コンドルによる建築教育は、工学の一分野として位置づけられながらも、工学にとどまらず、建築の美術的な側面も十分に含み込むものであり、建築に関する総合的な教育というべきものであった。従って、その教育内容は、工部美術学校において期待される建築教育との重複が懸念されるものとなっただろう。

　しかしながら、コンドルの着任は、工部美術学校の開校より遅れる1877（明治10）年1月28日であった。コンドル着任以前には美術的な側面を含んだ建築教育の全体像を日本で理解し得た人物はごく限られたはずであり、工学寮と工部美術学校における建築教育は、棲み分けられるものと考えられた可能性もあろう。次に、工部美術学校と工学寮における建築教育の重複について、前後関係を整理していこう。

b. 工学寮と工部美術学校における「建築」分野の重複

　工学寮において「建築学教師」の雇用が申請された1875（明治8）年2月20日は、伊藤工部卿が三條太政大臣に、イタリア人教師招聘による美術学校設立を申請する「工学寮、外国教師三名御雇入伺」を「覚書」とともに提出する、ちょうど2ヶ月前に当たる。同じ工部省内の工学寮と、附属の工部美術学校において、近接した時期に建築教師の雇用が企画され、建築に関わる分野が重複することが明確になった。

　この状況は、教師を送り出す側の国ではどのように受け止められたのだろうか。イタリアにおいては、工部美術学校設立申請が提出される以前の1875年3月10日付の『イル・プンゴロ』紙において、「日本において、彫刻、絵画、建築装飾、教皇庁派のモザイク制作術の4講座から成るイタリア人による美術学校が創設されることになる」と伝えられていた[19]。この時点で、既に「彫刻、絵画、建築」ではなく、「彫刻、絵画、建築装飾」と伝えられていることは注目に値する。しかし、この美術学校がイギリス主導の工学寮の附属となることや、工学寮において建築教育がなされることなどについては一切報じられていない。

　一方、鈴木博之は、日本政府からイタリア政府へ美術学校の教師3名の選定が依頼された情報が、1876（明治9）年2月の段階でイギリスの雑誌記事に掲載されていたことを指摘している[20]。『アカデミー』誌に掲載された記事は、以下のものである[21]。

　　日本政府は、イタリア政府に、近年設立された美術アカデミーにおける建築製図、装飾、彫刻的絵画の3席を埋めるべく、3人の教師［選定］を依頼した。3教師は、5年間雇用されねばならない。彼らは年額20,000フランに加え、住居と赴任旅費を受け取ることになろう。

この情報は、1ヶ月後に建築雑誌『ビルダー』にも掲載されたという[22]。工部美術学校の雇用条件が記された「覚書」の内容との齟齬はあるが、イギリスにおいても工部美術学校へのイタリア人教師雇い入れの情報が伝わっていたのである。従って、工学寮における建築学教師の雇用と、工部美術学校における〈家屋装飾術〉教師の雇用とは、相互に関連している可能性がある。

　1876（明治9）年2月は、イタリアにおいて、絵画教師はフォンタネージとトーファノのどちらを選抜するかという議論があり、2月26日には、建築にカポッチ、彫刻にラグーザ、絵画にフォンタネージという選抜が決定され、かつ日本公使も快諾したことが、イタリア外務省から公共教育省へ伝えられた（doc. 42）時期にあたる。そのような時期に、イギリスの雑誌『アカデミー』誌に工部美術学校の記事が掲載されたのである。

　これらが同時並行的に進んだということは、工学寮における「造家学」すなわち建築学は工学的かつ技術的なことを専門におこない、工部美術学校における〈家屋装飾術〉では、より美術的な建築デザインを教育させるつもりであったことを示唆しているのかもしれない。そうであれば、工学的な側面はイギリスに、美術的な側面はイタリアに、という棲み分けを日本側が意図したことになろうが、当のイギリス、イタリアにおける建築教育事情はそれほど単純に切り分けられるものではなかった。

　19世紀後半の段階では、イギリス、イタリアともに、建築教育は工学系、美術系双方の学校においておこなわれていた。とりわけイタリアにおいては、工学と美術の間を揺れ動く渦中にあった。イタリアでは建築教育は従来、美術アカデミー（美術学院）でおこなわれており、工部美術学校の学科に建築が含まれることは違和感なく認められることであって、むしろ工学寮に建築があるのは、まだ新奇なことに思われたことだろう。18世紀以来の産業革命により、美的な外観ばかりでなく、構造・設備などの工学的な側面の教育も美術アカデミーでおこなわれるようになっていた。しかしながら、美術アカデミーでは工学面の教育に限界があり、1850年代より工科大学で建築学科が設立されていく。ただし、その後も意匠家としての建築家教育は美術アカデミーにおいて継続され、あるいは工科大学に美術アカデミーの教師が出向いて教授するということが続けられた[23]。

　このイタリアにおける工学と美術の間での揺れ動きは、何をもって「建築家」とするか、という点にも表れている。カッペッレッティは大学を卒業していなかったが「建築家」として紹介され、一方、アントーニオ・クッリは大学を出ていなかったので「本来は建築家と呼ぶことはできない」と記され、ナポリ大学数学科を卒業したカポッチは「著名な建築家」として紹介されている（doc. 34）。すなわち、イタリアでは「建築家」に、美的方面に卓越した人物と、技術を含む19世紀的課題に対応しうる人物とが、分裂気味に両立していたと言えるのである。

　〈家屋装飾術〉は、イタリアにおいても単独では存在しない学問だったわけだが、19世

紀におけるイタリア建築界の様相をそれとなく反映したものに思われる。従って、〈家屋装飾術〉という言葉には、イタリアとイギリスの建築に関する立場の差異が投影されているように思われる。

c. 建築教師をめぐる英伊間の綱引き

こうしてみると、〈家屋装飾術〉の設置は、建築教師の雇用をめぐるイギリスとイタリアの間の駆け引きを背景にもつものといえるのかもしれない。

工部美術学校の構想案は、1875（明治8）年4月20日に伊藤工部卿が三條太政大臣に「覚書」を提出するまでには練られていたであろうし、日伊間でもその下準備は進められていたであろうことが、前出の『イル・プンゴロ』紙の記事を見ても了解される。しかし、この提出がなされる僅か2ヶ月前の2月20日、工学寮から「建築学及地質学教師ノ雇入レニツキ伺出」が提出された。これは、工部美術学校における建築学教育が宙に浮いてしまうことを意味する。従って、この時点でイタリアからの教師招聘は絵画、彫刻を担当する2名の教師招聘に変更されていた可能性もあっただろう。実際、工部美術学校開校当初、開講したのは〈画学〉と〈彫刻術〉の2学科のみであった。しかしながら、既に3名の芸術家を招聘するという日伊間の合意がなされつつあるところで、イタリア王国政府側からすれば、減員は決して容認できるはずはなかっただろう。イタリア王国政府の外交の窓口として、外務省から派遣されている特命全権公使のフェーは、伊藤工部卿にそのように訴えたはずである。

1875（明治8）年4月20日に伊藤工部卿が三條太政大臣へ提出した工部美術学校の創設を伺う文書の冒頭には、「画学教師一名、造家教師一名、彫像教師一名」と記されているにもかかわらず、これに添付された同日発行の「覚書」の冒頭には「画学並家屋装飾術及彫刻術」と記されていた。2通の文書間で、1通の「伺」では「造家教師」、もう1通の「覚書」では〈家屋装飾術〉と、内容にずれがあるという異様な状況には、これまで述べてきた「建築」をめぐるイギリスとイタリアの思惑や、時の経過に伴う変更の結果を読み取るべきだろう。

「伺」と「覚書」の間の齟齬は、公文書提出目前の段階で工学寮への建築学教師雇用が提案されたため、既定路線の急な変更を余儀なくされた、という事情を想像させる。〈家屋装飾術〉は、この路線変更に対応すべく、この時点で発想されたものと考えられるように思う。日本側の事情に因るものではあれ、このような不可思議な〈家屋装飾術〉という学科を発想したのは、イタリア側であると考えることができる。なぜなら、建築をめぐる学問のあり方に、当時の日本側でそれほど通じた人物がいたとは考えにくいからである。

では、イタリアの誰が発想したのだろうか。日本における英伊間の綱引きの先頭に置かれた外交官のフェーは、当然の義務としてイタリア外務省に事の次第を報告しただろう。

そして、イタリア美術を自らも愛好し、美術外交政策を展開していたヴェノスタ外務大臣の指令の下、〈家屋装飾術〉という実体の曖昧な学科を敢えて作ることによって、3名のイタリア人教師派遣が覆されることのないように動いたのではないだろうか。つまり、建築教師が担当する〈家屋装飾術〉の創設によって、工学寮という親組織を主導するイギリスが決して他国に譲ることはない既得権益を侵害せず、イタリアは美術の分野において派遣する3名の教師の数を確保でき、英伊間の外交上での円満な解決を導くことができた、ということである。

　だが、外交上で必要とされた「建築教師が担当する〈家屋装飾術〉」は、美術教育上では宙に浮いてしまう。いみじくも、ボンギ公共教育大臣は1875年8月4日付でヴェノスタ外務大臣宛に、〈家屋装飾術〉の教育内容における誤謬を指摘したが（doc. 9）、これに対する返信は国立中央公文書館には保管されておらず、返信の有無さえ不明である。だが、公共教育省では〈家屋装飾術〉を担当するのは建築家だと解し人選を続行したことをみると、想像をたくましくすれば、ボンギはヴェノスタから上述の〈家屋装飾術〉設置の内幕を知らされた、ということもあったかもしれない。両者が親しい間柄であったことは、トリーノのカミッロ・カヴール財団に保管されているヴェノスタ宛の私信をまとめた未刊行史料ファイルからもわかる。実際、唯一ではあるが、1876年1月9日付の「親愛なるエミーリオ」で始まる文書は、工部美術学校の3名の教師の人選についての状況を伝え、「君の省」つまり、外務省からの返信を待つ、という内容のものである[24]。これ以前にも両者の間で、やりとりがなされていたことは想像に難くない。

　つまり〈家屋装飾術〉とは、イギリスとのせめぎ合いの中で、イタリア王国外務省が主体となって、イタリア人教師の3名という枠を守るべく、人選を一任されたイタリア王国公共教育省も巻き込むことによって、敢えて実体を曖昧にして創造された学科であった、と考えられる。

d. 〈家屋装飾術〉の消滅

　以上見てきたように、〈家屋装飾術〉の創設と同様、消滅の背景にも、イギリス主導の工学寮とイタリア主導の工部美術学校の微妙な関係があったと考えるのが妥当であろう。これを「工部美術学校関係史料」から再度詳細に検討し、それが消滅したことの意味を問い直したい。

①バルボラーニ在日本イタリア特命全権公使の報告書

　工部美術学校開校前の1876（明治9）年3月、イタリア王国は建国以来の右派政権が瓦解し、左派の時代を迎える。美術外交を進めてきたヴェノスタは外務大臣の職を、ボンギも公共教育大臣の職を去った。フェーも工部美術学校が開校し軌道に乗ったことを見届けた

かのように、1877年3月、在日本特命全権公使の任を終えて帰国し、翌月、その後任としてラッファエーレ・ウリッセ・バルボラーニ（Raffaele Ulisse Barbolani, 1818-1888頃？）が着任した。工部美術学校におけるイタリア人芸術家による美術教育は始動し、イタリアでの人事の異動が進む中、〈家屋装飾術〉創設と消滅の背景に英伊間に綱引きが在ったことは忘れ去られてしまったのだろう。しかし、1879（明治12）年ジェノヴァ公トンマーゾ・ディ・サヴォイア（Tommaso Alberto Vittorio di Savoia Genova, 1854–1931、以下、ジェノヴァ公）が訪日し、〈家屋装飾術〉消滅の問題が再度、外交の舞台に上るのである。その調査の任に当たったのが、バルボラーニである。

ジェノヴァ公は海軍中佐、かつ世界巡航船コルヴェット号ヴェットル・ピサーニ号の艦長として、1879（明治12）年3月31日ヴェネツィア港を出帆し、8月8日長崎に入港、東京、横浜、京都、奈良、大阪、福岡などを訪問した後、1880（明治13）年3月24日に長崎を出帆し、1881（明治14）年9月20日にヴェネツィアへ帰港した[25]。この間、ジェノヴァ公は海軍省へ報告書を提出していたが、その中に工部美術学校に関する記述があった。それは、イタリア王国政府内に激震を走らせるものだった。

まず、直接、報告書を受けた海軍大臣のフェルディナンド・アクトンは、1880年5月20日付で、工部美術学校に関する部分を公共教育省に転伝した（doc. 128）。その要旨は、工部美術学校のイタリア人教師たちはお互い同士の調和に欠け、社交性にも欠けており、日本政府の彼らへの待遇からすれば、もう少し立派にやるべきであること、そして、彼らの代わりとなる人材を提供するのは難しいことではない、というものであった。

この由々しき報告を受けた公共教育省は、5月22日付で海軍省に返信を送る（doc. 130）と同時に、同日、外務省へも海軍省からの報告に訂正を加えた上で、その背後関係の説明をし、新たに代わりの教師を選考する用意もあることを連絡した（doc. 129）。そして外務省は、5月29日付で在日本イタリア特命全権公使であるバルボラーニへ、ジェノヴァ公の報告書を転伝し[26]、バルボラーニは工部美術学校についての調査をおこなった。その結果報告が7月22日付で「保秘」義務のある報告書としてイタリア外務省宛に送付されたのである。このバルボラーニの調査報告書の中に、〈家屋装飾術〉に関する記述がある（doc. 132）。

> 建築教育は美術学校［工部美術学校］から取り上げられ、工科学校もしくはここでは技師学校とよばれている学校［工部大学校］に移譲されたかのようで、かかる教育は既にイギリス人の建築家に委ねられてしまっていました。従って、イタリア人建築家のカッペッレッティ氏が到着すると特定の仕事はないという状態になっていました。しかし彼は3年間拘束されており、日本政府はその契約を活用するのは適切だと考え、彼のために同じ美術学校の中に予備教育を創設し、そこで彼は線画、幾何学初歩、装飾などを教育する任務を得ました。

バルボラーニの報告書によれば、カッペッレッティは日本に到着してから〈家屋装飾術〉が消滅したことを知ったという。この報告書の行間から、やはりイタリア公共教育省における選考において、カッペッレッティが建築学を担当するために選抜されたという点が確認できる。カッペッレッティはそのように了解した上で来日したのである。工部美術学校由来のさまざまな建築学に関する教材から推しても、カッペッレッティが建築学を教育する準備をしていたと考えるのは妥当である[27]。

②〈家屋装飾術〉消滅の意味

〈家屋装飾術〉が消滅した時期については、確実なことは分からない。ここで、初めにこのポストに選抜されたカポッチが公共教育省に対して疑問を提示した事実を振り返りたい。ローマを来訪したカポッチが提示した疑問点は、既に見たように、第1に帰国後のナポリ大学における臨時教員職の保持について、第2に美術学校での年俸についての2点だったが、ボンギと同様に〈家屋装飾術〉の教科内容について疑問を示したとも考えられる。建築の5名の候補者の内で唯一実際に建築教育に携わっていたカポッチは、「覚書」に記された「建築装飾」の教科内容に隔たりを感じたはずである。これを物語る史料は未見だが、彼が〈家屋装飾術〉を辞退した重要な理由の一つだったと考えられる。

一方、カッペッレッティについては、公共教育省とのやりとりは一切残されておらず、真相は不明である。だが、バルボラーニの報告書によれば、カッペッレッティは日本に到着した時点で状況が変化していたことを知ったのだった。つまり、日本に到着するまで建築学を講じるものと信じていたのである。そうであるならば、招聘決定に際し、カッペッレッティはカポッチとは異なり、「覚書」に記された〈家屋装飾術〉の教育内容の確認をすることもなく、招聘決定が下されて来日したと考えられるのではないか。

カッペッレッティの招聘決定の時期についても不明であり、フォンタネージ及びラグーザが実際に締結した雇用契約書の日本語版が周知されているにもかかわらず[28]、カッペッレッティの雇用契約書が見いだせないのは、以上の状況を反映しているのではないだろうか。だが、カッペッレッティは1876（明治9）年7月18日[29]には、他2名の教師とともに建築を教育する心づもりでナポリから出帆した。

一方、工学寮の方では、1875（明治8）年3月4日付で建築教師の雇用は決まっていたが、着任までには1年9ヶ月を要した。1877（明治10）年1月28日、コンドルは日本で5年間の造家教師の契約を結んだ[30]。工学寮への建築教師就任が決定しない状況下において、工部省側はイタリアから招聘する建築家が、美術学校において意匠家としての建築家教育をする可能性を鑑みて、〈家屋装飾術〉という学科を曖昧なままに残したのかもしれない。だが、工学寮に着任したコンドルは、ロンドン大学で建築学を修め、かつサウスケンジントン美術学校での教育も修めた人物であり、工学的な分野にも建築の美術的な部分にも明るい人

第4章 〈家屋装飾術〉をめぐる諸問題

物であった。従って、コンドルの着任が決定したと同時に、美術学校における建築学教育は不要のものと判断されたのではないかと考えられる。

恐らく、コンドルの招聘決定から来日までの間に、カッペッレッティが建築学を教育する可能性は完全に消滅し、イタリアの美術学校教育と照らし合わせた場合に、実体の曖昧な〈家屋装飾術〉という学科の存在意義もなくなっていたと考えられる。そして、上述のバルボラーニの報告書によって、カッペッレッティが建築を教育する可能性は完全に消滅した、あるいは消滅していたことが確認されたのである。

まとめ

以上見てきたように、〈家屋装飾術〉とは、イギリスとのせめぎ合いの中で、美術外交を進めるヴェノスタ外務大臣を長とするイタリア王国外務省が主体となって、イタリア人教師の3名という枠を守るべく、人選を一任されたイタリア王国公共教育省も巻き込むことによって、敢えて実体を曖昧にして創造された学科であったと言えるだろう。

実際、「覚書」において規定された〈家屋装飾術〉の教育内容の内、「諸般ノ造営装飾術」すなわち「建築装飾のあらゆる種類と流派」については、工学寮の〈造家〉教師コンドルが担い、西洋建築のさまざまな装飾方法、歴史や様式を教えた。そして、日本における西洋建築装飾の問題は辰野金吾に引き継がれていくことになる[31]。一方、「彫嵌ニ用ユル大理石等ノ彫刻術」すなわち「大理石や他の石等の上に細工すること」については、工部美術学校の〈彫刻術〉教師である彫刻家のラグーザが担った。彼は〈彫刻術〉の教育内容である「人形ノ偶像及板面ノ小像並禽獣虫魚花実等ヲ彫刻スルノ術」(doc. 3)に加えて、西洋の古典建築様式や建

fig. 21 八杉敬次郎《柱頭》 1882年 東京大学大学院工学系研究科建築学専攻

fig. 22 同 裏面「明治十五年二月廿一日 八杉敬次郎」

築装飾に触れ、建築装飾の創作を課しただろう。「明治十五年二月廿一日　八杉敬次郎」の年記・記名のある「柱頭」(fig. 21・22) はこのことを示している[32]。ボンギが指摘したように、建築装飾を刻むことに関する教育は彫刻家によってなされたのである。

注

1. ACS, *Ministero della Pubblica Istruzione, Direzione Generale delle Antichità e Belle Arti, Istituti di Belle Arti 1860-1896*, b. 1, Circolari. 学生数の統計は1870年のものであり、順に並べると次のようになる。正式な学校名には「王立」が付記されるが、原語校名はそれが欠けた形の回状に表記されたものによる。⑥の校名については第Ⅱ部第2章注10を参照。⑨の正式な校名はボローニャ王立美術専門学校（Istituto di Belle Arti di Bologna）の可能性もある。
   ①ミラーノ王立美術学院（Accademia di Belle Arti di Milano）、831人。
   ②ナポリ王立美術専門学校（Istituto di Belle Arti di Napoli）、376人。
   ③トリーノ［・アルベルティーナ］王立美術学院（Accademia di Belle Arti di Torino）、326人。
   ④ヴェネツィア王立美術学院（Accademia di Belle Arti di Venezia）、225人。
   ⑤モデナ王立美術学院（Accademia di Belle Arti di Modena）、199人。
   ⑥フィレンツェ王立美術専門学校（Accademia di Belle Arti di Firenze）、181人。
   ⑦パルマ王立美術学院（Accademia di Belle Arti di Parma）、173人。
   ⑧カッラーラ王立美術学院（Accademia di Belle Arti di Carrara）、150人。
   ⑨ボローニャ王立美術学院（Accademia di Belle Arti di Bologna）、149人。
   ⑩レッジョ王立美術専門学校（Scuole di Belle Arti di Reggio）、145人。
   ⑪ルッカ王立美術専門学校（Istituto di Belle Arti di Lucca）、79人。
   ⑫マッサ（・カッラーラ）王立美術技術実践校（Stabilimento tecnico, pratico di Belle Arti di Massa（Carrara））、55人。
2. 参照した規約・学則は *Statuti e Regolamento interno dell'I. R. Accademia di Belle Arti di Milano-Veniezia*, Milano, 1842；*Statuti e Regolamento Disciplinale della R. Accademia di Belle Arti in Milano approvati col R. Decreto 3 novembre 1860*, Milano 1860.
3. 前掲書 *Statuti e Regolamento Disciplinale*, p. 34.
4. 拙論「ジョヴァンニ・ヴィンチェンツォ・カッペッレッティ研究——新出資料による来日以前の経歴」『日伊文化研究』第36号、1998年、36〜40頁。
5. この点については、北澤憲昭『眼の神殿』美術出版社、1998年；佐藤道信『〈日本美術〉誕生　近代日本の「ことば」と戦略』講談社、1996年。
6. 隈元謙次郎『明治初期来朝伊太利亜美術家の研究』三省堂、1940年、10頁。
7. カポッチについては、Anile, A, "Di Oscar Capocci", *Atti della Accademia Pontaniana*, Vol. XL, Napoli. 正式な名前のOscarre（オスカッレ）は、トロンカメントによる省略表記により、しばしばOscar（オスカール）と表記されている。
8. 1872年に建てられたナポリ臨海研究所（Stazione zoologica）で、初代所長はドイツ人のアントン・ドールン（Anton Dohrn, 1840-1909）である。堀由紀子『水族館のはなし』岩波書

店、1998年、16頁参照。カポッチのデザインにより1872年に着工されたが、その後不備が見つかって中断され、彫刻家のアドルフ・フォン・ヒルデブラントによって完成されたが、装飾性の高いネオ・バロックの正面と、全体としてはルネッサンス時代のパラッツォを彷彿させる古典的な姿はカポッチのデザインによるという。

9 ACS, MPI, *Personale 1ª versione (1860-1880)*, b. 472, Capocci Oscarre. その一部を、本書「史料」doc. 155〜doc. 161に採録した。

10 第Ⅲ部第3章、126〜129頁。

11 第Ⅱ部第3章。86〜90頁。

12 ここで言う「覚書2通」とは「覚書」（doc. 6）と、フェーによる「在東京イタリアの美術学校における教師雇い入れに関するメモ」（doc. 5）を指している。

13 藤森照信『日本の近代建築（上）——幕末・明治篇——』岩波書店、1993年、166頁。

14 拙論、注4前掲「ジョヴァンニ・ヴィンチェンツォ・カッペッレッティ研究」；拙論「ジョヴァンニ・ヴィンチェンツォ・カッペッレッティと19世紀後半のイタリア建築」『地中海学研究』XXVI、2003年、55〜80頁；拙論「サンフランシスコにおけるカッペッレッティ」『日本建築学会大会学術講演梗概集』、2005年、20〜22頁。

15 『明治前期財政経済史料集成 第十七巻』改造社、1931年、352〜353頁。同年7月の工学校略則改訂により、開校時には実地化学及び鎔鋳が2科に分離して7科となり、後の明治15年に造船学を増置し8科になる。

16 渡辺敏夫「日本近代建築教育の曙」『学問のアルケオロジー』東京大学、1997年、242頁。ボアンヴィルについては、泉田英雄「アルフレッド・チャールズ・シャストール・デ・ボアンヴィルの家系について」『建築史学』第52号、2009年、24〜28頁を参照。

17 曽根達三「コンドル先生表彰余滴」『建築雑誌』第403号、1920年、330〜331頁。

18 旧工部大学校史料編纂会篇『旧工部大学校史料』虎ノ門会、1931年、100〜101頁。

19 "Il Pungolo", 10 marzo 1875, p. 3, L'arte italiana nel Giappone.
    "Leggiamo nel Giornate delle Colonie: «Sappiamo che al Giappone verrà stabilita una scuola italiana di belle arti con quattro cattedre: scultura, pittura, architettura decorativa e manifattura di mosaici della scuola vaticana. (...) »"
「Giornate delle Colonie紙からの引用」とあるが、現在までのところ同新聞は見あたらない。4講座は当初開講が予定されていた「彫刻、絵画、家屋装飾術」の3科と「教皇庁の（あるいはヴァティカン内の学校の意味か）モザイク制作術」とある。後者の意味内容を的確に判断し得ないが、イタリア側では第4の学科が伝えられていたのである。拙論「工部美術学校設立事情考」『美術史』第155冊、2003年、96頁参照。

20 鈴木博之「ジョサイア・コンドルと英国」『ヴィクトリアン・ゴシックの崩壊』中央公論美術出版、1996年、164頁（初出は、鈴木博之「ジョサイア・コンドルと英国」『建築史研究』40号、1976年9月）。

21 *The Academy*, Feb. 19, 1876, pp.181-182.

22 鈴木注20前掲書、164頁。

23 この点については、Ricci, G., 'L'Architettura all'Accademia di Belle Arti di Brera: insegnamento e dibattito', Ricci, G. (a cura di), *L'Architettura nelle Accademie riformate. Insegnamento, dibattito*

culturale, interventi pubblici, Guerini Studio, 1992, pp. 253-281.
24 Fondazione Camillo Cavour, *Bonghi Ruggiero*, Lettera di Ruggiero Bonghi a Emilio Visconti Venosta, 9 gennaio 1876.
25 吉浦盛純『日伊文化史考』イタリア書房、1968年、182〜185頁。
26 1880年5月29日付、外務省発在日本イタリア特命全権公使宛文書及び案文は見当たらない。バルボラーニの報告書（doc. 132）において引用されている。
27 清水重敦「建築写真と明治の教育——東京大学大学院工学系研究科建築学専攻所蔵古写真解題」『学問のアルケオロジー』東京大学、1997年、252〜263頁。
28 隈元注6前掲書、11〜14頁、77頁。
29 Calderini, M., *Antonio Fontanesi. Pittore paesista 1818-1882*, Torino 1901, 1ª ed., p. 178.
30 外務省外交史料館『官雇入表』3-9-3-14。
31 辰野金吾「家屋装飾論」『工学叢誌』、明治16年11月、第2巻第24号（『建築雑誌』明治20年第1巻第4号、65〜71頁に再録）。
32 金子一夫『近代日本美術教育の研究　明治・大正時代』中央公論美術出版、1999年、172頁。

第5章　3名のイタリア人教師の雇用契約

1. 契約の締結

　1876（明治9）年3月6日、公共教育省事務次官のベッティは、公共教育大臣ルッジェーロ・ボンギの名で、カポッチ、フォンタネージ、ラグーザの3名へ、「覚書2通と契約草稿」を送り、雇用条件の確認にあたった（doc. 43）。そして3月20日付公共教育省発外務省宛の文書から、フォンタネージとラグーザは直ちに肯定的な返事をしたことがわかる（doc. 44）。だが、カポッチは日本行きを辞退した。

　4月8日付の外務省発公共教育省宛の文書から、在イタリア日本公使が、来る4月13日木曜日にローマにおいて工部美術学校教師の雇用契約を締結することを決定したこと（doc. 46）、そして俸給は年間10,000メキシコ・ドルが3名の教師間で公平に分配されることの確認もなされたと考えられる。

　第3章で見たように、工部美術学校の教師の1人分の年俸は3,333メキシコ・ドルであり、1876年当時で16,650リラに相当したことが、フォンタネージの後任のフェッレッティが帰国後に就職したブレシャ・ニコロ・タルターリア王立技術専門学校の身分証明書からわかる（doc. 166）。工部美術学校の教師の年俸は、イタリアの国立の美術学校の年俸の10倍ほどの金額だった。外務省外交史料館所蔵の『官雇入表』[1]から、工部美術学校の教師は月ごとに給与が支払われ、3名の教師に等しく1ヶ月277円75銭が支払われたことが確認できる。

　1875年6月12日付のフェーによる「メモ」には、「依頼された3名の教師間では、年間総額10,000メキシコ・ドルが、均等に、もしくは、雇用の職務条件から示唆される妥当性において、分配されることになります」（doc. 5）と記載されていた。給料が正確に3等分されるとの決定は、日本政府が3名の芸術家を等しく評価していたことを意味する。先行研究においては、年長のフォンタネージが工部美術学校における教育の主導者であったように見られてきた傾向があるが、3名に等しく給料を支払った雇用者側の日本政府にはそのような見方はなかったと考えられる。3名の教師の中でフォンタネージが職務上より重要な位置を占めることが予想されていたならば、フェーの文書に明記されていたように、「雇用の職務条件から示唆される妥当性」ある条件を充たすものと勘案されて、それなり

の差額のある分配がなされたはずだからである。

　公共教育省は4月10日付でフォンタネージ及びラグーザを推薦した美術学校に、4月13日に東京行きの契約を締結するので直ちに出発するように、との電報を送った（doc. 46）。フォンタネージは同日付で、「明日11日出発、12日到着」との返信電報を送っている（doc. 47）。雇用契約の締結を示す文書、もしくはその写しも残っていないが、フォンタネージ及びラグーザは、予定通り4月13日にローマにおいて工部美術学校の教師としての雇用契約に書名したこと、そして出発は4月「13日から3ヶ月以内におこなわれなければならない」ことが、4月25日付の公共教育省発外務省宛の文書からわかる（doc. 49）。

　第4章で見たように、〈家屋装飾術〉教師として選ばれたカポッチは契約締結以前にローマを訪れ、日本行きを辞退した。そしてカッペレッティが日本へ行くことになるのだが、彼の契約締結時期を伝える史料も、雇用契約書の日本語訳も現存しない。残っているのは、1876年6月19日付と考えられる公共教育省によるメモだけである（doc. 50）。このメモにより、少なくとも1876年6月にはカッペレッティが〈家屋装飾術〉の教師として選抜決定がなされていたことは確認できる。

2. 雇用契約書草案とその翻訳

　3名の教師のイタリア語による契約書原本の写しは、イタリアにも日本にも現存しない。イタリアに残されているのは、フェーが送付した、それまでに工部省がお雇い外国人との雇用契約において使用したいくつかの箇所が空欄となっている10項目から成るイタリア語の契約書草案（doc. 7）のみである。一方、日本にはフォンタネージ及びラグーザ各々の雇用契約書の日本語訳控えが伝えられており、両者の契約書は第一條の職務内容だけが異なっていることが知られている[2]。

　ここでは、イタリア語の契約書草案（doc. 7）（ア）、筆者が再度日本語に直した文章（イ）、フォンタネージの雇用契約書（ウ）によって内容を比較し、10項目を検討したい。但し、第一條のみ、ラグーザの契約書内容も検討を加えたい。

第一條

（ア）Il Signor X è contrattato e si obbliga a servire Il Governo Imperiale giapponese in qualità di .... nel Collegio Imperiale degli ingegneri in Tokio Giappone o in qualsiasi altro collegio o collegi ai lavori pubblici o qualsiasi altro Dipartimento governativo ovunque situato nel Giappone al quale possa in qualunque tempo venir trasferito per ordine del detto governo comunicato per messo del Ministro pei Lavori Pubblici o di qualsiasi altro Ministro dello stesso Dicastero in allora[sic] in ufficio, per un periodo di 3 anni a contare dal giorno che il Signor X anunncia il suo arrivo in Tokio al detto Ministro.

(イ) X氏は契約を締結し、X氏が工部卿へ東京到着を報告した日から数えて3年間、日本の東京にある東京帝国工学校［工学寮を指す］、もしくは別の学校、もしくは工部省のいかなる他の組織、もしくは工部卿あるいは同省のそのときの局［部、課を指す］の他の行政官の認可を得て、日本帝国政府の命により、政府のいかなる省［部局を指す］へ暫時移籍することになっても、○○として日本政府に仕える義務がある。

(ウ)-1 ア・ホンタネシー氏ハ畫学教師トシテ日本政府ヘ使ヘ東京畫學校ニ於テ景色・油畫・水畫・形象併繪ノ具ノ混合・遠近畫術・畫薬調合ノ術ヲ傳習スヘシ　又ハ他ノ學校工部省或ハ日本國内ノ何校ニテモ工部卿或ハ他ノ在職長官ノ命ニ由レハ轉務スルヲ得ヘシ　且條約ノ年限ハア・ホンタネシー氏ノ東京ニ到著シテ卿ニ面曾スル日ヨリ三ケ年ヲ以テ其ノ期限トスヘキ事［ママ］

(ウ)-2 ベー・ラグザ氏ハ彫刻學教師トシテ日本政府ヘ使ヘ東京畫學校ニ於テ大小形人面・動物・花草・菓物等ヲ彫刻スルノ術ヲ傳習スベシ　又ハ他ノ學校工部省或ハ日本國内ノ何校ニテモ工部卿或ハ他ノ在職長官ノ命ニ由レハ転務スルヲ得ヘシ　且條約ノ年限ハベー・ラグザ氏ノ東京ニ到著シテ卿ニ面曾スル日ヨリ三ケ年ヲ以テ其ノ期限トスヘキ事

　第一條には、日本政府への職務内容及び契約期間が記されている。教師は工部省工学寮に附属して新設される美術学校の教師として招聘されたが、この契約条項において、日本政府の命によっては、工学寮、工部省以外の政府機関においても奉職することが義務づけられた。工部美術学校は工部省工学寮の附属機関として設立されたが、将来、独立機関になった場合や、美術学校が他省へ移管されることを予期して、詳細に記されたものであろうと推察される。
　(ウ)の契約書控えには、(ア)のイタリア語契約書草案では記載されていなかった職務、すなわち担当する教育内容の詳細が記されている。それらは「覚書」(doc. 3、doc. 6)に記載されていた内容とほぼ一致している。まず、フォンタネージの場合を見てみよう。
　(ウ)-1のフォンタネージの契約書に記された教育内容は、「景色・油畫・水畫・形象併繪ノ具混合・遠近畫術・畫薬調合ノ術」である。「覚書」に記された「地景及画像等ノミナラズ図引並絵ノ具混合方、遠景図及「アート・オブ・コンポシシユン」画ノ位置ヲ定ムルノ術」と比較すると、「画像」、及び『「アート・オブ・コンポシシユン」画ノ位置ヲ定ムルノ術』が削られている。

第II部　工部美術学校の創設から終焉へ

金子一夫は、西洋美術を導入するのに、浪漫的画家である風景画家のフォンタネージを工部美術学校の教師に採用されたという事実に、「日本的選択があったと見るべきだろう」と指摘した[3]。だが、第II部第3章で見たように、最終的にフォンタネージの選抜決定をしたのはイタリア王国政府だった。日本政府による積極的な風景画導入の意志があったわけではなかった。

「覚書」に記載されていた「画像」すなわち人物画が契約書から削除されたのは、第II部第3章で見たように、絵画教育を「人物画」と「風景画」の2講座に分けるというボンギ公共教育大臣による提案との整合性をもたせるために、ローマでの雇用契約に際し、イタリア政府側が「画像」つまり「人物画」の削除を申し出た結果によるものと考えられる。また、そこには、風景画家のフォンタネージ本人の要望が盛り込まれていた可能性もあろう。フォンタネージはルッカ王立美術専門学校において人物素描の講座を担当することになり、公共教育省を非難した経緯があった。よって、その轍を踏まないように、雇用契約書の文面から「画像」つまり「人物画」を削るように同省に伝えたのかもしれない。

契約書から「画像」という言葉は削除されたが、実際にはフォンタネージは人物画の基礎となる「石膏半身写生」、「石膏立像写生」、「油画人形写生」、「人体写生」などを教えている[4]。1877年6月15日付のカルロ・ストラッタ宛の文書において、フォンタネージは「40名ほどの生徒に、平面幾何学及び立体幾何学、人物デッサン及び人物画そして風景画！を教えなければならないのだ」と伝えている[5]。

また、絵画の仕上がりを配慮した画面構成を考えるための方法論である『「アート・オフ・コンポシシユン」画ノ位置ヲ定ムルノ術』すなわち構図法も、風景画においても重要な位置を占めていたはずだが、契約書から削除された。

一方、(ウ)-2のラグーザの契約書に記された教育内容は、「大小形人面・動物・花草・菓物等ヲ彫刻スルノ術」である。「覚書」に記されてあった「人形ノ偶像及板面ノ小像並禽獣虫魚花実等ヲ彫刻スルノ術」という教育内容と比較すると、「虫魚」が欠けているが、これらも「動物」に含まれると考えれば、両者に大差はないと言えるだろう。

契約期間は「覚書」に記されていたように、工部卿に面会した日から3年間であることが記されている。

第二條

(ア) Il Signor X si accetterà immediatamente a Tokio ed appena arrivato dovrà annunciare il suo arrivo al Ministro pei Lavori Pubblici, nel Ministero in Tokio.

(イ) X氏は東京において直ちに受け入れられ、到着後直ちに、東京の工部卿にその到着を告げなければならない。

（ウ）ホンタネシー氏ハ三ケ月ヲ出スシテ東京ニ趣キ到着後直ニ其由ヲ東京ノ工部卿ニ報スヘキ事

　第二條には、出発時期と日本到着後の連絡の義務について記されている。（ウ）には、契約書草案にはない「三ケ月ヲ出スシテ東京ニ趣キ」という言葉が挿入された。4月13日のローマでの契約締結から3ヶ月以内にイタリアを発つべきことが求められていたが、4月25日付公共教育省発外務省宛の文書においても、そのことが確認されている（doc. 49）。3名の教師は1876年7月13日までにイタリアから日本へ発つことになった。

第三條

（ア）Il Signor X dovrà, finché in servizio per virtù di questo contratto, dovrà ubbidire agli ordini ed alle istruzioni del detto Ministro e del Principale（Rettore）del detto Collegio, o di qualsiasi corrispondente Autorità Giapponese od europea di qualsiasi altro Dipartimento al quale possa essere trasferito come sopra è detto.

（イ）X氏はこの契約の効力により勤務している限り、上述の大臣、上述の学校の責任者（校長）の、あるいは、上述したごとく、異動が生じた場合には、他のどの部局においても、日本人もしくはヨーロッパ人の当局のどの支局員の命令や指示にも従わなければならない。

（ウ）ホンタネシー氏ハ此條約ニ依テ定メタル奉職中ハ在職ノ卿ニ從服シヨクソノ指揮ヲ遵奉シ己レノ教務ヲ勉強スヘシ　亦既ニ前條ニ述ヘタル如ク他ノ官省ヘ轉務スル時ハ日本人或ハ西洋人ヲ問ハス其長官ノ指揮ニモ違背スヘカラサル事

　第三條には、指令系統の遵守が記されている。工部美術学校の校長は開校時から廃校間際まで大鳥圭介が務めており、フォンタネージらにとって直属の上司は大鳥ということになる。1875（明治8）年6月25日に大鳥は工学権頭に就任し[6]、工学寮の長の任に就いた。教頭は1873（明治6）年6月に来日し、その役職に就いたイギリスのヘンリー・ダイアーだった[7]。工部美術学校は工学寮の附属機関として設置されたため、フォンタネージらにとって、ダイアーもまた上司の1人であり、この関係は工部美術学校の廃校まで変わらなかった。
　イタリア人教師による教育機関における美術教育の自律を願っていたはずの工部美術学校の教師にとって、そしてイタリア王国政府にとっても、イギリス人が上司であり続けたことに対する違和感があっただろうと考えられる。しかし、工部美術学校設立の構想が練られていた時期においては、この条件を飲むことなくして、工部省管轄下に美術学校を設

第Ⅱ部　工部美術学校の創設から終焉へ

立することは難しかっただろう。

第四條

(ア) Il Signor X dovrà prestare il debito giornarliero servizio al Collegio al quale sarà addetto e non si assenterà da suoi doveri senza prima aver ottenuto il consenso del suo superiore Giapponese od europeo (le domeniche e le feste accordati dal Governo eccettuate) o in caso di malattia o di inevitabile accidente, senza un regolare certificato medico all'effetto che è incapacitato dal rendersi al suo ufficio o dal eseguire i suoi doveri, come da questo contratto quali risultano.

(イ) X氏は割り当てられた工学寮での日々の勤めを果たさなければならない。そして日本人もしくはヨーロッパ人の了解を得ることなくして、(政府によって認められた日曜日を除いて) あるいは、病気もしくは不慮の事故の場合は、本契約書に関係するように、彼が義務を果たしえない、もしくは彼が任務遂行しえない、という結果への医師による証明なしに、彼の義務を休んではならない。

(ウ) フオンタネシー氏ハ日々延滞ナク必ス其掛リノ學校ニ出席シ日本人或ハ西洋人ヲ問ワス在職長官ノ許可ヲ受ルニ非サレハ欠席スヘカラス　但シ日曜日及常例休暇又ハ病氣或ハ不慮ノ災難ニ罹ルトキハ醫師ノ診察書ヲ以テ此條約書中ニ記載スル教務ヲ奉スルノ難キコトヲ確證スルトキハ此例ニアラサル事

第四條には、職務励行の義務と、その義務が免除される条件が記されている。(ア) と (ウ) に大差はない。

第五條

(ア) Il Signor X si obbliga durante il tempo pel quale è contrattato di non fare e di non immischiarsi in affari commerciali direttamente o indirettamente, ma di occuparsi soltanto del servizio del Governo.

(イ) X氏は契約をしている期間、直接・間接に商業行為をしたり、関わったりせず、ただ政府の勤務に専念する義務を負う。

(ウ) ホンタネシー氏ハ此條約ニ於テ定メタル年限中商法ヲ爲スヘカラス　又親ラシ或ハ親ラセサルトモ些モ商事ニ關係スヘカラス　又如何ナル職工如何ナ人職業ヲモ爲ス

ヘカヲス　只日本政府ノ奉務ヲ專一ニ爲スヘキ事

　第五條には、職務へ専心することが記されている。直接・間接に商業行為をしたり、関わったりすることが禁止されていた。従って、工部美術学校の教師は日本滞在中に制作した作品を売却することはできなかったと考えられる。しかし、ラグーザやサンジョヴァンニは委嘱を受けて制作したことが知られている。これらの制作は商業行為の範囲外として認められたものと考えられる。

第六條
（ア）Il salario del Signor X sarà l'equivalente in yen giapponesi di franchi .... all'anno, pagabile in uguali rate mensili, la prima rata pagabile un mese dopo l'avere essi annunciato il suo arrivo in Tokio, come sopra è detto, ma questo salario cesserà il giorno che il Signor X muoia o sia destituito o al terminarsi di questo contratto.

（イ）X氏の給料は、月額XXフランキ相当の円通貨、毎月同額で支払われる。上述のように、彼の東京到着が告げられた1ヶ月後に最初の月額が支払われる。しかし、X氏が死亡、もしくは解任あるいはこの契約が終了する日にこの給料は停止する。

（ウ）ホンタネシー氏ノ給料ハ一ケ年日本金貨三千三百三十三圓ト定メ一ケ月毎ニ之ヲ拂フヘシ　但シ初度ノ給料拂渡ハ既ニ云ヒシ如ク同氏東京ニ到着ノ後一ケ月ヲ経テ之ヲ始メ同氏死スルカ暇ヲ得ルカ條約ノ終リニ至ルトキハ之ヲ止ムヘキ事

　第六條には、給料の額が記載されている。給料は、3名の教師の合計で1年間10,000メキシコ・ドル、1名分はその3分の1の金額、すなわち3,333メキシコ・ドルで、これを12等分した金額が月給として支払われることが記されている。『官雇入表』には、カッペッレッティ、ラグーザ、フォンタネージともに「1ヶ月277円75銭」と記されている。

第七條
（ア）Se durante il periodo del suo servizio il Signor X fosse impedito per malattia od altre dal compiere i suoi doveri, durante 3 mesi consecutivi, oppure, (benché non sia stato impedito durante tale periodo di tempo) se egli avesse una malattia o disgrazia, la quale nell'opinione del ufficiale Medico del Dipartimento, debitamente notificata al Ministro, lo incapacitasse assolutamente dal servizio che deve prestare durante il tempo che deve ancora servire, o che gli fosse di serio impedimento nell'esercizio dei suoi doveri, avrà il Ministro il diritto di

sciogliere questo contratto immediatamente, ed il Signor X non avrà diritto a salario alcuno ma gli sarà pagata la somma di yen .... per viaggio e spese relative da Yokohama in Italia.

(イ)任務を果たす期間に、X氏が病気のために、もしくは他のことによって果たすべき義務が3ヶ月間継続して阻止されるような場合には、あるいは（たとえそのような期間に阻止されないにしても）、彼がまだ任務に就かなければならない時期に、病気もしくは災難により果たすべき任務が絶対的に不可能である、あるいは彼の義務遂行に真に支障となると、病部局の公式医師の意見として大臣にしかるべく通報された場合、大臣はこの契約を直ちに解消する権利をもつ。そしてX氏はいかなる給与を得る権利ももたないが、横浜からイタリアまでに相当する旅費相当の円貨○○円が支払われる。

(ウ)若シホンタネシー氏職務中病氣或ハ災難ニ罹リ此傑約ニ依テ定メタル勤務ヲ三ケ月間奉スルコトアタワサル時（假令此時日間中全ク弱體ナラサルニモセヨ）又ハ奉務中多少ノ病ニ罹リ又ハ災難ニ罹リ工部省ノ醫師ヨリ同氏此條約ニ依テ定メタル年限残リ期限中奉職スルコト能ハサル趣キヲ公然ト工部卿ヘ確告スル時又ハ全ク其職務ヲ故障セル事情起ルトキハ工部卿ハ同氏ノ條約ヲ直ニ取捨ル権ヲ保有スヘシ　亦同氏ハ其後多少ニカキラス給料ヲ請求スルコト能ハス　然レ共日本政府ハ同氏ノ爲メニ横濱ヨリ伊太利國迄第一等ノ郵船切手一枚及旅中雑費トシテ佛貨五百フヲンクヲ與フヘキ事

　第七條には、疾病や災難により、職務遂行が不可能になった場合、あるいは不可能性が生じた場合には工部省の医師の証明をもって認め、行政官である工部卿が契約を直ちに解消できること、そしてこの場合、教師は給与を受け取る権利はないが、横浜からイタリアまでの旅費が支払われることが記されている。(ウ)には、横浜からイタリアまでの「第一等ノ郵船切手一枚」と「旅中雑費」としてフランス通貨で500フランが支払われることが明記されている。フランス通貨である理由は、イタリア人教師たちが利用したのがフランス船だったからだと考えられる。
　「覚書」(doc. 3)には、「伊太利國ヨリ日本迄ノ路銀及其約定金トシテ往返各壱百弗ヲ給與スベシ」とあり、「壱百弗」が「佛貨五百フヲンク」に相当するものだったと考えられる。

第八條
(ア)Il detto governo si obbliga durante la continuazione di questo contratto di dare al Signor X

un alloggio convenevole, non mobiliato, e il servizio di un medico.

（イ）上述の政府はこの契約継続期間中、X氏に家具のない至便な住まいと医療サービスを与える義務がある。

（ウ）日本政府ハ同氏ニ此條約期限中家財無キ相當ノ住所ヲ與ヘ且醫師ヲモ貸與スヘキ事

第八條には官舎及び医療の提供について記されている。フォンタネージは帰国に際し、代任となったプロスペロ・フェッレッティとの間で民事裁判をもつが、家具の譲渡に関する問題が争点の一つになる。詳細については、第Ⅲ部第3章で述べたい。

第九條

（ア）Al Signor X sarà dato un biglietto di 1a classe dall'Italia a Yokohama ed una somma di fr. 500 per spese varie durante il viaggio. Se entro i tre mesi che seguono lo spirare di questo contratto il Signor X vorrà tornare in Italia gli sarà dato un biglietto di 1ª classe dal Giappone in Italia, ma se entro tre mesi mesi[sic]（come sopra）non vorrà far ritorno in Italia perderà tale diritto come pure lo perderà qualora venga destituito.

（イ）X氏はイタリアから横浜までの一等切符と旅費諸費用総額500フランキが与えられる。本契約終了後3ヶ月以内にイタリアへの帰国を望む場合には、日本からイタリアへの一等切符が与えられる。しかし、3ヶ月以内にイタリアへの帰国を望まない場合にはこの権利を失うだろう。万が一解任された場合にも同様に失うだろう。

（ウ）ホンタネシー氏ハ伊太利亜ヨリ日本迄一等ノ郵船切手併旅中雑費トシテ佛貨五百フヲンクヲ受取ルヘシ　若シ同氏此條約ノ期終リシ時又ハ其時ヨリ三ケ月後ニ伊太利亜ヘ歸國スレハ日本政府ハ日本ヨリ伊太利亜迄第一等ノ郵船切手併旅中雑費トシテ五百フヲンヲ與フヘシ　然レトモ若シ此三ケ月ノ間ニ歸國セサルトキハ郵船切手ハ勿論旅中雑費ヲモ受クヘキ権ナシ　若シ本人不正ニシテ暇ヲ受ル時ハ旅費ヲ請求スル能ワサルコト

第九條には、契約終了後3ヶ月以内に日本からイタリアへの帰国する場合には、日本政府が一等席旅客券と旅費500フランを与えることが記されている。旅費が支払われることについては、第七條と同様に「覚書」に明記されていた。「覚書」には記されていなかったが、（ア）及び（ウ）の文言から、雇用契約終了後3ヶ月以内に帰国することが推奨さ

第Ⅱ部　工部美術学校の創設から終焉へ

れていたと考えられる。

第十條

（ア）Se il Signor X è o divenga, incapace di eseguire i suoi doveri, quali risultano da questo Contratto o se egli è negligente, o se abbia cattiva condotta o se egli infranga o non eseguisca le clausole di questo contratto sarà lecito al Ministro dei Lavori Pubblici o a qualsiasi altro corrispondente funzionario giapponese sotto al quale sia posto il Signor X di sciogliere questo Contratto o di destituirlo dal servizio del Governo.

（イ）もしX氏がこの契約の結果、その義務を果たせないか、果たせなくなった場合、もしくは彼が怠慢であるか、素行が悪い場合、もしくは違反するか、この契約の細目を遂行しえない場合、X氏がその下に置かれている、工部卿、もしくは相応する他のいかなる日本の上級職員によって、この契約を解消する、もしくは政府の任務から彼を解任するのは合法である。

（ウ）同氏若シ此條約ニ由テ定メタル職務ヲ勤メ兼ヌルカ職務ヲ怠ルカ品行不正ナルカ国法ヲ犯スカ或ハ此條約中ノ規則ヲ違背スルニ於テハ在職ノ工部卿或ハ當時其代理長官ノ命ニ依リ此條約ヲ廃捨シ同氏ノ奉務ヲ取上ケ得ベキ事

第十條には、免職される場合の条件が記されている。

以上見てきたように、契約書草案（ア）と契約書（ウ）の内容に齟齬はなく、適宜、「覚書」に明記されていた内容や、教師選抜過程において明確になったことが（ウ）に反映されていたことがわかる。

3. 教師の出発と雇用契約の開始

契約書第二條には「三ケ月ヲ出スシテ東京ニ趣キ」とあり、4月13日のローマでの契約締結から3ヶ月以内にイタリアを発つべきことが求められ、4月25日付公共教育省発外務省宛の文書においても、そのことが確認された（doc. 49）。

1876（明治9）年6月17日付で公共教育大臣ミケーレ・コッピーノがトリーノ・アルベルティーナ王立美術学院長へ宛てた文書には、「フォンタネージは7月15日に日本へ向けて出発しなければならない」[8]と記されている。一方、日本到着後1年近く立ってからフォンタネージがカルロ・ストラッタ宛に記した1877（明治10）年6月15日付の文書には「7

月18日にナポリを出帆」したと記されている。出発日が7月15日であったか、18日であったかは判然としない。7月15日にナポリへ向けてトリーノを発ち、18日に出帆したと考えることはできるだろう。また、船の出航日程の関係もあっただろう。いずれにしても、フォンタネージは同僚となるラグーザ及びカッペッレッティとともに出発したことが、同ストラッタ宛の文書からわかる[9]。

　フォンタネージの記憶によれば、1876年7月18日にナポリ港を出帆し、当時の日伊間の航行日数からすると、およそ40日後には横浜港に到着したはずである。契約書に従って、3名のイタリア人教師はすぐに東京へ向かい、8月29日に工部卿伊藤博文と面会し、この日をもって3名の雇用契約は発効した。1876年12月15日付でイタリア外務省が公共教育省へ宛てた文書から、3名とも健康な状態で到着し、日本政府から承認を得たことがからわかる（doc. 51）。

　契約書第八條にあったように、3名の教師それぞれには官舎が用意された[10]。カッペッレッティ及びラグーザは「三田小山町26番地」の官舎だった。『官雇入表』によれば、フォンタネージは初め「工部省構内の葵町二番地」の教師館に官舎が用意され、時期は不明だが「溜池（葵町）一番地」[11]と考えられる「地理局構内」に移転している。

注

1　外務省外交史料館蔵『官雇入表』3-9-3-14。
2　隈元謙次郎『明治初期来朝伊太利亜美術家の研究』三省堂、1940年、11～14頁、77頁。
3　金子一夫「近代日本美術教育の出発と風景画」東京国立文化財研究所編『語る現在、語られる過去　日本美術史学100年』平凡社、1999年、74～75頁。
4　青木茂『近代の美術46　フォンタネージと工部美術学校』至文堂、1978年、33～35頁。
5　Calderini, M., *Antonio Fontanesi. Pittore Paesista 1818-1882*, Torino 1901, 1ª ed., p. 180.
6　大内兵衛・土屋喬雄編『明治前期財政経済資料集成』改造社、1931年、345頁。
7　同上、344頁。
8　"Dovendo il sig. cav. Fontanesi partire per il Giappone il 15 del luglio", Bollea, *op. cit.*, p. 81.
9　Calderini, *op. cit.*, p. 179.
10　外務省外交史料館蔵『官雇入表』3-9-3-14。
11　Calderini, *op. cit.*, p. 179.

第6章 〈画学〉教師の交替

はじめに

イタリア人教師の来日を得て、1876（明治9）年11月、工部美術学校が開校した。開校時より1883（明治16）年の閉校時まで、〈彫刻術〉の教師はヴィンチェンツォ・ラグーザが勤めたが、〈画学〉においては2度の教師交替があった。教師の交替に関しては、初代〈画学〉教師アントーニオ・フォンタネージが健康上の理由によって契約途中で帰国したこと、その欠を補うべく〈画学〉教師となったプロスペロ・フェッレッティと生徒との間に生じた問題などが知られている。だが、ここにはイタリア王国側の事情もあった。

また、フェッレッティの後任として、アキッレ・サンジョヴァンニが来日することになるが、どのような経緯によって彼が選ばれたのかについては、これまでほとんど明らかにされてこなかった。サンジョヴァンニが選ばれた1879（明治12）年の教師選抜も、1875（明治9年）の教師選抜と同様に、イタリア王国政府に委ねられており、同国の外交政策上の意味を有していたのである。

本章では、まずフォンタネージからフェッレッティへの、次にフェッレッティからサンジョヴァンニへの、〈画学〉教師の交替をめぐる諸事情を明らかにしたい。

1. アントーニオ・フォンタネージからプロスペロ・フェッレッティへ

工部美術学校創設時の3名のイタリア人教師の3年間の雇用契約は1876（明治9）年8月29日に発効し、フォンタネージは11月21日から教壇に立った。ところが彼は2年後の1878（明治11）年9月30日付で、契約を解消する。そして10月12日、新橋駅から帰国の途についたという[1]。公になっている事由は「病気ニ付退職」[2]だが、これまでに指摘されてきたように、「理想的な美術学校」の実現が不可能となったことが彼の契約満了前の帰国決意に大きく作用していたとも考えられる[3]。また、1877（明治10）年に設置された〈予科〉を担当することになったカッペッレッティとの間で、教育内容をめぐって意見の相違があったとも考えられる[4]。しかしその一方で、「休職扱い」で残してきたトリーノ・アル

ベルティーナ王立美術学院の風景画講座のポストも恐らく気がかりの一つであったはずである。ここでは、フォンタネージに帰国を決意させたさまざまな要因を検証したい。

a. フォンタネージが抱える諸問題

①理想の学校像と現実とのギャップ

　工部美術学校は、工部省の下に設置された教育機関である工学寮に附属する形で1876（明治9）年11月6日に創立した。翌年1月11日、工学寮は工部大学校と改称され、1877（明治10）年6月3日の「諸規則」改正以後、工部美術学校が正式名称となった[5]。1877（明治10）年7月、工部大学校によって公布された『工部美術学校諸規則』には、「吾国美術ノ短所ヲ補ヒ真写ノ風ヲ講究シテ欧州ノ優等ナル美術学校ト同等ノ地位ニ達セシメントス」と記されている[6]。この文書からすると、この時点では将来的に欧州にあるような美術学校にしようという意志があったと考えられる。しかし、組織としては、廃校に至るまでずっと工部大学校に属し、独立した美術学校にはならなかったのである。工部美術学校が、イギリス人が多勢を占め、しかも工学系の教育機関である工学寮（後の工部大学校）に附属する組織であり続けたことは、イタリア人教師のみならず、イタリア王国政府をも落胆させたことだろう。

　工部美術学校の校舎は、最初、工部省構内の旧鍋島藩邸の日本家屋（当時の赤坂区葵町）を使用することで開校した。工学寮本館すら造営中であり、附属の工部美術学校が当初、仮の住まいだったのは止むを得ないことだっただろう。工部美術学校全体の校舎を西洋建築で新築する構想の下、フォンタネージがその図面を作っていたという[7]。理想的な美術学校を思い描いていたことだろう。

　だが、1878（明治11）年1月25日に工部美術学校が工部省構内旧鉱山・営繕局の建物へ移ったことで事態は変化する。〈画学〉の教育はそれらのうちの2階建てペンキ塗りの建物を使用することになった。一方、〈彫刻術〉の教育については、金子一夫が寺内信一の回想によって明らかにしているように、大型石膏像があったため新築されることになり、この時点で工部美術学校の校舎全体を西洋建築で新築する構想もなくなったことを意味するのだろう[8]。この決定は、フォンタネージが抱いていたという理想的な美術学校の実現が不可能となったことを意味する。このことに落胆して、フォンタネージが帰国を決意したとしても不思議ではあるまい。来日当初より健康問題を抱えていたことが、やはり帰国の決断に拍車を掛けたのではないかと考えられる。

②〈予科〉の設置による問題

　第Ⅱ部第4章で見たように、カッペッレッティは〈家屋装飾術〉の教師として招聘されたが、1876（明治9）年の工部美術学校開校時には既に〈家屋装飾術〉が消滅してしまっ

ていた。そして、1877（明治10）年6月3日に〈予科〉が設置され、カッペレッティが
それを担当することになった。〈予科〉には画塾などでの素養が十分ではない者が在籍し、
その後、生徒本人の素質や適性により〈画学〉もしくは〈彫刻術〉へ進むということになっ
た。

　金子一夫は〈予科〉の教育内容と教育順序が、「現在の教育内容からは想像できない、
極めて論理的な内容の基礎教育である」とする一方で、〈画学〉の教育内容に反映された
「フォンタネージの絵画観と相反しないかという問題がある」ことを指摘し、また明治10
年度の「予科学生進歩表」と「彫刻生進歩表」を精査し、「予科と彫刻学の両方に所属し
ている生徒が十人もいる」ことを明らかにした[9]。〈予科〉が設置されたことによって、既
存の〈画学〉と〈彫刻術〉との教育内容の相違もしくは重複、また生徒の重複登録によっ
て、何らかの問題を引き起こしただろうと推測される。

　実際、1880年7月20日付の外務大臣ベネデット・カイローリ宛の在日本イタリア王国
特命全権公使ラッファエーレ・バルボラーニの報告書には、「きちんと定義され構想され
た境界をもたないこの新たな教育［〈予科〉を指す］は、イタリア人教師たちの間に対抗心、
不一致、軋轢を生じさせました。美術学校の校長は、彼にとって全く関係のない美術の現
実における意見の違いを解決できるような適任者ではないために、日本政府が調停するこ
とも止めさせることもできない軋轢でした」（doc. 132）と報告されている[10]。

　1879（明治12）年晩秋のジェノヴァ公の来日を受けて、バルボラーニの報告書が記され
た時には、既にフォンタネージは帰国してしまっており、サンジョヴァンニは着任からあ
まり時を経ておらず、この時期における「イタリア人教師たちの間に対抗心、不一致、軋
轢」はカッペレッティとラグーザの間でのことだと考えられる。しかし、〈予科〉が設
置された時には、まだフォンタネージもおり、カッペレッティとの間で美術教育上の見
解をめぐって対立することが、やはりあっただろうと想像される。そのような対立は、と
りわけ病身のフォンタネージを疲弊させただろうし、その問題から逃れたいという気持ち
が帰国への決断を促す一助になったのではないかと考えられる。教師間の問題については、
第Ⅱ部第7章で詳述する。

③私的な問題——健康問題と復職問題

　フォンタネージは来日直後から脚気に罹り、来日1年後1877（明治10）年の夏にはズボ
ンがはけないほど脚が腫れ、3ヶ月間床に伏していたほど重症であったことが、1877年12
月15日付のトリーノ在住の医師カルロ・レイモンド宛の文書から明らかになっている[11]。
だが、健康問題の他に、フォンタネージにはもう1点気掛かりなことがあったはずである。

　1877年12月17日付のコッピーノ公共教育大臣発フォンタネージ宛の文書案文（doc.
170）がそのことを伝えている。

第6章 〈画学〉教師の交替

　しかし現在のところ、以前の地位へ戻るためにイタリアへ帰るべきだとあなたに忠言することができかねることに、たいへん悲しみ悩んでおります。東京の学校での3年間の教授職を満了した後には、彼に約束させたように、本省はあなたのためにおさえてあるトリーノの美術学校風景画教授のポストにあなたを復職させることを確約いたしますし、彼に約束を履行させます。それはともかく、私の意見としては、健康状態をよくするどころか、さらに悪化させるでしょうから、その時まで日本にとどまり、長旅の不快さや危険を冒さない方がよいように思います。

　本文書は、フォンタネージがこれより以前にイタリア公共教育省へ宛てた文書の返信であることがわかる。フォンタネージの往信文書は見あたらないが、そこで彼は健康上の問題を述べ、来日直前まで在職していたトリーノ・アルベルティーナ王立美術学院の風景画教師のポストへの復職に言及したと推測される。本文書から、旧ポストへの復職は渡日前から、コッピーノが「彼に約束させ」、「履行させ」るとフォンタネージに断言できるほどまでに確約されたものだったことが読みとれる。「彼」の名前は明記されていないが、トリーノ・アルベルティーナ王立美術学院学長のマルチェッロ・パニッセーラ・ディ・ヴェリオ（Marcello Panissera di Veglio, 1830-1886）であろう。
　工部美術学校での3年間の雇用契約満了を期待し、健康状態を悪化させないためにも、とにかく「現在のところ」は日本に留まるようにというコッピーノの説得ぶりは、逆にフォンタネージが早急に帰国したいという希望を告げたであろうことを物語っている。
　フォンタネージには残る2年間弱の契約を満了するように勧める一方で、コッピーノはフォンタネージの意を汲み、彼を復職させるべく手配を開始した。コッピーノがフォンタネージ宛の文書を記した同じ日、公共教育省官房長官フェルディナンド・ボジオが、美術学校を所轄する同省第2局局長ジュリオ・レザスコに宛てた文書 (doc. 169) はそのことを物語っている。

　　大臣閣下の命により、東京美術学校での彼の3年間の契約を満了した後に、トリーノ［・アルベルティーナ王立］美術学院の元の職へ呼び戻すことを本省が確約しているアントーニオ・フォンタネージ教授宛の文書の写しを貴殿へお送りいたします。いとも令名高き貴殿にあっては、しかるべき時期に対策を講じるべく、そのことを心に留め置かれますようお願いいたします。

　工部美術学校での第2年目となる1877〜78年度が開始されたばかりの段階で、次年度にフォンタネージを復職させるべく、そのための事務が開始されたと見ることができるだろう。実際、フォンタネージは翌1878年秋、帰国の途につき、「1878年12月中旬を過ぎた頃、

127

かなり健康を回復してトリーノへ戻り」[12]、少ないと嘆いていた[13]年俸1,800リラの風景画教師に復職することになる。

　復職にあたって、1878年12月19日付で、公共教育省事務次官マルティーノ・スペチャーレ・コスタレッリがコッピーノ公共教育大臣名で、トリーノ・アルベルティーナ王立美術学院学長パニッセーラへ宛てた文書がある[14]。

ローマ発、1878年12月19日付

　アントーニオ・フォンタネージ教授は、日本帝国との契約期限が来る前に、健康上の理由のために、向こうで一時的に占めている職を放棄せざるを得なくなり、イタリアに帰国しました。従って、彼は本省に、貴美術学校の風景画教授という彼の職に、事実上、戻ることを懇願しています。私は貴下にあっては、困難なく、しかるべき処置をされるように祈っています。

大臣に代わって
M・スペチャーレ

　こうしてフォンタネージは復職した。1879年3月13日、公共教育省美術教育中央監督局局長ジュリオ・レザスコは公共教育省会計課長宛の文書（doc. 171）の冒頭に、「トリーノ王立美術学院風景画教授カヴァリエーレ勲章受章者のフォンタネージ氏は、1876年に東京へ赴くために公務を放棄すべきでした」と記している。本来的には、フォンタネージはトリーノでの風景画教師を辞職してから工部美術学校の教師に就くべきだったのであり、特殊事例だったことがわかる。だが、レザスコはフォンタネージへ「1878年12月1日からの給与を彼に送金する必要」があるため、その手続きを会計課長に要請した。

　国内の王立美術学校を管轄する公共教育省第2局長、そして制度改革後には同省美術教育中央監督局局長を歴任し、国内の美術学校制度に精通しており、フォンタネージの復職は本来あり得ないはずのことだと認識していたのにもかかわらず、レザスコが手続きをしたのは、コッピーノ公共教育大臣からの働きかけがあったからだろう。フォンタネージに対するコッピーノの、いわば特別な扱いはこの時始まったものではなく、彼の渡日準備のために便宜をはかるようにと、大臣である彼自らがトリーノ・アルベルティーナ王立美術学院のパニッセーラ学長に依頼している1876年6月17日付の文書[15]からもうかがい知れるところである。またこの時、渡日するフォンタネージのトリーノ・アルベルティーナ王立美術学院における待遇にも言及していた。コッピーノは工部美術学校の契約期間が3年間であることを知っていたのにもかかわらず、「来学年のはじめまでフォンタネージ教授は休職扱いにするように願いたい」[16]と通達したのである。

　「来学年のはじめ」は1877～78年度のはじめ、つまり1877（明治10）年の11月を意味

する。公共教育省の計らいにより、フォンタネージは1876（明治9）年7月15日から1877（明治10）年11月までトリーノ・アルベルティーナ王立美術学院職は「休職扱い」となった。イタリア側においては、工部美術学校開学から1年後の1877（明治10）年11月には、フォンタネージが復職するものと認識されていたことになる。だが、この「休職扱い」という措置はフォンタネージが帰国する1878（明治11）年12月まで事実上継続され、彼は合計で2学年間同校を休職していたことになる。

以上見てきたように、1877年晩秋、西南戦争により明治政府の財政は逼迫し、「理想的な美術学校の実現」が見えなくなってきた頃、それは当初認められたトリーノ・アルベルティーナ王立美術学院の1年間の休職期限が切れる頃でもあったが、フォンタネージは抱えていた健康上の問題にからめて帰国の希望を自身の後援者に伝え、水面下でその準備を開始していたのである。そして、フォンタネージは1878年秋、帰国し、復職を遂げた。

フォンタネージに対する特別な待遇が可能になった理由としては、トリーノ・アルベルティーナ王立美術学院の風景画講座が彼のために開講されたものであったことにもよるのだろう。第Ⅱ部第3章で述べたように、フォンタネージがイタリア王国建国時代の元勲の一人であるベッティーノ・リカーソリという強力な後ろ盾をもっていたことも関係があると考えられる。

b. フェッレッティの雇用経緯

イタリア側では1877（明治10）年末には、フォンタネージを復職させる決定が下されたが、フォンタネージは当時の雇い主である日本政府へは、どの時点で辞職の意を伝えたのだろうか。1879年4月23日付のイタリア外務省通商領事総局局長アウグスト・ペイロレーリが、外務大臣アゴスティーノ・デプレーティスの名で、イタリア公共教育省へ宛てた文書から知られる（doc. 52）。

> 健康上の理由により、来る11月で満期となるはずの彼の契約を満了できず、去る7月に日本政府へ、その期間までの間、当時イギリス領インド在住だったフェッレッティ教授を代理させたい、と提案しました。

「彼」、つまりフォンタネージが日本政府へ辞職の意を伝えたのは、「去る7月」、つまり1878（明治11）年7月であり、その時、フォンタネージは自身の契約満了時となる「来る11月」、つまり1879（明治12）年11月まで、当時イギリス領インド在住のプロスペロ・フェッレッティ教授を代理させたいと申し出たのである。日本政府にとっては突然の出来事であった。「工部省　美術」1879（明治12）年12月27日の項には次のように記されている[17]。

> 昨十一年九月三十日画学教師ホンタ子ージ氏病ヲ以テ其職ヲ辞シ帰国ス同人ノ薦挙ヲ以テ同國人フレッチ氏ヲ継傭セシ。

　日本政府側からすれば、突然フォンタネージから健康上の理由による辞職を申し出られ、しかもフェッレッティという後任の推挙までされ、フォンタネージの申し出を受け入れざるを得なかっただろう。健康上の問題による解任は、契約書第七條において認められていたことだからである。
　フォンタネージがイタリア側へ健康問題を伝えてから7ヶ月も経過した後に日本政府へ告げたのは、その間に自分の後任となる人物を探していたからではないだろうか。しかし彼はそれさえもする必要がなかったのかもしれない。フォンタネージの雇用契約は日伊両国承認の下でおこなわれた事実からすれば、〈画学〉教師の後任探しは彼一人の問題ではなく、フォンタネージを復職させようとするイタリア公共教育省にとっても重要な問題であったはずであり、工部美術学校で彼の代任となる人物を探す必要を認識したに違いないからである。
　このようなおり、同じイタリア公共教育省内で功労勲章授与が決定したカルカッタ（現コルカタ）在住の、フォンタネージと同郷のフェッレッティの存在が省内においてクローズアップされたとしても不思議ではないだろう。公共教育省あるいは、勲章推薦者のピエトロ・タッキーニを介して、フェッレッティにフォンタネージの後任に就くことが打診されたものと推察される[18]。
　「工部省　美術」には、フォンタネージの「薦挙ヲ以テ同國人フレッチ氏ヲ継傭セシ」と記録されているが、実際に前者が後者の作品及び人となりを熟知した上で推挙したかどうかは不明である。両者は共にレッジョ・エミーリア出身だが、フォンタネージは1847年には故郷を去りピエモンテ地方へ活動の拠点を移す計画を立てて以来、ほとんど故郷に戻っていない。一方、この年、フェッレッティは11歳だった。だが、1877年12月当時、コッピーノ公共教育大臣を長とする公共教育省は確実に両者を知っており、両者の出会いを取りもつことができた存在であった。
　イタリア側に残されている文書から判断すれば、1878（明治11）年7月、フォンタネージから健康上の理由による辞職を告げられ、代任者の推挙まで受けた日本政府は、フォンタネージの申し出を受け入れ、フェッレッティを急遽任命せざるを得なかっただろうと考えられる。工部省から承諾を得たフォンタネージは、直接あるいは間接的にカルカッタのフェッレッティに連絡し、これを受けた彼は遅くとも9月中には来日していただろう。
　管見の限りでは、フェッレッティの雇用の開始から終わりまでを明確に記した公文書はない。『旧工部大学校史料』の巻末の「傭外人各務担当表」には、結約年月日は「明治11年10月1日」、解約年月日は「明治13年1月31日」と記されている[19]。

上述のイタリア側の文書から、フェッレッティはフォンタネージが残した契約期間における代任として雇用されたことがわかる。従って、フェッレッティの雇用開始はフォンタネージが1878（明治11）年9月30日に退職した後の1878（明治11）年10月1日であったと考えられる。そしてフェッレッティの当初の雇用期限は、フォンタネージの契約が満了する1879（明治12）年8月28日まであったとするのが妥当だろう。

外国人の雇用記録である『官雇入表』には、工作局に「プロスヘロ、フェレッチ」は「二百七十七円七十五銭」の月給で明治「十二年九月一日より当分」と記されており[20]、雇用開始年が1年ほど遅れて記載されている[21]。『官雇入表』の記述は、フォンタネージの代理としての契約が満了した1879（明治12）年8月28日以後の雇い継ぎを記したものだと考えれば、「十二年九月一日より当分」は理にかなっているように思われる。

また、「工部省　美術」には次のように記載されている。

　　十三年一月三十一日画学教師伊国人フロスペロ、フレッチ氏昨十二年九月三十日限り満期解約セシニ其十月中認可ヲエテ代人来着セシ雇継キ本日ヲ以テ解約ス同人従前格別職務勉励スルヲ以テ継傭ト看做シ特ニ其二ヶ月分給与ヲ下賜ス。

この「満期解約」となった雇用が、フォンタネージの代理を開始した日に遡るものなのか、『官雇入表』の「十二年九月一日より当分」とされた雇用契約に基づくものなのかはっきりしない。だが、フェッレッティの雇用は、彼の後任となるアキッレ・サンジョヴァンニの来日直前にあたる1880（明治13）年1月31日まで、さらに4ヶ月間継続された。最終的に解雇となったこのとき、「従前格別職務勉励」であったので給料とは別に給料2ヶ月分を下賜されたのである。

2．プロスペロ・フェッレッティからアキッレ・サンジョヴァンニへ

フォンタネージの代任教師として〈画学〉の教育に携わったフェッレッティは、初日の教場における振る舞いの結果[22]、生徒たちの反感を買ってしまい、間もなく生徒の連袂退学という事態が起こった。そして、フェッレッティの後任教師としてアキッレ・サンジョヴァンニが来日した。だが、どのような経緯を経てサンジョヴァンニが後任教師として選ばれたのかについては、これまでほとんど不明だった。ここではサンジョヴァンニが選抜されるまでの経緯を追い、そこにイタリア王国政府の外交政策上、どのような意味を有していたのかを明らかにしたい。

第Ⅱ部　工部美術学校の創設から終焉へ

a. フェッレッティの後任選抜

「工部省　美術」の1880（明治13）年の記事において、「二月二日画学教師伊國人アッキン、サンジョバンニー氏来着ス」とのみ記されている[23]。だが、「工部美術学校関係史料」にはサンジョヴァンニが選抜されるまでの経緯を伝える文書が多数収められている。先に引用した、1879（明治12）年4月23日付でイタリア外務省通商領事総局局長アウグスト・ペイロレーリが、外務大臣アゴスティーノ・デプレーティスの名で、公共教育省へ宛てた文書は続きがある（doc. 52）。

> 　帝国政府はその提案［フェッレッティを代任教師とすること］を受け入れ、イタリアへ帰国したカヴァリエーレ勲章受章者のフォンタネージの代わりに、続く9月から、かの美術学校において講座を始めました。
> 　しかし、教育において独自の新たな方法を導入したフェッレッティ氏は、日本政府の期待に応えられず、生徒たちが集団で学校を放棄するほどまでに彼らの嫌悪を引き起こし、恐らく、［絵画］教育を閉鎖する決定をせざるを得ないでしょう。このような状況において、上述の美術学校が属している工部省副大臣は、バルボラーニ伯爵の下へ赴き、可能な限りのよい結果を残せることが十分に保証できる別の絵画教師1名を、できるだけ早く送るよう、王国政府へ努力してもらうように頼み込みました。日本政府は、これを示すべく、イタリア美術に敬意を抱いています。さらに、現在1ヶ月あたり277ドルと定まっている給料を300ドルまで上げる用意があることも示したようです。契約は3年間で、帝国政府は往復の旅費を教師に支払うようです。
> 　バルボラーニ伯爵は、その依頼を受け止め、新たな選考によってカヴァリエーレ勲章受章者フォンタネージが向こうで残してきた高評価に応えることのできる教師が選ばれるよう、王国政府に努めてもらうようにすると山尾氏に確約しました。

「工部省副大臣」は山尾庸三工部大輔で、工部美術学校の校長も兼任していた。山尾はバルボラーニ在日本イタリア公使に、新しい絵画教師をイタリアから派遣してくれるように依頼し、同公使は本国のイタリア外務省にその旨を伝え、そこから公共教育省にその内容が伝えられた。山尾はバルボラーニへ人柄に信頼がおける絵画教師の派遣を依頼した。「現在1ヶ月あたり277ドル」は端数を切り捨てた額だと考えられ、月額277円75銭が正確な額だが、その給料を300円に増額するという提案をした。契約期間は3年間であり、詳細は記されていないけれども、雇用契約条件は前回の教師選考の時と同様であったと考えられる。

同文書には、在ローマ日本代理公使の中村博愛からも同じ依頼がイタリア外務省へあっ

たことが記され、次のように続けている。

　　日本政府の要求を鑑みるに、こうした状況において、すなわち、彼の国の行政におけるさまざまな部門を既に独占し、これまでのところイタリアに留保されている本件にも介入しようとしている、イギリス人との競争に立ち向かい、国家の利益や名誉を守るべく、芸術上の能力だけでなく、倫理的な資質においても、本当に称賛に値する、確実な人物を探されるまで、筆者は、彼らの強い要請から逃れられません。

　イタリア外務省は後任教師の選考にあたって、公共教育省に「芸術的な能力だけでなく」、日本の「行政におけるさまざまな部門を既に独占し」ている「イギリス人との競争に立ち向かい、国家の利益や名誉を守るべく、芸術上の能力だけでなく、倫理的な資質においても、本当に称賛に値する、確実な人物」を探すように依頼している。ここで示されているように、工部美術学校の設立、そしてその継続は、イタリアの対日本外交政策の一環として明確に意識されていたのである。
　結果からすると、アキッレ・サンジョヴァンニが後任教師として選ばれることになる。サンジョヴァンニは非常に厳しい教師だったと語り継がれてきた。その厳しさは、本人の性質に因ると考えられる一方で、イタリア王国政府の、対イギリス外交政策上の要請を受けた結果とも考えられるのではないだろうか。

b．1879（明治12）年の後任〈画学〉教師の選抜過程

　第Ⅱ部第3章で見たように、工部美術学校創設時の教師選抜における最終決定に際し、日本政府は関与せず、イタリア王国政府に一任した。この前例により、今回の選抜もイタリア側だけでおこなわれた。
　外務省からの要請を受けて、公共教育省事務次官ジョヴァンニ・プッチーニは、公共教育大臣ミケーレ・コッピーノ名で、1879（明治12）年5月2日、ナポリ王立美術専門学校（doc. 53）、及びトリーノ・アルベルティーナ王立美術学院（doc. 54）へのみ文書を送付し、後任教師の選抜実務を開始した。公共教育省は、先の選考で名前が挙がった画家たちに白羽の矢を立て、それぞれの画家たちの意向を問うように依頼している。前回の選考で関わった、ミラーノ、ヴェネツィア、フィレンツェ、ローマの各美術学校には打診されなかった。その理由はわからない。トリーノ・アルベルティーナ王立美術学院への打診は、公共教育大臣のコッピーノの同郷意識が反映されていると思われる。
　ナポリ王立美術専門学校へは、ルイジ・ファブロン、サヴェリオ・アルタムーラ、フランチェスコ・サリアーノ、エドゥアルド・トーファノ、フランチェスコ・パオロ・ミケッティの5名へ（doc. 53）、トリーノ・アルベルティーナ王立美術学院へは、アルベルト・マ

第Ⅱ部　工部美術学校の創設から終焉へ

ゾ・ジッリの1名へ打診するようにとの依頼があった（doc. 54）。公共教育省より早く教師選抜の情報を得ていたサンジョヴァンニ（doc. 97）へは通知をしていない。

　サンジョヴァンニはナポリ王立美術専門学校の出身だが、1875（明治8）年の教師選抜において母校であるナポリ王立美術専門学校から打診されて応募したのではなく、イタリア宮内省関係の個人的な人脈によって教師派遣を知り応募した（doc. 55）と考えられる。ただし、教師の候補者をとりまとめる際には、便宜上、サンジョヴァンニもナポリ王立美術専門学校が推薦した人物として紹介されていた。今回の選抜は、サンジョヴァンニによれば、在イタリア臨時代理公使中村博愛が「正式な文書によって」、新たな教師の選抜を彼に知らせ、応募したのだという（doc. 77）。

　従って、今回の教師選抜では7名の候補者がいた。以下、サンジョヴァンニ決定までの経緯を史料から読み解いていこう。

①第1回教師選抜審査委員会

　トリーノ・アルベルティーナ王立美術学院の学長として、1875年の工部美術学校創設時の教師選抜、1878年のフォンタネージの復職に関わったマルチェッロ・パニッセーラ・ディ・ヴェリオは、1879年に上院議員に任命され、王宮総督の職も兼任していた。パニッセーラは、1875年の教師選抜の際に、フォンタネージではなくジッリを強く推していた[24]。今回もその考えを変えておらず、1879年5月11日、パニッセーラはコッピーノ公共教育大臣へ「公務外としても、失礼ながらジッリ教授をもちろん推薦いたします」と返答している（doc. 57）。しかし、ジッリ自身が渡日を望み、その意志を表明したのか否かについては記されていない。

　5月12日、ナポリ王立美術専門学校学長フィリッポ・パリッツィもコッピーノへ、「ミケッティとファブロンが、私に肯定的な返答をしました」と返信し（doc. 60）、それぞれの文書原本（doc. 57、doc. 59）を転送した。この時点でパリ在住のエドゥアルド・トーファノからの返信はパリッツィへ届いていなかったが、後の文書（doc. 61）からトーファノも渡日の意志を表明したことがわかる。だが、パリッツィ自身は「できればミケッティを推薦したい」と告げている。

　一方、サンジョヴァンニはトリーノとナポリの美術学校学長の返答に先んじて、5月5日付で自身に関する文書、新聞、書簡、作品リストを提出した（doc. 55）。

　公共教育省事務次官ジョヴァンニ・プッチーニはコッピーノ公共教育大臣名で、渡日の意思表明をした5名の候補者、すなわち、ジッリ、ミケッティ、トーファノ、ファブロン、サンジョヴァンニの5名へ、5月24日付で文書を用意し、「来る6月12日に遅れることなく本省へ、デッサン、スケッチ、習作、写真で構成された貴殿の作品、賞状、その他本省で美術における貴殿の優秀さを立証できるもの」を提出するように依頼した（doc. 62）[25]。

1879年6月8日、公共教育省事務次官のプッチーニはコッピーノ公共教育大臣名で、ナポリ王立美術専門学校学長パリッツィ宛に、「早急に、フランチェスコ・パオロ・ミケッティ、ルイジ・ファブロン、オドアルド[26]・トーファノら美術家が、コメンダトーレ勲章受章者のドメニコ・モレッリ教授の学生だったか否かを、どうか私に詳しくお知らせ下さいますようお願いします」(doc. 64) と依頼した。翌日、パリッツィは3名がモレッリの弟子だったと返答した (doc. 65)。

プッチーニがなぜパリッツィに以上の点を問い質したのか、その理由は記されていない。理由の一つとして、ナポリ王立美術専門学校で学んだ候補者が審査委員と師弟関係があるかどうかを調査するためだったと考えられる。実際、ミケッティ、ファブロン、トーファノの3名は審査委員の1人であるモレッリに学ぶ、あるいは親しい画家たちだった。だが、サンジョヴァンニが彼自身の保身のために、コッピーノ大臣に教師選抜審査委員会の中にモレッリが含まれているのかどうかを質した (doc. 77) ことに起因していたと考えるのが妥当のようにも思われる。

さて、5名の候補者のうち、ファブロンとトーファノは選考のための資料を提出せず、この時点で辞退としたと考えられる。ミケッティは公共教育省へ採用試験のための資料を提出したのだが[27]、間もなくコッピーノ公共教育大臣に宛てて、「私の出願に対して不意に生じた個人的な理由により」、「日本の教師の採用試験を放棄した者としてみなして下さい」という文書を送り、辞退を表明した (doc. 66)。文書には辞退の理由は記されていない。だが、後述するように、サンジョヴァンニが辞退するように説得したことに因っていたと考えられる。

ジッリは6月9日付で、作品の複製品、習作、賞状などをコッピーノ大臣宛に送付した (doc. 67)。サンジョヴァンニは既に5月5日に自身に関するさまざまな文書を既に提出していたが、6月12日に「予定された採用試験までの短い期間において、数日間で用意した」、「即席で制作した2人の裸体を表現した試作品」を提出した (doc. 68)。よって、候補者はサンジョヴァンニとジッリの2人に絞られた。

6月18日、公共教育省は5名の画家へ、教師選抜審査委員の任命及び、教師選抜審査委員会への出席を依頼する文書を発出した。5名の画家とは、フィレンツェ王立美術専門学校教員のアントーニオ・チゼリ (Antoniro Ciseri, 1821-1891)、主にローマで制作活動するグリエルモ・デ・サンクティス (Guglielmo De Sanctis, 1829-1911)、ナポリ王立美術専門学校教員のドメニコ・モレッリ (Domenico Morelli, 1826-1901)、ローマ王立美術専門学校校長フィリッポ・プロスペリ (Filippo Prosperi, 1831-1913)、及びシエナ県立美術学校校長ルイジ・ムッシーニ (Luigi Mussini, 1813-1888) である。

「私が指名いたしました委員会メンバーになって頂きたく、それはコメンダトーレ勲章受章者アントーニオ・チゼリ氏、コメンダトーレ勲章受章者グリエルモ・デ・サンクティ

ス氏、コメンダトーレ勲章受章者ドメニコ・モレッリ氏の各位で構成されます」と依頼し、同時に「来る19日木曜日午前10時、本省建物内の通称マッジョランツァの間」において教師選抜審査委員会を招集した（doc. 69）。文書にはプロスペリとムッシーニの名前が記されていないが、両者への発出番号が記されているので、連絡はなされたと考えられる。委員への指名と委嘱、そして翌日の委員会への出席という、急な依頼にもかかわらず教師選抜審査委員会は開催された。

1879年6月19日付で、教師選抜審査委員会がコッピーノ公共教育大臣へ選抜結果を報告している（doc. 70）。

　　アルベルト・マゾ・ジッリは、彩色された試作品を全く提出せず、彼の価値を完全に示すための必要欠くべからざる材料が欠けていますが、疑いなく、彼はアキッレ・サンジョヴァンニよりも優れています。
　　イタリア美術に名誉を与える要請という重要性を鑑みるに、署名者たちは、提出された作品によって、決定的な判断を述べることができるとは思いません。

「署名者たち」は5名の教師選抜審査委員会メンバー自身を指しており、文書末には各人による署名がなされている。ジッリは油彩画や水彩画などの彩色された作品を1枚も提出せず、「彼の価値を完全に示すための必要欠くべからざる材料が欠けて」いるが、「疑いなく、彼はアキッレ・サンジョヴァンニよりも優れています」という理解し難い判断が下された。最初からジッリが選ばれることが決まっていたことを想像させる。だが、同時に今回の絵画教師の選考は「イタリア美術に名誉を与える」という外交政策上の要請から始まったことに恐らく立ち返り、「署名者たちは、提出された作品によって、決定的な判断を述べることができるとは思いません」とし、最終決定を保留した（doc. 70）。その結果、再度、作品を提出させて再審査することになった。

1879年6月24日、公共教育省事務次官のプッチーニはコッピーノ大臣名でジッリへ文書を送付して、最終決定に至らなかった審査結果を伝え、「本来の意味での絵画における能力を推定することができる彩色された試作品を提出する必要があります」と絵画作品の再提出を求めた（doc. 71）。6月28日、ジッリは次のように返信した（doc. 73）。

　　ミラーノの県庁舎内にある《ラヴァテール》[28]という題名の、私が制作し、所有している絵画作品、それは私が提出した作品の中に複製写真がありますが、を政府へ提出します。
　　その絵画は、既に数年前に制作されたものですが、その作品が価値を有し、要求を満たせることを願います。

ジッリはミラーノ県庁舎内にある《ラヴァテール》という作品が在ることだけを述べ、その後に続く必要な手続きは全て公共教育省に任せている。7月6日、コッピーノ公共教育大臣は、ミラーノ県庁へジッリ作品の借り出しを依頼した（doc. 75）。7月18日、ミラーノ県知事のルイジ・グラヴィーナは、《ラヴァテール》はミラーノ県庁の所有物であると訂正した上で、ローマ・ミラーノ間往復の梱包費用を公共教育省がもつこと、及び作品を無傷な状態で返却することを条件に県議会が承諾したと伝えた（doc. 76）。8月12日、フランチェスコ・パオロ・ペレツ新公共教育大臣はこれらの条件を受け入れ、梱包にはミラーノ王立美術学院からの助言を得るように伝えた（doc. 80）。

1879年7月3日、デプレーティス内閣が総辞職し、7月14日カイローリ内閣が組閣された。公共教育大臣はトリーノ出身のコッピーノから、パレルモ出身のフランチェスコ・パオロ・ペレツ（Francesco Paolo Perez, 1818-1892）に代わっていた。

サンジョヴァンニはペレツが公共教育大臣に就くと、同じ南部出身という点に心情的な近さを感じたのか、ペレツ宛に抗議文書を送付し、それは7月24日にローマに届いた[29]（doc. 77）。6月19日の教師選抜審査委員会から既に1ヶ月ほどが経っていた。

抗議の内容は、次の2点である。第1に、サンジョヴァンニにとって敵対者であるドメニコ・モレッリを教師選抜審査委員会から外すようにコッピーノ大臣に依頼し、了承したにもかかわらず、委員になったこと、第2に、コッピーノの同郷人であるジッリは絵画作品を提示することなく採択されたことである。

その上で、サンジョヴァンニは次回の審査に向けて、3点を提案した。第1に、サンジョヴァンニが裸体画作品を提出したように、ジッリにも「美術哲学に関する要素である描かれた裸体を同様に提出」させ、「比較によって誰が優位に属するのかを判断することができる」こと、第2に、「非公開で準備なしの裸体画制作の試験に召喚すること」、第3に、次回の審査委員のメンバーを変更することである。

最後に、今回の教師応募の経緯を詳述している。サンジョヴァンニによれば、在イタリア日本公使館の中村博愛臨時代理公使から、「日本の東京での絵画教師職の採用試験に参加するように要請を受け」、応募したのだという。中村との関係は、《明治天皇肖像》、《昭憲皇太后肖像》及び、三の丸尚蔵館所蔵《締盟國元首肖像》のうちの、《伊太利亜皇帝（ウンベルト1世）》及び《亜米利加合衆国大統領（R・B・ヘイズ）》制作が契機となっていると考えられる。この点については第Ⅲ部第5章において詳述したい。

旧知の、そして今回の選抜においてもサンジョヴァンニの推薦者であるジョヴァンニ・ヴィゾーネ宮内大臣、及びコメンダトーレ勲章受章者のタヤーニ（人物の詳細及び、サンジョヴァンニとの関係などについては不明）は、「採用試験は要請されていないので」、サンジョヴァンニが任命されることに「全く困難はないだろう」と言われたという。それにもかかわらず、コッピーノはピエモンテ州の同郷人を合格させたいために、公募をおこなっ

たのだという。

　以上がサンジョヴァンニによる抗議の内容である。確かに、日本政府はイタリア王国政府へ教師選抜のための採用試験の開催を要請していない。要請内容は、「可能な限りのよい結果を残せることが十分に保証できる別の絵画教師1名を、できるだけ早く送る」（doc. 52）ことだった。採用試験が必要だったか否かについては、前回の採用試験においても要請されたわけではなく、イタリア政府の判断によって事が進められたのであった。しかし、コッピーノは前例に従い、今回も採用試験を開催したと考えられる一方で、サンジョヴァンニが糾弾するように、コッピーノの「彼の同郷人［ジッリ］に好都合となるように、多くの芸術家を促し」（doc. 77）たとも考えられる。確かに、前回の公募先は6校の王立美術学校だったが、今回は2校に絞られていた。

　一方、サンジョヴァンニは、今回選抜されるのは中村博愛臨時代理公使から要請されている彼自身でしかあり得ないと信じて疑わず、「ミケッティはサンジョヴァンニに配慮して辞退しました」（doc. 77）と伝えている。実際には、先述のように、ミケッティが「私の出願に対して不意に生じた個人的な理由により」、「日本の教師の採用試験を放棄した者とみなして下さい」（doc. 66）と辞退したことからすれば、サンジョヴァンニがミケッティに個人的圧力をかけた可能性が考えられる。

　1879年8月12日、ペレツ公共教育大臣は、上述のサンジョヴァンニの抗議内容や提案事項に触れることなく、サンジョヴァンニが希望するのであれば「新たな絵画作品を本省へ提出する」ように促し、「教師選抜審査委員会に審査されていない、新たな作品を提出したければ20日以内に提出するように」との但し書きをした（doc. 79）。

　8月16日の返信で、サンジョヴァンニは謝意を表し、作品のほとんどは海外にあるので提出できないが、在日本公使館には昭憲皇后の肖像画の複写作品があると知らせる一方、前回とは異なるメンバーの教師選抜審査委員会によって、既に提出した作品が再検討されるように依頼した（doc. 81）。

　9月1日付の公共教育省の「メモ」には、サンジョヴァンニが口頭で作品提出の延期を求めたこと、ジッリの作品がまだ到着していないと記録されている（doc. 82）。9月4日、公共教育省はサンジョヴァンニに新たな作品の提出期限を9月20日まで延期するので、新たな作品を提出するように再度呼びかけた（doc. 84）。

　一方、8月12日に、ペレツ大臣はミラーノ県知事から要請された「往復の梱包及び焼き印をして返却する費用を負担」することに同意したが（doc. 80）、9月4日になっても、ジッリの《ラヴァテール》がローマに未到着だったので、ジッリの作品送付に関し「困難があるか否か」を知らせるように連絡した（doc. 83）。ミラーノ県知事は9月9日の返信で、「全く困難は生じていません」が、「県議会での梱包作業に立ち会うために出席する美術学校からわざわざ招かれることになった担当者を待っています」と返信した（doc. 85）。

9月16日、ミラーノ県知事は「明日正午の鉄道で」作品を送付すると伝えた（doc. 86）。翌日、公共教育省事務次官スペチャーレは、ミラーノ王立美術学院学長ルイジ・ビージ宛に、ジッリ作品の梱包作業に立ち会える確実な人物を依頼した（doc. 87）[30]。同日、ミラーノ県知事のグラヴィーナは、ペレツ公共教育大臣に作品が送付されたことを伝えた。9月26日、事務次官スペチャーレは、ミラーノ県知事へジッリ作品が公共教育省に到着したことを伝え、審査終了後速やかに返却することを確約した（doc. 90）。

9月26日にジッリの作品が到着するや否や、前回と全く同じ5名の委員へ、9月30日に第2回教師選抜審査委員会を召集すべく文書を送付した（doc. 91）。審査委員メンバーを変更して欲しいというサンジョヴァンニの願いは叶わなかったのである。

②第2回教師選抜審査委員会とサンジョヴァンニの「上申書」

ところが、1879年9月29日、ナポリ王立美術専門学校学長のパリッツィは、ペレツ公共教育大臣へ、モレッリが「健康上の具合が優れない」ため、翌日の教師選抜審査委員会への出席が不可能なこと、モレッリの代理となる美術家の用意があることを伝えた（doc. 92）。翌日、チゼリ、デ・サンクティス、プロスペリ、ムッシーニの4名からなる教師選抜審査委員会が開かれ、候補者2名の絵画作品を審査した。ジッリの作品は公共教育省がミラーノ県庁からとり寄せた《ラヴァテール》、サンジョヴァンニはナポリ王立美術館所蔵の《ヴィットーリオ・アルフィエーリ》[31]及び、「15日間で制作した高さ1メートルの2人の古代ローマの拳闘士を描いた油彩画」（doc. 97）である。教師選抜審査委員会の講評は次のようだった（doc. 93）。

> この委員会の最初の報告に合致し、アルベルト・ジッリ氏は、彼の競争相手であるカヴァリエーレ勲章受章者アキッレ・サンジョヴァンニ氏よりもやはり優れていると認めます。写真や、彼の彩色された他の絵画の版画を評価していましたが、ジッリ氏が提出した絵画作品は彼の初期の制作物の一点であるようです。しかしながら、委員会は、この美術家において、自然な方法で真実から描くまじめさ、教育者として主として求められる性質を見いだしています。創作力という観点からも、多数制作されたジッリの構成力は、創作力を暗に示しています。
>
> これらのありきたりではない資質を鑑みるに、署名者は絵画教師の任務における、アルベルト・ジッリ氏の適正を否定し得ません。絵画作品で彼の価値をより広く示す作品が提出されず、この作品がイタリア美術の名誉を保証するとなると、委員会の心には、ただ残念な気持ちが残ります。

今回もジッリが選ばれたのだが、《ラヴァテール》以外の絵画作品が提出されなかった

第Ⅱ部　工部美術学校の創設から終焉へ

ために、「イタリア美術の名誉の保証」を鑑みると、やはり一抹の不安と不満が残ったことが吐露されている。

　10月2日、公共教育省事務次官スペチャーレはペレツ大臣名で、サンジョヴァンニに審査終了につき、提出作品の引き取りをするようにとの連絡をした。翌、10月3日付で、サンジョヴァンニはペレツ大臣宛にA4サイズ程の用紙で5頁からなる「請願書」を提出した（doc. 97）。内容は、7月24日にペレツへ宛てた抗議の文書（doc. 77）の内容を繰り返している。サンジョヴァンニはこれまでの過程を詳述し、ジッリが「東京の学校へ予定されていたということが必然的な筋道であったとの推論に達した」と述べ、「教師選抜審査委員会は、同郷者を身贔屓する過去の大臣［コッピーノ］の欲望を満たすことに甘すぎます」と糾弾し、それは「不祥事であり、悪行」だと指摘し、次のように続ける。

　　イタリアが、外国政府に好印象を与え、かつ真摯に貢献することを望むのなら、公共教育大臣［コッピーノ］もコメンダトーレ勲章受章者［レザスコ］も同様に、日本において美術がおかれている状況をよく知るべきでしたし、（中略）その詳細を憂慮して議論すべきでした。日本における意匠の技能がどれくらいのものなのかを知らない者があるでしょうか。日本人は高度な意匠力をもっており、パリの大展覧会［前年のパリ万国博覧会］はその証しでした。日本人はどこに欠点があるのかを知っていますし、何に苦しんでいるのかを知っています。だからこそ、彼らは専門医を捜しているのです。なぜ日本政府は絵画教師を得るために、私たちの政府に助力を求めるのでしょうか。彼らが理解し、学びたいのは、まさに彩色法、造形技法、肌の色、堅牢さに関してだからです。日本は、ロンドン、パリ、ドイツ、ベルギーなど、いたるところに給費留学生を送って美術を学ばせており、今では授業をおこなえるほど優秀な美術家がいるということをご存知ないのでしょうか。

　サンジョヴァンニが日本における美術をめぐる状況を熟知していたことがわかる。本文書が書かれた1879（明治12）年までに渡欧した日本人留学生の存在も周知しており、彼らを「今では授業をおこなえるほど優秀な美術家」だと明言している。実際、かつてロンドンに学んだ国沢新九郎が彰技堂を開校していたし、この半年ほど前からパリには山本芳翠がいて、後に生巧館画学校を主催することになる。また、文書に記載はないが、ヴェネツィアには、ボストン次いでパリから移った川村清雄もいた。

　再度ジッリが選ばれたことを抗議する目的で書かれたこの文書には、ジッリに対するサンジョヴァンニ自身の優越性を訴える意図が一目瞭然である。しかし、日本へ行って教育をすることの意義を真剣に考えていた一面も見える。「イタリアが、外国政府に好印象を与え、かつ真摯に貢献」しなければならないと説くのは、イタリア人が美術教育を独占し

140

ている工部美術学校への教師派遣が「イタリア美術の名誉を保証する」（doc. 93）ものだと、サンジョヴァンニも考えていたからだろう。つまり、日本での美術教育を、イタリア美術の面目、すなわちイタリア王国の威信に関わる営為として理解していたに違いない。また彼は、日本人がイタリア以外の国々で美術を学び、「今では授業をおこなえるほど優秀な美術家」にまで育っているにもかかわらず、それでも日本政府がイタリア人の美術教師を求めているという事実を真剣に受け止める一方で、将来、「イタリア美術の名誉を保証する」教師の派遣が終わることを予測していたのかもしれない。そうであれば、なおのこと、今回のイタリア人教師派遣の重要性を意識しただろう。

③ジッリの辞退とサンジョヴァンニへの採用決定

　サンジョヴァンニの「請願書」は公共教育省内に波紋を投げかけたのだろうか。第2回の教師選抜の審査結果が外務省へ知らされるのは、教師選抜審査委員会が開かれてからほぼ1ヶ月後の1879年10月28日のことだった（doc. 106）。ペレッ公共教育大臣は、ベネデット・カイローリ首相兼外務大臣宛に、日本の絵画教師ポストの採用試験には、ジッリ及び、サンジョヴァンニの2名の応募があったこと、添付の教師選抜審査委員会による報告書の写し2通を在イタリア日本公使館へ転送すること、教師選抜に関する評価、あるいは、日本の利益に好都合だと考えられる他の決定は、日本の判断に委ねたいこと、が記されている。

　しかし、外務省は、11月2日付の公共教育省宛の返信において、ジッリが適当であること、また日本政府はイタリア王国政府に適切な「1人の候補者」を求めているのであり、日本公使館において2人に1人の選択をおこなえるとは思えないので、イタリア王国政府が選抜すべきだと思うことを記した（doc. 107）。「日本公使館は確実に1人を選択するという責任を引き受けられない」との判断は、1875年の工部美術学校開設時における3名の教師選抜時の日本政府の応対に起因していると考えられる。

　ペレッ公共教育大臣は11月15日付で、首相も兼務するカイローリ外務大臣宛に、「私の意見が断固要求されるのであれば、2人を候補者として見たところ、教師選抜審査委員会はアルベルト・マゾ・ジッリ氏が疑いなく優れていると評価しており、私はこれらの判断する資格のある人々の判断に反論するいかなる理由ももち合わせていない」（doc. 109）と伝え、ジッリに決定が下された。

　ところが、その前日の11月14日付で、ジッリはトリーノ郊外のキエーリから公共教育省前事務次官ジョヴァンニ・プッチーニ宛に、「私はますます健康が不十分だと感じているので、遅滞による面倒を引き起こさないように、東京における絵画教師任命という採用試験の結果を辞退すべきだと考えます」という文書を送付していた（doc. 108）。前事務次官へ宛てられたこの文書は直ちに処理さなかったのか、文書の欄外のメモから判断するな

らば、11月25日になって公共教育省で処理されたと考えられる。この10日ほどの間、公共教育省ではジッリに事の真偽を問うべく、彼の居場所を探すことなる。

11月21日、公共教育省美術教育中央監督官長レザスコは、大臣名でトリーノ・アルベルティーナ王立美術学院学長へ電報でジッリの居場所を尋ね（doc. 110）、同日、トリーノ県キエーリにいるとの返信が届いた（doc. 111）。

ジッリの辞退により、彼の支持者たちが慌てふためいていた11月25日、第3次カイローリ内閣が組閣され、公共教育大臣はカンパーニア州アヴェッリーノ県出身のフランチェスコ・デ・サンクティスに変わった。

またしてもサンジョヴァンニは新たな組閣を待っていたかのように、11月30日付の文書で新公共教育大臣のデ・サンクティスに、これまでの成り行き、ジッリが辞退したこと、サンジョヴァンニ自身が日本行きを切望していることなどを伝えた（doc. 115）。

11月29日、王宮総督パニッセーラは、デ・サンクティス公共教育大臣にジッリの辞退について次のように説明している（doc. 112）。

　　　ジッリ教授は、彼の健康状態が安定した後に、日本の職を辞退するという考えをとりやめましたと、トリーノから私に書いて知らせました。恐らく、選抜されなかったのではないかという懸念が、彼に辞退することを強いたのでしたが、喜ばしい知らせが彼に自信を取り戻させました。

パニッセーラがデ・サンクティス公共教育大臣へ文書を送った同日、レザスコはパニッセーラに新たな事実を告げたのである（doc. 113）。

　　　昨日、日本［臨時］代理公使が私の元に参り、4ヶ月の出発延期を求め、その延期が認められない場合には辞退することを明言しているジッリ氏からの電報を私に見せました。
　　　代理公使は、彼にそれを認められないと私に言いました。
　　　今さら何ができるというのでしょうか。あのジッリ氏はピエモンテ人には思えません。つまり、頭が停止した男です。
　　　大臣に決定を下すようにせき立てられるので、どうか、私に何らかの説明を与えてください。

ジッリは直接、ローマ在駐の中村博愛臨時代理公使へ電報を送り、4ヶ月の出発延期を求め、その延期が認められない場合には辞退することを明言していたのである。レザスコはパニッセーラにジッリの進退について相談する一方で、「あのジッリ氏はピエモンテ人

第6章 〈画学〉教師の交替

には思えません。つまり、頭が停止した男です」とジッリを罵っていることからすると、逆に、やはり同郷意識によってジッリを推挙してきたことが感じられる。

　ジッリからの電報を受けた中村臨時代理公使はイタリア外務省にその内容を知らせた。そして、11月30日、外務省通商領事総局局長ペイロレーリが公共教育省へ、「かの政府の訓令により、彼にこの出発遅延を認めることはできず、かの政府にイタリア人の芸術家を頼りにするべきではないという電報を中村氏に打つのを余儀なくさせることのないように、中村氏は3週間の期限を限度として東京に出発する用意のある別の教師が任命されるように要求しています」(doc. 114)と伝え、ジッリとサンジョヴァンニの双方に至急連絡を取り、返答するように依頼し、「我々にとって、最高の関心は東京美術学校において、この教師の職を守ること」であると説いている。工部美術学校においてイタリア人教師のポストを守ることの外交政策上の重要性を明確に示したのである。

　公共教育省は直ちにジッリとサンジョヴァンニに連絡をとったようで、同日、サンジョヴァンニは工部美術学校の教師に就任する準備があると返信した (doc. 115)。その一方で、サンジョヴァンニは恐らく自ら、宮内大臣のジョヴァンニ・ヴィゾーネ[32]にデ・サンクティス公共教育大臣宛への推薦状を依頼したのだろう。12月1日付のヴィゾーネの推薦状が保管されている (doc. 116)。デ・サンクティスとヴィゾーネという共にカンパーニア州の出身者である2人の支持を得て、やはりカンパーニア州都ナポリ出身のサンジョヴァンニは渡日の夢を果たすことなる。

　12月1日、レザスコは大臣名でジッリへ、辞退についての最終的な意志表明を促した (doc. 117)。翌2日、ジッリは公共教育省に、日本公使館が出発延期を認めなかったので辞退すると表明し、代わりの画家としてピエール・チェレスティーノ・ジラルディ (Pier Celestino Gilardi, 1837-1905)[33]がトリーノからすぐに日本へ出発できると知らせた (doc. 118)。レザスコは、教師の選抜過程で一度も名前が挙がらなかったジラルディを推薦することに躊躇したが (doc. 120)、パニッセーラは12月4日に公共教育省に彼を推薦している (doc. 121)。あくまでも同郷人に便宜を図ろうとする姿勢を感じざるを得ない。

　12月5日、デ・サンクティス公共教育大臣は、カイローリ外務大臣に宛てて、「ジッリ氏が競争相手のサンジョヴァンニ氏よりも優れていると認められましたが、後者はここで要求されている任務が不能だとは表明されませんでした。従って、ジッリが放棄したので、日本政府がカヴァリエーレ勲章受章者サンジョヴァンニ氏を選びたいのであれば、本省は彼の任命に反論すべき理由はありません」と、サンジョヴァンニの決定を表明した (doc. 122)。この文書に対する外務省からの返信は現存しない。結果として、サンジョヴァンニが選抜された。12月15日、サンジョヴァンニは教師選抜のために公共教育省へ提出したと考えられる書類を引き取っている (doc. 124)。この時点において、恐らくサンジョヴァンニへも〈画学〉教師への任命決定が伝えられたと考えられる。

143

「工部省　美術」[34]の1880（明治13）年の記事に、「二月二日画学教師伊國人アッキン、サンジョバンニー氏来着ス」とある。当時のイタリア・日本間の航行日数が40日間ほどだったことからすると、サンジョヴァンニは1879（明治12）年12月15日に書類を引き取ってから間もなく、つまり中村臨時代理公使が明言した3週間以内という出発期限を守ってイタリアを発ったと考えられる。

フォンタネージの代任教師として〈画学〉教師となったフェッレッティの当初の契約は、フォンタネージが1878（明治11）年9月30日に退職した後の1878（明治11）年10月1日から、フォンタネージの契約が満了する1879（明治12）年8月28日まであったと考えられる。日本政府は、遅くとも1879（明治12）年4月にはイタリア側へ後任教師を依頼しており、フェッレッティの当初の代任教師の契約が満了する同年8月末には、後任教師が着任することを期待していただろう。だが、日本政府の期待に反し、イタリア王国内での教師選抜は難航し、1879（明治12）年12月までかかった。教師が決定されてから、実際の着任までさらに時間がかかることを考えると、中村臨時代理公使が3週間以内の出発を強く要求した理由が理解できる。

サンジョヴァンニの雇用については『公文録』に、

> 伊人／画学教師／十三年二月十二日ヨリ三年月給銀弐壱百七拾七円七拾五銭ヲ以テ工作局ヘ雇入／アツキレ、サンジオバンニ。

と記されている[35]。1880（明治13）年2月12日に、サンジョヴァンニは工部省と3年間、月給277円75銭の雇用契約を結んだことがわかる。今回の後任絵画教師の招聘に際し、雇用条件として給料は従来の277円75銭から300円の増額が提示されていたが、サンジョヴァンニの当初の給料は277円75銭だったのである。

しかし、「工部省　美術」の1881（明治14）年の記事に、「十月廿六日画学教師アツキレサンジョバンニノ給料弐拾弐円廿五銭ヲ増シ月給銀貨三百圓トナス」[36]と記されており、当初提示された給料額を受け取ることになった。サンジョヴァンニの名前だけが記されていることからすると、まだ工部美術学校で彫刻を教えていたラグーザには増額がなかったと考えられる。

まとめ

本章では、まずフォンタネージからフェッレッティへの、次にフェッレッティからサンジョヴァンニへの、開校後の〈画学〉教師の交替をめぐる諸事情をみてきた。〈画学〉教師の選考過程から、イタリア王国政府にとって工部美術学校が対日本外交上、極めて重要

第6章 〈画学〉教師の交替

な意味を有していたことが明らかになった。とりわけ、フォンタネージの残した契約期間満了までの間、代任教師を務めたフェッレッティの後任となる正規後任〈画学〉教師の選考は、工部美術学校の親機関である工部大学校の運営に担う「イギリス人との競争に立ち向かい、国家の利益や名誉を守る」という背景をもつなかで展開された。イギリス人が多勢を占める工部大学校に附属して設置された、イタリア人教師が独占する工部美術学校に対する外交上の意義がイタリア王国政府内で十分に認識されていたことが明らかになった。

イタリア王国政府にとって、工部美術学校の外交上の意味は、後任〈画学〉教師の候補者として残ったジッリとサンジョヴァンニ間の選抜過程において頻繁に意識された。すなわち「イタリア美術の名誉」である。「イタリア美術の名誉を保証」する人物を工部美術学校へ派遣することによって、それを守ることができると王国政府内において認識されていたことが明確に示されていた。

だが、純粋に「イタリア美術の名誉」を守るべく教師選抜事務が進んだのかというと、必ずしもそうとは言い切れない側面もあった。ジッリは2回おこなわれた教師選抜審査において2回とも選ばれた。第1回教師選抜審査においては、「彩色された試作品を全く提出せず、彼の価値を完全に示すための必要欠くべからざる材料が欠けて」いるにもかかわらず、「疑いなく、彼はアキッレ・サンジョヴァンニよりも優れています」と判断され、第2回教師選抜審査においては、「絵画作品で彼の価値をより広く示す作品が提出され」なかったのにもかかわらず選ばれた。ジッリが提出した作品では「イタリア美術の名誉」を保証しかねると判断されたにもかかわらず、彼が選ばれたのは、ジッリを推していた政治家、マルチェッロ・パニッセーラ・ディ・ヴェリオを中心とする、ピエモンテ地方出身者の勢力に因るところが大きい。公共教育大臣のミケーレ・コッピーノ、公共教育省美術教育中央監督局局長となったジュリオ・レザスコらとの連携の深さが、行間から立ち上ってくる。

これに対抗するサンジョヴァンニは、ナポリ王立美術専門学校からの支援は全くなく、むしろ生来の執拗に追い求める自身の性質によって道を切り開いてきた面が強いように思われるが、一方で青年時代に知己を得て、当時は宮内大臣であった、ナポリ出身のジョヴァンニ・ヴィゾーネに頼らざるを得ない局面もあった。また、サンジョヴァンニにとって幸運だったことは、最終判断を下した公共教育大臣がカンパーニア州出身のデ・サンクティスだったことである。カンパーニア州の州都はナポリである。サンジョヴァンニは、カンパーニア州出身の政治家の力によって渡日の夢を果たすことができたと言えるだろう。

対外的には「イタリア美術の名誉」を掲げていたジッリとサンジョヴァンニとの競り合いは、国内における北部と南部の間の対抗意識という、現代まで続いているイタリア半島内の様相を色濃く映し出す機会ともなっていたのである。

第Ⅱ部　工部美術学校の創設から終焉へ

注

1　小山正太郎「フォンタネジー」『美術正論』第1巻第1号、1913年、10頁。
2　国立公文書館蔵『公文録』明治十一年十一月　工部省十七「雇外国人免職並雇入届」。
3　青木茂編『フォンタネージと工部美術学校』至文堂、1978年、37頁。
4　金子一夫『近代日本美術教育の研究　明治・大正時代』中央公論美術出版、1999年、153頁。
5　工部美術学校の名称の変遷については、尾埼尚文「松岡壽と工部美術学校」神奈川近代美術館・岡山県立美術館・明治美術学会編『松岡壽展』1989年。
6　国立公文書館蔵『公文録』明治十年八月　工部省六「工部美術学校諸規則上呈」。
7　藤島亥次郎「フォンタネージと工部美術学校」『美術と工芸』第3巻、第6号、1948年、14〜20頁。
8　金子注4前掲書、145頁。
9　金子注4前掲書、153〜154頁。
10　詳細については第Ⅱ部第7章を参照。
11　Calderini, M., *Antonio Fontanesi. Pittore Paesista 1818-1882*, Torino 1901 1ª ed., pp. 181-182. 本書簡の部分訳は青木注3前掲書、37頁。
12　Calderini, *op. cit.*, p. 182.
13　管見の限りでは、年俸1,800リラの給料は当時の管理職ではない美術学校教師の平均的なもので、必ずしも少ないものではなかったと考えられる。しかし、フォンタネージがスイスに建てたアトリエの返済には不足であったのだろう。それゆえ、「物質的かつ倫理的な大苦境から抜け出るために」日本へ発つ「1876年まで毎年、誇り高いフォンタネージは300もしくは200リラの懇願を繰り返さなければならなかった」という。Bollea, L. C., *Antonio Fontanesi alla R. Accademia Albertina*, Torino 1932, p. 49.
14　Bollea, *op. cit.*, p. 86. ボッレーアは「署名者は判読不可能」としているが、筆者は原本にあたって公共教育省事務次官マルティーノ・スペチャーレ・コスタレッリであると確認した。
15　Bollea, *op. cit.*, p. 81. 本書簡の和訳は岩倉翔子「フォンタネージ来日の経緯——トリノ・アルベルティーナ美術学校資料にもとづく——」『日本歴史』373号、1979年を参照。
16　Bollea, *op. cit.*, p. 82. 1876年7月12日付公共教育省発アルベルティーナ美術学校宛文書。岩倉注15前掲論文、63〜77頁において、注28の書簡として紹介されているが、翻訳はされていない。
17　国立公文書館蔵『大政紀要』一、第一巻「自明治九年至同十五年　工部省　美術」。青木茂編『フォンタネージと工部美術学校』至文堂、1978年、96〜99頁に採録。
18　この点については第Ⅲ部第4章を参照。
19　旧工部大学校史料編纂会『旧工部大学校史料』虎之門会、1931年、355頁。これによると、フェッレッティの給料は277.770円となっているが、277円75銭が正しい。
20　外務省外交史料館蔵『官雇入表』3-9-3-14。
21　『資料御雇外国人』を引いた金子は「明治十二年九月一日より当分」は「明治十一年の誤植」であるとしているが（金子注4前掲書、179頁）、『官雇入表』は年代順に記入されており、明治12年の雇用記述が続いた後で明治11年の雇用を後になって記入したとは考えにくい。
22　この経緯については、第Ⅲ部第4章プロスペロ・フェッレッティを参照

23　国立公文書館蔵『大政紀要』一、第一巻「自明治九年至同十五年　工部省　美術」。
24　本件に関しては、岩倉注6前掲論文、63~77頁。
25　ミケッティ、トーファノ、ファブロンへの文書は、直接本人に送付されず、ナポリ王立美術専門学校学長パリッツィへ託されたことがわかる（doc. 63）。
26　史料原文ではOdoardoとなっているが、Eduardo（エドゥアルド）が正しい。
27　文書の欄外に、別人の手書きで、「35　6976／1879年6月16日」、その下に「資料を引き取ったことを明言します。／フランチェスコ・パオロ・ミケッティ」と記されていることから判断できる。
28　管見の限りでは、《ラヴァテール》は行方がわからず、彩色された作品であることは確かだろうが、油彩、水彩などの画材の種類や、どのような絵画作品だったのかもわからない。
29　書簡には日付の記載はないが、1879年7月24日の受領印がある。
30　ビージ学長は9月20日付で、17日に作品発送されたことを返信した（doc. 89）。
31　本作品は、1997年に東京都庭園美術館で展示された《ヴィットーリオ・アルフィエーリの生涯の逸話》と同一ものと考えられる。第Ⅲ部第5章、挿図61参照。
32　第Ⅲ部第5章参照。
33　ジラルディもトリーノ・アルベルティーナ王立美術学院で学び、1873年からは同校の准教授を務め、1885年には同校の素描の正教授に、1889年には同校の絵画の正教授に就任した。以上、Enrico Castelnuovo (a cura di), *La Pittura in Italia, L'Ottocento*, Electa, Milano 1990, Tomo Secondo, p. 852.
34　注17前掲『大政紀要』一、第一巻「自明治九年至同十五年　工部省　美術」。
35　国立公文書館蔵『公文録』明治十三年三月　工部省廿九「雇外国人解約増給等ノ件」。
36　注17前掲『大政紀要』一、第一巻「自明治九年至同十五年　工部省　美術」。

第7章　工部美術学校の終焉とイタリア王国の対応

はじめに

　1876（明治9）年に開校した工部美術学校は、1882（明治15）年6月に〈彫刻術〉生徒に、1883（明治16）年1月には〈画学〉生徒に修業証が授与され、完全に廃校となり終焉を迎えた。わずか6年2ヶ月間で廃校になった理由は、これまでいくつか指摘されてきたが、イタリア側の諸事情が明らかになったことで、廃校の理由もより明瞭に理解することができるように思われる。また、イタリア側における廃校への道のりの受け止め方についても、新たに考察していく必要がある。

　本章では、まず、工部美術学校が終焉した理由につき、既往研究で指摘されてきた事項を整理し、私見を加えたい。次にイタリア側の史料である「工部美術学校関係史料」から読み取れる、イタリア王国政府における工部美術学校の終焉に対する意識を明らかにしていく。

1. 工部美術学校廃校の理由

a. 既往研究における工部美術学校終焉の要因

　工部美術学校の廃校決定を明確に述べている日本の文書は現存しない。それゆえ、工部美術学校廃校の理由は、これまで主に、政府の財政逼迫と工部省の廃止により、間接的に説明されてきた。工部美術学校の設立から廃校までに至る出来事が時系列に従って簡潔に記されている国立公文書館所蔵「工部省　美術」[1]、工部省史を通覧できる「工部省沿革報告」[2]の記述を再検討しながら、まず上記2点の既往の説明を確認し、問題を抽出していこう。

①西南戦争による明治政府の財政逼迫

　工部美術学校は、明治政府になってから9年が経ち、欧化政策、殖産興業を進める新政

府も軌道に乗り始めた頃に開校した。ところが、開校から3ヶ月後の1877（明治10）年2月、西郷隆盛など旧薩摩藩の士族を中心とする反政府暴動が起こり、西南戦争となる。明治政府は直ちに軍隊を派遣して鎮圧したものの、政府の出費は大きく、以後、明治政府の財政を逼迫させることになった。工部美術学校廃止の要因の一つとして、この政府の財政逼迫問題が指摘されてきた。第Ⅱ部第6章で見たように、工部美術学校も欧州の美術学校のような、独立した学校となることが目標に掲げられ、フォンタネージは、「理想的な美術学校を創設するための設計図や壁面装飾画の準備をしていた」と伝えられているのだが、西南戦争後の財政状態からこの実現が不可能になってしまったということだった。

　明治政府設立から10年近くが経過し、日本は必要とする技術を徐々に習得するのみならず、これらの新しい技術を後進に教授できるほどまでに達したために、高給を支払って御雇い外国人を雇用する必要性がなくなり、契約満了を迎えた者から順次解雇することによって経費節減し、財政問題解決の足掛かりとした。工部大学校もこの例に漏れない。1879（明治12）年11月18日に工部大学校において定められた6年間の修学を終えた第一期入学生23名の卒業式が執行された翌日、太政官に卒業生の欧州留学を稟請するにあたって、「本省ニ傭使スル外国教師ノ人員多数ニシテ其経済ヲ要スル頗ル巨額」なので、「経費節減」のため、「務メテ傭外国人ヲ解雇」したが、「今尚ホ外国人ヲ傭使スル百三十余名」おり、「本年度定額常費ノ予算高金五拾壹萬八千六百圓ノ内、其給料ニ消費スルモノ三拾四萬貳千三百圓余ニ上レリ。故ニ痛ク之ヲ省減セント欲セハ本校卒業生徒ヲ以テ外国教師ニ代フルニ如カス」と説明されている[3]。「三年ヲ期シ海外ニ留学セシメン」という要望が通り、翌年2月には卒業生11名が英国に向けて出帆することになる。

　また、この「工部省沿革報告」の記載内容から、1879（明治12）年11月現在において、既に多数の工部大学校の御雇い外国人教師が解雇され、今後なお一層解雇が進められることも見て取れる。この一連の流れに添って、工部美術学校の教師の解雇と廃校の問題が語られてきた。確かに解雇に関しては、「経費節減」の流れに添う面もあるだろう。しかし、御雇い外国人教師の解雇と廃校は必ずしも結びつく問題ではないはずである。工部美術学校の親組織である工部大学校は、御雇い外国人教師の解雇後も存続したからである。

②工部省の廃止

　工部美術学校を管轄する工部省は1885（明治18）年12月に廃止された。工部省廃止へ向けて、工部大学校及び工部美術学校の事務処理も着々と進められたと考えられる。

　工部大学校は、1879（明治12）年11月に第一回卒業生を輩出し、1882（明治15）年6月には都検のヘンリー・ダイアーが任期満了につき解雇され、帰国の途に就いた[4]。その数ヶ月後には英国留学した卒業生が帰国し、やがて教壇に立つことになる。同校で建築を教えていたジョサイア・コンドルは、1884（明治17）年12月20日に5年間の契約満了により解

雇され、辰野金吾が工部大学校教授に就任した[5]。

一方、工部大学校の管轄局も変更があった。同校は工部省工作局の管轄だったが、1882（明治15）年9月22日の工作局廃止[6]に先だって、8月19日には「本省直轄」となった[7]。1885（明治18）年12月20日に工部省が廃省になり、工部大学校は文部省へ移管され[8]、辰野は非職となった。だが、1886（明治19）年3月、大学南校理学部から分離独立して設置された東京大学工芸学部と工部大学校の合併により帝国大学工科大学が開学し、4月、辰野は工科大学教授に就任する[9]。工部大学校で修学した辰野が、そこでの教育を継承、発展させていくことになった。

だが、工部美術学校では、1882（明治15）年6月28日に〈彫刻術〉生徒が卒業し、6月30日には〈彫刻術〉が廃止され、1883（明治16）年1月23日には〈画学〉生徒に修業証書が授与され、美術学校は廃校となる[10]。親機関の工部大学校の処遇とは随分異なっている。

工部美術学校の終焉という問題は、なぜ終わったのかとともに、なぜ続けられなかったのか、すなわち、なぜ工部大学校とともに文部省に移管されなかったのか、という課題をも提出する。

③廃校が取りざたされた時期

工部美術学校の廃校が取りざたされた時期については、〈彫刻術〉を学んだ佐野昭の談話が残されている。同校に「第四期」、つまり1879（明治12）～1880（明治13）年度に入学し彫刻を学んだ佐野は、「丁度私等の在学の頃に、もう二年位で、学校が閉鎖になると云うことが知れた」と回想している[11]。〈彫刻術〉の終了を指しているとすれば1880（明治13）年の半ば頃、〈画学〉の終了を指しているとすれば1881（明治14）年初頭ころに、学校閉鎖が決定されたことになる。財政逼迫ゆえに早期より廃校の準備が進められたことはあろうが、工部省の廃省時期等に比べると随分早く、またラグーザの契約更新、サンジョヴァンニの着任から間もない時期でもあり、さらに別種の要因があったと想定されよう。

b. 工部美術学校の社会的還元への疑義

財政逼迫という理由はあったにせよ、美術教育それ自体を放棄することになる廃校の決定は、日本政府内で工部美術学校での教育成果の社会的還元の度合いに疑問がもたれたことを想定させる。このことを示唆する2つの出来事を指摘したい。

①赤坂謁見所・会食堂建設計画の頓挫

1点は、皇居造営における西洋建築から木造和風建築への転換という出来事である。

1873（明治6）年5月、皇居一円が全焼し、すぐに再営計画がもたれる一方で、実際には赤坂仮皇居御殿が使用された。しかし、大広間がないために不便が続き、これを解決す

第7章 工部美術学校の終焉とイタリア王国の対応

るために、1876（明治9）年初頭、仮皇居内に謁見所・会食堂を建設する計画が具体化し、宮内省と工部省との間で協議がなされ、工部省営繕寮雇建築師のボアンビルが基本案を作成し、実現へ向かった。1878（明治11）年4月24日には工部省は謁見所・会食堂用石材切り出しのために、静岡県伊豆加茂郡浜村の沢田青石の石切場を買収し、5月1日には、ラグーザとカッペレッティが茨城県久慈郡真弓山坑場などへ派遣され、寒水石の調査を実施した。ボアンビルがデザインした謁見所・会食堂は、工部省技術者も初めて体験するような本格的な洋風建築だった。しかし、1879（明治12）年3月に、地震のために、建造中の煉瓦壁体に亀裂が生じるという「この工事にとって致命的な事故が発生し」、その結果、この洋風建築造営工事は中止されてしまったのである。この事故を受け、4月8日には技手立川友方が上申書を提出し、西洋建築に対する疑義を呈示した。その結果、洋風謁見所案から木造宮殿案に変更されることになった[12]。

工部省雇いの工部美術学校教師の契約書第一條には、工部省の指令によって工部美術学校の外においても、任務が課せられる場合があると記されていた[13]。寒水石の調査はそのような任務の一つとして考えられる。謁見所・会食堂の造営において、ラグーザはもちろん、恐らくカッペレッティにとっても能力を発揮する機会になるはずだっただろう。実際、ラグーザは、事故直前の1879（明治12）年2月に、伊藤博文に伴われて宮中に参内し、造営中の謁見所構内に設置するための明治天皇の騎馬像、同所内の玉座、階段、玄関の装飾を青銅によって装飾する委嘱を受けていた[14]。しかし、事故後の中止決定により、これらの委嘱も結果としては、全て中止されてしまったのである。

1879（明治12）年3月の洋風謁見所造営工事の中止により、洋風謁見所案から木造宮殿案に変更されたということは、少なくとも、皇居造営において西洋建築が否定されたことを意味する。それは、西洋化を進めてきた日本社会に重大な意味を与えたはずである。実際、1879（明治12）年から1880（明治13）年の時期は、古社寺保存の制度化などに代表される旧慣保存の動きが政府内で浮上した時期でもあった[15]。洋画の領域においても、青木茂が指摘しているように、1881（明治14）年ころから政府当局の政策は伝統的な古美術復興の大勢におされ、洋画の発展を抑圧し排斥するようになる[16]。

当然、西洋建築に伴う装飾、すなわち、純粋美術としての彫刻や洋画の有用性も問われることになっただろう。それさえもなく、即座に否定されたとも考えられる。ラグーザが委嘱を受けた明治天皇の騎馬像は建物に直接付随するものではなかったのにもかかわらず、制作中止となっているからである。

西洋化への反動が大きい波として日本政府を襲った1879（明治12）年から1881（明治14）年にかけての時期は、まさに工部美術学校の廃校が取りざたされ始める時期と重なっている。

②第2回内国勧業博覧会への出品による設立目的の齟齬の露呈

　もう1点は、工部美術学校の所期の目的と実態との齟齬がいよいよ明らかになったことである。これまで見てきたように、工部美術学校は、ウィーン万博での日本美術工芸品が称賛されたことを契機として、それらの工芸品のさらなる輸出増大に直接結びつき、「百工ノ補助」となる美術教育という所期の目的をもって設立された。だが、イタリアにおける教師の選考過程において、公共教育省は〈画学〉〈彫刻術〉〈家屋装飾術〉の教科内容を、絵画、彫刻、建築と理解し、それぞれの教育に相応しい人材を王立美術学校に打診し、その結果、フォンタネージ、ラグーザ、カッペッレッティに典型的に見られるような、絵画、彫刻、建築を専門におこなう者たちが来日した。それゆえイタリアの美術アカデミーでおこなわれていた純粋美術の教育を日本で実践し得たのだが、それは工部省の当初の政策意図から外れるものだった。

　工部美術学校が開校し、イタリア人教師による教育が開始された。工部美術学校を管轄する工部省が、同校で実施されている日々の教育が学校設立の目的や工部省の政策意図に適った内容であるのかどうかを判断する機会があったのだろうか。その最初の機会は、初めて工部美術学校の生徒の作品が出品された、1881（明治14）年3月1日から6月30日まで、上野で開催された第2回内国勧業博覧会だっただろう。同博覧会にはサンジョヴァンニの作品をはじめ、藤雅三、曾山幸彦、松室重剛の3名による《弓術之図》などが出品された。曾山の《弓術之図》（fig. 23）は、コンテ素描大作で、片肌を脱ぎ、片膝をついて弓を構えた青年を、モデルによって描いたものである。

　川上冬崖が、出品作の写実がいたく観者の注目を引いた、と手記に残しているように、博覧会への出品は、「正統なる油絵・素描或は彫塑に触れる機会の少なかった観者にとって、その啓蒙的意義は大であった」[17]と評価されている。また、「工部省沿革報告」にも、「其図画製品ニシテ博覧会場ニ出シ称賛ヲ得ルモノ甚少ナカラス」[18]と記されている。ただ、その一方で、工部省をはじめとする政府側では複雑な思いがよぎったのではないか。生徒作品に美術教育の一側面の達成を見る一方で、工芸品のさらなる輸出増大に直接結びつき、「百工ノ補助」となる

fig. 23　曾山幸彦《弓術之図》　1881年　東京大学大学院工学系研究科建築学専攻所蔵写真

美術教育という所期の設立目的において予想された結果との違いも意識せざるを得なかったと考えられるからである。

博覧会の開催時期は、先述の佐野昭の回想から知られる工部美術学校廃校が取りざたされた時期と概ね符号する。図らずも、所期の目的とは異なる方向に工部美術学校の教育が進んだことを露呈することになったこの博覧会への参加は、学校の廃校を政府に決断させる直接の契機となったのではないかと考えられる。

2. イタリア王国における工部美術学校終焉に対する意識

工部美術学校の存続をめぐる状況は、イタリア王国政府をも大いに揺るがせた。これまで述べてきたように、イタリア人教師が独占している工部美術学校という存在は、イタリア王国政府にとって外交政策上極めて重要な位置にあったからである。フェッレッティの後任教師の選抜過程で、イタリア外務省は「我々にとって、最高の関心は東京美術学校において、この教師の職を守ること」（doc. 114）であるとまで述べていることが、如実に示していよう。

工部美術学校の存続問題は、2度に渡りイタリア王国政府を揺るがした。1度目は、イタリア国王家のジェノヴァ公トンマーゾ・アルベルト・ヴィットーリオ・ディ・サヴォイアによる工部美術学校の視察報告が発端となったものである。2度目は、1882（明治15）年夏、在日本イタリア公使館から工部美術学校閉鎖に関する連絡が外務省に届いたことに始まる。

さらに、廃校後にも、工部美術学校はイタリア王国にとっての外交上の意味を有した。日本政府による工部美術学校の3名の教師及び、大臣への叙勲問題である。

本節では、この2度の存続問題にイタリア王国政府がどのように対応したのか、そして廃校後の叙勲問題の意味を明らかにし、イタリア王国政府にとっての工部美術学校像を再度検討したい。

a. ジェノヴァ公の工部美術学校視察報告とイタリア王国政府の対応

①ジェノヴァ公の危惧とバルボラーニの報告書における回答

ジェノヴァ公は、海軍中佐、かつ世界巡航船コルヴェット号ヴェットル・ピサーニ号の艦長として、1879（明治12）年3月31日ヴェネツィア港を出帆し、8月8日長崎に入港、東京、横浜、京都、奈良、大阪、福岡などを訪問した後、1880（明治13）年3月24日に長崎を出帆し、近隣国へも立ち寄った後、1881（明治14）年9月20日にヴェネツィアへ帰港した。全航海日数はおよそ2年半にわたるものだった[19]。

ジェノヴァ公は、1879（明治12）年11月24日に横浜到着後、12月9日まで東京に滞在

している。11月28日[20]には天皇に謁見し、その後、東京において視察をおこなっていることが、在日本イタリア特命全権公使ラッファエーレ・ウリッセ・バルボラーニから外務大臣ベネデット・カイローリへ宛てた「政治関係」報告書によってかなり詳細に知ることができる[21]。この「政治関係」報告書には全く記されていないのだが、この東京滞在中にジェノヴァ公は工部美術学校も視察し、視察後の所見をイタリアの海軍大臣へ伝え、海軍大臣は公共教育省へ転伝した。それはイタリア王国政府内を震撼させるものだった。

ジェノヴァ公は海軍大臣フェルディナンド・アクトンへ工部美術学校視察後の報告書を送付し、アクトンは1880年5月20日付で公共教育省へそれを転送した（doc. 128）。これによると、ジェノヴァ公は、工部美術学校の教師たちの間には「全く調和がなく、社会的に生きるすべが絶対的に欠けており（誰がもっとも悪いのかを述べるのではありませんが）、日本政府は、多くの人［御雇い外国人］には満了に際し契約の更新を望んでおらず、愛想を尽かすのも遅くはありません」と憂慮し、「日本が外国人なしで済ませるようになる前に、我々に委ねられた上述の唯一の学校が外国人の手に渡るのが明らかになったとしても、嘆いてはなりません」と諦観の境地を示す一方で、「イタリアにおいて、美術に打ち込んでいる途方もない数の人々をもってして、能力のある、そしてとりわけ世の中をよく知っていることが授けられ、仕えている国を尊重し、生徒たちや政府から愛され、敬意を払われることを知っている幾人もの教師を見つけることは難しくなかったはずでしたし、［今後も］難しくはないでしょう」と教師の交替を示唆している。

前節で見たように、この頃には、日本政府は御雇い外国人の契約満了に際し、契約更新しない姿勢を示しており、必ずしも「日本政府が愛想を尽か」した結果、雇用が打ち切られているわけではなかった。ジェノヴァ公は、日本の国内事情にも、工部美術学校の設立事情にもあまり詳しくなかったように思われる。だが、ジェノヴァ公が工部美術学校の視察報告を海軍省へ提出し、海軍大臣も直ちに公共教育省へ報告書を転送している事実から、イタリア王国政府の外交政策において工部美術学校の存在の重要性が認識されていたことは確かである。

ジェノヴァ公の工部美術学校視察は1879（明治12）年11月24日から12月9日までの間であったと想定される。当時、教師として在籍していたのは、ラグーザ、フェッレッティ、「トマソガイヤルシ」[22]である。カッペッレッティは工部美術学校での3年間の契約が満了し、教職の任から外れていた[23]。サンジョヴァンニはまだ来日していない。ジェノヴァ公が話題としていることが、必ずしも滞在当時のことに限らず、工部美術学校設立から当時までのことであるならば、既に帰国しているフォンタネージも含めて述べているとも考えられる。ジェノヴァ公が工部美術学校を視察したおりに得た情報の内容の時期が明確に記されていないために、報告書を受け取った側には、理解の齟齬が生じることになる。

ジェノヴァ公が工部美術学校を視察したと考えられるのは1879（明治12）年11月末か

ら12月の初旬であり、海軍省を通じて公共教育省へその報告書が伝えられるのはおよそ半年が経過した1880（明治13）年5月20日である。

イタリア王国政府は、日本において、イタリア人教師による工部美術学校を設立させることに成功した。しかし、設立後の工部美術学校の状況についてほとんど把握していなかったことが、ジェノヴァ公による報告書に対する、以下の公共教育省からの返信内容からわかる。公共教育省にとって、ジェノヴァ公の報告書内容は正に寝耳に水であった。

報告を受けた公共教育省美術教育中央監督局局長ジュリオ・レザスコは直ちに、イタリア外務大臣と海軍大臣に文書を送付した。レザスコはカイローリ外務大臣に、ジェノヴァ公が批判している教師は「建築と彫刻の2人の教師だけに関するものに違いありません」と解釈し、教師交替のための人選を依頼された場合には「可能な限りの熱意をもっておこなうことを約束」している（doc. 129）。

レザスコは、ジェノヴァ公の批判の対象は「建築と彫刻の2人の教師」、つまりカッペッレッティとラグーザと解釈している。しかし、上述したように、ジェノヴァ公の工部美術学校視察時には、カッペッレッティは工部省に雇用され続けているものの、教職からは離れていた。工部美術学校の教師は、ラグーザ、フェッレッティ、「トマソガイヤルシ」である。今般明らかになったように、フェッレッティはラグーザの肖像画を描き[24]、また2人は共に、イタリア帰国から数年後の1884年11月20日に告知された、新設のパレルモ王立美術専門学校の教師採用試験に臨んでいる[25]ことからすると、両者の関係は良好であり、ジェノヴァ公が指摘するような「彼らの間には全く調和がなく」という関係ではなかったと想像される。

ジェノヴァ公の工部美術学校に対する批判がいつの時点のことを指しているのか曖昧であり、それゆえにレザスコの報告書に対する理解も当時の現状把握に基づくものではない。しかし、レザスコは「これら2人の教師が社会生活を営む上での行動について悪い証拠をなしたのであれば、そこからはイタリア人にその教育を存続させるどころか、終わらせられるように思われます」と、工部美術学校におけるイタリア人教師の占有が終わることを危惧し、国の利益のために、「イタリア人美術家のためのあの学校を守るべく必要な任務を遂行できるように」外務大臣に働きかけた（doc. 129）。

一方、レザスコはアクトン海軍大臣に対して謝意を述べ、「日本帝国政府が強く求める新たな2人の教師の選考に対して、最大限の熱意をもっておこなうことを確約しつつ、この必要な任務に向けて外務省へ文書を記します」と述べている（doc. 130）。しかし、この時点においても、この後も、日本政府はイタリア王国政府へ「新たな2人の教師の選考」を依頼することはなかった。

さて、レザスコから報告を受けたカイローリ外務大臣は、1880年5月29日に、バルボラーニ在日本特命全権公使へ事態を究明すべく調査を要請した[26]。バルボラーニは1880年7月

22日付で、カイローリへ宛てて「保秘」義務のある報告書を記した。公共教育省で作成されたその写しが保管されている（doc. 132）。

南イタリアのアブルッツォ州コッレ・ディ・マチーネに誕生し、ナポリ大学に学んだバルボラーニは、前任者のアレッサンドロ・フェー・ドスティアーニの転任にあたり、1877（明治10）年2月13日付王令により、サンクトペテルブルク在駐特命全権公使から、東京在駐の特命全権公使に任命された[27]。1877（明治10）年7月20日に国書捧呈のため天皇に謁見しているので[28]、この頃には着任していただろう。

ジェノヴァ公の東京滞在中、バルボラーニは同行した。従って、ジェノヴァ公が挙げた問題の所在を理解したと同時に、日本の事情に照らし合わせて説明が必要なことも痛感しただろう。ジェノヴァ公が危惧し、問題視したことは3点あった。第1は、イタリア人教師が社会性に欠け、教師間に対立がある点、第2は、それゆえに、社会性のある人物を新たに派遣すべきだという点、第3は、そうしなかった場合には、工部美術学校の教師のポストが他の外国人に取って替わられるのではないかという点だった。

バルボラーニは、第1の点に関し、まず、教師たちが「ずいぶんと気が利かないということであり、そのことが本当に最初からトンマーゾ殿下に意地悪く印象づけた」と釈明し、その原因は「我々南の国の気質」によるものであり、場合によっては、「純然たる礼儀の欠如」と解されることがあると説明している。「南の国の気質」は、人との慣れ親しみやすさや、人なつっこさを意味しているのだろう。工部大学校において、「決して自分から話を始めず、あらん限りの慎重さをもって殿下の質問に返答するよう自制している、生真面目なイギリス人」のヘンリー・ダイアーが接した直後において、こうした性質をもったイタリア人教師によるジェノヴァ公への対応は、対照的なものと感じられたのだろうという。南部ナポリ出身のバルボラーニはイタリア人教師が社会性を欠いているのではなく、単に「ずいぶんと気が利かない」ために、ジェノヴァ公の気持ちを害したのだと説明している。バルボラーニの文言には、北イタリアのトリーノ生まれのジェノヴァ公と「我々南の国の気質」が相容れないものであることも示唆しているように思われる。

吉浦盛純は、ジェノヴァ公が「一八六九年から一八七二年まで、イギリスのハーロー大学に学び、卒業後海軍の軍籍に身をとうじられた」と伝えている[29]。ジェノヴァ公が15歳から18歳まで学んだ学校は、16世紀に創立したイギリスの伝統校であるハロウ校（Harrow School）だろう。日本の高校生にあたる多感な時期を同校で過ごし、イギリス式の礼儀作法も恐らく身につけたジェノヴァ公にとって、ダイアーの振る舞いに共感を得ることはできても、イタリア人教師たちの振る舞いには釈然としなかったのではないだろうか。

一方、バルボラーニはジェノヴァ公が指摘した「私たちの教師間の対立は真実ですが、今や完全に消失しました」と述べている。第Ⅱ部第6章で見たように、〈予科〉を新たに設置したことによって、絵画教育や彫刻教育との教育内容の重複、生徒の重複登録が起

こった。しかし、バルボラーニは日本政府へ、カッペレッティの契約更新にあたり、「予備教育から外し、建築家として政府の任務に廻すように提案」したのだという。実際、カッペレッティは3年間の契約満了後は工部省営繕局雇いとなり、建築家として《遊就館》と《参謀本部》の造営のみに携わることになった。

バルボラーニの報告ぶりから、〈予科〉の設置によって、当時のイタリア人教師、つまりフォンタネージ、ラグーザ、カッペレッティの間に「対抗心、不一致、軋轢」が生じたものと解釈できる。従って、バルボラーニが報告書を書いた当時のイタリア人教師間の問題ではなかったものと考えられる。

第2の点に関し、バルボラーニの本報告書に先立って来日した「カヴァリエーレ勲章受章者サンジョヴァンニは、皆の魂を勝ち取ることに成功し、日本人は彼をたいへん称賛しています」と述べ、さらに新たな教師を派遣する必要はないと主張している。ナポリ近郊出身のバルボラーニは、やはりナポリ出身のサンジョヴァンニを非常に高く評価していたようで、在任中、サンジョヴァンニへのコメンダトーレ勲章叙勲のための事務をとることになる。この点については、第Ⅲ部第5章で述べたい。

第3の点について、日本政府は「イタリア人教師をイギリス人やフランス人に取り替えることを全く考えていないと確約することができます」と述べ、ジェノヴァ公の心配が杞憂であるとした。だが、日本政府の財政状態が悪化しているのは確かであり、実際、「海軍兵学校には、もはや1人のイギリス人教師も」いないこと、「陸軍学校を開設したフランス軍使節団は帰国させられ」たことを例に挙げ、工部美術学校のイタリア人教師もこれらの例に漏れない可能性を指摘している。バルボラーニの予測は、2年後、実現へ向かうことになる。

バルボラーニの報告書は、ジェノヴァ公が危惧したことに対し、十分な説明を与えている。実際、この報告書以後、イタリア外務省も公共教育省も特段の動きを見せなかったようで、「工部美術学校関係史料」にはその後の経緯を伝える文書は保管されていない。

②バルボラーニの報告書に見る、工部美術学校運営上の指摘

バルボラーニは、教師間の軋轢が生じた理由を述べた後、「私の意見としては、主たる不運は、美術学校が公共教育省ではなく、工部省に従属していることにあると思います」と述べ、以下のように続けている（doc. 132）。

> 私は日本人の大臣たちに、これは全くもって異常なことであり、美術学校において嘆いている不幸は、混乱と無秩序を引き起こしている実質的な運営の欠如に起因していることだと理解させるよう努めました。美術学校を工部省から分離することが可能ではないのであれば、少なくとも運営もしくは事務当局を教師の一人に委ねて仕事をさ

せるようにと言いました。しかし、革命や開国直後においては、日本人は導かれるままに、外国公使館の助言に耳を傾けていましたが、いまや同様に、彼らは彼らの目的に頑固で敏感で強情になりました。彼らは、保護は十分に続き、いまや日本は自力でできると信じています。

バルボラーニは、工部美術学校設立に際し、前任者のフェーがどのように立ち回ったのかを全く理解していなかったのである。フェーは、日本政府がウィーン万博において日本の工芸品が評価されたことを踏まえて、美術学校設立の機運をとらえる一方、当時の日本社会が西洋文化を積極的に取り入れて近代化を進めており、その先鋒にあった工部省の長である伊藤博文を説得し、イタリア人教師によって美術教育をなす学校を設立させることに成功したのである。第Ⅳ部において詳細に論じるが、他方、当時のイタリア王国の外務大臣であるエミーリオ・ヴィスコンティ・ヴェノスタは、イタリア美術の愛好者であり、イタリア美術による外交を展開しており、フェーはその外交政策に乗じたと解釈できる。だが、工部美術学校開校目前の1876（明治9年）3月25日、イタリア王国は建国以来の右派政権が瓦解し、左派の時代を迎え、ヴェノスタが進めた美術外交は失速することになる。そのような状況下に、新たに日本へ派遣されたのがバルボラーニであった。

バルボラーニの主張は的を射ている。イタリアにおいては、美術教育を統括するのは当時の日本の文部省に相当する公共教育省（Ministero della Pubblica Istruzione）であって、工部省と同様のものとみなされ、工部省の訳語として使われた公共事業省（Ministero dei Lavori Pubblici）ではないからである。バルボラーニが日本の誰に対して「理解させるよう努め」たのかわからないが、恐らく工部省や工部美術学校関係者であっただろう。しかし、日本側はその主張に耳を傾けることはなかった。いや、むしろ日本側にとっては、バルボラーニが説得しようとした内容と、かつてフェーが主張し説得した内容との間に齟齬を感じる契機となったのではないだろうか。工部省消滅に伴い、工部大学校が工部省から文部省へ移管されたのに対し、工部美術学校は文部省へ移管されなかった遠因は、ここにもあるかもしれない。

b．イタリア王国への工部美術学校廃校通達とその反応

工部美術学校の廃校に関する史料上の表現を注意深くみると、興味深い内容が浮かび上がってくる。「工部省沿革報告」において、1882（明治15）年12月の項に「是月美術学校ヲ閉ツ」とある上、さらに「明治十六年一月廿三日、美術学校ヲ廃シ」と記されていることである[30]。ここからは、工部美術学校がまず「閉校」し、次に「廃校」になったと解釈できる。日本においては、これまで工部美術学校の「閉校」と「廃校」は実質的には同等であり、両者の違いが明確に論じられることがなかったように思われる。しかし、教師を

送り出したイタリア王国政府にとって、両者は明確に区別されていただろう。イタリア語でも、「chiudere（閉じる）」と「sopprimere（廃止する）」と、使い分けられ得る。工部美術学校終焉に際してのイタリア王国政府の反応は、まさに「閉校」と「廃校」の差をめぐる問題として読める。

1876（明治9）年8月29日に雇用契約を締結したラグーザは、1879（明治12）年8月に更新した3年間の契約も1882（明治15）年夏に満了を迎えつつあった。「工部省　美術」によれば、契約満了に先立つ1882（明治15）年「六月二十八日彫刻生徒ニ卒業及ヒ修業証状ヲ授与ス生徒現員二十名第一等卒業生三名第二等卒業生九名修業生八名」とあり、「是月三十日彫刻学ヲ廃ス」、「七月五日元彫刻教師ラグーザ氏本月三十一日満期解傭ス」と続く[31]。そして、ラグーザは8月11日には帰国の途に就いている[32]。いつの時点でラグーザに閉校の予定を告げたのか全くわからない。しかし、ラグーザが日本政府の決定に対して異議を唱えた形跡はない。決定に従い、そして契約書に記されていたように、「旅費金百円」[33]を得て帰国する。

1882（明治15）年7月10日付、外務省通商領事総局局長アウグスト・ペイロレーリが、外務大臣パスクアーレ・スタニスラオ・マンチーニの名で、公共教育省へ宛てた文書（doc. 142）は、「工部美術学校関係史料」中の文書のなかで、学校閉校に関するもっとも早い時期の文書であると考えられる。「考えられる」というのは、「イタリア人教師で構成されている東京美術学校の将来に関するあまり喜ばしくない予想が語られ、その機関の凋落を導いた原因を明らかにしている、私たちの在東京代理公使の極秘報告書をお送りいたします」とのみ記されているからである。「極秘報告書」は残されていないが、その内容は、工部美術学校の「将来に関するあまり喜ばしくない予想」であることは確かであり、その予想とは、閉校に関するものであっただろう。

7月18日付で、公共教育省古代遺跡発掘総局長ジュゼッペ・フィオレッリがグイド・バッチェッリ公共教育大臣名で、マンチーニ外務大臣へ宛てた返信から、以下のことが理解できる（doc. 143）。在東京イタリア公使館代理公使のエウジェニオ・マルティン・ランチャーレスは、1882（明治15）年5月6日付で「極秘報告書」を作成し、そこには「日本政府が財政上の理由により」、工部美術学校を「閉鎖する決定をしたこと」が記されていたことがわかる。フィオレッリの文書から、ランチャーレス代理公使が日本政府に工部美術学校の閉校決定を思いとどまらせようと説得したこともわかる。

また、〈画学〉は「再びイタリア人教師に委ねられて再開された[34]のだから、少なくとも、なんとしてでもそのクラスは維持されるようにと、彼［ランチャーレス代理公使］が心を配るのをやめないように要請いたします」との文言から、日本政府が当初、1882（明治15）年6月28日の〈彫刻術〉生徒の卒業と同時に、〈画学〉の生徒も卒業させ、閉校するつもりであったことがうかがえる。日本政府は、1882（明治15）年8月19日に工部大学校の

第Ⅱ部　工部美術学校の創設から終焉へ

管轄が工部省工作局から本省へ移管するのに先だって、工部美術学校の閉校措置を取るつもりだったと解釈できるのではないだろうか。しかし、ランチャーレス代理公使はそれを阻止しようと努めたのであろう。公共教育省は、〈画学〉のクラスが継続するように尽力を続けることを期待しているのである。イタリア外務省は、東京のランチャーレス代理公使へ公共教育省からの依頼を伝えただろう。そして、その回答が届くのは秋になってからである。

　1882年10月28日付で、外務省通商領事総局局長アウグスト・ペイロレーリは、パスクアーレ・スタニスラオ・マンチーニ外務大臣名で、公共教育省へ上述の7月18日付文書に対し、「私たちの在東京代理公使の詳細な報告によれば、今年の終わり頃に終了するはずのカヴァリエーレ勲章受章者サンジョヴァンニ教授と結んだ契約の満了に際して、同クラスの保持に関する決定が下されるだろうとのことです」と伝えた（doc. 144）。

　サンジョヴァンニが閉校の件を知ったのは、1882（明治15）年11月9日のことだった。翌日、11月10日付で、サンジョヴァンニはランチャーレス代理公使へ、抗議の文書を送っている（doc. 145）。サンジョヴァンニは、「昨日11月9日付の文書により」、工部省が1883年2月11日の雇用契約終了時に、「日本における美術教育に関する日本とイタリアとの間で締結された契約」は終了すると通知してきたと述べて、以下のように続けている。「美術学校の閉鎖を含むこの私の契約についての終了通告は」、「私たちの祖国が、日本における美術的な価値観の伝播の独占を維持するのを願う権利」を失うことを意味し、その結果、「極東におけるイタリアの影響に対しての取り返しのつかない損害を目の当たりにすることになるように思われます」と述べ、工部美術学校の存続を願っている。サンジョヴァンニはランチャーレスが「祖国の手からもち去られようとしている美術上の首位の座を落とさせるのを阻止するために、あらゆる努力をほどこしているのを確かに見ています」と述べ、さらなる尽力を期待している。また、サンジョヴァンニは、工部美術学校の閉校決定によって「日本に対するイタリアの全ての影響を失うでしょう」と述べており、工部美術学校が日本におけるイタリア文化の拠点としての意味を有していることも指摘している。

　1882（明治15）年11月17日付で、ランチャーレスはサンジョヴァンニの文書を添付して、マンチーニ外務大臣へ文書を送付した（doc. 146）。

　ランチャーレスは、まず「去る5月6日付の一般業務系第49号の私の報告書によって、残念ながらそれを予見していましたように、帝国美術学校の閉鎖が発令され」たと報告している。1882（明治15）年5月6日の時点では、工部美術学校の閉校が予想されただけだったのが、11月17日までの間に閉校が決定され、その決定が発令されたということであろう。少なくともイタリア側の文書によるならば、工部省をはじめ、日本政府は徐々に閉校への決意を固めていったと受け取ることができる。その間、ランチャーレスは大鳥圭介工部大学校及び工部美術学校の校長や、当時の工部卿である佐々木高行に面会し、「美術学

校は財政上の措置により閉校する」との説明を受けたと考えられる。ランチャーレスはサンジョヴァンニからの文書を受け取ると、彼を公使館へ招き、日本側から告げられた閉校の理由は財政上の問題によるものであることを説明したと明かしている。サンジョヴァンニは、「前もって美術学校の閉鎖について伝えられ、それに関して意見を尋ねられることなく、そのこと［閉校決定］が発令されたという思いがけないやり方に満足していないよう」であり、それを「侮辱」とみていると、ランチャーレスは伝えた。

ランチャーレスが、話者を特定しないで引用している「帝国の財政状態が直ちに改善されれば、美術学校を再開する」との文言から、彼にとっても、サンジョヴァンニにとっても、工部美術学校の廃校ではなく、閉校であると考えていたことがうかがえる。閉校であれば、再び開校される可能性が残されていると解釈できるが、廃校であれば、再開の見込みは望めないからである。

1882年12月31日、外務省通商領事総局局長アウグスト・ペイロレーリはマンチーニ外務大臣名で、公共教育省へ、ランチャーレスの文書を添えて、「［工部］省が絵画教育も廃止して、現在までかの首都に存在している美術学校を閉鎖するという日本政府によって決裁された決定」を伝えた（doc. 147）。

既に〈彫刻術〉は廃止され、〈画学〉も廃止された工部美術学校は閉校ではなく、実質的に廃校の措置が取られることをイタリア側も認めざるを得なかっただろう。だが、廃校から1年半後も彼らは廃校・廃止を意味する「soppressione」ではなく、あくまでも閉校・閉鎖を意味する「chiusura」という言葉を使い続けている（doc. 149）。日本政府から閉校の理由は経済問題にあると説明されていたこともあり、イタリア側では経済問題が解決されれば工部美術学校が再開されるかもしれないという期待が、「chiusura」という言葉の使用に表れているとみるのは少々うがち過ぎるだろうか。

フィオレッリ公共教育省古代遺跡発掘総局長は、工部美術学校の閉校を了解し、「優れた職員」であるランチャーレスへ謝意を表すると結んでいる（doc. 148）。

以上から、イタリア側においては1882（明治15）年5月6日の時点での工部美術学校の閉鎖という予想が、11月17日までの間に日本政府が閉校を決定したことにより、現実のものになった経緯がわかる。ラグーザの契約満了に併せて、彫刻の生徒は卒業もしくは修業させ、6月30日に彫刻科が廃止された。そのときに、〈画学〉も廃止の憂き目を見るところだったが、ランチャーレスの努力により、サンジョヴァンニの契約満了時まで延命措置が取られた、ということだろう。そして、1883（明治16）年1月23日に「美術学校ヲ廃」し、同日「画学生徒藤雅三以下十五名ニ修業証書ヲ授與」[36]することで工部美術学校は廃校となった。2月11日、サンジョヴァンニの契約は満了日を迎え、解約された。

以上から、イタリア王国政府が工部美術学校が閉校に留まるように努力してきた様子がうかがえる。閉校には再開の可能性が残されているが、廃校では再開できないからである。

第Ⅱ部　工部美術学校の創設から終焉へ

同国政府にとって、工部美術学校がいかに外交上重要な問題だったが再確認できる。この認識は、閉校後の叙勲問題にも継承される。

c. 相互叙勲のイタリア王国における意味

① 3名の元教師への雙光旭日章叙勲問題

　工部美術学校が廃校となってからおよそ1年半後の1884（明治17）年6月18日付で、ランチャーレス代理公使はマンチーニ外務大臣へ、工部美術学校教師だったラグーザ、サンジョヴァンニ、カッペッレッティの勲五等雙光旭日章授章を報告し、その写しが公共教育省へも伝えられた（doc. 149）。ランチャーレスは廃校してから1年半も経ってから叙勲がおこなわれた経緯を説明している。日本の外務省外交史料館所蔵の関係史料を援用し、3名の元教師への雙光旭日章授賞がイタリア王国政府にとってどのような意味を有していたのかを検討したい。

　ランチャーレスは、工部美術学校閉鎖が確定された後、工部省と外務省を訪問したと伝えているが、それがいつであるのかについては記していない。だが、1883（明治16）年4月26日付で、井上馨外務卿が、工部卿代理の山縣有朋参議院議長へ宛てた日本側の文書により、その詳細がわかる[37]。

　　　従前貴省にて御雇相成居侯美術教師伊国人ラグーザ、サンジヨワンニー、カペレッティー之三氏へ相当之勲等御贈與相成度旨同国代理公使より拙官を内話有之侯就而者於拙官ハ五等位ニて相当と存侯得共当同氏等功労之多少も可有之又他之比例も可有之ニ付御調之上貴省より其筋へ御申立可相成侯方可然と存侯尤も同氏等功労之多少ニ就而者井上大輔并ニ大鳥承知致被候筈ニ付同人等より御聞取可被成此段内願侯也。

　イタリア王国の代理公使から井上外務卿へ、ラグーザ、サンジョヴァンニ、カッペッレッティ[38]へ「相当之勲等」を叙勲するように「内話」が有り、井上は「五等位ニて相当」と考えるが、彼らの「功労之多少」があるだろうし、「他之比例」もあるだろうから、「御調之上」、工部省より「其筋へ御申立」されたい。彼らの功労の多少については「井上大輔并ニ大鳥」から聞かれるように、と記している。「井上大輔」は井上勝工部大輔を、「大鳥」は工部大学校並びに工部美術学校の校長を務めた大鳥圭介だろう。

　恐らく、工部省での調査を経て、1883（明治16）年5月23日付で、井上外務卿は三條實美賞勲局総裁に文書を送付した[39]。

　　　工部省傭美術教師伊国人ラグーザ、サンジヨワンニー、カペレッティ之三名江相当之勲章下賜相成度旨同国代理公使ヨリ内話ノ趣モ有之侯右ハ叙勲相成侯程之著シキ功

第7章　工部美術学校の終焉とイタリア王国の対応

労ヲ顕シ侯者ニハ無之侯得共又□□過失も無之数年間無事ニ奉職致シ我政府之都合ニ
より工部省付属美術学課ヲ廃止相成侯末解傭□□ニ有之且今度伊政府ヨリ我官吏江勲
章寄贈之義同国公使より及内話侯廉モ有之就御実際上不得止義も有之侯ニ付勲五等ニ
テ相当ト被存侯間特別之御詮議ヲ以テ右様夫々叙勲相成度此段及上伸申牒侯也。

　これは外務省が賞勲局へ宛てた3名の教師への叙勲推薦である。井上は、3名の元教師へ「相当之勲章下賜相成度」とランチャーレス代理公使からの内々の打診があり、元教師らは「著シキ功労ヲ顕シ侯者ニハ無之」ものの「過失も無之数年間」奉職し、「我政府之都合ニより工部省付属美術学課ヲ廃止相成侯末解傭」となった経緯を説明し、イタリア政府から日本の「我官吏」へ「勲章寄贈」の内々の打診があったことも付言した上で、彼らの功績は「勲五等ニテ相当」すると考えるので、「叙勲相成度」検討して欲しいとした。すなわち、日本とイタリア王国の2国間において、相互的におこなわれる儀礼的な叙勲、相互儀礼叙勲が検討され、勲等については元教師の功績に依るとした。
　文書原本中の「勲五等」の「五」の横には朱書きで「六」とあり、「勲六等」に訂正されたことを示している。結果、3名一律、勲六等雙光旭日章を叙勲すると決定した。そして11月16日、賞勲局から外務大書記官宛に、ラグーザ他2名への叙勲決定が伝達された。
　日本外務省からラグーザ他2名へ勲六等雙光旭日章を叙勲するという連絡を受けたランチャーレスは、「私は私の同国人である教師たちに対し、ここでは外国人事務労働者へ授章する下級の勲位を受け入れることはできませんでしたので、さらなる交渉が開始されました」と伝えている（doc. 149）。ラグーザ他2名への旭日勲章勲六等授章は実現せず、彼らを対象とした日伊間の相互叙勲も成立しなかったのである。
　ランチャーレスは続けて、次のように述べている。

　　そうこうしているうちに、周知のように大山将軍の使節団がイタリアにおいて歓
　　待の的になり、ここ［日本］においてたいへん喜ばしい印象を引き起こしましたので、
　　私は、件の悶着が満足のいく品格のある方法で直ちに解決されるように、井上氏に彼
　　の影響力を行使するように促す機会を掴みました。

　「大山将軍」とは大山巌陸軍卿のことである。大山使節団の欧州訪問については、1884（明治17）年2月15日付でランチャーレス代理公使がイタリア外務省へ宛てた「政治関係」文書によって詳細を確認できる[40]。この文書には参議の伊藤博文が在日本イタリア公使館へ宛てた使節団に関する文書の翻訳も添付されている。ランチャーレスの文書によると、使節団は軍事施設などの視察目的により、イタリア、フランス、ドイツ、スイス、オーストリア、ロシアを訪問するという。1884（明治17）年2月16日にイタリアへ向けて出発し、

163

第Ⅱ部　工部美術学校の創設から終焉へ

3月末頃ナポリへ到着し、その後ローマを訪問することが記されている。ローマにおいて、大山がウンベルト国王から「イタリア国王級大綬章」を叙勲されることになっており、大山は出来るだけ早く謝意を表すことを希望している[41]、と伝えている。

　イタリア王国による大山への叙勲は、公式に同国を訪問した大山への儀礼的な叙勲だったと解釈できる。大山将軍の使節団がイタリアにおいて受けた、「そのような歓待」とは、大山へのイタリア国王からの叙勲が大きな意味を有しているのだろう。ローマにおいて大山が叙勲されることを知っていたランチャーレスは、保留となっていた3名の元教師への叙勲問題を再燃させた。そして、勲等を六等から五等へ昇級するように井上外務卿に働きかけたことを明かしているのである。大山と3名の元教師への叙勲は、相互の地位や勲位・勲等も異なるので、厳密な意味で相互叙勲とは呼べないものだろう。ランチャーレスは大山への叙勲の機会をとらえることによって、相互的に3名の元教師へも叙勲させようとしたのである。

　井上外務卿は1884（明治17）年4月5日付で、柳原前光賞勲局総裁宛に、「右三氏ト雇入年限之長短ニ於テ格別之事異ナクシテ五等ニ被叙候輩も有之候ニ付右三氏共今一級ヲ被進勲五等ニ被叙度旨申出候」と伝えた[42]。井上は、六等から五等への昇級を要請し、雇用期間の長短に関わらず、一律勲五等が授章されるようにという要望を伝えた。この申請は受け入れられ、6月4日付で、ラグーザ、カッペッレッティ、サンジョヴァンニへ勲章及び勲五等雙光旭日章の勲記を授章することになった[43]。6月7日、井上外務卿は、在イタリア王国公使館山内勝明臨時代理公使へ宛てて、3名の元教師への勲記及び勲章を送付すると連絡した[44]。

　3名の元教師へ勲五等雙光旭日章授章が決定したことを受けて記されたランチャーレスの文書（doc. 149）には、受章した3名の元教師の反応も記されている。

　　カッペッレッティ氏は得た特別待遇に対し大変な名誉であると表明し、井上氏へ書簡で感謝の意を表しました。ラグーザ氏へはパレルモに勲章と勲記を送り、その返信を待っていますが、喜んで受け入れるだろうと確信しています。
　　カヴァリエーレ勲章受章者のサンジョヴァンニ氏は、王国領事に同僚と同等の勲章を受け入れる自尊心をもち合わせていないと言っておりましたが、長い熟考の後に悔い改め、その要請に謝意を表し、勲五等を受章しました。

　ランチャーレスの文書から、カッペッレッティとサンジョヴァンニはこの時点でまだ日本に滞在していたことが確認できる。カッペッレッティは1885（明治18）年1月にサンフランシスコに向けて日本を発ったとされているので、この叙勲の際にまだ日本に滞在中であった。カッペッレッティは井上勝工部大輔に礼状を送付したという。しかし、残念なが

第7章　工部美術学校の終焉とイタリア王国の対応

らこの礼状は不明である。一方、1885（明治18）年4月23日、在日本イタリア公使館レナート・デ・マルティーノ特命全権公使が、井上馨外務卿へ宛てた文書から、ラグーザは勲章と勲記が手元に届いた後、マルティーノを介して井上へ礼状を送っていることがわかる[45]。但し、ラグーザの書簡も、管見の限り、不明である。

　この3名の元教師への叙勲問題の顛末は、イタリア王国、日本の双方にとって、工部美術学校がいかなる存在であったかを示唆している。イタリア王国政府にとって、工部美術学校は「イタリア美術の栄光」を日本においてのみならず、世界に対して誇示することのできる格好の場であった。しかし、日本政府による廃校という決断の結果、それが失われてしまった。イタリア王国政府にとってみれば、工部美術学校が「イタリア美術の栄光」を保証した場であったことを自他ともに確認できる証を得たいと願ったのではないか。そうすることによって、国の威信を保つことができると考えただろう。在日本イタリア代理公使のランチャーレスはそのように考え、1883（明治16）年4月、井上外務卿へ内々に、工部美術学校元教師へ叙勲するように働きかけたのだと考えられる。

　大山使節団の欧州視察に際し、イタリア王国は大山に叙勲し、この機に乗じて、日本政府に勲等を一級上げさせた上で3名の元教師へ叙勲させることに成功した。ここには、日本政府になんとしてでも3名の元教師へ然るべき勲等によって叙勲させようとする意志が明白に読み取れる。ここにも、「イタリア美術の栄光」という外交政策上の体面を保つためのイタリア王国政府の意地をみることができる。

　一方、日本政府は、本来ならば3名の元教師は叙勲に値しないという、冷徹な評価を下していた。廃校になった学校の教師であり、日本の近代化において際だった貢献をなしたとはみなさなかったことを意味するものであろう。工部美術学校に対する日本政府の期待は、工部省の一機関としての社会的役割を果たすことにあったことが、ここに改めて示唆されている。日本政府にとっての工部美術学校は、あくまでも「工部」の学校であることが期待された機関であり、そこから独立した「美術学校」であることが望まれたわけではなかったのである。従って、工部美術学校諸規則の「学校之目的」に記されていた「欧州ノ優等ナル美術学校ト同等ノ地位ニ達セシメントス」（doc. 4-b）という文言も、あくまでも工部省という枠組みの中での期待を謳ったものだったと解釈すべきなのだろう。工部美術学校が、工部大学校と切り離されて廃校となった理由も、こう考えれば得心がいく。

②工部卿間の相互儀礼叙勲問題

　叙勲問題はさらに続きがある。およそ1年後、大臣級役人の間での相互儀礼叙勲がとりざたされているのである。

　1885（明治18）年6月4日、井上外務卿は、柳原前光賞勲局総裁へ宛てて文書を送付している。

第Ⅱ部　工部美術学校の創設から終焉へ

　　伊国国会議員兼工部卿ル、シュワリエ、フランセスコ、ジェナラ氏ハ曩ニ工部大学校
　　ヘ美術教師雇入之節尽力致候儀も有之且今般彼我之間互相交換之次第も有之候間特旨
　　ヲ以テ勲一等ニ被叙候様致度此段及照会候也。

　井上は、イタリア王国の国会議員で公共事業大臣のフランチェスコ・ジェナラ（Francesco Genala, 1843–1893）へ、工部大学校へ美術教師雇用の節に尽力されたこともあり、今般、日伊間での「互相交換」による叙勲がなされることもあるので、勲一等を授章したい、と申し入れた[46]。そして、1885（明治18）年7月14日、ジェナラへ勲一等旭日章が叙勲されることになった[47]。

　1885（明治18）年11月14日付、在イタリア特命全権公使田中不二麿が井上外務卿へ宛てた文書によれば、ジェナラへの叙勲はランチャーレスが申し入れた「互相交換」の叙勲に依るもので、イタリア王国が佐々木高行工部卿及び大鳥圭介を叙勲し、それに相対するものとして設定されたのだという[48]。

　ランチャーレスは、日本政府から3名の元教師への叙勲がなされた後に、さらに大臣級役人の間での相互叙勲を模索したのである。なぜこの時期に、どんな意図をもって、この相互叙勲を模索したのだろうか。

　上述のように、1882（明治15）年8月21日付で工部大学校は工部省工作局から本省へ管轄が移った。これも、1885（明治18）年12月20日の工部省廃省に向けての一つの動きだったと考えられる。1884（明治17）年9月には、工部小輔の渡邊洪基が「工部省ノ職務ヲ整理スルノ大綱ヲ縷述」して太政官に建言し[49]、1885（明治18）年5月、再度「其要領ヲ建言」し[50]、いよいよもって廃省への動きが本格化する。

　恐らく、工部省廃省の情報を得たランチャーレスは、工部省が存在している間に佐々木高行工部卿及び、工部美術学校校長であった大鳥圭介を叙勲し、彼らと相対する者としてイタリア王国の大臣へ、儀礼的に相互に叙勲することを提案したのだろう。

　佐々木高行は当時の工部卿であり、大鳥圭介は工部美術学校の閉校間際まで同校校長であったので、イタリア王国から両者が叙勲されることに違和感はない。しかし、工部美術学校の教師選抜に関わったのは、イタリアの公共教育省であって、公共事業省ではないので、ジェナラ公共事業大臣への叙勲は全く的を射ていない。内実を伴わないジェナラへの叙勲は、故意によるものか、あるいは誤謬であるかのどちらであろうか。ランチャーレスをはじめ、イタリア外務省は、イタリアにおける教師選抜に公共教育省が関わったことを十分に理解していたはずなので、誤謬だとは考えにくい。故意によるものであれば、その理由は何か。

　日本側にとっては、然るべき工部省関係の人物が叙勲されることによって、工部美術学校という教育機関が、あくまでも工部省の政策の中で進められてきた事業であったこと

166

を明確に示す必要な機会となったことが読み取れる。逆に言えば、日本側が譲歩して、イタリア側の事情に合わせて文部大臣へ叙勲するということを認めることはできなかったということである。

　一方、イタリア側にとっては、本来、公共教育大臣が叙勲されるべきところ、公共事業大臣が受章するという、正に外交的かつ儀礼的な手段をとってでも、イタリア人による工部美術学校という外交施策が成功裡に終わった証を得る必要があり、その証が大臣級の相互叙勲であると考え、そのためにイタリア側が譲歩したことをこの一件は示していると考えられる。工部美術学校の開校時より存在した日本とイタリア王国間に見られた工部美術学校に対する解釈のずれ、すなわち、実用の美術と純粋美術という、所期の目的と実態との差異が、工部美術学校をめぐる最後の一件である、大臣級の相互叙勲にまで尾を引いていたのである。

まとめ

　工部美術学校が廃校に追い込まれた経緯、そして最後に日本とイタリア王国間で儀礼的な相互叙勲がおこなわれたことまでを、日伊双方の視点から読み解くことで、工部美術学校が日伊双方にとっていかなる存在であったかが明確になった。イタリア王国にとっては、教育を通して純粋美術における「イタリア美術の栄光」を対外的に示す場であり、日本にとっては、工部省の枠組みの中で「百工ノ補助」となる美術教育をするために設けた場であった、というものである。工部美術学校は、明らかに異なる2国間の思惑に翻弄された一機関であった。

　以上見てきたように、工部美術学校の廃校理由を明確に断定することはできないが、こうした思惑のずれがありながらも、西洋建築による皇居造営において想定された、美術の具体的な利用が見いだされていた初期の幸福な状況が、1880（明治13）年前後を境に崩れ去り、両者の齟齬が後戻りできないところにまで至っていることが明るみに出たことが、廃校要因の大きな部分を占めていると言うことができるだろう。

　6年2ヶ月しか存在しなかった工部美術学校は、歴史に翻弄された不幸な存在である。しかし、そこでおこなわれた美術教育、並びに日伊間、あるいは他国をも巻き込んだ政治外交的な駆け引きは、工部美術学校の存在に留まらない波及効果をもたらすものだったと言うべきだろう。

注
1　国立公文書官蔵『大政紀要』一、第一巻「自明治九年至同十五年　工部省　美術」。青木茂編『フォンタネージと工部美術学校』至文堂、1978年、96〜99頁に採録。

2　大内兵衛・土屋喬雄『明治前期財政経済史料集成』第17巻、改造社、1931年。
3　同上、347頁。
4　同上、348頁。
5　藤森照信『日本の建築［明治大正昭和］3　国家のデザイン』三省堂、1979年、172頁。
6　大内他注2前掲書、306頁。
7　同上、30頁。
8　同上、350頁。
9　藤森注5前掲書、173頁。
10　大内他注2前掲書、349頁、注1前掲「工部省　美術」。
11　佐野昭「旧工部美術学校の彫刻部」『明治洋画史料　懐想篇』中央公論美術出版、1985年、115〜117頁。
12　小野木重勝『明治洋風宮廷建築』相模書房、1983年、21〜27頁。
13　第II部第5章。
14　隈元謙次郎『明治初期来朝伊太利亜美術家の研究』三省堂、1940年、83〜84頁。
15　高木博志『近代天皇制の文化的研究——天皇就任儀礼・年中行事・文化財』校倉書房、1997年。
16　青木茂注1前掲書、38〜39頁。
17　隈元謙次郎『近代日本美術の研究』大蔵省印刷局、1964年、148頁。
18　大内他注2前掲書、349頁。
19　吉浦盛純『日伊文化史考』イタリア書房、1968年、182〜185頁。
20　宮内庁『明治天皇紀』第四、吉川弘文館、1970年、807〜809頁。
21　ASMDAE, *Ministero degli Affari Esteri del Regno d'Italia, 1861-1887, Serie Terza, Rapporti in Arrivo, Cina e Giappone*, b. 1291, *26 novembre 1878-16 novembre 1887*, Lettera di Raffaele Barbolani, Ministro Plenipotenziario della Legazione d'Italia in Giappone, a Benedetto Cairoli, Ministro degli Affari Esteri, 12 dicembre 1879.
22　注1前掲「工部省　美術」。「トマソガイヤルシ」がどのような経緯によって雇用されたのか全く不明である。イタリア側の史料である「工部美術学校関係史料」にこの名前は全く見あたらない。ジェノヴァ公が示唆しているように「在イタリア日本公使館によって選抜」承認を受けた人物ではないと考えられる。また、「工部省　美術」の1880（明治13）年2月19日には「伊國人ジョゼッペペロリオ氏ヲ傭入レ画学予科教師ト為ス」と記された「ジョゼッペペロリオ」も、「トマソガイヤルシ」と同様にイタリア側史料に記載のない人物である。「トマソガイヤルシ」については、金子一夫『近代日本美術教育の研究　明治・大正時代』中央公論美術出版、1999年、173頁を参照。
23　当時の雇用状態については、第III部第1章を参照。
24　土屋裕子「ヴィンチェンツォ・ラグーザによる博物館への寄贈品——東京国立博物館蔵工部美術学校の教材および習作を中心として——」『東京国立博物館紀要』第45号、2010年、図1、プロスペロ・フェレッティ筆《ラグーザの肖像》。
25　拙論「プロスペロ・フェッレッティ研究——インド、日本、そしてイタリア——」『近代画説』第10号、2001年、44頁。

26 この文書は保管されていないが、バルボラーニの報告書において言及されている「保秘の公文書商業通信第32号」が調査を要請している文書である。
27 Università degli Studi di Lecce Dipartimento di Scienze Storiche e Sociale, *La Formazione della Diplomazia Nazionale (1861-1915) Repertorio bio-bibliografico dei funzionari del Ministero degli Affari Esteri*, Roma 1987, p. 48.
28 財団法人日伊協会『幕末・明治期における日伊交流』日本放送出版協会、1984年、98頁。
29 吉浦注18前掲書、183頁。
30 大内他注2前掲書、349頁。
31 注1前掲「工部省 美術」。
32 木村毅編『ラグーザお玉自叙伝』恒文社、1980年、255頁。
33 注1前掲「工部省 美術」。
34 史料中の「彫刻のクラス」は誤謬である。サンジョヴァンニの来日によって、〈画学〉の教育が本格的に再開されたことを意味している。
35 サンジョヴァンニは、1880（明治13）年2月2日に着任し、3年間の契約を締結し、1883（明治16）年2月11日に契約満了により解約となる。従って、サンジョヴァンニの契約が1882（明治15）年の「終わり頃に終了する」という文言は誤謬である。
36 注1前掲「工部省 美術」。
37 外務省外交史料館蔵『外国人叙勲雑件（伊太利人之部）』第一巻、6-2-1, 5-3、1883（明治16）年4月26日付、井上馨外務卿発、山縣有朋参議院議長（ママ）宛文書。
38 ここには、フォンタネージとフェッレッティの名前はない。フォンタネージは既に1882（明治15）年4月17日に死亡している。フェッレッティは当時、健在だが、フォンタネージの代任教師だったためにその対象からはずされたということだろうか。
39 注37前掲『外国人叙勲雑件』、1883（明治16）年5月23日付、井上馨外務卿発、賞勲局総裁三條實美宛文書。
40 ASMDAE, *Ministero degli Affari Esteri del Regno d'Italia, 1861-1887, Serie Terza, Rapporti in Arrivo, Cina e Giappone,* b. 1291, *26 novembre 1878-16 novembre 1887,* Lettera di Martin Lanciarez, Incaricato d'Affari della Legazione d'Italia in Giappone, a Pasquale Mancini, Ministro degli Affari Esteri, 15 febbraio 1884.
41 *Ibidem*, "(...) gli ha molto a cuore di poter al piu presto ringraziare S. M. il Re Umberto per la bonta con cui si compiacque conferirgli il Gran Cordone dell'Ordine della Cordona d'Italia (...)".
42 同所、1884（明治17）年4月5日付、井上馨外務卿発、賞勲局総裁柳原前光宛文書。
43 同所、1884（明治17）年6月4日付、賞勲局発、勲記。
44 同所、1884（明治17）年6月7日付、井上馨外務卿発、山内勝明在伊日本公使館臨時代理公使宛文書。
45 外務省外交史料館蔵『外国人叙勲雑件（伊太利人之部）』第二巻、6-2-1, 5-3、1885（明治18）年4月23日付、在日本イタリア公使館レナート・デ・マルティーノ特命全権公使発、井上馨外務卿宛文書。
46 同所、1885（明治18）年6月4日、外務卿井上馨発、賞勲局総裁伯爵柳原前光宛文書。
47 同所、1885（明治18）年7月14日付、賞勲局文書。

第Ⅱ部　工部美術学校の創設から終焉へ

48　同所、1885（明治18）年11月14日付、在イタリア特命全権公使田中不二麿発、井上馨外務卿宛文書。
49　大内他注2前掲書、34頁。
50　同上書、36頁。

第Ⅲ部　工部美術学校教師列伝

　第Ⅲ部は、工部美術学校において教鞭を執った5名の教師の評伝である。アントーニオ・フォンタネージは日本においても、イタリアにおいても既に評伝があるので、新知見に絞って論じたい（第3章）。一方、評伝があるものの不明点の多かったヴィンチェンツォ・ラグーザ（第2章）、そしてこれまで伝記的な情報がほとんど欠如していたジョヴァンニ・ヴィンチェンツォ・カッペッレッティ（第1章）、プロスペロ・フェッレッティ（第4章）、アキッレ・サンジョヴァンニ（第5章）については、各人の生誕地において関係史料を博捜し、考察した結果得た新知見を提示し、イタリア王国政府が彼らを教師に選んだ根拠を示したい。

第1章　ジョヴァンニ・ヴィンチェンツォ・カッペッレッティ

はじめに

　イタリアでの選考を経て来日した3名の教師のうち、ジョヴァンニ・ヴィンチェンツォ・カッペッレッティの実像については、隈元が研究を着手したが[1]、経歴については不明な点が多く残されたままだった。経歴不明のカッペッレッティは、近年では「経歴は奇妙で、はたして建築の専門家だったのかも疑わしい」と言われるまでになった[2]。
　本論に入る前に、カッペッレッティの姓名が、日本の公文書でどのように表記されたかを検証しておこう。公文書にカタカナで記録された名前の表記方法は、カッペッレッティがふだん名前を尋ねられた時に、口頭で、あるいはイタリア語で筆記した形をイタリア語音に近い形でカタカナ表記したものだったはずである。
　外務省外交史料館所蔵の『官雇入表』[3]には、工学寮が「ジャン、ビンセンソ、カツペレッチー氏」を「造家教師」として「一ヶ月二百七十七円七十五銭」で「九年八月廿九日ヨリ向三カ年」雇用した旨が記されている。この時点での住所は「三田小山町廿六番地」である。また別の史料には[4]、「伊造家教師ジヤ、ビンセンソ、カツペレッチー　九年八月二十九日ヨリ三年　月給金弐百七拾七円七拾五銭　居所　三田小山町廿六番」とあり、カタカナ表記の名前の横にはJean Vincenzo Cappellettiと記されている。
　『太政類典』には、「明治九年十月十六日」付けで、「工学寮伊太利人カツペレッチー外二名雇入」とあり、「工部省届　伊太利国人　造家教師　ジャン、ビンセンゾ、カツペレッチー」と記されている[5]。
　1889（明治22）年4月に刊行された『工部省沿革報告』[6]中、工部大学校の「傭外国人各務担当表」には、「伊太利　カツペレッチー　美術予科教師」[7]と名字のみが、同書の営繕課の「傭外国人各務担当表」には「伊太利　シャン、ピンセンソ、カツペレッチー　造家師」[8]と姓名が記されている。
　以上の公文書などの表記から、カッペッレッティは姓名を言う、あるいは記載するときには、ジョヴァンニ（Giovanni）を短縮形でジャン（Gian）とし、ジャン・ヴィンチェンツォ・カッペッレッティ（Gian Vincenzo Cappelletti）と名乗っていたと考えられる。

第1章　ジョヴァンニ・ヴィンチェンツォ・カッペッレッティ

　本章では、カッペッレッティの誕生、ミラーノ王立美術学院での建築家修業、来日経緯、日本での教育及び建築活動、日本滞在後に移住したサンフランシスコでの建築活動を明らかにしたい。

1．出生

　ミラーノ・トゥリヴルツィアーナ古文書図書館に所蔵されている戸籍簿[9]には、カッペッレッティの誕生が記載されている。彼は1843年6月6日ミラーノで、父親フランチェスコ・カッペッレッティ（Francesco Cappelletti）と母親セラフィーナ・シビリア（Serafina Sibiglia）の子としてミラーノ2297番[10]に誕生した。新生児の姓名はCappelletti Gio. Battistaと記されている。彼は15人兄弟の第4子であった[11]。

　同戸籍簿には、戸籍簿の作成が始まった1835年にミラーノに在住していた者についても、その出生に遡ってほぼ出生順に登録されたようで、職業や住居番号も記されている。父親フランチェスコの記録もある。彼は、1810年8月21日、ロンバルディア州のヴァレーゼ（Varese）近郊の町、ビウモ・インフェリオーレ（Biumo Inferiore）に誕生した。フランチェスコの父親はジョヴァンニ・マリーア・カッペッレッティ（Gio. Ma.と記載）、母親はアンジェラ・マリーア・コンティ（Conti Ang.la Ma.と記載）である。住居番号の欄には2293番と記されており、おそらくこれも戸籍簿作成時にフランチェスコ一家が住んでいたところだったと考えられる。その後、2297番、2304番、2307番、2305番の順に移転していることも同戸籍簿からわかるが、移転時期の記載はない。

　フランチェスコの職業欄にはDomestico e Commerciante di "Sanguesughe"と記されており、かつて医療に使っていた瀉血用の蛭を家の中で飼育し、売買していた職業だったと考えられる[12]。しかしながら、後述するミラーノ王立美術学院の登録簿中の父親の職業欄には数年に渡って「請負人（Appaltatore）」とあり[13]、また1858〜59年度後期には「棟梁（Capo Mastro）」と記されていることから、フランチェスコは建設業にも従事していたと考えられる。請負人あるいは棟梁としてのフランチェスコの消息は現在のところ不明だが、息子のジョヴァンニ・ヴィンチェンツォが建築家を志すに至った環境が家庭内にあったことがうかがえる。

　ミラーノ2297番に誕生したカッペッレッティは、その後、時期は不明だが両親にともない、2304番、2307番、2305番に移転したことが同戸籍簿からわかる。これらの住所番号がどの司教区に属するかを記した1854年の文書[14]を見ると、全て、ロヴェッロ街（Contrada del Rovello）にあり、サン・トマーゾ司教区（Parrocchia del S. Tomaso）に含まれる。ロヴェッロ街は、スフォルツァ城に近い通りで、1857年の路名変更でロヴェッロ通り（Via del Rovello）となり現在に至る。しかしカッペッレッティが住んでいた住所番号が正確に

173

は現在のロヴェッロ通りの何番に相当するのか判然としない。

　カッペッレッティの出生は、サン・トマーゾ教区の新生児記録簿の1843年6月6日の項にも記載されている[15]。新生児の名前は、Gio. Ba Vincenzo Giuse、すなわちGiovanni Battista Vincenzo Giuseppe（ジョヴァンニ・バッティスタ・ヴィンチェンツォ・ジュゼッペ）と記されており、これが正式なフルネームだと考えられる。父親の姓名は、フランチェスコ・カッペッレッティ（Cappelletti Francoと記載）、母親の姓名はセラフィーナ・シビリア（Sibiglia Serafinaと記載）、父親の職業欄には蛭商人（Negoziante di Sanguisughe）、住所番号欄には2297と記されている。

　カッペッレッティは、Giovanni Battista Vincenzo Giuseppeという名前のうちGiovanniとVincenzoを使い、署名の際には大抵Giovanniを短縮形にして、Gian Vincenzo Cappelletti（ジャン・ヴィンチェンツォ・カッペッレッティ）としていた。これは、上述のように、来日後も同様であった。

2. ミラーノ王立美術学院での修学

　カッペッレッティはミラーノ王立美術学院で学んだ。ブレラ美術大学附属の古文書室には、ミラーノ王立美術学院に登録した学生名全てを記録した学籍簿[16]が所蔵されている。『ミラーノ王立美術学院の規約・学則』（以下、『規約・学則』）[17]、及び『ミラーノ王立美術学院の記録』（以下『記録』と記す）[18]を参照することにより、カッペッレッティが勉学を進めていった過程の追跡が可能である。

　ジョヴァンニ・カッペッレッティの名前は1855年11月5日のScuola di Ornamenti[19]の登録で初めて見られる[20]。Scuola di Ornamenti（＝Scuola di Ornato）は、直訳すれば「装飾学科」だが、『規約・学則』によれば、専門に進む以前のデッサンの初等教育全般をおこなう「予科」に相当すると考えられ、入学可能最小年齢の12歳の生徒[21]は、第1に登録する学科である。12歳のカッペッレッティも、教授アンジェロ・ブルーザ（Angelo Brusa）が担当する予科に登録し、学習課程の最長年限の5年間[22]を学んだことが登録簿より確認できる[23]。

　1855～56年度に装飾学科初等科へ登録後、1857～58年度の後期まで同科に在籍している。成績は、「賛辞付一等（Prima con Lode）」、「一等（Prima）」、「二等（Seconda）」の3ランクにより記載されている。カッペッレッティの成績にはばらつきが見られる。1856～57年度前期には270人の生徒中、他14名の生徒とともに賛辞付一等の成績を修めている一方、1857～58年度の前期及び後期は二等に甘んじている[24]。

　1857～58年度後期の装飾学科初等科への登録で、カッペッレッティは「Studente I. R. I. Tecnico（王立技術専門学校の生徒）」と記されている。初等建築学科の第二教室への入室条件に「技術学校の初等課程あるいは後期中学校（Ginnasio）の初めの3教室を修了」[25]と

174

あることから、第二教室へ進学するための準備でもあったのだろう。カッペッレッティの「王立技術専門学校」への入学は、19世紀の幕開け以来、建築家を目指す者が、美術学校において美術的な建築教育を受ける一方、専門学校において技術的な建築教育を受けることも必須となった時代の要請[26]に応えた事実を物語っている。

　1858〜59年度前期からは同学科高等科へ移った[27]。1859〜60年度後期までの2年間、同学科で学び、常に一等の成績を修めた。この2年間のカッペッレッティの身分は興味深い。1858〜59年度前期には「生徒」、1858〜59年度後期には「棟梁助手」、1859〜60年度前期には「棟梁の生徒」、1859〜60年度後期には「生徒」と記されている。「生徒」は「王立技術専門学校の生徒」を意味するのだろう。前述したように、1858〜59年度後期の父親の職業は「棟梁」と記載されていた事実と合わせて考えるならば、カッペッレッティは美術学院と技術専門学校の両方に席を置く一方で、「棟梁」の父親の助手として建築の実践に携わっていた可能性がある。

　装飾学科で5年間のデッサン修業を終えたカッペッレッティは、1860年6月18日付でブルーザ教授から、建築学科（Scuola di Architettura）に登録を許可され[28]、1860〜1861年度前期から初等建築学科（Scuola di Architettura Elementare）の第一教室（Sezione Prima）に在籍する[29]。この年の『記録』によれば担当教師は建築家のジュゼッペ・ペスタガッリ（Giuseppe Pestagalli, ? -1873）である[30]。同学科の登録簿[31]には、同年度前期、後期ともに、評価は「進歩した」と記され、また授業態度は「極めて良く」、よく「出席した」と記されており、カッペッレッティが真面目に勉学に励んだことが知られる。1860〜61年度及び1861〜62年度の同学科への記載はない。しかし1863〜64年度前期には初等建築学科第二教室へ登録している[32]。1864〜65年度の同学科同教室への登録の記載はないが、恐らく勉強を続け、そして1864〜65年度末の1865年8月20日、カッペッレッティは、初等建築学科第二教室（Scuola degli Elementi d'Architettura Sezione II）で、銅メダル賞の第2位を受賞し[33]、同学科における5年間の修学を終える。恐らく、これをもって合計10年間にわたるミラーノ王立美術学院での建築家になるための学習を終えたと考えられる[34]。

　カッペッレッティは初等建築学科に在籍し建築家を目指す一方、これを補完するためか、別の学科にも登録している。1860〜61年度の1860年12月22日に、ラッファエーレ・カズネーディ（Raffaele Casnedi, 1822-1892）が担当する人物画基礎学科（Scuola di Elementi di Figura）に登録している[35]。初等建築学科で本格的に建築の勉強を始めたカッペッレッティが、半年後に同学科に登録したのは新しい学期に基づいてのことだろう[36]。ここでの学習目的は「浮き彫り（装飾）から適切にデッサンができること」[37]であった。

　また1861〜62年度の学籍簿によれば、1862年3月26日に装飾学科（Scuola di Ornato）に登録しており、そこには "Ornato (Scrosati)" と記されている[38]。1862年の『記録』によれば、"Ornato (Scrosati)" が意味するものは、「装飾実技及び植物画学科（Scuola di decorazione

175

pratica e di pittura di fiori)」、担当教師は植物画で有名なルイジ・スクロザーティ（Luigi Scrosati, 1815-1869）であり、当学科は本年度試みに設けられたのだが[39]、結果的には継続的に開講された。カッペッレッティがこの学科へ登録した理由は不明である。人物画基礎学科に通いながら、初等建築学科及び透視図法学科の履修が義務づけられていたように、この新設された学科での学習が奨励されたためなのかもしれないし、あるいは自由選択だったのかもしれない。ここでの学習は、後述する「太政大臣官舎営繕ノ節室内ノ装飾及ヒ園庭築造等」に従事した際に役立ったのではないかと考えられる。

　1875年9月25日付でミラーノ王立美術学院事務局長アントーニオ・カイミが、公共教育省へ宛てた文書には、カッペッレッティは、以上の学科の他に風景画学科にも通学したと記されている（doc. 24）。しかし、管見の限り、現在までのところ風景画学科の登録を確認できる史料は見あたらない。また同文書には、透視図法及び画法幾何学に秀でていると記されている。これらの技術もミラーノ王立美術学院時代に育んだものであろう。これらの素養は工部美術学校の〈予科〉を担当した際に、生かされることになる。

3. 来日以前の活動

　1865年8月にミラーノ王立美術学院での建築家教育を修めたカッペッレッティは、建築分野の実務に従事することとなる。具体的な建築名は不明だが、上述のカイミの書簡によれば、「公の及び私的な有名な建物の建設」や「鉄道建設」において採用されたという。またカイミはカッペッレッティが「一度ならず建築設計競技に優勝している」と記しているが、これまでのところ2度の優勝が確認できた。1度目は1870年ヴィッタディーニ財団主催の、2度目は1871年のカノニカ財団主催の建築設計競技である[40]。

a. ヴィッタディーニ財団[41]主催の建築設計競技

　1869年に発表されたヴィッタディーニ財団主催の建築設計競技の課題は「ミラーノのメルカンティ広場にある公正証書古文書館の建物を13世紀の様式に沿って再構成すること、但し、現存している建築物及び装飾品の痕跡を残すこと」であった[42]。この公正証書古文書館は、ドゥオーモ広場からコルドゥシオに向かうメルカンティ通り添い左側に現存する13世紀の建築パラッツォ・デッラ・ラジョーネ（fig. 24）の上部に、1771年から1773年に増築して設けられた[43]。提出物は、「縮尺1：100の正面及び側面の立面図と付け足した装飾部分の細部については縮尺1：20」[44]の作品タイトルを記した図面であった[45]。

　史料から、この設計競技の課題制作者がカミッロ・ボイト（Camillo Boito, 1836-1914）[46]だったことが判明した[47]。

　ボイトは、ヴェネツィア王立美術学院でネオ・ゴシック支持者のピエトロ・セルヴァー

第1章　ジョヴァンニ・ヴィンチェンツォ・カッペッレッティ

fig. 24　《パラッツォ・デッラ・ラジョーネ》ミラーノ

fig. 25　《ポルタ・ティチネーゼ・メディエヴァーレ》ミラーノ

fig. 26　カミッロ・ボイト《遺体安置所》1865年　ガッララーテ

ティコ（Pietro Selvatico, 1803–1880）から芸術としての建築を学び、パドヴァ大学数学科で建築に必要な技術的側面も学んだ、当時の数少ない厳密な意味での建築家の一人である。ボイトはイタリア王国統一期に、建築において「国家の様式」を模索した建築理論家でもあった。彼ははじめセルヴァーティコの影響からネオ・ゴシックや折衷主義を容認していたが、1860年にミラーノ王立美術学院建築学科教授になった頃から、サンタンブロージョ大聖堂をはじめ、ロンバルディア地方に散見されるロマネスク様式こそが国家の伝統にかなうスタイルだと標榜し始める。彼はこの思想の下に、1861年から1865年にかけてポルタ・ティチネーゼ・メディエヴァーレ（fig. 25）を改修し[48]、より一層中世の佇まいを喚起させようとした。また、ヴァレーゼ県ガッララーテの墓地内の《遺体安置所》（fig. 26）設計では、ロマネスクに範をとったネオ・ロマネスク建築として実現した[49]。これらは、ロマネスク様式を「国家の様式」とする当時のミラーノにおける建築思潮を反映したものにほかならない。その中心にはボイトがいた。またこの潮流の中で、

177

王国統一前後の時期にロンバルディア地方から北イタリア全土においても、ネオ・ロマネスク建築の新築や中世のロマネスク建築の修復や改修が積極的におこなわれた[50]。建物を創建当時の「13世紀の様式に合うように改修する」というヴィッタディーニ財団主催の建築設計競技の課題もこの流れに添ったものだったといえるだろう。

　審査は、ジョヴァンニ・ブロッカ（Giovanni Brocca, 1803-1876）、ジュゼッペ・ペスタガッリ、ルイジ・ビージ（Luigi Bigi, 1814-1886）、エミーリオ・アレマーニャ（Emilio Alemagna, 1834-1910）、チェーザレ・オスナーゴ（Cesare Osnago, 生没年不明）の5名の建築家からなる特別委員会[51]によっておこなわれ、その後ミラーノ王立美術学院評議会、及びミラーノ市当局によって認可されるという仕組みになっていた[52]。

　1870年の『記録』[53]には、応募作品9案それぞれについての特別委員会による講評が記載されている。カッペッレッティは《それでも美術に歴史を取り戻させなければならない（É pur dovere rivendicare la storia nell'arte）》のタイトルで2案提出し、そのうちの1案によって優勝が決まった[54]。13世紀「当時の様式と調和させ」ながら再構成していること、「最上部には銃眼付き胸壁の囲いを導入している」こと、「残っている部分としっくりあった渡り廊下の再構成」が称賛され[55]、カッペッレッティは賞金800リラを手にした。作品は当建築設計競技優勝のプレートが付けられ、1870年のブレラ館での展覧会[56]に展示された。展覧会初日の1870年8月4日付の『ガゼッタ・ディ・ミラーノ』紙には、他のコンクール優勝者とともにカッペッレッティの優勝が伝えられている[57]。

　本設計競技の課題は、カミッロ・ボイトに代表される同時代ロンバルディア地方におけるネオ・ロマネスク様式の建築潮流に合致したものとみなすことができよう。優勝したカッペッレッティは、ロマネスク様式の建築を十分に理解していたと考えられる。この知識は後述する《遊就館》の設計において役立っただろう。

b. カノニカ財団[58]主催の建築設計競技と 1872年第2回全イタリア美術展覧会[59]

　1870年に発表されたカノニカ財団主催の建築設計競技の課題は、「人口の多い町向けの、およそ250室の客室と50室の応接室を備えた大ホテル。300席設けられる大広間、読書室、談話室、軽食堂、喫茶室、洗面所、町の施設としての車庫及び厩舎、さらに適切な調理設備一式、食器室、クローク、管理室、会計室、電信・郵便事務室がある」というもので、想定される建設地の条件は「長辺は2本の幹線道路に面し、短辺は別の建物に挟まれた100m×80mの矩形の敷地」である。提出物は「縮尺1：100の平面図とさまざまな設計図、正立面図、断面図、縮尺1：50の大広間詳細、縮尺1：20の外壁装飾図」であった[60]。

　審査は、クラウディオ・ベルナッキ（Claudio Bernacchi, 生没年不明）、エンリーコ・テルザーギ（Enrico Terzaghi, 1803-1886）、ジュゼッペ・ペスタガッリ、チェーザレ・オスナーゴ

の4名の建築家からなる特別委員会[61]によっておこなわれたのち、カノニカ財団の建築設計競技もミラーノ王立美術学院評議会によって承認される仕組みになっていた[62]。

カッペッレッティは《繁栄（Prosperità）》と題した11枚からなる図面と作品の説明文書(doc. 153)図面によって最優秀作に選ばれ、賞金1,100リラを手中に収めた。

1871年8月19日付の『ガゼッタ・ディ・ミラーノ』紙には、他のコンクール優勝者とともにカッペッレッティのコンクール優勝が伝えられている[63]。優勝した本作品《繁栄》の素描11点は、1871年のブレラ館での展覧会[64]に展示された。

さらに、本作品は1872年にブレラ館で開かれた「第2回全イタリア美術展覧会」[65]にも展示された。本展覧会の絵画部には、ミラーノ王立美術学院の建築関係の教授、及び美術アカデミー会員、各地の建築関係者など27人による建築プロジェクト57案も展示された。その1人がカッペッレッティであり、ミラーノ王立美術学院出身者という名目ではただ1人の出品者であった[66]。ヴィンチェンツォ・ラグーザの日本招聘がこの1872年の「第2回全イタリア美術展覧会」に起因していたように[67]、カノニカ財団主催の建築設計競技での優勝作品《繁栄》の同展覧会への出品も、カッペッレッティの日本招聘の機縁の一つとして考えられる。

ブレラ美術大学図書室素描版画室には、本設計競技に出品した以下の図面11枚が保管されている[68]。原語タイトルはカッペッレッティによる。

《Tav. 1　Pianta terrena（1階平面図）》

《Tav. 2　Pianta del primo piano（2階平面図）》（fig. 27）

《Tav. 3　Pianta del secondo piano（3階平面図）》（fig. 28）

《Tav. 4　Porzione della pianta del terzo piano（4階平面図部分）》

《Tav. 5　Facciata（正立面図）》（fig. 29）

《Tav. 6　Sezione traversale sulla linea AB（AB断面図）》（fig. 30）

《Tav. 7　Sezione sulla longitudinale CD-EF（CD-EF断面図）》（fig. 31）

《Tav. 8　Dettagli di decorazione della gran sala（大広間の細部）》（fig. 32）

《Tav. 9　Scalone principale（主階段）》（fig. 33）

《Tav. 10　Dettagli（細部）》（fig. 34）

《Tav. 11　Dettagli di costruzione（構造細部）》

水彩で丹念に彩色された《繁栄、正立面図》（fig. 29）、精確に明暗が示されている《繁栄、大広間の細部》（fig. 32）及び《繁栄、主階段》（fig. 33）から、カッペッレッティが、美術学校における典型的な建築修学をしてきたことが理解できる。

《繁栄、正立面図》（fig. 29）を見てみよう。ホテルは、中2階のある4階建で、フレンチ・

第Ⅲ部　工部美術学校教師列伝

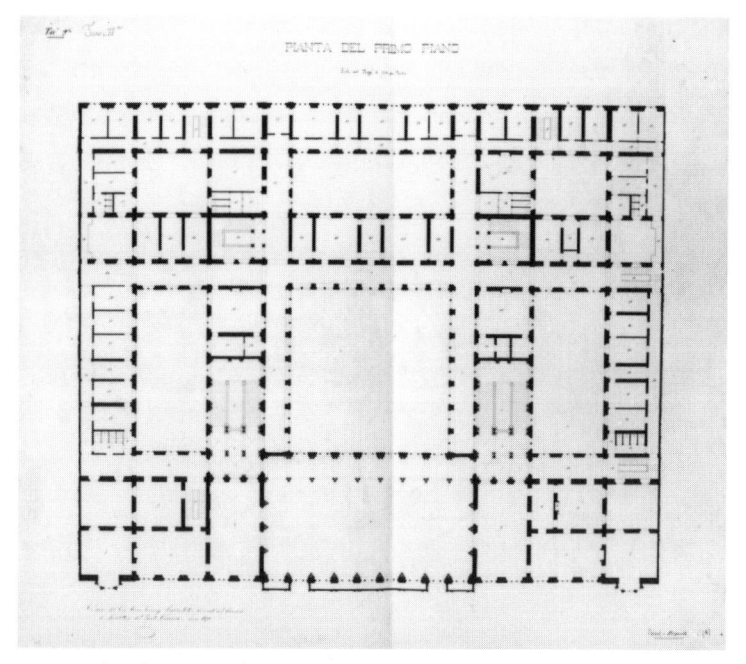

fig. 27　ジョヴァンニ・ヴィンチェンツォ・カッペッレッティ《繁栄、2階平面図》　1871年　ブレラ美術大学図書室素描版画室

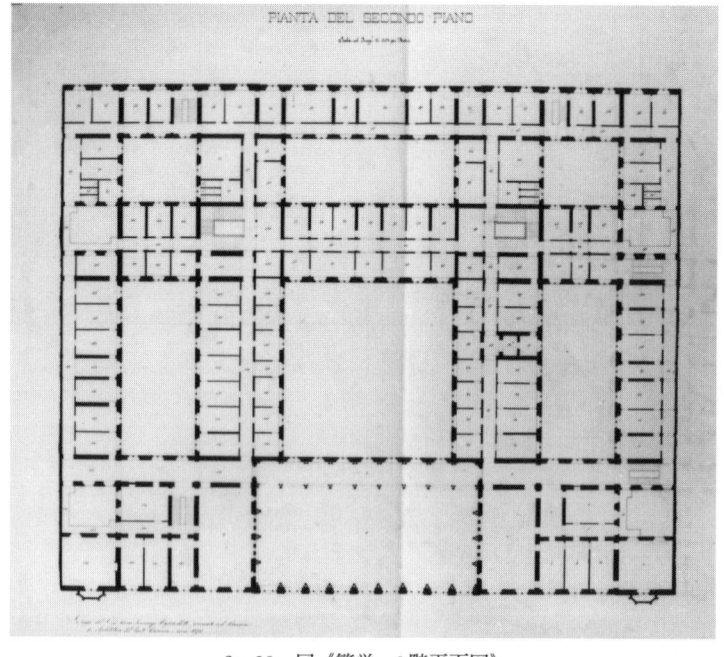

fig. 28　同《繁栄、3階平面図》

第1章　ジョヴァンニ・ヴィンチェンツォ・カッペッレッティ

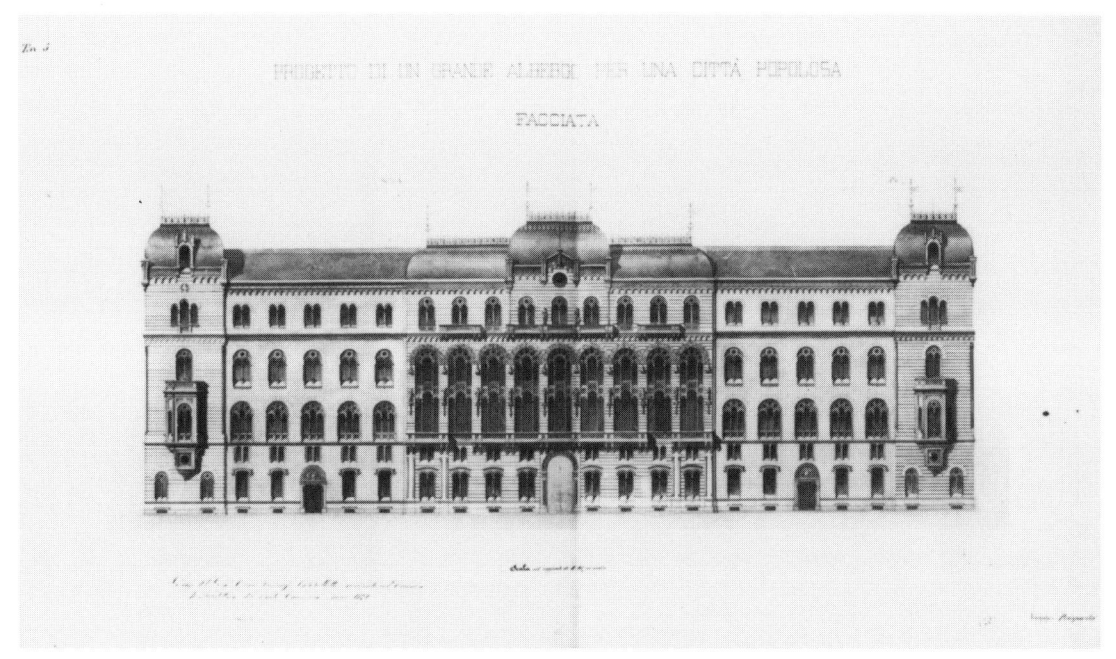

fig. 29　同《繁栄、正立面図》

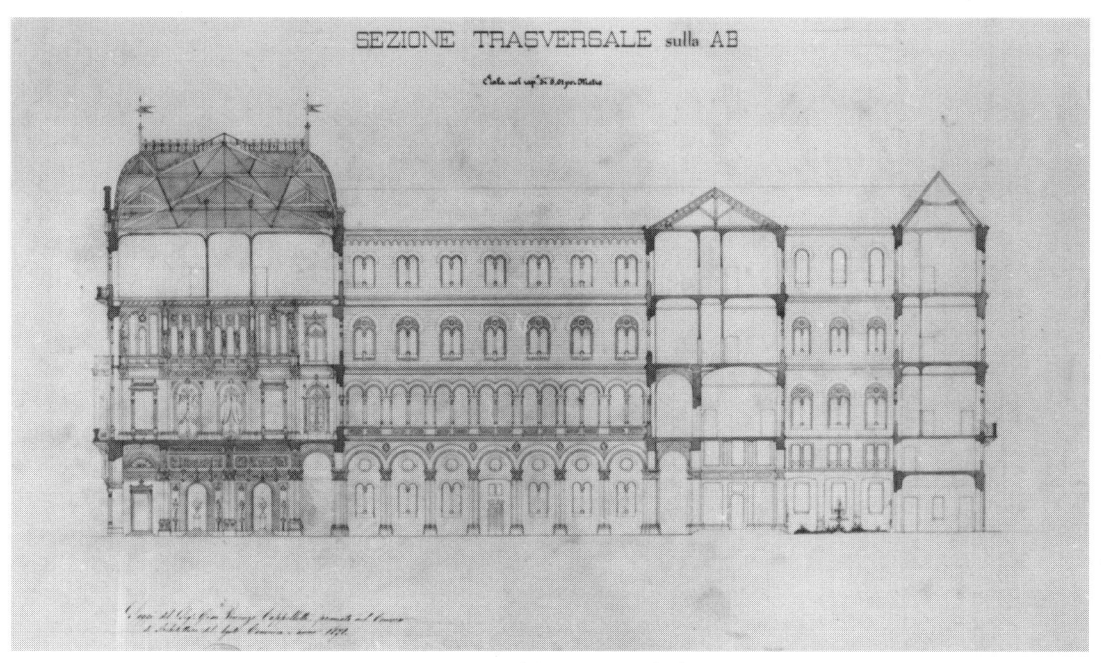

fig. 30　同《繁栄、AB断面図》

181

第Ⅲ部　工部美術学校教師列伝

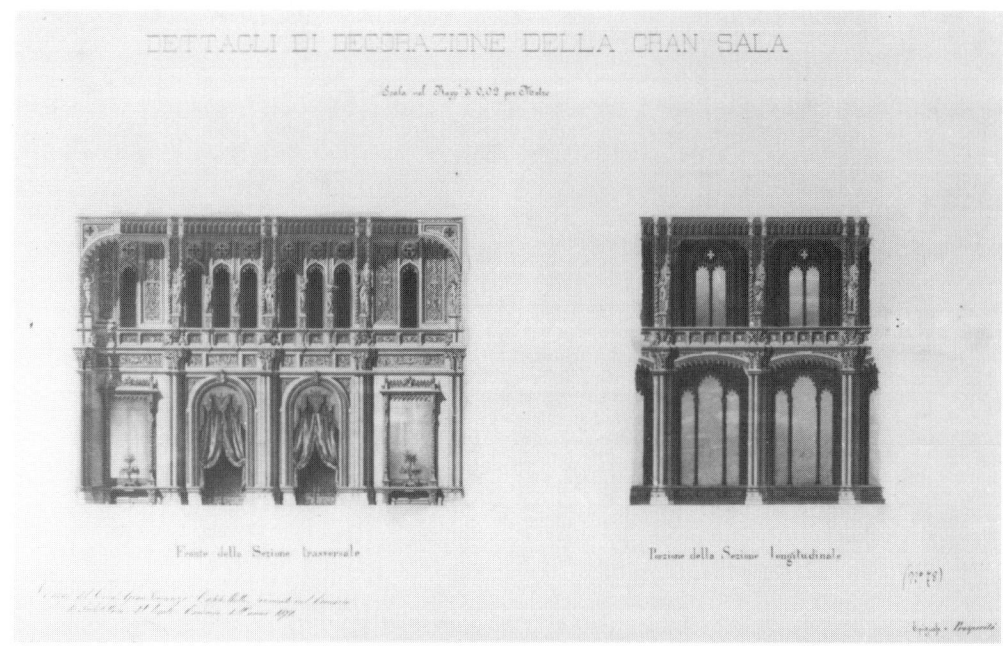

fig. 31　同《繁栄、CD－EF断面図》

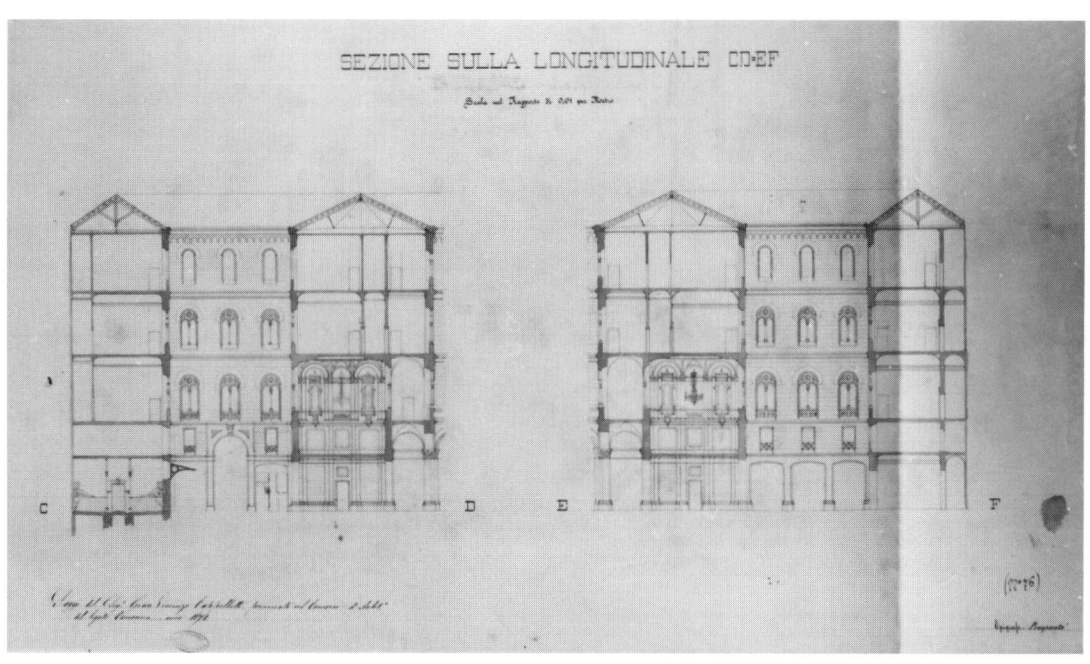

fig. 32　同《繁栄、大広間の細部》

第1章　ジョヴァンニ・ヴィンチェンツォ・カッペッレッティ

fig. 33　同《繁栄、主階段》

fig. 34　同《繁栄、細部》

バロック建築を思い起こさせるマンサード屋根を戴く。地上階中央の入り口と左右の小扉にはロマネスク風の装飾が施されている。この小扉の左右に並ぶ窓を除く窓装飾は、全体としてヴェネツィアン・ゴシック風である。ヴェネツィア総督宮やカ・ドーロなどのヴェネツィアン・ゴシック建築の窓が四つ葉型のすかしのある丸窓と尖頭アーチとの組み合わせからなっているのに対し、ここでは半円アーチの窓枠に、四つ葉型のすかしのある丸窓と二連窓もしくは三連窓との組み合わせによって、各階、各部ごとにヴァリエーションを見せている。正面中央部1、2階は大広間になっている。《AB断面図》(fig. 30)の左端が大広間で、この部分の拡大図が《繁栄、大広間の細部》(fig. 32)の左図である。大広間は2階分の階高をもつ空間で、正面には1、2階にまたがる大きなガラス窓が9つうがたれる。《繁栄、細部》(fig. 34)の中央の図からわかるように、大窓の間の壁面には古典的な趣のある10体の立像装飾が施されている。

選考委員会の講評を見てみよう[69]。

> 装飾物の様式はあまり特徴づけられておらず、とりわけ正面の外観［のデザイン］はわかりにくい。上下2階にまたがる大広間の窓を大窓に構成しながら一つにまとめるという着想自体は良いのに、それぞれの装飾ごとの間にはさまざまなタイプの不調和が生じており、この着想を台無しにしている。このようなまとめ方はよく練られたものなのだろうが、あまり満足のいくものではない。高く膨らませた屋根という選択は、我々の建築の屋根の系統とは一致しないし、建築全体としても必然性はなく、全く適していないと判断された。ただし、中庭、大広間、特に階段の装飾にはこのような点が見あたらない。

もう一度、《繁栄、2階平面図》(fig. 27)及び《繁栄、3階平面図》(fig. 28)を参照しつつ、《繁栄、正立面図》(fig. 29)を見てみよう。正面ファサードはいくつかの部分に分節され、分節ごとのまとまりは建築内部の機能と対応している。大広間の部分にはヴェネツィアン・ゴシック様式をアレンジした大窓を嵌め、窓の間には優美な立像を配し、豪華な空間を外側からも演出している。大広間の両脇、主階にあたる2、3階には客室と応接室が配されるが、ここにはヴェネツィアン・ゴシック様式の窓が並べられ、華やかな客室と応接室を想起させる。その階下のほとんど装飾のない窓が並ぶ中2階と1階には「管理室、会計室、電信・郵便事務室」などのオフィスがある（doc. 153）。ホテルというさまざまな働きをもつ複合建築の設計にあたり、カッペレッティはそれぞれの空間の機能に応じて相応しい様式を選択するという工夫をし、折衷主義的な方法によってまとめようと試みたことが理解できる。だが、選考委員会には全体としてまとまりのないものとして映った。「我々の建築の屋根の系統とは一致しない」と指摘された、「高く膨らませた」フランス風のマン

サード屋根は「国家の様式」を模索していた時代のイタリアにおいて歓迎されるはずはなかっただろう。だが、このことからカッペッレッティは、ボイトのように「国家の様式」をロマネスク建築として考えたネオ・ロマネスク建築一辺倒の建築家ではなく、19世紀のヨーロッパで広くおこなわれていたように、建築の用途によるさまざまな様式の折衷をも辞さない建築家であったと解釈することも可能だろう。

カッペッレッティの案は、「より大事な必要条件、つまり設備の配列が十分に満足のいくものであり、他の3案よりぬきんでている」ので、「欠点はあるものの、作品に指摘できる長所を考慮し、満場一致で」カッペッレッティが勝利した[70]。

カッペッレッティの建築図面として唯一知られる本作品から、彼がアカデミックな美術教育を修めた者だったことが再確認できる。工部美術学校開校から1年ほど経た後に新設された〈予科〉における教育[71]が十分可能であったことも証明している。

c. オッジョーニ助成金への応募

周知のように、アカデミーにおける美術教育が確固とした地位を保持していた19世紀、絵画、彫刻、建築を志す学生にとって、最後はローマにおいて学業を完成させることが彼らの希望であり、またひとかどの美術家として求められるものであったが、それはイタリア半島の学生にとっても同様のことであった[72]。政府ばかりでなく美術学校も、若い美術家をある一定の期間、ローマにおいて勉学を可能とする助成金を用意し、そのためのコンクールを開催していた[73]。

カッペッレッティもまた、ローマでの建築修業を可能とするオッジョーニ助成金を得るための設計競技に参加していたのである[74]。1873年7月7日付で発表されたオッジョーニ助成金は、30歳未満の建築家を対象としたものであった[75]。しかし30歳をたった1ヶ月ほどだけ越えてしまっていたカッペッレッティは、オッジョーニ助成金への応募許可を求めて、9月10日付でミラーノ王立美術学院当局宛に書簡を送付する[76]。これを受けた同校の書記アントーニオ・カイミは9月19日付で、カッペッレッティのコンクール受験許可を求め、以下の4点の理由をあげて、ルッジェーロ・ボンギ公共教育大臣へ書簡を送付した[77]。第1に、カッペッレッティが既に2つの建築設計競技で優勝した優秀な建築家であること、第2に、本助成金は絵画、彫刻、建築を対象としているが、それぞれのコンクールは9年ごとに行われ、30歳未満という規定は厳しすぎること、第3に、今回の建築部門のコンクール募集の発表は遅れたものであったこと、第4に、今回のようなケースは以前にもあり、その人物は制限年齢を3歳も上回っていたが、受験することができたこと。ボンギは9月24日付の返信で、本年のコンクール受験の公募が遅れた事実を認め、カッペッレッティの受験を許可し[78]、カッペッレッティは本設計競技参加が可能となった[79]。

カミッロ・ボイト、ルイジ・ビージ、クラウディオ・ベルナッキの3名の建築家からな

る委員会は、「彫刻家のアトリエのための建築」という課題を課し、設計競技が開始された[80]。受験者はカッペッレッティとボイトが指導するミラーノ王立美術学院高等建築学科に在籍するルイジ・ボッフィ（Luigi Boffi, 1846-1904）[81]の2名だった。設計競技は30日間にわたって続けられた[82]。12月20日、上述の3名の委員にガエターノ・ランドリーニ（Gaetano Landrini, 1837-1899）及びアルキメデ・サッキ（Archimede Sacchi, 1837-1886）の2名の建築家を加えた選考委員会が開かれ[83]、ボッフィに優勝が決定した[84]。

カッペッレッティは、ローマでの最終的な建築修業の機会を失った。しかしながら、本コンクール受験を通して、カッペッレッティが建築家としての優秀さが、母校ミラーノ王立美術学院に確認され、そして工部美術学校のための教師を選抜することなるボンギ公共教育大臣の周知のものとなったことを鑑みると、本コンクール受験は意味深い。事実、ミラーノ王立美術学院は建築教師としてはカッペッレッティただ1人を推薦し、紆余曲折はあるものの、公共教育省は最終的にカッペッレッティを選ぶことになった。

以上、カッペッレッティが1865年に学業を終え、現場経験を重ねる一方で、建築設計競技に参加していった事績を見た。彼の2つの設計競技での一等案はどちらも実施されなかった。その理由はわからない。ヴィッタディーニ財団及びカノニカ財団主催の建築設計競技は、一等案が実施されたケースもあり、実施を前提としない「アイディア・コンペ」ではなかった[85]。しかし、ミラーノ市当局も介入していたこれらの設計競技は、一等案を直ちに実施することよりも、「都市に関する興味深い具体的な課題を提示し、参加者に具体的な解決策を問い」、「未解決の都市問題についての議論を喚起する」ことに力点が置かれていたという[86]。カッペッレッティの一等案は必ずしも最良の解決策を提示してはいなかったかもしれない。だが、彼が建築を設計するにあたり、それに相応しい様式を選択する努力をし、それをおこなうことを可能とする知識や能力を有していたことは確認できたと思われる。

4. 建築家としての日本での活動

カッペッレッティの来日経緯に関して、第Ⅱ部第4章「〈家屋装飾術〉をめぐる諸問題」において述べたように、カッペッレッティが最終的に工部美術学校の教師に選抜された理由は判然としない。〈家屋装飾術〉の教師候補者に選ばれたオスカッレ・カポッチが辞退した後に、カッペッレッティが選ばれた。カポッチを除いた残る4名の建築家候補者の中で、カッペッレッティが適任だと判断されたことは確かだろう。カッペッレッティは、1873年のオッジョーニ助成金への応募にあたり、ボンギ公共教育大臣の知るところとなっており、このことが教師選考の際に作用した可能性はあるだろう。また当時の外務大臣ヴェノスタと同郷であったことも、その理由の一つに挙げられるだろう。

第1章　ジョヴァンニ・ヴィンチェンツォ・カッペッレッティ

　1876（明治9）年7月18日、カッペッレッティは〈家屋装飾術〉教師としてフォンタネージ、ラグーザとともにナポリから乗船し東京へ向かった。しかしながら、第Ⅱ部第4章で見たように、日本に到着後、〈家屋装飾術〉が取りやめられたことを知らされた。翌年6月3日付で〈予科〉が設置され、その担当教師となるまで、カッペッレッティが1年近くもの間、何をしていたのかについては全く不明のままであった。

　工部美術学校の雇用契約書草稿第一條には、本来の教職のみならず、日本政府の要求によって同省内外への出向の可能性も示されていた[87]。従って、カッペッレッティが建築に関する何らかの職務において積極的に起用されたであろうと推察するのは間違ってはいまい。実際、彼は建築家としての本領を発揮していたのである。

a. 大蔵卿大隈重信宛文書記載の柱頭の素描

　1877（明治10）年1月8日付で、カッペッレッティが大蔵卿大隈重信宛にフランス語で記した書簡は（doc. 154）[88]、建築家としてのカッペッレッティの活動を示す最も早い例証の一つであろう。

　　　　　　　　　　　　　　　　　　　　　　　　　　東京 '77年1月8日
閣下
　閣下の建築家の知遇を得る喜びにはまだ浴しておりませんが、失礼を顧みず、閣下が建設中の建物用の柱頭の素描数枚をお送りいたします。
　上述の建築は上品な様式をもっていると拝察されますので、できる限り、然るべき風格のある古代風の柱頭を作るべきだと思いました。
　そして、閣下がシーボルト男爵とともに私にお見せになったコンポジット式オーダーの柱頭は、[一語不明] とてもきれいであり、ロッジアの支柱として悪くないものになろうかと考えます。
　かような考えをもって、失礼を顧みずこれに関する数枚の下絵を閣下へお送りいたします。それらが何らかの価値を有し、閣下のご一考に足るものであるように期待しつつ。
　閣下が小生の案に満足されますよう。
　　　　　　　　　　　　　　　　　　　　　　　　　　　　　　　　敬具
　　　　　　　　　　　　　　　　　　　　　　　　　　カッペッレッティ・V・G

　書簡中の建築家が誰であり、建設中の建築が何であるかについては、これまでのところ判明していない。また、カッペッレッティが大隈へ宛てた柱頭の素描も、それが実現したのか否かについても不明である。彼が所属した工部省は、新政府の省庁関係の建設業務を

担当したので、そのような建築の一つであったのかもしれない。同省が請け負った上野の旧帝室博物館[89]、外務省本庁舎[90]、外務大臣官舎[91]の建設にカッペッレッティが携わった可能性が指摘されてきたが、いずれも今日現存せず、また確かなことは不明である。

来日から4ヶ月を経た日付のある本書簡は、建築家としてのカッペッレッティの活動を示す最も早い証拠の一つである。そしてこの後、彼は《遊就館》《参謀本部》の建築家として起用されることになる。

b. 太政大臣官舎の室内装飾と附属の庭園の設計

太政官官舎の建設は工部省が請け負った建築の一つであった。カッペッレッティは太政大臣官舎[92]の室内装飾と附属の庭園の設計を行い、1879（明治12）年2月27日付で、太政官より謝礼として銅製の花瓶一対、銅製香炉1個及び緞子1巻を下賜された[93]。28日に物品を拝領したカッペッレッティは翌日付で、太政官宛に礼状を送付している[94]。残念ながら、この太政官官舎の全体像も、カッペッレッティが設計した室内装飾及び庭園がどのようなものであったかについても、現在までのところ不明である。しかしながら、太政官が謝礼をおこなったという事実からすれば、彼が手がけた室内装飾と庭園のデザインは謝礼に値するほどの素晴らしいものであったとの想像も可能であろう。ミラーノ王立美術学院時代に建築装飾の教室での学習が役立ったのではないかと想像される。

c. 雇用先の変更

1877（明治10）年6月3日付で工部美術学校内に〈予科〉が設置され、カッペッレッティがその担当教師となった。教育者として貢献する一方で、カッペッレッティは建築家として《遊就館》、及び陸軍の《参謀本部》を建築する。両建築について論じる前に、カッペッレッティの雇用先の変遷を述べておこう。

カッペッレッティの最初の雇用契約書は残っていないが、フォンタネージ及びラグーザと同様に1876（明治9）年8月29日付で工部省工学寮に1ヶ月277円75銭の給与で3年間の期限付きで雇用された。しかし、上述したように、本来の雇用理由であった〈家屋装飾術〉は開講されず、着任からおよそ1年間は、カッペッレッティは日本政府の要請に従って建築家として働き、1877（明治10）年6月3日付で工部美術学校に新たに〈予科〉が設置され、これを担当する。

工部美術学校〈予科〉における基礎教育に携わる一方、《遊就館》の建設にも携わっていた1879（明治12）年8月28日に当初の契約が満了したカッペッレッティは、同じ工部省内の建設業務を担当する営繕局に異動し、給与はそれまでより72円25銭増額し、1ヶ月350円で雇用された[95]。『官雇入表』によれば、当初の契約期間は半年間を予定していたことがわかるが[96]、結果から言えば、およそ1年1ヶ月間、1880（明治13）年9月24日

まで雇用された[97]。後述するように、バルボラーニ在日本イタリア公使の工部省側への進言（doc. 132）によって実現したと考えられる。同局への異動は、建築家としてカッペッレッティを雇用したことを意味する。事実、この間に、《遊就館》建設を続ける一方、さらに《参謀本部》の建設に本格的に着手することになる。『陸軍大日記　砲工ノ部』によれば、1880（明治13）年7月5日付で中村重遠は陸軍卿宛に、カッペッレッティが1878（明治11）年末からそれまでの1ヶ年半にわたって《遊就館》及び《参謀本部》建築のために働き、工部省終業後にも陸軍省に出向き、図面調製や当局側の疑問に応じてきた謝礼として300円を支払う旨を打診し、同月13日付で受理されている[98]。カッペッレッティは謝礼を受けたであろう。その後も陸軍省の期待通り、《参謀本部》建設に尽力することになる。

カッペッレッティは工部省営繕局を1880（明治13）年9月24日付で退職した後も日本に滞在し続ける。1880（明治13）年11月1日から12月31日までの2ヶ月間、契約満了時に300円の慰労金を支払うことで正式に陸軍省に雇用された[99]。《参謀本部》の図面調製を続けた事実からすると、陸軍省から請われたためであっただろう。しかし、契約満了日間近になっても図面が完成せず、12月26日、大山巌陸軍卿は太政大臣宛に、さらに1月31日までの1ヶ月間、給与は50円増額の200円で雇用継続したい旨の伺いを出し、翌年1月18日に受理された[100]。しかしながらカッペッレッティが1月初旬より病に罹ったために「図面調製」は進まず、2月4日付でさらに2月末までの1ヶ月間、同額の給与で再び雇用継続が申請され、2月22日付で受理された[101]。つまり、工部省との契約満了後、カッペッレッティは《参謀本部》の「図面調製及質問ノ件」のために、合計で4ヶ月間陸軍省に雇用されたことになる。

1880（明治13）年5月20日付のジェノヴァ公の報告書（doc. 128）において、社交性に欠け、雇用継続が危ぶまれるとみなした人物は、バルボラーニ在日本特命全権公使の調査報告書（doc. 132）と合わせて分析すると、カッペッレッティだった可能性がある。仮にジェノヴァ公がカッペッレッティに批判的だったとしても、日本における彼への評価は異なるものだった。事実、彼は陸軍省が関係する建築において重用され、工部省との最初の3年間の雇用契約が満了した後も、結局1年半近くに渡って雇用継続された。カッペッレッティは工部省終業後に陸軍省への出向もし、2つの建築の図面調製に献身的に携わっていたことが知られる。ここからは「全く調和がなく、社会的に生きるすべが絶対的に欠け」[102]た人物を思い浮かべることはできない。

d.《遊就館》

『靖国神社百年史』には《遊就館》の設立経緯が記されている[103]。

1878（明治11）年2月2日、陸軍卿山縣有朋は華族会館館長岩倉具視に、西南戦争の際に華族から贈られた軍人負傷者への見舞い金の残余金を「評議中」の「招魂社境内」の

第Ⅲ部　工部美術学校教師列伝

fig. 35　ジョヴァンニ・ヴィンチェンツォ・カッペッレッティ《遊就館》正面　1881年

fig. 36　同　正側面

「絵馬堂建設」に充当したいと照会し、20日その許可を得た。翌年1月、「古来ノ武器陳列」のための「絵馬堂」建設は、陸軍関係の建設を担当する陸軍省工兵第一方面があたることになった。この「絵馬堂」が《遊就館》（fig. 35・36）である。陸軍省側の担当者として陸軍歩兵大佐中村重遠、設計者にはカッペッレッティが起用されたという。

　工部省所属のカッペッレッティが、陸軍省担当の《遊就館》建設に携わることになったのは、上述の雇用契約草稿の記載内容に従ったものであろう。その結果、カッペッレッティは陸軍省への出向の命があり、《遊就館》の設計に従事することになったのだろうと考えられる。当時の工部卿伊藤博文と陸軍卿山縣有朋が共に長州出身だったことは、それを容易にしたであろう。カッペッレッティが《参謀本部》建設を担当するのも、同じ理由によるものだと考えられる。また、《遊就館》建設に携わっている間に、当初の3年間契約が満了し、工部省営繕局へ配属された。

　《遊就館》は着手から3年後の1881（明治14）年5月4日竣工した。その後館内の陳列整備が行われ、翌年2月25日、開館式の挙行とともに開館した。

　1879（明治12）年12月10日に中村が陸軍卿西郷従道に宛てた書簡から、《遊就館》の設計案完成までに紆余曲折があったことがわかる[104]。これによると、カッペッレッティの設計案は「十分ノ粧飾」があったが、費用が嵩むので「粧飾ヲ廃止シ築造候見込」で着手された。しかし中村は「左右後面ノ飾リヲ廃止」しては「全備ナササルモノ」となり「建築ノ適当ヲ得」ず「遺憾」であること、「教師モ甚タ不得意」であること、また「参拝人モ多キ場所」なので「観人ニ不備ノ心ヲ起サシムルモ亦遺憾」であるという。カッペッレッティの設計案がそのまま実現されたか否かについては不明だが、中村は「粧飾ヲ廃止」しないことを求め、それは許可されたという。

　《遊就館》は、煉瓦造で、屋根は瓦葺、総建坪は200坪余りあったという[105]。カッペッ

190

fig. 37 カミッロ・ボイト《病院》 1869〜1874年 ガッララーテ

fig. 38 同 正面、部分

レッティは、《繁栄》において建築の機能に対応した外観デザインとそれに相応しい様式選択の姿勢を示したように、《遊就館》では武器博物館という用途から城郭風のデザインを選択した[106]。桐敷真次郎が指摘するように「歴史的な連想を持ち込んだ日本最初の例」[107]という点で、《遊就館》は日本における本格的な西洋建築の嚆矢であったいえるだろう。また、桐敷氏は「イタリア的性格を云々することは、あまり意味がない」[108]との指摘もしている。

上述したように、カッペッレッティは、ロマネスク様式を「国家の様式」とし、ネオ・ロマネスクの建築が建てられる時代のなかで建築修業を続けた。その中心にはボイトがいた。カッペッレッティが来日する直前、すなわち、1869年から1874年まで、ボイトはガッララーテで《病院》（fig. 37・38）の建設に携わっている[109]。

《遊就館》とボイトの《病院》を比較してみると、ともに左右対称の煉瓦造で、正面中央部が張り出しており、そこには白い石（あるいはストゥッコ）を赤煉瓦の間にはめた縁取りのある半円アーチのモチーフが配されている。《病院》正面の地上階中央部には2つの半円アーチが並んだ入り口になっており、その上層には、赤煉瓦と白い石のポリクロームの縁飾りのある半円アーチがあるが、支柱は省略され、そのなかには半円アーチの三連窓が開いている。一方、《遊就館》正面の地上階中央部も入り口となっており、支柱を省略したポリクロームの縁飾りの半円アーチがある。その上部には、同様にポリクロームの縁飾りの尖頭アーチがあり、その中には半円アーチの二連窓が開いている。両者の類似は明白である。

カッペッレッティは来日前、「重要な公共建築や私的な建造物の建設の際に何度も雇われ」（doc. 24）たが、それらの建築の中にこの《病院》も含まれていたのかもしれない。

第Ⅲ部　工部美術学校教師列伝

fig. 39　伊東忠太の《遊就館》とカッペッレッティの《遊就館》入り口、背面（矢印部）

fig. 40　伊東忠太の《遊就館》とカッペッレッティの《遊就館》正面の絵はがき

そうではなかったとしても、《遊就館》と《病院》の類似から、《遊就館》は19世紀後半のミラーノを中心とした北イタリアにおけるネオ・ロマネスク建築の日本での例として見ることは十分可能であろう。《遊就館》はカッペッレッティが生きた時代のイタリアとの同時代性をもつ建築だったのである。

　だが、カッペッレッティがここでイタリアの「国家の様式」という理念を意識してネオ・ロマネスク様式を選択したとは必ずしも断言できまい。《繁栄》において、カッペッレッティは「国家の様式」を意識せずにフランス風のマンサード屋根を採用していた。従って、既に指摘されてきたように、カッペッレッティは軍事博物館という建物の機能から、中世の城郭を連想し、ネオ・ロマネスク様式を選択したに過ぎないのかも

しれない。《遊就館》は、様式のもつ連想機能を利用して、建物の機能別に様式を使い分けるという19世紀的な方法が読みとれるために、かえって《遊就館》のもつイタリアの同時代的な歴史性は伝わらなかったのではないかと考えられる。

　伊東忠太は、明治後半頃、カッペッレッティの《遊就館》、コンドルの《ニコライ堂》、辰野金吾の《日本銀行》が「三名建築」と称賛されたと伝えている[110]。遊就館の正面は、1923（大正12）年の関東大震災で大破した後も残り、1932（昭和7）年に伊東忠太が《遊就館》を再建した後も、その正面に鎮座し続け（fig. 39）、その姿は絵はがきにもなったのである（fig. 40）[111]。

e.《参謀本部》

　カッペッレッティは、陸軍省が監督する《遊就館》の建設に携わってからほどなくして、さらに陸軍《参謀本部》の建設に起用された。

　隈元が明らかにしたように[112]、1881（明治14）年5月4日付の『東京日日新聞』は、建

第1章　ジョヴァンニ・ヴィンチェンツォ・カッペッレッティ

設中の参謀本部の概況を伝えている[113]。記事には、《参謀本部》は1878（明治11）年9月に起工し、「都合三十ヶ月にて落成の見積もり」だったが、その後所々増築され、当初の予定よりも規模が大きくなったけれども、「工兵第一方面にて非常に尽力せられ遂に予定の期月にて成功すべしと云う」と伝えている。「予定の期月」は「三十ヶ月」後、つまり1881（明治14）年3月頃であったが、5月4日当時、《参謀本部》はまだ竣工していない。記事から、完成は間もなくのことであったと想像されるが、正確な竣工時期はわかっていない。

《参謀本部》（fig. 41）は煉瓦造3階建で[114]、外壁は白塗りの壁に縦長窓が並び、屋根は銅板葺きと見られる。1階には、櫛型ペディメントと三角ペディメントを載せた窓が並び、ルネサンス建築もしくはマニエリスムの建築を連想させる。盛期ルネサンスの代表的な建築であるファルネーゼ館では、1階の窓に櫛型ペディメントと三角ペディメントが交互に配されているのに対し、《参謀本部》では中央突出部両側に三角ペディメントを3つ、さらにその両側に櫛形ペディメントを2つと順に並べている。《参謀本部》の平面図は知られていないが、カッペッレッティは外観のデザインを、《繁栄》のように、建築内部の機能と対応させていた可能性が考えられる。

fig. 41　ジョヴァンニ・ヴィンチェンツォ・カッペッレッティ《参謀本部》正面

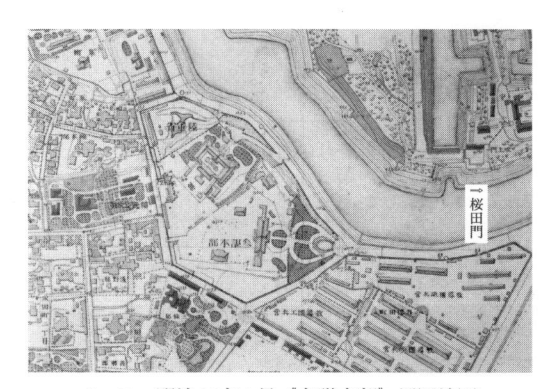

fig. 42　明治16年2月《参謀本部》周辺地図

　正面中央部は張り出しており、地上階と1階をつなぐジャイアント・オーダーの付け柱が4本並ぶ。その間の3つの半円アーチはポーティコを成し、開放的なエントランス空間となっている。その上部のマンサード屋根はフレンチ・バロック建築を思い起こさせる。つまり、《参謀本部》は古典主義を基調としつつ、さまざまな時代の様式を折衷している。《参謀本部》の正面前面にはかなり大きなヨーロッパ風の庭園があったことが、1883（明治16）年2月に作成された地図（fig. 42）からわかる。《参謀本部》は全体として、17、18世紀イタリアのヴィッラ（郊外住宅）風の趣があったように思われる。

　《遊就館》において、ネオ・ロマネスクの建築を実現したカッペッレッティが、《参謀

第Ⅲ部　工部美術学校教師列伝

fig. 43　《参謀本部》遠景

fig. 44　《参謀本部》絵はがき

本部》では古典主義を基調とした折衷様式の建築に仕上げたのは、陸軍の首脳陣が集う参謀本部という建築の用途と、皇居外堀に建つという場所を考慮してのことであっただろう。カッペッレッティは《参謀本部》においても、19世紀ヨーロッパの建築界で見られた様式選択の姿勢を示したといえよう。

瀟洒な《参謀本部》は、桜田門から見たその姿がしばしば描かれ（fig. 43）、建築写真は絵はがきにもなった（fig. 44）。1886（明治19）年、官庁集中計画の指導者として来日したヴィルヘルム・ベックマン（Whilhelm Böckmann, 1832-1902）は日本の西洋建築が「たいていはヴィッラのような二階建てである」なかで、「東京には参謀本部という、高い基壇、コーニス、そしてマンサード屋根をもつ大規模な建物がある」と記している[115]。《参謀本部》は、同時代の西洋人から見ても、本格的な堂々とした西洋建築であったことは確かだろう。だが、《参謀本部》も関東大震災で破損し「中央時計台を除き、ペディメントを換へ、本来の美観を害った」という[116]。

　以上見てきたように、カッペッレッティは《遊就館》及び陸軍《参謀本部》という国家的な建築を手がけた。両建築の姿が絵はがきとなっていたことからすれば、東京の名所として人々に注視され、愛されていたことがうかがえる。残念ながら、どちらの建築も現存しないが、《鹿鳴館》の建築家であるコンドルと同様に、カッペッレッティもまた近代日本の風景を創ることに貢献した人物であったことは確かだろう。

5. 日本での教育活動

a. 〈予科〉との関わり

　第Ⅱ部第4章で詳述したように、日本政府はカッペッレッティを〈家屋装飾術〉を担当する教師として招聘したが、彼は建築を講じるつもりで来日した。しかし、来日した時には〈家屋装飾術〉は消滅しており、いくつかの建築関係の業務に携わることになった。工部美術学校開校からほぼ1年間の学年を経た1877（明治10）年6月3日付で〈予科〉が設置され、カッペッレッティはその担当教師となり、幾何学、プロジェクション（投影画法）、幾何法飾、造家図（建築図）、論理影法（光源と物体の位置関係から影の形を割り出す方法）、論理実地遠近法、水画（水彩画）などの図学一般を教えた。これらの教育の詳細な内容や教育を受けた生徒については、金子一夫の研究に詳しいので割愛したい[117]。

　〈予科〉の教育内容は、イタリアの美術学校入学者が初めに登録し、伝統的な美術アカデミー教育において必要不可欠な基礎教育をなす「装飾学科（Scuola d'Ornato）」に相当する。従って、〈予科〉の設置は、絵画もしくは彫刻という専門課程へ進む以前の基礎教育の充実が図られたことを意味する。〈予科〉を設置の背景や理由を述べている公文書は見あたらない。開校からおよそ1年の時が経過するなかで、基礎教育の充実の必要性が認識され、〈予科〉を設置することになったのだろう。当時の日本にその具体的な教育内容を計画することができた人物がいたとは考えられないので、〈予科〉を担当することになったカッペッレッティがミラーノ王立美術学院での修学経験を基に教育計画を立てたのだろう。

　しかし、1880年7月22日付のバルボラーニ在日本イタリア王国特命全権公使がベネデット・カイローリ首相兼外務大臣に宛てた報告書の写し（doc. 132）には、〈予科〉の設置について次のように記されている。学校側、すなわち、「機械工学を勉強すべくイギリスに数年間滞在した一人の日本人」である工部美術学校校長の大鳥圭介は、〈予科〉と既存の〈画学〉と〈彫刻術〉の教育内容が重複しないように、「きちんと定義され構想された境界」をもつように精査すべきだったが、それはなされず、その結果、「新たな教育は、イタリア人教師たちの間に対抗心、不一致、軋轢を生じさせ」ることになったという。

　バルボラーニは日本政府に対し、カッペッレッティを「教育から外し、建築家として政府の任務に廻すように提案」したという。いつこの提案がなされたのか不明だが、バルボラーニは「カッペッレッティ氏の契約［更新の意味か］が期待されていた」と伝えているので、当初の3年間契約が満了する1879（明治12）年8月以前のことだっただろうと考えられる。実際、彼は工部省営繕局へ移った。従って、カッペッレッティが〈予科〉を担当したのは、1877（明治10）年度と1878（明治11）年度の2学年間だと考えられる。但し、「予

195

科学生進歩表」は1877（明治10）年度しか現存しない[118]。

b. 建築関係の教材

カッペッレッティが選択し、将来したと考えられる工部美術学校の教材について言及しておきたい。

工部美術学校開設当初の教材について、フォンタネージが「おそらくは工部省からの依頼によって多くの教授用資材や画材を携えて来日した。（中略）ラグーザ、カペレッティよりも年長でもあったから工部美術学校の開講のための具体的準備をしたもの」と考えられてきた[119]。確かにフォンタネージの選択によると考えられるものもあるが、彼だけが開講のための準備をしたのではなかろう。3名の教師の給料は一律同額であったことからも、年長者という理由による特別な義務感、もしくは期待感があったとは考えにくい。

1875（明治8）年6月12日付で、在日本イタリア王国特命全権公使アレッサンドロ・フェー・ドスティアーニが、イタリア外務省へ宛てた文書である「在東京イタリアの美術学校における教師雇い入れに関するメモ」において、「在イタリア日本公使館には、美術家の旅費のみならず、また学校創設のために備えるべきだと考えられる必需品の諸費用に充てられる資金が用意されています」と記されている（doc. 5）。在イタリア日本公使館、つまり日本政府が教材購入のための資金を用意し、それによって絵画、彫刻、建築のそれぞれの専門家である教師が、担当する教科教育に必要な教材を選択したと考える方が妥当であろう。よって、フォンタネージのみならず、カッペッレッティやラグーザも担当科目に必要な教材を用意したと考えられる。

カッペッレッティは〈家屋装飾術〉ではなく、建築を教育するつもりで来日した。従って、現在、東京大学大学院工学系研究科建築学専攻に所蔵されている、工部美術学校旧蔵の建築写真及び建築関係図書の大半は、カッペッレッティが建築を教育するために選択した教材であると考えられる。これらの教材の一部は、〈予科〉の教育においても使用されたであろう。

①建築写真

東京大学大学院工学系研究科建築学専攻に所蔵の古写真群については、清水重敦が台紙に押された印によって分類し、さらに工部美術学校の旧蔵写真をⅰ「図学教本写真」、ⅱ「イタリア建築写真」、ⅲ「寒水石採石場写真」に分類、整理している[120]。前二者がカッペッレッティに関係する教材だと考えられる。

清水によれば、ⅰ「図学教本写真」は12枚あるという。この内の1枚には「A. Fontanesi」のサインが入っているため、当初はフォンタネージが使用したものだろうという[121]。ⅱ「イタリア建築写真」は、古代、中世、近世の代表的な建築を被写体とした96枚が現存し

ており、「建築全体を写した写真から、その部分、そして装飾部材とそろっているので、建築装飾を理解するための教材であると考えることができる」と指摘し、「カペレッティの選になるものと考えるべきではないか」という。

　イタリアの美術学校での教育において、建築写真教材の使用の可否についての議論は1857年に遡る。ミラーノ王立美術学院の美学教師であり、書記の職にもあったジュゼッペ・モンジェーリは、「教育においては『有機的な側面やそれぞれの様式についての多用で特徴的な技術的側面の認識』が必要とされるのに対し、写真は単に外観を示す」と述べて警鐘を鳴らす一方[122]、同校の規約草案において、「装飾学科（Scuola d'Ornato）」や「建築学科」で必要な教材として挙げている[123]。1860年の同校の規約・学則では、あらゆる教育における写真教材の必要性が示された[124]。

　カッペレッティは、ミラーノ王立美術学院での自身の修学経験から、建築を教育するにあたって、一定の規則をもった建築装飾が歴史様式の建築を成立させている重要な要素であること理解させるために、建築の一部分の写真や装飾部材の写真が役立つと考えたのだろう。これらの建築写真は、建築教育のみならず、美術学校入門者が最初に登録する「装飾学科（Scuola d'Ornato）」においても使用されていたことからすると、〈予科〉の教育において、これらの教材が使用された可能性がある。

②建築関係図書

　東京大学大学院工学系研究科建築学専攻には、工部美術学校旧蔵の建築関係の図書が所蔵されている。1985（昭和60）年、現在の明治美術学会の前身である明治美術研究学会の尾埼尚文を中心に、これらの図書についての調査がなされ、1冊の冊子にまとめられた[125]。この目録を手がかりに再度、調査した結果が表2である。目録掲載図書は65冊である。

　65冊の書物の言語で整理すると、フォンタネージによる英仏語両言語表記1冊（14番）、英語1冊（27番）、イタリア語16冊、フランス語47冊である。カッペレッティがミラーノ王立美術学院へ入学する直前まで建築学科教授だったカルロ・アマーティ（Carlo Amati, 1776-1852）の書物（1番から3番）は、カッペレッティの建築修学との関係がうかがえる。また、当時、古典的な建築の修学に必須だったジャン・ニコラ・ルイ・デュラン（Jean Nicolas Louis Durand, 1760-1834）の書物（8番）、19世紀における中世主義を考察する上でやはり欠かせないウージェーヌ・エマニュエル・ヴィオレ・ル・デュク（Eugène Emmanuel Viollet-le-Duc, 1814-1879）『中世建築辞典』がある。これらの書物のうち、墨書等から確実にフォンタネージ将来とわかる本が3冊あるが（14番、34番、49番）多くは、建築写真と同様に、カッペレッティが建築を教育するために選択したものと考えられる[126]。

　しかし、1877年に刊行されたヴィオレ・ル・デュクの『近代住宅　第2巻』（65番）が含まれており、これらの書物は、必ずしも工部美術学校の開校以前の購入とは限られてい

第Ⅲ部　工部美術学校教師列伝

表2　建築関係図書

番号	著者	書名	頁、図版数	出版地	出版年	尾崎目録番号
1	Amati, Carlo	Gli ordini del architettura del Barozzi da Vignola	56pp., 38tav.	Milano	1805	14
2	Amati, Carlo	Dell'archittetura di Marco Virtuvio Pollione, libri dieci, tomo primo	186pp., 39tav.	Milano	1829	24
3		Dell'archittetura di Marco Virtuvio Pollione, libri dieci, tomo secondo	166pp., 18tav.	Milano	1830	25
4	Bramati, A., Zuccari, F. e De Castro, G.	Bellezze del Duomo di Milano	33pp., 60tav.	Milano	?	45
5	Brusa, Domenico	Gli ordini di architettura civile di M. Jacopo Barozzi da Vignola per uso delle scuole reali	16pp., 30tav.	Milano	1875	48
6	Cassina, Ferdinando	Le fabbriche più cospicue di Milano	114tav.	Milano	1840	42
7	Castellazzi, Giuseppe	Ricordi di architettura orientale presi dal vero	100tav.	Venezia	1871	23
8	Durand, J. N. L.	Raccolta e parallelo delle fabbriche classiche di tutti i tempi d'ogni popolo e di ciascun stile	195pp.	Venezia	1833	43
9	Émy, A. R.	Traité de l'art de la charpenterie, tome premier	575pp.	Paris	1869	7
10		Traité de l'art de la charpenterie, tome deuxieme	727pp.	Paris	1870	8
11		Traité del l'art de la charpenterie	187pl.	Paris	?	9
12	Fau, J.	Anatomie des formes extérieures du corps humain, al'usage des peintres et des sculpteur	230pp., Explication des pl. 40pp.	Paris	1845	64
13		Anatomie des formes extérieures du corps humain, al'usage des peintres et des sculpteur	327pp.	Paris	1865	65
14	Fontanesi, Antonio	Elements of theoretical and practical perspective	96pp., 26tav.	Turin	1876 may	53
15	Gailhabaud, Jules	Monuments anciens et modernes, collection formant une histoire de l'architecteur des différents peuples, a toutes les époques, tome premier, temps anciens		Paris	1853	17
16		Monuments anciens et modernes, collection formant une histoire de l'architecteur des différents peuples, a toutes les époques, tome deuxième, moyen age (première partie)		Paris	1853	18
17		Monuments anciens et modernes, collection formant une histoire de l'architecteur des différents peuples, a toutes les époques, tome troisième, moyen age (deuxième partie)		Paris	1853	19
18		Monuments anciens et modernes, collection formant une histoire de l'architecteur des différents peuples, a toutes les époques, tome quatrième, période moderne		Paris	1853	20
19	Gillet, Frédéric	Enseignement collectif du dessin par demostration orales et graphiques	41pp., 40pl.	Paris	1849	51
20	Heideloff, Carlo	Raccolta de' migliori ornamenti del medio evo e profili di architettura bizantina	40pp., 59tav.	Venezia	1859	21
21	Heideloff, Carlo	Raccolta de' migliori ornamenti del medio evo e profili di architettura gotica	58pp., 133tav.	Venezia	1862	22

198

第1章　ジョヴァンニ・ヴィンチェンツォ・カッペッレッティ

22	Hoffstadt, Federico	Principi dello stile gotico, cavati dai monumenti del medio-evo ad uso degli artisti ed operai	169pp., 48tav.	Venezia	1858	44
23	Société d'architectes allemands	L'architecture allemande au XIXe siècle, recueil de maisons de ville et de campagne, deuxième année	?	Paris	?	38
24		L'architecture allemande au XIXe siècle, recueil de maisons de ville et de campagne, quatrième année	?	Paris	?	37
25		L'architecture allemande au XIXe siècle, recueil de maisons de ville et de campagne, cinquième année	?	Paris	?	36
26		L'architecture allemande au XIXe siècle, recueil de maisons de ville et de campagne, septième année	?	Paris	?	39
27	Jones, Owen	The grammar of ornament	157pp., 112pl.	London	1868	35
28	Reynaud, Leonce	Traité d'architecture, première partie, art de batir, étude sur les matériaux de construction et les éléments des édifices	605pp.	Paris	1875	11
29		Traité d'architecture, deuxième partie, composition des édifices, étude sur l'estétique, l'histoire et les conditions actuelles des edifices	616pp.	Paris	1870	12
30		Traité d'architecture, deuxième partie composition des édifices, étude sur l'estétique, l'histoire et les conditions actuelles des edifices, planches	92pl.	Paris	1870	13
31	Leveil, J. A.	Vignole; traité élémentaire prátique d'architeture ed étude des cinq ordres	72pl.	Paris	?	6
32	Mazzocchi, Luisi	Trattato su le costruzione in legno	492pp.	Milano	1873	47
33	Morandi, Genesio	L'arte della decorazione italiana; il Palazzo di Caprarola	6pp., 60tav.	Milano	1874	46
34	Morselli, Antonio	Prospettiva pratica	37pp., 32tav.	Napoli	1871	50
35	Moses, Enrico	Raccolta di vasi antichi, altari, patere, tripodi, candelabri, sarcofagi ecc.	63pp., 168tav.	Milano	1824	5
36	Raguenet, A.	Matériaux et documents d'architecture classés par ordre alphabétiquè	392pp.	Dourdan, (Seine-et-Oise)	?	1
37	Rondelet, Jean	Traité théorique et pratique de l'art de batir tome prmière	398pp.	Paris	1871	26
38		Traité théorique et pratique de l'art de batir tome deusième	367pp.	Paris	1871	27
39		Traité théorique et pratique de l'art de batir tome troisième	387pp.	Paris	1871	28
40		Traité théorique et pratique de l'art de batir tome quatrième	415pp.	Paris	1871	29
41		Traité théorique et pratique de l'art de batir tome cinquième	382pp.	Paris	1871	30
42		Traité théorique et pratique de l'art de batir, supplément, tome premiére	244pp.	Paris	1868	31
43		Traité théorique et pratique de l'art de batir, supplément, tome second	273pp.	Paris	1868	32

第III部　工部美術学校教師列伝

44	Rondelet, Jean	Traité théorique et pratique de l'art de batir, planches	273pp.	Paris	1871?	33
45		Traité théorique et pratique de l'art de batir, supplément, planches	105pl.	Paris	1868	34
46	Spampani, Gio.Battista e Antonini, Carlo	I cinque ordini di architettura civile di Giacomo Barazzi da Vignola	128pp.	Roma	1861	49
47	Tardiueu, E., Coussin Fils, A.	Les dix livres d'architecture de Vitruve avec les notes de Perrault	367pp.	Paris	1859	15
48		Les dix livres d'architecture de Vitruve avec les notes de Perrault	94pl.	Paris	1859?	16
49	Thénot, J. P.	Traité de perspective pratique pour dessiner d'après nature	116pp.	Liege	1845	52
50	Viollet-le-Duc, E.	Histoire de l'habitation humaine depuis les temps préhistorique jusqu'à nos jours	372pp.	Paris		10
51		Entretiens sur l'architecture, tome premièr	491pp.	Paris	1863	2
52		Entretiens sur l'architecture, tome deuxième	450pp.	Paris	1872	3
53		Entretiens sur l'architecture, atlas	306 pl.	Paris	1864	4
54		Dictionnaire raisonné de l'architecture française du XIe au XVIe siècle, tome première (ABAQUE-ARONDE)	522pp.	Paris	1873	54
55		Dictionnaire raisonné de l'architecture française du XIe au XVIe siècle, tome deuxième (ARTS-CHAPITEAU)	546pp.	Paris	1867	55
56		Dictionnaire raisonné de l'architecture française du XIe au XVIe siècle, tome troisième (CHARNIER-CONSOLE)	513pp.	Paris	1868	56
57		Dictionnaire raisonné de l'architecture française du XIe au XVIe siècle, tome quatrième (CONSTRUCTION-CYBORIUM)	511pp.	Paris	1868	57
58		Dictionnaire raisonné de l'architecture française du XIe au XVIe siècle, tome cinquième (DAIS-FUT)	566pp.	Paris	1868	58
59		Dictionnaire raisonné de l'architecture française du XIe au XVIe siècle, tome sixième (GABLE-OUVRIER)	458pp.	Paris	1868	59
60		Dictionnaire raisonné de l'architecture française du XIe au XVIe siècle, tome septième (PALAIS-PUTS)	571pp.	Paris	1868	60
61		Dictionnaire raisonné de l'architecture française du XIe au XVIe siècle, tome huitième (QUAI-SYNAGOGUE)	524pp.	Paris	1869	61
62		Dictionnaire raisonné de l'architecture française du XIe au XVIe siècle, tome neuvième (TABERNACLE-ZODIAQUE)	554pp.	Paris	1870	62
63		Dictionnaire raisonné de l'architecture française du XIe au XVIe siècle, tome dixième, table analytique	senza il numero delle pagine	Paris	1871	63
64		Habitations modernes, première partie	28pp., 100pl.	Paris	1875	40
65		Habitations modernes, deuxième partie	28pp., 100pl.	Paris	1877	41

ないことがわかる。

　フォンタネージによる『論理実地遠近法初歩』(14番) は、左頁は英語で、右頁はフランス語で表記されている。〈画学〉の教育内容には遠近法が含まれており、フォンタネージの雇用契約書第一條にも「遠近画術」が挙げられていた。フォンタネージによる緒言から、本書は工部美術学校において初めて遠近法を学ぶ生徒たちを想定して著したことがわかる。〈予科〉においても遠近法の教育が含まれていた。《繁栄、主階段》(fig. 33) に見られるように、建築家にとって遠近法の知識は必須のものとして考えられていた時代に修学をしたカッペッレッティとフォンタネージの間には、前述のように、教育方法をめぐる意見の対立があったのではないかと想像される。

c. 教育の成果

　専門教育以前の基礎教育である〈予科〉を担当したカッペッレッティによる教育がどのような結果を導いたのかを判断するのは難しい。一方、工部美術学校においても、離日後に渡ったサンフランシスコにおいても、カッペッレッティは建築教育そのものには携わっていないが、弟子筋ではないかと考えられる人々がいる。工部美術学校で彫刻を学ん

fig. 45　山口直昭《秋田銀行本館》

だ山口直昭は後に《秋田銀行本館》(fig. 45) の外部設計をおこなっている[127]。また、サンフランシスコ時代のカッペッレッティの弟子として、伊藤為吉、平野勇造が知られている。平野は後に《上海日本領事館》、《三井物産公司上海支店》を建てている。建築における、彼らとカッペッレッティとの関係の解明は今後の課題である。

6. サンフランシスコでの建築活動

a. サンフランシスコ滞在に関する既往研究

　カッペッレッティは1881 (明治14) 年2月28日に陸軍省との最終的な契約満了日を迎えた後も、日本に滞在し続けた。その理由の一つに、自身が手がけた《参謀本部》の完成があったと推察される。

　工部美術学校が廃校になってから3ヶ月後の1883 (明治16) 年4月26日、同校の元教師

であるラグーザ、カッペッレッティ、サンジョヴァンニに叙勲下賜の是非が問われ、紆余曲折の末、翌年6月4日に3名はともに勲五等雙光旭日章を受章し、日本にいたカッペッレッティは勲章及び勲記を受領するや否や、工部省宛に礼状を送っている[128]。だが、当時、カッペッレッティが何をしていたのかについてはわからない。

1885（明治18）年1月18日、カッペッレッティは横浜からサンフランシスコへ向けて出帆した[129]。イタリアへ帰国せずにサンフランシスコへ向かった理由はわからない。《参謀本部》の建設に携わっていた1881（明治14）年1月に、陸軍省と交わした雇用契約第八條の、帰国時の「旅費ヲ給スル事ナシ」を承諾していた[130]。このことがカッペッレッティを新天地に向かわせたのかもしれない。新天地におけるカッペッレッティの胸中は、同地在住中の彼に向けた高橋由一の返書から推察される[131]。また、同地でのカッペッレッティの活動は、助手・通訳として同行し、後に帰国した伊藤為吉の伝聞によって部分的に知られ、伊藤は、「明治二十年（一八八七年）頃彼［カッペッレッティ］はサンフランシスコ近郊のナツパNapaの病院に於て病を養って遂に起たかなかった」[132]と伝えている。しかし、これらの伊藤による伝聞を含め、カッペッレッティのサンフランシスコでの活動については、ほとんど検討されぬまま今日に至っている。

b．サンフランシスコ在住記録

サンフランシスコ市の『住所姓名録』1887年版に初出以降、1890年版まで、カッペッレッティの同市在住を確認することができた[133]。『住所姓名録』にはアルファベット順姓名一覧と職業別姓名一覧があり、カッペッレッティは建築家の項にも掲載されている。1887年版の前者の記載は、

Cappelletti G. V.（Cappelletti & Behrnd）r. 6 Eddy
Cappelletti & Behrnd（G. V. Cappelletti and Gustav Behrnd）architects, 97 ST. Ann's Bldg.

であり、建築家の項においては、

Cappelletti G. V., 97 St. Anu's Bldg.［ママ］

と記されている。

カッペッレッティは、エディストリート6番地の「セントアンズ・ビルディング」[134] 97号室において、グスタフ・ベールント[135]という建築家との共同の建築事務所を開き、そこはカッペッレッティの住まいも兼ねていたと考えられる。「セントアンズ・ビルディング」は、サンフランシスコ中心部を横断する目抜き通りのマーケットストリートに近

第1章　ジョヴァンニ・ヴィンチェンツォ・カッペッレッティ

接した一等地にあったビルだが、1906年の地震で崩壊し、現在は別のビルが建っている。翌年以降もカッペッレッティの居所は同じビル内で、部屋番号は1888年版では98号室、1889年版及び1890年版では101号室と変更するが、アルファベット順の姓名一覧においても、カッペッレッティの名前が独立した形で記載されている。

　以上から、カッペッレッティはサンフランシスコでの建築事務所及び住所の確定までに、およそ2年間を要し、建築事務所開設にはベールントとの共同が必要だったのではないかと考えられる。実際、1887年版『住所姓名録』のカッペッレッティとの共同建築事務所の記載とともに、建築家の項では、ベールントの居所は「103 Phelan Building（フェーラン・ビルディング103号室）」と記載され、1888年版以降はアルファベット順の姓名一覧においても、これだけが記載されている。

　カッペッレッティがサンフランシスコ在住の建築家として認知されていたことは、アメリカ建築家協会（American Institute of Architects＝A.I.A.）サンフランシスコ支部における1889年12月の例会で、下田菊太郎が「日本の建築」という題名で講演を行った際に、同市在住の建築家来賓として招待されたことからもわかる[136]。また、1891年版の『アメリカ商業案内』に「Cappelletti G. V., architect 101 St' Ann's building」とあるので、この年までは事務所を構えていたことが確認できる[137]。

　次項で見るように、カッペッレッティは1885（明治18）年のサンフランシスコ到着1年後には建築設計に着手し、設計事務所を開設し、同地イタリア人社会において建築家としての地歩を固めつつあったように思われる。しかし、1890年には発病しカリフォルニア州アニューズの精神病院に入院しており、その病状が同地のイタリア人社会で流通していた新聞『ヴォーチェ・デル・ポポロ』[138]に公表されている。イタリア人系の医師でカッペッレッティを知っていると思われるE・V・ロニーゴという医師が、A・E・オズボーン医師を通じて、アニューズの精神病院長であるF・W・ハッチに、カッペッレッティが手厚く介護されるように依頼し、ハッチからオズボーンに宛てた書簡が10月9日にロニーゴに示され、翌日の新聞にその書簡が掲載されたのである。

　　A・E・オズボーン医師殿
　　10月3日付の貴殿の［書簡］は、私の職権にあります。貴殿は、私がカッペッレッティ氏のためになるあらゆることをすると、貴殿の友人たちに確約することができます。ここでは、鬱病患者として診断されましたが、彼は非常な興奮と暴力の兆候を見せており、凶暴な精神障害者になる危険をはらんでいます。
　　私に全身麻痺を心配させる多くの兆候があります。しかし、回避され得る希望がまだあります。
　　彼は、怒鳴り声と部屋を出ようとし続ける試みとによって、我々の夜間監視員に多

大な迷惑をかけています。

　むろん、知的な男性ですが、彼と普通に満足のいく会話をまだすることができません。

敬具——F・W・ハッチ

　アニューズの精神病院長のハッチが伝えるカッペッレッティの病状は重篤である。伊藤は、「明治二十年（一八八七年）頃」、カッペッレッティがナパの病院に入院したと伝えているが、ナパからアニューズの病院へ移されたのか、最初からアニューズの病院に入院していたのか確かめることはできない。病気の原因も、その後の様子についても、現在のところ不明である。記事が掲載された1890（明治23）年10月以降、カッペッレッティはサンフランシスコにおいて没したと考えられるが、今後の調査結果を待ちたい。

c. サンフランシスコでの設計

　サンフランシスコにおけるカッペッレッティの建築設計には、「其の最も力を注ぎし建築」として「富豪スタンフォード（Stanford）の喫煙室」、「他に若干のオフィス・ビルディングの設計」があるが、「孰れも外部の装飾のみに意を注ぎ、構造の如き他人に任せて顧みざりし」と伝えられている[139]。だが、その詳細は明らかにされてこなかった。

　J・スナイダーは、『The California Architect and Building News（カリフォルニア建築家・建築ニュース）』(1882年1月～1900年6月20日号)及び、この前身誌『The California Architect & Building Review（カリフォルニア建築家・建築批評)』(1880年1月～1881年12月)に掲載された、サンフランシスコの全建築情報を収集し、建築家名ごとに整理している[140]。スナイダーの調査から、カッペッレッティがサンフランシスコに渡った1885年から生存が確認できた1891年までの間に、少なくとも6棟の建築を設計していた事実が知られる。表3は、カッペッレッティの設計になる建築をまとめたものである。

　以上の建築は全て現存しない。1から4の建物は、当時のイタリア人街であるノース・ビーチ地区にあたる。カッペッレッティはサンフランシスコに移住したイタリア人を主要な施主として活動を展開した、と言えるだろう。

　5の施主の「P. A. Morbie」[ママ]はピオ・A・モルビオ（Pio A. Morbio）のことで、1888年版及び1889年版『住所姓名録』では「カリフォルニア州弁護士及び、イタリア出版社社長」、1890年版では「イタリア出版社社長」と記載されている。

　モルビオは、後にサンフランシスコ市長となる資本家アドルフ・スートゥロの娘と結婚し、ヘイズストリートとスタイナーストリートが交差する角に自邸を建てた。モルビオ邸は、アラモスクエアに面して7棟のヴィクトリアンハウスが並ぶ著名な「ポストカード・ロー」の南隣の角地に建っていた（fig. 46・47)[141]。木造2階建で、外壁を下見板張りとし、

第1章　ジョヴァンニ・ヴィンチェンツォ・カッペッレッティ

表3　サンフランシスコにおけるカッペッレッティ設計の建築物

	CABN発行日	階数構造	場所	施主	施工者	建設費
1	1886.06.10	木二	Green bet. Powell & Mason.	V. Menesini.	J. J. Dunn.	$4,000
2	1887.08.15	木二	Vallejo near Stockton.	J. Dans.	F. C. Adams.	$2,500
3	1887.10.15	木三	Corner Brodway & Dupon.	V. Menesini.	J. G. Adams.	$10,000
4	1887.12.15	木三	Broadway bet. Stockton & Powell.	C. Tacconi［sic］.	G. W. Hansbrough.	$4,500
5	1888.06.15	二	Corner Hayes & Steiner.	P. A. Morbie［sic］.	J. J. Dunn.	$8,250
6	1888.08.15	改築	Buchanan bet. Turk & Eddy.	Thomas Robinett.	G. B. Ferrari.	$1,250

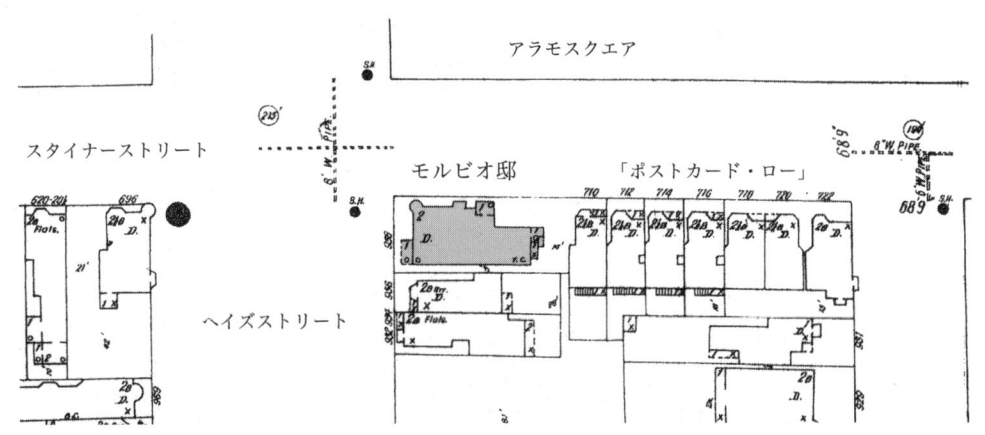

fig. 46　モルビオ邸及びその周辺（サンボーン地図1899年版より）

fig. 47　「ポストカード・ロー」とモルビオ邸跡地に立つ集合住宅（2004年撮影）

205

第Ⅲ部　工部美術学校教師列伝

fig. 48　ジョヴァンニ・ヴィンチェンツォ・カッペッレッティ《モルビオ邸》　1888年

　西南隅に宝形屋根を載せた円形の張り出しをもち、南面の入口奥には方形の塔屋を上げる。古典主義的な円柱、付柱、ペディメントを多数配した建築物であった（fig. 48）[142]。
　以上のことから、カッペッレッティがサンフランシスコに向かった理由がおぼろげながら見えてくる。1848年以降のゴールドラッシュの波に乗り、サンフランシスコにはいろいろな国籍集団が形成され、イタリア人街もあった。その中に、カッペッレッティの親類縁者が居た可能性がある。また、1880年代においても、なおも拡張を続けるサンフランシスコの町では建設ラッシュが続いているとの情報を得たカッペッレッティが、建築家として、活躍の場を求めて新天地に移ったとも考えられよう。

注

1　隈元謙次郎『明治初期来朝伊太利亜美術家の研究』三省堂、1940年、65〜74頁。
2　藤森照信『日本の近代建築（上）――幕末・明治篇――』岩波書店、1993年、166頁。
3　外務省外交史料館『官雇入表』3-9-3-14。
4　外務省外交史料館『外国人雇入取扱参考書』第二巻（自明治九年十一月至明治十年四月）3-9-3-1。
5　国立公文書館『太政類典』第二編第七十二巻第二十二番。
6　大蔵省編『工部省沿革報告』1899年。本書においては、大内兵衛・土屋喬雄編『明治前期財政経済史料集成』第17巻、改造社、1931年を使用。
7　同上、410頁。

第1章　ジョヴァンニ・ヴィンチェンツォ・カッペッレッティ

8　同上、343頁。
9　ASCBT, *Ruolo generale del popolazione*, 1835, vol.13 Cap-Cart.
10　*Manuale di Raffronto fra le Innovate le Precedenti Denominazioni stradali e tra la Nuova e le Soppresso Numerazione delle case della città di Milano, compilato dall'Ufficio tecnico municipale secondo le deliberazioni del consiglio comunale 12 e 13 settembre 1865*, Milano 1866 によれば、Milano 2297番は、1857年に Via del Rovello 13 となり、1865年には Via del Rovello 15 に変更された。しかしその後変更があったのかどうか不明。
11　同戸籍簿を繰った結果で、父親は Francesco Cappelletti、母親は Serafina Sibiglia である。男子の場合のみ月日も記入されている。Anna（1839–1846）、Giuseppina Rachele（1840–？）、Angelo（20 ottobre 1841–1841）、Candida（1844–1846）、Antonio（25 aprile 1844–？）、Lucia（1845–1845）、Anna Maria（1846–？）、Edoardo（16 dicembre 1847–1848）、Erminia Agata（1849–？）、Anna（1851–1851）、Luigi（9 settembre 1852–？）、Maria Anna（1853–？）、Rachele Anna（1854–？）、Virginia（1856–1858）。
12　現行イタリア語では Sanguisughe（Sanguisuga 蛭）が正しく、その意味は、Salvatore Battaglia, *Grande Dizionario della Lingua Italiana*, Unione Tipografico-Editrice Torinese, Torino 1966, ristampa 1971, vol. IV DAH-DUU によれば、"che si usa o si produce in casa"（家の中で使う、あるいは生産する）である。
13　次節参照。
14　*Milano Numerazione ossia guida numerica della regia città di Milano che contiene concambiamente*, Milano 1854.
15　ASCBT, *Estratti Parrocchiale, Nati, 1843, Parrocchia del S.Tomaso*, Tabella N.86.
16　AAB, *Elenco Generale degli Allievi inseriti per le Scuole della R. Accademia di Belle Arti*.
17　参照した規約・学則は *Statuti e Regolamento interno dell'I. R. Accademia di Belle Arti di Milano-Veniezia, Milano, 1842, Statuti e Regolamento Disciplinale della R. Accademia di Belle Arti in Milano approvati col R. Decreto 3 novembre 1860*, Milano 1860.
18　ほぼ毎年刊行された、*Atti della R. Accademia di Belle Arti di Milano* を指す。
19　ornamento は装飾全般を指すのに対し、ornato は特に建築装飾を意味する（『伊和中辞典』小学館）が、*Statuti, op. cit.*, 1842, *Statuti, op. cit.*, 1860 においては Scuola di Ornamenti と Scuola di Ornato を区別なく、同じ意味で使用している。
20　AAB, *Elenco Generale Generale degli Allievi inseriti per le Scuole della Belle Arti Iscrizione Alunni dal 1852 al 1856*.
21　*Statuti, op. cit.*, 1842, CAPO IV Ammissione degli allievi, 20.
22　*Ibidem*, CAPO III Scuole, 16.
23　AAB, *Scuola d'Ornato 1852-1856; Scuola d'Ornato 1856-1860; Milano R. Accademia di Belle Arti Scuola degli Ornamenti Elenco e Classificazioni degli Allievi che interveranno alla Classe Prima nel primo semestre dell'anno 1857-1861*.
24　*Idem*.
25　*Statuti, op. cit.*, 1860, TITOLO V Scuola degli elementi di architettura, Art. 25.
26　Maria Pia Belski, *1860-1918: Milano cresce L'espansione architettonica di Milano in un'epoca di*

grandi fermenti storici, Firenze 1995, pp.104-106.
27　AAB, *Scuola d'Ornato 1856-1860*; *Scuola degli Ornamenti 1857-1861*.
28　AAB, *Scuola degli Ornamenti 1857-1861*.
29　*Statuti, op. cit.*, 1842, CAPO XIII Scuola d'architettura, 59.
30　*Atti della R. Accademia di Belle Arti di Milano annno 1860*, Milano 1860. ジュゼッペ・ペスタガッリは1872年にミラーノのダル・ヴェルメ劇場を設計した。
31　AAB, *Catalogo degli Allievi della Scuola di Architettura Elementare per il primo e secondo semestre 1860-1870*.
32　*Idem*.
33　*Atti della R. Accademia di Belle Arti in Milano Anno MDCCCLXV*, Milano 1865, p. 47, "Scuola degli Elementi D'Architettura Sezione II Premio con medaglia di rame 2° Capeletti[sic] Giovanni, di Milano". 賞の順位は、金メダル付き一等（Premio con medaglia d'argento）が3名、同メダル付き一等（Premio con medaglia di rame）が4名、選外佳作賞（Menzione onorevole）が2名で、カッペッレッティは全表彰者9名中の5番目である。
34　*Statuti, op. cit.*, 1860, Regolamento Disciplinare, TITOLO XXII Premj, sovvenzioni e concorsi annui e triennali, Art. 106により、銅メダルを受章したカッペッレッティが試験的にであれ高等建築学科へ進学し、建築家としてのより専門的な教育を受けた可能もあると考えられる。
35　AAB, *Elenco Generale Generale degli Allievi inseriti per le Scuole della Belle Arti Iscrizione Alunni dal 1857 al 1859*; *Catalogo degli Allievi della Scuola di Elementi di Figura per I e II semestre dell'anno scolastico 1860-61*.
36　*Statuti, op. cit.*, 1860, Regolamento Disciplinare, TITOLO III Art.19.
37　*Ibidem*, TITOLO IV, Art. 21.
38　AAB, *Elenco Generale degli Allievi inseriti per le Scuole della Belle Arti Iscrizione Alunni dal 1860 al 1864*.
39　*Atti della R. Accademia di Belle Arti di Milano Anno MDCCCVLII*, Milano 1862, p. 68. この学科は以後も継続して行われた。またこの学科については以下を参照：Giuliana Ricci, *Boito e la didattica delle arti decorative*, in Guido Zucconi e Francesca Castellani (a cura di), *Camillo Boito un archittettura per l'italia unita*, Venezia 2000, pp. 140-145.
40　拙論「ジョヴァンニ・ヴィンチェンツォ・カッペッレッティ研究——新出資料による来日以前の経歴」『日伊文化研究』第36号、1998年、32～50頁を上梓後、Patrizia Papagna氏より、以下を教示された。Patrizia Papagna, *I Concorosi di architettura*, in Giacomo Agosti e Matteo Cerina (a cura di), *Le Raccolta storiche dell'Accademia di Brera*, Firenze 1997, pp. 90-100.
41　AAB, *CARPI B V 4 LEGATI/4 Regolamento-Statuti, Legato Vittadini (1860)*. ヴィッタディーニ財団は、建築技術者（あるいは建築関係の技術者）インノチェンテ・ヴィッタディーニ（Innocente Vittadini）の遺産によって設立された。同財団については、Papagna, *op. cit.*, 1997, p. 95, Nota 23。筆者は未見だが、ヴィッタディーニ財団主催の建築設計競技についての論文は以下がある。V. C. Casalino, *I concorsi Vittadini e la citta' di Milano, tesi di laurea*, Politecnico di Milano, Fac. Arch., Anno Accademico 1985-1986；L. Intoroini, I concorsi Vittadini

第1章　ジョヴァンニ・ヴィンチェンツォ・カッペッレッティ

　　　all'accademia di Brera dal 1881 al 1931, tesi di laurea, Politecnico di Milano, Fac. Arch., Anno Accademico 1987-1988.
42　AAB, *CARPI B V 4 Regolamento-Statuti*；*Atti della R. Accademia di Belle Arti di Milano Anno 1869*, Milano 1869, pp. 108-109.
43　*Guida d'Italia Milano*, Touring Club Italiano, 1985, pp. 205-207. パラッツォ・デッラ・ラジョーネは、執政長官オルドラード・ダ・トレッセノによって1233年に完成した中世公共建築で、裁判所として使われていた。1771～73年、公正証書古文書館としての用途を考え、それまであった屋根を取り壊して上部を増築し、採光のための窓を設置した。統一後の1871年、壁面を覆っていたイントナーコを取り去り、中世の佇まいを取り戻す試みが成されてきたという。
44　*Atti, op. cit.*, Milano 1869, p.108.
45　*Ibidem*, pp.108-109によると、他に、図面には作品のタイトルを付し、氏名と住所を記した便箋を入れて厳封した封筒の表に同じタイトルを記して封印した封筒の提出も義務づけられていた。カッペッレッティ直筆の封筒及び便せんがブレラ美術大学附属古文書室に保管されている。この時のカッペッレッティの住所はVia Cusani 8（クザーニ通り8番）であった。
46　カミッロ・ボイトについては、Zucconi e Castellani (a cura di), *op. cit.*　邦語文献に横手義洋『イタリア建築の中世主義――交錯する過去と未来』中央公論美術出版、2009年。
47　AAB, *CARPI B V 4, LEGATI/4 Regolamento-Statuti*, Minuta dell'atto, 1869年9月24日付文書。本文書冒頭に"il soggetto per il concorso Vittadini, formulato dal Signor Boito"と記されている。
48　ポルタ・ティチネーゼ・メディエヴァーレは、ミラーノ市中心部に残る城壁に設けられた門での一つで、1239年にアッゾーネ・ヴィスコンティが門を改修した。ボイトによる改修以前、門の通路は中央の半円アーチの開口部のみだった。ボイトは2本の塔（右側の塔は切断されているが）のそれぞれに、尖頭アーチによる通路を開き、上部には銃眼付き胸壁をめぐらせた
49　Renato De Fusco, *L'Architettura dell'Ottocento*, Torino 1980, pp. 119-123.
50　*Ibidem*, p. 121. ジョヴァンニ・チェルッティ（Giovanni Cerutti, 1842-1907）によるミラーノ市立自然博物館（1888-1893, 1906-1907）は《遊就館》と同様に城郭風のデザインが使われている。
51　AAB, *CARPI C II 4, Legati (A-Z) Vittadini 1870-1875, Legati Privati Vittadini Concorsi 1870*, 1870年7月20日付文書。
52　*Atti, op. cit.*, Milano 1869, p.109.
53　*Atti della R. Accademia di Belle Arti di Milano Anno*, Milano 1870, pp. 51-53.
54　*Idem*, p. 52には「2案」と記されているが、カッペッレッティがミラーノ王立美術学院に宛てたミラーノ発1873年1月20日付書簡には、"presentare N.3 progetti diversi"と記されており、「3案」提出したと考えられ、別の題名を付してもう1案提出したと考えられる（AAB, *CARPI C II 4, Legati (A-Z) Vittadini 1870-1875*）。なお、カッペッレッティは、"E' pur dovere il rivendicare la storia nell'arte"と記しているが、印刷時にilは削除された。
55　*Idem*, pp. 52-53.
56　*Esposizione delle opere di Belle Arti nelle Gallerie del Palazzo Nazionale di Brera nell'anno 1870*,

第Ⅲ部　工部美術学校教師列伝

Milano 1870, p. 6. 展覧会は1870年8月4日から8月31日まで開催された。

57 "Gazetta di Milano", 1870年8月4日付。なお本建築は1871年に修復作業がなされたが、それがカッペッレッティの再構成案によるものであったかについては不明。Cf. *Guida d'Italia op. cit.*, p. 207.

58 カノニカ財団は建築家ルイジ・カノニカ（Luigi Canonica, 1762–1844）の基金によって設立された財団である。同財団については、Papagna, *op. cit.*, p. 95, Nota 22 ; *Atti della R. Accademia di Belle Arti di Milano Anno 1845*, Milano 1845, p. 51 ; AAB, *CARPI B II 1, Legati (A-Z) CANONICA 3 Concorsi 1870-1896*.

59 *Seconda esposizione nazionale di Belle Arti diretta da un comitato dalla Regia Accademia di Brera*, Milano 1872. 1872年8月26日から10月7日までブレラ館で開催された。

60 *Atti della R. Accademia di Belle Arti di Milano Anno 1870*, Milano 1870, p. 81.

61 AAB, *CARPI B II 1, Legati (A-Z) CANONICA 3 Concorsi 1870-1896*, 1871年8月8日付文書。

62 *Atti della R. Accademia di Belle Arti di Milano Anno 1871*, Milano 1871, p. 26.

63 "Gazetta di Milano", 1871年8月19日付.

64 *Esposizione delle opere di Belle Arti nelle Gallerie del Palazzo Nazionale di Brera nell'anno 1871*, Milano 1871, p. 44. 展覧会は1871年8月28日から9月27日まで開催された。

65 *Seconda esposizione, op. cit.*, pp. 90-94.

66 *Idem*, p. 92.

67 第Ⅲ部第2章ヴィンチェンツォ・ラグーザ参照。

68 カッペッレッティの建築設計競技に関する提出図面が存在することについては、ミラーノ工科大学 Giuliana Ricci 教授のご教示による。実見及び作品写真の入手にあたっては、ブレラ美術大学 Francesca Valli 教授、Rosella Grassi、Patrizia Papagna 各氏、本作品を所管するミラーノ文化財歴史保護局のお世話になった。

69 *Atti, op. cit.*, Milano 1871, pp. 25-26.

70 *Idem*, p. 26.

71 金子一夫『近代日本美術教育の研究　明治・大正時代』中央公論美術出版、1999年、153頁。

72 イタリア人美術家がローマでの最終的な修学をすることに関する論考として以下がある。Stefano Susinno, *Napoli e Roma: la formazione artistica nella «capitale universale delle arti»*, in *Civilta' dell'Ottocento Cultura e Societa'*, Napoli 1997, pp. 83-91.

73 Rosella Grassi, *Il Pensionato artistico della Scuola di Archittettura: da Roma a Reims*, in Agosti e Ceriana (a cura di), *op. cit.*, Firenze 1997, pp. 74-81.

74 AAB, *CARPI B IV 1, Legati (A-Z), OGGIONI/4, Atti vari dal 1868 al 1879*, Cocorso pensioni di architettura (1873). Pensioni Oggioni については、AAB, *CARPI B V 3*.

75 AAB, *CARPI B IV 1*, 1873年7月7日付の公募ポスター。

76 AAB, *CARPI B IV 1*, 9月10日付、カッペッレッティ発ミラーノ王立美術学院学長宛書簡。

77 AAB, *CARPI B IV 1*, 9月19日付、カイミ発公共教育省宛書簡草稿。

78 AAB, *CARPI B IV 1*, 9月24日付、ルッジェーロ・ボンギ公共教育大臣発ミラーノ王立美術学院学長宛書簡。

79 AAB, *CARPI B IV 1*, 10月6日付、アントーニオ・カイミ発カッペッレッティ宛書簡草稿。

第1章　ジョヴァンニ・ヴィンチェンツォ・カッペッレッティ

80　AAB, *CARPI B IV 1*, 11月7日及び10日付文書。

81　ボッフィについてはBelski, *op. cit.*, p. 209を参照。ボッフィは1874年にヴィッタディーニ財団の設計競技で優勝している。Cf. Papagna, *op. cit.*, p. 99.

82　AAB, *CARPI B IV 1*, 11月17日付文書。

83　AAB, *CARPI B IV 1*, 12月17日付文書によれば、選考委員会に、さらに建築家のチェレステ・クレリチェッティ（Celeste Clericetti, 1835−1887）が加えられたが、12月20日付審査報告からクレリチェッティが出席しなかったことが確認できる。

84　AAB, *CARPI B IV 1*, 12月20日付審査報告、及び12月28日付美術学校発ボッフィ宛の優勝を伝達した文書写し。

85　1876年のヴィッタディーニ財団主催の建築設計競技は「メルカンティ広場の再構成」に関するもので、翌年、ルイジ・ビージとジョヴァンニ・バッティスタ・ボルサーニ共同の勝利案が実施された。Papagna, *op. cit.*, p. 97；*Guida d'Italia op. cit.*, p. 205. 但し、後者には課題年が1871年と記されている。ボルサーニは1871年に同財団によるメルカンティ広場に関する設計競技でも勝利しているのでそれとの混同か、両者の課題に何らかの関係があったのか否かについては不明。

86　Papagna, *op. cit.*, p. 94.

87　第Ⅱ部第5章、114〜115頁。

88　本書簡がこれまで看過されてきた理由として、目録の「Cappelletts」との誤記により、カッペッレッティであると判断されなかったことが考えられる。Cf. 早稲田大学大隈研究室編『大隈文書目録』、早稲田大学図書館、1952年、273頁。

89　旧帝室博物館はジョサイア・コンドル（Josiah Conder, 1852−1920）によって完成されたが、当初の建築図面の作成者には諸説ある。1880（明治13）年5月以降、同建設現場の実習に参加した当時工部大学校の生徒であった河合浩蔵の懐古談として、最初のデザインはフォンタネージのものであったと記している（「明治建築座談会（第二回）」『建築雑誌』第566号、1933年）。しかし、河合の懐古談に依拠しつつも、フォンタネージではなくカッペッレッティであると推定している文献もある（日本工学会編『明治工業史　建築篇』工学会明治工業史発行所、1927年、680頁）。隈元は、上記引用書物からカッペッレッティと判断した（隈元注1前掲書、68〜69頁）。小野木重勝は、『東京国立博物館百年史』に記載される「イタリアの建築家ベルシェイが調製した設計図も送付されてきていた」事実をとりあげ、「ベルシェイが設計図を作成したことが、フォンタネージとして誤って伝えられた」可能性を示唆している（小野木勝重『明治洋風宮廷建築』相模書房、1983年、111〜113頁）。なお、小野木が引用したベルシェイとはフェデリコ・ベルシェー（Federico Berchet, 1831−1901）であり、その弟グリエルモ・ベルシェー（Guglielmo Berchet, 1833−1913）は1873（明治6）年の岩倉使節団のヴェネツィア訪問に随行し、1880（明治13）年から没年まで在ヴェネツィア日本名誉総領事を勤めた。

90　注89前掲『明治工業史』638頁；隈元注1前掲書、69頁。

91　隈元が伝える外務大臣官舎は、建設の途中から以下に述べる太政大臣官舎となった建築を指すものだと考えられる。注92参照。

92　1875（明治8）年2月、寺島外務卿から三條太政大臣宛に永田町二丁目二番地に外務卿官舎

第Ⅲ部　工部美術学校教師列伝

新築の申請が提出され、翌月には許可が下り（国立公文書館蔵『公文録』明治八年三月　外務省九「外務卿官舎建築伺」）、工部省がその建設にあたった。ところが1877（明治10）年2月1日外務省舎が出火、消失する（国立公文書館蔵『公文録』明治十年二月　外務省十七「外務省出火消失届」）。9月19日、寺島は三條に、外務省舎新築にあたり同じ敷地内に外務卿官舎を建て直すことを希望、既に建築に着手していた外務卿官舎は太政官官舎に充当する案を提出し、ほどなく許可される（国立公文書館蔵『公文録』明治十年十二月　外務省三十三「外務卿官舎ヲ太政大臣官舎ニ充用、同卿官舎再築伺」）。これに先立つ7月、太政官官舎新築計画があったが、西南戦争による財政逼迫に加え、皇居造営計画もあるので、「当分ノ処御見合」せ、と大隈大蔵卿が回答していた（国立公文書館蔵『公文録』明治十年九月　工部省八「太政大臣官宅建築伺」）。よって、隈元が伊藤為吉談として伝える外務卿官舎は、この太政官官舎であるとみられる。また1878（明治11）年5月14日付で「東京府第三大区一小区永田町一丁目二番地」の一部の土地6012坪強を太政官官舎用敷地として引き渡すことが申請され、翌月許可となり（国立公文書館蔵『公文録』明治十一年八／九月　本局十三上「太政大臣官舎敷地渡方内務省ヘ御達按」）、その結果、太政官官舎は広大な庭園付きの官舎となった。カッペッレッティはこの敷地の庭園もデザインしたと考えられる。

93　国立公文書館蔵『公文録　本局』、明治12年2月、4. 工部省雇伊国人カツペレッチー外二人ヘ慰労金賜方達ノ件。

94　同上。但し翻訳文のみ保管されている。

95　外務省外交史料館蔵『官雇入表』3-9-3-14。但し、給与については、大内他注6前掲書、343頁。

96　同上。

97　大内他注6前掲書、343頁。

98　防衛庁防衛研究所蔵『陸軍大日記　砲工ノ部』明治十三年七月。本史料閲覧にあたっては、1999（平成11）年当時、在イタリア日本国大使館防衛駐在官の中村忍、及び防衛庁防衛研究所戦史部調査員北澤法隆の両氏のご助力を頂いた。

99　国立公文書館蔵『公文録』明治十四年　一月　陸軍省十五「建築教師伊国人カヘレーチ雇ヒ延期ノ件」。同文書には、日本語及びカッペッレッティ直筆による仏文の9条からなる契約書が添付されている。第八条には、帰国時の「旅費ヲ給スル事ナシ」とある。カッペッレッティは帰国費用をなげうっても、参謀本部の図面完成を望んだとも解釈できよう。カッペッレッティの陸軍省雇用に関しては、『陸軍大日記』の記述による以下がある。中村赳『新説明治陸軍史』梓書房、1973年。

100　国立公文書館蔵『公文録』明治十四年　一月　陸軍省十五「建築教師伊国人カヘレーチ雇ヒ延期ノ件」。

101　国立公文書館蔵『公文録』明治十四年　二月　陸軍省二七「建築教師伊国人カペレーチ雇延期ノ件」。カッペッレッティ直筆のフランス語による、略式の雇用契約書とその翻訳文が添付されている。

102　第Ⅱ部第7章154頁。

103　『靖国神社百年史（資料篇　中）』靖国神社編、1983年、49～57頁。

104　同上、54～55頁。

105 同上、57頁。
106 藤森注2前掲書、164頁。
107 桐敷真次郎『明治の建築』本の友社、2001年、84～85頁（初版は日経新書、1966年）。
108 桐敷真次郎、『明治前期建築における洋風技法の研究』（東京大学工学博士号学位論文）、私家版、1961年。
109 Ilena Gallucci, *Boito a Gallarate, nel segno di una committenza illuminata*, in Zucconi e Castellani (a cura di), op. cit., pp. 76-79.
110 伊東忠太「名建築論」『伊東忠太建築文献 6．論争・随想・漫筆』龍吟社、1937年、109～110頁
111 隈元注1前掲書、68頁。最終的な取り壊しの時期については不明。
112 同上。
113 『東京日日新聞』1881年5月4日。
114 隈元注1前掲書、68頁。
115 堀内正昭・藤森照信「ベックマン『日本旅行記』について」『建築史学』7、1986年、115頁。
116 隈元注1前掲書、68頁。最終的な解体時期については知られていない。
117 金子注71前掲書、153～162頁。
118 金子注71前掲書、153頁。
119 青木茂編『フォンタネージと工部美術学校』至文堂、1978年、30頁。
120 清水重敦「建築写真と明治の教育」『学問のアルケオロジー』東京大学、1997年、252～257頁。
121 同上、254頁。
122 Giuliana Ricci, *L'Architettura all'Accademia di Belle Arti di Brera: Insegnamento e Dibattito*, in Giuliana Rocci (a cura di), *L'Architettura nelle Accademie riformate. Insegnamento, dibattito culturale, interventi pubblici*, Milano 1992, p. 272.
123 Giuseppe Mongeri, *Schema di Statuto per una Accademia di Belle Arti*, Milano 1860, pp. 20-21.
124 *Statuti*, op. cit., 1860, p. 12.
125 東京大学大学院工学系研究科建築学専攻蔵、明治美術研究学会事務局編『東京大学工学部建築学科蔵　工部美術学校旧蔵図書目録』1985年。本目録閲覧にあたっては、同研究科教授（当時）の鈴木博之氏のご高配を得た。記して感謝したい。なお、本目録について、池上重康「工部美術学校旧蔵の現存建築関連洋書について」（『日本建築学会大会学術講演梗概集』2008年、197～198頁）では「明治美術研究学会による整理」（傍点本著者）としか評価されていないが、同学会の学術的研究成果として尊重すべきである。
126 池上注125前掲論文に、「フォンタネージの舶載による可能性が高い」としているが、フォンタネージ舶載本は数冊に限られると考えるべきである。
127 秋田市教育委員会編『重要文化財旧秋田銀行本館のあゆみと復旧工事の記録』秋田市、1995年。
128 第II部第7章参照。
129 隈元注1前掲書、72～74頁。
130 注99参照。
131 青木茂編『高橋由一油画史料』中央公論美術出版、1984年、270～271頁。

132 隈元注1前掲書、72〜74頁。

133 *San Francisco City Directory*, 1887; 1888; 1889; 1890.

134 *The Illustrated Directory*, The Illustrated Directory Company, San Francisco Chicago, New York, November 1895を参照。

135 ベールントは、1889年頃、カリフォルニア州マリン郡に《ライフォード博士の石塔》を建設した。現在これはアメリカの歴史的ランドマークに指定されている。

136 "The California Architect and Building News", December 15, 1889, Number 12, 1. ただし、"Capelletti"[ママ]と記載されている。堀勇良氏のご教示による。尚、下田菊太郎の講演内容は、同誌次号のJanuary 18, 1890, Number 1, 1-7に掲載された。

137 *Mercantile Guide to cities and suburbs of the United States of America, California Edition*, 1891, p. 358.

138 "Voce del popolo", 1890年10月10日付。

139 隈元注1前掲書、72頁。

140 John William Snyder, *Index of San Francisco Building 1879-1900: volume I*, 1973, p. 48.

141 Joe Pecora, *The Joice House, 982 Hayes Street*, "The Alamo Square Neighborhood Association Monthly Newsletter", July 1999, pp. 4-5.

142 *Sanborn Maps for San Francisco*, 1899.

第2章　ヴィンチェンツォ・ラグーザ

　はじめに

　ヴィンチェンツォ・ラグーザの生涯については、ラグーザと懇意だったマリオ・オリヴェーリが伝記を著している。ラグーザ研究の基礎をなすその著書は、1925年に『大理石の創造主、ヴィンチェンツォ・ラグーザ』、そして1929年（但し、筆者のあとがきは1928年）には第二版が『大理石の創造主』という書名で、ラグーザの故郷パレルモのアルテ・ノーヴァ社から出版された[1]。ページ割や図版の位置の異同、僅かな語彙の変更もあるが、両者の記述内容は同一であるといえる。オリヴェーリによるラグーザ伝は、日本では、木村毅編『ラグーザお玉自叙伝』所収の、吉浦盛純による邦訳「大理石の芸術家」によって知られている[2]（以下、オリヴェーリによるラグーザ伝を「大理石の芸術家」と呼ぶ）。ただし、同書には記述の曖昧な点が多く、より詳しい事実の解明が求められる。

　近年、ラグーザに関して新たな知見が発表されつつある[3]。本章では主として、工部美術学校の彫刻教師に選出されるまでの経緯を中心に、筆者の調査により得られた新知見により「大理石の芸術家」の内容を修正し、ラグーザの生涯の全体像を示したい。

　1. 出生

　「大理石の芸術家」によれば、ヴィンチェンツォ・ラグーザ（Vincenzo Ragusa）は、「マンゴ侯爵邸の料理人頭」のミケーレ・ラグーザ（Michele Ragusa）とドロテア・フィリッペッリ（Dorotea Filippelli）の子として、パレルモ市郊外のパルタンナ・モンデッロにおいて、1841年7月8日に生まれたという[4]。しかし、ラグーザ存命時から誕生日を12日としているものもあり、いずれが正しいのか決着はついていなかった[5]。だが、パレルモ国立文書館所蔵の「洗礼証明書」によって、ラグーザが、1841年7月8日4時に誕生し、翌9日にレズッタノ教区教会において洗礼を受けたことが確認できる[6]。また、この「洗礼証明書」から、父ミケーレが勤めていたマンゴ家は、当時上院議員であったブルーノ・ジュゼッペ・マンゴと同門であった可能性がある。

ラグーザが誕生したパルタンナ・モンデッロは、モンデッロ区の一角に位置する。モンデッロは、かつて漁港として栄えたが、現在ではガッロ山からペッレグリーノ山にかけて美しいアーチをなす入り江に沿った海浜として有名である。1787年4月2日にパレルモの港に到着したゲーテも、右手に見えるペッレグリーノ山の「優雅な姿」と「湾や半島や岬のある遙かに伸びた海浜」の光景を伝えている[7]。

2. パレルモでの修業

a. 彫刻家への道程

ラグーザは幼少時から絵画に興味をもち、パルティコロ神父の下で素描と明暗法を学び、また当時パレルモで唯一の象牙彫刻家の工房において鑿の使い方を習得し、長じて彫刻家を志したが、父親の許しを得られず、パレルモ市の製粉徴税事務所に勤めたという[8]。

1860年、ガリバルディの愛国義勇軍がシチリアに上陸すると、ラグーザはイタリア王国軍の兵役に就き、国家統一運動に身を捧げ、各地を転戦した。ラグーザは1864年2月23日に除隊命令を受けたが、実際には同年1月28日にレッジョ・エミーリアにおいて除隊となっている[9]。オリヴェーリが伝える「召集の際直ちに集まってきた正直な兵士等に対する褒賞」とはこれを指すのだろう[10]。ラグーザは1861年にフィレンツェで開催された、「第1回イタリア美術工芸博覧会」の開会式に出席したという[11]。

パレルモに帰郷したラグーザは彫刻家修業を決意する。そのとき、「既に24歳に達」していたとあるので[12]、開始時期は1865年の誕生日以降、つまりこの年の秋だったと考えられる。ラグーザは、ヌンツィオ・モレッロ（Nunzio Morello, 1806-1875）の学校で彫塑を学ぶ一方、サルヴァトーレ・ロ・フォルテ（Salvatore Lo Forte, 1809-1885）の指導の下に古代彫刻のデッサンを研究し、夜間には裸体学校にも通って彫刻を学んだという[13]。

ミラーノ、ヴェネツィア、ナポリなどには、イタリア王国統一以前から独立した、基礎から専門家を養成するための美術教育をおこなう美術学校があり、それらは統一後、イタリア王国政府の管轄下に置かれて継続した。一方、パレルモには長い間、これらに匹敵する独立した美術学校はなかった。イタリア王国統一以前、すなわちブルボン家統治下の両シチリア王国時代、パレルモに設立された王立大学内に美術教育部門（Collegio delle Belle Arti）が置かれており、そこで建築、彫刻、絵画、裸体画の教育がおこなわれていた[14]。

モレッロは、新古典主義の彫刻家ヴァレリオ・ヴィッラレアーレ（Valerio Villareale, 1777-1854）について学んだ。ヴィッラレアーレは、1821年から1854年まで上述の王立大学の美術教育部門で彫刻教師を勤め、その死後は、モレッロが1860年まで受け継いだ。一方、ロ・フォルテは、1837年から1857年まで同大学の裸体画教師を勤めている[15]。ラグーザ

が彫刻修業を開始した時代は国家統一後の動乱期の中にあり、パレルモには政府公認の美術教育機関は実質的に存在せず、美術家が個人的に教室を開いて美術教育をおこなっていたと考えた方が妥当だと思われる。このような中にあって、ラグーザは、当時パレルモで実力のあった彫刻家モレッロ、及び画家ロ・フォルテから薫陶を受けた。ラグーザが美術教育機関の修業免状をもっていなかったのは、以上の理由によると考えられる[16]。

b．国内美術研究生派遣競技

彫刻修業を開始して、「いまだその後三年もたたぬある日」ラグーザは「政府が公布したローマ留学美術研究生派遣の競技」を知り応募する。オリヴェーリは、ラグーザが出品した習作塑像「眠れるデスデモナを殺さんとして躊躇するオセルロ（Otello esitante ad uccidere Desdemona addormentata）」は「第一等と鑑賞された」が、「情実関係という厄介物のため」に、「その後の勝利は不幸にして彼のものではなかった」と伝えている[17]。

本著者は、このローマ留学美術研究生派遣競技（コンクール）に関する史料を見いだした[18]。シチリア古美術・美術委員会主催の応募要項は、1868年8月16日に公布されている。ラグーザが28歳になった夏である。応募要項から、この派遣競技は1842年7月27日付の政令によって定められ、イタリア王国政府移行後も継続していたことがわかる。この年の派遣競技の主旨は、彫刻を学ぶ学生1人を選び、シチリア古美術・美術委員会が定めた場所において、3年間の奨学金を与えて研修を受けさせる、というものである。

オリヴェーリは「ローマ留学美術研究生派遣の競技」と記したが、本史料中には行き先はローマとは明記されていない。だが、1842年7月27日付の政令によって定められており、当初の行き先はローマであった[19]。美術アカデミーにおける美術教育が健在であった19世紀、イタリアを含めヨーロッパ諸国では、絵画、彫刻、建築を志す学生にとって、最後はローマにおいて学業を完成させることが念願であり、またひとかどの美術家として認められるために必要な経験だと考えられていた[20]。ラグーザと共に来日したカッペレッティも来日以前に、ミラーノにおいてローマ留学を可能とする「オッジョーニ助成金のための設計競技」を受けている[21]。従って、オリヴェーリが国内における美術留学の行き先をローマと記したのは妥当なことだったといえる。だが、本競技で勝利したロザリオ・バニャスコ（Rosario Bagnasco, 1845-？）は、フィレンツェにおいてジョヴァンニ・デュプレ（Giovanni Duprè, 1817-1882）に、ローマにおいてジュリオ・モンテヴェルデ（Giulio Monteverde, 1837-1917）について研鑽を重ね、1873年にパレルモへ戻っている[22]。本競技勝利者の留学先はシチリア古美術・美術委員会によって、フィレンツェとローマに定められたのだと考えられる。

この競技は、シチリア古美術・美術委員会が中心となって選考を進められたが、イタリア王国公共教育省承認の国費国内留学試験であった。4項目からなる応募条件は次のよう

なものだった[23]。第1に「シチリア出身者、非妻帯者、28歳より年長ではない者」、第2に「9月15日までに品行証明書を提出すること」、第3に「競技参加を許可された者は、題名を付した習作を提出しなければならず、それは8日間以内に制作する。以前に制作した作品が公立の美術学校において第一等級の賞、あるいは公的な展覧会で表彰のメダルを得た者は、習作［の提出］が免除される」、第4に「承認を得た習作は、来る9月20日午前8時に、委員会事務室入り口の掲示に示された場所に設置されることになる」。そして、競技で課せられたテーマは、正確には「妻デスデモーナを殺そうとして躊躇するオセロー（Otello nell'atto esitante di uccidere Desdemona sua moglie）」だった。

　審査結果を示す文書から、審査は1868年12月2日におこなわれたこと、審査員はシチリア古美術・美術委員会委員長ガエターノ・ダイタ（Gaetano Daita）、ジュゼッペ・ディ・ジョヴァンニ（Giuseppe Di Giovanni）、ルイジ・バルバ（Luisi Barba）、彫刻家のベネデット・デリジ（Benedetto Delisi, 1831頃？-1875）の4名だったこと、応募者の名前を伏せて番号とタイトルによってそれぞれの作品を審査し、その後に応募者名を明かすという方法が採られたことがわかる[24]。講評から審査の対象は、意匠、構成、仕上げなどだったことがわかるが、満点が何点なのかは不明である。出品作品は5点あった。作品番号、作品の標語、応募者、審査点数は以下の通りであった。

1. 《全ての人（Tutti uomini）》、ジュゼッペ・ルッフィーノ（Giuseppe Ruffino）、3点
2. 《もし、それぞれに精神の苦悩を言うなら（Se di ognun l'interno affanno）》、ヴィンチェンツォ・ラグーザ、3点
3. 《今、ここで精力が私の妄想から奪回する（Or qui vigor mia fantasia riprenda）》、ロザリオ・バニャスコ、8点
4. 《神は全てを知っている（Iddio sa tutto）》、サルヴァトーレ・バラッティ（Salvatore Balatti）、0点
5. 《ダンテ（Dante）》、ベネデット・チヴィレッティ（Benedetto Civiletti, 1840頃？-1899頃？）、6点

　1から4は、今回課せられたテーマである「妻デスデモーナを殺そうとして躊躇するオセロー」に応じて制作されたものである。一方、詳細は不明だが、チヴィレッティは課題ではない《ダンテ》を提出している。

　チヴィレッティは、本競技試験の審査員でもあるデリジに就いて学んだ後、フィレンツェに赴きデュプレの下で学業を完成させた。1865年にパレルモへ帰郷し、《幼きダンテ（Il Dantino）》を制作し、モンテヴェルデから絶賛され、1872年のミラーノでの「第2回全イタリア美術展覧会」に出品されたという[25]。チヴィレッティが本競技で提出した《ダン

テ》は、この《幼きダンテ (Il Dantino)》であり、オリヴェーリが伝える《幼きダンテ (Dante fanciullo)》でもあると考えられる。オリヴェーリは、《幼きダンテ》がパルマで開催された第2回イタリア博覧会に出品されたと伝えている[26]。

さて、ラグーザ作品及び競技勝利者のバニャスコ作品の講評を見てみよう[27]。

　　表題の第2番の作品《もし、それぞれに精神の苦悩を言うなら》についての意見。
　　バルバ氏は、輪郭やプロポーションが不完全なので、この作品に対して意匠点を与えない。主題とオセローの躊躇を正確に表現しているので、構成については点数を与える。制作に関しては、容姿のみならず、衣襲造形のバロック風の形態のために点数を与えない。
　　ベネデット・デリジ氏は、バルバ氏の判定の全ての点において、完全に従う。
　　ディ・ジョヴァンニ・ジュゼッペ氏もまた、バルバ氏によって述べられ、デリジ氏によって追認された同じ［意見］を告げる。
　　表題第3番目の作品《今、ここで精力が私の妄想から奪回する》についての意見。
　　デスデモーナの両手が同形ではないので欠陥があり、そして片方の手、つまり胃の上に置かれた手は、手首の結合に不備がある、また、オセローにおいて、短剣を持っている腕は釣り合いがとれていないので、バルバ・ルイジ氏は、第3番目の作品に意匠点を与えない。
　　テーマを適切に描写され、主題が表現されているので、構成については点数を与える。
　　浅浮彫について規定された規則に従って制作されているし、作品全体は個性的であるので、また制作についても点数を与える。
　　ベネデット・デリジ氏は、構成及び制作に関してバルバ氏の意見に従う。それから、意匠に関しては、いくつかの取るに足らない過ちがあることが認められるが、それでも、全体としては非難に当たらないという考えから、この作品に意匠点を与える。
　　ディ・ジョヴァンニ氏は、完全にデリジ氏の意見に従う。

オリヴェーリは、ラグーザの作品が「第一等と鑑賞された」と述べ、また「出品作品が一堂に陳列されたとき民衆は一斉に審査のスキャンダルを叫んだ」と伝えている[28]。にもかかわらず、ラグーザの作品が第一等に選ばれなかったことを、オリヴェーリは「情実関係」が働いたためと語っている。

ラグーザが本競技の掲示を見ていたとき、「モレルロという男が彼にぶつかるように走ってきて、『今度の競技試験は君にはとても望みはない』といった」とオリヴェーリは伝えている[29]。吉浦訳の「モレルロという男」は、ラグーザが通学していた学校の長であ

219

るヌンツィオ・モレッロと思われる。しかも、勝利したバニャスコは、ラグーザと同様にモレッロの弟子であった。ラグーザの実力を知っていたことによるのか、あるいは、ラグーザ以外の弟子が本競技試験で勝利することを期待していたことによるものか、発言の真意について知る由はないが、オリヴェーリの記述は、モレッロがバニャスコに特別の期待を抱いていたことを示唆している。

本競技試験の結果、バニャスコは1869年1月1日から3年間、1年1,200リラの助成金を得た[30]。フィレンツェ及びローマで学んだ後、パレルモに帰郷したバニャスコは大理石の浅浮彫制作に関する競技試験や、1883年にカターニャで開催された競技試験で勝利している[31]。この経歴を考えれば、本競技試験におけるバニャスコの勝利は、オリヴェーリが伝えるように「情実関係」が働いたためだけではなかったと考えられよう。

一方、落選したラグーザは「民衆の反抗の声のおかげでイタリア美術行脚とパルマの第2回イタリア博覧会見物を許可され」、「パレルモ市は彼の精神的創痍回復のために、パレルモ市役所の会議室に据えられるべき暖炉の製作を依頼した」[32]とオリヴェーリは伝えている。前者については不明だが、後者については、スパドーロによって、パレルモ市庁舎となっているアークイレ館（Palazzo delle Aquile）「黄色の間（Sala Gialla）」に《壮大な暖炉（Camino monumentale）》が現存していることが明らかにされた[33]。これは、《装飾暖炉》という名称で知られている作品と同一のものであろう。スパドーロは制作年代を1868年としている。そうであれば、1868年12月2日におこなわれたローマ留学美術研究生派遣競技の審査の直後に、パレルモ市がラグーザに《装飾暖炉》の制作委嘱をしたことになる。一方、清原加代子は写真資料から1870年と同定している[34]。制作年代についての両者の齟齬は、制作委嘱時期と完成時期との違いの可能性がある。より詳細な調査結果が期待される。

《装飾暖炉》は、男像柱として2体の半身半獣のパーンが配され、中央の開口部には花綱が巡らされ、その中央には館の名前となっている1羽の鷲が翼を大きく広げて止まっている。シチリアの地味の豊かさを象徴的に表現した[35]、まさに記念碑的な装飾が施されている。

3. ミラーノ時代

1872年8月26日から10月7日まで、ミラーノ王立美術学院としても使用されているブレラ館を会場として開催された「第2回全イタリア美術展覧会」に、ラグーザは石膏製《パルマ王立美術学校書記官のピエトロ・マルティーニ教授肖像半身像》及び、石膏製《装飾暖炉》（fig. 49）を出品した[36]。《装飾暖炉》には、現在アークイレ館の《壮大な暖炉》には欠けている、暖炉上部に座るニンフと腹這いになっている子どものバッカスの像もあっ

第2章　ヴィンチェンツォ・ラグーザ

たと考えられる。

　オリヴェーリは、「ミラノ展覧会の審査員等は非常に寛大な態度で、ロンバルジア州以外の彫刻家3人に対してもウムベルト殿下賞を授けることにした」と伝えている[37]。その3名とは、《天才フランクリン》作者のジュリオ・モンテヴェルデ、《幼きダンテ》作者のベネデット・チヴィレッティ、《装飾暖炉》作者のラグーザである。しかしながら、ブレラ美術大学古文書室所蔵の関係文書には、「ウンベルト殿下賞」受賞者はモンテヴェルデの名前だけが記載されている[38]。優秀者のみが記されたと考えられ、チヴィレッティ及びラグーザの名前は見あたらないが、ラグーザは「ウンベルト殿下賞」のメダルを所持していたという[39]。

fig. 49　ヴィンチェンツォ・ラグーザ《装飾暖炉》　1873年頃

fig. 50　同《奴隷の自由》　1873年頃　所在不明

　ラグーザはこの展覧会を機に、制作の拠点をミラノに移し、1876年の渡日までミラノ王立美術学院に近いモスコヴァ通り（Via Moscova）37番に住み[40]、さまざまな制作を手掛け、展覧会に出品している。1873年のウィーン万国博覧会には、ブロンズ製《奴隷の自由（La libertà degli schiavi）》（fig. 50）及び、再度、石膏製《装飾暖炉》を出品し、前者は8,000リラの、後者は3,000リラの値が付いた[41]。また、1874年ミラノ王立美術学院主催の作品展には、《幼きバッカス》、《奴隷身分の解放》などを出品したという[42]。

　ところで、オリヴェーリは、ラグーザが「ワンダーウィース伯爵（Conte Wonderwies）」のルガーノの別荘に設置すべく、大理石で《装飾暖炉》を制作することになったと伝えている[43]。「ワンダーウィース伯爵（Conte Wonderwies）」は、正しくはパウル・ゲオルゲヴィッチ・フォン・デルヴィース（Paul Georgwitch von Derwies, 1826-1881）で、伯爵ではなく男爵（Barone）である。

221

第Ⅲ部　工部美術学校教師列伝

fig. 51　ヴィンチェンツォ・ヴェーラ《スパルタクス》 1847～50年　リゴルネット、ヴェーラ美術館

fig. 52　大熊氏廣《破牢》 1882年　東京大学大学院工学系研究科建築学専攻

　フォン・デルヴィースは、ロシアの鉄道網建設で財を築いた人物で、ロシア皇帝アレクサンドル2世の私設秘書だったという。フォン・デルヴィースは、1870年頃に、現在のスイス連邦イタリア語圏のティチーノ州ルガーノに「トレヴァーノ城（Castello Trevano）」を建設した。スイスのリゴルネット出身のヴィンチェンツォ・ヴェーラも、当初からこの建築に携わることになっていたようで、ヴェーラが1847年に石膏で制作した《スパルタクス》の翻刻作品（fig. 51）が邸内に置かれていた。ヴェーラ作品に親しんだラグーザは、卒業制作として大熊氏廣にこれを模刻させることにしたのだろう（fig. 52）。「トレヴァーノ城」は「城」と呼ばれるほど巨大で、かつ贅が尽くされており、邸内には「コンサート室」や「劇場室」が設置され、「音楽の城」とも呼ばれていたという。しかし、「トレヴァーノ城」は1961年に取り壊された[44]。

　清原は、トレヴァーノ城の装飾をラグーザが手掛けていたことを明らかにし[45]、またラグーザが大理石製の《装飾暖炉》を制作したことを写真資料によって示した[46]。「トレヴァーノ城」が取り壊される以前の1960年、邸内の彫刻や建築装飾の多くは別所に移され、ルガーノ州立高校内には、「Ragusa」の署名がある、かつての館の破風の装飾帯が現存するという。その他にも、ラグーザによる《ネプチューンの泉》他が現存するという[47]。

4. 来日経緯

　隈元謙次郎はラグーザが「彫刻家として認められ、又日本に招聘される機縁ともなったのは1872（明治5）年ミラノに開催された全伊太利亜美術展覧会であった」と伝えている[48]。オリヴェーリは、「彫刻部の競争志願者数が50人以上

もあったのに彼は首席で合格した」と伝えている[49]。しかし、第Ⅱ部第2章で見たように、教師の候補者数は、彫刻15名、建築5名、絵画23名で、総数は43名だった。〈画学〉教師の選考において、風景画家もしくは人物画家という二者択一問題が生じ、アントーニオ・フォンタネージとエドゥアルド・トーファノが最終候補者として残り、その結果、フォンタネージが選ばれた[50]。また〈家屋装飾術〉の教師には、はじめオスカッレ・カポッチが選ばれたのだが、彼が辞退した結果、カッペッレッティが選ばれた[51]。これらに対し、〈彫刻術〉教師については、最初からラグーザが選ばれ、渡日を果たしたのである。

　オリヴェーリは、応募条件の一つに「伊国の美術関係のアカデミーないしは学校の推挙による者」があったと記している[52]。パレルモ出身のラグーザは美術家形成期を同地で過ごし、ミラーノ王立美術学院に学んでいない。上述のように、ラグーザは1872年のミラーノにおける「第2回全イタリア美術展覧会」参加を契機に、同地に住まいを移した。オリヴェーリは、ラグーザは「美術に関する修業証明書」も「アカデミーのデプロマ」もなかったので「教授団は緊急会議を開いて、"便宜上"彼をプレーラ・アカデミー出身者と認めることに万場一致」し、その結果、ラグーザは日本の美術学校の教師応募が可能になったと伝えている。

　だが、工部美術学校教師の応募条件として、日本政府は美術学校教育機関の修業証書類の提出を課していない。公共教育省は、トリーノ、ミラーノ、ヴェネツィア、フィレンツェ、ローマ、ナポリの6校の王立美術学校に候補者を打診し、学校側は責任をもって候補者の推薦をおこなったが、候補者推薦は当該校の出身者に限定されていたわけでもなかった。ラグーザは、当時、活動の拠点としていたミラーノの王立美術学校の推薦を受けて応募した。ここにその推薦文を紹介する（doc. 24）。

　　2人の彫刻家の内の1人は、パレルモ出身のヴィンチェンツォ・ラグーザ氏で、3年前からミラーノに居を構えています。人物彫刻においてだけでなく、装飾、動物、果物や花々などの彫刻においても、とても有能な美術家です。彼は、室内装飾用の透視画や建物装飾仕事、大理石やさまざまな石の裁断、またそれらの調整にも従事してきました。ロシア帝国参事官のフォン・デルヴァイズ伯爵閣下[53]の依頼による、ラグーザの大理石製及びブロンズ製の作品一点の、添付の写真複製は、彼の能力についての見解を提供し得るでしょう。彼はブロンズの鋳造技術に精通しており、また蠟を含むさまざまな種類の造形美術に慣れ親しんでいます。並はずれた作品の多さはこれらの長所と結びついています。彼はフランス語を話し、30歳を少し越えた年齢です。生まれ故郷を離れてミラーノに赴く少し前に、彼は兵役を終えていました。

　ラグーザの推薦文の内容は、「覚書」（doc. 3）に示された工部美術学校の彫刻教師に求

める能力のほぼ全てを、ラグーザが保持していることを証明している。よって、この推薦文には、ラグーザが選抜された理由が示されている。実際、西洋彫刻の伝統が全くなかった日本における、ラグーザの教育上の功績は既に多く語られてきたところである。

　工部美術学校の彫刻教師としてラグーザが選出されるまでの経緯について、オリヴェーリは、公共教育大臣のルッジェーロ・ボンギが「個人的にこのラグーザの例外的成功に非常に興味を持った。彼［ラグーザ］は正式任命を受けるに先立ちプレーラなるベルジョイオーソ伯爵に招待された。行って見るとボルオメオ伯爵も来合していた。両伯爵は今回の彼の成功を祝福するとともに、如何なる栄誉も称号も勲章も与え、また彫刻製作の注文も取計うべきにつき、日本行きを断念しないかとしきりに勧めた」と伝えている[54]。

　「ベルジョイオーソ伯爵」とは、カルロ・バルビアーノ・ディ・ベルジョイオーソ（Carlo Barbiano di Belgioioso, 1815-1881）である。ベルジョイオーソは、フランチェスコ・アイエツ（Franco Hayez, 1791–1882）に学んだ画家で、ミラーノ王立美術学院学長であり、1875年から上院議員でもあった。「ボルオメオ伯爵」とは、ジベルト4世・ボッロメーオで、1855年のパリ万博や1884年のトリーノでの美術展に絵画を出品するほどの画家であり、ミラーノ王立美術学院の評議員及び名誉顧問を務めた人物である。

　オリヴェーリは、2人がラグーザに「日本行きを断念しないかとしきりに勧めた」と記しているが、事実は全く逆である。ラグーザは2人の推薦を得て候補者に挙げられ（doc. 34）、ボッロメーオは、2度に渡って、直接ボンギにラグーザの推薦状を送り、ラグーザを最終候補者に選出するように懇願しているのである。フォンタネージが絵画教師として選ばれた背景に、首相を2度務めたベッティーノ・リカーソリによる支援があり、リカーソリがルッジェーロ・ボンギ公共教育大臣に直接働き掛けていたのと同様である[55]。

　1度目は、1875年10月14日、ボッロメーオがボンギに「本学院の名において」ヴィンチェンツォ・ラグーザを推薦している（doc. 173）。これに対して、ボンギは1875年12月28日付のボッロメーオ宛の返信で、「君が推挙した人の功績が耐えうるかどうか、私にはわかりません。（中略）こちらに在駐の日本帝国の代表者［河瀬真孝公使］が判断を下すだろうということは、私はよくわかっています」と返答している（doc. 174）。しかし、この文書が書かれた翌日、イタリア外務省は公共教育省へ、日本側がイタリア側に教師の決定を完全に委ねている旨を伝え（doc. 38）、ボンギは彫刻教師にラグーザを選ぶことになる。

　2度目は、1876年1月1日、ボッロメーオが再度ボンギへの文書で「ラグーザは本当に才能がある人物です。いや、むしろすばらしい彫刻家である上に、卓越した鋳造者であるので、2倍の才能がある人物です。彼は、向こう［日本］において、イタリアの誉れとなるでしょう」（doc. 175）と述べ、ラグーザを選出するように強く要請している。

　ラグーザはボッロメーオ、並びにベルジョイオーソからの熱烈な推挙を得たこともあって（doc. 34）、工部美術学校の彫刻教師に選抜されたと考えられる。

第2章　ヴィンチェンツォ・ラグーザ

5．日本での活動

　6年間の日本滞在中、ラグーザは工部美術学校で彫刻教育[56]をなす一方、彫塑・彫刻作品を制作した。肖像彫刻が多く、大理石、石膏、ブロンズ各種の像が残されていることが、近年の研究によって確認された。さらなる研究成果が期待される。後に妻となる清原玉をモデルとする《清原玉女像》(fig. 53) は、日本滞在初期の頃の作品である。ラグーザが西洋画を教授していた玉に、彫刻のモデルとなることを提案したところ、玉は、「石で、固い、冷たい自分ができるということは、何だか気味のよくないような気」がしたという[57]。肖像彫刻に対する当時の日本人の意識がよく表れたエピソードといえよう。この像は、石膏で作られた後、ブロンズで鋳造もされた。素材そのものの質感が前面に表出する点に新たな時代への息吹が感じられる一方、精巧な描写力はアカデミックな手法を継承していることを示している。ラグーザの彫刻に見られる古典主義的な作風は、新古典主義の彫刻家ヴァレリオ・ヴィッラレアーレ、ヌンツィオ・モレッロの流れを引くものであろう。

fig. 53　ヴィンチェンツォ・ラグーザ《清原玉女像》
1879年頃　東京藝術大学

6．石膏像教材

　東京大学大学院工学系研究科建築学専攻には、工部美術学校の石膏像教材が現存する[58]。これらの石膏像教材は彫刻及び〈画学〉の教場において使用されていた[59]。従って、石膏像教材の選択はラグーザによってのみなされたとは当然考えられないが、その一翼を担ってはいただろう。石膏像教材は、工部美術学校全体の教育の方向性を示す一方で、ラグーザの作品を考える上でも避けて通れないのではないかと思われる。

　1875年6月12日付で在日本イタリア特命全権公使フェー・ドスティアーニがイタリア外務省へ宛てた文書において、工部美術学校創設にあたって必要となる教材を挙げており、その中に石膏像も含まれていた (doc. 5)。将来した石膏像の全体数量は不明である。1985 (昭和60) 年、明治美術研究学会 (現、明治美術学会の前身) の尾埼尚文が中心となって、

225

第Ⅲ部　工部美術学校教師列伝

表4　石膏像教材リスト

番号	時代区分	尾崎台帳頁	尾崎台帳による作品名	尾崎台帳による大きさ	尾崎台帳番号
1		p. 119	無題（ドーリス式柱頭）	30.5×52.5×52.5	83
2		pp. 117〜118	無題（イオニア式柱頭）	43.0×56.0×38.0	84
3		p. 115	無題（イオニア式柱の台座）	36.5×50.0×51.0	89
4		p. 116	無題（コンリント式柱頭）	46.5×51.7×51.4	85
5		p. 120	無題（カリアティーデ）	88.4×30.0×33.0	83
6		p. 86	無題（建築の飾り）	64.5×55.8	9
7		p. 87	無題（建築の飾り）	77.8×59.3	2
8		p. 88	無題（建築の飾り）	97.0×74.0	1
9		p. 32	せり持飾	70.5×50.3×42.5	86
10		p. 46	メンソール飾物（ママ）	62.0×30.0×29.7	87
11		p. 45	メンソール飾物（ママ）	54.0×30.5×24.6	88
12		p. 96	無題（建築装飾、浮き彫り）	115.0×75.4	15
13		p. 95	無題（建築装飾、浮き彫り）	115.0×95.0	16
14		p. 94	無題（建築装飾、浮き彫り）	115.0×121.0	17
15	古代ギリシャ	p. 85	無題（古代ローマ風踊る女像浮き彫り）	65.5×39.7	3
16	古代ギリシャ	p. 51	無題（円盤投げ）	175.0×66.0×44.0	95
17	古代ギリシャ	p. 53	無題（男子半身像）	92.5×40.0×28.0	36
18	古代ギリシャ	p. 105	無題（女性半身像、破損）	50.0×16.0×21.5	92
19	古代ギリシャ	p. 27	ベニュス　ギジヤ	66.6×43.0×31.0	51
20	古代ギリシャ	p. 62	無題（ベニュス　ギジヤ）	66.0×43.0×31.0	52
21	古代ギリシャ	p. 36	トルゼットベニュストバチカノ無頭婦人像	106.5×42.5×42.5	33
22	古代ギリシャ	p. 37	ベニストカプア	62.0×29.0×27.0	なし
23	古代ギリシャ	p. 50	無題（男子裸像膝まで）	56.0×25.5×24.0	57
24	古代ギリシャ	p. 44	アポロシベルベデル	81.5×65.0×35.0	なし
25	古代ギリシャ	p. 42	シ子ルプトバチカノ	75.0×42.0×39.0	47
26	古代ギリシャ	p. 63	無題（シ子ルプトバチカノ）	79.0×42.0×40.0	48
27	古代ローマ	p. 100	無題（男性像頭部）	49.0×20.0	66
28	古代ギリシャ	p. 57	無題（男子頭部ひげ）	47.0×34.5×35.0	79
29	古代ギリシャ	p. 58	無題（男子頭部ひげ）（p. 58と同様）	47.0×34.5×35.0	80
30	古代ギリシャ	p. 47	ナシトシナボリ	68.5×32.0×32.0	56
31	古代ギリシャ	p. 39	婦人半身像	79.0×43.0×26.0	34
32	古代ギリシャ	p. 29	欧州有名ナル詩人半身像（ホメロス）	64.0×36.0×30.0	46
33	古代ギリシャ	p. 52	無題（シンバルを持つサティルス）	153.0×54.0	96
34	古代ローマ	p. 106	無題（女性半身像、破損）	49.0×46.0×24.0	64
35	古代ギリシャ	p. 59	無題（ラオコオン半身像）	79.5×37.0×37.0	98

第2章　ヴィンチェンツォ・ラグーザ

作品名	作者名	所蔵先
踊るマイナデスの浮き彫り		ローマ国立博物館
円盤投げ		ヴァティカン美術館
通称、チェントチェッレのエロス	プラクシテレス	ヴァティカン美術館
クニドのヴィーナス	プラクシテレス	ヴァティカン美術館
クニドのヴィーナス	プラクシテレス	ヴァティカン美術館
カプアのヴィーナス	プラクシテレス	ヴァティカン美術館
エロス	プラクシテレス	ナポリ国立考古学博物館
ベルヴェデーレのアポロ		ヴァティカン美術館
アテナ		ヴァティカン美術館
アテナ		ヴァティカン美術館
哲学者の肖像もしくは「偽」セネカ像		ナポリ国立考古学博物館
河の擬人像		ヴァティカン美術館
河の擬人像		ヴァティカン美術館
通称、ポンペイのナルキッソス		ナポリ国立考古学博物館
プシュケのトルソ		ナポリ国立考古学博物館
ホメロス胸像		ナポリ国立考古学博物館
シンバルをもつサテュロス		ウフィッツィ美術館
カピトリーノのヴィーナス？		カピトリーノ美術館？
ラオコーン	アゲサンドロス、アラノドロス、ポリュドロス	ヴァティカン美術館

227

第Ⅲ部　工部美術学校教師列伝

番号	時代区分	尾崎台帳頁	尾崎台帳による作品名	尾崎台帳による大きさ	尾崎台帳番号
36	古代ギリシャ	p. 30	アンヌ（アリアス）	74.5×38.0×38.0	42
37	古代ギリシャ	p. 98	無題（男性頭部のみ）	43.0×21.0	68
38	古代ギリシャ	p. 84	無題（古代ローマ踊る女像浮き彫り）	95.8×54.3	4
39	古代ギリシャ	p. 75	女神の頭	74.0×31.0×31.5	78
40	古代ギリシャ	p. 49	婦人首	38.0×21.5×20.6	67
41	古代ギリシャ	p. 76	ペルガモン王宮ノ舞女	119.0×39.0×39.0	32
42	古代ギリシャ	p. 43	小児ノ頭	50.0×31.0×29.0	63
43	古代ローマ	p. 48	シセロン	60.0×28.0×22.5	61
44	古代ローマ	p. 101	デステネス（男性像頭部デモステネス?）	46.0×25.4×24.0	77
45	古代ローマ	p. 28	インヂバチカノ	71.0×46.0×29.0	49
46	古代ローマ	p. 61	無題（インヂバチカノ）	71.0×47.0×29.0	50
47	古代ローマ	p. 60	無題（男性半身像トーガ）	67.0×52.0×32.0	45
48	古代ローマ	p. 111	無題（男性半身像）	45.7×33.9×23.4	82
49	古代ローマ	p. 102	無題（手）	50.0×22.0×14.0	70
50	古代ローマ	p. 33	腕	60.0×22.0×12.5	69
51	古代ローマ	p. 41	足	niente	71
52	古代ローマ	p. 54	無題（素足）	26.0×20.0×39.0	73
53	古代ローマ	p. 55	無題（サンダルを履いた足）	37.0×17.5×28.5	72
54	古代ギリシャ？	p. 89	無題（盾?）	(diametro) 67.8	5
55	ルネサンス	p. 72	ドナテロ作柱飾羽目天人像（明治41年3月6日、高田慎蔵）（天使、太鼓）	59.0×22.5	21
56	ルネサンス	p. 73	無題（天使、タンバリン）	58.3×22.2	22
57	ルネサンス	p. 68	無題（天使、シンバル）	57.6×21.7	23
58	ルネサンス	p. 69	無題（天使、リュート）	58.0×22.2	24
59	ルネサンス	p. 66	無題（2人の天使、柱）	58.0×22.7	25
60	ルネサンス	p. 74	無題（天使、バイオリン）	58.7×21.7	26
61	ルネサンス	p. 70	無題（2人の天使、本）	58.6×22.2	27
62	ルネサンス	p. 65	無題（天使、左笛）	57.7×22.6	28
63	ルネサンス	p. 71	無題（天使、右笛）	57.7×22.5	29
64	ルネサンス	p. 67	無題（天使、ギター）	58.3×21.6	30
65	ルネサンス	p. 79	ドナテロ作基督教■子飾[ママ]	67.0×67.0	11
66	ルネサンス	p. 82	ドナテロ作基督教■子飾[ママ]	65.3×66.4	8
67	ルネサンス	p. 80	ドナテロ作基督教■子飾[ママ]	70.6×72.5	14
68	ルネサンス	p. 81	ドナテロ作基督教■子飾[ママ]	64.7×68.9	10
69	ルネサンス	p. 77	ドナテロ作ヨハネ像	91.0×30.0×30.0	37
70	ルネサンス	p. 107	無題（ネッサンス期女性半身像）	51.0×44.5×20.0	53
71	ルネサンス	p. 108	無題（ネッサンス期女性半身像、p.107と同様）	52.0×43.5×20.0	54

作品名	作者名	所蔵先
ディオニューソス		
通称、若きオクタウィアヌス帝		クイリナーレ館
天使（12枚のパネルの内）	ドナテッロ	パドヴァ、サンタントーニオ聖堂主祭壇
天使（12枚のパネルの内）	ドナテッロ	パドヴァ、サンタントーニオ聖堂主祭壇
天使（12枚のパネルの内）	ドナテッロ	パドヴァ、サンタントーニオ聖堂主祭壇
天使（12枚のパネルの内）	ドナテッロ	パドヴァ、サンタントーニオ聖堂主祭壇
天使（12枚のパネルの内）	ドナテッロ	パドヴァ、サンタントーニオ聖堂主祭壇
天使（12枚のパネルの内）	ドナテッロ	パドヴァ、サンタントーニオ聖堂主祭壇
天使（12枚のパネルの内）	ドナテッロ	パドヴァ、サンタントーニオ聖堂主祭壇
天使（12枚のパネルの内）	ドナテッロ	パドヴァ、サンタントーニオ聖堂主祭壇
天使（12枚のパネルの内）	ドナテッロ	パドヴァ、サンタントーニオ聖堂主祭壇
天使（12枚のパネルの内）	ドナテッロ	パドヴァ、サンタントーニオ聖堂主祭壇
マタイ（黙示録の4つのシンボルの内）	ドナテッロ	パドヴァ、サンタントーニオ聖堂主祭壇
ヨハネ（黙示録の4つのシンボルの内）	ドナテッロ	パドヴァ、サンタントーニオ聖堂主祭壇
マルコ（黙示録の4つのシンボルの内）	ドナテッロ	パドヴァ、サンタントーニオ聖堂主祭壇
ルーカ（黙示録の4つのシンボルの内）	ドナテッロ	パドヴァ、サンタントーニオ聖堂主祭壇
洗礼者ヨハネ		
淑女像	アントーニオ・ロッセリーノ	ベルリン美術館
淑女像	アントーニオ・ロッセリーノ	ベルリン美術館

第Ⅲ部　工部美術学校教師列伝

番号	時代区分	尾崎台帳頁	尾崎台帳による作品名	尾崎台帳による大きさ	尾崎台帳番号
72	ルネサンス	p. 91	無題（風円形ルネッサンス期浮き彫り、天使横向き）	直径112.5	93
73	ルネサンス	p. 92	無題（円形ルネッサンス期浮き彫り、天使正面向き）	110.0 × 113.0	100
74	ルネサンス	p. 93	無題（円形ルネッサンス期浮き彫り、少年半身像）	直径49.7	20
75	ルネサンス	p. 83	無題（ルネッサンス期聖母子像浮き彫り）	91.5 × 59.7	6
76	ルネサンス	p. 78	ヴェロッキオ作バラヲ持テル少女	63.5 × 47.0 × 25.0	55
77	ルネサンス	p. 90	ヴェロッキオ作聖母子像	84.6 × 58.0	7
78	ルネサンス	p. 110	無題（洗礼者ヨハネ）	145.0 × 42.5 × 34.0	97
79	ルネサンス	p. 103	無題（男性頭部、ミケランジェロ？）	46.0 × 27.5 × 21.5	74
80	ルネサンス	p. 104	無題（p.103男性頭部、ミケランジェロ？と同様）	36.0 × 26.5 × 14.5	76
81	ルネサンス	p. 97	無題（男子裸像）	147.0 × 54.0	94
82	バロック	p. 109	無題（バロック期男性半身像）	80.0 × 60.0 × 30.0	44
83	19世紀	p. 38	大半身ヘルセヲズストジカノバ	73.0 × 31.5 × 28.0	58
84	19世紀	p. 64	無題（大半身ヘルセヲズストジカノバ）	73.0 × 31.5 × 28.0	59
85		p. 99	無題（メルクリウス頭部のみ浮き彫り）	61.0 × 38.0	60
86		p. 40	アルナアドデエブレシャ半身	53.5 × 35.5 × 33.0	65
87		p. 56	無題（男子若者頭部）	37.5 × 32.0 × 34.5	75
88		p. 34	無題（円形子供浮彫）	直径50.0 × 4.4	19
89	19世紀	p. 31	小半身像（女性半身像）	54.0 × 27.0 × 16.5	62
90	19世紀	pp. 14～15	ケレル女像	87.5 × 50.0 × 36.0	31
91	19世紀	p. 18	欧州婦人半身浮彫額（六角形）	47.8 × 37.0	12
92	19世紀	pp. 16～17	半身浮彫楕円額	107.8 × 74.6 × 12.3	13

工部美術学校生徒作品

番号		尾崎台帳頁	尾崎台帳による作品名	尾崎台帳による大きさ	尾崎台帳番号
93		pp. 19～21	破牢（スパルタアニベーラ全身）	72.0 × 24.7 × 33.5	40
94		pp. 9～11	モーセ像	67.0 × 44.0 × 38.0	なし
95		pp. 22～23	欧州婦人アリアンヌ半身	80.0 × 38.5 × 27.0	41
96		p. 24	なし（建築装飾浮彫）	？	99
97		pp. 112～113	コムポジット式装飾雛形	72.5 × 49.0 × 53.5	90
98		p. 114	タスカン式	104.5 × 76.0 × 22.0	18
99		pp. 25～26	近世風シャピトウ	48.0 × 67.5 × 26.5	91
100		p. 35	方形も細工付台	84.5 × 29.0 × 29.0	39
101		pp. 121～122	聖観世音菩薩	44.5 × 34.2 × 19.6	81
102		p. 8	武者試鵠のためのコンテ画	178.7 × 121.0	101

調査対象：102件
欠番号：35, 38, 43
調査番号未記入：3件

第2章　ヴィンチェンツォ・ラグーザ

作品名	作者名	所蔵先
「克己」(4つの徳の内)	ルーカ・デッラ・ロッビア	フィレンツェ、サン・ミニアート・アル・モンテ教会
「正義」(4つの徳の内)	ルーカ・デッラ・ロッビア	フィレンツェ、サン・ミニアート・アル・モンテ教会
若者の像	アンドレーア・デッラ・ロッビア	ベルリン美術館
聖母子像	アンドレーア・デッラ・ロッビア	
花を持つ婦人像	ヴェッロッキオ	国立バルジェッロ美術館
聖母子像	フランチェスコ・ディ・シモーネあるいはヴェッロッキオ	国立バルジェッロ美術館
洗礼者ヨハネ像	ベネデット・ダ・マイアーノ	ヴェッキオ館
ジュリアーノ・デ・メディチ	ミケランジェロ	フィレンツェ、サン・ロレンツォ聖堂
ジュリアーノ・デ・メディチ	ミケランジェロ	フィレンツェ、サン・ロレンツォ聖堂
勝利のペルセウス	アントーニオ・カノーヴァ	ヴァティカン美術館
勝利のペルセウス	アントーニオ・カノーヴァ	
	ヴィンチェンツォ・ラグーザ	東京大学大学院工学系研究科建築学専攻
	ヴィンチェンツォ・ラグーザ	東京大学大学院工学系研究科建築学専攻
	ヴィンチェンツォ・ラグーザ	東京大学大学院工学系研究科建築学専攻
	ヴィンチェンツォ・ラグーザ	東京大学大学院工学系研究科建築学専攻

	大熊氏廣	東京大学大学院工学系研究科建築学専攻
	大熊氏廣	東京大学大学院工学系研究科建築学専攻
	小栗令祐	東京大学大学院工学系研究科建築学専攻
	内藤陽三	東京大学大学院工学系研究科建築学専攻
	新海竹太郎	東京大学大学院工学系研究科建築学専攻
	新海竹太郎	東京大学大学院工学系研究科建築学専攻
	八杉敬次郎	東京大学大学院工学系研究科建築学専攻
	?	東京大学大学院工学系研究科建築学専攻
聖観世音菩薩	遠藤於菟	東京大学大学院工学系研究科建築学専攻
「武者試鵠」	大野幸彦	東京国立博物館

東京大学大学院工学系研究科建築学専攻に現存する石膏像を調査し、その結果を『東京大学工学部建築学科蔵工部美術学校関係作品』(私家版)にまとめた。同冊子には、現存する石膏像の写真、大きさ、石膏像に添付された作品名などが記されている。作品名の中には招来時以来の誤謬と思われるものもある。また、石膏像の中には、「工部省　美術」[60]に明記されているものもあるが、既に失われてしまったと考えられるものもある。

尾埼は、調査対象に番号をふり、102番まで挙げているが、35番、38番、43番が欠けている。書き忘れてしまったものと考えられる。表4は、尾埼の調査結果を基に本著者が作成したもので、工部美術学校生徒による複製品や、生徒作品も含まれている。表中の「オリジナル作品名」は現在の一般的な名称である。またその所在が判明する場合には所蔵先を記した。

これらの石膏像教材は、主として古代とルネサンス時代の作品によっている。古代作品には、《クニドのヴィーナス》や《ベルヴェデーレのアポロ》が含まれている。とりわけ後者に代表される古代美術は、新古典主義に基礎をおく当時の美術学校(美術学院及び美術専門学校)によって重要視され[61]、それゆえに、それらの複製石膏像は美術学校の教材として必ず置かれていた。また、古代の人物像の手、腕、脚などの石膏像も将来されていた。ルネサンス時代の作品をオリジナルとする石膏像には、ヴェッロッキオの《花束を持つ婦人》、ミケランジェロの《ジュリアーノ・デ・メディチの頭部》などがある。その他に、新古典主義時代を代表するカノーヴァの《勝利のペルセウス》、ラグーザ自身の作品がある。

7. 帰国後の活動[62]

ラグーザは1879年の夏に最初の3年間の彫刻教師の契約が切れ、さらに3年間の契約更新をおこなったが、1882(明治15)年の夏にはそれも終了し、帰国した。帰国後もラグーザは教育と制作に携わっている。帰国後の制作に関しては、近年、新知見が公表されつつある。さらなる研究成果を期待したい。

パレルモへの帰郷に際し、ラグーザはガリバルディ騎馬像の制作と工芸学校の設立という2つの夢を抱いていた。また、1885年には新設されたパレルモ王立美術専門学校の「人物造形美術の講座」を担当することになった。これらの概要を見てみよう。

a. ガリバルディ騎馬像の制作

ラグーザは、1882年6月に逝去したイタリア王国建国の英雄で、共に戦ったジュゼッペ・ガリバルディ(Giuseppe Garibaldi, 1807-1882)の肖像を彫刻することを希望していた。政府主導の下にイタリア各地でガリバルディ顕彰記念像制作コンペが開催されていく中、パレルモにおいてもコンペが開催され、ラグーザは見事に勝ち取り、制作を手掛けることとと

なった。1892年にパレルモで開催された「全イタリア美術展覧会」のオープニングの際に、除幕式が催されたそのガリバルディ騎馬像は、現在もパレルモ旧市街の中心を通るリベルタ通りに面したイギリス公園の一角に建っている (fig. 54)。

b. 工芸学校の設立

もう一つの夢は、日本で蒐集した古美術品公開のための美術館、及びこれらの古美術品に見られる日本の伝統的な工芸技術を教える工芸学校の設立だった。明治時代に来日した公使館関係者や御雇い外国人のなかで、日本の文化を理解しようと努め、しかも日本の古美術品を蒐集した人は多くない。工部美術学校ではラグーザだけが古美術品を蒐集していたことが知られている。ラグーザは彫刻教師としての月給のおよそ3分の1を、毎月、古美術品の購入に充てたという。日本の伝統的な文化の理解に努め、これらの古美術品に見られる日本の美術工芸技術に深く関心を寄せたラグーザは、当時「欧州随一の美術国といわれながら衰微のどん底に落ちて」いたイタリアに隆盛を取り戻すには日本の美術工芸が良い刺激になる、と考え、工芸学校を故郷パレルモに設立することを思いついたという[63]。ラグーザが蒐集した古美術品の大部分は現在、ローマの国立ルイジ・ピゴリーニ先史民俗誌博物館に収蔵されている。

fig. 54 ヴィンチェンツォ・ラグーザ《ガリバルディ騎馬像》 1892年 パレルモ、イギリス公園

ラグーザはパレルモに到着するや否や公的な工芸学校の設立に向けて動き始めた。1ヶ月後の1882年11月に、まず、清原玉、姉の千代、その夫清原英之助の3名を教師として日本の工芸技術を伝習する「(工芸) 制作訓練校」という名の私塾を無料で開設した。玉や姉夫婦はそこで水絵、蒔絵、刺繍、漆器などの制作を開始し、日本の工芸技術の高さを周知させることとなった。一方で、ラグーザは翌年3月には私邸において日本で蒐集した古美術品の展覧会を開催した。日本の古美術品や玉らが制作する日本の美術工芸品は、パレルモの多くの人々を魅了した。活動への評価が高まる中で、ラグーザの運動が実を結び、私塾「(工芸) 制作訓練校」は1885年にパレルモ市立工芸美術学校に改組された。後にはさらに高等工芸美術学校に昇格したという[64]。

しかし、公立の学校に改組されることで教員の教授資格が問われ、また教育内容も審議を受け、ラグーザが思い描いた通りの学校運営は困難になっていった。なかでも、玉の姉

婿の英之助が教える漆器は材料の漆がイタリアには無く、かといって日本から取り寄せることは経済的にも物理的にも不可能なため、廃止を余儀なくされた。憤った英之助に詰め寄られたラグーザは、蒐集した古美術品の一部を売却して、英之助への違約金の支払いに用立てざるを得なかった。英之助の妻千代が帰国を希望したこともあり、結局、姉夫婦は1889年に帰国した。

c. パレルモ王立美術専門学校「人物造形美術の講座」

上述したように、イタリア王国統一以前、すなわちブルボン家統治下の両シチリア王国時代のパレルモには独立した美術学校はなく、同地に設立された王立大学内に美術教育部門（Collegio delle Belle Arti）が置かれており、そこで建築、彫刻、絵画、裸体画の教育がおこなわれていた。1860年、ブルボン家によるシチリア島の統治が終了し、それまでの教育制度が再編されることになった。同年内に、石膏像模型、美術作品を収集したギャラリーを備え、必要不可欠な美術教育を行うパレルモ王立美術専門学校（Regio Istituto di Belle Arti di Palermo）の設立が公布されたが、なかなか実施されなかった。1879年にパレルモ出身のフランチェスコ・パオロ・ペレツが公共教育大臣となって、やっと具体化へ向けて動き出したのである[65]。

1884年に11月22日、パレルモ王立美術専門学校の開校に向けて7つの講座（一講座一教師）のための教師採用試験の告知があった。ラグーザは、年俸1,800リラの「人物造形美術の講座（Cattedra di Plastica delle figure）」に応募した6名の中から選ばれ、1885年5月1日付で同校に採用され[66]、1886年10月16日に開講した[67]。なお、工部美術学校で同僚だったフェッレッティは、年俸1,800リラの「造形美術装飾の講座（Cattedra di Ornato di Plastica）」に応募したが落選している[68]。

d. 日本政府の公的学校への就職嘆願

ラグーザと玉は、ガリバルディ像完成後、日本への渡航を考えていた。しかし、ラグーザが次々と彫刻の制作依頼を受け、また要職に就き、年月が過ぎ去った。明治天皇が崩御した1912（大正元）年9月27日、ラグーザは日本政府へフランス語で書簡を送付している[69]。宛名は明記されていない。内容は、第1に、玉とともに日本で教職を得ることへの希望、第2に、大理石で明治天皇像を制作することへの希望である。第1の点に関し、当時、美術教育は東京藝術大学の前身の東京美術学校においてなされていたため、日本政府は東京美術学校へ書簡を転送し、同校は「経費ノ都合上採用ノ見込無之候」と返答したという[70]。

1914年、ラグーザは視力を失い、夕方は外出不可能なほどになり、2人は日本渡航の夢を捨てざるを得ない結果となった。そして、1927年3月13日、ラグーザは85年の生涯を閉じた。

第2章　ヴィンチェンツォ・ラグーザ

注

1　マリオ・オリヴェリ著、吉浦盛純訳「大理石の芸術家」、木村毅編『ラグーザお玉自叙伝』恒文社、1980年、265～314頁。吉浦は翻訳の際に第二版を使用している。

2　吉浦訳は、「文章なんかどうでもいいから、大急ぎでざっとやってくれたまえ」との木村の依頼に応じて吉浦が「一、二日で訳し」、活字での公表は「吉浦氏の全く予期せぬ事に違いない」ものだったという（木村前掲書、4頁）。訳文に齟齬が見受けられるのは、このためだろう。だが、イタリア語の原文にも問題点がある。

3　Fabio Oliveri, *O Tama Kiiyohara dal Sol Levante all'Isola del sole. Una pittrice giapponese in Sicilia dal 1882 al 1932*, Priulla, Palermo 2003；拙論「ヴィンチェンツォ・ラグーザ伝の検討――マリオ・オリヴェーリ著『大理石の芸術家』を中心に」『地中海研究所紀要』第2号、2004年、29～43頁；Vincenzo Crisafulli (a cura di), *1884. Vincenzo Ragusa e l'Istituto d'Arte di Palermo*, Kalos's, Palermo 2004；Maria Antonietta Spadoro, *O'Tama e Vincenzo Ragusa. Echi di Giappone in Italia*, Kalo's, Palermo 2008；古田亮、寺地愛衣、吉田朝子編『明治の彫刻　ラグーザと荻原碌山』芸大美術館ミュージアムショップ／（有）六文舎、2010年。

4　Angelo De Gubernatis, *Dizionario degli Artisti Italiani Viventi. Pittori, Scultori e Architetti*, Firenze 1889. 7月12日を誕生日としている公文書に以下がある。ACS, *Ministero della Pubblica Istruzione, Direzione Generale Antichità e Belle Arti, Personale (1822-1892)*, b. 20, *Ragusa Vincenzo, Stato di servizio*. "Stato di servizio" は、国の公共機関における任務記録である。これにより、兵役に就いた期間や公共教育省管轄下の学校教育に携わったことなどが確認できる。

5　Alfonso Panzetta, *Dizionario degli Scultori Italiani dell'Ottocento e del Primo Novecento*, Torino 1994, p. 227；AA. VV., *Dizionario degli Artisti Siciliani di Luigi Sarullo, Vol. III, Novecento*, Palermo 1994, Ragusa Vincenzo（頁記載なし）．

6　ASP, *Stato Civile, Palermo*, b. 1552, anno 1841, Licenza per Battesimo.

7　ゲーテ『イタリア紀行（中）』相良守峯訳、岩波文庫、1999年、69頁

8　Oliveri, *op. cit.*, pp. 16-20；木村注1前掲書、268～270頁。

9　ACS, *Ministero della Pubblica Istruzione, Direzione Generale Antichità e Belle Arti, Personale (1822-1892)*, b. 20, *Ragusa, Stato di servizio*.

10　Oliveri, *op. cit.*, p. 25；木村注1前掲書、273頁。

11　Oliveri, *op. cit.*, p. 22；木村注1前掲書、272頁。

12　"(...) ormai contava ventiquattro anni", Oliveri, *op. cit.*, p. 27. 吉浦訳では「その時年齢二十五歳に達し」たとなっている（木村注1前掲書、273頁）。Oliveri, *op. cit.*, p. 25；木村前掲書、273頁。

13　Oliveri, *op. cit.*, pp. 27-28；木村注1前掲書、274頁。

14　Filippo Meli, *La Regia Accademia di Belle Arti di Palermo*, estratto dal fascicolo bimestrale 7-8, anno della "Rassegna della Istruzione Artistica", Urbino 1936, pp. 5-6.

15　*Idem*, p. 17. しかし、1885年まで継続していたとの意見もある。Rossella Sinagra, "*Salvatore Lo Forte nell'Ottocento siciliano. Catalogo dei dipinti e dei disegni*", Edizioni Scientifiche Italiane, Napoli 1998, p. 44.

16 オリヴェーリは、「"便宜上"、ブレーラ・アカデミー［当時の正式名称はミラーノ王立美術学院］の出身者と認める」という措置が同学校側からなされたと伝えている。Oliveri, *op. cit.*, p. 52；木村注1前掲書、289頁。

17 Oliveri, *op. cit.*, p. 29；木村注1前掲書、275頁。

18 ACS, *Ministero della Pubblica Istruzione, Direzione Generale Antichità e Belle Arti, Istituti di Belle Arti (1860-1896)*, b. 25, *Affari Generali, Pensionati (1860-1875), Concorso al pensionato*.

19 Meli, *op. cit.*, p. 8.

20 Stefano Susinno, "*Napoli e Roma: la formazione artistica nella «capitale universale delle arti»*", in Civiltà dell'Ottocento Cultura e Società, Napoli 1997, pp. 83-91.

21 第Ⅲ部第1章参照。

22 Panzetta, *op. cit.*, p. 29. 但し、本競技の優勝に関する記述はない。

23 ACS, *Ministero della Pubblica Istruzione, Direzione Generale Antichità e Belle Arti, Istituti di Belle Arti (1860-1896)*, b. 25, *Affari Generali, Pensionati (1860-1875), Concorso al pensionato*, 1868年8月16日付の応募要項。

24 ACS, *Ministero della Pubblica Istruzione, Direzione Generale Antichità e Belle Arti, Istituti di Belle Arti (1860-1896)*, b. 25, *Affari Generali, Pensionati (1860-1875), Concorso al pensionato*, 1868年12月2日の文書。

25 Panzetta, *op. cit.*, p. 92.

26 Oliveri, *op. cit.*, p. 30；木村注1前掲書、276頁。

27 ACS, *Ministero della Pubblica Istruzione, Direzione Generale Antichità e Belle Arti, Istituti di Belle Arti (1860-1896)*, b. 25, *Affari Generali, Pensionati (1860-1875), Concorso al pensionato*, 1868年12月2日の文書。

(...) Parere nel lavoro di Numero 2 segnato col motto "Se di ognun l'interno affanno".
Il Signore Barba non accorda a questo lavoro il punto del disegno perché mancante di linee e di proporzioni.
Per la composizione accorda il punto perché espresso il soggetto e precisamente l'esitanza di Otello.
Per l'esequzioneniega [nega] il punto per la forma barocca dei panneggi non che delle figure.
Il Signore Benedetto Delisi si uniforma pienamente ed in tutte le sue parti al giudizio del signor Barba.
Anche il signor Di Giovanni Giuseppe porta il medesimo [一語不明] espresso dal Signor Barba e confermato dal Signor Delisi.
Parere sul lavoro di Numero 3 segnato col motto "Or qui vigor mia fantasia riprenda"
Il Signor Barba Luigi non accorda il punto del disegno al lavoro di Numero 3 perché difettoso non essendo le mani della Desdemona uniformi, e perché una di esse quella cioé poggiata sullo stomaco è mancante all'attacco del polso, come ancora perché nell'Otello non trova proporzionato il braccio che tiene il coltello.
Accorda il punto per la composizione perché espresso il soggetto che si vuol rappresentare giusta il tema.

第2章　ヴィンチェンツォ・ラグーザ

Accorda ancora il punto per l'esecuzione perché eseguito secondo le regole prescritte pei bassi rilievi e perché l'intero lavoro è in carattere.

Il Signor Benedetto Delisi si uniforma al parere del signor Barba per la composizione e per l'esecuzione, per quanto riguarda poi il disegno comunque riconosca esservi taluni lievi errori, pure in considerazione che nell'assieme non è condannabile accorda a questo lavoro il punto del diegno.

Il Signor Di Giovanni si uniforma pienamente al parere del Signor Delisi."

28　Oliveri, *op. cit.*, p. 29；木村注1前掲書、275頁。
29　Oliveri, *op. cit.*, p. 28；木村注1前掲書、275頁。
30　ACS, *Ministero della Pubblica Istruzione, Direzione Generale Antichità e Belle Arti, Istituti di Belle Arti (1860-1896)*, b. 25, *Affari Generali, Pensionati (1860-1875), Concorso al pensionato*, 1869年1月9日付、公共教育省発パレルモ古美術・美術委員会委員長宛文書控え。
31　Panzetta, *op. cit.*, p. 92.
32　Oliveri, *op. cit.*, p. 30；木村注1前掲書、275〜76頁。
33　Maria Antonietta Spadoro, *Vincenzo Ragusa*, Spadoro, *op. cit.*, p. 61.
34　清原加代子「ヴィンチェンツォ・ラグーザ資料紹介」注3前掲『明治の彫刻　ラグーザと荻原碌山』69頁。
35　*Catalogo Generale degli Espositori Italiani*, Roma 1873, p. 187.
36　*Seconda Esposizione Nazionale di Belle Arti diretta da un comitato della Regia Academia di Brera*, Milano 1872, p. 20, N. 82 «Ritratto a busto in gesso del Prof. cav. Pietro Martini, Segretario della R. Accademia di Belle Arti di Parma»；p. 21, N. 93 «un camino in gesso, le cui decorazione raffigurano la prosperità della Sicilia».
37　Oliveri, *op. cit.*, p. 43；木村注1前掲書、285頁。
38　AAB, *CARPI BV3, Legati / 3 Regolamento-Statuti H/L/M/N/O/P/Q/R*, Premio Principe Umberto.
39　清原注34前掲論文、71頁。
40　*Guida di Milano*, Bernardoni, Milano 1873, p. 648; 1874, p. 641; 1875, p. 643; 1876, p. 698.
41　*Catalogo Generale degli Espositori Italiani*, Roma 1873, p. 187.
42　清原注34前掲論文、68、71頁。
43　Oliveri, *op. cit.*, pp. 30-47；木村注1前掲書、277〜286頁。
44　以上、Nadir Sutter, *Una storia che e' un romanzo. Il parco del castello di Trevano; "un parco perduto" o testimonianze da salvaguardare?*, "Il Nostro Paese", no. 244, 1998, pp. 1-12.
45　Kayoko Kiyohara, *Le opere ritrovata a Lugano*, Spadoro, *op. cit.*, pp. 86-91.
46　清原注34前掲論文、69頁。
47　清原注34前掲論文、71頁。
48　隈元謙次郎『明治初期来朝伊太利亜美術家の研究』三省堂、1940年、79頁。
49　Oliveri, *op. cit.*, p. 52；木村注1前掲書、289〜290頁。
50　第II部第3章。
51　第II部第4章。
52　木村注1前掲書、273頁。

第Ⅲ部　工部美術学校教師列伝

53　正しくは、フォン・デルヴィース男爵である。
54　木村注1前掲書、290頁。
55　第Ⅱ部第3章。
56　金子一夫『近代日本美術教育の研究　明治・大正時代』中央公論美術出版、1999年、169〜178頁。
57　Oliveri, *op. cit.*, pp. 15-16；木村注1前掲書、46頁。
58　東京大学大学院工学系研究科建築学専攻には、所蔵する旧備品台帳の目録がある。昨今、これに関し、以下の論文が発表された。角田真弓「工学系研究科建築学専攻所蔵　旧備品台帳（一）旧工部美術学校所蔵資料」『東京大学紀要』第28号、2010年、65〜83頁。「旧備品台帳」に記載された工部美術学校旧蔵の「美術石膏製彫刻標本」の一覧が紹介されているが、それらがなぜ現在の工学系研究科建築学専攻に所蔵されているのかについての説明は皆無である。また、同建築学専攻には、工部美術学校の石膏像教材である「美術石膏製彫刻標本」も所蔵されているにもかかわらず、「旧備品台帳」との照合はなされていない。今後の調査結果を期待したい。
59　金子注56前掲書、162〜165頁、169〜178頁。
60　国立公文書館蔵『大政紀要』一、第一巻「自明治九年至同十五年　工部省　美術」
61　デーヴィット・アーウィン著、鈴木杜幾子訳『新古典主義』岩波書店、2001年、30頁。新古典主義思想の屋台骨であるヨハン・ヨアヒム・ヴィンケルマンは『古代美術史』において《ベルヴェデーレのアポロ》を絶賛している。中山典夫訳『古代美術史』中央公論美術出版、2001年参照。
62　本節については拙稿「ラグーザ・玉──日本とイタリアの狭間に揺れた女流画家」『国際社会で活躍した日本人』弘文堂、2009年、21〜40頁。
63　Oliveri, *op. cit.*, pp. 15-16；木村注1前掲書、58頁。
64　同校の変遷については、Crisafulli (a cura di), *op. cit.* に詳しい。
65　"Discorso dell'Architetto Professore Comm. G. B. F. Basile per la inaugurazione dello Istituto di Belle Arti in Palermo", Palermo 1888, p. 3.
66　ACS, *Ministero della Pubblica Istruzione, Direzione Generale Antichità e Belle Arti, Istituti di Belle Arti (1860-1896)*, b. 155, *Palremo, Istituti di Belle Arti di Palermo*, Concorrenti alla Cattedra di Ornato e Plastica.
67　*Idem*, p. 16.
68　第Ⅲ部第4章、254頁。
69　青木茂編『フォンタネージと工部美術学校』至文堂、1978年、93頁。
70　財団法人藝術研究振興財団・東京芸術大学百年史刊行委員会編『東京芸術大学百年史　東京美術学校篇』第二巻、ぎょうせい、1992年、536〜537頁。

第3章　アントーニオ・フォンタネージ

はじめに

アントーニオ・フォンタネージ（Antonio Fontanesi, 1818-1882）については、多くの既往研究がある。従って、ここではまず近年までの主要な研究を整理した上で、未だ十分な説明がなされたとは言い難い、フォンタネージとその代任として来日したプロスペロ・フェッレッティとの間に起こった民事裁判について詳細に論じたい。

1. フォンタネージに関する既往研究

a. 主要な既往研究

フォンタネージに関する既往研究において、特に重要だと考えられるものを振り返りたい[1]。

1892年はトリーノ美術振興会（Socità Promotrice di Belle Arti di Torino）設立50周年であるとともに、フォンタネージ没後10周年にあたる年でもあり、初めてフォンタネージの大々的な展覧会が開催され、60点以上の作品が展示された。1901年には愛弟子の一人であるマルコ・カルデリーニ（Marco Calderini, 1850-1914）によって最初のモノグラフである『アントーニオ・フォンタネージ、風景画家、1818年〜1882年』が出版された。フォンタネージの遺書により、象徴派の詩人として著名な司法官のジョヴァンニ・カメラーナ（Giovanni Camerana, 1845-1905）が遺産を相続したが、1905年のカメラーナの逝去に際し、それらの作品はトリーノ市立美術館に寄贈され、現在のトリーノ市立近現代美術館におけるフォンタネージ作品群の核となった。

没後50周年を迎えた1932年、トリーノ市立近代美館において、ヴィットーリオ・ヴィアーレが中心となって『アントーニオ・フォンタネージ、1818年〜1882年、没後50周年記念展』が開催され、400点以上の作品が展示された[2]。今日に至るまでもっとも規模の大きい展覧会である。同年、L・C・ボッレーアは、アルベルティーナ王立美術学院文書

室所蔵の未公刊史料によって「アルベルティーナ王立美術学院におけるアントーニオ・フォンタネージ」を発表した[3]。カルデリーニの評伝はフォンタネージ側の視点に立脚しているのに対し、ボッレーアは中立的な視点に立って同校時代におけるフォンタネージを論じている。1954年には、ローマの国立銅版印刷所において、カルロ・アルベルト・ペトルッチとアンジェロ・ドラゴーネが中心となって、初めて大規模なフォンタネージの版画作品展が開催された[4]。

一方、序において述べたように、1939（昭和14）年、隈元謙次郎は「アントニオ・フォンタネージに就て」を『美術研究』に発表し、日本におけるフォンタネージについての本格的な研究が開始された[5]。1968年、岩倉翔子がカルデリーニの書物において引用されたフォンタネージの日本滞在中の2通の手紙を論じた「アントニオ・フォンタネージの手紙」を発表した[6]。本書簡は、同年刊行された吉浦盛純の『日伊文化史考』において全訳がなされている[7]。

フォンタネージ来日から100年を過ぎた1977年からおよそ10年間、日本においてフォンタネージに関する展覧会や研究発表が続いた。1977（昭和52）年、ドラゴーネの企画により、東京のイタリア文化会館においてフォンタネージの版画作品展が開催された。また、同年から翌年にかけて、東京及び京都の国立近代美術館において『フォンタネージ、ラグーザと明治の美術』展が開催され、フォンタネージ作品のみならず、工部美術学校の多数の生徒作品も展示された。1978（昭和53）年には青木茂による『フォンタネージと工部美術学校』[8]が刊行され、1979年には岩倉翔子がカルデリーニとボッレーアの研究成果を基にフォンタネージの来日の経緯を詳述し[9]、1984年には井関正昭の『画家フォンタネージ』[10]が刊行された。1985年には東京藝術大学藝術資料館において『工部美術学校生徒習画作品展』[11]が開催された。

1996年以降、イタリア及び日本においてフォンタネージに関する展覧会が連続的に開催された。1996年にピアチェンツァのリッチ・オッディ近代美術館における『アントーニオ・フォンタネージとリッチ・オッディ』展[12]、1997年にトリーノ市立近現代美術館における『アントーニオ・フォンタネージ1818年〜1882年』展[13]、及び東京都庭園美術館における『フォンタネージと日本の近代美術　志士の美術家たち』展[14]、1999年には生誕地レッジョ・エミーリアの聖ドメニコ修道院回廊を会場として『アントーニオ・フォンタネージと1861年〜1880年のイタリアにおける風景画』展が開催された[15]。また、2002（平成14）年には松井貴子が美術と文学の比較文化的な側面からの論考を発表した[16]。

b. 残された問題点

これらの既往研究において、未だ十分に明確にされていない点がある。第1に、フォンタネージが工部美術学校の教師に選ばれる際の、選抜者側であるイタリア王国政府の意図、

第2に日本滞在中に生じたフォンタネージとフェッレッティとの民事訴訟問題についてである。

第1のフォンタネージの来日経緯については、カルデリーニが引用したフォンタネージの書簡のみを根拠として詳述されてきたが、以上の既往研究においては、フォンタネージ来日経緯の背後にある問題への言及はなく、依然として不明点があった。唯一、ボッレーアがアルベルティーナ王立美術学院文書室所蔵資料によって新たな事実を示したが、同文書室に保管されている公共教育省から同美術学院への着信文書を論拠としていたため、なお不明な点が残されていた。

しかしながら、本書第Ⅱ部第3章で明らかにしたように、フォンタネージが工部美術学校の教師候補者として名前が挙がってから最終的な決定までに、イタリア王国においては、政治的な問題や教育内容上の問題が議論されていたのである。また第Ⅱ部第6章で論じたように、〈画学〉教師の交替は教師個人に留まる問題ではなく、イタリア王国内外の政治及び外交上の問題であったことを明らかにした。

フォンタネージの日本滞在中の問題として、さらなる検討が必要であると考えられるのは、第2の、フォンタネージの代任として来日したプロスペロ・フェッレッティとの間に起こった民事裁判についてである。

2. フォンタネージ、フェッレッティ間の民事裁判

a. 民事裁判の内容及び、 在日本イタリア公使館から日本政府への依頼事項

1878（明治11）年9月までに日本に到着していたと考えられるフェッレッティは[17]、来日直後、フォンタネージを相手に訴訟を起こしている。井関正昭がその裁判記録を紹介しているが[18]、ここには判然としない点がある。当時、条約締結国は日本に領事裁判権を認めさせており、裁判は在横浜イタリア総領事によっておこなわれ、日本政府は裁判に関わっていない。それにもかかわらず、日本の外務省外交史料館にこの裁判に関する文書が現存するという点である。日本政府がどのように本件に関わったのかを知るためにも、井関が取り上げなかった関係文書[19]を併用し、裁判の再検討を試みる必要があろう。

日本政府が本件に関わることになったのは、1879（明治12）年1月23日付、ラッファエーレ・ウリッセ・バルボラーニ在日本イタリア特命全権公使が寺島宗典外務卿に宛てた書簡[20]によってであった。1878（明治11）年10月14日の判決でフェッレッティはフォンタネージへの合計550円の支払い命令を受け、1879（明治12）年1月からその一部である100円の支払いが開始されるべきであったが、フェッレッティは約束を履行しなかった。その結果、「フォンタネージの代理人であるバビエール氏」からの依頼を受けた在横浜イタリア領事

ピエトロ・カステッリ（Pietro Castelli）は、バルボラーニに日本政府からの協力を求めよと懇願した。依頼事項は、日本政府がフェッレッティの給料から、判決で定められた毎月100円の返済金額を天引きし、これをイタリア領事へ引き渡す、というものであった。また、日本においてこのような解決を認める規則及び現行法の有無についても至急知らせてほしいと依頼している。これに対し、寺島は1879（明治12）年1月29日付のバルボラーニ宛書簡において、日本には該当する法律等はないが、「折角之御来意ニ付フェレッチ氏於テ右給料除去候致義承諾□旨之書面差出候ハゝ貴領事請求之様於其筋取計方可有之」と、イタリア側へ関係文書の提出を求めた[21]。

バルボラーニは1879（明治12）年2月11日付で寺島に返信した[22]。これには寺島の要求通り、本件を手短にまとめた2月10日付のカステッリ発バルボラーニ宛書簡の写しが添付された[23]。カステッリは裁判の正統性を説明する一方で、日本には本件のような給料差し押さえを正統化する法律あるいは規則がないが、フェッレッティが日本の裁判所に訴えた場合に、日本政府の協力が必要である点を強調している。そしてそのような場合には、カステッリ自らが東京裁判所（Tokio-Saibansyo）へ行く準備があること、また東京裁判所はイタリア領事裁判所へ「司法共助の依頼（commission rogatoire）」をして欲しい旨を伝えている。最後に、日本政府は毎月17日の給料日にフェッレッティの「給料差し押さえ」、すなわち100円の天引きをするように依頼している。

本書簡に対する2月28日付バルボラーニ宛の返信[24]で、寺島は日本には本件を合法とする法律等はないが、法律がないからといって取り扱いし難いとの判断もないので、依頼の通りになるよう取りはからうと明言し、「負債者双方承諾ヲ以テ其疑問ノ件ヲ仲裁人之判断ニ任スヘキ旨ヲ記シ之ヲ仲裁人へ請願セシ書面及ヒ仲裁人之判決ニ貴領事記名シテ其正統ナルヲ確認セシ書面之正写等」を送付するよう依頼した。これらの書面があれば、フェッレッティからの給料天引きを合法的におこなうことができるばかりか、彼が将来、日本政府に対して苦情を申し立てるような可能性もなくなるからだと説明した。

こうしてバルボラーニは4月4日付の寺島宛の返信[25]に、仲裁裁判をおこなう旨を記した文書[26]及び判決内容を記した文書を添付した。井関が紹介したのは後二者の文書であり、その概略は以下のごとくである。

1878（明治11）年10月9日に、フェッレッティがフォンタネージを相手に横浜のイタリア総領事裁判庁に訴訟を起こした。訴訟内容は2点ある。第1点は、フォンタネージは工部美術学校の絵画教師のポストと住居の家具をフェッレッティに譲渡し、その支払いとしてフェッレッティは2通の債務証券と11通の約束手形に署名したが、今、フェッレッティはこの署名を無効にしたい。第2点は、フェッレッティがカルカッタから日本へ来るための旅費として、フォンタネージが日本政府から受領した600ないし700リラの金額をフェッレッティに受け渡して欲しい、というものであった。

両者の合意の下に、日本在住のイタリア人4名が仲裁人として選ばれ、宣誓した。判決は10日以内に下されることも決定された。10月12日、両当事者抜きで、4名の仲裁人によって「公平かつ善良に」仲裁決議がおこなわれ、14日、カステッリ領事は判決を下した。第1に、両者の合意の上に成立した契約に対応するものとして、フェッレッティはフォンタネージに900円を支払う、第2に、フォンタネージはフェッレッティの旅費雑費等として350円を支払う。両者の差額となる550円をフェッレッティが、毎月100円ずつ、最終月は50円を半年間に渡って支払うというものであった。「この判決文の写しは横浜在住のフォンタネージの請求により同人に送付」されたことも記されていることから、フォンタネージがこの日もまだ横浜にいたことが確認できる。

　　　b. 日本政府の対応とその後

　1879（明治12）年4月14日、寺島外務卿は、フェッレッティの雇用先である井上馨工部卿に、関係書類を添付して報告し、異存無い場合には伊国公使の依頼通りに処分したい意向を伝えた[27]。4月21日、井上は寺島に宛てて、「右『フヱレッチー氏』俸給差押之儀ハ法律上確然タル伊太利国裁判所之憑書無之候」と指摘し、フェッレッティが将来、工部省を相手に法廷へ訴出するような場合に、答弁の道はない。よって、伊国公使あるいは領事よりの本件に関する依頼は応じ難い。また本件が「右両人間契約之儀ニ付」発したことなので、場合によっては日本政府が偽り欺き、財を奪う事のように聞こえるようにも思われる。これらの疑いが晴れるまで、工部省は依然として本件の取り扱いはできかねると、イタリア公使へ伝達するようにと記している[28]。これを受けた寺島はバルボラーニへ宛てて、井上の考えを伝え、「貴國法庭之審判ヲ経其判決申渡書」を提出するよう依頼した[29]。

　その後を伝える文書は見あたらないので、井上工部卿が依頼したイタリア側からの文書が届けられたのか否かについては不明である。またフェッレッティが550円の支払いをおこなったかどうかについても、依然、不明のままである。しかしながら、「毎月百円という当時の高額を果たしてフェレッティが遠い日本からイタリアに送金したとは、彼の人物からいっても考えられない」[30]という判断を単純に下すことはできまい。

　工部省は、近い将来にイタリアから文書が届けられることを想定し、またイタリア側には領事裁判権もあることから、差し当たりフェッレッティの給料から天引きをしておき、文書が届かなかった場合には天引きした金額を本人に返したというようなこともあったかもしれない。フェッレッティは最終的な契約が満了した1880（明治13）年1月31日「特ニ其二ヶ月分給料ヲ下賜」された[31]。興味深いことに、この金額はフォンタネージへの返済金額550円とほぼ同額であった。

　以上見てきたように、フェッレッティは来日早々、フォンタネージと金銭がらみの問題を抱え、両者間では解決を見ず、裁判にまでもっていかなければならなかった。このよ

うな状況下にあった1878（明治11）年10月3日、フェッレッティは初めて教壇に立ち、生徒の退学という事態を招いた[32]。次章で詳述するように、フェッレッティは冗談のつもりであったのかもしれない。あるいは、松岡壽が伝える単純な風景を表したような絵は、風景画家として著名な先任であるフォンタネージが絵画教師という公のポストを売りつけようとしたことや、インドからの旅費を着服しようと試みたことに対する憤怒に満ちた揶揄であったのかもしれない。一方、フォンタネージは自分の思い通りに事を進ませなかったフェッレッティを苦々しく思いこそすれ、快く思うことはなかったはずである。

　フォンタネージ、フェッレッティ間の問題が終息へ向かう中、山尾庸三工部大輔はバルボラーニ公使に新しい絵画教師をイタリアから派遣してくれるように依頼し、公使は本国外務省にその旨を伝えた。イタリア外務省は1879（明治12）年4月23日付の書簡で公共教育省にその旨を伝え、フェッレッティ後任教師の選考が開始されることになる[33]。

　一方、フォンタネージは判決結果を得た後、帰国した。「1878年12月中旬を過ぎた頃、かなり健康を回復してトリーノへ戻」[34]ったフォンタネージは、第II部第3章で述べたスイスのアトリエに要した借金を解消するとともに、少ないと嘆いていた[35]年俸1,800リラの風景画教師に復職した。トリーノ・アルベルティーナ王立美術学院における風景画教師のポストは、そもそもフォンタネージのために設置されたものであり、渡日にあたって風景画教師を辞職すべきだったにもかかわらず「1年間の休職」という特別措置を得て、工部美術学校の〈画学〉教師に就いた。日本滞在中の2年間は、トリーノ・アルベルティーナ王立美術学院においては休職のままとされ、復職を果たした。こうした特例措置が可能となった理由として、フォンタネージの強力な後ろ盾としてイタリア王国建国時の元勲の一人であるベッティーノ・リカーソリの存在を無視することはできないだろう。

　日本におけるフォンタネージ評価は、フェッレッティとの対比において、特にその人物像が過大評価されてきた嫌いがあるように思われる。フォンタネージも、経済問題に苦しむ生身の人間であり、それはまたフェッレッティについてもあてはまるのであろう。

注

1　Rosanna Maggio Serra（a cura di）, *Antonio Fontanesi 1818-1882*, Umberto Allemandi & C., Torino 1997の文献目録を参考にした。

2　M. Bernardi e V. Viale（a cura di）, *Antonio Fontanesi 1818-1882*. Mostra commemorativa nel cinquantenario della morte, Torino 1932.

3　Bollea L. C., 'Antonio Fontaesi alla R. Accademia Albertina, Collezione'. *La R. Accademia Albertina delle Belle Arti*, N. 5, Fratelli Bocca, Torino 1932.

4　Calro Alberto Petrucci e Angelo Dragone（a cura di）, *Fontanesi e il suo tempo, XXIV Mostra allestita dalla Calcografia Nazionale nel febbraio del MCMLIV*, Roma 1954.

5　序、4頁。

6 岩倉翔子「アントニオ・フォンタネージの手紙」『イタリア学会誌』第16号、1968年、127〜133頁。
7 吉浦盛純『日伊文化史考』イタリア書房、1968年、96〜106頁。
8 青木茂『フォンタネージと工部美術学校』至文堂、1978年。
9 岩倉翔子「フォンタネージの来日の経緯——トリノ・アルベルティーナ美術学校資料にもとづく——」『日本歴史』373号、1979年、63〜77頁。
10 井関正昭『画家フォンタネージ』中央公論美術出版、1984年（再版、1994年）。
11 『素描シリーズ3 工部美術学校生徒習画作品展』東京藝術大学資料館、1985年。
12 Stefano Fugazza (a cura di), *Antonio Fontanesi e la Ricci Oddi. Opere di un maestro dell'800 e dei suoi allievi*, Electa, Milano 1996.
13 前掲注1。
14 東京都庭園美術館編『フォンタネージと日本の近代美術 志士の美術家たち』財団法人東京都歴史文化財団、1997年。
15 Elisabetta Farioli e Claudio Poppi (a cura di), *Antonio Fontanesi e la pittura di paesaggio in Italia 1861 - 1880*, Federico Motta Editore, Milano 1999.
16 松井貴子『写生の変容——フォンタネージから子規、そして直哉へ』明治書院、2002年。
17 第Ⅲ部第4章、251頁。
18 井関注10前掲書、230〜239頁。
19 本件に関する外務省外交史料館所蔵の文書は、『貸借関係雑件、本邦人外国人間（別冊）対伊国人』4.1.3, 4-1-4.（以下「貸借関係」）及び『各省庁府県外国人官傭一件、二』3.9.3, 4-2（以下「各省庁府県」）の2簿冊に保管されている。言語は、日本語、仏語、伊語が使用されている。後二者の原本のうち、当時既に翻訳されて保管されているものもある。但し、保管先は必ずしも同じ簿冊ではない。
20 外務省外交史料館蔵「貸借関係」、1879年1月23日付、ラッファエッレ・バルボラーニ在日本イタリア特命全権公使発寺島宗則外務卿宛書簡（仏文原本及び和訳）。
21 外務省外交史料館蔵「貸借関係」、1879年1月29日付、寺島発バルボラーニ宛書簡案文（和文原本）。「写済」及び「達済」印があるので、案文通りに発信されたと考えられる。「フォンタネージの代理人であるバビエール氏」は、仲裁裁判における仲裁人の一人、エドアルド・デ・バビエールである。
22 外務省外交史料館蔵「各省庁府県」、1879年2月11日付、バルボラーニ発寺島宛（仏文原本）文書（和訳は外務省外交史料館蔵「貸借関係」所収）。
23 外務省外交史料館蔵「各省庁府県」1879年2月10日付、カステッリ在横浜伊国総領事発バルボラーニ宛書簡の写し（仏文原本、和訳）。仏文原本のcommission rogatoireは、和訳文書では「コンミッションロガトウアル（甲ノ裁判所ヨリ乙ノ裁判所ニ委託スル事）」と説明されている。なお、『ロワイヤル仏和中辞典』旺文社では「[ある裁判所から他の裁判所または警察への] 司法共助の依頼、裁判事務嘱託」と訳されている。
24 外務省外交史料館蔵「貸借関係」1879年2月28日付、寺島発バルボラーニ宛文書案文（和文原本）。「写済」及び「達済」印があるので、案文通りに発信されたと考えられる。
25 外務省外交史料館蔵「各省庁府県」1879年4月4日付、バルボラーニ発寺島宛文書（仏文原本、

和訳)。
26 外務省外交史料館蔵「各省庁府県」1878年10月9日付、裁判開始の文書（伊文原本、和訳）。井関注10前掲書、231～233頁。
27 外務省外交史料館蔵「貸借関係」1879年4月14日付、寺島発井上馨工部卿宛文書案文（和文原本）。本書簡は4月16日に発出された。
28 外務省外交史料館蔵「貸借関係」1879年4月21日付、井上発寺島宛文書写し（和文原本）。
29 外務省外交史料館蔵「貸借関係」1879年4月付（日なし）、寺島発バルボラーニ宛文書案文（和文原本）。本文書は「五月一日」の朱書き及び「達済」印があるので、5月1日に発信されたと考えられる。
30 井関注10前掲書、239頁。
31 国立公文書館蔵『大政紀要』一、第一巻「自明治九年至同十五年　工部省　美術」、明治13年1月31日の項。この支払いは「任務遂行に関する特別な慰労金」として1880年2月6日に行われたと記されている。
32 第Ⅲ部第4章、251～253頁。
33 第Ⅱ部第6章、132～133頁。
34 Calderini, *op. cit.*, p. 182.
35 管見の限りでは、年俸1,800リラの給料は当時の管理職ではない美術学校教師の平均的なもので、必ずしも少ないものではなかったと考えられるが、フォンタネージがスイスに建てたアトリエの返済には不足であったのだろう。それゆえ、「物質的かつ倫理的な大苦境から抜け出るために」日本へ発つ「1876年まで毎年、誇り高いフォンタネージは300もしくは200リラの懇願を繰り返さなければならなかった」Bollea, *op. cit.*, p. 49.

第4章　プロスペロ・フェッレッティ

はじめに

［葬儀は］学校の教え子たちほとんど全員と同僚教師たちの大半が列席し、真の敬意と友情のしるしとなった。

1893年1月9日付の『リタリア・チェントラーレ』紙の記事である[1]。教え子と同僚の敬意と友情に包まれて野辺送りされたのは、プロスペロ・フェッレッティ[2]である。
　フェッレッティは、アントーニオ・フォンタネージが病気を理由に契約満了せずして工部美術学校を辞するにあたり、その後任として〈画学〉教師に就いた[3]。が、周知のように、生徒たちとの初対面の教場において「画布に向ひ赤の絵具にて☼図の如き円を書きて日の足をつけたものを書き示」したフェッレッティは生徒たちの反発を買ってしまう[4]。生徒らは校長大鳥圭介に教師更迭を訴えるが希望は叶えられず、小山正太郎をはじめ〈画学〉科の優秀な生徒らの連袂退学という事態に発展した。いみじくも小山が「不烈痴」の字を当てたごとく[5]、今日に至るまで、フェッレッティは「技拙劣なる」[6]、「品性・技術とも下等」[7]、「教師として無能」[8]などの否定的な修辞によって語られ続けている。しかし、この画家の実像に迫ろうとした研究はほとんどなされていないといってよい。本章では筆者のイタリアでの調査の結果を基に、フェッレッティの活動をたどり、従来の一面的な評価に再検討を促したい[9]。

1. 出生

フェッレッティは、アントーニオ・フェッレッティ（Antonio Ferretti）とマリア・レウリーニ（Maria Leurini）の子として、1836年3月27日、現在のエミーリア・ロマーニャ州レッジョ・エミーリア市に誕生した。戸籍簿から彼のフルネームはプロスペロ・フランチェスコ・レオポルド・フェッレッティ（Prospero Francesco Leopoldo Ferretti）であるとわかる[10]。

2. レッジョ・エミーリアでの修業

フェッレッティの学歴については、1883年にボローニャで行われた「専門学校、高等学校、師範学校におけるデッサン教育適正認定試験」応募に際して提出した証明書類の一覧[11]により、ある程度、再構成することが可能である。

1856年、20歳の時までにレッジョ・エミーリアのコッレージョ・サン・ジョルジョ（Collegio S. Giorgio）において初等文学から哲学までの修学を終えている[12]。1861年、25歳のフェッレッティは、レッジョの高等教育機関であるスクオーラ・ノルマーレ（Scuola Normale）に入学した。学籍簿から1861～62年に第1学年、翌年は第2学年に在籍していることが確認できる[13]。これによれば、同校での9つの教育科目のうち、宗教学、倫理学、文学、地理学、美術及び幾何学、デッサンの6科目を履修している。第1学年のデッサンの授業では成績、授業態度ともに満点の10点を修め、「3月11日付で教授会において習字（Calligrafia）とデッサンの授業が免除」され、同様の措置は第2学年においても続けられた旨が記されている[14]。学籍簿には第3学年の登録記載はない。しかし1864年7月8日付の「通学証明書」が残されていることから[15]、同校に登録しながら、実際にはデッサンの勉強のためにレッジョ美術学校（Scuola di Belle Arti in Reggio）への通学を許可されていたのかもしれない。というのも、同じ1864年7月9日付の同美術学校証明書[16]が残っているからである。美術学校での絵画修学については今後の調査に譲ることにしたいが、1866年6月4日付の美術学校証明書からフェッレッティが何らかの賞を得たことがわかる[17]。以上のことから、普通教育を受けていたフェッレッティは、デッサンに才能を発揮し、またそれが認められて、次第に美術の分野に進んで行ったことが確認できる。

フェッレッティが美術学校で賞を得た1866年6月、普墺戦争が起こり、イタリア王国はヴェネト州併合をにらんでプロイセン側につく。イタリア王国統一のための活動をしていたジュゼッペ・ガリバルディは義勇軍を結成し、フェッレッティもこれに参加した[18]。7月21日、ガリバルディ軍はベッツェッカの戦いに勝つものの、フェッレッ

fig. 55 《ガリバルディ軍の赤シャツを着たフェッレッティ》 1866年 ニコーラ・サヴァレーゼ氏蔵

ティは捕虜となってしまいクロアチアで3ヶ月間を過ごしたという[19]。ガリバルディ軍の赤シャツを着て、銃を手にしたフェッレッティの写真（fig. 55）は、捕虜となった彼が故郷の家族に無事を知らせる目的で撮影させて送ったものだと、曾孫のニコーラ・サヴァレーゼ氏はいう[20]。冒頭に引用した新聞には、その後、故郷に戻り、絵画の勉強を続ける一方、職人のための夜間学校において無料で授業をおこなったと記されている[21]。1868年11月2日付のレッジョ技術学校（Scuola Tecnica in Reggio）での教師の任命及び1870年7月27日付のその発効[22]がこれを意味するのだろう。1872年にはレッジョ・エミーリアの美術学校から何らかの賞を受賞している[23]。

3. カルカッタ時代

フェッレッティは、1873年ミラーノでおこなわれたカルカッタ（現コルカタ）における何らかの職務へのコンクールに優勝し[24]、同年カルカッタへ向かい、そこで5年間を過ごすことになる。

1874年カルカッタで開催された美術展覧会に彼は絵画作品数点を出品し、そのうちの《インド女王の宣言（La proclamazione dell'Imperatorice delle Indie)》はとりわけ高い評価を得たという。これを機にフェッレッティは「少なからず特典を得」、英国領下インドの英国人の宮廷に出入りを許され、そのプリンス［恐らくは後述のプリンス・オブ・ウェールズ］に絵画を教えることになったのだという[25]。

この年の12月9日、カルカッタで太陽上を通過する金星が観測された。このためにヨーロッパから多くの天文学者が同地を訪れていた。その中に同じエミーリア・ロマーニャ州の小都モデナ出身の天文学者ピエトロ・タッキーニ（Pietro Tacchini）がいた。フェッレッティはタッキーニ等のイタリア人天文学者のために便宜をはかったという[26]。カルカッタでのフェッレッティの活躍は、まだ同地滞在中であった1876年、トリーノ、フィレンツェ、ローマの3都市に頒布されていた『ロピニオーネ』紙において「イタリアの名誉となった」人物として紹介されている[27]。恐らくこのことも手伝って、その翌年、イタリア王国政府からカヴァリエーレ勲章（Cavaliere Corona d'Italia）を受けることになる。

ジョヴァンニ・ガッリア（Giovanni Gallia）在カルカッタ・イタリア王国領事館総領事からパレルモ天文観測所天文学者ピエトロ・タッキーニに送られた1877年4月11日付の書簡は、フェッレッティの叙勲推薦となっている（doc. 162）。

令名高きコメンダトーレ勲章受章者ピエトロ・タッキーニ教授殿
パレルモ天文観測所天文学者

1877年4月11日付

いとも敬愛なるコメンダトーレ勲章受章者

　プロスペロ・フェッレッティ教授の功績並びに天分は、本当にイタリアの名誉となっております。当地の新聞に鼓舞されたイタリアの新聞が我々の同胞を称賛してきたのは当然のことです。彼は1874年の東洋の展覧会において首位にふさわしい者として知られました。その後、副国王のための制作をおこなうために招かれ、宮廷に迎え入れられました。1874年11月にはノースブルック卿の［一語不明］に出席しました。1875年12月21日にはプリンス・オヴ・ウェールズに謁見し、引き続き宮廷入りを許され、現在の副国王リットン卿にも謁見しました。これら全てのことは、『イングリッシュマン』『ステーツマン』『インディアン・デイリー・ニュース』といった公の刊行物においても確かめられます。

　フェッレッティ氏はたいへん名声を博しております。そして彼に名誉となる記章が授与されるようにと、貴方様が熟慮するに値します。こんなにも称賛に値する同胞に賞を授けて勇気を与えることに関しては、私はこれからもずっと貴方様の働きかけを支持し励ましましょう。

　卓越せるコメンダトーレ勲章受章者殿に私の最も明白な敬意を表する表現が受け入れられますように。

敬具

ジョヴァンニ・ガッリア

　この報告を基に、当時、上院議員でもあったタッキーニはミケーレ・コッピーノ（Michele Coppino）公共教育大臣宛にフェッレッティの叙勲推薦をおこなった（doc. 163）。1877年12月16日、フェッレッティは公共教育省からの推薦によりカヴァリエーレ勲章を与えられるところとなり、31日、その勲記等がタッキーニを介してカルカッタへ送付された（doc. 164）。1878年1月3日付のコッピーノ宛返信書簡で、タッキーニはフェッレッティの勲記等がパレルモに届いたこと、そしてそれらをカルカッタへ送付すると伝えている（doc. 165）。

　以上見てきたように、フェッレッティは、これまで語られてきたようにインドをただ放浪していたのではなく、カルカッタで美術家として活動し、イタリア王国政府がカヴァリエーレ勲章を授章するほどの活躍をしていたことが明らかになった。

4. 日本滞在

a. 雇用について

本書第Ⅱ部第6章で見たように、イタリアの公共教育省がフォンタネージの要求に従っ

て、1877年末に、フォンタネージをトリーノ・アルベルティーナ王立美術学院へ復職させる決定が下された頃、折良くイタリア公共教育省内でカヴァリエーレ勲章授与が決定したカルカッタ在住の、フォンタネージと同郷のフェッレッティがフォンタネージの後任として注目されていたとしても不思議ではない。公共教育省あるいは、勲章推薦者のタッキーニを介して、フェッレッティにフォンタネージの後任に就くことが打診されたのではないかと考えられる。

「工部省　美術」には、フォンタネージの「推挙ヲ以テ同国人フレッチ氏ヲ継傭セシ」と記録されているが[28]、実際に前者が後者の作品及び人となりを熟知した上で推挙したかどうかは不明である。恐らく、2人はたまたま知り合っただけなのだろう[29]。両者は共にレッジョ・エミーリア出身だが、フォンタネージは1847年には故郷を去りピエモンテ地方へ活動の拠点を移す計画を立てて以来、ほとんど故郷に戻っていない。一方、この年、フェッレッティは11歳であった。ただし、1877年12月当時、コッピーノ公共教育大臣を長とするイタリア公共教育省は確実に両者を知り、両者の出会いを取りもつことができた存在であったことは確かである。

第II部第6章で述べたように、イタリア側に残されている文書から判断すれば、1878（明治11）年7月、フォンタネージから健康上の理由による辞職を告げられ、代任者の推挙まで受けた日本政府は、フォンタネージの申し出を受け入れ、フェッレッティを急遽任命せざるを得なかっただろうと考えられる。健康上の理由による退職は契約で認められていたからである。工部省から承諾を得たフォンタネージは、直接あるいは間接的にカルカッタのフェッレッティに連絡し、これを受けた彼は遅くとも9月中には来日していただろう。

イタリア側の文書から、フェッレッティはフォンタネージが残した契約期間における代任として雇用されたことがわかる（doc. 52）。従って、フェッレッティの雇用開始はフォンタネージが1878（明治11）年9月30日に退職した後の1878（明治11）年10月1日であったと考えてよい。そしてフェッレッティの当初の雇用期限は、フォンタネージの契約が満了する1879（明治12）年8月28日までであったとするのが妥当だろう。しかし、イタリアにおける後任教師の選抜決定が遅れ、彼の後任となるアキッレ・サンジョヴァンニの来日直前、つまり1880（明治13）年1月31日まで、さらに4ヶ月間、雇用が継続された。

b. 生徒の連袂退学とその波紋

第III部第3章で見たように、フェッレッティは来日早々、フォンタネージとの間に金銭問題を抱え、それは民事裁判にまで発展してしまう。その一方で、フォンタネージの後任として1878（明治11）年10月3日から教壇に立つが、その日、フェッレッティは生徒たちとの初対面で失敗を犯してしまう。その様子を生徒であった松岡壽が述べている[30]。

第Ⅲ部　工部美術学校教師列伝

　氏は初対面の教授に於て、吾々生徒を集め、画布に向ひ赤の絵の具にて☆図の如き円を画きて日の足をつけたものを画き示された。其の様子は何も知らざる野蛮人が、子供でも画いて示すが如きものであった。川上氏より文人画などの高尚なる話を聞き、ホンタ小ジーより川上冬崖と略同様な高尚なる画論を聞され[ママ]、且高尚なる参考品も見せられて養成されたる吾々は一回の教授によつ［て］、直に良教師を聘することを校長大島圭介氏に請願した。然れども、大島校長は之を許さなかったため、一同袂を連ねて退校願いを出し、一週間計にて退校の許可があった。

　教師は冗談のつもりであったかもしれない。あるいは、松岡が伝える単純な風景を表したような絵は、風景画家として著名な先任者が絵画教師という公のポストを売りつけようとしたことや、インドからの旅費を着服しようと試みたことに対する怒りに満ちた揶揄であったかもしれない。しかし、生徒たちとの初対面での失敗は取り返しの付かないものだった。松岡が述べているように、優秀な生徒数十名近くが一挙に退学してしまったのである。〈画学〉の助手をしていた小山正太郎と疋田敬造、浅井忠、松岡壽、高橋源吉、西敬、日下部美余二、駒嶺忠臣、千葉真楯、市川敬二郎、山口彦二郎、守住勇魚、望月俊稜らである。これらの退校者は小山を中心に西洋画の勉強会を結成し、独自に勉強を続け、日本近代の洋画壇を支えることになる者たちである。松岡をはじめ、彼らによるフェッレッティについての文言も公に残ることになった。実際、日本においてフェッレッティが否定的に認識されているのは、この事件に端を発している。

　自ら播いた種とはいえ、小山ら優秀な生徒が退学したことによって、フェッレッティは評判を落としだろう。それでも1878（明治11）年10月3日から最終的に1880（明治13）年1月31日までの1年4ヶ月、〈画学〉において絵画教育をおこなった。しかしながら、彼の教授方法に関してはあまり知られてはいない。

　フェッレッティは1880（明治13）年1月31日で工部美術学校の〈画学〉教師の職を満了し、「特ニ其二ヶ月分給料ヲ下賜」され、帰国の途に着いた[31]。来日早々からフォンタネージとの民事裁判をかかえ、生徒の連袂退学をおこしたフェッレッティだが、帰国にあたり、「二ヶ月分給料」が「下賜」された事実からすれば、工部省はこれらの出来事を取り立てて負の要因としてみなしていなかったと言えるだろう。

　だが、イタリア王国外務省は、フェッレッティの後任教師の選考にあたって、公共教育省に「芸術的な能力だけでなく」、日本の「行政におけるさまざまな部門を既に独占し」ている「イギリス人との競争に立ち向かい、国家の利益や名誉を守るべく、芸術上の能力だけでなく、倫理的な資質においても、本当に称賛に値する、確実な人物」を探すように依頼した[32]。イタリア外務省は、フェッレッティが引き起こした出来事に対していかなる判断も下してはいないが、彼の後任教師の選考にあたっては、「イギリス人との競争」や「国

第4章　プロスペロ・フェッレッティ

家の利益や名誉を守る」という外交上の問題を意識せざるを得なかったことは確かだろう。

5. 帰国後の活動

　フェッレッティは1880（明治13）年2月8日、横浜から仏国船ボルガ号に乗って帰路についた。前年11月に工部大学校造家学科を首席で卒業し、官費によるイギリス留学のために同船していた辰野金吾は、「洋行日誌」の中で、3月19日にナポリで下船した「ペイントルフェレツテー氏元工部省御雇教師」と絹糸商のイタリア人の「二人共船中生等之親友テアリシ」と記している[33]。辰野はフェッレッティに対し、工部美術学校の生徒たちとは異なって、むしろ好印象を抱いただろうと偲ばれる。

　フェッレッティはナポリに暫く滞在したようで、1880（明治13）年4月12日付の『ラ・ディスクッシオーネ』紙には、前日、フェッレッティがホテル・ヴィットーリアにおいて宴を催した記事が記されている[34]。この宴は、フェッレッティの帰国歓迎会を開いたナポリの美術家たちへの返礼として行われ、当時のナポリ美術界の重鎮、ドメニコ・モレッリ（Domenico Morelli, 1826-1901）他30名の美術家が招待されたという。モレッリは、フェッレッティの後任として〈画学〉の教師になったサンジョヴァンニが、「敵」と述べ、教師選抜の選考委員から除外するように要求していた人物である（doc. 77）。フェッレッティとモレッリは何らかの関係があったと考えられるが、その詳細は不明である。また、この記事の中で引用された2月21日付の『レコー・ドュ・ジャポン』紙には、フェッレッティが再度インドへ発つ旨が記されているが、真偽はわからない。

　1883年にはフェッレッティは故郷レッジョに帰っている。この年、ローマで開催された大規模な国際的な、「ローマ美術展覧会（Esposizione di Belle Arti in Roma）」における「産業美術」部門に絵画作品2点（無題）を[35]、「応用美術」部門にテラコッタ製燭台「気晴らし（Il sollazzo）」[36]を出品している。また1883年6月27日、レッジョ・エミーリア市は、フェッレッティが独立戦争を支持した貢献に対し、一種の優秀市民として、愛国功績の証書を授与している（doc. 166）。

　そして、帰国後もフェッレッティは美術教育に携わることになる。

　フェッレッティは1883年ボローニャ王立美術専門学校で開催された「専門学校、高等学校、師範学校におけるデッサン教育資格認定試験（以下、「資格認定試験」）」に応募し、1883年7月3日、120点満点中120点を取得し、資格免状が授与された。このことは、フェッレッティが高いデッサン技術をもち、その教育能力を有していたことを証明している[37]。この認定試験は、イタリア王国政府による当時の殖産興業政策と無縁ではない。

　1851年のロンドン万博におけるイギリスの成功は、欧州諸国に殖産興業におけるデッサン教育の重要性を認識させた。第I部第4章で見たように、工部美術学校の創設もこの

253

流れにあった。国家統一運動において他国に遅れをとったイタリア王国でも1868年には、殖産興業政策を推進する農工商務省がその管轄下の各種の学校におけるデッサン教育の実態調査に着手し、目的に適った素描教育の抜本的な改革が提唱された[38]。一方、美術家育成の基礎となる素描教育に歴史をもつ美術学院（Accademia di Belle Arti）を所轄する公共教育省においても、純粋美術育成のためのみならず、時代の要請にあったデッサン教育の必要性が認識され、1869年7月9日付の政令第5198号及び回状で、「工業に応用しうる装飾教育及び建築装飾教育」が実施されることになった[39]。当然のことながら、殖産興業という目的に適ったデッサン教育ができる人材を養成する必要も生じ、既に1869年4月14日の政令第5005号によって、フィレンツェ、トリーノ、ミラーノ、パルマ、モデナ、ボローニャ、ヴェネツィア、ナポリの美術学校において「専門学校、高等学校、師範学校におけるデッサン教育資格認定」を得るためのコースが設置され、また「資格認定試験」の実施が許可された。政令第5198号によって美術学校に定められた教科は、「装飾法（Ornato）」、「線画（Disegno lineare）」、「実物画（Disegno dal vero）」である。具体的な教育内容も次のように定められている。

　装飾法では、1．石膏像の単純な輪郭を描く、2．明暗法を使って石膏像を模写する、3．既に描いたことのあるデッサンや浅浮き彫りを見ないで再現する。

　線画では、1．機械装置のモデルまたは本物を使い、投影図法を練習する、2．特に装飾品の切断面や見えない部分を線で描く、3．既に描いたことのある機械装置の見えない部分を記憶によって線画で再現する。

　実物画では、家具、金銀細工製品、タペストリー、機械装置から取ったさまざまな大きさの対象（あるいはその一部）の実物を測定しないで描き、特色を保持させながら、正確にものの形を再現することを学ぶ。

　資格認定試験に合格したフェッレッティは、以上のようなデッサン教育が可能であったと考えられる。これらの能力は工部美術学校での絵画教育においても生かされていたはずである。

　デッサン教育の資格を得た年、フェッレッティはサルデーニャ島のイグレシアス鉱山学校のデッサン教授に任命されたが、すぐにカターニアの学校に移籍したという[40]。しかしこれらの学校での詳細についてはわからない。恐らく正規のポストを得るまで、非常勤の教師として職場を転々としていたのだろう。実際、1884年11月22日、公共教育省管轄下において新設されるパレルモ王立美術専門学校（Regio Istituto di Belle Arti di Palermo）の7つの講座（一講座一教師）のための教師採用試験の告知があり、フェッレッティは、年俸1,800リラの「造形美術装飾の講座（Cattedra di Ornato di Plastica）」に、絵画作品3点をもって応募している。フェッレッティを含めて10名の応募があったが、彼は採用されず、サルヴァトーレ・ヴァレンティ（Salvatore Valenti）が1885年5月1日付で奉職した[41]。工部美術学校で同僚

であったヴィンチェンツォ・ラグーザは、年俸1,800リラの「人物造形美術の講座（Cattedra di Plastica delle figure）」に応募した6名の中から選ばれ、1885年5月1日付で同校に採用されている[42]。デッサン教育資格をもっていても、就職は困難であったことがうかがわれる。

しかしこの3年後、1887年9月27日の公共教育省令により、フェッレッティはブレシャ・ニコロ・タルタリア王立技術専門学校（R. Istituto Tecnico Nicolò Tartaglia in Brescia）に、年俸1,920リラでデッサンの教授として奉職することになった。「デッサン主任（Reggente di disegno）」という職名から、デッサン教員の中でも指導的地位にあったと考えられる。同校所収のフェッレッティの身上書（Stato Personale）によれば、ウルビーノ・ラッファエッロ王立美術学校の名誉正会員の他、複数のアカデミーの名誉会員であったことがわかる（doc. 166）。

この年の秋、つまり、1887年10月18日、51歳のフェッレッティは、1864年1月17日ペルージャ県アメリア生まれの23歳のアンジェリーカ・キエリキーニ（Angelica Chierichini）と結婚した[43]。翌年6月1日エットレ・アンジェロ・ピエトロ（Ettore Angelo Pietro）[44]が、1889年5月3日ティート・アンジェロ・カルロ（Tito Angelo Carlo）[45]が、1891年1月5日アンジェロ・シルヴィオ・チェーザレ（Angelo Silvio Cesare）[46]が誕生した。しかしこの幸福は長く続かなかった。1893年1月4日午前9時[47]、フェッレッティは通勤のため家を出たところで突然倒れ、そのまま息を吹き返さなかった[48]。56歳だった。翌日、ブレシャの地方紙に死亡記事が掲載された[49]。1月7日の葬儀の模様は冒頭に記した通りである。

6. 作品

フェッレッティの作品はこれまで全く知られていなかったが、文献上で確認した作品や、昨今新たに判明した作品1点を含め、以下12点に関し、ある程度の情報が得られる。

1. 《インド女王の宣言（La procramazione dell'Imperatorice delle Indie）》（所在不明）
2. 《A・フンボルト（A. Humboldt）》像（所在不明）
3. 《P・セッキ（P. Secchi）》像（fig. 56）
4. 《獅子》油画（所在不明）
5. 《肖像》油画（所在不明）
6. 無題の絵画作品2点（所在不明）
7.
8. 《気晴らし（Il sollazzo）》テラコッタ製燭台（所在不明）
9. 《ロバと雌鳥（Asino e gallina）》（板に油彩、24×32.5 cm）ブレシャ市立歴史美術館蔵（fig. 57）

第Ⅲ部　工部美術学校教師列伝

fig. 56　プロスペロ・フェッレッティ？《アンジェロ・セッキ像》　年代不明　国立"アンジェロ・セッキ"土地測量士専門学校所蔵

fig. 58　同《インスタンブールの風景》　年代不明　ニコーラ・サヴァレーゼ氏蔵

fig. 57　プロスペロ・フェッレッティ《ロバと雌鳥》　年代不明　ブレシャ市立歴史美術館

第4章　プロスペロ・フェッレッティ

10.《インスタンブールの風景》（紙に水彩）、ニコーラ・サヴァレーゼ氏蔵（fig. 58）
11.《時化の海岸（あるいは、時化の中のマリーナ）（Marina in burrasaca）》（所在不明）
12.《ラグーザ肖像》（キャンバスに油彩、55.7×43.7 cm）東京国立博物館蔵

　1は、1874年のカルカッタでの美術展覧会に出品した作品である。

　2及び3は、ニースでの展覧会に出品したという肖像画で、カルカッタから日本へ、そしてイタリアへ帰国の際にも携えていたという[50]。ブレシャに関する百科事典によれば、レッジョ・エミーリア市にはフェッレッティが描いた天文学者ピエトロ・アンジェロ・セッキ（Pietro Angelo Secchi, 1818-1878）の肖像画があるという[51]。同市には、同名の天文学者の名前を冠した国立"アンジェロ・セッキ"土地測量士専門学校（Istituto Statale per Geometri ‹Angelo Secchi›）があり、ここにはセッキの肖像画が掛かっている（fig. 56）。現在、同市において確認できる唯一のセッキの肖像画である。しかし署名はない。3と同一作品かどうかについては今後の研究に譲りたい。

　4及び5は、明治美術会第7回展覧会（明治28年10月10日〜11月18日）に、工部美術学校校長であった大鳥圭介が出品した作品で、作者名は「以太利フエレチ」となっている[52]。クララ・ホイットニーの『クララの明治日記』の1879年1月15日に「閣下［工部大学校長大鳥圭介］は工学寮のイタリア人教授フォンタネージ氏に油絵の肖像画を描いてもらっておられる」とある[53]。青木茂は「フォンタネージの帰国後でサン・ジョヴァンニの来日前の12年1月に大鳥閣下の肖像画を描いている工学寮の教授フォンタネージとは誰であるか、今のところ見当がつかない」という[54]。大鳥圭介の肖像画を描いているこの画家がフェッレッティであり、その作品が5のそれであった可能性もあろう。フェッレッティが肖像画を描いていたことは、サヴァレーゼ氏所有の写真（fig. 59）や、昨今判明した作品12から判断できる。

　6、7及び8は、1883年ローマでの展覧会に出品した作品である。

　9（fig. 57）は、フェッレッティの三男アンジェロ・フェッレッティ・トッリチェッリがブレシャ市立歴史美術館に寄贈したという。画面左には、Cav. F. P. のモノグラムがあ

fig. 59《画架の前に立つフェッレッティ》　年代不明　ニコーラ・サヴァレーゼ氏蔵

257

る。裏書きにはフェッレッティの略伝が鉛筆で記されている。

10（fig. 59）は、サヴァレーゼ氏が所蔵するフェッレッティの素描帳の中の一点である。

11は、コマンドゥッチによれば、1951年2月に開催された「19世紀末のレッジョの画家展（"Mostra dei Pittori reggiani dell'Ultimo Ottocento"）」に展示されたという[55]。

12は、昨今新たに判明した作品で、土屋裕子の調査報告書に詳しい[56]。

おわりに

　工部美術学校での初日の教場におけるフェッレッティの振る舞いは優秀な生徒らの退学という事態を招き、その後、今日に至るまで彼は悪名高き人物として伝えられてきた。フェッレッティは工部美術学校の絵画教師として1年4ヶ月間、その職にあったが、彼の薫陶を受けた者の中からは、浅井忠、小山正太郎、松岡壽に匹敵する画家は出ていない。しかし、以上見てきたように、来日以前も帰国後もデッサンの教職にあった事実からすれば、騒動後の工部美術学校でしかるべき美術教育をおこなったであろうと想像される[57]。

　フェッレッティは当時にあってはそれなりの地位を得た画家であり、肖像画数点他を描いていたことが確認できた。後年、デッサン教師の資格認定を得ていることから察せられるように、彼の本領は純粋美術ではなく、むしろ応用美術にあったのかもしれない。工部美術学校は「百工ノ補助」となる美術もしくは技術をおこなう者を育成する目的で創設されたという事実を重く見るならば、装飾法や線画といった殖産興業に寄与することも可能なデッサン技術を備えていたフェッレッティを負の存在としてのみ扱うことはもはやできまい。

注

1 　*Il Cav. Prof. Prospero Ferretti*, "L'Italia Centrale", 9 gennaio 1893, p. 3. 記事の署名はG. F.。この死亡記事の中でフェッレッティの略歴が紹介されている。フェッレッティ研究には必要文献だが、信憑性に欠く記述もある。

2 　Ferrettiの日本語表記は、外務省外交史料館蔵『官雇入表』3-9-3-14では「フェレッチ」であり、国立公文書館蔵『大政紀要一　第一巻　工部省　美術（自明治九年至同十五年）』（以下、「工部省　美術」）では「フレッチ」であり、今日では慣用的に「フェレッティ」と記されているが、本書ではイタリア語の発音に近い形の「フェッレッティ」とする。なお、「工部省　美術」は、青木茂編『フォンタネージと工部美術学校』至文堂、1978年、96～99頁に採録。

3 　注2前掲「工部省　美術」。

4 　松岡壽「我が国西洋画の発達」『教育研究』第160号、1917年、85頁。「我が国西洋画の発達」は、青木茂・歌田眞介編『松岡壽研究』中央公論美術出版、2002年、127～136頁に再録。

5 金子一夫『近代日本美術教育の研究　明治・大正時代』中央公論美術出版、1999年、254頁。
6 隈元謙次郎『近代日本美術の研究』大蔵省印刷局、1964年、147頁。
7 注4青木前掲書、37頁。
8 山梨俊夫「技術の画家――曽山幸彦をめぐって」西野嘉章編『学問のアルケオロジー』東京大学、1977年、197頁。
9 フェッレッティ伝には、以下があるが、日本での活動についての詳細は触れられていない。G. Grasselli, *Il Cav. Prospero Ferretti*, "L'Azione Cattolica" del 9 maggio 1935, p. 2 ; A. M. Comanducci (a cura di), *Dizionario illustrato dei pittori, disegnatori e incisori italiani moderni e contemporanei*, vol. III, Milano 1962, p. 695 ; Antonio Fappani, *Enciclopedia Bresciana*, vol. IV, Brescia 1981, p. 141 ; *Pittori Reggiani 1751-1931*, Reggio-Emilia 1983, pp. 106-107. フェッレッティの死亡記事は注1の他に以下のブレシャ及びレッジョ・エミーリアの地方紙にも掲載された。"Il Cittadino di Brescia", 5 gennaio 1893, p. 3, *La morte di un professore*, 9 gennaio 1893, p. 3, *Atti dello Stato Civile registrati nei giorni* ; "L'Italia Centrale", 9 gennaio 1893, p. 2, *I funerali del prof. Ferretti* ; "La Provincia di Brescia", 9 gennaio 1893, p. 3, *Morti a domicilio notificati all'Ufficio di Stato Civili dal 1 all'8 gennaio 1893* ; "La Sentinella bresciana", 5 gennaio 1893, p. 2, *La morte improvvisa di un nipote di Pio IX*, 8 gennaio 1893, p. 3 ; 9 gennaio 1893, p. 3.
10 ASRE, *Comune RE, Anagrafe*, b. a. 1836, nati, città.
11 AABO, *Archivio Accademia di Belle Arti, Reale Accademia di Belle Arti, Titolo V, Patenti magistrali, Corso biennale, 1883*, Lettera di Prospero Ferretti per il concorso della patente d'idoneità all'insegnamento del disegno nelle scuole Tecniche, Normali e Magistrali del Regno. フェッレッティが本文書に添付した20通の書類名を年代順に記すと、以下の通り（以下、「一覧」）。なお、フェッレッティが添付した書類原本は同所に保管されていない。

　　1. Attestazione di Studi lettrari dall'Infima[sic] alla Filosofia di Casoli, Prefetto del Collegio S. Giorgio in Reggio Emilia, 12 novembre 1856.
　　2. Attestazione per insegnamento gratuito di Notta, Prefetto（di Reggio?）a nome della Deputazione Provinciale, 7 maggio 1863.
　　3. Attestazione per esame di modelli e di lavori degli allievi di Malatesta, Direttore della Regia Accademia di Modena, 21 settembre 1863.
　　4. Attestazione di Prampolini, Prof. di Disegno Lineare ed Ornamentale alla Scuola Normale di Reggio, 23 settembre 1863.
　　5. Attestazione di frequenza delle lezioni alla Regia Scuola Normale di Qiurico, Direttore della medesima, 8 luglio 1864.
　　6. Attestazione di Marchelli, Prof. di Disegno Esatto alla Regia Scuola di Belle Arti in Reggio 9 luglio 1864.
　　7. Attestazione di premio con particolar menzione di Belloli, Direttore della Regia Scuola di Belle Arti in Regio-Emilia, 4 giugno 1866.
　　8. Nomina per l'insegnamento del disegno di Rossi, Direttore della Scuola Tecnica in Reggio, 2 novembre 1868.
　　9. Attestazione per l'insegnamento impartito presso la Scuola Tecnica in Reggio, 27 luglio

1870.

10. Altra attestazione di premio di Belloli, Direttore della Regia Scuola di Belle Arti in Reggio-Emilia, 27 settembre 1872.

11. Giudizii[sic] della stampa comunicati dal Regio Console «L'Opinione» – Gl'Italiani a Calcutta (3 febbraio 1876).

12. Lettera di Coppino Ministro dell'Istruzione Pubblica, 31 dicembre 1877 da Roma.

13. Visita fatta all'Imperiale Accademia di Barbolani Ministro Plenipotenziario a Ieddo [sic] (1879).

14. Documento colletivo Per insegnamento impartito di Barbolani, Ministro Plenipotenziario a Ieddo, 27 marzo 1879.

15. Attestazione premio di £. 5500[sic] di Otori Direttore all'Imperiale Accademia di Ieddo, 6 febbraio 1880.

16. La Discussione – Arte ed Artisti (Napoli), Giudizi della stampa estera: «Englisman[sic]», «Daily News», «Eco du Japon» 12 aprile 1880.

17. Attestazione e giudizii di Relazioni del Direttore del Politecnico di Bologna (giugno 1883).

18. Attestazione di Servizi alla città nativa, alla patria (certificato di buon condotta richiesto) di Notari ff. Sindaco di Reggio Emilia.

19. Attestazione di Zannini, Medico di Reggio nell'Emilia, 27 giugno 1883.

20. Fede di nascità di Zannini, Medico di Reggio nell'Emilia.

提出すべき書類は、1869年10月31日付の政令第5337号によっている。

12　注11「一覧」の1。

13　ASRE, *Atti e registri della Regia Scuola Normale maschile di Reggio 1861-1896*, n. 36 *Registro generale degli alunni 1861-1896*.

14　*Ibidem*.

15　注11「一覧」の5。

16　注11「一覧」の6。

17　注11「一覧」の7。

18　注1前掲『リタリア・チェントラーレ』紙。

19　同上。しかし、曾孫のサヴァレーゼ氏は同紙の「ベッツェッカにおいて負傷」との記述を否定した。

20　注1前掲『リタリア・チェントラーレ』紙。同紙にはこの時期に「デッサンの教授資格取得した」と記されているが、具体的に何を指しているかは不明である。

21　同上。

22　注11「一覧」の8及び9。

23　注11「一覧」の10。

24　注1前掲『リタリア・チェントラーレ』紙。なお、ミラーノのブレラ美術大学古文書室には該当するコンクールの記録は見あたらない。

25　注1前掲『リタリア・チェントラーレ』紙。本展覧会の詳細については不明である。同紙

第4章　プロスペロ・フェッレッティ

にはフェッレッティの出品作品名は "*La proclamazione dell'Imperatore delle Indie*（インド皇帝の宣言）" と記されているが、本書ではComanducci, *op. cit.* によった。

26　注1前掲『リタリア・チェントラーレ』紙。
27　"L'Opinione", 3 febbraio 1876. 注11「一覧」に11として記載されている。当時トリーノにいたフォンタネージもこの記事を目にしたかもしれない。
28　注2前掲「工部省　美術」。doc. 53にも書いてある。
29　金子注5前掲書、166頁。
30　松岡注4前掲論文。
31　注2前掲「工部省　美術」。
32　第Ⅱ部第6章、131頁。
33　白鳥省吾編纂『工学博士辰野金吾伝』辰野葛西事務所、1926年、100頁。
34　"La Discussione", 12 aprile 1880, *Arte ed Artisti*. 本記事はサヴァレーゼ氏の提供による。
35　*Esposizione di Belle Arti in Roma 1883. Catalogo Generale Ufficiale Illustrato*, Roma 1883, p. 142. "21. Due quadri (disegno)". フェッレッティの住所はReggio via S. Croce n.12と記されている。
36　*Ibidem*, p. 148. "6. Una candeliera in terra cotta. Il sollazzo."
37　応募書類には居住市の市長から「品行方正であることの証明書」の提出も課せられていた（注11「一覧」の18）。フォンタネージとの仲裁裁判や日本での言動の結果、人物に問題ありとされていたならば、本資格免状は授与されなかったと考えられる。なお認定状の写しは以下に保管されている。ACS, *Ministero della Pubblica Istruzione, Direzione Generale Antichità e Belle Arti, Istituti di Belle Arti (1860-1896)*, b. 40, Bologna.
38　Ministero di Agricoltura, Industria e Commercio, *Gl'Istituti Tecnici in Itaia*, Firenze 1869, pp. 175-177.
39　*Ibidem*, p. XXII. 工部美術学校における〈家屋装飾術〉は、ここで使われた "architettura decorativa" に該当する。カッペッレッティが担当するはずだったこの学科は「百工ノ補助」という同校の創設目的に適ったものが予定されていたとも考えられなくもない。しかし、結果からすれば、〈家屋装飾術〉は工部美術学校におけるイタリア人教師3名の枠を守るために提案され側面の濃厚な学科だったと見なすことができる。第Ⅱ部第4章参照。
40　注1前掲『リタリア・チェントラーレ』紙。
41　ACS, *Ministero della Pubblica Istruzione, Direzione Generale Antichità e Belle Arti, Istituti di Belle Arti (1860-1896)*, b. 155, Palermo, Istituti di Belle Arti di Palermo, Concorrenti alla Cattedra di Ornato e Plastica.
42　*Ibidem*, Istituti di Belle Arti di Palermo, Concorrenti alla Cattedra di Plastica delle figure.
43　ASB, *Municipio di Brescia, Registro degli Atti di Matrimonio 1887*, n. 364 *Ferretti Prospero, Chierichini Angelica*.
44　ASB, *Archivio Storico Civico, Stato Civile, Nati, Comune di Brescia, Provincia di Brescia, Registro degli Atti di Nascita, Anno 1888*, n. 898 *Ferretti Ettore*.
45　ASB, *Archivio Storico Civico, Stato Civile, Nati, Provincia di Brescia, Registro degli Atti di Nascita, Anno 1889*, n. 710 *Ferretti Tito*.
46　ASB, *Archivio Storico Civico, Stato Civile, Nati, Provincia di Brescia, Registro degli Atti di Nascita,*

261

第Ⅲ部　工部美術学校教師列伝

Anno 1891, n. 159 *Ferretti Angelo*. フェッレッティの死後、Torricelli家に養子に出され、Ferretti-Torricelli姓を名乗ることになる。彼の娘はSilviaで、その息子がサヴァレーゼ氏である。

47　ASB, *Municipio di Brescia, Registro degli Atti di Morte 1893*, n. 46 *Ferretti Cav. Prospero*.
48　"Il Cittadino di Brescia", 5 gennaio 1893.
49　注9参照。"La Sentinella Bresciana", 5 gennaio 1893では、フェッレッティは法王ピオ9世（Giovanni Maria Mastai Ferretti）の甥として紹介されているが、サヴァレーゼ氏はこれを否定された。同紙8 gennaio 1893には、フェッレッティの葬儀に対する謝意記事が掲載された。
50　注1前掲『リタリア・チェントラーレ』紙。
51　Fappani, *op. cit.*
52　東京国立文化財研究所編『明治期美術展覧会出品目録』中央公論美術出版、1994年、29頁。
53　クララ・ホイットニー、一又民子訳『クララの明治日記』（上）、講談社、1976年、66頁。
54　青木茂『油絵初学』、筑摩書房、1987年、277頁。
55　Comanducci, *op. cit.*
56　土屋裕子「ヴィンチェンツォ・ラグーザによる博物館への寄贈品——東京国立博物館蔵工部美術学校の教材および習作を中心として——」『東京国立博物館紀要』第45号、2010年、図1及び、100～101頁。
57　金子注5前掲書（200頁）によれば、広津正人は履歴に「明治十二年年九月ヨリ同十三年四月迄伊国人フエレッチ氏ニ就キ人物風景画ヲ修ム」と記している。フェッレッティは明治13年4月にはイタリアに戻っているので、広津の記した修学期間に誤差があるにせよ、フェッレッティから人物風景画を学んだことは確かだろう。

第5章　アキッレ・サンジョヴァンニ

はじめに

　1876（明治9）年に開校した工部美術学校の初代絵画教師であったアントーニオ・フォンタネージが、3年間契約の1年を残して1878（明治11）年10月に帰国し、代任としてプロスペロ・フェッレッティがその職に就いた[1]。フェッレッティはフォンタネージが育てた生徒たちと合わず、1年4ヶ月後には帰国した。その後を継いで、1880（明治13）年2月にアキッレ・サンジョヴァンニが来日する。

　サンジョヴァンニについては、《山尾忠次郎像》（fig. 60）などからアカデミズムに立脚した画家であること[2]、また、工部美術学校の生徒だった曾山幸彦の言説から厳しい教育者像が想起されてきた[3]。近年、《ヴィットーリオ・アルフィエーリの生涯の逸話》（fig. 61）、《ベンヴェヌート・チェッリーニのアトリエ》（fig. 62）といったサンジョヴァンニの作品が展覧会において紹介され、また彼の履歴の一端が明らかににされたが[4]、未だ不明な点が残っている。本章では筆者のイタリアでの調査の結果を基に、サンジョヴァンニの出生、修業時代の姿、渡日前後の活動を明らかにし、制作及び教育における思想背景を分析したい。

1. 出生

　サンジョヴァンニがナポリ出身の画家とされること、作品には厳格なアカデミズムが感じられることを踏まえて、本著者は1998年から2000年にかけて、ナポリ美術大学古文書室において調査を行った。そして、同校の前身であるナポリ王立美術専門学校への彼の入学に関する文書を見いだした。『1852年から1862年の間に登録した学生』というファイルにおいて、サンジョヴァンニに関するさまざまな書類が「219番」として保管されている[5]。なお、これまで日本の史料[6]に基づいて、名前は「アッキレ」、名字は「サン・ジョヴァンニ」と表記の誤謬があったが、正しくは、「アキッレ・サンジョヴァンニ」である。

　1854年2月24日付、両シチリア王国聖職事務及び公共教育国家官房及び省局長発、ナポリ王立美術専門学校校長宛文書は（doc. 176）、サンジョヴァンニを含む4名の同校生徒

第Ⅲ部　工部美術学校教師列伝

fig. 60　アキッレ・サンジョヴァンニ《山尾忠次郎像》　1881〜82年　個人蔵

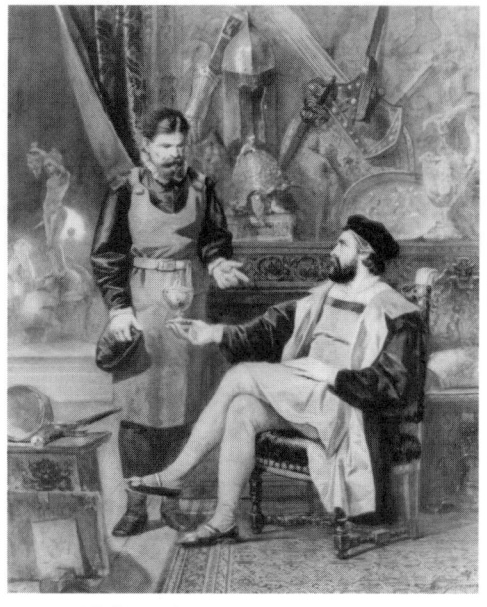

fig. 62　同《ベンヴェヌート・チェッリーニのアトリエ》　1876年以前　国立カポディモンテ美術館

fig. 61　同《ヴィットーリオ・アルフィエーリの生涯の逸話》　1876年以前　国立カポディモンテ美術館

としての入学を許可する旨を告げ、またこれより以前の20及び22日に美術学校から同省へ提出された「関係書類」が返還されたことがわかる。「関係書類」は、入学希望者が同美術学校への入学手続きにあたって提出したと考えられるものであり、本文書とともに保存されている。それは、1854年1月31日にナポリ市から再発行された出生証明書1部（doc. 177）、1854年2月5日付のサン・マルコ・ディ・パラッツォ教区教会発行の（秘蹟）証明書類1部（doc. 178）、1854年2月6日付のサン・フェルディナンド区警察発行の人物証明書1部（doc. 179）の合計3通である。

出生証明書によると、サンジョヴァンニは1840年8月14日1時30分に、26歳の手袋職人のヴィンチェンツォ・サンジョヴァンニ（Vincenzo Sangiovanni）とその正妻である22歳のマリアンナ・グレカ（Marianna Greca）の子として、ナポリ市のヴィーコ・トレ・レジーネ（Vico Tre Regine）12番に誕生した。この通りは、王宮（パラッツォ・レアーレ）横のプレビシート広場から北へ延びるトレド通りと平行して走っている。新生児の名前は、アキッレ・ロッフレド・ジョヴァンニ（Achille Loffredo Giovanni）である。ヴィンチェンツォは息子アキッレの誕生の翌日に、アキッレ本人を連れ、同業者2名を立会人として出生届けをしたこともわかる。

サン・フェルディナンド区警察発行の文書は、「アキッレの息子のアキッレ・サンジョヴァンニ、ナポリ出身のおよそ14歳、学生、ストラーダ・ディ・キアイア76番在住は、道義的にも政治的にも宗教的にも品行方正であることを証明する」という人物証明である。この証明書においてのみ、父親の名前が「アキッレ」になっている。単なる誤りによるものなのか、父親がアキッレとヴィンチェンツォという2つの名前をもっていたことによるものなのか不明である。本文書は、サンジョヴァンニが教会のミサに通っており、宗教上問題がないことも証明しているのだが、当時の美術学校への入学条件を考察する上で興味深い。またこれらの文書から、サンジョヴァンニが美術学校への入学手続きをした1854年当時、一家はナポリ「西部の優雅で、中産階級の中心的な住宅街」[7]として知られたナポリ湾に並行して延びるストラーダ・ディ・キアイア（Strada di Chiaia）、つまり現在のキアイア海岸通り（Riviera di Chiaia）に住んでいたことがわかる。

2. ナポリでの修業とその後

サンジョヴァンニは、上述のように、1854年2月24日付で同校への入学を許可された。ナポリ美術大学古文書室所蔵史料「219番」に保管されている、サンジョヴァンニの徴収免除に関する文書、及び、助成金申請に関する文書から、学生時代の姿が推察される。

第III部　工部美術学校教師列伝

　　a.　徴兵免除願い

　1859年5月頃、サンジョヴァンニは数ヶ月後に19歳になろうとしていた。モンテカルヴァリオ地区の第409番として、両シチリア王国（ナポリ王国）から徴兵令状を受け取ったサンジョヴァンニは、本人による徴兵免除を願う文書と、ナポリ王立美術専門学校の指導教員であった画家ジュゼッペ・マンチネッリ（Giuseppe Mancinelli, 1813-1875）による推薦状を、建築家ピエトロ・ヴァレンテ（Pietro Valente, 1796-1859）王立美術専門学校校長経由で、公共教育省宛に提出した（doc. 180）[8]。サンジョヴァンニ自身は、「偉大な画家だと不当に主張するつもりはないが、全ての先生から十分な満足を頂いており、特にカヴァリエーレ勲章受章者のマンチネッリ先生は、裸体画成績では首位を修めたことのみならず、長年にわたるデッサン教室や絵画教室での申請者の進歩について大いに喜ばしい報告書を書いて下さった」と記している。両シチリア王国では、1810年10月17日の王室令により、「美術学校の各教室において、もっとも称賛に値する生徒には徴兵を免除する」旨が定められており[9]、サンジョヴァンニは自ら学業成績の優秀さを主張することによって、徴兵免除を受けようとしたのである。

　1859年5月17日付のジュゼッペ・マンチネッリ教授による推薦状には（doc. 181）、同美術専門学校の倫理監督官によってサンジョヴァンニが道義的にも称賛に値する人物であることを証明する文面が書き加えられている。

　サンジョヴァンニの徴兵免除願いとマンチネッリの推薦状は、一端、ヴァレンテ校長へ提出され、翌日付で、マンチネッリ教授の推薦状に訂正及び加筆した上で、校長自らもサンジョヴァンニ徴兵免除を推薦する旨を伝える文書とともに（doc. 182）、聖職事務室公共教育国家官房及び省局長へ提出された。

　同局長による5月19日付の同校長宛の返信には（doc. 183）、「徴兵免除願いをしているコスタンティーノ・パッパウーナ及アキッレ・サンジョヴァンニの問題についての考えをお伝えする」と記されているが、その考えの具体的内容について記されたものは保管されていない。本文書に対する5月21日付の校長の返信草稿から（doc. 184）、サンジョヴァンニの徴兵免除が叶わなかったことがわかる。校長はマンチネッリ教授が心からサンジョヴァンニの徴兵免除を推薦している旨を繰り返しつつ、サンジョヴァンニが将来を嘱望された優秀な画学生であると主張し、王立孤児院での使役への代替願いをしている。

　しかしながら、徴兵免除そして王立孤児院での使役への代替願いはなかなか受け入れられなかったことが、1859年10月11日付のマンチネッリの文書（doc. 185）から読み取れる。この文書でマンチネッリは、再度、徴兵免除を請うためのサンジョヴァンニの推薦をしているからである。また翌日付の王立美術学校校長発の文書草稿（doc. 186）が存在する。宛先は記されていないが、文面から当該省への文書であると考えられる。それは、サンジョ

ヴァンニの学業成績を簡略に述べ、彼がモンテカルヴァリオ地区で徴兵されたが、王立孤児院での使役への代替願いをしたことを証明するというものである。その結果を伝える文書は保管されていないので確かなことは不明だが、恐らく、サンジョヴァンニは戦地へ赴くことはせず、王立孤児院での使役に代替従事したものと考えられる。

徴兵免除に関するこれら文書から、サンジョヴァンニはマンチネッリが指導する「初歩素描教室で大いに進歩」を見せ、「教室内におけるコンクールで複数の賞を受賞し」、「裸体画研究に関する月間成績及び等身大の裸体画制作で際だった成績」を得ていることもわかる。そして、サンジョヴァンニはこれらの経歴によって、画家としての自負の念を抱いていた。徴兵を免除されるということは、「美術学校の各教室において、もっとも称賛に値する生徒」であることの証明ともなるために、サンジョヴァンニは願いが叶うように諸方面に働き掛けた。目的達成のためならば繰り返し諸方面に働き掛けることに労を厭わない性格は、工部美術学校の教師の選考過程においても見られるものである。

サンジョヴァンニが絵画の修業をしている時期は、イタリア王国統一運動が展開されていた時期と重なる。1860年4月、ガリバルディ軍がシチリアに侵攻し、6月にはシチリアをおさえ、8月にはメッシーナ海峡を渡りナポリ王国に侵攻し、9月にはナポリ解放を成功させ、ブルボン家による両シチリア王国時代は終わりを告げた。そして翌年3月には、サルデーニャ王国のヴィットーリオ・エマヌエーレ2世がイタリア王国創立宣言をする。サンジョヴァンニが兵役免除願いをしたのは、勉学を続けたいという理由だけではなく、政治上の心情に基づいていた可能性もある。つまり、兵役免除を受けることによってナポリ王国側に立って戦争に加担するのを回避する、それは間接的にイタリア王国統一運動に与する、ということを意味していたと解釈できる。実際、後のサンジョヴァンニの言動には、イタリア王国に対する愛国心が濃厚に見られるのである。

b．助成金申請

徴兵免除を願い出てから2年後、ナポリがイタリア王国の一都市として組み込まれた後も、ナポリ王立美術専門学校の学生として「歴史画家の経歴」を積んでいたサンジョヴァンニは「県の助成金」に申請をした（doc. 189）。

1861年5月21日付で、絵画科教師カミッロ・グエッラ（Camillo Guerra, 1797-1874）は校長に助成金申請のための推薦をし（doc. 190）、校長は公共教育省事務局長にこれを伝えた（doc. 191）。これらの文書から、サンジョヴァンニはグエッラが指導する「生きたモデルで勉強をする絵画科第2教室で常に進歩を見せ」、「月間成績で数回1位になった」ことがわかる。ナポリ県知事名で発せられたジョヴァンニ・ヴィゾーネ（Giovanni Visone, 1814-1893）の1862年2月17日付の文書から、サンジョヴァンニは3年間継続したと考えられるナポリ県の助成金を得たことがわかる（doc. 192）[10]。この後に、ヴィゾーネは宮内大臣と

第Ⅲ部　工部美術学校教師列伝

fig. 63　アキッレ・サンジョヴァンニ《パイジエッロの生涯の逸話》　1865年以前　国立カポディモンテ美術館

なり、後にサンジョヴァンニの日本行きを助けることになるのである。

c. イタリア王室コレクションへ

　以上のことから、サンジョヴァンニは素描力を最重視し、理想化された裸体画を至高のものとみなす[11]、16世紀以来の古典的な絵画教育を踏襲した、典型的な19世紀のアカデミックな美術教育を受けたことがわかる。美術学校の優秀生徒は兵役が免除されていた事実からすると、サンジョヴァンニの孤児院での使役への代替による兵役免除は、当時の価値観からすれば、彼が優秀であると評価されていたことを裏付けるものだろう。また、勉学継続のための助成金を獲得したという事実もそれを物語っていよう。

　サンジョヴァンニは1854年から助成金を得ながら1865年頃まで同校で学び、その後は画家としての人生を歩み始めただろう。事実、その熟達さはイタリア王国政府から認められている。

　『1865年編纂王室財産目録』カポディモンテ宮「第17室」に「画布に油彩、A・サンジョヴァンニによるパイジエッロ先生、1.85m×1.25m、金の枠」との記載がある[12]。これは、現在もカポディモンテ美術館が所蔵するサンジョヴァンニの《パイジエッロの生涯の逸話》(fig. 63)であると考えられる。

第5章　アキッレ・サンジョヴァンニ

　1865年3月3日、サンジョヴァンニは王宮監督官となっていたヴィゾーネに、本作品の写真撮影のために王宮外への作品持ち出しの許可を申請しているので[13]、これ以前に本作品がイタリア王室コレクションに入ったことは確かである。サンジョヴァンニの経歴を繙いていくと、人生のターニング・ポイントとも云うべき時期には、必ず王室及び宮内省関係の役人との関係が見られるのだが、本作品は王室との関係を結んだ最初の作品である。

　ジョヴァンニ・パイジエッロ（Giovanni Paisiello, 1740-1816）は、ターラントの出身だが、ナポリの音楽学校において修業し、18世紀後半から19世紀初頭かけて活躍したオペラ作曲者である。画面左側で鍵盤楽器を演奏しながら、後方の男性（恐らく歌手）を見ているのがパイジエッロである。人物の髪型、服装、靴、家具調度品など、18世紀風俗の再現に努めており、サンジョヴァンニが詳細な時代考証をしたことが示唆される。パイジエッロはロシア宮廷から招聘されて、サンクトペテルブルクで8年間過ごしている。本作品制作から数年後、サンジョヴァンニもサンクトペテルブルクへ赴くことになる。

d.　サンクトペテルブルクへ

　王室関係者との関係があったためなのか、1869年、サンジョヴァンニはサンクトペテルブルクへ向かい、同地に6年間暮らすことになる。同地への出発前に、サンジョヴァンニはイタリア国王陛下特務局長ナターレ・アゲーモに、叙勲されることへの期待を露わにしている。

　1869年2月9日付の、アゲーモからサンジョヴァンニ宛の文書は、イタリア国王ヴィットーリオ・エマヌエーレ2世がサンジョヴァンニに「記念としてブローチ」を授けることになったことを伝えている（doc. 193）。文書には「記念としてブローチ」が授与されることになった理由は明かされていない。サンジョヴァンニはアゲーモへの返信において、「迷惑な者になれないし、なりたくない」と述べながらも、「今のところはこのブローチで、勲章については次に」と判断されたことに不服の意を表明し、「私が勲章を得たいと切に思うのは、貴殿もご存知のように、ひとかどの画家として宮廷の人々と過ごす時には、とりわけ芸術家にとって記章が不可欠であるロシアへ、貴殿がご存知のように、私は赴かなければならないからです」と理由を述べて、叙勲されることの必要性を投げかけている（doc. 194）。サンジョヴァンニは、2度も「貴殿がご存知のように」と記すことで、アゲーモに注意を喚起し、自身の希望に対する理解を促しているように思われる。

　「サンクトペテルブルクへの出発が間近」に迫った、1869年4月17日付のアゲーモ宛文書において、サンジョヴァンニは「貴殿を急かすのは無意味ですが、切に待ち望んでいるこの私のむなしい望みが満たされますように、繰り返し、厚くお願いいたします」と記している（doc. 195）。しかし、1869年4月29日付のアゲーモ発サンジョヴァンニ宛の文書草稿から、アゲーモはサンジョヴァンニの依頼に従って動いてみたが、うまくいかなかった

ことを認めるのは遺憾だと告げている（doc. 196）。サンジョヴァンニが本文書を受け取った際の住所はナポリのサリータ・ポンテコルヴォ54番であったようだ。その後、間もなくして、記章を得ることなくサンクトペテルブルクへ出発したであろう。だが、ロシアからの帰国後のサンジョヴァンニに関する文書には、「カヴァリエーレ勲章受章者の」という敬称が記されている[14]。ロシア滞在中もしくは帰国後、叙勲されたのだろう。サンジョヴァンニの「むなしい望み」は叶うことになる。

　サンジョヴァンニのサンクトペテルブルク行きがどのような経緯によって決定されたかについても、またその目的についても判然としないが、サンジョヴァンニの工部美術学校教師の応募に関する文書から、ある程度のことがわかる。まず、サンジョヴァンニは、サンクトペテルブルクの上流階級の人々の肖像画を描いていた（doc. 55）。ただし、これらの作品はイタリア帰国時に持ち帰っていない。また現在の所蔵先も不明である。また、サンジョヴァンニは「陶器への応用をなす美術を扱うことを得意とし、これはロシアにおいても実施」したという（doc. 208）。しかし、その詳細についてもわからない。

　サンジョヴァンニは1875年10月5日以前にアゲーモに工部美術学校教師候補者としての推薦状を依頼している。この直前にロシアから帰国したのだろう。サンジョヴァンニ自身が明かしているように（doc. 97）、彼は6年間サンクトペテルブルクに滞在していたのである。

3. 1875年の工部美術学校の教師への応募

　第Ⅱ部第2章で論じたように、1875（明治8）年の工部美術学校創設にあたり、日本政府はイタリア王国政府に教師候補者選考の実務のみならず、教師の決定も一任した。公共教育省は管轄下のトリーノ、ミラーノ、ヴェネツィア、フィレンツェ、ローマ、ナポリの6校の王立美術学校に、教師選抜のための採用試験開催を通知し、その結果、建築家5名、画家23名、彫刻家15名、合計で43名の応募があり、組織的な選考が実施されたことがうかがえる。絵画教師として選ばれたアントーニオ・フォンタネージは既に19世紀イタリア美術界で名を成しており、またフランチェスコ・パオロ・ミケッティやヴィンチェンツォ・ジェミトなど、当代一流の芸術家となっていく人物も候補者に含まれており、イタリア王国政府がこの学校創設にかける思いは並々ならぬものであった。

　この採用試験にサンジョヴァンニも応募している。サンジョヴァンニは1875年10月5日付のアゲーモ宛の文書において、「日本が彼地でデッサンの教師を求めていることを知っているが、自分はそれを受け入れる用意があるので、ボンギ公共教育大臣に自分の意志を伝えて欲しい」とアゲーモに推薦文の執筆を依頼した（doc. 203）。アゲーモは10月9日にボンギにサンジョヴァンニの推薦状草稿を作成している（doc. 198）。本文書から、サ

ンジョヴァンニはナポリ王室において、ある職務を任されていたが、その任務が解かれていたことがわかる。サンジョヴァンニはその任務を介して、イタリア国王陛下特務局長のアゲーモと知り合ったのだろう。

　ボンギは1875年10月15日付のアゲーモ宛の返信で、「日本に創設される美術学校での教育という公職を得たいと、彼同様に願う人は少なくないし、選択は日本政府によっておこなわれるでしょうから、今後、私からは彼に確約することはできません」と答えている（doc. 204）。実際には、日本政府は教師候補者の選択決定をイタリア側に委ね、最終的にボンギ自身が決定を下すことになるのである。

　サンジョヴァンニは1875年10月23日付のアゲーモ宛の文書において、ボンギへの推薦状送付に対し謝意を表すとともに、新たに在イタリア日本公使宛への推薦状も依頼している（doc. 205）。アゲーモは早速、1875年10月30日付で、河瀬真孝公使宛の推薦状を送った（doc. 206）。この推薦状はボンギ宛のものとほぼ同様の内容だが、フランス語で記されている。サンジョヴァンニは、1875年11月10日付アゲーモ宛文書において、同公使への推薦状送付に対する謝意を表し、経過が分かり次第連絡するとした（doc. 207）。

　1875年12月、工部美術学校の教師候補者が出揃い、公共教育省においてとりまとめ作業がおこなわれつつあった。アゲーモは12月9日付ボンギ宛文書において、再度、サンジョヴァンニを推薦している（doc. 208）。

> 事態［選抜］は、いまや、閣下によって決定されるところであると私は確実に知っていますので、彼に有利になるような、私のもっとも熱のこもった願いを閣下に繰り返すことを控えることはできません。サンジョヴァンニ氏は有名な功績の他に、日本政府にとって特別な関心事である［一語不明］陶器への応用をなす美術を扱うことを得意とし、これはロシアにおいても実施しました。［こうした情報は］恐らく閣下へも有利な影響を与えるでしょうから、彼を選ばれますように。

　ここで、アゲーモはサンジョヴァンニが「日本政府にとって特別な関心事である［一語不明］陶器への応用をなす美術」も得意とすることを付記している。だが、サンジョヴァンニの応用美術関係の作品は、これまでのところ知られていない。

　アゲーモはさらに、12月22日付エミーリオ・ヴィスコンティ・ヴェノスタ外務大臣宛の文書において、繰り返しサンジョヴァンニを推薦した（doc. 209）。だが、外務事務次官イザッコ・アルトムは、外務大臣名の12月30日付のアゲーモ宛の返信で、「私は日本公使殿が関与されるように配慮致しましたが、例の学校において教育するために招聘される3名の芸術家の選択は、王国の公共教育省へ差し戻されました」と、教師の選択は公共教育省の判断に委ねられたと述べ（doc. 210）、外務大臣宛のアゲーモの推薦状が功を奏さない

第Ⅲ部　工部美術学校教師列伝

ことを言外に伝えている。

　以上見てきたように、サンジョヴァンニはイタリア国王陛下特務局長という重職にあったアゲーモに、工部美術学校の教師選抜に関わっていると考えられるあらゆる人への推薦状を依頼し、アゲーモは依頼に応じて推薦状を送り、最善を尽くそうと試みたと考えられる。2人の信頼関係の深さが慮られる。

　サンジョヴァンニはアゲーモのみならず、M・マティーノなる人物にもボンギへの推薦状を依頼した。マティーノは12月23日付ボンギ宛の文書で「私の親愛なる友」と書き出していることから（doc. 199）、2人は親密な友好関係をもっていたと想像される。サンジョヴァンニはボンギの友人であるマティーノに推薦状を依頼したことになる。ボンギは12月30日付のマティーノ宛の返信において、「多くの者がこのポストを希望しています。志願者の書類は当省でとりまとめた後、在イタリア日本公使館へ送付し、そこで審査が執りおこなわれます」と告げた（doc. 200）。既にこの時点で教師の決定権は公共教育省に委ねられており、ボンギが最終決定を下すのだが、ボンギはマティーノに公共教育省には選抜決定権がないと答えたのである。

　サンジョヴァンニの工部美術学校教師の職を獲得するための努力は以上に留まらない。明年1月24日付で、ボンギ宛に自薦文書を送付している（doc. 204）。さらに、アゲーモにアレッサンドロ・フェー・ドスティアーニ在日本イタリア特命全権公使宛の推薦状を依頼し、アゲーモは1876年2月5日には推薦状を用意し、間もなく送付したと考えられる（doc. 211）[15]。しかし、既にこの時点で、候補者はオスカール・カポッチ、アントーニオ・フォンタネージ、エドゥアルド・トーファノ、ヴィンチェンツォ・ラグーザの4名に絞られており[16]、サンジョヴァンニの執拗なまでの努力の甲斐無く、〈画学〉教師候補者には選抜されなかったのである。

4. 1875年の〈画学〉教師落選後の制作とその周辺

　サンジョヴァンニは、1875（明治8）年の〈画学〉教師の選考において落選したが、1879（明治12）年の後任〈画学〉教師の選考において選抜され、1880（明治13）年2月には東京に到着する。この4年間弱の期間におけるサンジョヴァンニの制作活動とその周辺を明らかにしておきたい。とりわけ、注目すべき点は、1875（明治8）年の選考で落選したサンジョヴァンニが、日本からの委嘱によって、《明治天皇肖像》、《昭憲皇太后肖像》及び、宮内庁三の丸尚蔵館蔵《締盟國元首肖像》連作の内、《伊太利亜皇帝（ウンベルト1世）》（fig. 64）及び《亜米利加合衆国大統領（R・B・ヘイズ）》（fig. 65）の2点を制作していることである。

272

第5章　アキッレ・サンジョヴァンニ

a. 再びイタリア王室コレクションへ

　1875（明治8）年の〈画学〉教師選抜での落選から、1879（明治12）年の後任〈画学〉教師の選考において選抜されるまでの期間に、サンジョヴァンニの作品2点が新たにイタリア王室コレクションに入っている。

　『1874〜79年編纂王立絵画館目録』には、サンジョヴァンニの3作品が記載されている[17]。すなわち、『1865年編纂王室財産目録』[18]に既に掲載されていた《パイジエッロの生涯の逸話》（fig. 63）に加えて、新たに《ヴィットーリオ・アルフィエーリの生涯の逸話》（fig. 61）、《ベンヴェヌート・チェッリーニの工房》（fig. 62）が加えられている。

　王室コレクションへの新規収蔵2作品は、1876年に出版されたアルベルト・アルベルティによる『王立カポディモンテ美術館解説案内』にも記載されている[19]。よって、この2作品は、1865年から1876年の間に王立コレクションに入ったと考えられる。また、2作品の制作年代は1876年以前と同定できる。《パイジエッロの生涯の逸話》に比べて、2作品は明らかに上達がうかがえる。

　《ヴィットーリオ・アルフィエーリの生涯の逸話》（fig. 61）は18世紀に活躍した劇作家であるヴィットーリオ・アルフィエーリ（Vittorio Alfieri, 1749-1803）を、《ベンヴェヌート・チェッリーニの工房》（fig. 62）は16世紀を代表する芸術家であるベンヴェヌート・チェッリーニ（Benvenuto Cellini, 1500-1571）を取り上げている。後者の画面左側には左手でメドゥーサの首をもつ《ペルセウス》像が描き込まれている。ペルセウスの左右の脚の開き具合や、右手にもつ剣の角度に違いはあるものの、フィレンツェのロッジア・デイ・ランツィにあるチェッリーニによる《ペルセウス》像を描こうとしたのだろう。画中でイスに座ってチェッリーニと話す人物は、その庇護者となったコジモ1世・デ・メディチ（Cosimo I de' Medici, 1519-1574）であろう。

　イタリア王国という国民国家創世期において、芸術家が自ら進んで、あるいは絵画や彫刻のコンクールのテーマとして[20]、イタリア半島で活躍した歴史上の人物が取り上げられた。《パイジエッロの生涯の逸話》（fig. 63）を含め、サンジョヴァンニのこれらの作品のテーマ設定にはこうした同時代性が見いだせる。

b.「ナポリ全イタリア美術展覧会」出品

　イタリア王国統一以後、イタリア半島各地において数年おきに「全イタリア美術展覧会」が開催された。カッペッレッティやラグーザの作品が展示された1872年のミラーノでの「第2回全イタリア美術展覧会」では、ミラーノ王立美術学院が主体となって開催されたように、開催都市の王立美術学校が中心となって展覧会が企画された。

　1877年はナポリにおいて「全イタリア美術展覧会（Esposizione Nazionale di Belle Arti di

Napoli)」が開催され、サンジョヴァンニは油彩画《彼を愛していると彼に言え》を出品している[21]。本作品がどのような作品なのか、また現在の所蔵先についても不明である。

c.《国王ヴィットーリオ・エマヌエーレ2世》像2点の制作

1877年2月7日付でサンジョヴァンニ発ナターレ・アゲーモ宛の文書から、サンジョヴァンニは宮内省からの委嘱によって、《国王ヴィットーリオ・エマヌエーレ2世》の肖像画を2点[22]制作していることがわかる（doc. 212）。サンジョヴァンニは、「同作品に注文された修正には、時間が必要」だと述べ、かつ修正には600リラが必要で、前金として300リラを欲することなどの条件を示した。アゲーモは、2月8日付で、宮内大臣ジョヴァンニ・ヴィゾーネ宛に、サンジョヴァンニの文書を添付して、対処方法を相談している（doc. 213）。ヴィゾーネは同日付でアゲーモに返信している（doc. 214）。

> 私の意見としては、［申し出は］あまり控えめなものではないし、サンジョヴァンニはいつも不完全に仕事を終わらせているので、彼の提案を拒否した方が良いと思われます。外国人君主や要人へ贈答するために肖像画が必要な場合には、別の芸術家に任務を委嘱しましょう。ともかく、美術学校や、教育あるいは慈善団体の施設の部屋を飾る必要があるときには、国王の2点［の肖像画］は使用することができるでしょう。なぜならば、結局のところ、肖像画はあまり似ていないように見えるからです。

ヴィゾーネの文書から、サンジョヴァンニの仕事ぶりの一端が想像される。アゲーモはヴィゾーネの意見に従い、「教育あるいは慈善団体の施設の部屋を飾る」ために使用すると返答した（doc. 215）。サンジョヴァンニの申し出は却下されたのである[23]。

当時にあっては、君主もしくは相当の要人との間で、彼らの肖像画や肖像写真は相互に寄贈されるものだった。そのような肖像画制作を専門とする画家が存在し、サンジョヴァンニもその1人だったと考えられる。また、「結局のところ、肖像画はあまり似ていないように見えるからです」というヴィゾーネの意見は興味深い。一方、当時においては、教育施設等に君主の肖像画が架けられることが常であり、その需要を満たすためにも肖像画家が活躍する場がまだ存在していたことがわかる。

d. 日本からの制作委嘱──《明治天皇肖像》、《昭憲皇太后肖像》及び、宮内庁三の丸尚蔵館蔵《締盟國元首肖像》2点の制作

隈元謙次郎は、サンジョヴァンニの作品として「羅馬日本大使館に明治天皇と昭憲皇太后の御尊像がある」と述べている[24]。しかし、その制作経緯や制作年代などについてはこれまで不明のままだった。

第5章　アキッレ・サンジョヴァンニ

fig. 64　アキッレ・サンジョヴァンニ《伊太利亜皇帝（ウンベルト1世）》　1878年　宮内庁三の丸尚蔵館

fig. 65　同《亜米利加合衆国大統領（R・B・ヘイズ）》　1878年　宮内庁三の丸尚蔵館

　一方、《伊太利亜皇帝（ウンベルト1世）》（fig. 64）及び《亜米利加合衆国大統領（R・B・ヘイズ）》（fig. 65）については、ジュゼッペ・ウゴリーニが1875年に《締盟國元首肖像》14点を制作[25]した後、アメリカ合衆国及びイタリア王国において元首の交替があり、「差し替え作品として制作されたもの」であるとされてきた。実際、アメリカ合衆国大統領は1877年3月にU・S・グラントからR・B・ヘイズ（1881年3月まで在任）へ、イタリア王国国王は1878年1月にヴィットーリオ・エマヌエーレ2世逝去により息子ウンベルト1世（1900年7月まで在位）へと交替した。制作年代については、ヘイズ大統領の在位期間及び、サンジョヴァンニの工部美術学校教師の契約年から、1880（明治13）年以後翌年までの時期であること、そして、これら2作品は「サンジョヴァンニを採用するにあたっての選考材料として制作・提出させたものかもしれない」と推定されてきた[26]。

　1879（明治12）年の後任絵画教師の選抜過程においてサンジョヴァンニが公共教育省に宛てた文書によって、本作品に関する新たな情報が得られる。

　1879（明治12）年5月5日付で、サンジョヴァンニが公共教育省に提出した各種証明書等のリストにおいて、「日本の天皇、皇后陛下の肖像に関する在ローマ［臨時］代理公使コメンダトーレ勲章受章者桜田［親義］氏の文書1通」（doc. 55）と記していることから、同公使館に1876（明治9）年12月12日から1878（明治11）年4月17日まで在勤した桜田親義[27]が両肖像画の制作に関与したと考えられる。一方、同リストに《伊太利亜皇帝（ウン

275

ベルト1世)》及び《亜米利加合衆国大統領（R・B・ヘイズ)》についての記載がないのは、これらの制作委嘱に関する文書がなかったためだと推察される。

　1879年7月24日付の公共教育省受領印が確認できる文書において、サンジョヴァンニは「昨年、在ローマ日本公使より、日本皇帝［明治天皇を指す］及び皇后の2枚の大きな肖像画、さらにウンベルト国王陛下ならびにヘイズ・アメリカ合衆国大統領肖像画を制作する任務を得、後2点は皇帝陛下所蔵のヨーロッパ元首［肖像画］コレクションを補完する目的を適えるものだった」と述べている（doc. 77）。さらに、1879年8月16日付のペレツ公共教育大臣宛の文書では、《明治天皇肖像》及び《昭憲皇太后肖像》は「高貴な身分の夫妻」からの委嘱と記されている（doc. 81）。

①《明治天皇肖像》及び《昭憲皇太后肖像》の制作

　以上の3点の文書から、《明治天皇肖像》及び《昭憲皇太后肖像》は、サンジョヴァンニが「昨年」つまり、1878（明治11）年に、在イタリア日本公使館臨時代理公使であった桜田親義から直接、もしくは間接的に委嘱を受けて制作したものであることがうかがえる。しかし、桜田親義自身が「高貴の身分の夫妻」のその人であるのか否かについては判然としない。同一人物ではない場合には、ある「高貴な身分の夫妻」が桜田を介して、サンジョヴァンニに制作委嘱をしたことになるだろう。

　《明治天皇肖像》及び《昭憲皇太后肖像》が、いかなる必要性の下で制作されたのかについてもわからない。これらの作品は、日本公使館に置かれるべきものとして制作されたわけではなかったことは確かである。というのも、8月16日付の文書において、サンジョヴァンニは「ローマの日本公使館には、上述の皇后の肖像画の複製がある」と述べているからである（doc. 81）。しかし、明治天皇の肖像画の複製制作については一切触れられていない。隈元が「羅馬日本大使館に明治天皇と昭憲皇太后の御尊像がある」と記していることからすると、その後、サンジョヴァンニが明治天皇の肖像画の複製も制作した可能性がある。つまり、隈元が言及した肖像画は、上述の《明治天皇肖像》及び《昭憲皇太后肖像》の複製であったとも考えられるだろう。しかし、サンジョヴァンニによるいずれの《明治天皇肖像》及び《昭憲皇太后肖像》も所在不明となって久しい。

②《伊太利亜皇帝（ウンベルト1世)》及び
　《亜米利加合衆国大統領（R・B・ヘイズ)》の制作

　《締盟國元首肖像》2作品の制作に関しては、サンジョヴァンニが「さらにウンベルト国王陛下ならびにヘイズ・アメリカ合衆国大統領肖像画を制作する任務を得」たと記しているように、《明治天皇肖像》及び《昭憲皇太后肖像》制作委嘱を受けた後に、委嘱されたと考えられる。制作年代は、同様に「昨年」、つまり1878（明治11）年である。実際、

元首肖像2作品の右下隅には「A. Sangiovanni / Napoli 1878」の署名、制作地、制作年代が記されている。制作委嘱者もしくは委嘱に関係した人物は、桜田親義、もしくは後任の中村博愛臨時代理公使だと考えられる。

《締盟國元首肖像》14点を制作したジュゼッペ・ウゴリーニ（Giuseppe Ugolini, 1826-1897）が存命であるにもかかわらず、サンジョヴァンニにヘイズ大統領及びウンベルト1世の肖像制作が委嘱された理由はわからない。先に制作された《明治天皇肖像》及び《昭憲皇太后肖像》の出来映えが良いと判断されたために、新たにサンジョヴァンニに元首肖像2作品の制作委嘱がなされたのかもしれない。

以上見てきたように、《締盟國元首肖像》の内の《伊太利亜皇帝》及び《亜米利加合衆国大統領》の制作は、工部美術学校教師として「サンジョヴァンニを採用するにあたっての選考材料」ではなかったことが明らかになった。しかしながら、1875年の教師選抜を通して在イタリア日本国公使館との関係を得、1878年には同公使館から、まず《明治天皇肖像》及び《昭憲皇太后肖像》の、次いで《締盟國元首肖像》2点の制作委嘱を受けたということなのだろう。

5. 1879年の後任〈画学〉教師の選抜とサンジョヴァンニの来日

サンジョヴァンニの来日に関し、「工部省　美術」[28]の1879（明治12）年12月の記事に、「廿七日画学教師サンジョパニー氏ヲ撰定セラル、旨我伊国公使中村博愛ヨリ転報セラル（中略）初メ三名ヲ撰定セリ其人不都合アルヲ以テ更ニサンジョパンニー氏ヲ撰定セラルト云」と記されている。

第Ⅱ部第6章で見たように、フェッレッティの後任となる〈画学〉教師としてサンジョヴァンニが選ばれるまで紆余曲折があった。「初メ三名ヲ撰定」というのは、教師候補者だったジッリ、ミケッティ、サンジョヴァンニの3名を指している。教師選抜審査委員会が2回開催され、2回ともジッリが選ばれ、直ちに日本へ出発することが求められた。ジッリは出発延期を求めたが、それが却下されたために辞退し、同僚のジラルディを推挙するという行動に出た。1879年12月5日、デ・サンクティス公共教育大臣は、カイローリ外務大臣に宛てて、「採用試験の2度の審査において」、ジッリは「競争相手のサンジョヴァンニ氏よりも優れていると認められましたが、後者はここで要求されている任務が不能」だと表明されたわけではない。「ジッリが放棄したので、日本政府がカヴァリエーレ勲章受章者サンジョヴァンニ氏を選びたいのであれば、本省は彼の任命に反論すべき理由はありません」と、最終的な決定を表明し（doc. 122）、サンジョヴァンニが選抜されたのである。

イタリア外務省はサンジョヴァンニへの決定を在イタリア日本公使館中村博愛臨時代理

公使へ伝え、中村から日本外務省に伝わったのが1879（明治12）年12月27日だったということなのだろう。

「工部省　美術」の1880（明治13）年には「二月二日画学教師伊國人アッキン、サンジョバンニー氏来着ス」と記載されている。『公文録』には「伊人／画学教師／十三年二月十二日ヨリ三年月給銀弐壱百七拾七円七拾五銭ヲ以工作局へ雇入／アツキレ、サンジオバンニ」[29]とあり、契約は2月12日に開始されたことがわかる。この本文書から契約満了日は1883（明治16）年2月11日と想定できる。

日本政府は、フェッレッティの後任教師選抜に際し、これまでの工部美術学校教師の給料額である277円75銭から300円の増額を提案したが、サンジョヴァンニの当初の月給は前任者と同額だったことが本文書からわかる。「工部省　美術」の1881（明治14）年の記事に、「十月廿六日画学教師アツキレサンジョバンニノ給料弐拾円廿五銭ヲ増シ月給銀貨三百圓トナス」[30]と記されており、当初提示された300円の給料額を受け取ることになった。

6. 日本滞在中の活動

a. 教育

サンジョヴァンニは、絵画教育においてもっとも重要なことは裸体画の習得であると考えており、教師の選考過程においても繰り返し訴えていた。「教育者である全ての教師にとって、とりわけ裸体画は変わることのない知識であり、絵画や素描の教師により直接的に課せられる義務」（doc. 68）と述べ、自らは「高さ1メートルの油彩画による古代ローマの2人の拳闘家」（doc. 97）を教師選抜審査委員会に提出している。第1回教師選抜審査で落選したサンジョヴァンニは、ジッリは絵の具で描かれた裸体画を提出すべきだったと、再び裸体画の重要性を訴え、「非公開で準備なしの裸体画制作の試験」（doc. 77）をジッリに課すことを提案するほどだった。

サンジョヴァンニの執拗なまでの裸体画重視の思想は、修業時代に身につけたものであろう。彼はナポリ王立美術専門学校で新古典主義の画家であるマンチネッリやグエッラに師事し、19世紀の典型的な美術アカデミーにおける絵画教育を受けた。すなわち、美術アカデミーが是とする裸体画を描けるようになることである。上述したように、サンジョヴァンニも学生時代に裸体の人物をモデルにしたデッサンで優秀な成績を修めたが、それは生涯彼の誇りであり続けただろう。彼が思い描く理想の画家は裸体画を描けることを意味し、それは、あるべき絵画教師の姿でもあった。

工部美術学校での絵画教育は、サンジョヴァンニが思い描く裸体画を描ける画家の像に、生徒たちを近づけようとする試みであっただろう。現在残る、彼が教師時代の工部美術学

第5章 アキッレ・サンジョヴァンニ

校の生徒習画作品から、主に古代彫刻及びルネサンス絵画の版画を手本とし、西洋の美術アカデミーにおける伝統的な方法に従って裸体画を勉強させていたことがわかる[31]。工部美術学校での教育は、サンジョヴァンニ自身が「理想の絵画教師」を実践しようとする試みでもあった。既にこの時代には、典型的な美術アカデミー教育から逸脱した表現も生まれており、サンジョヴァンニが理想とする画家や絵画教師の像も前時代のものになりつつあった。だが、彼は修業時代に確立した絵画観を守り続けた。日本という外国において教育する、という事態の重さが、彼をより一層厳格な「理想の絵画教師」となることに与したようにも思われる。彼の厳しさは[32]、本人の性質に因ると考えられる一方で、彼が選ばれることになった後任〈画学〉教師の選抜には、イタリア王国政府の、対イギリス外交政策上の要請があり、その期待に応えようとした結果であるとも考えられる[33]。

　工部美術学校の閉校が決定し、1883（明治16）年1月23日、サンジョヴァンニは「画学生藤雅三以下十五名ニ修業証書ヲ授與」した[34]。6学年間学んだ者にも卒業証書ではなく、修業証書しか授与しなかったばかりか、文面からも彼の厳格さが指摘されてきた[35]。確かにサンジョヴァンニの厳格さを示しているが、工部美術学校の閉校決定への、彼なりの対抗措置のようにも思われる。すなわち、美術教育がまだ十分ではないことを卒業証書ではなく、修業証書の授与によって示し、閉校決定は時期尚早であることを主張しようとするものである。ここにはイタリア人教師による美術学校再開の必要性を示唆するという意図もあったかもしれない。

b．制作

　サンジョヴァンニは来日1年後の1881（明治14）年3月に上野で開催された第2回内国勧業博覧会に《工部卿山尾庸三像》、《婦人三絃弾奏図》、《芝徳川家霊廟前の図》、《西洋婦人図》を出品し、「世評を高めた」という[36]。これらの作品は、来日した1880（明治13）年2月から1881（明治14）年3月までの間に制作されたと考えられる。サンジョヴァンニは帰国に際し、これらの作品を持ち帰ったと考えられるが、いずれも所

fig. 66　アキッレ・サンジョヴァンニ《日本女性と子供》1880〜1883年？　ナポリ銀行本店

在不明である[37]。日本滞在中に制作し、日本に残る作品として《山尾忠次郎像》(fig. 60)が知られている。また近年、ナポリ銀行本店所蔵の《日本女性と子供》(fig. 66)が紹介された[38]。所蔵先のナポリ銀行編纂のカタログでは制作年代は「20世紀初頭」と同定されている[39]。しかし、画面左下には「Sngiovanni / Tokio」の署名があるので、制作年代を日本滞在中の期間、すなわち、来日した1880（明治13）年2月から、日本政府から叙勲された1884（明治17）年6月までの期間への同定も可能だろう。また、後述するように、本作品は1888年に開催されたナポリ美術振興会展覧会において展示された可能性がある。

c. 京都旅行

隈元謙次郎は「明治十五年十月サン・ヂョヴァンニは、仏蘭西人カステルと共に京都を旅行し、同十二月には京都府畫學校を訪問した」[40]と伝えており、ここからは、サンジョヴァンニの京都旅行が1882（明治15）年10月から12月の長期にわたるものであったかのように読める。

1880（明治13）年に開学した京都府画学校は、現在の京都市立芸術大学である。その『百年史　京都市立芸術大学』の年表1882（明治15）年10月12日の項に、「仏美術学士　カステル、工部大学美術部教師　サンジョワニーと共に来校」と記されている[41]。

サンジョヴァンニは1882（明治15）年11月9日付工部省発の文書により、工部美術学校が閉校になることを告げられ、翌日10日には東京の在日本イタリア公使館においてランチャーレス代理公使宛に文書を送付し、直接面談もしており、この時期は東京にいたことは確かである[42]。従って、隈元の「同十二月には京都府畫學校」訪問は誤謬だと解される。

サンジョヴァンニが京都府画学校に赴いたのは、「京都旅行の途次立ち寄った」ものなのだろうが、絵画教師として新設された画学校における教育の実態に対する興味があったことは想像に難くない。

7. 帰国後の活動

サンジョヴァンニは工部美術学校〈画学〉教師としての1880（明治13）年2月12日から1883（明治16）年2月11日までの3年間の契約期限終了後も、少なくとも雙光旭日章勲五等に叙せられた1884（明治17）年6月初旬までは日本に滞在し[43]、その後帰国したと考えられる。帰国の途中に立ち寄ったものなのか、帰国後に再度パリへ赴いたのか不明だが、サンジョヴァンニは1885（明治18）年には「既に欧羅巴に在り、此の年彼は日本滞在中の作品を巴里の某邸に於て」《三弦弾奏図》、《歌妓図》などを展示したという[44]。

一方、1888年10月18日に開催されたナポリ美術振興会展覧会において、サンジョヴァンニは絵画作品9点を出品しており、それらの多くも日本に取材した作品であることが題

名から推察される[45]。9作品は以下の通りである。

1. 《コン[46]から日本への旅（Il viaggio in Kong al Giappone）》
2. 《「日本の」蓮の花の間を通る女性（La donna che passi i Lotus "Giapponese"）》
3. 《結婚式後の訪問（Visita dopo il matrimonio）》
4. 《花魁——日本のオダリスク（Oyran – Odalisca Giapponese）》
5. 《赤ん坊——日本女性と子供（Akampò – Donna Giapponese col bambino）》
6. 《「日本の」塔ノ沢の景色（Veduta Tonosawa "Giapponese"）》
7. 《塔ノ沢、「日本」の急流から見た温泉施設（Tonosawa. Stabilimento di acque termali visto dal torrente "Giapponese"）》
8. 《半身像——踊り子（Mezza figura – La danzatrice）》
9. 《実写による半身像（Mezza figura al vero）》

これらのうち、《赤ん坊——日本女性と子供（Akampò – Donna Giapponese col bambino）》は、ナポリ銀行本店所蔵の《日本女性と子供》（fig. 66）と同一作品の可能性がある。

イタリア王国統一以前、すなわち1800年代前半からイタリア半島内には都市を単位とした美術振興会が設立された。各美術振興会は売り立てを目的とした展覧会を開催したが、ナポリ美術振興会による本展覧会も同様のものと考えられる。カタログには、3、5、8、9の作品名の後に「適正価格」と記されているからである。その他の作品には「作者所有」と記されている。

1ヶ月後の1888年11月18日には10月の展覧会が再度開催され、サンジョヴァンニは4作品を出品している[47]。4作品は以下の通りで、全て「適正価格」と記されている。

1. 《日本の女流詩人（La poetessa giapponese）》
2. 《赤ん坊。日本女性と子供（Akampò. Donna Giapponese col bambino）》
3. 《結婚式後の訪問。日本人（Visita dopo il matrimonio. Giapponese）》
4. 《半身像——日本の「踊り子」（Mezza figura "La Danzatrice" Giapponese）》

2と4の作品は上述の展覧会に出品した作品であろう。残念ながら《日本女性と子供》以外の作品の所在はわかっていない。また画家のこれ以後の消息も不明である。

　　　おわりに

以上、サンジョヴァンニの来日経緯と、その経緯の詳細を見る中で《明治天皇肖像》及

び《昭憲皇太后肖像》及び、宮内庁三の丸尚蔵館蔵《締盟國元首肖像》2点の制作に関する新たな事実を明らかにした。《締盟國元首肖像》2点は、「サンジョヴァンニを採用するにあたっての選考材料として制作・提出させたもの」ではないことが明らかになった。《締盟國元首肖像》2点の制作委嘱は1878年中であり、日本政府がイタリアへ新たな絵画教師の派遣を要請し、後任絵画教師の選考が開始されるのは、1879（明治12）年4月だからである。ただ、《明治天皇肖像》及び《昭憲皇太后肖像》及び、《締盟國元首肖像》2作品の制作結果から、ローマの日本公使館においては、サンジョヴァンニを後任絵画教師の候補者として適当な人材だと見なすことはあったかもしれない。また、そうであれば、サンジョヴァンニに後任絵画教師の選考を知らせることもあっただろうと思われる。中村臨時代理公使から後任絵画教師の応募を打診されたのだというサンジョヴァンニの言葉は、そのまま受け取ってよいものなのかもしれない。しかし、1875（明治8）年の教師選抜が先例となって、1879（明治12）年の教師選抜の決定権はイタリア政府に委ねられていた。それは、サンジョヴァンニにとっては如何ともしがたい決定事項であった。

　サンジョヴァンニは、1875（明治8）の教師の選考後、1878（明治11）年には上述の肖像画の制作、1879（明治12）年の後任絵画教師の選抜を経て渡日し、東京で3年間暮らすことになった。1879（明治12）年の教師選抜は、イタリア側にとって「イギリス人との競争に立ち向かって国家の利益や名誉を守ることにかかわる問題」であり、それゆえ、「芸術上の能力だけでなく、倫理的な資質においても、本当に称賛に値する、確実な人物」を派遣する必要に迫られていた。来日したサンジョヴァンニは、「芸術上の能力だけでなく、倫理的な資質においても、本当に称賛に値する、確実な人物」であるべく、努めただろうと考えられる。工部美術学校での彼の厳しさは、性格的なものだけではなく、イタリア王国から期待されていた教師像に近づこうという姿勢だったようにも思われる。

注

1　第Ⅲ部第4章参照。
2　サンジョヴァンニについての主な既往研究は以下がある。隈元謙次郎『明治来朝伊太利亜美術家の研究』三省堂、1940年、50〜63頁；青木茂編『フォンタネージと工部美術学校』至文堂、1978年、40〜213頁。
3　「故大野義康君小伝」『建築雑誌』第61号、1892年。サンジョヴァンニの教育については以下を参照。青木注2前掲書、40〜41頁及び、金子一夫『近代日本美術教育の研究　明治・大正時代』中央公論美術出版社、1999年、167〜169頁。
4　『フォンタネージと日本の近代美術　志士の美術家たち』東京都庭園美術館、1997年及び、『ヨーロッパの近代美術——歴史の忘れ形見　三の丸尚蔵館展覧会図録NO. 14』財団法人菊葉文化協会、1997年。
5　AAN, *Allievi Iscritti Anni tra 1853 e 1862, FILZA 1-F-3*, da 176 a 239, n. 219（以下、資料「219

第5章　アキッレ・サンジョヴァンニ

　　　番」). なお、彼の戸籍に関する原本はナポリ国立文書館には存在しない。
6　国立公文書館所蔵『公文録』明治十三年三月　工部省廿九「雇外国人解約増給等ノ件」及び、国立公文書館蔵『大政紀要』一、第一巻「自明治九年至同十五年　工部省　美術」など。
7　Manuela Luca Dazio e Umberto Bile (a cura di), *Civilita dell'Ottocento Itinerali napoletani*, Napoli 1997, pp. 20-27.
8　本文書にはサンジョヴァンニの署名はないが、申請内容から発信者が画家本人であると同定できる。
9　Aurora Spinosa, *L'Accademia di Belle Arti: riforma e declino*, in "*Civlita dell'Ottocento. Cultura e Societa*", Napoli 1997, pp. 65-68.
10　この年の新規助成金受諾者は、サンジョヴァンニを含む9名だった。
11　当時の裸体画重視は、ローマ賞受賞後に画家に課された作品のテーマからも裏付けられる。Stefano Susinno, *Napoli e Roma: la formazione artistica nella «capitale universale delle arti»*, in "*Civlita dell'Ottocento*", *op. cit.*, pp. 83-89。
12　ASN, *Casa Reale Amministrativa, III Inventario*, "Inventari", FS. 365, 1865 IMRC Inventario di Dipinti, Statue ed Oggetti di Belle Arti esistenti nella pinacoteca formata nella Reggia di Capodimonte. "Dipinto su tela. Il maestro Paisello[sic], di A. Sangiovanni. m. 1.85 per 1.25. Cornice dorata".
13　ASN, *Casa Reale Ammnistrativa III Inventario*, Serie Soprintendenza Generale di Casa Reale, Fascia 1663, fac. 31, Lettera di Achille Sangiovanni, a Giovanni Visone, Intendente Generale della Real Casa, 3 marzo 1865.
14　1875年10月9日付の文書（doc. 201）。
15　日付は、本文書案文が写された日が「5日」と記載されていることから判断される。
16　第II部第2章、79頁。
17　Museo di Capodimonte, *1874-1879 OA Capodimonte Inventario Reale Pinacoteca, Armeria, Collezione di Biscuits, Porcellane ed Oggetti d'arte*, vol. 2. (Soprintendenza per i Beni Descrizioni e quantita in iscritto). これらの3作品は『1879〜1912年王立絵画館目録』にも記載されている。以下を参照 Museo di Capodimonte, *1879-1912 PS Capodimonte. Oggetti di privata spettanza di S. M. il Re e oggetti immessi posteriormente al di' 11 Luglio 1879*. 国立カポディモンテ美術館所蔵の史料及び同館所蔵のサンジョヴァンニ作品の閲覧にあたってはナポリ文化財局 Brigitte Daprà、Marilena Maimone、Maria Serena Mormone、Ferdinanda Capobianco 諸氏のご高配を得た。
18　1865年編纂の『王室財産目録』以後、新たに編纂されたのが1874〜79年編纂の『王立絵画館目録』である。従って、後者の目録には1865年から1879年に制作、もしくは購入された作品が掲載されている。
19　Alberto Alberti, *Guida illustrative del Real Museo di Capodimonte*, Napoli 1876, pp. 18, 23, 30.
20　たとえば、1859年に公募があった「リカーソリ・コンクール」が知られている。詳細は第IV部第1章、291〜292頁。
21　*Catalogo dell'Esposizione Nazionale di Belle Arti del 1877*, p. 30.
22　本文書には「2点」とは明記されていないが、後述のdoc. 217、doc. 218から「2点の国王

第Ⅲ部　工部美術学校教師列伝

の肖像画」であることがわかる。

23 これらの《国王ヴィットーリオ・エマヌエーレ2世》像2点の現在の所蔵先は不明である。ACS, Ministero della Real Casa, *Volumi carico e scarico*, b. 18, *Napoli, Inventario di carico e scarico del Reale Palazzo di Napoli* によれば、1881年12月20日付でサンジョヴァンニ作「画布に油彩、大きさ1.40×1.02メートルの軍服着用の国王ヴィットーリオ・エマヌエーレ2世像」が荷下ろしされたと記されており、この作品が文書中の肖像画の1点である可能性がある。
24 隈元注2前掲書、57頁。
25 第Ⅰ部第3章、24〜25頁参照。
26 前掲注4『ヨーロッパの近代美術』28頁。『御即位10年記念特別展　皇室の名宝——美と伝統の精華』NHK、1999年、360頁も参照。
27 在任期間は1876年12月12日から1878年4月17日までで、臨時代理公使の時期は未確認。
28 前掲注6『大政紀要』一、第一巻「自明治九年至同十五年　工部省　美術」。
29 国立公文書館蔵『公文録』明治十三年三月　工部省廿九「雇外国人解約増給等ノ件」。
30 前掲注6『大政紀要』一、第一巻「自明治九年至同十五年　工部省　美術」。
31 東京藝術大学資料館編『工部美術学校生徒習画作品展』東京藝術大学資料館、1985年。
32 厳格な教師像の典型的なエピソードは以下を参照。「故大野義康君小伝」『建築雑誌』第61号、1892年。
33 第Ⅱ部第6章、132〜133頁。
34 前掲注6『大政紀要』一、第一巻「自明治九年至同十五年　工部省　美術」。
35 金子注3前掲書、168〜169頁。
36 隈元注2前掲書、55〜56頁。
37 同上、57頁。
38 前掲注4『フォンタネージと日本の近代美術　志士の美術家たち』図46。
39 "Il Patrimonio artistico del Banco di Napoli. Catalogo delle opere", Introduzione di Bruno Molajoli e coordinamento scentifico di Nicolà Spinosa, Banco di Napoli, 1984, p. 502.
40 隈元注2前掲、59頁。
41 京都市立芸術大学百年史編纂委員会編『百年史　京都市立芸術大学』京都市立芸術大学、1981年、27頁。
42 第Ⅱ部第7章、164頁。
43 同上。
44 「日本画の展覧」『大日本美術新報』1885年、40頁；隈元注2前掲書、60頁。
45 Società Promotrice di Belle Arti in Napoli, *Catalogo delle opere d'arte ammesse dai giuri 1888 (aperta il dì 18 ottobre 1888)*, Napoli 1888, p. 9.
46 香港を指しているのか。
47 Società Promotrice di Belle Arti in Napoli, *Catalogo delle opere d'arte ammesse dai alla XXIV Esposizione, Riaperta il dì 18 novembre 1888*, Napoli 1888, pp. 13-14, 22.

第IV部　イタリア王国の美術外交と工部美術学校

　第IV部は、本書全体のまとめである。工部美術学校は、欧州列強に遅れて1861年に建国したばかりのイタリア王国が、「伊太利ハ美術ノ根本地」という国家像を、日本のみならず列強にも投げかける絶好の機会であった。実際、建国期の政府中枢には、美術がイタリア王国にとって外交上の重要なカードになり得ると考えた政治家が少なからずいた（第1章）。美術を軸としたイタリア王国の先例となる外交事例として、1873年に浮上したサンフランシスコ美術学校への美術教材援助に関する問題があり、工部美術学校の問題との関連が指摘できる（第2章）。王国の強みを活かすことのできる外交施策の結果としての工部美術学校は、イタリア王国が「美術外交」と呼ぶべき政策を展開したことの証であると言えるだろう（第3章）。

第1章　イタリア王国の美術と政治家

はじめに

イタリアは美術の国である。

今日の我々にとっては違和感なく聞こえるこのフレーズも、19世紀には突飛な印象を与えるものだったかもしれない。明治初頭の日本においては、イタリアだけが美術の国であると認識されていたのではないことは、美術修業のために海外に出掛けた人々の留学先を振り返ってみるだけでも理解できる[1]。国沢新九郎は1870（明治3）年にロンドンへ渡った。外交官だった百武兼行は赴任先で絵画の勉強もしており、1876（明治9）年にロンドンで、1878（明治11）年からはパリで、1880（明治13）年にはローマで学んだ。川村清雄は1872（明治5）年にワシントン近郊のジョージタウンへ向かうが、翌年にはパリへ、そして1876（明治9）年にはヴェネツィアへと留学先を変更している。加地為也は1875（明治8）年にサンフランシスコへ、そこからイギリス経由で渡ったベルリンで学んだ。岩橋教章は1873（明治6）年にウィーン万国博覧会開催のおりにかの地に留学した。明治初期の日本人で美術を学ぼうとする者にとって、イタリアという国が「美術のメッカ」として映っていたわけではなかったのである。しかしながら、日本政府は1875（明治8）年に初めて官立の美術教育機関、すなわち、工部美術学校を創設する計画を立てた時に、教師をイタリアから招聘した。無論、日本政府がこの決定を下すまでの間に、イタリアは美術の国である、と認識する機会があったことは確

fig. 67　アレッサンドロ・フェー・ドスティアーニ

かである。その後、イタリアは名実ともに美術の国として理解され、今日に至る。

　さて、工部美術学校創設にあたっては、美術の教師はイタリアから招聘すべきだ、と建言をした人物がいたことが知られている。当時、日本在駐のイタリア王国の特命全権公使だった、アレッサンドロ・フェー・ドスティアーニ（Alessadro Fe d'Ostiani, 1825–1905、以下、フェー, fig. 67）という人物である。このような建言をしたフェー自身は、イタリア美術に造詣が深い人物だったのだろうか。これまでのところ、このことを伝える文言はほとんど知られていない。フェーが工部美術学校創設に尽力したことは確かなのだが、果たして、美術学校創設の建言はフェー一人の発想によるものだったのだろうか。外交官であるフェーのこうした動きの背後には、別の人物の指示、あるいは、フェーにこうした動きをさせるに至るイタリア側の政治状況があったと考える方が自然なのではないだろうか。

　本章では、フェー一人に帰されてきた、日本とイタリアの美術をめぐる問題を、視野を広げて見つめ直してみたい。これは美術と政治家との関係の一端を問う行為となるだろう。

1. イタリア王国にとっての工部美術学校

a. フェーの建言

　日本とイタリア王国との間において、美術をめぐる関係が深まる発端となったのが、1876（明治9）年11月の日本初の官立西洋美術教育機関である工部美術学校の開校である。この学校については、これまでの研究により、次のような特徴が指摘されてきた[2]。第1に、明治時代は西洋化による殖産興業を推進した時代だが、その中心的な役割を果たした工部省の中に設置されたこと、第2に、工部省は土木や建築などを担う、現在の国土交通省のような省であったが、そのようなところに純粋美術の教育機関が設置されたということの違和感、第3に、イタリア人の3人の教師が招聘され、イタリア式の教育がなされたこと、第4に、日本在駐のイタリア公使のフェーによる建言が、イタリアから教師を雇う契機となったこと、である。

　しかし、これらの特性は、日本側の情報のみに基づいて考察されてきた結果であり、あくまでも日本の近代美術史という観点における工部美術学校の評価に関わるものであった。これに対し、本書第I部、第II部でみてきたように、イタリア王国政府はこの学校創設に対して、これまで想像もし得なかったほど意識的に関与していたことが明らかになった。イタリア側の意図を踏まえることで、工部美術学校の位置は、次の3つの観点から理解し直すことが可能となった。

　第1は、その設立の契機が、1873（明治6）年のウィーン万博において日本の工芸品が注目されたことにあり、さらなる工芸の育成という国内の産業振興と商品の輸出増加を政策

第IV部　イタリア王国の美術外交と工部美術学校

として意図したことである。殖産興業に寄与する美術教育は、1851年のロンドン万博以後、欧州で盛んにおこなわれており、日本において創設されることになった美術学校、すなわち工部美術学校も、その意図においては西洋との同時代的な性格が期待されていた。

第2は、教師の選考がイタリア側に一任されたことである。第II部第2章で見たように、実際にイタリア王国政府による教師候補者の募集に対し、43人もの応募があった。候補者はすべて、公共教育省管轄の下に置かれた、トリーノ、ミラーノ、ヴェネツィア、フィレンツェ、ローマ、ナポリの6校の王立美術学校に推薦を受けた人物で[3]、組織的な選考が実施されたことがうかがえる。しかも、フランチェスコ・パオロ・ミケッティやヴィンチェンツォ・ジェミトなど、当代一流の芸術家となっていく人物も候補者に含まれるほどの力の入れようであった。実際に選抜されたフォンタネージも、19世紀イタリアの風景画を代表する実力をもった画家で、既に名をなしてもいた。イタリア王国政府のこの学校創設にかける思いは、並々ならぬものがあった。

第3は、このイタリアの関与が、工部美術学校の教育を、工部省において殖産興業に寄与する美術教育をおこなうという日本政府の当初の意図とは異なり、ファインアートの教育機関へと変貌させたことである。所期の目的とその実態との間に齟齬が生じることとなり、この学校は、日本側が用意した工部省という殖産興業の枠の中に、イタリア側が描いた純粋美術教育のための学校像が実現された教育機関となった[4]。日本政府の意図を大幅に変更させるほどに、イタリア王国政府が力を入れたこの学校創設は、単に同国政府が日本政府の意図を誤解した結果として片付けられるような問題とは、到底考えられない。本著者はここから、創設された工部美術学校がイタリアにとって外交上重要な意義をもった存在であったことを読み取るに至った。

日本における御雇い外国人の数という観点からの既往の考察も、日本とイタリア間の外交という政治の場において美術学校創設の建言がなされた背景として考えられる[5]。その当時までに、イタリアは御雇い教師をほとんど輩出していなかったという事実を考え合わせると、既に多数の御雇い教師を日本社会に送り込んでいたイギリスやフランスなどの列強にならい、そして対抗する、というイタリアの意図が読み取れる。

イタリア王国政府が、1人でも多くの御雇い外国人を日本へ送り込もうとしていたことについては、第II部第4章の〈家屋装飾術〉をめぐる諸問題で見たように、建築教師枠をめぐるイギリスとのせめぎ合いの中で、イタリア王国外務省が主体となり、人選を一任されたイタリア王国公共教育省も巻き込むことによって、〈家屋装飾術〉教師を含む3名という枠が守られたのであった。

以上を踏まえて、フェーの建言の意味について考えておきたい。当時外交官として日本に在駐し、日本におけるさまざまな動向を見つめる職務を負っていたフェーは、工部省を中心として西洋の技術を導入しながら殖産興業を推進しようとしていた日本の内情を熟知

288

第1章　イタリア王国の美術と政治家

していただろう。フェーが、他でもない工部卿の伊藤博文に美術教育の必要性とイタリア美術の優秀性を説き、当時各国の技術上の長所に即して招聘する専門家の国籍が概ね決められたように、「美術に於ては伊太利亜より教師を招聘すべきを建言」[6]したのは、正に的を射た行為だった。けれども、工部美術学校の創設がこれほどまでにイタリア王国政府にとっての重要な外交課題であったことを知った今、そもそもこの発想がフェー個人によるものであったかどうかが疑わしく思えてくる。

　フェーが伊藤博文にこの建言をする機会自体は、日本においてのみならず、イタリアの地においてもあった。1873（明治6）年に岩倉具視を長とし、伊藤も参加した岩倉使節団がイタリア王国を訪問した機会に、フェーは本国に戻り、「接伴係」として使節団のイタリア国内の視察に同行している[7]。しかし、外交における発言内容が一外交官の個人的発想になるものと考えることは、そもそも外交という行為の本質を踏まえない理解というべきだろう。イタリア王国政府の関与ぶりを考えれば、これを政府としての公式見解と見る方が妥当である。

　　　b. フェーと美術

　一方、フェー個人の資質を見ても、美術について信念をもって外交上のカードとしてそれを用いたとは、到底考えられない、という点も指摘しておくべきであろう。既往研究においても、管見の限りにおいても、フェー自身がイタリア美術に造詣が深かった、あるいは、イタリア美術品もしくは美術書を収蔵していたということは確認されなかった[8]。一方、フェーの美術コレクションとしては、日本滞在中に贈答品として、あるいはフェー個人の関心によって入手した日本の美術品、工芸品が知られている。フェーのコレクションについては、大蔵省の御雇い教師として来日したエドアルド・キヨッソーネがまとめた目録によって知られており、それらはフェーの故郷であるブレシャ市立美術館に収蔵されている[9]。その中には、狩野派、谷文晁や渡辺崋山らの絵画作品がある。しかしながら、フェー旧蔵のイタリア美術品もしくは美術書は知られていない。

　工部美術学校創設にあたり、「イタリアは美術の国」であるがゆえに、イタリアから美術の教師を招聘するように、との進言が、フェー個人のイタリア美術に対する関心の高さからのものではないとすると、次のように考えられるのではないか。イタリア国内の政治中枢部において、国際的な環境におけるイタリアの美術が果たす役割の重要性が認識されるという状況があり、イタリア公使であるフェーの上位者がフェーに特命を下した、もしくは、そのような状況を踏まえて、自国の文化を海外へ伝えるという使命を帯びた外交官としての本能が、進言させた。いずれにしても、ここから抽出されるのは、私人としてのフェーではなく、外交官という公人としてのフェーの姿である。外交官という職業に就いていたことと、工部美術学校創設の進言は不可分の関係にあったことは確かである。

2. イタリア王国建国と美術

次に、外交官フェーをして「イタリアは美術の国」と発言せしめた背景をなす、19世紀後半のイタリアの状況に触れつつ、美術と政治家をめぐる人的相関図を描いておきたい。イタリア王国という国は、実は19世紀後半になって初めて成立した新しい国である。それ以前は、イタリア半島内に都市国家を母体とする複数の国が割拠する地であった。

1861年、サルデーニャ島及びピエモンテ州を支配していたサヴォイア家の元首であるヴィットーリオ・エマヌエーレ2世がイタリア王国統一宣言をおこない、首都はトリーノに置かれた。複数の国家に分断されていたイタリア半島において、1人の元首によって統一された国家が建設されたのである。しかし、この時点でヴェネツィアと教皇領はまだイタリア王国に組み込まれていない。さらなる戦争を経て、両者はイタリア王国に順次統合され、この経過を追うように、首都も1865年にはフィレンツェへ、1870年にはローマへ移った。そして、ローマ遷都をもって、イタリア王国統一運動は一応の収束を見たと考えられる。

イタリア王国という国民国家創設のこの時期、すなわち、1861年の国家統一宣言から1875年まで、イタリアの政治は、右派、すなわち保守派陣営の時代である。このことは、文化的な政策にも反映されていたと見ることができる。国家が建設された後には、国民が創設されていかなければならないわけで、それには国家のイメージと直接結びつく文化的な政策を推し進めていくことが不可欠であることは、イタリアに限ったことではない。

a. ダゼーリオと美術

イタリア王国内に向けた文化的な運動としては、まず、国語の創設という課題があった。イタリア半島内に複数の都市国家が連立していた歴史の長いイタリアでは、各地方の方言が今日でも強く残っているのだが、イタリア王国建国後には、それらの方言をイタリア語という一つの言語にまとめていく必要があった。現在のイタリア語は、フィレンツェを中心としたトスカーナ地方の言葉を母体として作られたが、それには、ミラーノ生まれの作家であるアレッサンドロ・マンゾーニが大いに尽力したことが知られている。また、イタリア半島における長い歴史を受け継いで成り立った国家であることを、イタリア国民に意識させるものとして、イタリア半島に展開された美術とその歴史が注目されたことは、建国したその年にフィレンツェにおいて第1回全イタリア美術展覧会が開催されていることから明らかである。イタリアにおける美術は、外国に対しても、イタリア王国という国やイタリア王国民を認識させるものとして役だっただろう。のみならず、欧州列強に比べて国家統一の遅れたイタリア王国は、近代国家としては後発の国であり、列強に伍し得ると

すれば、イタリアが古代ローマ発祥の地という西欧文明の歴史的遺産を受け継ぎ、ルネサンス美術が開花した地に成立したという国家像を示すことが最大の武器となる。「イタリアは美術の国である」という国家像は、新たにイタリア国民となった人々とともに、周辺諸国に対しても示されるべきであると、国家統一を推進した政治家や知識人に意識されたことだろう。

このイタリア王国の母体となったサヴォイア王国は、そもそも首相が美術に造詣の深い人物だった。首相を務め、イタリア王国建国に尽力し、建国後も政府中枢に在ったトリーノ生まれのマッシモ・タッパレッリ・ダゼーリオ（Massimo Tapparelli D'Azeglio, 1789–1864, fig. 68）は、多くの著述を残した文化人であり、画家でもあった。ダゼーリオは早い時期から絵画に対する興味を抱き、ローマへ2回赴き、チッコ・デ・カーポ及びフランドル人のマルティン・ヴェルスタッペンの下で、本格的に絵画修業をおこなった。ダゼーリオが風景画家として成功したことは、注文主に、ナポレオン3世、イタリア国王となるヴィットーリオ・エマヌエーレ2世、その弟のジェノヴァ公がいたことからも想像できる[10]。彼の作品の多くがトリーノ市立近現代美術館に収蔵されている[11]。また、1855年にヴィットーリオ・エマヌエーレ2世のフランス及びイギリスへの旅行に同行した後には、トリーノ王立絵画館の館長に就任している。画家であり、美術への造詣の深い人物が政治家としてイタリア王国建国時の政治的な核をなしていたのである。

fig. 68　マッシモ・ダゼーリオ《自画像》

b. リカーソリと美術

一方、イタリア王国統一運動期から建国当初期にかけて、政治家として文化政策に積極的に関わった人物がいる。フィレンツェ生まれのベッティーノ・リカーソリ（Bettino Ricasoli, 1809–1880, fig. 69）である。統一運動が佳境を迎える1859年8月、フィレンツェを中心とするトスカーナ地方もサヴォイア王国への併合を決定し、ヴィットーリオ・エマヌエーレ2世の保護の下に、暫定的なトスカーナ政府が成立する。リカーソリはその中心的な人物である。そして、イタリア王国建国後は、国家創設の立役者であるトリーノ生まれのカミッロ・ベンソ・カヴール（Camillo Benso Cavour, 1810–1861）の亡き後に、イタリア王国の2代目の首相に就いた元勲の1人である。

トスカーナ政府が建つと、リカーソリはその内務大臣となる。翌年、彼は内務省主催

第Ⅳ部　イタリア王国の美術外交と工部美術学校

fig. 69　ベッティーノ・リカーソリ

で「リカーソリ・コンクール」の開催を決定し、1859年の9月にはコンクールに参加する美術家の公募を開始した[12]。「トスカーナ地方においては、美術は常に文明における気高い要素であり、国民政府はそれを保護する義務がある」、よって、「国庫をもって、トスカーナ人及びフィレンツェ在住のイタリア人彫刻家並びに画家に対し、次の［課題］作品に投資する」[13]と通達した。課されたテーマは、イタリア半島の歴史関係、イタリア王国独立戦争関係、古今の著名なイタリア人肖像画、の3種類に大別され、それぞれのテーマの詳細も決められていた[14]。

　リカーソリ・コンクールは、「トスカーナ人及びフィレンツェ在住のイタリア人彫刻家並びに画家」という限定された人々を対象としたコンクールであったが、課されたテーマの内容から、新しい「イタリア王国」の国民意識を統合する目的があったと言えるだろう。美術作品を作る側も、それを鑑賞する側も、イタリア王国という統一国家を意識しないはずはないからである。通達には、「トスカーナ地方においては」との文言があるが、それはトスカーナ政府が発したものゆえだっただろう。イタリア王国統一を睨んで公布されたこのコンクールの主旨からすれば、この部分が「イタリアにおいては」との文言に変わり得た可能性は十分に考えられる。リカーソリは、国民国家創設にあたって、美術が政治の場において果たす役割のみならず、イタリア王国にとっては、イタリア半島に展開した美術とその歴史が、さまざまな意味で重要な位置にあることを強く認識した政治家だったのである。

　さて、リカーソリは、国際的な環境の中においてもイタリア美術の利用価値を認識していたと考えられるふしがある。工部美術学校の絵画教師選抜に際し、リカーソリが決定的な役割を果たしていることが、その根拠である。リカーソリが選考を取り仕切った公共教育大臣に、直接、フォンタネージを推したことにより、決定が下されたのである[15]。時の公共教育大臣はルッジェーロ・ボンギ（Ruggiero Bonghi, 1826–1895）だった。

　ボンギはナポリ生まれだが、22歳の時にフィレンツェへ移住し、この地の知識人との知己を得ている。その後、イタリア各地を転々とするが、1865年に首都がフィレンツェに移された年には、フィレンツェ大学のラテン文学の教師として戻っている。フィレンツェ在住時に、当時の実力者であるリカーソリと知己を得たと考えられる。ボンギのリカーソリ宛文書には、リカーソリへの絶対的な服従の意志さえ感じられるのである。

　一方、リカーソリとフォンタネージは、1855年にジュネーヴの共通の友人宅で初めて出

会って以来、個人的な関係を保っており、リカーソリは工部美術学校の教師選考以前にも、フォンタネージの就職に際し、手助けをしている。遠く離れた日本において、西洋美術を教育するための学校を設立するにあたり、イタリア王国が自国の美術家を派遣するという外交上重要な機会に、リカーソリは旧知の間柄という理由だけで、フォンタネージを推すことはなかっただろう。22名の絵画教師候補の中からフォンタネージが選ばれたのは、彼の経歴が日本の希望する教師像に合致していたことによるだけでなく、「フォンタネージが、送り主であるイタリア政府の重い期待を越える活躍」[16]をなすであろうことを、リカーソリが見抜いていたことによるのかもしれない。つまり、リカーソリは工部美術学校において、「イタリアは美術の国である」ことを実際に伝えることの重要性を理解しており、それゆえに、それができる人選に自ら手を下した、ということが言えるのではないか。それは、リカーソリが国際的な環境の中において、イタリア美術の重要性を認識していたからだろう。

以上、イタリア王国建国期の元勲というべき政治家には、イタリアにおける美術の重要性への認識が共有されていたであろうことを描いてみた。

3. ヴィスコンティ・ヴェノスタと美術

建国期イタリア王国の政治家には、外交上のカードとして「美術」に着目することができた人物が複数いたことが知られた。その中の1人、エミーリオ・ヴィスコンティ・ヴェノスタ（Emilio Visconti Venosta, 1829–1914, fig. 70）をここに取り上げたい。ヴェノスタは、フェーが日本駐在のイタリア公使をしていた時期の外務大臣で、外交官としての意志を伝えなければならない直接の上位者であった。それのみならず、イタリア王国統一戦争に参加し、建国後は通算でおよそ10年間、外務大臣の職に就いた、イタリア王国史上極めて重要な政治家の1人でもある。

a. 政治家としての略歴

ヴィスコンティ・ヴェノスタ家は、ミラーノ北方に位置するティラーノ及びグロージオに広大な土地を所有していた貴族である。名前からわかるように、この家系は中世以来ミラーノを拠点に栄えてきたヴィスコンティ家の分家である。エミーリオの両親であるフランチェスコ・ヴィスコンティ・ヴェノスタとパオラ・ブロガッツィは1823年にミラーノに移り住み、1829年にエミーリオは彼らの長男として誕生した。

ヴェノスタが生まれた時代のミラーノは、オーストリアからの独立運動の中心地であった。この地で生まれ、成長したヴェノスタも、イタリア王国統一運動に参加することになる。パヴィア大学で法学を修める一方、国家統一運動に傾倒する中で、ヴェノスタの人生

第IV部　イタリア王国の美術外交と工部美術学校

fig. 70　エミーリオ・ヴィスコンティ・ヴェノスタ

を決定づけるさまざまな出逢いに恵まれた。

　1848年、「ミラーノの五日間」と呼ばれる市街戦が繰り広げられ、ヴェノスタもこれに参加したが、失敗に終わる。オーストリア側はその摘発に躍起になり、多くの参加者が国外逃亡した。ヴェノスタもスイスに逃れた。1850年、ヴェノスタはミラーノに戻って文学に夢中になる一方、これまで傾倒してきた国家統一のための運動や戦略のあり方に対して批判的になり、1853年には、ミラーノにおいて急進的な独立運動を進めていたジュゼッペ・マッツィーニと決別する。この年の夏、ヴェノスタは後に文筆家となる弟のジョヴァンニと共に、イタリア中部及び南部、そしてシチリアを旅行し、フィレンツェ、ローマ、ナポリ、メッシーナ、パレルモを見学している。

　1858年、ヴェノスタは人生の転機となる人物に出逢う。「ミラーノの5日間」でベルサリエーレ（イタリア歩兵隊）として参戦した後、著述家となったエミーリオ・ダンドロから、カヴールを紹介されたのである。これを機に、ヴェノスタは政治の道に入り、また後には、カヴールの姪であり、作家のヴィットーリオ・アルフィエーリの遠戚であるルイーザ・アルフィエーリ・ディ・ソステーニョと結婚し、5人の子どもにも恵まれることになる。

　1859年、ヴェノスタは、第2次独立戦線においてカヴールからヴァレーゼ及びコモ圏の将校に起用されて以後、イタリア王国統一へのデリケートな交渉に力を注いでいく。この年、ミラーノはサルデーニャ王国に併合され、ヴェノスタは1860年の選挙で下院議員に選ばれた。

　1861年3月17日、サヴォイア家のヴィットーリオ・エマヌエーレ2世がイタリア王国創立宣言をする。しかし、この時点では、先述のとおり、イタリア王国外に置かれていた地方があり、戦争と外交交渉を進めながら、1865年にはヴェネト地方が、1870年にはローマがイタリア王国に併合され、イタリア王国統一運動は一応の収束をみる。イタリア王国創立宣言があったその日、カヴール政権が誕生するが、6月にはカヴールは病没してしまう。

　ヴェノスタは、1862年に発足したファリーニ政権において、外務事務次官に任命されて以後、外交畑を歩むことになる。翌年発足した第1次ミンゲッティ内閣（1863年3月24日〜1864年9月28日）において、僅か34歳で初めて外務大臣に起用されて以後、6つの政権において、通算で10年間という圧倒的長期にわたり、外務大臣を務めた。すなわち、第2次リカーソリ内閣（1866年6月20日〜1867年4月10日）、ランツァ内閣（1869年12月14

294

日～1873年7月10日)、これに続く第2次ミンゲッティ内閣（1873年7月10日～1876年3月25日)、第3次ルディニ内閣（1896年7月11日～1897年12月14日)、続く第4次ルディニ内閣（1897年12月14日～1898年6月1日)、第2次ペッルー内閣（1899年5月14日～1900年6月24日)、続くサラッコ内閣（1900年2月15日～1901年2月7日）である。ヴェノスタが外務大臣を務めたのは、イタリア王国建国から1876年3月25日までの保守政権時代、1896年7月11日以後の保守派揺り戻しの時代においてである。

ヴェノスタは通算で約10年間、外務大臣の職にあったが、とりわけ、ランツァ政権、そしてこれに続く第2次ミンゲッティ政権時代、すなわち1869年12月14日から1876年3月25日までの約7年間は、さまざまな意味で注目に値する時代である。この期間における最も重要な出来事は、1870年のローマ遷都である。イタリア王国の首都をローマに置くという課題は、王国創建当時から打ち立てられてきたものである。建国宣言時にはトリーノに首都が置かれ、1865年にはフィレンツェに首都が移り、そして1870年にローマ遷都が実現した。ヴェノスタは外務大臣として、教皇領であったローマをイタリア王国に併合するための外交交渉にあたったのである。ローマ遷都をもって、長期に渡ったイタリア王国統一運動は一応収束し、イタリアは新たな時代を迎えることになる。

さて、ヴェノスタ外務大臣の時代に、日本とイタリアとの関係においても、それまでとは異なる局面を迎える。イタリア美術を介した日本とイタリアの関係が新たに誕生したのである[17]。まず、日本の宮内省が、当時日本が条約を結んでいた国々の元首の肖像画を宮中の一室に飾ることを企画し、イタリア人のジュゼッペ・ウゴリーニに14ヶ国の《締盟國元首肖像》を制作依頼することになった[18]。ウゴリーニは明治天皇・皇后の肖像画一対も制作し[19]、この一対は《締盟國元首肖像》連作よりも早く1874（明治7）年11月に献上されている[20]。それから2ヶ月後の1875（明治8）年1月、大蔵省の招聘によりエドアルド・キヨッソーネが来日し、紙幣を製作するとともに、その印刷技術を伝えた[21]。そして、1875（明治8）年5月には、美術学校を創設するにあたり、3名のイタリア人美術家を招聘することが決定し、翌年、アントーニオ・フォンタネージ、ヴィンチェンツォ・ラグーザ、ジョヴァンニ・ヴィンチェンツォ・カッペッレッティが来日し、工部美術学校が開校した。1883（明治16）年に同校が廃校になって以後、美術を介した日伊関係には目立った動きが見られないことを考えると[22]、ヴェノスタ外務大臣時代のイタリア美術を介した関係の特異性が際だって見えてくる。ヴェノスタ時代には、日本だけでなくアメリカにおいても、イタリア美術を介した外交関係が展開していたと考えられるのだが、これについては次章で詳述することとし、ここではヴェノスタ個人と美術との関わりを検証したい。

b. グロージオのヴィッラと収蔵品

ヴェノスタと美術の関わりについては、グロージオにあるヴィッラ・ヴィスコンティ・

第IV部　イタリア王国の美術外交と工部美術学校

fig. 71　ヴィッラ・ヴィスコンティ・ヴェノスタ、外観

fig. 72　ヴィッラ・ヴィスコンティ・ヴェノスタ、屋内

fig. 73　ヴィッラ・ヴィスコンティ・ヴェノスタ、書斎

ヴェノスタ（以下、ヴィッラと表記、fig. 71）と、そこに収蔵されている美術品や工芸品、及び美術書の蔵書からうがかい知ることができる。

　グロージオ一円を自己の領土とするヴィスコンティ・ヴェノスタ家が、このヴィッラを建てた正確な時期はわかっていない。ヴィッラのもっとも古い部分は16世紀のものだという。ほとんど打ち捨てられていた状態にあったこのヴィッラを避暑の家として使用するために改修し、現在の形にしたのがヴェノスタである。ヴェノスタは改修にあたり、フランチェスコ・キョーディという人物を起用した。1899年4月26日付のキョーディ宛の書簡で、ヴェノスタは「どんなことも、細心の注意を払って古建築を模すように」と依頼したという[23]。ヴィッラの正面は、半円形アーチが連続し、ロマネスク様式風の佇まいを見せている（fig. 71）。これは、ヴェノスタが改修を依頼した箇所である。実際、アーチを支える柱は、石造ではなく、モルタルで造形されている。このような歴史様式を引用した改修は、19世紀における修復の典型と言えるものである。時代の流行だった一方で、ヴェノスタが関心を抱いていた美術品や美術との関わりの中で選ばれたデザインであることは確かだろう。

　ヴェノスタは自らの希望を盛り込んだヴィッラに、収集した美術品や

工芸品で室内を飾った（fig. 72・73）。現在は美術館となっているヴィッラにおいて、それらの収蔵品を見ることができる。とりわけ大広間には、15世紀フェッラーラ派の画家によると考えられているキリスト像（fig. 74）[24]、チプリアーノ・ヴァロルサによる祭壇扉絵[25]など、ルネサンス時代の美術品が飾られている。

ヴェノスタがイタリア美術を愛好し、その中でもヴェネツィア派のルネサンス美術に関心を抱いていたことは、ヴィッラに残る美術書の蔵書から判断される[26]。マルコ・ボスキーニの『ヴェネツィア絵画の豊かな宝庫』（1674年）、ザネッティの『ヴェネツィア絵画について』（1797年）他、ヴェネツィアの美術及び歴史に関する書物がある。ヴェネツィア以外のものとしては、ヴェローナ、ヴィチェンツァ、パドヴァなどのヴェネト地方の絵画、すなわち、

fig. 74　15世紀フェッラーラ派によるキリスト像　ヴィッラ・ヴィスコンティ・ヴェノスタ、大広間

広い意味でのヴェネツィア派を扱った書物を所有している。ヴェネツィア派絵画書の他に、ミラーノ、マントヴァ、クレモナなどのロンバルディア地方の美術書、ボローニャの美術書などがある。1853年に、ヴェノスタは弟のジョヴァンニと共に、イタリア中部及び南部、そしてシチリアを旅行したが、その時に入手したものとも考えられるフィレンツェ、ローマ、メッシーナ、パレルモの美術書も所蔵されている。

以上見てきたように、ヴェノスタのイタリア美術への関心は、ヴィッラの改修、ヴィッラ内の室内装飾、美術書の蔵書などから明白に見て取れる。また、ヴェノスタは当時の美術史家であり美術批評家でもあったジョヴァンニ・モレッリ（Giovanni Morelli, 1816-1891）との友好関係をもっていた。モレッリ逝去の際に、ヴェノスタは彼が蒐集した写真資料、並びにラッファエッロ、レオナルド、ロンバルディア地方の芸術家のデッサンを遺品として受け取った上、1891年3月3日付の『ペルセヴェランツァ』紙に長文の追悼文を寄稿したという。2人の友好関係の深さがうかがわれる[27]。

c. ミラーノ王立美術学院の学長

1876年の政変により左派政権が建つと、ヴェノスタは10年後に上院議員になるものの、政治の中心から離れ、この間、10年以上に渡ってミラーノ王立美術学院の学長を務めている。

第Ⅳ部　イタリア王国の美術外交と工部美術学校

　ミラーノ王立美術学院は、現在ミラーノに在るブレラ美術大学の前身にあたる。同じ建物の中には、ロンバルディア地方及びヴェネト地方の中世から近世までの絵画コレクションで著名なブレラ絵画館がある。ミラーノにあるこの美術学校は、ミラーノ王立美術学院時代も、現在のブレラ美術大学においても、多くの学生が学び、そして優秀な美術家が多数育っている。

　1876年に公共教育省が、国内の12校の国立美術学校に対し、各学校の経費と学生数を調査した回状が残っている。これによると、当時、イタリア王国内で学ぶ美術学校学生総数は2889名で、その内の30パーセント近い831名の学生がミラーノ王立美術学院で学んでおり、その数は次席のナポリ王立美術専門学校の376人の2倍強であったことがわかる[28]。ミラーノ王立美術学院がいかに大規模な学校であったのかがうかがわれる。同校は、規模だけでなく、国内の美術教育全般に関して主導的な位置にもあった。

　日本では1876（明治9）年に設立された工部美術学校において、初めて本格的な西洋美術教育、すなわち、ルネサンス時代以降に確立されたアカデミックな美術教育がなされた。しかし、同時代のヨーロッパにおいてはさまざまな観点から、伝統的なアカデミックな美術教育の見直しがなされていた。イタリアにおいても、イタリア王国という統一国家が建国されつつある1860年頃には、既に美術教育改革の提言がなされたが、ミラーノ王立美術学院はその中心的な役割を担っていた。

　イタリア王国統一以前、複数の国家に分断されていた歴史をもつイタリアでは、それぞれの地方の独自性が今日においても大事にされている。大きな地方都市ごとに置かれている美術学校は、その地方における美術振興会との結びつきのもとに美術振興にも力を注ぎ、売り立てを含む展覧会が開催されていた。多くの美術家が出身地の美術学校で学び、一人立ちした後には、同じ美術学校が中心となって開催する地方ごとの美術展に出品していた。しかし、政治的混乱の中で歴史をもつ美術学校のいくつかが消滅した。美術学校がなくなってしまった時代に、美術を志す者は、故郷を離れて勉強することになり、あるいは、美術家としての活躍の場を求めて故郷を離れる者もいた。たとえば、工部美術学校で彫刻の教師として来日したヴィンチェンツォ・ラグーザは、パレルモ近郊の出身である[29]。パレルモには、両シチリア王国時代に創設された歴史をもつパレルモ大学内に美術教育部門が設けられていたが、上述の政治的混乱の中で廃止された。従って、ラグーザは美術学校における伝統的な美術教育を受けることが叶わず、パレルモ在住の美術家が個人的に開講している私塾において学んだ。そして、その後は、彫刻家としての活躍の場を求めて、遠くミラーノにアトリエを構えることになった。ミラーノに居を移した理由として、1872年にミラーノ王立美術学院が置かれたブレラ館を中心に開催された第2回全イタリア美術展覧会に出品し、それが好評を得たことが挙げられる。これに加えて、ミラーノがイタリア王国内において美術振興活動の中心的な役割を担っていたことも、ラグーザがここを彫

刻家活動の本拠地に選んだ理由の一つであるかもしれない。

　ところで、工部美術学校の教師選考にあたって、日本からの依頼を受けたイタリア王国政府はミラーノ、ナポリ、トリーノ、ヴェネツィア、フィレンツェ、ローマの6校の王立美術学校に、教師候補者の推薦を依頼した。来日した教師は、トリーノ・アルベルティーナ王立美術学院で絵画教師をしていたフォンタネージ、ミラーノ王立美術学院で建築を学んだカッペッレッティ、そしてミラーノを本拠地として活動していたラグーザである。43名の候補者の内、ミラーノで活躍していたカッペッレッティとラグーザの2人が教師として選ばれ、来日したことからも、当時におけるミラーノ王立美術学院のイタリア国内での重要度が慮られる。そして、日本とイタリアとの間の外交関係の中で、イタリアは美術の国である、との理解の下に工部美術学校が創設された時、外務大臣がミラーノ出身のヴェノスタであったことと、工部美術学校の教師にミラーノで活躍していた2人が選ばれたこととは無関係ではないように思われる。そして後年、ヴェノスタはこの美術学校の校長に迎えられるのである。

　ミラーノ王立美術学院学長時代のヴェノスタについては、彼が1914年11月26日に逝去した際に、同校の美術史教師で書記も務めたジュリオ・カロッティによる追悼文に詳しい[30]。

　ヴェノスタは1886年11月11日にミラーノ王立美術学院の学長に迎えられ、1897年1月28日まで、名誉あるその職に就いていた。名誉ある職と書いたが、所謂、名誉職ではなく、ヴェノスタは同校の「真の課題を良く理解し」、「献身的になることができる有益かつ好都合な事業に既に意識的だった」という[31]。とりわけ、1895〜96年に、政府が王立の美術学校の規約を一元化するという案を提示したときに、ヴェノスタはミラーノ王立美術学院の独自性を守るべく、イタリアの主要な都市にはそれぞれの固有の芸術的な活動や特殊な目的があるので、これに適った制度や学校の必要性を、ローマの公共教育省に出向いて説き、その結果、王立の美術学校の規約一元化案は流れたという[32]。ヴェノスタは、カロッティが伝えるように、「自身の課題にしかるべく心を配っていた。彼は芸術家であり、美術の、その歴史の、そして社会におけるその活動に対する賛美者であり愛好家であった」[33]ことがよく理解される。

まとめ

　以上見てきたように、「イタリアは美術の国である」というイメージは、イタリア王国建国期に新たに作られたイメージであることがうかがわれる。このイメージは、『米欧回覧実記』[34]にも「伊太利ハ美術ノ根本地」と記載されているように、明治初頭の日本においても認識されていた。この認識があったゆえに、日本で初めての西洋美術の教育機関を

第IV部　イタリア王国の美術外交と工部美術学校

創設しようという時に、イタリアから教師を招聘し、工部美術学校が設立された。しかし、このイメージはイタリア王国という統一国家が創設されたがゆえに、新たな国民に対する、そして外国に対する自国のイメージを端的に語るものとして創られていったのだと考えられる。おりしも、このイタリア王国建国期時代に、イタリア政府の中核をなす人物には、美術に造詣の深い人物が数多くいた。とりわけ、外交の主軸を担ったヴェノスタは、美術と政治全般に深い影響を及ぼし得る位置にいた。「美術」がイタリア王国にとって外交上の重要なカードになり得ることを考えた人物は、これまで見てきたように、必ずしも一人ではないだろう。しかし、それが最大限の効果を発揮した時期にほぼ重なるように、外務大臣を歴任したヴェノスタが、こうした政策に深く関与したことはほぼ間違いなかろう。

注

1　三輪英夫『明治の洋画――明治の渡欧画家』至文堂、1995年。
2　工部美術学校に関する代表的な研究書には以下がある。隈元謙次郎『明治初期来朝伊太利亜美術家の研究』三省堂、1940年；青木茂編『フォンタネージと工部美術学校』至文堂、1978年；金子一夫『近代日本美術教育の研究　明治・大正時代』中央公論美術出版、1999年。
3　結果として、各美術学校から推薦を受けた者が候補者となった。しかし、この前の段階として、
　　①美術学校長もしくは美術学校長代理が推薦した候補者
　　②美術家が美術学校長へ自薦して候補者になった者
　　③外務省やその他の機関や人物が公共教育省へ推薦して候補者になった者
　　④美術学校を通さずに直接公共教育省へ自薦して候補者となった者
　以上の4種類に分けられる。第II部第2章、59〜60頁参照。
4　拙論「工部美術学校設立事情考」『美術史』第155冊、2003年、99頁。
5　梅溪昇『御雇い外国人①概説』鹿島出版会、1968年；村田哲朗「欧化政策のなかの洋風美術」『日本洋画商史』美術出版社、1985年、68頁。
6　隈元注2前掲書、10頁。
7　久米邦武編、田中彰校注『特命全権大使　米欧回覧実記』(四)、岩波書店、1980年、272頁。
8　石井元章『ヴェネツィアと日本　美術をめぐる交流』ブリュッケ、1999年。
9　Renato Stradiotti e Luisa Cervati (a cura di), *Dipinti giapponesi a Brescia. La collezione orientale dei Musei Civici d'Arte e Storia*, Brescia 1995.
10　AA.VV., *Il Parlamento italiano*, Milano 1988, vol. 1, p. 268.
11　収蔵品を含む以下の展覧会カタログを参照。Virgina Bertone (a cura di), *Massimo D'Azeglio e l'invezione del paesaggio istoriato*, Torino 2002.
12　リカーソリ・コンクールについては、Caterina Bon, *Il Concorso Ricasoli nel 1859: le opere di pittura*, "Ricerche di Storia dell'arte", n. 23, 1984, pp. 4-32.
13　*Idem*, p. 27.
14　*Idem*, pp. 27-32.

15　第Ⅱ部第3章、87〜90頁。
16　拙論「アントーニオ・フォンタネージの来日経緯再考」『日伊文化研究』第41号、2003年、77頁。
17　第Ⅰ部第3章。
18　リア・ベレッタ「皇室コレクションにおけるジュゼッペ・ウゴリーニ作の肖像画」『Spazio』第55号、1997年、27〜34頁。
19　明治天皇・皇后の肖像画制作の経緯については、宮内庁三の丸尚蔵館編『ヨーロッパの近代美術──歴史の忘れ形見』財団法人菊葉文化協会、1997年、27頁。
20　宮内省臨時帝室編修局編『明治天皇紀』第三巻、吉川弘文館、1969年、332頁。
21　明治美術学会・財団法人印刷局朝陽会編『お雇い外国人　キヨッソーネ研究』中央公論美術出版、1999年、285〜288頁。
22　文化面において新たに日伊間の関係が活発化するのは、1939（昭和14）年の日伊文化協定調印後である。この協定調印を機に、日本においてはじめてのレオナルド展が開催された。本展覧会については、谷口英理「〈アジア復興レオナルド・ダヴィンチ展覧会〉と戦時下の〈レオナルド時代〉」『近代画説』第12号、2003年、64〜79頁。
23　Gianpaolo Angelini, *Prima del museo. Emilio Visconti Venosta tra collezione e tutela, Recuperi e restauri. Tesori nascosti dal territorio*, Angela Dell'Oca e Gianpaolo Angelini（a cura di）, Comune di Sondrio, Museo Valtellinese di Storia e Arte, 2006, p. 56.
24　美術館側の見解による。
25　Angelini, *op. cit.*, p. 57.
26　グロージオ歴史文書館（Archivio Storico di Grosio）のご厚意により、現在調査中のヴェノスタの蔵書目録を閲覧させて頂いた。これによると118冊の蔵書が確認できる。
27　Giulio Carrotti, *Emilio Visconti Venosta*, Cronaca delle Belle Arti, Anno II, n. 1, Gennaio 1915, pp. 1-4.
28　第Ⅱ部第4章、注1参照。
29　第Ⅲ部第2章参照。
30　Carrotti, *op. cit.*
31　*Idem*, p. 1.
32　*Idem*, p. 2.
33　*Idem*, p. 2.
34　前掲注7『特命全権大使　米欧回覧実記』（四）、276頁。

第2章　サンフランシスコ美術学校とイタリア王国

はじめに

　美術アカデミー及び、その教育機関である美術学校[1]は、15世紀イタリアにおいて誕生したが、近代的な教育体系はフランスにおいて整えられた。だが、18世紀以降、美術学校がまず北欧・東欧・ロシアへ、それから非欧州圏に波及していく過程でイタリアは再び美術アカデミー史の表舞台に躍り出ようとした。特に、国家統一を果たした19世紀後半という時期に、非欧州圏において新たに設立された美術学校に積極的に関与しようとした動きが確認できるのである。その主たる例が、日本で初めて創設された官立の美術教育機関である工部美術学校である。

　イタリア王国が、非欧州圏において新設される美術学校に積極的に関与しようとした時期は、この国が国家統一を果たした時期と重なっている。しかも、その統一時期は欧州列強諸国に比して遅れたものだった。これらの点に注目し、本著者は海外で新設される美術学校への関与はイタリア王国が列強諸国に伍するために、自国の独自性を強調すべく実施した外交政策の一翼を担うものであった、という仮説を立てるに至った。極端に言えば、イタリアにとって、美術学校は、「美術」という制度の「輸出品」だったと言うことができるのではないか。このことを明らかにするためには、「美術」を国家間の関係を緊密に取りもつ要素とみなす外交政策が存在することを証明する必要があろうが、本著者はこれを「美術外交」と呼んでみたい。

　本章では、イタリア王国による美術学校を「美術」という制度の「輸出品」とみなす「美術外交」という政策の実在について、アメリカ及び日本の事例をもとに考察したい。

1. サンフランシスコ美術学校からの依頼

　19世紀後半にイタリア王国が外国で設立された美術学校に関与したのは、日本が最初ではなかった。それ以前に、アメリカ合衆国における美術学校開校寸前の準備段階において関与していた。以下、この事実が意味する内容を掘り下げていきたい。

第2章　サンフランシスコ美術学校とイタリア王国

　1873年5月末、イタリアではサンフランシスコに開設準備進行中の美術学校への教材援助に関する問題が浮上していた。1873年5月29日、エミーリオ・ヴィスコンティ・ヴェノスタ外務大臣名において、アウグスト・ペイロレーリ領事商務局事務局長が公共教育省に打診した文書 (doc. 216) は、「美術外交」を考える上で、多くの示唆を含むものである。以下、子細を検討していこう（下線とローマ字は本著者による）。

公共教育省宛

ローマ、1873年5月29日

　よく知られた［ゴールド・ラッシュによる経済的］繁栄との関係において、生まれてから間もないにもかかわらず、アメリカ合衆国の都市の中でも注目に値する地位を得たカリフォルニアのサンフランシスコ市には、これまでのところ、美術の深い知識をサンフランシスコ当地の文化振興に役立てるための施設が不足しておりました。

　同市市長であるアルヴォード氏によって興された「サンフランシスコ美術協会」が、そのような不足を補おうとしているところで、同氏が協会傘下の美術学校を設置する指揮を執っています。

　およそ2年前に創設されたこの協会は、同地在駐のイタリア王国の領事が会員となっておりますが、外国の、(a)主に美術の発祥の地であり、今なお首位を保っている国々の援助と協力を頼みにしております。

　寄贈と月々の寄付金によって、既に資金が集まっておりますが、その収益は維持費と教育費に充てなければなりません。実際、古典美術に順応するための主要な基礎、つまり手本やイタリアの偉大な彫刻家や画家の複製品群の大部分がまだ欠けています。

　(b)フランス政府は、既に石膏像の素晴らしいコレクションを上述の協会に寄贈しており、そのリストを添付しましたが、全てフランス政府の支出により、梱包されて到着地まで送られました。協会は当然のことのように、イタリアからもっと効果的な援助が受けられると確信しており、王国の主たる都市の美術学校が力を貸してくれることを期待しています。

　従って、その新しい協会の期待が好結果をもって実現されるように、署名者［ペイロレーリ］は、協会の会長から公布されたさまざまな回状の写しと、(c)上述の協会がもっとも必要としている美術品のリスト——これはメッザーラ氏という、揺籃期にある学校当局がとりわけ頼りにしている彫刻家で、作者名も思い出せないような作品がイタリアに存在することに気付いているような、教養のある人物が通知するものであり、その中には、美術品の描写やもっとも著名な古代美術家のモニュメントに加えて、大きさが明確に示されているのですが——も同封し、貴省に特別な助力を依頼いたします。

303

(d)かの地に在留する我らの同胞に対する寛大な手厚いもてなしと、(e)我らの国の政治的な発展が常にカリフォルニアのサンフランシスコの人々の中に呼び覚ました共感を慮って、この国王に属する省［公共教育省］が、かの国で興り、始まったばかりの美術協会の利益になるように、貴省にとってあらゆる関心を展開するものと署名者は信じております。

大臣に代わって
A・ペイロレーリ

①本文書の2件の添付書類

本文書には、フランス語で書かれた2点の文書が添付されている。1点は文書の右肩に「B」と記された「フランス政府の寄贈」品リスト（doc. 217）、もう一点は「C」と記された「イタリア領事チェッルティ宛の覚書」（doc. 218）で、どちらも美術作品名が記載され、「Mezzara」の署名がある。彫刻家ピエトロ・メッザーラのものと考えられる。

『カリフォルニアの芸術家』によると、ピエトロ・メッザーラ（Pietro Mezzara, 1820–1883）はフランス生まれだが、祖先はイタリア人だという。カメオの彫刻師として出発し、ゴールド・ラッシュに魅せられて、1850年代初頭にカリフォルニアに移住した。1857年にはサンフランシスコにアトリエをもち、当地の重要な政治家や新興富豪の肖像彫刻作品で成功し、サンフランシスコ美術協会会員となり、また新設されることになるサンフランシスコ美術学校の彫刻教師となるが、1880年にフランスに戻り3年後に没している[2]。

文書「B」は、傍線(b)に記されたフランス政府が協会に寄贈したコレクションの「リスト」であろう。文書「C」は、傍線(c)のイタリアに対して「協会がもっとも必要としている美術品のリスト」と考えられるが、「美術品の描写」や「大きさ」は詳細には記されていない。別の文書が存在する可能性もあろう。それぞれの文書の内容については後述する。

一方、本文書への添付が言及されている「協会の会長から公布されたさまざまな回状の写し」は現在、史料の中に見当たらない。それは、「A」と記された文書であったかもしれない。

②サンフランシスコ美術協会及び美術学校

「サンフランシスコ美術協会」[3]が組織として編成されたのは、1873年発行の『組織、規則、会員一覧』[4]から、1871年3月28日だったことがわかる。会長は「アルヴォード氏」、すなわち、1871年12月4日から1873年11月30日までサンフランシスコ市長を務めたウィリアム・アルヴォード（William Alvord, 1833–1904）であり、6名の理事の中に上述のメッザーラの名前もある。協会の設立目的は3点あり、「絵画、彫刻に加えて同種の美術振興、地域

社会における美術に対する洗練された趣味を普及すること、美術学校もしくはデザイン学校の設立」である[5]。1874年2月9日に、パイン・ストリート313番の「サンフランシスコ美術協会」の一部に、「カリフォルニア・デザイン学校（The California School of Design）」という名称の学校が開校した。この学校が、本文書において、開設準備進行が示唆されている美術学校である。

「カリフォルニア・デザイン学校」は、アメリカ合衆国の西海岸地域において初めて創られた美術専門学校であり、名称を変更しながら存続している。現在の名称は「サンフランシスコ美術学校（The San Francisco Art Institute）」である[6]。「デザイン学校」という名称であっても、その教育内容は開設準備中から予定されていた、版画教材の臨画に始まり、石膏像模写、そして裸体画へと進む、美術アカデミーにおける伝統的な美術教育そのものであった[7]。

③「主に美術の発祥の地であり、今なお首位を保っている国々」

傍線(a)の「主に美術の発祥の地であり、今なお首位を保っている国々」とは、ここでは、添付資料の内容から、具体的にはイタリアとフランスを指していると解釈できる。この見解は、ウィーン万博で美術展を視察した岩倉使節団が、絵画に長けている国としてフランスとイタリアを挙げた感想と同じである[8]。この認識こそ、イタリアが「美術外交」を発想させる基礎をなすものであった。ここからは、「イタリアは美術の国である」という認識が日本とアメリカ合衆国という複数の国でもたれていたことがうかがえ、かつ同様の国としてフランスも並び称されていたことが理解される。

2. サンフランシスコ美術協会所蔵の石膏像

上述の文書（doc. 216）中に添付され、文中の傍線(b)に示されたフランス政府がサンフランシスコ美術協会に寄贈した石膏像コレクションの「リスト」であると考えられる文書「B」(doc. 217) の内容について検討する前に、寄贈されることになった経緯を述べておこう。

サンフランシスコ美術協会の石膏像コレクションは、アルヴォード会長が美術学校での教育のために、フランス政府へ石膏像コレクションの購入を打診したところ、1871年の普仏戦争の際に、サンフランシスコ市民が傷病兵への救援資金総額289,000ドルを寄付したことに対する返礼として、同政府が寄贈したのだという[9]。

1874年、サンフランシスコ美術協会は収集した石膏像の展覧会を初めて開催し、159点が展示された。その展覧会カタログによると、「フランス政府が寄贈した石膏像は、等身大彫像8点、パルテンノン神殿フリーズ浅浮彫20点、胸像26点、小彫像1点」の計55点であり、全てルーヴル美術館において用意されたという[10]。

第IV部　イタリア王国の美術外交と工部美術学校

　1874年の展覧会カタログとメッザーラ作成の添付書類「B」に挙げられた作品リストを比較検討してみよう（数字は便宜上、本著者が附したものであり、カッコ内の数字は1874年の展覧会カタログ番号を示す）。

1. 《ボルゲーゼの剣士》（3番）
2. 《ガビイのディアナ》（8番）
3. 《円盤投げ》（4番）
4. 《子どもといるファウヌス》（5番）
5. 《ミロのウェヌス》（1番）
6. 《ベルヴェデーレのアポロ》（2番）
7. 《ゲルマニクス》（6番）
8. 《音楽好きのファウヌス》（7番）[11]
9. 《入浴するウェヌス》（9番）
10. 《パルテノン神殿フリーズ浅浮彫》14点（10〜28番）
11. 《古代美術に基づく胸像》25点——ユピテル、大アイアース、ホメロス、アイスクラピウス、アンティノウス、ニオベとその娘、狩猟の女神ディアナ、その他。

　メッザーラ作成の添付書類「B」に挙げられた作品の1から10は、1874年の展覧会カタログにおいて詳細な説明が多数附記されている1番から28番を占めている。
　総数は、文書「B」の「フランス政府の寄贈」品リストでは48点だが、展覧会カタログでは55点が数えられている。両者の違いは、メッザーラの記憶違い、もしくは作品の展示の仕方による違いゆえに生じた誤差だろうか。文書「B」では《パルテノン神殿フリーズ浅浮彫》は14点と記されているが、展覧会カタログでは10番から28番の19点として掲載されている。文書「B」の《古代美術に基づく胸像》25点は、展覧会カタログでは26点と記されている。文書「B」の石膏像を決定的に同定することはできない。しかし同展覧会には、《ユピテル胸像》（96番）、《ホメロス胸像》（89番）、《アイスクラピウス像》（39番）、《アンティノウス小像》（74番）、《狩猟の女神ディアナ》（46番）が展示されている。
　《ベルヴェデーレのアポロ》（fig. 75）に代表される古代美術は、新古典主義に基礎をおく当時の美術アカデミー及び美術学校において重要視され[12]、それゆえに、それらの複製石膏像は美術学校の教材として必ず置かれていた。工部美術学校にも古代美術品の石膏像は教材として備えられていた[13]。フランス政府が寄贈したこれらの石膏像は、美術学校には当然備えられるべき基本教材であり、その選択には疑いの余地もない。従って、これらの石膏像の選択において、フランス側の特別な意図が入り込んでいたとは思われない。
　展覧会カタログによれば、この展覧会には「パリ（在駐の）代理人であるJ・メッザー

ラ氏が、協会のために購入したあまり重要ではないさまざまな石膏像」の「およそ60点」も展示されたという。「J・メッザーラ氏」については不明だが、彫刻家のピエトロ・メッザーラの親戚だった可能性があろう。

　これらの60点は、「主として古代以降の多くの見事な小彫像や胸像、ミケランジェロによる美しい作品を含む近世の作品、非常に優れた写生により制作された一連のもの、装飾芸術の標本」であり[14]、3,000ドル相当したという[15]。「あまり重要ではないさまざまな石膏像」という文言は、古代彫刻を第一のものとみなす新古典主義の思想を反映したものと解釈できるだろう。

　これらの60点の入手先は記載されていない。展覧会カタログから、その中には、ウフィッツィ美術館所蔵の《メディチのヴィーナス》(56番)やその等身大の《脚部》(83、84番)、そして《顔》(93番)、ヴァティカン美術館所蔵の《ベルヴェデーレのトルソ》

fig. 75　《ベルヴェデーレのアポロ》
ヴァティカン美術館

(78番)、《ラオコーンの胸像》(91番) など、原作がイタリアに存在し、美術アカデミーにおいて重視されていた作品がある。また、ミケランジェロ作《奴隷》(88番)、《ノートルダム寺院のマリア像》(159番) など、フランスに原作のある作品、そして《柱形、フランスの浅浮彫、浅浮彫の渦形持ち送り》(98〜103番) のような、建築装飾の参考となる石膏像も含まれていたことがわかる。

3. イタリア王国に期待された美術教材

a. 教材としてのイタリア美術作品

次に、上述の文書 (doc. 216) に添付されたメッザーラ作成の文書「C」の「イタリア領事チェッルティ宛の覚書」(doc. 218) について検討しよう。これは、イタリアに対して「協会がもっとも必要としている美術品リスト」だと考えられる。その内容は次のとおりである。

　　イタリア領事チェッルティ宛の覚書
　　　彫刻

第IV部　イタリア王国の美術外交と工部美術学校

ミケランジェロのモーセ像の頭部及び腕の複製

　絵画
ヴァティカンのロッジアの2、3のラッファエッロ［作品に］基づく複製画、特に最初の代表例である《カオスを砕く永遠なる父》
大構図画のモデルとなる、ラッファエッロによるすばらしい絵画《キリストの変容》の複製画1点

　建築資料
ナヴォナ広場の泉及びオベリスクの版画もしくは写真
ローマの聖ピエトロ大聖堂――聖堂の内部及び外部を描いた絵、特に、見事な洗礼盤、地下墓所、中央祭壇［もしくは大祭壇］を描いた絵
これらのデッサンに、モニュメントの正確な高さを示す寸法を引用している文献を加えることができるならば、教師にとっては大きな助けとなるでしょうし、彼らの生徒への教育を大いに助けるでしょう。

メッザーラ

　彫刻では、ローマのサン・ピエトロ・イン・ヴィンコリ教会にあるミケランジェロ（Michelangero Buonarroti, 1475-1564）の《モーセ像》（fig. 76）の頭部と腕の複製品が必要とされた。絵画で必要とされた《カオスを砕く永遠なる父》は、ヴァティカン宮殿の「ラッファエッロのロッジア」の径間に描かれた、工房作品の《暗闇と光の分離》を指しているのだろう。ラッファエッロ（Raffaello Sanzio, 1483-1520）の《キリストの変容》（fig. 77）も必要とされた。1840年代に、ロンドンのナショナル・ギャラリーにおいて、その複製品が展示され、ラファエル前派が厳しい批評を浴びせた作品である。彼らは、これが伝統的な美術教育による代表的な作品とみなして批判したが、逆に、そのような教育を目指す場においては必要不可欠だったことがわかる。
　一方、「建築資料」に列挙された作品には作者名は記されていない。外交官のペイロレーリが、メッザーラを紹介するにあたり、「作者名も思い出せないような作品がイタリアに存在することに気付いている」（doc. 216）と記していたが、恐らくこれらの「建築資料」に列挙された作品を指しているのだろう。その作者の1人は、ジャン・ロレンツォ・ベルニーニ（Gian Lorenzo Bernini, 1598-1680）である。「ナヴォナ広場の泉及びオベリスク」とは、オベリスクを囲むように配置されたベルニーニの《四つの河の噴水》（fig. 78）を指している。ローマの聖ピエトロ大聖堂の「中央祭壇」とは、クーポラの下にある《教皇の祭壇》であり、これを覆っているベルニーニの《天蓋》を含めた祭壇を描いた絵を欲しているの

第2章　サンフランシスコ美術学校とイタリア王国

fig. 76　ミケランジェロ《モーセ像》　ローマ、サン・ピエトロ・イン・ヴィンコリ教会

fig. 77　ラッファエッロ《キリストの変容》　ヴァティカン美術館

fig. 78　ジャン・ロレンツォ・ベルニーニ《四つの河の噴水》　ローマ、ナヴォナ広場

fig. 79　ジャン・ロレンツォ・ベルニーニ《教皇の祭壇》及び《天蓋》　ヴァティカン、サン・ピエトロ大聖堂

だろう（fig. 79）。「見事な洗礼盤」とは、聖ピエトロ大聖堂左側廊の洗礼用礼拝堂にある、カルロ・フォンターナ（Carlo Fontana, 1638-1714）による《洗礼盤》を指しているものと思われる。

　メッザーラがバロック美術を代表するベルニーニの彫刻を、美術学校の教材として挙げていることは興味深い。新古典主義を基礎においた美術アカデミーにおいて、バロック美術は推奨されるべき芸術ではなかったからである。研究対象としても見なされておらず、ベルニーニ研究も1898年にローマで生誕300年祭が催されたのを機に活発化することを考えてみると[16]、これより20年以上も前にベルニーニ作品を教材として挙げていることは炯眼とも言えるだろう。偏見の無い目で作品を見ることができたのは、メッザーラ自身が美術アカデミーによる教育を受けていなかったことに由来するのかもしれない。

b．イタリア王国政府及びイタリアの王立美術学校の対応

　本文書を受けた公共教育省は1873年6月2日、フィレンツェ、トリーノ、ミラーノ、ヴェネツィア、ナポリの5校の王立美術学校校長へ、「無用に複製されたいくつかの石膏像」の有無、その「搬送の準備」の有無を知らせ、「可能であれば」、「石膏像の内容」、「寸法の明細」、「ローマまでの搬送費見積り」を文書によって知らせるように打診した（doc. 219）。これらの5校は、工部美術学校創設時に教師候補者を打診された美術学校であることは注目に値する。やはり、これらの5校はイタリア王国において主導的な立場にある美術学校だったことが確認できる[17]。ローマ王立美術専門学校が含まれていないのは新設されて間もないためだからだろう。

　5校のうち、フィレンツェ、ミラーノ、ナポリの3校からの返信が国立中央公文書館に保管されている。

　1873年6月9日付で、フィレンツェ王立美術専門学校校長エンリーコ・ポッラスティーニは、公共教育大臣アントーニオ・シャローヤへ回答した（doc. 220）。ポッラスティーニは、建築、人物画、装飾の教育に必要不可欠な石膏像原型を所有しているが、「大理石製及び青銅製の古代美術品から新たな鋳型を作ることを禁止する法律に基づき、原作から［石膏像を］得ることはできない」と述べ、余分な石膏像もなく、また臨画用手本素描は同校での使用により劣化しているので、依頼に応えることは不可能だと述べている。その上で、サンフランシスコ美術協会に「選択された、多様な優れた原作の小コレクションを購入してもらうのが有益」だと提案し、「もし、そのような職務において私に名誉をお与えになりたいとお考えならば、私は、最重要な経済活動と同じくらい、［教材となる］品々に対して敬意を払っておりますので、出来る限り、その任務を果たすためにどんな配慮をも致しましょう」と述べている。ポッラスティーニ校長が、教材となる品々の経済的価値を示唆していることは注目に値する。

ミラーノ王立美術学院学長が不在のため、1873年6月10日付で、書記のアントーニオ・カイミが返信している（doc. 221）。そこには、依頼に応えられる石膏像の複製品も人物素描教育用の手本も持ち合わせていないが、「アルベルトッリによる装飾学科用の手本一式を寄贈」可能であり、「少しの経費もかけず」「送付できる」と返答した。「アルベルトッリによる装飾学科用の手本」とは、ミラーノ王立美術学院建学時から装飾を教えたスイス人建築家ジョコンド・アルベルトッリが著した建築装飾に関する銅版画入り書物を指していると考えられる[18]。

ナポリ王立美術専門学校校長チェーザレ・ダルボーノもすぐに回答したと考えられるが、書面に日付はしるされていない（doc. 222）。ダルボーノは、ヘラクレス像頭部やカラカッラ帝頭部など、27点の提供可能な古代彫刻石膏像の名前と部位、高さ、幅を明記した表を添付し、これらを運搬するのに必要な箱の大きさ及び箱代、運送費なども具体的に明記している。しかし文末には、「ことによると、これらの石膏像の搬送費が、石膏像の実際的な価値を超えるかもしれないような計算をなぜする必要があるのか」と言いたいと記し、教材援助に対する懐疑心を露わにしている。

3校とも協力を惜しまない姿勢を見せているものの、石膏像やその他の教材援助に否定的な返答をしたと解釈できる。本件のその後に関する、公共教育省あるいは外務省の書簡は保管されていないが、3校の返信を受けて、イタリア王国政府はサンフランシスコ美術協会への教材援助を断念したと考えられる[19]。しかし、この作業により、これ以降、イタリア王国が海外における美術学校創設に関与するに際して、必要な行政的手続き、費用見積もり、教材のリストが出揃い、美術学校「輸出」のための準備が整った、と読むことができる。

c. イタリア王国にとっての美術学校への援助の意味

1848年にカリフォルニアで金鉱が発見され、1850年代初頭までにはこのニュースはヨーロッパ中に伝わった[20]。イタリア半島では統一国家運動が盛んになり、その年、ミラーノにおいてはオーストリアからの独立を求めた市街戦「ミラーノの五日間」が起こった。戦火を避ける、新たな生活を描く、あるいは一攫千金を求めて、イタリア半島からも多くの人がサンフランシスコへ渡った。本文書が書かれた頃には、イタリア移民はノース・ビーチ地区にイタリア人街を形成し、傍線(d)の「寛大な手厚いもてなし」を受けていたと考えられる[21]。また、傍線(e)のイタリア王国の「政治的な発展が常にカリフォルニアのサンフランシスコの人々の中に呼び覚ました共感」は、新興国であるイタリア王国と、新興都市であるサンフランシスコという共通性からくる、サンフランシスコ市民の中に生まれたイタリア王国への親近感と読める。サンフランシスコにおけるイタリア移民への寛大なもてなしと、イタリア王国への親近感という感触を得て、イタリア王国にとっては、サ

ンフランシスコという都市が、外交上の政策を効果的に打つことができる場としてとらえられたのかもしれない。

　先にフランスが美術協会に石膏像を寄付していたのは、普仏戦争におけるフランス人傷病兵に対するサンフランシスコ市民による支援金への返礼としてであった。イタリア王国がサンフランシスコ美術学校への石膏像寄付に積極的になったのは、このことに刺激されたためであると、取り上げた文書の行間から読めるように思う。つまり、石膏像の寄付は、フランスへの対抗心を一方に秘めながら、イタリア王国が「美術の発祥の地であり、今なお首位を保っている国」という像を示しつつ、同市民にその貢献を印象づける、外交上の意味のある行為としてとらえられていたと考えられるのである。

まとめ

　サンフランシスコ美術協会からの教材援助に関する依頼は、ピエトロ・メッザーラという一私人を通して開始されたものであり、アメリカ合衆国のサンフランシスコという一地域の美術協会との関係に終始し、国家間の外交問題として展開しなかったばかりか、結果として実を結ぶこともなかった。しかしながら、イタリア王国外務省はアメリカ合衆国に対する外交問題としてとらえたために、公共教育省へ本件を打診したのだろう。メッザーラという単なる一私人による依頼に過ぎないと判断したのであれば、公共教育省に打診することもなかったはずである。外務省は、公共教育省を通してイタリアの主要な美術学校を巻き込み、本件を展開させることによって、「美術の発祥の地であり、今なお首位を保っている国」という自負心から発するフランスへの対抗意識から、アメリカ合衆国に対する外交を展開しようと目論んでいたのかもしれない。

　だが、「この国王に属する省［公共教育省］が、かの国で興り、始まったばかりの美術協会の利益になるように、貴省のあらゆる関心を展開するもの」（傍線(f)）と考えた外務省の期待は外れ、結局、失敗に終わった。その理由として、本件がアメリカ合衆国とイタリア王国という2国間の国家プロジェクトではなかったこと、本件に対するイタリア王国の外務省と公共教育省との温度差などが指摘できるだろう。

　しかしながら、本件を通して、イタリア王国政府は「美術」という制度が輸出可能であることを十分に認識し、そのための必要な行政的手続き、費用見積もり、必要とされる教材のリストを理解しただろう。つまり、イタリア王国が、これ以降、海外の美術学校創設に関与するに際しての布石になったと考えることができる。次章で見るように、このサンフランシスコでの一件とほぼ同時期に開始された工部美術学校創設への関与において、イタリア王国は美術外交を成功させたと解釈できる。

第2章　サンフランシスコ美術学校とイタリア王国

注

1　美術アカデミー及び美術学校に関しては、『西洋美術研究No.2　美術アカデミー』三元社、1999年。本書において、アカデミックな美術教育をする機関という意味で美術学校という言葉を用いる。本書では、美術学院や美術専門学校がそれにあたる。

2　Edan Milton Hughes, *Artists in California 1786-1940*, Hughes Publishing Company, San Francisco 1989, p. 378.

3　サンフランシスコ美術協会及び同協会傘下に開設された美術学校については、以下が詳しい。Raymond L. Wilson, "THE FIRST ART SCHOOL IN THE WEST: The San Francisco Art Association's California School of Design", *American Art Journal*, Winter 1982, pp. 42-55.

4　*Constitution, By-laws and List of Members of The San Francisco Art Association*, organized March 28, 1871, San Francisco 1873.

5　*Idem*, p. 5.

6　「カリフォルニア・デザイン学校」は、1886年以降にノブ・ヒルのマーク・ホプキンス館に移り、「マーク・ホプキンス美術学校（The Mark Hopkins Institute of Art）」と名称を変更したが、1906年のサンフランシスコ地震により、館もろとも書籍、石膏像、美術品は破損してしまう。よって、設立当初に用意された石膏像は現存しない。翌年、学校が同じ場所に再建されるが、1917年に「サンフランシスコ美術学校（The San Francisco Institute of Art）」へ名称変更した。1927年に現在のチェスナット・ストリートへ移動し、1961年にThe San Francisco Art Instituteとなり、現在に至る。Wilson, *op. cit.*, p. 55.

7　Wilson, *op. cit.*, pp. 47-49.

8　久米邦武編、田中彰校注『特命全権大使　米欧回覧実記』（五）、岩波書店、1982年、47頁。第Ⅰ部第2章、18頁参照。

9　Wilson, *op. cit.*, p. 49.

10　*SIXTH EXHIBITION 1874. SAN FRANCISCO ART ASSOCIATION CATALOGUE*, San Francisco 1874.

11　展覧会カタログの説明から、ウフィッツィ美術館所蔵の《シンバルをもつサティルス》を指していることがわかる。*Ibidem*.

12　デーヴィット・アーウィン著、鈴木杜幾子訳『新古典主義』岩波書店、2001年、30頁。新古典主義思想の屋台骨であるヨハン・ヨアヒム・ヴィンケルマンは『古代美術史』において《ベルヴェデーレのアポロ》を絶賛している。中山典夫訳『古代美術史』中央公論美術出版、2001年参照。

13　第Ⅲ部第2章、266～231頁、表4　石膏像教材リスト参照。

14　*SIXTH EXHIBITION 1874, op. cit.*

15　"The California School of Design: Supplement of the Mark Hopkins Institute Review of Art", *The Mark Hopkins Institute Review of Art: An Illustrated Magazine*, June, 1902, Vol. 1, No. 5.

16　石鍋真澄『ベルニーニ　バロック美術の巨星』吉川弘文館、1985年、223頁。

17　第Ⅱ部第2章、58～59頁。

18　Giocondo Albertolli, *Ornamenti diversi inventati da Giocondo Albertolli*, Milano 1787 ; *Alcune decorazione di nobili sale*, Milano 1787.

第IV部　イタリア王国の美術外交と工部美術学校

19　1874年のサンフランシスコ美術協会における展覧会には、入手先が記載されていないウフィッツィ美術館所蔵の《メディチのヴィーナス》（56番）やその等身大の《脚部》（83、84番）、そして《顔》（93番）、ヴァティカン美術館所蔵の《ベルヴェデーレのトルソ》（78番）、《ラオコーンの胸像》（91番）など、原作がイタリアに存在し、美術アカデミーにおいて重視されていた作品の石膏像が含まれていた。これらの石膏像の入手先がイタリアだった可能性を完全に否定することはできない。しかし、同展覧会カタログをはじめ、ここに引用したその他の文献には、サンフランシスコ美術学校の石膏像はフランス由来と記載されている。本著者はこれを否定する根拠をもちえない。

20　Francine Brevetti, *The Fabulous Fior – Over 100 years in an Italian Kitchen*, San Francisco Bay Books, San Francisco 2004, p. 9.

21　サンフランシスコにおけるイタリア移民史については以下を参照。Deanna Paoli Gumina, *The Italians of San Francisco 1850 - 1930*, New York, Center for Migration Studies, 1999.

第3章　結論——国際的文脈における工部美術学校

はじめに

　工部美術学校を日本の国内事情に限定して論じることで、研究の大枠が停滞していた状況に対し、本著者は、イタリア王国が工部美術学校創設に対して、これまで想像もし得なかったほど意識的に関与していたことを、イタリア政府の公文書の発掘及び読解により明らかにしてきた。そして、サンフランシスコ美術学校へのイタリア王国の関与の様相を知るとともに、〈家屋装飾術〉をめぐる事情を考察することにより、工部美術学校の設立を日本とイタリアとの関係の中だけでなく、イタリアを中心とした国際的な観点から読み直すことが可能となった。
　最後に、国際的文脈における工部美術学校の意義をまとめ、本書全体の結論としたい。

1. 日本とサンフランシスコにおける美術学校問題の同時性と、フランスへの対抗心

　イタリア王国がサンフランシスコ美術学校に関与を始めた1873（明治6）年5月末は、岩倉具視を長とする岩倉使節団が1ヶ月間近くにわたるイタリア王国の視察を間もなく終えて、万国博覧会が開催されているウィーンへ移動しようとしていた時期にあたる。1873（明治6）年5月の岩倉使節団のイタリア訪問には、直後に工部卿となって工部美術学校設立申請をすることになる伊藤博文も同行していた。そして、伊藤工部卿に美術教育の必要性とイタリア美術の優秀性を説き、イタリアからの教師招聘を建言した、当時の日本在駐のイタリア王国特命全権公使のフェーも、イタリア王国の「接伴係」として岩倉使節団のイタリア国内視察に同行している。工部美術学校設立の具体的な動きが公文書に見られるのは1875（明治8）年だが（doc. 1）、フェー自身がイタリア王国外務省に、工部美術学校創設の直接の契機は1873（明治6）年のウィーン万博において日本の工芸品が注目されたことであり、その目的はさらなる工芸の育成という国内の産業振興と商品の輸出増加にあ

第Ⅳ部　イタリア王国の美術外交と工部美術学校

ると報告している (doc. 5)。つまり、日本に工部美術学校が設立された直接のきっかけは、このウィーン万博にあった。

　以上のことからすると、1873（明治6）年5月頃から日本で美術学校の設立が意識され始め、時を同じくして、イタリア王国が日本における美術学校開設への関与を開始した、と考えるのが妥当だろう。つまり、イタリア王国は、サンフランシスコ美術学校への関与と日本における工部美術学校設立への関与を、ほぼ同時におこなっていたことになる。

　サンフランシスコ在駐のイタリア王国領事から、サンフランシスコ美術協会が美術学校開設にあたり、石膏像教材に関し「美術の発祥の地であり、今なお首位を保っている国々の援助と協力」を依頼してきたとの情報を受けたイタリア王国外務省は、直ちに公共教育省へ伝え、そこから国内の主要な王立美術学校5校へ教材提供の是非が打診された。国家からの要請ではなく、一美術協会からの要請であるのに、イタリア王国側の反応は異様ともいえる迅速さと過敏さをもっていた。これは、イタリア王国がこの問題を外交政策上の課題ととらえたことを示している。

　イタリア外務省が迅速に対応したのは、第1に、フランス政府が既に石膏像コレクションを寄贈していたこと、第2に、フランス政府から寄贈された石膏像の多くが、実はイタリア半島由来のものであったこと、によると考えられる。つまり、フランス政府による石膏像寄贈という事実を知らされたイタリア王国外務省は、「美術の発祥の地であり、今なお首位を保っている国」という像を示すべく、またその自負心から、フランスへの対抗心を抱いたことにより、迅速な対応をしたのだと考えられる。

　イタリアの王立美術学校の協力を得られず、本件において、イタリア王国外務省は「美術の発祥の地であり、今なお首位を保っている国」としての威信を示すことに必ずしも成功しなかった。しかし、この経験によって、外国における美術学校の創設に関与することの外交上の意義が、イタリア王国政府内で認識されたものと考えられる。

2. 工部美術学校創設にかけたイタリア王国の意図

　日本における美術学校設立にあたっては、フェー＝工部省案の他に2案が提出されていたが、結局、日本はイタリアからの教師招聘を決定した。日本がイタリアを選択した理由については、「美術に於ては伊太利亜より教師を招聘すべき」というフェー個人による熱心な説得によるものと説明されてきた。しかし外交的観点からすると、数多の国の中からイタリアを選んだ理由としては貧弱だと考えざるを得ない。本書において、イタリア王国が開設準備進行中のサンフランシスコ美術学校に関与したことが明らかになったわけだが、同校への関与が、外交上、成功裡に終わらなかったことを受けて、工部美術学校創設にかけたイタリア側の熱意の意味を再度、問う必要があろう。

工部美術学校創設にあたり、日本政府はイタリアからの教師招聘を決定するとともに、教師の選考もイタリア王国政府に一任した。同政府は、公共教育省管轄の下に置かれた、トリーノ、ミラーノ、ヴェネツィア、フィレンツェ、ローマ、ナポリの6校の王立美術学校を窓口とした組織的な選考を実施し、43人もの候補者を集めた。しかも、フランチェスコ・パオロ・ミケッティやヴィンチェンツォ・ジェミトなど、当代一流の芸術家となっていく人物も候補者に含むほどの力の入れようであった。実際に選ばれたフォンタネージも、19世紀イタリアの風景画を代表する実力をもった画家で、既に名をなしてもいた。イタリア王国政府のこの学校創設にかける思いは、並々ならぬものがあった。

では、イタリアがこれほどまでに力を入れた理由は何か。それは、イタリア王国政府が、美術学校への援助に外交上の意義を認めたためである。サンフランシスコ美術学校への援助が成功せず、美術教育の場をイタリア文化伝播の場とすることが出来なかったことは出鼻を挫かれるできごとではあったが、この一件によって、イタリア政府は、美術学校創設を援助するために必要な行政手続き、費用見積、海外で必要とされる教材のリスト、国内のどの美術学校に打診すべきかなどを理解したはずである。つまり、イタリア王国は、サンフランシスコ美術学校の一件を通して、美術学校が「輸出品」たり得ることを認識したのである。美術学校において使用される美術教材を輸出することは、すなわち、それらの教材によってなされる教育を輸出することであり、ひいては、「美術」という制度そのものを輸出することとなる。

このような状況の中、次なる「美術」の輸出先として、間髪入れずに現れたのが日本だった。しかも、日本の場合、教材の寄贈を求められたのではなく、日本政府の予算によって、イタリア人教師が雇用され、必要な教材もイタリアから購入されるという（doc. 5）、イタリア側にとっては、またとない好条件における「美術」という制度の輸出の機会であった。恐らく、そのような機会であることを見越して、フェーは伊藤工部卿にイタリア美術の優秀性を熱心に説いたのだろう。そして、イタリアが選ばれた上は、イタリアが自信をもって派遣することのできる教師を真剣に選び、「美術学校」の輸出に必要なあらゆる教材を用意しただろう。すなわち、イタリア王国が「美術外交」という政策を意識し、その具体的実現として姿を現したものが、工部美術学校なのだった。日本政府が美術学校創設の援助先にイタリアを選択したのも、このイタリア王国による「美術外交」の熱意の帰結として理解すべきものと考える。

3. イギリスの工部大学校とイタリアの工部美術学校

サンフランシスコの一件ではイタリア王国のフランスへの対抗心が見られたわけだが、工部美術学校をめぐっては、イギリスとの関係が強く意識されることになった。工部美術

学校が、イギリス人教師によって占められていた工部大学校の中に分け入るように設置されたという経緯からすれば、イタリア王国政府が当初からイギリスとの関係を意識していたのは当然のことだろう。それを端的に示すのが、〈家屋装飾術〉の設置をめぐる、建築教師の雇用問題である。〈家屋装飾術〉は、工部美術学校の創設時に設置が構想されながら、開校時には廃されていた、幻の学科である。この学科は、建築学の教師雇用をめぐるイタリア・イギリス間の駆け引きに翻弄された存在だった。

〈家屋装飾術〉を担当するはずであった建築学教師は、工部美術学校の教師中で唯一、工部大学校と教育内容が重複するという問題と、当人が知らないうちに抱えていた存在だった。実際、工部美術学校創設時の建築学を含む3名の教師の雇用と、工部大学校における建築学教師の採用計画とは、ほぼ同時期に立案されており、この問題がイタリアとイギリスの駆け引きの種になったことがうかがえる。〈家屋装飾術〉という学科は、工部大学校にイギリス人建築家が採用されることと、工部美術学校にイタリア人の画家、彫刻家とともに建築家の雇用枠を確保することとを両立させる名目を与えるために、イタリア王国が創出した外交上の仕掛けであったとも言えるだろう。イタリア王国は、工部美術学校創設当初より、イギリスの存在を強く意識せざるを得なかったわけである。

イギリスへの対抗意識は、後に、フェッレッティの後任教師の選考にあたって、「これまでのところイタリアに留保されている本件にも介入しようとしている」イギリスという国に対する脅威と対抗心が直接的に言及されたことからも確かめられる（doc. 52）。

美術学校をめぐるイタリア王国の活動には、フランス及びイギリスという欧州列強への強い対抗意識が常に見受けられる。「美術」がイタリア王国の外交上、重きをなしたものであったことは、もはや疑い得ないことだろう。

4. 美術外交の政策的背景

では、イタリア王国が政治外交的な環境において美術を重視したことの背景には何があるのだろうか。その核心にあるのは、イタリア王国がイタリア半島において、ローマ帝国以降はじめて誕生した統一国家であり、しかもその建国が1861年という、ヨーロッパにおける近代国家成立において明らかに後発であったという事実である。後発国家であるイタリア王国にとって、列強諸国に対する個性の主張は、国民国家形成においても、対外関係においても必須のことだろう。その個性を歴史に求めるのは、どの国においても共通してみられる現象である。

イタリア半島では、長らく、複数の都市国家がしのぎを削ってきた。ローマ帝国以来、久方ぶりにイタリア半島に誕生した統一国家であるイタリア王国が、個性の拠り所をローマ帝国以来の歴史に求めようとするのは、ごく自然ななりゆきであっただろう。その個性の

第3章 結論──国際的文脈における工部美術学校

一端が、「ローマ賞」という賞の存在が象徴しているように、古代ローマ以来の西欧文明の歴史的遺産を受け継いだ「美術」にあることは、改めていうまでもなく、自明のことである。しかし、その自明なことも、新たな政策をともなわなければ、新興国家の個性としては認識されがたい。こうした背景において、イタリア王国は、国内における国民統合と、列強諸国に伍する対外関係を形成しようとするのに、「美術」を前面に押し出そうとしたものと考えられる。

このことは、ヴィットーリオ・エマヌエーレ2世逝去の1878年に、国家統一を成し遂げた彼への顕彰を目的として作成されたフォトモンタージュ[1]（fig. 80）からも読みとれるように思われる。上方にヴィットーリオ・エマヌエーレ2世を含む国家統一の立て役者3名が、中央に国王家サヴォイアの紋章とウンベルト1世国王一家像が置かれ、その下にローマの有名なモニュメントが並ぶ。これは、サヴォイア家がその出自ではないローマを制覇したこと、とりわけ、中央やや右遠方のサン・ピエトロ大聖堂は、教皇領であったローマ併合によって国家統一が完成したことを暗示するものであろう。従って、このフォトモンタージュは、サヴォイア家によるイタリア王国がローマとともに在ることを、新たな国民へ表明するという積極的な意図があったと考えられる。

fig. 80　作者不明　フォトモンタージュ　1878年
上：（左から）カミッロ・ベンソ・カヴール、ヴィットーリオ・エマヌーエーレ2世、ジュゼッペ・ガリバルディ
中：マルゲリータ王妃、ヴィットーリオ・エマヌエーレ（後、3世）、ウンベルト1世国王
下：古代ローマの著名なモニュメントとして、パンテオン、コロッセウム、ティトゥス凱旋門、ウェスタ神殿、ハドリアヌス墓廟、トラヤヌス記念柱などが認められる

ローマが、特に、古代ローマの主立ったモニュメントとともに表されているのは、それが西欧文明の中心を象徴する記号としての機能があるからにほかならない。従って、本図は、イタリア王国が西欧文明の中心地としてのローマとともに在ることを示しているとの解釈もできるだろう。西欧文明を端的に表し得る「美術」によって国家の像を対外的に示そうとする意志を、ここから読み取ることができる。

近代国家としては後発の国であったイタリア王国が欧州列強に拮抗しようとするとき、

第IV部　イタリア王国の美術外交と工部美術学校

西欧文明の中心地を想起させる、ローマの記念物を代表とする、文化遺産としての「美術」は有効に機能し、それゆえイタリア王国は政治的外交環境において「美術」を重視した。「伊太利ハ美術ノ根本地」であるというスローガンを軸に据えて展開されたこの政策は、イタリア半島の歴史に基づく自国の独自性を強調すべく実施した外交政策にほかならない。実際、イタリア王国創設の時期にあたる1861年の国家統一宣言から1875年までの保守派陣営の時代には、政府の中核をなす人物の中に美術に造詣が深く、「美術」がイタリア王国にとって外交上の重要なカードになり得ると考えたと思われる人物が複数いたのだった。

　工部美術学校開校を目前に、1876年3月25日、イタリア王国は左派陣営の時代を迎える。政治の変化によるものなのか、アカデミックな美術教育に対する価値観の変化によるものなのか、美術学校を「美術」という制度の「輸出品」とみなすイタリア王国の「美術外交」政策は、工部美術学校以後、小規模になっていく。

　工部美術学校は、19世紀末の極東に6年間という極めて短い期間しか存在しなかった学校であるが、列強が拮抗する世界の政治力学の縮図というべきものであった。それは日本の文脈のみにとどめるべきものではなく、19世紀後半における世界の文脈において考察されるべきものなのである。

注
1　Di Savoia M. G. e Brancalini R., *Casa Savoia Diario di Una Monarchia 1861-1964: cronaca e storia nelle fotografie della Fondazione Umberto II*, Milano 2001, p. 137.

引用・参考史料一覧

1. 日本の資料館・文書館など

国立公文書館

（「　」内の『公文録』の件名は『公文録目録』第3巻～第5巻、国立公文書館、1980年～1982年による）

- 『公文録』明治　七年　　四月　外務省十三「佐野澳国博覧館副総裁ヨリ以太利全権公使コントフェー氏への賞牌代賜リ度旨上申」
- 『公文録』明治　七年　　六月　外務省二十八「伊太利国全権公使コントフエー氏ヘ賜品買上代金渡ノ儀上申」
- 『公文録』明治　七年　　十月　外務省廿四「伊国公使フェヘ澳国博覧会ノ節本朝ノ事務周旋ニ付賞牌代トシテ太刀送致往復書進達」
- 『公文録』明治　七年十一月　外務省十八「伊国全権公使フェ太刀拝戴ニ付御礼謁見ノ儀上申」
- 『公文録』明治　八年　　三月　外務省九「外務卿官舎建築伺」
- 『公文録』明治　十年　　二月　外務省十七「外務省出火消失届」
- 『公文録』明治　十年十二月　外務省三十三「外務卿官舎ヲ太政大臣官舎ニ充用、同卿官舎再築伺」
- 『公文録』明治十一年　十月　外務省廿二「外務卿官舎建築事務工部省ヘ達ノ儀伺」
- 『公文録』明治十二年　一月　外務省四「伊国皇族並米国前大統領来遊ノ節接遇方ノ件二條」
- 『公文録』明治十二年十一月　外務省五「伊太利国皇族函館出発並横浜ヨリ著京ノ件五條」
- 『公文録』明治十三年十二月　外務省十四「伊太利国皇族日光山ヘ微行ノ件」
- 『公文録』明治十三年十二月　外務省十五「同皇族横浜帰艦ノ件」
- 『公文録』明治十三年十二月　外務省十六「同皇族新年慶賀等ノ為参内ノ件」
- 『公文録』明治十一年八／九月　本局十三上「太政大臣官舎敷地渡方内務省ヘ御達按」
- 『公文録』明治十二年　二月　本局四「工部省雇伊国人カツペレッチー外二人ヘ慰労金賜方達ノ件」
- 『公文録』明治　八年　　三月　工部省九「外務卿官舎建築伺」
- 『公文録』明治　八年　　五月　工部省四「工学寮ヘ伊太利国ヨリ画学外二科教師三名傭入伺」

- 『公文録』明治　九年　十月　工部省四中「外国人雇入並解約届三條」
- 『公文録』明治　九年十一月　工部省十九「太政官廳新築伺」
- 『公文録』明治　十年　八月　工部省六「工部美術学校諸規則上呈」
- 『公文録』明治　十年　八月　工部省七「工部美術学校諸規則」
- 『公文録』明治　十年　九月　工部省八「太政大臣官宅建築伺」
- 『公文録』明治　十年　九月　工部省九「太政官新築伺」
- 『公文録』明治　十年　十月　工部省廿七「工部大学校学科並諸規則改正届」
- 『公文録』明治　十年　十月　工部省三三「太政官新築建行録其他上呈」
- 『公文録』明治十一年　三月　工部省三一「太政大臣官宅ノ内増築費請求ノ義照会」
- 『公文録』明治十一年十一月　工部省十七「雇外国人免職並雇入届」
- 『公文録』明治十三年　三月　工部省廿九「雇外国人解約増給等ノ件」
- 『公文録』明治十三年十／十二月　工部省十二「雇外国人増給解約等届ノ件」
- 『公文録』明治十四年　一月　陸軍省十五「建築教師伊国人カヘレーチ雇ヒ延期ノ件」
- 『公文録』明治十四年　二月　陸軍省二七「建築教師伊国人カペレーチ雇延期ノ件」
- 『公文録』明治十四年　十月　陸軍省八「参謀本部建築費不足金流用支弁ノ件」
- 『太政類典』第二編第七十二巻第二十二番
- 『大政紀要』一、第一巻「自明治九年至同十五年　工部省　美術」
  （本書では「工部省　美術」と記載）
- 『工部省第一回年報』二、自明治八年七月至同九年六月
- 『工部省第二回報告書』二［自明治九年七月至同十年六月］
- 『工部省第三回年報　自明治十年七月至同十一年六月』上
- 『工部省第三回年報　自明治十年七月至同十一年六月』中
- 『工部省第四回年報　工作・燈臺・営繕』二［自明治十一年七月至同十二年六月］
- 『工部省自明治十二年七月至同十三年六月第五回年報書』下
- 『工部省自明治十三年七月至同十四年六月第六回報告』上
- 『工部省自明治十三年七月至同十四年六月第六回年報』下

外務省外交史料館
- 『官雇入表』3-9-3-14
- 『外国人雇入取扱参考書』第二巻（自明治九年十一月至明治十年四月）、3-9-3-1
- 『外国人叙勲雑件（伊太利人之部）』第一巻、6-2-1, 5-3
- 『外国人叙勲雑件（伊太利人之部）』第二巻、6-2-1, 5-3
- 『貸借関係雑件、本邦人外国人間（別冊）対伊国人』4-1-3, 4-1-4
- 『各省庁府県外国人官傭一件、二』3-9-3, 4-2
- 『外国貴賓ノ来朝関係雑件　伊国ノ部　ジュック・ド・ゼーヌ殿下来遊ノ件調書』（明治六年八月）第二巻、6-4-4, 1-9-1-1

- 『外国貴賓訪問関係雑件 伊国ジュック・ド・ゼーヌ殿下来朝ニ付』(明治十二年) 第五巻、6-4-4, 1-9-2

防衛庁防衛研究所
- 『陸軍大日記　砲工ノ部』明治十三年七月

早稲田大学
- 『大隈文書』, *14C Letters, Reports and Memorandum from Foreigners to S. Okuma and Others*（written chiefly in European languages）, *Cappellitis Ôkuma, S. Jan. 8, 1877 Fre.* 建築設計の件 C161（R. 164）

2. イタリアの資料館・文書館など (b. は busta＝書類入れの略で、簿冊の意味で用いられる)

Archivio Storico Accademia di Belle Arti di Brera ブレラ美術大学歴史資料室
（本書では **AAB** と記載）

—— *CARPI B II 1, Legati (A-Z) CANONICA 3 Concorsi 1870-1896.*
—— *CARPI B IV I, Legati (A-Z), OGGIONI/4, Atti vari dal 1868 al 1879, Concorsi pensioni di architettura (1873).*
—— *CARPI B V 3, Legati/3 Regolamenti-Statuti, H/I/L/M/N/O/P/Q/R.*
—— *CARPI B V 4 LEGATI/4 Regolamento-Statuti, S/T/U/V/Z, Legato Vittadini (1860).*
—— *CARPI C II 4, Legati (A-Z) Vittadini 1870-1875, Legati Privati Vittadini Concorsi 1870.*
—— *Catalogo degli Allievi della Scuola di Architettura Elementare per il primo e secondo Semestre 1860-1870.*
—— *Catalogo degli Allievi della Scuola di Elementi di Figura per I, II semestre dell'anno scolastico 1860-1861.*
—— *Elenco Generale degli Allievi inseriti per le Scuole della Regia Accademia di Belle Arti, 1852-1856.*
—— *Elenco Generale degli Allievi inseriti per le Scuole della Regia Accademia di Belle Arti, 1857-1859.*
—— *Elenco Generale degli Allievi inseriti per le Scuole della Regia Accademia di Belle Arti, 1860-1864.*
—— *Milano Regia Accadmia di Belle Arti Scuola degli Ornamenti Eelenco e Classificazione degli Allievi interveranno alla Classe Prima nel periodo semestre dell'anno 1857-1861.*
—— *Scuola di Ornato 1852-1856.*
—— *Scuola di Ornato 1856-1860.*

Archivio Storico Accademia di Belle Arti di Bologna ボローニャ美術大学歴史資料室
（本書では **AABO** と記載）
 ――*Archivio Accademia di Belle Arti, Reale Accademia di Belle Arti, Titolo V, Patenti magistrali, Corso biennale, 1883*.

Archivio Storico Accademia di Belle Arti di Napoli ナポリ美術大学歴史資料室
（本書では **AAN** と記載）
 ――*Allievi Iscritti Anni tra 1852 e 1862, FILZA 1-F-3, da 176 a 239*, n. 219, Sangiovanni Achille.
 ――*Pensionato Napoli-Provincia, Sussidio- Provincia di Napoli*.

Accademia Albertina di Belle Arti di Torino Archivio Storico
トリーノ・アルベルティーナ美術大学歴史資料室
（本書では **AAT** と記載）
 ――*Cartella Personale, Antonio Fontanesi*.
 ――*Storia dell'Accademia Albertina (Scheda S)*, b. 38s, *1869-1877, S. C. Corrispondenza varie dal 1869 al 1877*.
 ――*Storia dell'Accademia Albertina (Scheda S)*, b. 42s, *1875-1881*.

Archivio Centrale dello Stato 国立中央公文書館
（本書では **ACS** と記載）
 ――*Ministero della Real Casa*（以下MRC）, *Gabinetto di Vittorio Emanuele II*, b. 56, fac. 237, Sangiovanni Achille.
 ――*MRC, Gabinetto di Vittorio Emanuele II*, b. 144, fac. 1139, Sangiovanni Achille.
 ――*MRC, Gabinetto di Vittorio Emanuele II*, b. 152, fac. 478, Sangiovanni Achille.
 ――*MRC, Gabinetto di Vittorio Emanuele II*, b. 159, fac. 179, Sangiovanni Achille.
 ――*MRC, Volumi carico e scarico*, b. 18, Napoli.
 ――*Ministero della Pubblica Istruzione*（以下MPI）, *Direzione Generale Antichità e Belle Arti, Istituti di Belle Arti (1860-1896)*, b. 1, *Circolari*.
 ――*MPI, Direzione Generale Antichità e Belle Arti, Istituti di Belle Arti (1860-1896)*, b. 25, *Affari Generali, Pensionati (1860-1875)*.
 ――*MPI, Direzione Generale Antichità e Belle Arti, Istituti di Belle Arti (1860-1896)*, b. 36, *Affari Generali, Accademie e Istituti Esteri, Giappone 1875-1884*.
 ――*MPI, Direzione Generale Antichità e Belle Arti, Istituti di Belle Arti (1860-1896)*, b. 36, *Affari Generali, Accademie e Istituti Esteri, San Francisco 1873*.
 ――*MPI, Direzione Generale Antichità e Belle Arti, Personale (1822-1892)*, b. 20, Ragusa Vincenzo.

―― *MPI, Direzione Generale Antichità e Belle Arti, Istituti di Belle Arti*, b. 155, *Palermo*
―― *MPI, Direzione Istituto Superiore, Personale Insegnante II^a versione 1^a serie*, b. 25, *Capocci Oscarre*.
―― *MPI, Personale 1^a versione (1860-1880)*, b. 472, *Capocci Oscarre*.
―― *MPI, Personale 1^a versione (1860-1880)*, b. 850, *Ferretti Prospero*.
―― *MPI, Personale 1^a versione (1860-1880)*, b. 876, *Fontanesi Antonio*.
―― *MPI, Personale 1^a versione (1860-1880)*, b. 1744, *Ragusa Vincenzo*.
―― *MPI, Personale 1^a versione (1860-1880)*, b. 1869, *Sangiovanni Achille*.

Archivio di Stato di Brescia ブレシャ国立文書館
（本書では **ASB** と記載）
―― *Comune di Brescia, Provincia di Brescia, Registro degli Atti di Nascita, anno 1888*, n. 898, *Ettore Angelo Antonio Ferretti*.
―― *Comune di Brescia, Provincia di Brescia, Registro degli Atti di Nascita, anno 1889*, n. 710, *Tito Angelo Carlo Ferretti*.
―― *Comune di Brescia, Provincia di Brescia, Registro degli Atti di Nascita, anno 1891*, n. 159, *Angelo Silvio Cesare Ferretti*.
―― *Municipio di Brescia, Registro degli Atti di Matrimonio 1887*, n. 364.
―― *Municipio di Brescia, Registro Atti di Morte 1893*, n. 46.

Archivio Storico e Civico e Biblioteca Trivulziana トリヴルツィアーナ歴史資料館・図書館
（本書では **ASCBT** と記載）
―― *Estratti Parocchiale, Nati, 1843, Parocchia del S. Tomaso*, tabella n. 86.
―― *Ruolo generale del popolazione, 1835*, vol. 13, Cap-Cart.

Archivio dello Stato Civile, Municipio di Palermo パレルモ市役所戸籍資料館
（本書では **ASCMP** と記載）
―― *Archivio dello Stato Civile, Indice dei morti del Dcennio 1926-1935, Aggiornato al 1950*, vol. VII, *Lettere R-S*.
―― *Archivio dello Stato Civile, Matrimonio*, 23 febbraio 1901.

Archivio Storico di Grosio グロージオ歴史資料館
―― *Carte Visconti Venosta*, b. 37, fasc. 5, 8, 12, 15.
―― *Carte Visconti Venosta*, b. 38, fasc. 3, 6.

Archivio Storico del Ministero degli Affari Esteri 外務省歴史資料室
（本書では **ASMDAE** と記載）

――*Ministero degli Affari Esteri del Regno d'Italia, 1861-1887, Serie Terza, Rapporti in Arrivo, Cina e Giappone*, b. 1288, *13 aprile 1867-4 novembre 1873.*

――*Ministero degli Affari Esteri del Regno d'Italia, 1861-1887, Serie Terza, Rapporti in Arrivo, Cina e Giappone*, b. 1291, *26 novembre 1878-16 novembre 1887.*

Archivio di Stato di Napoli ナポリ国立文書館
（本書では **ASN** と記載）

――*Casa Reale Amministrativa, III Inventario, "Inventari", FS. 365, 1865 IMRC Inventario di Dipinti, Statue ed Oggetti di Belle Arti esistenti nella pinacoteca formata nella Reggia di Capodimonte.*

――*Casa reale Ammnistrativa III Inventario, Serie Soprintendenza Generale di Casa Reale*, Fascia 1663, fac. 31.

Archivio di Stato di Palermo パレルモ国立文書館
（本書では **ASP** と記載）

――*Stato Civile, Palermo*, b. 1522, anno 1841, Licenza per Battesimo.

――*Atti e registri della Regia Scuola Normale maschile di Reggio 1861-1896*, n. 36 *Registro generale degli alunni 1861-1896.*

Archivio di Stato di Reggio Emilia レッジョ・エミーリア国立文書館
（本書では **ASRE** と記載）

――*Atti e registri della Regia Scuola Normale maschile di Reggio 1861-1896*, n. 36 *Registro generale degli alunni 1861-1896.*

――*Comune RE, Anagrafe*, a. 1836, nati, città.

Fondazione Camillo Cavour カミッロ・カヴール財団

――*Bonghi Ruggiero*, Lettera di Ruggiero Bonghi a Emilio Visconti Venosta, 9 gennaio 1876.

Museo Nazionale di Capodimonte 国立カポディモンテ美術館
（本書では **MC** と記載）

――*1874-1879 OA Capodimonte Inventario Reale Pinacoteca, America, Collezione di Biscuits, Porcellane ed Oggetti d'arte, vol. 2.*

――*1879-1912 PS Capodimonte. Oggetti di privata spettanza di S. M. il Re e oggetti immessi posteriormente al dì 11 Luglio 1879.*

図版出典一覧

fig. 1, 2, 4 　　東京国立博物館・宮内庁・NHK『御即位10年記念特別展　皇室の名宝——美と伝統の精華』NHK、1999年

fig. 3 　　大蔵省印刷局記念館（お札と切手の博物館）『お雇い外国人・キヨッソーネ没後100年展——その業績と明治の印刷文化——』大蔵省印刷局記念館、1997年

fig. 5, 20, 24, 25, 26, 37, 38, 47, 54 　　本著者撮影

fig. 6 　　Alfonso Panzetta, *Dizionario degli Scultura Italiani dell'Ottocento e del Primo Novecento*, umberto Allemandi & C., 1994

fig. 7 　　Giuseppe Pavanello (a cura di), *La pittura nel Veneto. L'Ottocento*, Tomo secondo, 2003

fig. 8, 10, 11, 13〜17 　　AA. VV., *Civiltà dell'Ottocento. Le arti figurative*, Electa Napoli, Napoli 1997

fig. 9 　　Silvestra Bietoletti, *I Macchiaioli. La storia, gli artisti, le opere*, Giunti, Firenze 2001

fig. 12 　　*Francesco Paolo Michetti. Dipinti, Pastelli, Disegni*, Electa Napoli, Napoli 1999

fig. 18 　　*Il Valore dei Dipinti dell'Ottocento*, Umberto Allemandi, Torino 1996

fig. 19 　　Rosanna Maggio Serra, acura di, *Antonio Fontanesi 1818-1882*, Umberto Allemandi, Torino

fig. 21〜23, 52 　　東京大学大学院工学系研究科建築学専攻所蔵写真

fig. 27〜34 　　Sopritendenza ai Beni Artistici e Storici Pinacoteca di Brera, Milano, Laboratorio Fotoradiografico, Negativo N. 060676/L (fig. 29), Negativo N. 060678/L (fig. 27), Negativo N. 060679/L (fig. 28), Negativo N. 060680/L (fig. 30), Negativo N. 060681/L (fig. 31), Negativo N. 060683/L (fig. 32), Negativo N. 060684/L (fig. 33), Negativo N. 060685/L (fig. 34)　　"Under licence from Italian Ministry for Cultural Goods and Activities"

fig. 35, 36 　　隈元謙次郎『明治初期来朝伊太利亜美術家の研究』三省堂、1940年

fig. 39, 40, 44 　　靖国神社

fig. 41 　　隈元謙次郎『近代日本美術の研究』大蔵省印刷局、1964年

fig. 42, 43 　　『参謀本部陸軍測量局　五千分一東京測量原図』（建設省国土地理院所蔵、㈶日本地図センター複製）

fig. 45 　　秋田市教育委員会編『重要文化財旧秋田銀行本館のあゆみと復旧工事の記録』秋田市、1995年

fig. 46 　　*Sanborn Maps for San Francisco*, 1899

fig. 48 　　California Historical Society, FN-27226 (Original residence of Mrs. Pio Morbio, daughter of Adolph Sutro, San Francisco, circa 1906-07)

fig. 49, 50 　　Maria Antinietta Spadaro, *O'Tama e Vincenzo Ragusa. Echi di Giappone in Italia*, Kalos,

Palermo 2008

fig. 51　　　リゴルネット、ヴェーラ美術館

fig. 53　　　古田亮、寺地愛衣、吉田朝子編『明治の彫刻　ラグーザと荻原碌山』芸大美術館ミュージアムショップ／(有) 六文舎、2010年

fig. 55, 57, 59　　ニコーラ・サヴァレーゼ氏

fig. 56　　　国立"アンジェロ・セッキ"土地測量士専門学校

fig. 58　　　ブレシャ市立歴史美術館

fig. 60〜62, 66　東京都庭園美術館『フォンタネージと日本の近代美術　志士の美術家たち』財団法人東京都歴史文化財団、1997年

fig. 63　　　ナポリ、国立カポディモンテ美術館

fig. 64, 65　　宮内庁三の丸尚蔵館『ヨーロッパの近代美術——歴史の忘れ形見』財団法人菊葉文化協会、1997年

fig. 67　　　Renata Stradiotti e Luisa Cervati (a cura di), *Dipinti giapponesi a Brescia*, Grafo, 1995

fig. 68　　　AA.VV., *Il Parlamento Italiano*, vol. 1

fig. 69　　　Mario Puccioni, *L'Unita d'Italia nel pensiero* e nell'azione del Barone Bettino Ricasoli, Vallecchi, 1932

fig. 70　　　Scuola media statale di Grosio, Il Marchese Giovanni. Ultimo dei Visconti Venosta, 1993

fig. 71〜74　　*Eliana e Nemo Canetta, Grosio. Il paese, le frazioni, le valli*, Lyasis, 1999

fig. 75　　　『岩波　世界の美術　ギリシア美術』岩波書店、2000年

fig. 76, 77　　『世界美術大全集12　イタリア・ルネサンス』小学館、1994年

fig. 78, 79　　『世界美術大全集16　バロック1』小学館、1994年

fig. 80　　　Maria Gabriele di Savoia e Romano Bracalini, *Casa Savoia. Diario di una Monarchia 1861-1946: cronaca e storia nelle fotografie della Fondazione Umberto II*, Arnoldo Mondadori, 2001

史　料

凡　例

1. ここに掲載する各史料（doc.と略す）の所蔵先及び所収簿冊名は以下の通りである。

  doc. 1 〜 doc. 3　　　国立公文書館蔵『公文録』明治八年五月　工部省四「工学寮へ伊太利国ヨリ画学外二科教師三名傭入伺」

  doc. 4-a　　　　　　松岡壽旧蔵資料

  doc. 4-b　　　　　　国立公文書館蔵『公文録』明治十年八月　工部省七「工部美術学校諸規則」

  doc. 5 〜 doc. 152　国立中央公文書館蔵『公共教育省』「考古美術局、美術学院及び美術専門学校（1860年〜1896年）」第36冊「一般業務、海外の美術学院及び美術専門学校、日本（1875-1884）」（本書では「工部美術学校関係史料」と呼ぶ）

        Archivio Centrale dello Stato, *Ministero della Pubblica Istruzione, Direzione Generale Antichità e Belle Arti, Istituti di Belle Arti (1860-1896)*, b. 36, *Affari generali, Accademie e Istituti Esteri, Giappone 1875-1884*

  doc. 153　　　　　　ブレラ美術大学歴史資料室蔵　*CARPI B II 1*

        Archivio Storico Accademia di Belle Arti di Brera, *CARPI B II 1*

  doc. 154　　　　　　早稲田大学蔵『大隈文書』14C Letters, Reports and Memorandum from Foreigners to S. Okuma and Others (written chiefly in European languages), Cappellitis Ôkuma, S. Jan. 8, 1877 Fre. 建築設計の件 C161 (R. 164)

  doc. 155 〜 doc. 161　国立中央公文書館蔵『公共教育省』「職員録、第1版（1860年〜1880年）」第472冊「カポッチ、オスカッレ」

        Archivio Centrale dello Stato, *Ministero della Pubblica Istruzione, Personale 1ª versione (1860-1880)*, b. 472, *Capocci Oscarre*

  doc. 162 〜 doc. 166　国立中央公文書館蔵『公共教育省』「職員録、第1版（1860年〜1880年）」第850冊「フェッレッティ、プロスペロ」

        Archivio Centrale dello Stato, *Ministero della Pubblica Istruzione, Personale 1ª versione (1860-1880)*, b. 850, *Ferretti Prospero*

  doc. 167 〜 doc. 172　国立中央公文書館蔵『公共教育省』「職員録、第1版（1860年〜1880年）」第876冊「フォンタネージ、アントーニオ」

        Archivio Centrale dello Stato, *Ministero della Pubblica Istruzione, Personale 1ª versione (1860-1880)*, b. 876, *Fontanesi Antonio*

  doc. 173 〜 doc. 175　国立中央公文書館蔵『公共教育省』「職員録、第1版（1860年〜1880年）」第1744冊「ラグーザ、ヴィンチェンツォ」

        Archivio Centrale dello Stato, *Ministero della Pubblica Istruzione*,

	Personale 1ª versione (1860-1880), b. 1744, *Ragusa Vincenzo*
doc. 176 ～ doc. 191	ナポリ美術大学歴史資料室蔵『1852年～1862年登録生徒、FILZA 1-F-3, 176 ～ 239』第219番「サンジョヴァンニ、アキッレ」
	Archivio Storico Accademia di Belle Arti di Napoli, *Allievi Iscritti Anni tra 1852 e il 1862, FILZA 1-F-3, da 176 a 239*, n. 219, *Sangiovanni Achille*
doc. 192	ナポリ美術大学歴史資料室蔵『ナポリ・県給費受給者』「助成金――ナポリ県」
	Archivio Storico Accademia di Belle Arti di Napoli, *Pensionato Napoli-Provincia, Sussidio - Provincia di Napoli*
doc. 193 ～ doc. 196	国立中央公文書館蔵『宮内省』「ヴィットーリオ・エマヌエーレ2世執務室」第56冊、分冊第237号「サンジョヴァンニ、アキッレ」
	Archivio Centrale dello Stato, *Ministero della Real Casa, Gabinetto di Vittorio Emanuele II*, b. 56, fac. 237, *Sangiovanni Achille*
doc. 197 ～ doc. 202	国立中央公文書館蔵『公共教育省』「職員録、第1版（1860年～1880年）」第1869冊「サンジョヴァンニ、アキッレ」
	Archivio Centrale dello Stato, *Ministero della Pubblica Istruzione, Personale 1ª versione (1860-1880)*, b. 1869, *Sangiovanni Achille*
doc. 203 ～ doc. 211	国立中央公文書館蔵『宮内省』「ヴィットーリオ・エマヌエーレ2世執務室」第144冊、分冊第1139号「サンジョヴァンニ、アキッレ」
	Archivio Centrale dello Stato, *Ministero della Real Casa, Gabinetto di Vittorio Emanuele II*, b. 144, fac. 1139, *Sangiovanni Achille*
doc. 212 ～ doc. 215	国立中央公文書館蔵『宮内省』「ヴィットーリオ・エマヌエーレ2世執務室」第159冊、分冊第179号「サンジョヴァンニ、アキッレ」
	Archivio Centrale dello Stato, *Ministero della Real Casa, Gabinetto di Vittorio Emanuele II*, b. 159, fac. 179, *Sangiovanni Achille*
doc. 216 ～ doc. 223	国立中央公文書館蔵『公共教育省』「考古美術局、美術学院及び美術専門学校（1860年～1896年）」第36冊「一般業務、海外の美術学院及び美術専門学校、サンフランシスコ（1873年）」
	Archivio Centrale dello Stato, *Ministero della Pubblica Istruzione, Direzione Generale Antichità e Belle Arti, Istituti di Belle Arti, 1860-1896*, b. 36, *Affari generali, Accademie e Istituti Esteri, San Francisco 1873*

2．欧文史料について
①欧文史料は、ほとんど全て印刷された書式に手書きされたものである。書き起こした文書（doc. 5 ～ doc. 223）の文書名は本著者による。文書の書き起こしにあたり、以下の点を留意した。
　a．原文書の綴りを尊重し、必要な場合には原文のママであることを示す、［sic］を明記した。
　b．省略形や短縮形の語は正しい形に起こしたが、アクセント記号は現行の言語に準拠し

た。
  c. 原文書は概ねA4サイズで、2段組で表記されており、できる限り原文書の体裁が伝わるように書き起こした。
  d. 原文書左側上部にはレターヘッドが印刷され、必要事項が記入されおり、発信者側の情報源である。これらも［レターヘッド］と記した後に書き起こしている。
  e. 原文書左側下部には、受信者側の宛名が記されており、中には下記のように2行にわたって記されているものがある。

    A Sua Eccellenza
    Il Ministro della Pubblica Istruzione Roma

  この部分は体裁を重視するよりも、日本語として意味が通じるように「［在］ローマ、公共教育大臣閣下宛」と1行で記した。
② 文書名のうち、「文書案文（Minuta）」と記したものであっても、発信番号が明記されているので、発信文書の控えとしての意味も有する。
③ 翻訳にあたり、以下の点を留意した。
  a. 翻訳文中の括弧については、丸括弧（　）は原文書中のもの、角括弧［　］は本著者による補足を示している。
  b. 金額の表記について。イタリア語の原文に桁を示す．（ドット）が記されていない場合でも、翻訳にあたっては，（コンマ）を挿入した。10000 → 10,000 / 10.000 → 10,000
  c. 原文に忠実な翻訳を心がけたが、意訳している箇所もある。
④ 本書では、欧文史料の翻訳、次にその原文、の順に掲載されているが、以下の史料については、文書名の翻訳は付すが、文書は翻訳せず、原文のみを掲載した。

  ・カッペッレッティ関係史料
      doc. 153　　　　　CARPI B II 1
  ・フェッレッティ関係史料
      doc. 166　　　　　『公共教育省』「職員録、第1版（1860年～1880年）」第850冊
  ・サンジョヴァンニ関係史料
      doc. 176～doc. 191　『1852年～1862年登録生徒、FILZA 1-F-3, 176～239』第219番
      doc. 192　　　　　『ナポリ・県給費受給者』「助成金——ナポリ県」
      doc. 193～doc. 196　『宮内省』「ヴィットーリオ・エマヌエーレ2世執務室」第56冊、分冊第237号
      doc. 197～doc. 202　『公共教育省』「職員録、第1版（1860年～1880年）」第1869冊
      doc. 203～doc. 207, doc. 209～doc. 211　『宮内省』「ヴィットーリオ・エマヌエーレ2世執務室」第144冊、分冊第1139号
      doc. 212～doc. 213, doc. 215　『宮内省』「ヴィットーリオ・エマヌエーレ2世執務室」第159冊、分冊第179号

史　　料（doc. 1～3）

1. 1875（明治8）年4月25日付、工部卿　伊藤博文発、太政大臣　三條實美宛文書

名三十三号

　工学寮、外国教師三名御雇入伺
　一　画学教師　　一名
　一　造家教師　　一名
　一　彫像教師　　一名

右旨工学寮ニ於テ要用ニ有之候処伊太利国者右等ノ芸術ニ長シ候趣ニ付同国公使ヘ□及打合然處給料ノ儀者一名毎ニ相定候ヨリ凡金高何程ト取極人物之優劣ニ依リ給料高低之儀者撰挙人ニテ相定候方便利之由ニ付右三名ニテ一カ年凡壱万円以内之見込ヲ以テ各三カ年間雇入ノ儀同国ヘ申遣度尤給料呼寄費用等ハ当省定額之内ヲ以相辨可申候間至急御許可相成候様致度此段相伺候也

　　　　　　　　　　　　　　　　　　　　　　　　　明治八年四月廿日
太政大臣三條實美殿

伺之通
　　　　　　　　　　　　　　　　　　　　　　　但副申之趣聞置候事*1
　　　　　　　　　　　　　　　　　　　　　　　　　明治八年五月七日

　*1　「副申」はdoc. 2、「覚書」はdoc. 3を参照。

2. 1875（明治8）年4月25日付、工部卿　伊藤博文発、太政大臣　三條實美宛文書（doc. 1）副申

工学寮、外国教師三名傭入伺ニ付副申

　此度別紙ノ第三十三号伺当省工学寮伊太利国教師三名雇入候ニ付テハ別紙覚書ノ趣旨ヲ以テ在留伊太利國公使ヘ人選ノ義及依頼且又写ヲ以テ彼国在留我公使河瀬真孝ヘ為心得可申越ト存候此段副エテ上申仕候也

　　　明治八年四月廿日　　　　　　　　　　　　　　　　　　　　　工部卿伊藤博文
太政大臣三條實美

3. 1875（明治8）年4月25日付、工部卿　伊藤博文発、太政大臣　三條實美宛文書副申（doc. 2）覚書*1

覚書

　日本政府其東京ノ学校ニ於テ技術科ヲ設ケ画学並家屋装飾術及彫刻術ヲ以テ日本生徒ヲ教導スベキ画工彫工等三名ヲ傭用セント欲ス

　方今欧州ニ存スル如キ是等ノ技術ヲ日本ニ採取セント欲スルニ今其生徒タルモノ會テ是等ノ術ヲ全ク知ラザルモノナレバ之ガ師タル者ハ一科ノ学術ノ者ヨリハ却テ普通ノモノヲ得ンコトヲ欲ス此故ニ専業ノモノハ現今此学校ノ希望スル所ニ適セズ唯是等ノ技術ノ諸分課ヲ教導スルヲ得ベキモノヲ要スルナリ仮令バ画術ニ於テハ地景及画像等ノミナラズ図引並絵ノ具混合方、遠景図及

333

「アート・オフ・ポジション」画ノ位置ヲ定ムルノ術等ヲ以テ生徒ヲ教導スルヲ要ス家屋装飾術ニ就テハ諸般ノ造営装飾術及彫嵌ニ用ユル大理石等ノ彫刻術モ又之ヲ伝エシメ又彫刻術ニ在テハ人形ノ偶像及板面ノ小像並禽獣虫魚花実等ヲ彫刻スルノ術ヲ教授セシメント欲スルナリ

　此教師タル者ハ此学校ノ日本長官及欧人都検ノ指揮ニ随ヒテ其職分ヲ行フヘシ○其他ノ教師ハ総テ皆英人ナレバ若シ是等ノ工芸者モ亦英語ニ通ズル時ハ自カラ大ニ便ヲ得ベク且ツ生徒ノ能ク知ル所ノモノ亦英語ナルガ故ニ其生徒モ亦便ナルナリ然レドモ若シ其者英語ヲ能クスル事ヲ得ザレバ必ズ仏蘭西語ヲ知ラザルベカラズ即推挙ヲ得テ渡来スベキ教師此両国語ノ内一箇国ノ語ニハ必ズ通ズベキナリ

　其約定期限ハ其者東京ニ着シテ工部卿ニ申達スルノ日ヨリ三箇年タルベシ而シテ其給料ハ羅馬ニアル日本使節ト伊太利政府協議ノ上決定スルヲ得ベシ然シ其総金高一箇年壱萬弗ヲ越ユルベカラズ即一教師一箇年ノ給料ハ凡参千参百弗以月賦トシ毎月末之ヲ附與スベシ其初度ノ月賦ハ其者遅滞ナク東京ニ着シテ工部卿ニ報告スルノ日ヨリ一箇月ニシテ之ヲ受ルヲ得ベシ

　終始此政府ノ職務ニ専任シ此学校ノ規則條例ヲ遵奉セザルベカラズ○伊太利國ヨリ日本迄ノ路銀及其約定金トシテ往返各壱百弗ヲ給與スベシ
其勤務中ハ家具ナキ住居ヲ給シ且ツ医療ヲ受クルヲ得セムベシ

　　　*1 「覚書」の翻訳はdoc. 6を参照。

4-a. 1876（明治9）年11月公布「工学寮美術学校諸規則」
工学寮美術学校諸規則

　　学校之目的
一　美術学校ハ欧州近世ノ技術ヲ以テ我日本国旧来ノ職風ニ移シ百工ノ補助トナサンカ為ニ設ケルモノナリ
一　生徒ノ技術秘奥ヲ解シ得ルハ多年ノ後ヲ待タサルヲ得ズ故ニ最初両三年間ハ専ラ実地教授ヲ要ス然レトモ年々教方ノ順次ヲ追ヒ終ヒニ欧州学校ト同等ノ地位ニ至ラシムヘキナリ

　　入学規則
一　十五歳以上三十歳以下ニシテ性質善良身体壮健ナルモノヲ撰ヒ（日本教育上）相当ノ吟味ヲ以テ入校セシムヘシ
一　已ニ吟味ヲトグル生徒ハ東京ニ住スル相当身分ノ者ヲ撰ンテ保証人トナスヘシ
一　初メ六ケ月間ハ試生トシテ仮リニ入学セシメ其六ケ月ヲ経テ学力進歩スル者ハ全ク入学生ト為シ否ラサル者ハ退学セシム
一　生徒ヲシテ毎月金弐円ヲ納メテ技術伝習ノ為メ必要物品ノ支給費ニ充テシム又其全月出校セサルトキハ該月ノ納金ヲ免スヘシ
一　彫刻学生徒ハ当分ノ内之ヲ官費ニ係ク故ニ卒業ニ至ラスシテ退学ヲ願歟或ハ不行跡等ニシテ退学ヲ命スルトキハ保証人ヨリ其在学中ノ諸経費ヲ返納セシムヘシ

史　　料（doc. 4-a）

　　入学願書　用紙美濃史二ツ折
　　　　　　　二通ヲ出スヘシ
私儀ヽヽヽヽ學或ハヽヽヽヽ　術修業支度候ニ付
入學ノ義奉願候也
　　　　　　　何懸何族何國何群何町何村何某
　　　　　　　長次男或ハ兄弟又ハ附籍
　　　　　　　東京住所
　　年　月　日　　姓　名　印
　　　　　　　　　何年何月生
　　工学某官某殿
　證人證書雛形　用紙美濃史二ツ折二通ヲ出スヘシ
　　　　　　　何懸何族何國何群何町何村何某
　　　　　　　長次男或ハ兄弟又ハ附籍
　　　　　　　　何　某
右ノ者御吟味ノ上入學御差許相成候上ハ御規則堅ク相守リ必ス卒業為仕候萬一之ニ違背候歟或ハ
其他不都合ノ義等有之候得ハ私引受御處分相受可申候仍テ証書如件
　　　　　何懸何族
　　　　　東京住所
　　年　月　日　　姓　名　印
工作局長某官某殿
　　　但シ彫刻学生徒ハ入学上ニ官費ノ二字ヲ加フヘシ

　証人心得
一　証人ハ生徒毎月ノ納金ヲシテ延滞ナカラシメ又生徒ノ官物ヲ紛失又ハ破毀スルニ於テハ其償
　　金ヲ納メシムルヲ以テ己レノ責任トナスヘシ

　教場区分
一　教揚ヲ分テ二区トナス
　　第一区既ニ稍日本風ノ技術ニ得ル所アリテ専ラ実地修業ヲ望ム者ノ教場
　　第二区論理実地共新ニ修業ヲ望ム者ノ教場

　入学則
一　第一区ノ生徒ハ少クトモ三ケ年第二区ノ生徒ハ少クトモ六ケ年必ス就学スヘシ
　　但其学力進歩衆ニ超エ卒業ノ速カナル者ハ一年或ハ二年ニシテ寮長都検詮議ノ上退校ヲ許ス事
アルヘシ

　奉職

一　就学ノ期終リテ其業奉職ニ足ルヘキ者ハ工部省ヘ出仕スルヲ得ヘシ

学課
　一油画　　　　　　教師　ホンタ子ジー
　一彫刻　　　　　　教師　ラグウザー
　一画学校ニ於テハ遠近画法、風景、油画、人物、油画、等教導スヘシ
　一彫刻学校ニ於テハ石膏ヲ以テ動物不動物ヲ模写スル術並彫刻術ヲ教導スヘシ
　一開校ノ上ハ教師各学科ノ細目ヲ出スヘシ
　一生徒ハ入学ノ日其目的トナス学課ヲ定メ己ニ之ヲ定ムルニ於テハ寮長並都検ノ許可ナクシテ猥ニ変スヘカラス

教官心得
一　教師ハ各生徒ヲ指揮スルノ全権ヲ有ス故ニ其学業ノ進否モ亦教師ノ責任トス
一　教師ハ六ヶ月毎ニ生徒学業ノ優劣ヲ寮長及都検ヘ通報シ又改革スヘキコトアルトキハ之レヲ寮長及都検ニ謀ルヘシ
一　教師ハ学校ニ備ヘアル物品ノ用方疎略ナラサル様注意スヘシ

官員
一　各区ニ官吏一名ヲ置キ其区生徒ノ名簿ヲ製シ教師ノ指揮ニ依テ物品ノ出入ヲ取扱ヒ又自ラ通弁トナリ百事教師ノ助ケヲ為スヘシ

別則
第一　生徒若シ官物ヲ破損スル時ハ之レニ修復ヲ加ヘシムルカ又ハ償金ヲ出サシムヘシ
第二　生徒自己ノ椅子ヲ定メヲキ必ス他ノ椅子ニ凭ルヘカラス
第三　生徒拠ナク欠席スル時ハ其事由ヲ明記セル証人証書ヲ其区官吏ニ出スヘシ
第四　生徒若シ病ニ罹リ十日以上欠席スル時ハ医師ノ証書ヲ出スヘシ
第五　生徒或ハ証人若シ転宅スルアレハ其都度速ニ之レヲ届出ヘシ
第六　毎日朝八時半ニ生徒ノ姓名簿ヲ読ミ其人員ヲ検シ第九時始業午後第四時ニ至テ閉校スヘシ但シ十二時ヨリ一時迄ハ休息ノ事
第七　校中吸煙ハ厳禁タルヘシ
第八　土曜日ハ正午十二時ニ閉校スヘシ
第九　毎年六七両月間ハ朝第七時始業正午十二時終業タルヘシ
第十　毎歳ノ休業ハ八月一ケ月ト定メ其他新年及祭日ノ休暇ハ学校ノ休暇表ニ従フヘシ
　　明治九年十一月　　　　　　　　　　　　工学寮

4-b. 1877（明治10）年7月公布「工部美術学校諸規則」
工部美術学校諸規則今般別冊之通相定候條此段御届申進候也

史　　料（doc. 4-b）

明治十年八月廿五日　　工部卿　伊藤博文

太政大臣三條實美殿

工部美術学校諸規則
　　学校之目的
一　美術学校ハ欧州近世ノ技術ヲ以テ我日本国旧来ノ職風ニ移シ百工ノ補助トナサンカ為ニ設ケルモノナリ
一　故ニ先ツ生徒ヲ〆美術ノ要理ヲ知テ之ヲ実地ニ施工スルコトヲ教ヘ漸ヲ遂フテ吾邦美術ノ短所ヲ補ヒ新タニ眞写ノ風ヲ購求シテ欧州ノ優等ナル美術学校ト同等ノ地位ニ達セシメントス

　　入学規則
一　十五歳以上三十歳以下ニシテ性質善良身体壮健ナルモノヲ撰ヒ（日本教育上）相当ノ吟味ヲ以テ入校セシムヘシ
一　巳ニ吟味ヲトグル生徒ハ東京ニ住スル相当身分ノ者ヲ撰ンテ保証人トナスヘシ
一　初メ六ケ月間ハ試生トシテ仮リニ入学セシメ其六ケ月ヲ経テ芸能進歩スル者ハ全ク入学生ト為シ否ラサル者ハ退学セシム
　　　但シ全ク入学生ト成ル者ハ其芸能ニ依テ等級ヲ定メ毎六ヶ月試験芸能ニ順シテ更ニ等級ヲ改定スヘシ
一　生徒ヲシテ毎月金弐円ヲ納メ以テ技術伝習ノ為メ必要物品ノ支給費ニ充テシム又其全月出校セサル者ハ該月ノ納金ヲ免スヘシ
　　　但シ卒業ニ至ラスシテ退学ヲ願フカ或ハ不行跡ニシテ退学ヲ命スル者ハ授業料トシテ一ヶ月金壱円ツヽヲ納メシムヘシ全月不参ノ者ハ該月分ヲ除ク
一　彫刻学生徒ハ当分ノ内之ヲ官費ニ係ク故ニ卒業ニ至ラスシテ退学ヲ願歟或ハ不行跡等ニシテ退学ヲ命スル者ハ其在学中支給ノ多寡ニ関セス支給品経費トシテ一ヶ月金三円ツヽヲ追徴ス尤全月不参ノ者ハ該月分ヲ除ク
　　入学願書　用紙美濃史二ツ折
　　　　　　　　二通ヲ出スヘシ
私儀丶丶丶丶學或ハ丶丶丶丶　術修業支度候ニ付
御試驗ノ上入學ノ義奉願候也
　　　　　　　　　何懸何族何國何群何町何村何某
　　　　　　　　　長次男或ハ兄弟又ハ附籍
　　　　　　　　　東京住所
　　年　　月　　日　　姓　名　印
　　　　　　　　　　　何年何月生
　　工作局長某官某殿

證人證書雛形　用紙美濃史ニツ折二通ヲ出スヘシ
　　　　　　　　何懸何族何國何群何町何村何某
　　　　　　　　長次男或ハ兄弟又ハ附籍
　　　　　　　　　　何　　某
右ノ者御吟味ノ上入學御差許相成候上ハ御規則堅ク相守リ必ス卒業為仕候萬一之ニ違背候歟或ハ其他不都合ノ義等有之候得ハ私引受御處分相受可申候仍テ証書如件
　　　　　　　何懸何族
　　　　　　　　東京住所
　　年　月　日　　　姓　名　印
工作局長某官某殿
但シ彫刻生証人ハ地主家主或ハ仕官ノ者ニ限ルベシ且証書中入学ノ上ニ官費ノ二字ヲ加フベシ

　　証人心得
一　証人ハ生徒毎月ノ納金ヲシテ延滞ナカラシメ又生徒ノ官物ヲ紛失又ハ破毀スルニ於テハ其償
　　金ヲ納メシムルヲ以テ己レノ責任トナスヘシ

　　教場区分
一　教揚ヲ分テ二区トナス
　　　　第一区既ニ稍日本風ノ技術ニ得ル所アリテ専ラ実地修業ヲ望ム者ノ教場
　　　　第二区論理実地共新ニ修業ヲ望ム者ノ教場

　　習学年期
一　第一区ノ生徒ハ少クトモ三ケ年第二区ハ少クトモ六ケ年必ス就学スルコトヲ誓約スベシ
　　　　但其芸能進歩衆ニ超エ卒業ノ速カナル者ハ一年或ハ二年ニシテ局長都検詮議ノ上退校ヲ許
　　　　ス事アルヘシ

　　女性徒
一　年十歳以上二十歳以下ノ女子ニ〆美術志願之者男子ト同様ノ振合ヲ以テ入校ヲ許ス

　　月水金曜日学習生徒
一　美術志願ノ者故アリテ終日課業ニ従事スル能ハサル者ノ為ニ別ニ時間ヲ定メ一週間三タビ教
　　授ス
　　　　但シ此生徒ハ納金七十五銭タルヘシ

　　奉職
一　就学ノ期終リテ其業奉職ニ足ルヘキ者ハ工部省ヘ出仕スルヘシ

338

学課　学課ヲ別ツテ三課ト為ス
第一　予科
ヲルソゴイル、プロセクション、エンド、プロスペクチーブ
幾何　線画　粉飾
一　各生徒此科ヲ終ル歟或ハ此科ニ適応スルノ試験ニ登第スルモノニ非レハ直ニ専門科ニ入ルヲ許サス

第二　画学
山水並禽獣真写法
草花動物ヲ形容擬写スル法

第三　彫刻学
草花ノ彫刻
造家学ニ用ユル動物彫刻
肖像彫刻

一　生徒ハ入学ノ日其目的トナス学課ヲ定メ已ニ之ヲ定ムルニ於テハ局長並都検ノ許可ナクシテ猥ニ変スヘカラス

教官心得
一　教師ハ各生徒ヲ指揮スルノ全権ヲ有ス故ニ其学業ノ進否モ亦教師ノ責任トス
一　教師ハ六ヶ月毎ニ生徒学業ノ優劣ヲ局長及都検ヘ通報シ又改革スヘキコトアル者ハ之レヲ局長及都検ニ謀ルヘシ
一　教師ハ学校ニ備ヘアル物品ノ用方疎略ナラサル様注意スヘシ
一　教師ハ自己ノ意見ヲ以テ上級ノ生徒ヲ撰テ下級ヲ教ルノ助手ト為スヲ得ヘシ

官員
一　各区ニ官吏一名ヲ置キ其区生徒ノ名簿ヲ製シ教師ノ指揮ニ依テ物品ノ出入ヲ取扱ヒ又自ラ通弁トナリ百事教師ノ助ケヲ為シ生徒ノ勤情ヲ監督スヘシ

助手心得
一　助手ハ教官並ニ官員ノ差図ヲ受ケ諸事繁忙ヲ補助シ或ハ教場内備付ノ物品貸与品等ニ注意シ若シ破損遇不足ヲ生スル者ハ速ニ届ケ出亦タ生徒ノ勤情ニ注意シテ時々其現実ヲ官員エ通達スヘシ

別則
第一生徒若シ官物ヲ破損スル時ハ之レニ修復ヲ加ヘシムルカ又ハ償金ヲ出サシムヘシ

第二生徒自己ノ椅子ヲ定メヲキ必ス他ノ椅子ニ凭ルヘカラス亦タ他人ヲ自己ニ校中ニ引入ヲ許サス

第三生徒據ナク欠席スル時ハ其事由ヲ明記セル証人証書ヲ其区ノ官吏ニ出スヘシ

　但シ三十日以上出校スル能ハサル者ハ退校ヲ命ス

第四生徒若シ病ニ罹リ十日以上欠席スル時ハ医師ノ証書ヲ出スヘシ

第五生徒或ハ証人若シ転宅スルアレハ其都度速ニ之レヲ届出ヘシ

第六生徒常ニ黽勉最モ精勤ナル者ハ吟味ノ上相当ノ賞ヲ行フヘシ

第七毎日朝第八時半ニ生徒ノ姓名ヲ読ミ其人員ヲ検シ第九時始業午後第四時ニ至テ閉校スヘシ

　但シ十二時ヨリ一時迄ハ休息ノ事

第八校中吸煙ハ厳禁タルヘシ

第九土曜日ハ正午十二時ニ閉校スヘシ

第十毎年六七両月間ハ朝第七時始業正午十二時終業タルヘシ

第十一毎歳ノ休業ハ八月一ヶ月ト定メ其他新年及祭日ノ休暇ハ学校ノ休暇表ニ従フヘシ

　　明治十年七月　　　工部大学校

　追加

校中ニ於テ生徒ノ自製シタル画図彫刻其所属ノ教師ヨリ許可ヲ受ケスシテ校外ニ携ヘ他人ノ展覧ニ供スルヲ禁ス

5. 1875年6月12日付、在日本イタリア王国特命全権公使アレッサンドロ・フェー・ドスティアーニ発、イタリア外務省宛文書[*1]

［本文書第一頁の左側余白に、手書きで、下から上に向かって横書きで］
商業通信1875年6月12日付第267号[*2]に添付
　　在日本［イタリア］公使館発

　　　　　　在東京イタリアの美術学校における教師雇い入れに関するメモ

1875年6月12日

　この帝国におけるウィーン［万国］博覧会という国際的な場での競争に備える目的でおこなわれた、特産品、工業製品、工芸品についての調査によって、我々は、この日本が、生活に必要なもの、すなわち便利な設備を入手することや、人間の知性の働きによるところが著しいような美しいものを好む、という明確な考えを得ました。

　ウィーンの［万国］博覧会で好結果を得たことに勇気づけられて、日本は、国内外生活における［人々の］豪華さに対する要求、快適さ、必需品を支援すべく、広範囲にわたる分野において自国の産業を開拓することを確信しました。

　このような考察から[*3]、美術学校あるいは美術アカデミー［の設立］という考えが生まれました。単独に考えられる美術は、詩が決して詩人を力強くしなかったように、決して国を富ませたこ

とはありませんでしたが、産業の補助となる美術は、追従者を生み、人々を豊かにします。
　従って、日本における美術学校の目的は、彼らの昔からの産業や、近年の産業を導き、それらを外国の使用及び習慣、国際的な通商の場により適合させることなのです。
　その新しい学校によって、日本が古代ギリシア流の彫像やヨーロッパの古代や近世の流派の絵画を再生することを期待しているわけではありません。日本は、自国で鋳造するための原型制作者、自国の磁器や紙のための画家、自国の住居や家具のための建築家を求めているのです。これらの目的のさらなる結果として、ただ愉快かつ思いがけない満足が得られることでしょう。
　また、ヨーロッパ宮廷を訪問した日本の大使節団[*4]もまたイタリアが芸術の発祥の地だと納得したので、日本における美術学校のために彼の国から教師を招聘するという考えが生まれました。
　あらゆる革新の有用性は費用に比例せざるを得ないので、計画中の学校のための予算を考慮に入れています。
　日本は学者や専門職の人に非常に高い給料を払っており、その雇用は、灯台、鉄道、陸軍、海軍の建設をするための、論をまたない緊急さによるものだったこと、しかしながら、このことから美術学校予算の基準を定めることはできないこと、そしてそれゆえに、このことが、結果として生じ得る美術家同士の、被雇用者同士の、憎しみをかき立てるような対立を避けるのを可能としていること、という点を指摘する必要があります。
　今般、依頼された3名の教師間では、年間総額10,000メキシコ・ドルが、均等に、もしくは、雇用の職務条件から示唆される妥当性において、分配されることになります。
　受け持つ講座は、絵画、彫刻、建築装飾であり、その他は既に整えられています。
　雇用契約を締結した教師は、妥当な住居（家具なし）、ヴェネツィア、アンコーナ、ブリンディシ、ナポリ、マルセイユを出帆する汽船の一等切符、この他に旅費として500フランを得る権利を有します。契約外の優遇として、雇用契約を締結した教師が妻帯者の場合には、夫に同伴もしくは、1ヶ月以内に夫に続いて来日する時には、移動のための切符が妻にも認められます。
　本書簡に同封される契約書の書式に関しては、在東京のこの工部省によって締結された同様の雇用契約書の書式にできる限り準拠したものでした。
　美術家が工部省だけでなく、他の省への異動の可能性や、東京ではない他の居住地への移転の可能性を示す第1条の条件は、美術学校が別の官庁所轄の独立した機関になる場合を想定しています。そして、教師が他の場所へ移動するという見通しは、別な所で指導する美術制作の場合に備えたものです。出張の経費は、特別な［積算］表によって支払われます。病気が長引く場合には給料の支払いが停止するという第7条の規定は、契約の仕事ぶりが整然としている限り、これまで一度も省から主張されたことはありませんでした。
　どんな病気の場合でも、医療費や医薬代は政府負担です。
　詳細に関して、在ローマ日本公使は契約書の草案に、一般的な規範によるにせよ、採用希望が承認された者の個人的な理由によるにせよ、妥当であると判断される変更を差し挟む権限が与えられています。かかる条件において、契約書草案はさらなる解説が必要であるとは私には思われません。
　在イタリア日本公使館には、美術家の旅費のみならず、また学校創設のために備えるべきだと

考えられる必需品の諸費用に充てられる資金が用意されています。

　さしあたって、同様な施設に必要とされる、少量だが多岐にわたる物品を準備することに限定するのは適切でしょう。必要と思われるものは以下のものです。学校での使用のためのみならず、生徒の私的な使用のためにも、石膏像、少量の石灰石の粉、建築デザインや遠近法のテキスト。油彩画用の絵の具、少量のカッラーラ産の大理石、彫刻家が使用するいくつかのコンパス、大理石に用いる鋼鉄製工具。ここに欠けている唯一のものは、上等なフランス製の鉛筆です。その名は、"コンテ"。

フェー

*1　この「メモ」は契約書草案（doc. 7）の内容を補完すべく起草された（doc. 12）。
*2　「商業通信1875年6月12日付第267号」は「工部美術学校関係史料」には含まれていない。また、管見の限り、イタリアの外務省歴史資料室にも見あたらない。
*3　日本政府内における、の意味と考えられる。
*4　岩倉具視を特命全権大使とする、岩倉使節団を指す。

原文：**Lettera del conte Alessandro Fè d'Ostiani, Ministro Plenipotenziario della Legazione d'Italia in Giappone, forse indirizzata al Ministero degli Affari Esteri, 12 giugno 1875.**

[a sinistra del testo di altra mano, verticalmente] Annesso al Numero 267 Commerciale 12 giugno 1875
Della Legazione al Giappone

Pro-memorie per l'ingaggio dei professori alla scuola italiana di Belle Arti in Tokio

12 giugno 1875

　L'inchiesta sui prodotti del suolo, dell'industria e dell'arte alla quale si è proceduto in queste Impero allo scopo di prepararsi al concorso mondiale dell'esposizione di Vienna ci ha data una chiara idea di questo il Giappone su suscettibile a fornire ai bisogni della vita, ai suoi commodi[sic], ed al piacere del bello manifestato dal lavoro dell'umana intelligenza.

　Incoraggiato il Giappone del sucesso[sic] avuto all'esposizione di Vienna si è convinto del vasto campo che gli è aperto alle sue industrie per venire in aiuto alle esigenze del lusso, agli agii[sic] ed ai bisogni della vita nazionale ed estera.

　Da queste considerazione[sic] nacque l'idea d'una scuola o accademia di Belle Arti.

　Le Belle arti considerate isolatamente non hanno mai arrichito[sic] le nazioni come la poesia non fece mai poderoso il poeta; ma l'arte che viene in sussidio alle industrie crea proseliti arrichisce[sic] le popolazioni.

　Lo scopo quindi della Scuola di belle arti al Giappone è per guidare le sue industrie secolari, e recente, per renderle più accette agli usi ed alle abitudini estere ed a scambio al suo commercio internazionale.

　Non si lusinga il Giappone di riprodurre colla nuova scuola le statue dell'antica scuola di Grecia né i dipinti delle scuole antiche e moderne d'Europa; egli cerca modellatori per le sue fusioni pittori per le sue porcellane e per le sue carte, architetti per le sue abitazioni e per i suoi mobili; risultati oltre a questi confini non sarebbero che grate innattese[sic] soddisfazioni.

　E poiché la grande Ambasciata giapponese che visitò le Corti di Europa si è essa pure convinta che l'Italia è la culla delle arti nacque il pensiero di trarre da quel paese i professori per la Scuola di Belle arti al Giappone.

　L'utile di ogni rinnovazione dovendo essere in proporzione delle spese che impone resto a considerarne il bilancio per la scuola in progetto.

　Qui giova osservare che il Giappone paga stipendi fortissimi ad uomini di scienza e d'arte, il cui

342

impiego era di evidente urgenza per la costruzione dei fari, per le ferrovie per l'esercito e per la marina, e da questi non si potrà stabilirne la norma pel bilancio dell'Accademia, e ciò si permette onde evitare in seguito confronti odiosi fra artista e artista, impiegato e impiegato.

Fra tre professori che si chiedono ora può essere divisa la somma annua di Dieci mille dollari messicani, o in parti eguali o nelle proporzioni che saranno suggerite dalle condizioni del luogo d'ingaggio.

Le cattedre da coprirsi sono; Pittura, Scultura, Architettura decorativa, ad altre si è già provvisto.

I professori contrattati avranno diritto ad un decente alloggio (senza mobili) ad un biglietto di prima classe sui piroscafi che partono da Venezia Ancona Brindisi o Napoli o Marsigli ed oltre a ciò a franchi cinque cento per spese di viaggio. Per favore all'infuori del contratto se il professore ingaggiato avesse moglie, verrà alle stesse accordate un biglietto di passaggio, qualora il marito accompagni, o lo segua entro un mese.

In quanto alla formula dei contratti che va qui unita, fu mestieri attenersi per quanto possibile a quella di simili contratti d'ingaggio stipulati da questo Ministero dei Lavori Pubblici in Tokio.

Il proposto articolo Io che contratta l'artista non solo per Ministero dei Lavori Pubblici ma trasmessibile ad altro Ministero e traslocabile ad altra residenza fuori di Tokio, prevede il caso che l'accademia possa divenire un'istituzione autonoma appartenente ad altro dicastero, e la previsione che i professori sieno rimossi in altre località prevede il caso di lavori d'arte da dirigere altrove. Le trasferte sono pagate da speciale tabella. Il disposto all'Art. VII che sospende lo stipendio in caso di prolungate malattie non fu mai invocato del Ministero qualora la condotta del ingaggio sia stata regolare.

Per qualunque caso di malattia le spese del medico e delle medicine sono a carico del governo.

In quanto ai dettagli il Ministro giapponese a Roma è autorizzato ad introdurre al progetto di contratto quelle modificazioni che sarebbero giudicate ragionevoli sia per norma generale che per motivi personali di chi fosse ammesso ad aspirare all'ingaggio. In tali condizioni mi sembra che lo schema di contratto non abbisogni di ulteriori schiarimenti.

Alla Legazione giapponese in Italia sono fatti i fondi sia pel viaggio degli artisti che per quelle spese di provviste considerate necessarie per l'impianto della scuola.

Sarà conveniente per ora limitare le provviste a poca quantità dei molteplici oggetti che si richiedono a simili istituti. Ciò che sembra necessario sono: i gessi modelli e un po[sic] di gesso polvere, i testi di disegno di architettura, di prospettiva tanto per uso della scuola che per uso privato degli scolari; i colori pei dipinti all'olio, e l'olio appropriato, un po[sic] di marmo di Carrara alcuni compassi da scultore e pochi utensili d'acciajo per i marmi; per i lapis i soli che mancano qui sono i francesi fini conosciuti col nome "conté".

Fè

6.「覚書」[*1] の翻訳

［レターヘッド］在日本イタリア国王陛下の公使館

［第1頁の左隅上部に手書きで］翻訳

　日本政府は工学寮の中に技術学校を設立することを切望しており、この目的のためにこれに奉職する3名のイタリア人を雇い入れ、それにより、日本人学生に絵画、建築装飾、彫刻の技術を教育する。

　欧州美術の日本への導入を希望しているが、この学校の生徒となるものはこれまでに西洋美術を全く知らない者たちなので、教師となる人は一つのことを専門とする人ではなく幅広い知識を

持っている人を希望する。従って、今般、専門家は学校が希望するところには適さない。ただそれぞれの学科を教導できる人を要求する。画学においては、風景画及び人物画などだけではなく、素描、絵の具の混ぜ方、構成法などを生徒に教えることが要求される。家屋装飾術（建築装飾）の場合には、教育者は建築装飾のあらゆる種類と流派、また大理石や他の石等の上に細工することを指導することが望まれる。彫刻術においては、丸彫り及び浮き彫りなどで人物像を表現する。また動物、果実、花などを表現する。

　教師たちは組織の日本人代表者とヨーロッパ人校長の指示の下に行動する。（その他の全ての教師はイギリス人であり）、そして生徒たちにとっても、彼らの間でもっとも広く知られている言語が英語なので、これらの芸術家が英語を知っていれば、彼らにとって大いなる利点となるだろう。

　しかし、英語を話せない場合には、フランス語の知識は不可欠である。ここに派遣される教師はこれら2言語の内の一つを話せなくてはならない。

　彼らの契約は、東京に彼らが到着したことを工部卿に告げた日から3年間である。彼らの給料は、1年間に10,000ドルを越えないという目的をもって定められた合計額の上限をもって、ローマの日本公使との合意によりイタリア政府によって定められ得るだろう。これらの給料は毎月支払われ、最初の毎月の支払い金は工部卿に東京に彼らが到着したことを告げた日の1ヶ月後であるがゆえに、遅滞なく赴かなければならない。彼らの全ての時間は政府への奉仕に捧げられなければならない。そして組織の規則に合致した行動をとるように強いられるだろう。彼らはイタリアから日本まで、そして契約を完遂した後には日本からイタリアまでの旅費が支払われる。また、長い旅路の往復路の仕度金として合計100ドルを受け取るだろう。職務を遂行している間は、彼らには宿舎が与えられる。同様に医療サービスが与えられる。

　これらの教師に対する契約書（草案）覚書は、政府[*2]の定めにより、ここに添付される。

*1　doc. 3のイタリア語訳。工部省もしくは在日本イタリア公使館、あるいは両者の協力によって翻訳されたと考えられる。
*2　「政府」は日本政府を指す。

原文：**Traduzione dell'Annotazione.**

　　　［a sinistra del testo di mano］Traduzione
　　　［Intestazione］Legazione di Sua Maestà il Re d'Italia nel Giappone

　　　　Il Governo giapponese desidera formare nel Collegio di Tokio una Scuola di arti, ed a questo scopo si propone di prendere al suo servizio tre artisti, onde istruiscano studenti giapponesi nelle arti della pittura, dell'architettura ornamentale e della scoltura.
　　　　Lo scopo essendo di introdurre nel Giappone queste arti quali esistono in Europa, e gli studenti giapponesi essendone attualmente interamente ignari, è desiderabile di procurarsi i servizi d'istruttori, le conoscenze dei quali siano piuttosto generali che speciali. Uno specialista non soddisferebbe ai bisogni della Scuola; gli istruttori sarebbero chiamati ad istruire in tutte le diverse partite della loro arte. Per esempio nel caso della pittura, non soltanto paesaggi e figure si richiedono, ma bene anche il disegno, il mescolare i colori, la prospettiva e l'arte della composizione; nel caso dell'architettura ornamentale si richiede che l'istruttore insegni ogni genere e scuola di architettura ornamentale, ed anche il lavorare sul marmo e sulla pietra ecc. ecc. e nel caso della scoltura il rappresentare la figura umana in intiero ed in

medallioni[sic] ecc. ed il rappresentare anche gli animali, i frutti, i fiori ecc. ecc..

　Essi agiranno dietro istruzioni del Commissario Giapponese e del Direttore Europeo del Collegio. Se questi artisti sanno parlare l'inglese, sarà per loro un gran vantaggio (tutti gli altri istruttori essendo inglesi) ed per gli studenti essendo l'inglese la lingua più generalmente conosciuta fra di loro.

　Ma se non sanno parlare l'inglese, la conoscenza del francese sarà indispensabile. Gli istruttori, che siano qui mandati, dovranno poter parlare una di queste due lingue.

　I loro contratti sono per 3 anni dal giorno che annuncino il loro arrivo in Tokio al Ministro dei Lavori Pubblici; il loro salario potrà essere fissato dal Governo Italiano d'accordo col Ministro Giapponese in Roma, con questo limite che la somma totale da fissarsi per questo scopo non oltrepassi dollari 10.000 all'anno. Questi salarii saranno pagabili mensilmente, la prima rata mensile pagabile un mese dopo che gli istruttori abbiano annunciato il loro arrivo in Tokio al Ministro pei Lavori Pubblici, dal quale debbono recarsi senza indugio. Tutto il loro tempo deve essere consacrato al servizio del Governo e saranno tenuti di conformarsi ai Regolamenti del Collegio. Loro sarà pagato il viaggio dall'Italia al Giappone e espirato il loro contratto dal Giappone all'Italia, e riceveranno una somma di $100, tanto nel venire che nel tornare per spese minute lungo il viaggio. Loro sarà dato l'alloggio, mentre continueranno al servizio, e parimenti i servizii di un medico.

　Un memorandum (schema) di contratto per questi istruttori è qui unito per norma del Governo.

7. 契約書草案[*1]

［第1頁の右隅上部に手書きで］商業通信1875年6月12日付第267号に添付[*2]

翻訳
1875年〇〇月〇〇日、〇〇との間で取り交わされた契約書の草案

1. X氏は契約を締結し、X氏が工部卿へ東京到着を報告した日から数えて3年間、日本の東京にある東京帝国工学校［工学寮を指す］、もしくは別の学校、もしくは工部省のいかなる他の組織、もしくは工部卿あるいは同省のそのときの局［部、課を指す］の他の行政官の認可を得て、日本帝国政府の命により、政府のいかなる省［部局を指す］へ暫時移籍することになっても、〇〇として日本政府に仕える義務がある。

2. X氏は東京において直ちに受け入られ、到着後直ちに、東京の工部卿にその到着を告げなければならない。

3. X氏はこの契約の効力により勤務している限り、上述の大臣、上述の学校の責任者（校長）の、あるいは、上述したごとく、異動が生じた場合には、他のどの部局においても、日本人もしくはヨーロッパ人の当局のどの支局員の命令や指示にも従わなければならない。

4. X氏は割り当てられた工学寮での日々の勤めを果たさなければならない。そして日本人もしくはヨーロッパ人の了解を得ることなくして、（政府によって認められた日曜日を除いて）あるいは、病気もしくは不慮の事故の場合は、本契約書に関係するように、彼が義務を果たしえない、もしくは彼が任務遂行しえない、という結果への医師による証明なしに、彼

の義務を休んではならない。

5. X氏は契約をしている期間、直接・間接に商業行為をしたり、関わったりせず、ただ政府の勤務に専念する義務を負う。

6. X氏の給料は、月額XXフランキ相当の円通貨、毎月同額で支払われる。上述のように、彼の東京到着が告げられた1ヶ月後に最初の月額が支払われる。しかし、X氏が死亡、もしくは解任あるいはこの契約が終了する日にこの給料は停止する。

7. 任務を果たす期間に、X氏が病気のために、もしくは他のことによって果たすべき義務が3ヶ月間継続して阻止されるような場合には、あるいは（たとえそのような期間に阻止されないにしても）、彼がまだ任務に就かなければならない時期に、病気もしくは災難により果たすべき任務が絶対的に不可能である、あるいは彼の義務遂行に真に支障となると、病部局の公式医師の意見として大臣にしかるべく通報された場合、大臣はこの契約を直ちに解消する権利をもつ。そしてX氏はいかなる給与を得る権利ももたないが、横浜からイタリアまでに相当する旅費相当の円貨〇〇円が支払われる。

8. 上述の政府はこの契約継続期間中、X氏に家具のない至便な住まいと医療サービスを与える義務がある。

9. X氏はイタリアから横浜までの一等切符と旅費諸費用総額500フランキが与えられる。本契約終了後3ヶ月以内にイタリアへの帰国を望む場合には、日本からイタリアへの一等切符が与えられる。しかし、3ヶ月以内にイタリアへの帰国を望まない場合にはこの権利を失うだろう。万が一解任された場合にも同様に失うだろう。

10. もしX氏がこの契約の結果、その義務を果たせないか、果たせなくなった場合、もしくは彼が怠慢であるか、素行が悪い場合、もしくは違反するか、この契約の細目を遂行しえない場合、X氏がその下に置かれている、工部卿、もしくは相応する他のいかなる日本の上級職員によって、この契約を解消する、もしくは政府の任務から彼を解任するのは合法である。

署名した者の遵守において
XX
証人XX

*1 隈元謙次郎『明治初期来朝伊太利亜美術家の研究』三省堂、1940年、11～14頁には、アントーニオ・フォンタネージとの間で結ばれた契約書が掲載されている。
*2 本書史料doc.5「在東京イタリアの美術学校における教師雇い入れに関するメモ」とともに、「商業通信1875年6月12日付第267号」に添付されていたことがわかる。

史　　料（doc. 7）

原文：**Schema del Contratto.**

Annesso al Commerciale N. 267
12 giugno 75 Legazione in Tokio

Traduzione
Schema di Contratto fatto li ....1875 fra: ....

1. Il Signor X è contrattato e si obbliga a servire Il Governo Imperiale giapponese in qualità di .... nel Collegio Imperiale degli ingegneri in Tokio Giappone o in qualsiasi altro collegio o collegi ai lavori pubblici o qualsiasi altro Dipartimento governativo ovunque situato nel Giappone al quale possa in qualunque tempo venir trasferito per ordine del detto governo comunicato per messo del Ministro pei Lavori Pubblici o di qualsiasi altro Ministro dello stesso Dicastero in allora[sic] in ufficio, per un periodo di 3 anni a contare dal giorno che il Signor X anunncia il suo arrivo in Tokio al detto Ministro.

2. Il Signor X si accetterà immediatamente a Tokio ed appena arrivato dovrà annunciare il suo arrivo al Ministro pei Lavori Pubblici, nel Ministero in Tokio.

3. Il Signor X dovrà, finché in servizio per virtù di questo contratto, dovrà ubbidire agli ordini ed alle istruzioni del detto Ministro e del Principale（Rettore）del detto Collegio, o di qualsiasi corrispondente Autorità Giapponese od europea di qualsiasi altro Dipartimento al quale possa essere trasferito come sopra è detto.

4. Il Signor X dovrà prestare il debito giornarliero servizio al Collegio al quale sarà addetto e non si assenterà da suoi doveri senza prima aver ottenuto il consenso del suo superiore Giapponese od europeo（le domeniche e le feste accordati dal Governo eccettuate）o in caso di malattia o di inevitabile accidente, senza un regolare certificato medico all'effetto che è incapacitato dal rendersi al suo ufficio o dal eseguire i suoi doveri, come da questo contratto quali risultano.

5. Il Signor X si obbliga durante il tempo pel quale è contrattato di non fare e di non immischiarsi in affari commerciali direttamente o indirettamente, ma di occuparsi soltanto del servizio del Governo.

6. Il salario del Signor X sarà l'equivalente in yen giapponesi di franchi .... all'anno, pagabile in uguali rate mensili, la prima rata pagabile un mese dopo l'avere essi annunciato il suo arrivo in Tokio, come sopra è detto, ma questo salario cesserà il giorno che il Signor X muoia o sia destituito o al terminarsi di questo contratto.

7. Se durante il periodo del suo servizio il Signor X fosse impedito per malattia od altre dal compiere i suoi doveri, durante 3 mesi consecutivi, oppure,（benché non sia stato impedito durante tale periodo di tempo）se egli avesse una malattia o disgrazia, la quale nell'opinione del ufficiale Medico del Dipartimento, debitamente notificata al Ministro, lo incapacitasse assolutamente dal servizio che deve prestare durante il tempo che deve ancora servire, o che gli fosse di serio impedimento nell'esercizio dei suoi doveri, avrà il Ministro il diritto di sciogliere questo contratto immediatamente, ed il Signor X non avrà diritto a salario alcuno ma gli sarà pagata la somma di yen .... per viaggio e spese relative da Yokohama in Italia.

8. Il detto governo si obbliga durante la continuazione di questo contratto di dare al Signor X un alloggio convenevole, non mobiliato, e il servizio di un medico.

9. Al Signor X sarà dato un biglietto di 1ª classe dall'Italia a Yokohama ed una somma di fr. 500 per spese varie durante il viaggio. Se entro i tre mesi che seguono lo spirare di questo contratto il Signor X vorrà tornare in Italia gli sarà dato un biglietto di 1ª classe dal Giappone in Italia, ma se entro tre mesi mesi

347

[sic]（come sopra）non vorrà far ritorno in Italia perderà tale diritto come pure lo perderà qualora venga destituito.

10. Se il Signor X è o divenga, incapace di eseguire i suoi doveri, quali risultano da questo Contratto o se egli è negligente, o se abbia cattiva condotta o se egli infranga o non eseguisca le clausole di questo contratto sarà lecito al Ministro dei Lavori Pubblici o a qualsiasi altro corrispondente funzionario giapponese sotto al quale sia posto il Signor X di sciogliere questo Contratto o di destituirlo dal servizio del Governo.

In fede di che hanno firmato.

XX
XX testi.

8. 1875年7月23日付、外務省事務次官イザッコ・アルトム（外務大臣エミーリオ・ヴィスコンティ・ヴェノスタに代わって）発、公共教育省宛文書

［レターヘッド］外務省通商領事総局
　　　　　　　第2局
　　　　　　　第1事務室
　　　　　　　第40号
　　　　　　　件名：東京美術学校

公共教育省宛

ローマ発、1875年7月23日付

　貴省におかれては、日本政府が東京に美術学校を設立すると決定したことを、恐らく、しばらく前から注目されていたことでしょう。その部局は、さしあたって、公共事業・工業・商業に関する省[*1]に従属する理工科大学[*2]に併設され、そしてそこに、3人のイタリア人教師、すなわち、絵画に一人、彫刻に一人、建築装飾に一人が、教育のために招聘されます。

　教師選抜の任務はローマ駐在日本公使の河瀬氏[*3]に託されるでしょう。そして日本政府は、河瀬氏による選抜にあたり、新たな美術学校という名誉に無関心でいられるはずのないイタリア政府によって、効果的に補佐されるものと期待しています。

　これまでのところ、日本公使からこの点に関するいかなる通信も届いておりません。しかし、東京駐在のイタリア王国公使[*4]（この美術学校の設立は彼の先導に由来しますが）は、在ローマ日本公使館に送付された「覚書」[*5]の写しを入手することができました。従って、恐らく河瀬氏が委任されるであろう選抜において、彼を指導しうる人物を推薦してほしいと依頼してくるであろう、口上書を暫しの間待たなければなりません。それまでの間に、公共教育省の尊敬に値する同僚に、3名のイタリア人美術家との契約のために日本政府から要求かつ申し出された条件が述べられている上述の「覚書」（イタリア語及び英語による）の写しを、返却を条件にお伝えするのは有益であると、下に署名せる者は判断します。そうすることで、貴省にあっては、すぐにかかる選抜において方針に叶う見解を作り上げられるでしょう。

348

史　　料（doc. 8〜9）

大臣に代わって
アルトム

［受領印］公共教育省、1875年7月24日、第28245号
［手書きで］7239／25

*1　工部省を指す。
*2　工学寮（後、工部大学校）を指す。
*3　河瀬真孝在イタリア特命全権日本公使。
*4　アッレサンドロ・フェー・ドスティアーニのこと。
*5　"istruzioni"は、直訳すれば「指針」だが、「覚書」原本（doc. 3）のイタリア語訳（doc. 6）を指している。

原文：**Lettera di Isacco Artom, Segretario Generale, per conto di Emilio Visconti-Venosta, Ministro degli Affari Esteri, al Ministero della Pubblica Istruzione, 23 luglio 1875.**

　　　［Intestazione］Ministero degli Affari Esteri Direzione Generale dai Consolati del Commercio
　　　　　　　　　　Divisione 2
　　　　　　　　　　Ufficio 1.
　　　　　　　　　　No. 40
　　　　　　　　　　Oggetto: Scuola di belle arti in Tokio

Al Ministero della Pubblica Istruzione

Roma, addì 23 luglio 1875

　　Sarà forse noto a cotesto Ministero che il Governo giapponese ha stabilito, da qualche tempo, di fondare una scuola di belle arti in Tokio. Essa sarà per ora aggregata, quale sezione, all'Istituto politecnico dipendente dal dipartimento di opere pubbliche, industria e commercio, e vi saranno chiamati ad insegnare 3 professori italiani, uno nella pittura, uno nella scoltura, ed uno nell'architettura ornamentale.

　　Il Ministro del Giappone in questo capitale, Signor Kavassé, sarà incaricato della scelta dei professori, ed il Governo giapponese confida che egli sarà in ciò efficacemente assistito dal Governo italiano a cui non può riuscire indifferente il lustro della nuova Accademia.

　　Nessuna comunicazione in proposito è finora pervenuta dal Ministro del Giappone, ma il Ministro del Re in Tokio（alla cui iniziativa si deve la fondazione di questa scuola di belle arti）ha potuto procurarsi copia delle istruzioni che sono state spedite alla Legazione giapponese a Roma. E dunque da aspettarsi in breve una nota uficiale del signor Kavassé il quale probabilmente chiederà che gli si indichi persona capace di dirigerlo nella scelta di cui è incaricato. Il sottoscritto stima intanto utile comunicare all' Onorevole Collega per l'Istruzione pubblica con preghiera di restituzione, copia delle accennate istruzioni（in italiano ed in inglese）, dove si espongono le condizioni chieste ed offerte dal Governo giapponese per contratto coi tre artisti italiani. Cotesto Ministero potrà così formarsi fin d'ora un concetto da servir di guida nella scelta di cui si tratta.

Pel Ministro
Artom

　　［Timbro dell'arrivo］Ministero di Pubblica Istruzione, 24 luglio 1875, N. 28245
　　［a mano］7239/25

9. 1875年8月4日付、公共教育大臣ルッジェーロ・ボンギ発、外務大臣エミーリオ・ヴィスコ

349

ンティ・ヴェノスタ宛文書案文（控え）

外務大臣宛
総公文書番号第28245／7239
第2局
配置番号35
発信番号7296
7月23日付通達の返信
第2局　第1部　第40号
件名：東京美術学校

ローマ発、1875年8月4日付

　閣下が、東京に設立される美術学校に関する日本公使館からの正式な通信を、私にお知らせ下さることをお待ちしつつ、私に転送された文書を閣下にご返却いたします。目下のところ、私は教師に支払われる給与についての説明を必要としております。というのは、10,000ドルは、総計として3名の教師に支払われるものなのか、あるいは各々の教師に支払われるものなのか、「覚書」[*1]の言葉遣いには疑問があります。さらに、建築教師は大理石や石の上の制作も教えなければならないと述べている箇所は、過ちが犯されているものと確信しています。かかる教師は当然そのことに属せず、明らかに彫刻教師に固有のものだからです。

署名　ボンギ

1　"istruzione"は、直訳すれば「指針」だが、「覚書」原本（doc. 3）のイタリア語訳（doc. 6）を指している。

原文：**Minuta della lettera di Ruggiero Bonghi, Ministro della Pubblica Istruzione, a Emilio Visconti-Venosta, Ministro degli Affari Esteri, 4 agosto 1875.**

Al Ministro degli Affari Esteri
Protocollo Generale n. 28245/7239
Divisione 2
Numero di Posizione 35
Numero di Partenza 7296
Risposta a nota del 23 luglio
Divisione 2 Sezione 1 No. 40
Oggetto: Scuola di Belle Arti in Tokio

Roma, addì 4 agosto 1875

　Starò attendendo che Vostra Eccellenza mi faccia conoscere le comunicazioni ufficiali della Legazione Giapponese intorno alla scuola di Belle Arti da istituirsi in Tokio e Le restituisco il documento ch'ella mi trasmise. Intanto avrei bisogno di uno schiarimento sullo stipendio assegnato ai professori; imperocché la dicitura dell'istruzione lascia dubbio se i 10000 dollari all'uno siano assegnati a tutti e tre i professori in complesso ovvero a ciascun di loro. Ancora credo che possa essere incorso un errore, dove si dice che il professor di architettura debba anche insegnare a lavorare sul marmo e sulla pietra, il quale insegnante appartiene naturalmente non ad esso, ma bensì al professor di scultura.

firmato Bonghi

史　　料（doc. 10）

10.　1875年8月4日及び5日付、公共教育大臣ルッジェーロ・ボンギ発、6校の王立美術学校長宛文書案文（控え）

トリーノ［・アルベルティーナ］美術学院*1学長殿宛	7276*2｜	1875年8月4日
ミラーノ	7277　｜	
ヴェネツィア	7300　｜	1875年8月5日
フィレンツェ美術専門学校*3校長殿宛	7278　｜	1875年8月4日
ローマ	7279　｜	
ナポリ	7280　｜	

総公文書番号第28245／7239
第2局
配置番号35
発信番号7296
件名：東京美術学校

　　　　　　　　　　　　　　　　　　　　　　　　　ローマ発、1875年8月4日及び5日付
　日本政府は東京に美術学校を設立し、そこで建築、絵画、彫刻を教える3名のイタリア人美術家を招聘するつもりです。恐らく、イタリア政府は、これらの教師の選抜について意見を求められるでしょう。それゆえ、私は貴殿に、上述の選抜のための条件が言及されている「覚書」*4を送る必要があると考えます。政府が貴殿のお力添えを必要とする場合には、適切な調査及び貴殿の提案によって、その任務に果たされるよう貴殿にお願いいたします。
　　　　　　　　　　　　　　　　　　　　　　　　　　　　　　　　　　署名　ボンギ

*1　正式名称には王立（Regia）が付くが、原文では省略されている（doc. 16も同様）。各校専用のレターヘッドに記載されている校名と異なる場合もあるが、本書では、公共教育省がここで使用した名称を使用する。
*2　番号は、発信番号。
*3　*1と同様。
*4　"Istruzione"は、直訳すれば「指針」だが、「覚書」原本（doc. 3）のイタリア語訳（doc. 6）を指している。

原文：Minuta delle lettere di Ruggiero Bonghi, Ministro della Pubblica Istruzione, ai direttori dei sei Istituti di Belle Arti, 4 e 5 agosto 1875.

　　Al Signor Presidente Accademia di Belle Arti di Torino 7276　4 agosto 1875
　　　　Milano 7277
　　　　Venezia 7300　5 agosto 1875
　　Al Signor Direttore dell'Istituto di Belle Arti di Firenze 7278
　　　　Roma 7279　4 agosto 1875
　　　　Napoli 7280

　　Protocollo Generale Numero 28245/7239
　　Divisione 2
　　Numero di Posizione 35

Numero di partenza
Oggetto: Scuola di Belle Arti di Tokio

Roma, addì 4/5 agosto 1875

Il Governo Giapponese intende di fondare in Tokio una Scuola di Belle Arti e di chiamare tre artisti italiani ad insegnarvi l'architettura, la pittura e la scultura. Forse il Governo Italiano sarà interrogato sulla scelta di quei Professori. Credo quindi di dover trasmettere alla Signoria Vostra una Istruzione, nella quale sono riferite le condizioni per la suddetta elezione. Io La prego di servirsene per le ricerche opportune e per le sue proposte, nel caso che il governo fosse richiesto del suo intervento.

firmato Bonghi

11. 1875年8月5日付、ナポリ王立美術専門学校校長チェーザレ・ダルボーノ発、公共教育大臣ルッジェーロ・ボンギ宛文書

［レターヘッド］ナポリ王立美術専門学校
　　　　第342号
　　　　本8月4日付通達第7280号への返信
　　　　第2局
　　　　件名：東京美術学校

ローマ、公共教育大臣閣下宛

ナポリ発、1875年8月5日

　尊敬する大臣［文書］のにおいて言外に示されたことに関し、必要な場合には、当校事務局は、日本の新しい学校でのこの教師の職務を引き受けられる美術家個人についての何らかの調査を始める所存であることを強調したく思いました。私はこの調査をおこない、閣下が本件の詳細に関してさらなる要求をされる場合に、その調査が整っているように努める所存です。

校長
チェーザレ・ダルボーノ

［受領印］公共教育省、1875年8月6日、第30145号
［手書きで］7703／7
［文書の左側に別の手書きで］他の返信を待ちましょう。とりあえず記録へ。

原文：Lettera di Cesare Dalbono, Direttore del Regio Istituto di Belle Arti in Napoli, a Ruggiero Bonghi, Ministro della Pubblica Istruzione, 5 agosto 1875.

［Intestazione］Regio Istituto di Belle Arti in Napoli
N. 342
Riposta alla nota 4 agosto corrente n. 7280 Divisione 2ª
Oggetto: Scuola di Belle Arti in Tokio

A Sua Eccellenza
Il Ministro della Istruzione Pubblica, Roma

史　　料（doc. 11〜12）

Napoli, 5 agosto 1875

　　Dalla riverita Ministeriale al margine ricordata mi è sembrato di rilevare che l'ufficio dell'Istituto sarebbe quello d'incominciare a fare qualche ricerca sulle persone di artisti che potessero, in caso di bisogno, assumere questo ufficio di professori alla nuova scuola del Giappone. Procurerò di fare queste ricerche e di tenerle pronte nel caso che l'Eccellenza Vostra facesse altre domande sopra questo particolare.

Il Direttore
Cesare Dalbono

［Timbro dell'arrivo］Ministero di Pubblica Istruzione, 6 agosto 1875, N. 30145
［a mano］7703/7
［a sinistra del testo di altra mano］attendiamo le altre risposte intanto agl'atti.

12. 1875年8月7日付、外務省領事通商総局局長アウグスト・ペイロレーリ（外務大臣エミーリオ・ヴィスコンティ・ヴェノスタに代わって）発、公共教育省宛文書

［レターヘッド］外務省通商領事総局
　　　　　　　第2局
　　　　　　　第1事務室
　　　　　　　第42号
　　　　　　　件名：日本における東京美術学校

公共教育省宛

ローマ発、1875年8月7日付

　貴省発通達昨4日付第2局7296号*1と同時に、下に署名せる者は、在日本王国公使館からの報告*2を受けました。それと一緒に、東京美術学校において教育するために選ばれた教師が差しはさみうる小さな変更がなければ署名されるはずの、英語及びイタリア語による契約書の草案が転送されました。契約書には、王国公使フェー・ドスティニアーニ伯爵が、日本政府が満足するように見解を明らかにし、とりわけ、日本の行政機関に対してイタリア人教師の位置を明確にする目的で起草することにした「メモ」*3が添付されています。

　公共教育省にあっては、上述した契約書の原文のままの条項を、今から認識しておかれるのは有益でしょう。それゆえ、返却をお願いしつつ、ここにフェー伯爵の「メモ」とともに同封します。このフェー伯爵の「メモ」は、3名の教師に割り当てられる給与に関して、ここに言及した通達において引き起こされた疑問に、前もって答えてあります。しかしながら、契約締結に至るときに、より重要な説明がやりとりされるでしょう。

大臣に代わって
A・ペイロレーリ

［受領印］公共教育省、1875年8月10日、第30989号
［手書きで］7817／8月11日

353

*1　本史料doc. 9を指す。
*2　"un Rapporto dalla Reale Legazione al Giappone"は、「工部美術学校関係史料」の中に保管されていない。また、管見の限り、イタリア外務省資料館にも見あたらない。
*3　"una Memoria"は、本書史料doc. 5のPro-memorie per l'ingaggio dei professori alla scuola italiana di Belle Arti in Tokio（在東京イタリアの美術学校における教師雇い入れに関するメモ）を指している。

原文：**Lettera di Augusto Peiroleri, Direttore Generale della Direzione Generale dei Consolati e del Commercio, per conto di Emilio Visconti-Venosta, Ministro degli Affari Esteri, al Ministero della Pubblica Istruzione, 7 agosto 1875.**

[Intestazione] Ministro degli Affari Esteri Divisione Generale dei Consolati e del Commercio
Divisione 2ª
Ufficio 1º
No. 42
Oggetto: Scuola di belle arti al Giappone

Al Ministero dell'Istruzione Pubblica

Roma, addì 7 Agosto 1875

Contemporaneamente alla pregiata nota di codesto Ministero in Data 4 corrente, Divisione 2ª n. 7296, il sottoscritto ha ricevuto un Rapporto dalla Reale Legazione al Giappone, col quale si trasmetteva lo schema dal contratto, in inglese ed in italiano, che dovrà essere firmato, salvo quelle piccole modificazioni che vi potranno essere introdotte, dai professori prescelti ad insegnare nella Scuola di belle arti a Tokio. Il contratto è accompagnato da una Memoria che il Regio Ministro Conte Fè d'Ostiani s'indusse a redigere per compiacere al governo Giapponese, allo scopo di chiarirne i concetti e di precisare sopratutto[sic] la posizione dei professori italiani rispetto all'Amministrazione Giapponese.

Sarà utile al Ministero della Pubblica Istruzione di conoscere fin d'ora le disposizioni testuali del contratto di cui sopra, che qui pertanto si acclude, con preghiera di restituzione, insieme alla Memoria del Conte Fè. Questo'ultima risponde preventivamente al dubbio mosso nella citata Nota circa l'assegno destinato ai tre professori. Maggiori spiegazioni si potranno, del resto, scambiare quando si addiverrà alla conclusione del contratto.

Pel Ministro
A. Peiroleri

[Timbro dell'arrivo] Ministero Pubblica Istruzione, 10 agosto 1875, N. 30989
[a mano] 7817/11 agosto

13. 1875年9月1日付、公共教育省事務次官エンリーコ・ベッティ（公共教育大臣ルッジェーロ・ボンギに代わって）発、外務大臣エミーリオ・ヴィスコンティ・ヴェノスタ宛文書案文（控え）

外務大臣宛
総公文書番号第30585／7818
第2局
配置番号35
発信番号8083
8月7日付通達の返信
第2局　第1部　第40号
件名：日本における東京美術学校

史　料（doc. 13）

ローマ発、1875年9月1日付

　日本政府と、設立される美術学校のために東京へ赴く3名のイタリア人教師との間で締結される契約書の草案を受け取りました。また、フェー・ドスティアーニ伯爵が契約書に言い添えるのを望んだ「メモ」*1も受け取りました。契約書も覚書も、閣下がご親切にも去る7月23日に私にお送り下さり、私が既に主要な美術学校へ知らせた指針とほぼ一致しております。目下のところ、日本公使館は公式な依頼をするつもりであるのかどうか、そして、上述の閣下の去る7月23日付第40号文書において暗に示されていた［河瀬氏を指揮し得る］人物を提案すること*2を、今後、私が確実かつ本当のものとして考えてよいものかどうか知りたく思います。

　ともあれ、私は閣下に、教師が締結することになる英語による契約書案をご返却し、意見を求められている複数の美術学校からの報告を私が収集することができるように、迅速なご返答をお願いしお待ちします。

大臣に代わって
署名　ベッティ

*1　原文では「le notizie」は「注意書き」の意味だが、これは、doc. 12の「una Memoria」同様に、doc. 5のフェーによる「メモ」を指している。
*2　本史料 doc. 8に記載されていた、イタリア政府へ「河瀬氏が委任されるであろう選考において、彼を指導しうる人物を推薦してほしいと依頼してくる」ことを指している。

原文：**Minuta della lettera di Segretario Generale Enrico Betti per conto di Ruggiero Bonghi, Ministro della Pubblica Istruzione, a Emilio Visconti-Venosta, Ministro degli Affari Esteri, 1 settembre 1875.**

A Sua Eccellenza il signor Ministro degli Affari Esteri Roma
Protocollo Generale Numero 30585/7817
Divisione 2
Numero di Posizione 35
Numero di Partenza 8083
Risposta a nota del 7 agosto
Divisione 2 Sezione 1 N. 40
Oggetto: Scuola di Belle Arti al Giappone

Roma, addì 1 settembre 1875

　Ho ricevuto la bozza di contratto da stipularsi tra il Governo Giapponese ed i tre Professori Italiani che andranno a Tokio per istituirvi una scuola di Belle Arti, ed ho pure ricevute le notizie che il Conte Fè d'Ostiani ha voluto aggiungere al contratto. Tanto il contratto quanto le notizie sono quasi concordi alle istruzioni che l'Eccellenza Vostra ebbe la cortesia di rinviarmi il 23 luglio prossimo passato e ch'io ho già fatto conoscere alle principali Accademie di Belle Arti. Ora desidererei di sapere se la Legazione giapponese ha inteso di fare la sua domanda ufficiale e s'io possa fin d'ora ritenere la cosa come sicura e pure quelle proposte di persona a cui pure accennava la suddetta lettera dell'Eccellenza Vostra in data del 23 luglio prossimo passato numero 40.

　Le restituisco intanto lo schema in inglese del contratto da farsi coi Professori ed attendo dalla Sua cortesia una sollecita risposta per poter raccogliere le notizie dalle diverse accademie di Belle Arti che furono interpellate.

（Pel Ministro）
firmato Betti

14. 1875年9月4日付、外務省領事通商総局局長アウグスト・ペイロレーリ（外務大臣エミーリオ・ヴィスコンティ・ヴェノスタに代わって）発、公共教育省宛文書

［レターヘッド］外務省通商領事総局
　　　　　　第2局
　　　　　　第1事務室
　　　　　　第46号
　　　　　　件名：日本における東京美術学校

公共教育省宛

ローマ発、1875年9月4日付

　日本公使館から、未だ本省へ、東京美術学校において教授するイタリア人教師を招聘するという日本政府の希望に関するいかなる通信もありません。本省へ通信された契約書草案や他の全ての報告は、情報を予め知らせておくのが有益だろうとの理由により、在日本［イタリア］王国公使から非公式に送付されました。というのも、公式な申し出は在ローマ日本公使館からなされるはずだからでした。

　貴省発去る1日付通達第2局8083号[*1]において表明された願いを考慮して、下に署名せる者は、実務開始のために間違いなく届けられるはずの必要な指示を日本公使殿に早急に求めるよう試みましょう。

大臣に代わって
A・ペイロレーリ

［受領印］公共教育省、1875年9月5日、第34786号
［手書きで］8663／9月6日
［文書の左側に手書きで］目下のところ記録へ

*1　本史料doc. 13を指す。

原文：**Lettera di Augusto Peiroleri, Direttore Generale della Direzione Generale dei Consolati e del Commercio, per conto di Emilio Visconti-Venosta, Ministro degli Affari Esteri, al Ministero della Pubblica Istruzione, 4 settembre 1875.**

［Intestazione］Ministero degli Affari Esteri Divisione Generale dei Consolati e del Commercio
　　　　　　Divisione 2ª
　　　　　　Ufficio 1°
　　　　　　No. 46
　　　　　　Oggetto: Scuola di Belle Arti al Giappone

Al Ministero dell'Istruzione pubblica

Roma, addì 4 settembre 1875

　　La Legazione del Giappone non ha ancor fatto a questo Ministero nessuna comunicazione circa il desiderio del suo Governo di chiamare professori italiani ad insegnare nella scuola di belle arti a Tokio. La minuta del contratto, e tutte le altre notizie comunicate a cotesto Ministero furono officiosamente spedite dal nostro Ministro al Giappone, perché ci servissero di preventiva informazione: la proposta ufficiale doveva esser fatta dalla Legazione giapponese in questa città.

　　Stante il desiderio espresso da cotesto Ministero con Nota del 1º corrente Divisione 2ª n. 8083, il sottoscritto vedrà di sollecitare dal signor Ministro del Giappone l'apertura delle pratiche per le quali, senza dubbio, devono essergli giunte le necessarie istruzioni.

Pel Ministro
A. Peiroleri

　　[Timbro dell'arrivo] Ministero della Pubblica Istruzione, 5 settembre 1875, N. 34786
　　[a mano] 8663/6 settembre
　　[a sinistra del testo di altra mano] per ora agl'atti

15. 1875年9月10日付、外務省領事通商総局局長アウグスト・ペイロレーリ（外務大臣エミーリオ・ヴィスコンティ・ヴェノスタに代わって）発、公共教育省宛文書

［レターヘッド］外務省通商領事総局
　　　　　　第2局
　　　　　　第1事務室
　　　　　　第51号
　　　　　　件名：東京美術学校

公共教育省宛

ローマ発、1875年9月10日付

　［在イタリア］日本公使館は、今月7日付の通達によって、在日本イタリア王国公使フェー伯爵によって既に伝達された条件に従って、東京美術学校において教授するために赴く用意のある3名の教師選抜のための公務を王国政府においておこなうよう、日本政府から委任を受けたと、本省署名者に通知しました。

　本件についてなされたこれまでの通信に関連し、下に署名せる者は、尊敬に値する公共教育省の同僚に優先すべき情報を急いでお知らせします。日本政府の名の下に日本公使館が契約書に署名する権限を与えられたことも知らせてきたことを言い添えています。

　それゆえ、今や、日本公使館における3名の教師選抜に、貴省が従事しうるように思われます。

大臣に代わって
A・ペイロレーリ

［受領印］公共教育省、1875年9月11日、第35905号
［文書の左側に手書きで］美術学校から返答を催促する

　　　原文：**Lettera di Augusto Peiroleri, Direttore Generale della Direzione Generale dei Consolati e del Commercio, per conto di Emilio Visconti-Venosta, Ministro degli Affari Esteri, al Ministero della Pubblica Istruzione, 10 settembre 1875.**

　　　　　［Intestazione］Ministero degli Affari Esteri

Divisione Generale dei Consolati e del Commercio
Divisione II
Ufficio I
No. 51
Oggetto: Scuola di Belle Arti a Tokio

Al Ministero di Pubblica Istruzione

Roma, addì 10 settembre 1875

La Legazione del Giappone ha, con Nota del 7 di questo mese, notificato allo scrivente Ministero di aver ricevuto dal suo Governo l'incarico di fare officii presso il Governo del Re per la scelta dei tre professori, che fossero disposti a recarsi a insegnare nella Scuola di Belle Arti a Tokio, alle condizioni di già segnalate dal Conte Fè, Regio Ministro d'Italia al Giappone.

Riferendosi alle precedenti comunicazioni fatte su quest'argomento, il sottoscritto si affretta di dare notizia di quanto precede allo Onorevole Suo Collega per la Pubblica Istruzione, aggiungendogli che la Legazione Giapponese notifica altresì essere stata autorizzata dal Suo Governo a firmare, in nome di esso governo, il contratto.

Sembra quindi che possa ormai codesto Ministero occuparsi della scelta dei tre Professori alla Legazione Giapponese.

Pel Ministro
A. Peiroleri

[Timbro dell'arrivo] Ministero della Pubblica Istruzione, 11 settembre 1875, N. 35905
[a sinistra del testo di altra mano] [una parola illeggibile] sollecitare le risposte delle Accademie

16. 1875年9月14日付、公共教育省事務次官エンリーコ・ベッティ（公共教育大臣ルッジェーロ・ボンギに代わって）発、6校の王立美術学校長宛文書

トリーノ［・アルベルティーナ］美術学院学長殿宛	8514[*1]
ミラーノ	8515
ヴェネツィア	8517
ナポリ美術専門学校校長殿宛	8518
フィレンツェ	8499
ローマ	8495

一般公文書　35905／8784番
第2局
配置番号35
件名：東京美術学校

ローマ発、1875年9月14日付

　日本政府は、東京美術学校のために3名の教師を指名されるよう、イタリア政府に正式に要求してきましたので、去る8月4日の文書[*2]で貴殿にお願いした情報につき、既に収集されたか否かお知らせ下さい。いずれにせよ、貴殿にあっては迅速な返答を賜りますよう。

史　　料（doc. 16～17）

大臣に代わって
署名　ベッテイ

追伸　緊急のため、去る8月5日付の文書[*3]を添付します。

*1　番号は、発信番号。
*2　doc. 10の文書を指している。doc. 10の文書は、8月4日付で、トリーノ、ミラーノ、フィレンツェ、ローマ、ナポリへ、8月5日付でヴェネツィアへ送付された。
*3　「8月5日付」と記しているのは上記注に記したように、2日間に渡って文書が送付されたことによる。

原文：**Minuta delle lettere di Segretario Generale Enrico Betti per conto di Ruggiero Bonghi, Ministro della Pubblica Istruzione, ai direttori dei sei Istituti di Belle Arti, 14 settembre 1875.**

Al Signor Presidente dell'Accademie di Belle Arti di Torino 8514
　　　Milano 8515
　　　Venezia 8517
Al Signor Direttore degli Istituto di Belle Arti di Napoli 8518
　　　Firenze 8499
　　　Roma 8495
Protocollo Generale Numero 35905/8784
Divisione 2
Numero di Posizione 35
Oggetto: Scuola di Belle Arti di Tokio

Roma, addì 14 settembre 1875

　　Il Governo Giapponese avendo fatto ufficiale richiesta al Governo Italiano perché gli vengano proposti tre professori per la Scuola di Belle Arti di Tokio, la prego di dirmi se Ella ha già raccolto le notizie di cui La richiesi con lettera del 4 agosto prossimo passato. In ogni modo Ella favorisca di darmi una sollecita risposta.

Pel Ministro
firmato Betti

N. B. Per urgenza si mette con lettere del 5 agosto prossimo passato.

17. 1875年9月16日付、フィレンツェ王立美術専門学校[*1]校長エミーリオ・デ・ファブリス発、公共教育大臣ルッジェーロ・ボンギ宛文書

［レターヘッド］フィレンツェ王立素描美術学院
　　　1875年9月14日付通達への返信
　　　第2局、配置番号35番
　　　発出番号8499
　　　件名：東京美術学校

ローマ、公共教育大臣閣下宛

フィレンツェ発、1875年9月16日付
　東京に設立される学校のための建築、彫刻、絵画の3名の教師の人選につき、日本政府がイタ

359

リア政府におこなった要求に関し、既に引用した大臣の通達に対する取り急ぎの返信として、閣下に以下のように表明する職務を遂行いたします。本件につき、幾ばくかの手続きを開始いたしましたが、貴省側のさらなる情報を得ない限り、確固とした方法でぜひ推したいというほどに思われる美術家を探すことができておりません。

　従って、最大限の真剣さをもって、この手続きが再度執りおこなわれる必要がありましょう。この目的のために、閣下におかれては、より正確な返答のために数日の猶予をお許し頂けるようお願いいたします。

校長
E・デ・ファブリス

［文書の上方に別の手書きで］35
　　　　　　9005／9月18日
　　　　　　近くに

*1　学校名は、公共教育省が使用する名称「フィレンツェ王立美術専門学校」（Regio Istituto di Belle Arti di Firenze）を使用する（doc. 19, 31, 99, 102 も同様）

原文：**Lettera di Emilio De Fabris, Direttore della Regia Accademia delle Arti del Disegno di Firenze a Ruggiero Bonghi, Ministro della Pubblica Istruzione, 16 settembre 1875.**

　［Intestazione］Regia Accademia delle Arti del Disegno in Firenze
　　　　　　　　Risposta a Nota del dì 14 settembre 1875
　　　　　　　　Divisione 2, Numero di Posizione 35,
　　　　　　　　Numero di Partenza 8499
　　　　　　　　Oggetto: Scuola di Belle Arti in Tokio

A Sua Eccellenza il Ministro della Istruzione Pubblica Roma

Firenze, addì 16 Settembre 1875

　In sollecita risposta alla Ministeriale, qui di contro citata, relativa alla richiesta fatta dal Governo Giapponese al Governo Italiano intorno alla scelta di tre Professori in Architettura, Scultura e Pittura per una scuola di fondarsi in Tokio, mi faccio un dovere di significare all'Eccellenza Vostra che dopo aver iniziate alcune pratiche in proposito presso questi artisti non mi parve di doverle spingere in modo troppo assoluto fino a che non mi giungessero altre notizie per parte di cotesto Ministero.

　Occorrebbe adunque che queste pratiche fossero riprese con maggior serietà; e a questo fine prego l'Eccellenza Vostra a volermi accordare la dilazione di qualche giorno a una più precisa risposta.

Il Direttore
E. De Fabris

　　　［in alto di altra mano］35
　　　　　　9005/18 settembre
　　　　　　vicino

18. 1875年9月18日付、ヴェネツィア王立美術学院美術館監督官グリエルモ・ボッティ（書記に代わって）発、公共教育省宛文書

史　料（doc. 18）

［レターヘッド］ヴェネツィア王立美術学院
　　　　第348号
　　　　1875年9月14日付第8517番への返信
　　　　件名：（日本）東京美術学校

ローマ、王国の公共教育大臣閣下宛

　　　　　　　　　　　　　　　　　　　　　　　ヴェネツィア発、1875年9月18日付
　（日本）東京に設立する美術学校のための3名の教師につき、日本政府の名で提案を強く要請された去る14日付通達第8517番への結果として、本学長室は、現在のところ、返答しかねます。まず、学長室は、概略を述べられた去る5日付と記載されている王国の貴省からの文書を拝受していません。第2に、現在、教員は休暇中です。

　従って、王国の省が依頼する本件に返答することを可能とするには、ヴェネツィアに教員が戻ってくる少なくとも1ヶ月の時間を認められる必要があると署名者は思っています。いずれにせよ、王国の貴省にあっては、恐れ入りますが上述の去る8月5日付の文書をご再送ください。

　　　　　　　　　　　　　　　　　　　　　　　　　　　書記の許可により
　　　　　　　　　　　　　　　　　　　　　　　　　　　美術館監督官
　　　　　　　　　　　　　　　　　　　　　　　　　　　グリエルモ・ボッティ

［到着印］公共教育省、1875年9月20日、第37439号
［手書きで］9182／9月20日
［文書の上方に別の手書きで］さらなる返信を待つ。取りあえず、記録へ。

原文：Lettera di Guglielmo Botti, Ispettore delle Gallerie per il Segretario in permesso della Regia Accademia di Belle Arti di Venezia, al Ministero della Pubblica Istruzione, 18 settembre 1875.

　［Intestazione］Regia Accademia di Belle Arti di Venezia
　　　　N. 348
　　　　Risposta al N. 8517
　　　　del dì 14 settembre 1875
　　　　Oggetto: Scuola di Belle Arti di Tokio（Giappone）

　Al Regio Ministero della Istruzione Pubblica, Roma

　　　　　　　　　　　　　　　　　　　　　　　　　　Venezia, 18 settembre 1875
　Conseguentemente alla Ministeriale del dì 14 corrente n. 8517 colla quale si richiede la proposta per conto del Governo Giapponese, di tre Professori per istituire in Tokio（Giappone）una Scuola di Belle Arti; questa Presidenza non può al momento rispondere, attesochè［sic］in primo luogo la Presidenza stessa non ha ricevuta la Lettera da codesto Regio Ministero accennata, portante la data del 5 agosto prossimo passato; secondariamente perché ora i Signori Professori si trovano in vacanza.

　Per poter rispondere a questo il Regio Ministero domanda, sarebbe quindi necessario che le fosse accordato almeno un mese di tempo onde interpellare i Signori Professori, che si lusinga la scrivente, saranno allora ritornati in Venezia; e che intanto codesto Regio Ministero si compiacesse di rimetterle la Lettera 5 agosto prossimo passato sopraindicata.

　　　　　　　　　　　　　　　　　　　　　　　　　　Per il Segretario in permesso

361

L'Ispettore delle Gallerie
Guglielmo Botti

［Timbro dell'arrivo］Ministero di Pubblica,
　　　　　20 settembre 1875, N. 37439
［a mano］9182/20 settembre
［sopra di testo di altra mano］Attendere le altre risposte. Intanto agli atti.

19. 1875年9月20日付、フィレンツェ王立美術専門学校校長エミーリオ・デ・ファブリス発、公共教育大臣ルッジェーロ・ボンギ宛文書

［レターヘッド］フィレンツェ王立素描美術学院[*1]
　　　　件名：東京美術学校

ローマ、公共教育大臣閣下宛

　　　　　　　　　　　　　　　　　　　　　フィレンツェ発、1875年9月20日付
　今月16日付の私の文書で貴省に表明して以降、東京美術学校に関し、既に開始しておりました手続きを再び始動し、今や、閣下に彫刻と絵画の2科に関して以下の芸術家をもってお知らせすることができます。ジョヴァンニ・パガヌッチ教授、彫刻家、どんなに最高の推薦も不必要となる肩書きをもつフィレンツェ居住の名誉教授クラスのアカデミー会員、そして画家のジョヴァンニ・コスタ氏、芸術そのものにおいて経験を積み、エンリーコ・ポラスティーニ教授の弟子で、その職務に立派に就くために不可欠な全ての必要条件を満たしているので、彼から篤く推薦されております。
　従って、彼等は去る8月4日付の最初の文書――私が本件に関し手続きを開始することになったところの文書ですが――と一緒に貴省から送られた教育［内容］の中で明瞭に述べられた条件に最も適合します。しかしながら、最終的な受諾の前に、契約者双方間において必ず締結されるはずの契約書の骨子を知ることが留保されています。とりわけ以下の<u>彼らの全ての時間は政府への奉仕に捧げられなければならない</u>[*2]という条件の厳密な意味をお知らせ願います。
　近々に、上述の両者は、今後の教育のために、貴省へ意向を表明するでしょう。
　建築科に関して、本学の建築教師であるジュゼッペ・カステッラッツィ教授の助言やご好意に浴したにもかかわらず、本契約書中の責務を果たす、現在のところ受諾を可能とするようなご説明に相応しい人物を誰一人として見つけることができず、痛みを感じております。
　しかしながら、新たな調査をおこないましょう。その結果は、より幸ある結果でありましょうし、閣下へ即座にお送りすることが私の関心事であります。

　　　　　　　　　　　　　　　　　　　　　　　　　　　　　校長
　　　　　　　　　　　　　　　　　　　　　　　　　　　　　E・デ・ファブリス

［到着印］公共教育省、1875年9月21日、第37517号
［手書きで］35　　　9203／9月21日

［文書の左側に別の手書きで］別の返信を待つ。

*1　doc. 10の注*1を参照。
*2　「覚書」記載事項。

原文：**Lettera di Emilio De Fabris, Direttore della Regia Accademia delle Arti del Disegno di Firenze, a Ruggiero Bonghi, Ministro della Pubblica Istruzione, 20 settembre 1875.**

［Intestazione］Regia Accademia delle Arti del Disegno in Firenze
　　　　　　　Oggetto: Scuola di Belle Arti in Tokio

A Sua Eccellenza Il Ministro della Istruzione Pubblica, Roma

　　　　　　　　　　　　　　　　　　　　　　　　　Firenze, addì 20 settembre 1875

　　　　In seguito a quanto significava a cotesto Ministero con la mia lettera in data del 16 corrente mese avendo riattivato le pratiche, già iniziate con questi Artisti, relativamente alla Scuola di Belle Arti in Tokio, sono ora in grado di partecipare all'Eccellenza Vostra che nelle due sezioni della Scultura e della Pittura avrei da proporre il Professore Giovanni Paganucci, scultore, appartenente al Collegio Accademico nella classe dei［sic］Professore di merito residenti, titolo che rende superflua qualunque maggiore raccomandazione, e il Signore Giovanni Costa pittore, provetto nell'arte propria, allievo del Professore Enrico Pollastrini e da lui caldamente raccomandato, come quello che possiede tutti i requisiti voluti è［sic］indispensabili per coprire degnamente quell'ufficio.

　　　　Essi pertanto accettano in massima le condizioni espresse nella istruzione inviata da cotesto Ministero unitamente alla prima lettera del 4 agosto ultimo decorso, con la quale io venivo invitato a far ricerche in proposito. Peraltro si riservano, prima dell'accettazione definitiva, di prendere cognizione dello Schema di contratto che dovrà stipularsi fra le due parti contraenti; e più specialmente del valore preciso della seguente condizione: Il loro tempo deve essere consacrato al servizio del governo.

　　　　Frattanto i medesimi si dichiarano a disposizione di cotesto Ministero per le ulteriori istruzioni.

　　　　Sono dolente che nella sezione di Architettura, per quanto mi sia valso anche del consiglio e dell'opera del Professore Giuseppe Castellazzi insegnante Architettura in questa Accademia, non mi sia stato possibile trovare veruna tra le persone idonee interpellate che al presente fosse in grado di accettare, impedita da impegni quivi contratti.

　　　　Non mancherò tuttavia di fare nuove indagini, il risultato delle quali, ove abbiano esito più fortunato, sarà mia cura di trasmettere con sollecitudine all'Eccellenza Vostra.

　　　　　　　　　　　　　　　　　　　　　　　　　　　　　　　Il Direttore
　　　　　　　　　　　　　　　　　　　　　　　　　　　　　　　E. De Fabris

［Timbro dell'arrivo］Ministero di Pubblica Istruzione, 21 settembre 1875, N. 37517
［a mano］35　9203/21 settembre
［a sinistra del testo di altra mano］attendere le altre risposte

20. 1875年9月22日付、ローマ王立美術専門学校校長フィリッポ・プロスペリ発、公共教育省宛文書

［レターヘッド］イタリア王国　王立美術学校
　　　　　　　第166番
　　　　　　　第8495番　第2局　9月14日付通達への返信
　　　　　　　件名：（日本）東京美術学校

在ローマ、公共教育省宛

ローマ発、1875年9月22日

　夏期のため、多数の芸術家や美術教師は、ローマを留守にしております。しかしながら、日本政府が東京の街に開設しようとしている美術学校において建築、絵画、彫刻の教育のために、イタリア人美術家を招聘するという申し出に関し、数名に意見を聞くことができました。

　明示された文書と一緒に私に添えられた講義要目と共に日本政府によって約束されたかなりの報酬にもかかわらず、誰も受諾したがりませんでした。しかし、私の調査は専ら、受諾した場合には確実に、遠い地方においてイタリアの名誉となる芸術上の能力を有する人々に限られたものだったことを打ち明けなければなりません。

校長
署名　プロスペリ

［到着印］公共教育省、1875年9月24日、第38049番
［手書きで］9323／

原文：Lettera di Filippo Prosperi, Direttore del Regio Istituto di Belle Arti di Roma, al Ministero di Pubblica Istruzione, 22 settembre 1875.

［Intestazione］Regno d'Italia Regio Istituto di Belle Arti
N. 166
Risposta a nota del 14 settembre
Divisione 2ª Numero 8495
Oggetto: Scuola di Belle Arti in Tokio（Giappone）

Al Ministero di Pubblica Istruzione, Roma

Roma, 22 settembre 1875

　Benché per la stagione estiva, buon numero degli Artisti e Professori di Arti Belle, siano assenti da Roma, tuttavia ho potuto interpellare qualcuno circa la proposta di chiamare Artisti italiani per l'insegnamento dell'Architettura, Pittura e Scultura nelle scuole di Belle Arti che il Governo Giapponese intende aprire nella città di Tokio.

　Malgrado i discreti compensi promessi dal Governo Giapponese col programma comunicatomi colla lettera contrassegnata, tuttavia nessuno ha voluto accettare. Devo però confessare che le mie ricerche si limitarono puramente a quelle persone che per la loro abilità artistica, accettando, avrebbero certamente, in quelle lontane regioni fatto onore all'Italia.

Il Direttore
firmato Prosperi

［Timbro dell'arrivo］Ministero di Pubblica Istruzione, 24 settembre 1875, N. 38049
［a mano］9323/

21. 1875年9月22日付、ナポリ王立美術専門学校校長チェーザレ・ダルボーノ発、公共教育大臣ルッジェーロ・ボンギ宛文書
［レターヘッド］ナポリ王立美術専門学校

364

史　　料（doc. 21）

第420番
第2局　第8518番　9月14日付通達への返信
件名：東京美術学校

在ローマ、公共教育大臣閣下宛

ナポリ発、1875年9月22日

　東京の学校のために、日本政府から来た申し出を受諾する用意があるかどうかを質問した芸術家達の返答を待たなければならなかったので、これに関して告げられた閣下からの件の通達に返信するのにいささか手間取らされました。
　彼らの多くは、あまりにも長旅となるため危険な目にあう可能性が高いことへのためらいや懸念、家族の支えや援助もなく、家族、そして母国には何も持っていないけれども、幾ばくかの安定した地位を投げ打つ難しさを慮りました。
　その結果、拒否した者もあれば、決めかねたままの者もあります。
　従って、今のところ［招聘に］応じたのは若者達でした。若い者達ですが、私は、適性に関し、しかるべき年齢の芸術家に比べて劣っているわけではないということができます。
　彼等とは、カヴァリエーレ勲章受章者のフランチェスコ・マンチーニ、カヴァリエーレ勲章受章者のフランチェスコ・ネッティ、ジュゼッペ・コセンツァ、ルイジ・ファブロンらの画家達。ヴィンチェンツォ・ジェミト、フランチェスコ・イェラーチェ、アキッレ・ドルシ、アリスティーデ・リッカの彫刻家、建築家のアントーニオ・クッリです。
　これら各人の人物及び芸術上の特性についての資料となる書類を添付します。

校長
チェーザレ・ダルボーノ

［到着印］公共教育省、1875年9月24日、第37946番
［手書きで］9309／9月24日

原文：**Lettera di Cesare Dalbono, Direttore del Regio Istituto di Belle Arti di Napoli, a Ruggiero Bonghi, Ministro della Pubblica Istruzione, 22 settembre 1875.**

［Intestazione］Regio Istituto di Belle Arti in Napoli
　　　　　　　N. 420
　　　　　　　Risposta alla nota 14 settembre N. 8518 Divisione 2ª
　　　　　　　Oggetto: Scuola di Belle Arti in Tokio

A Sua Eccellenza
Il Ministro dell'Istruzione Pubblica, Roma

Napoli, 22 settembre 1875

　Ho dovuto indugiare alquanto nel rispondere alla riverita nota di Vostra Eccellenza segnata al margine perché ho dovuto attendere le risposte degli artisti che avevo interrogati se mai fossero disposti ad accettare l'offerta venuta dal Governo del Giappone per la Scuola di Tokio.
　Molti di essi hanno calcolato le incertezze e i pericoli cui andrebbero incontro coll'avventurarsi in un viaggio così lungo e le difficoltà di lasciare senza appoggio una famiglia e una posizione più o meno stabile

365

che hanno nulla propria patria, e quindi chi ha ricusato e chi è rimasto indeciso.

 Sono stati perciò i giovani quelli che per ora hanno aderito, e benché giovani, posso dire che non restano inferiori, per idoneità, ad artisti di una certa età.

 Essi sono:

i pittori Cavaliere Francesco Mancini, Cavaliere Francesco Netti, Giuseppe Cosenza, Luigi Fabron, gli scultori Vincenzo Gemito, Francesco Ferace, Achille D'Orsi, Aristide Ricca, l'architetto Antonio Curri.

 Unisco un foglio di notizie sulle particolarità personali ed artistiche di questi individui.

Il Direttore
Cesare Dalbono

[Timbro dell'arrivo] Ministero di Pubblica Istruzione, 24 settembre 1875, N. 37946
[a mano] 9309/24 settembre

22. 1875年9月22日付文書に添付された、ナポリ王立美術専門学校校長チェーザレ・ダルボーノによる候補者の紹介状

［レターヘッド］ナポリ王立美術専門学校

画家――意匠図案家

　カヴァリエーレ勲章受章者マンチーニ、フランチェスコ。40歳を過ぎており、候補者中で最も年長です。特に風景画芸術に従事しています。彼は好評を博しており、彼の風景画や動物画や人物画もまた、イタリアや海外、度重なる通信にあるように特にイギリスにおいてかなり評価され、必要とされているといえましょう。何度もフランスやイギリスを旅行したことがあり、彼はフランス語を話し、英語も少し話します。

　カヴァリエーレ勲章受章者ネッティ、フランチェスコ。彼は、多くの文学的な教養を連結させる画家です。そして、フランス語と英語を教育されていますので、両言語を話すことができます。主に、人物画に身を捧げてきましたが、補助的なものをなおざりにすることなく、特に透視図法を熟知しています。彼は芸術作品を、1862年のフィレンツェでの展覧会や1867年のパリでの展覧会を含む、国内外のさまざまな展覧会に出品しました。教育に関することでは、彼は、素描芸術に関わる1872年ナポリにおける教育専門会議に参加しましたし、1873年にはナポリ市から市立素描学校［設立］の動きとその必要性について言及する任務を託されました。

　コセンツァ、ジュゼッペ。29歳で、本校の生徒で、称賛に価する成功を収めるほどの勉強をし、多くの賞を受けました。彼を多方面にわたる画家と呼びうるでしょう。というのも、人物画であれ、風景画、動物画、装飾画であれ、へだたりのない真面目さで扱うからです。3年前、ローマへの政府給費留学のためのコンクールを本校で開催したときに、彼はたいへん稀な例になりますが、短期間に初め風景画を、次に歴史画を出品しました。両作品は、コンクールにおいて勝利をもたらしませんでしたが、上位を占め、そして賞に異を唱えないことはないほどで、実際、その後に賞を得たのでした。そしてそのため、彼の価値は全く減少することはなく、むしろその時芸

術における素質の強さを明らかにしたのです。そのコンクールの後、彼は勉強し、常に増してゆく熱心さをもって制作を続けました。そのため、芸術界において公然と彼は類い稀な進歩をしたと言われています。［美術］振興会［の展覧会］においては、開場以前に彼の初期の作品が売れる恩恵に与りました。彼はカラブリアの生まれです。彼はフランス語を話し書くことはできますが、英語は習い始めたばかりのため、実践に欠けていると打ち明けています。この若者の倫理上の性質と真面目さは、いかなる条件にあっても価値のあるものでしょう。

ファブロン、ルイジ。トリーノ生まれですが、彼もまたナポリ［王立美術］専門学校の生徒で、コセンツァよりももっと年少です。僅か20歳、もしくは21歳です。彼は非常に熱烈な天分を持ち、勤勉な勉強家であることを黙って見過ごすことはできません。彼の師匠であるコメンダトーレ勲章受章者ドメニコ・モレッリは、学内で最も優秀な生徒であると考えています。実際、彼が制作した作品は学内においても、美術振興会の展覧会においても、公の称賛を博し、その展覧会の初日に売却されました。ミラベッリ大修道院長の発案によるラテン喜劇を本学で上演した後、所定のコンクールのおかげで、今のところ、プラウトゥス*1の『囚人』の1シーンに基づいた絵画を完成することが選ばれました。フランス語を話すはずです。

彫刻家

ジェミト、ヴィンツェンツォ。22歳ないしもう少し年少の若者であるにもかかわらず、彼に多くの称賛を与えた新聞の流布という事実から、彼の名前は、既にイタリア国内外でかなり知られています。ナポリにおいて、彼の作品の称賛者の少なくない数の集団、その中には、価値ある多くの芸術家を含みますが、が存在するといえましょう。卓越さゆえに、人は彼をヴェリスタ*2と呼びます。彼は粘土に生命と自然な感情を刻むことができます。彫塑芸術の回復者、むしろある新しい流派の創始者と彼を呼ぶに至る人がいます。1872年、現大臣がナポリを訪れ、このジェミトによって粘土で造形された彫像――それは「ブルート」を表現したもので、本学側からは賞なしにおかれていたものですが――を観察し、それを大理石に作り直すことを彼に注文し、彼に、その作品の前金として400リラを支払いました。ジェミトの彫刻の典型的な特徴を納得するには、モデルを見ながら彼によって造形された、［ジュゼッペ・］ヴェルディ先生の、画家［マリアーノ・］フォルトゥニーの、検察官ディオメデ・マルヴァージの、画家ドメニコ・モレッリの胸像を見れば十分です。彼はフランス語を話すはずです。彼はローマ国内留学を可能にする、現在の政府給費留学生2人のうちの1人ですが、公共教育省の特別な許可により、ナポリに住み、勉強しています。

イェラーチェ、フランチェスコ。輝かしい期待の的の若者に思われます。カラブリアの末端の非常に貧しい家の生まれです。彼は本学で彫刻芸術を学び、そこで申し分のない成果を出しました。意志の強さが大事業に達しさえすればよいのは本当であるならば、私は、この若者においてその確かな証を見ました。2、3年前、多くの苦行のために蒼白で頬がこけても、彼が朝から夕暮れまで熱心に、本当に好例となる意思の強固さをもって勉強していたのを覚えています。彼はおよそ23歳になります。3年ほど前、彼はローマへの政府給費生候補者の中で最も年少でしたが、

彼よりも年上の競争者の誰と比べても、最も目立っておりました。だが、彼はほんのもう少しのところだったにもかかわらず、賞を取ることができませんでした。目下のところ、イタリア人や外国人からの注文を受けて、制作し、順調な好結果を得ているようです。先月ローマへ赴き、イタリア全土からやってきたさまざまの競争相手とのコンクールにより、最近ロシアで亡くなった彫刻家スタンツァーニの遺産により定められた4年おきの給費を獲得しました。彼に勇気を要する道を試みるように急き立てる生まれつきの熱心さは、故郷に錦を飾るために全く不確かなことはない身分を捨てて、この機会において、遠い地方で冒険を試みるよう彼に仕向けるでしょう。しばしば外国人と契約を交わしているので、フランス語を話すことにおいてはかなり熟練していますが、英語は少しだと私に言いました。

　ドルシ、アキッレ。彫刻部門のもう一人のナポリ人ローマ給費生ですが、公共教育省の特例により、同様にナポリに住んでいます。目下のところ、等身大の群像を制作中で、それを見た多くの教師の周囲では、かなり好意的に意見が述べられ、大いに効果的だと言われました。ナポリの給費生ですので、他の者たちと同様に、賞や選外佳作賞を受賞した本学において勉強したと理解しています。給費を獲得する前に、他の仕事の中でも、大いに称賛されたサルヴァトーレ・ローザの彫像を完成しました。フランス語を話せるはずだと言っています。

　リッカ、アリスティーデ。ナポリの彫刻家で、政府の給費生で、多くの作品の作者である著名なパスクアール・リッカの息子です。このアリスティーデ・リッカは、父親の指揮の下で勉強し、彼もまた、多くの作品を制作しました。そして、ナポリの教養ある教授陣から称賛に値するとの証明書を得ました。フランス語を話すはずです。

建築家

　クッリ、アントーニオ。彼は学士号ももっておらず、大学で勉強もしていないので、本来は建築家と呼ぶことはできません。その代わり、彼は［ナポリ王立美術］専門学校で美術を、とりわけ建築素描と装飾を学び、［建築家に］ふさわしいほどまでになりました。師匠のカヴァリエーレ勲章受章者エンリーコ・アルヴィーノ[*3]は、最も優れた生徒の一人として評価し、それゆえ建築設計をまとめる際の協力者として彼を事務所に6年間引き止めておりました。［ナポリ王立美術］専門学校での修学中、彼はいつもコンクールで上位の賞を受賞し、彼の作品の多くは、建築学科の誉れと栄光として保管されています。1873年に、複数の教員の推薦により、アルフォンソ・ダラゴンの凱旋門のデザインをするように求められましたが、学科の手本として定めようと考えています。

　彼は、本学では知られていないその他の消息についての書類を預けるのを望みましたので、以下に書き写します。

　イタリアの戦没者慰霊碑のために、1872年イタリアで公告されたコンクールに出品しました。中断されたままになっているフォッジャの劇場修復のための別のコンクール［にも出品しました］が、クッリがすべての中で最優秀と認められたのではないはずです。

　多くの建築家が参加した、ナポリ大聖堂の正面の彼がまとめた修復設計案は、多くの芸術家か

ら称賛を得ました。

ナポリのパラッツォ・ディーニや、ポルティチのヴィッラ・ヴィトロの正面に装飾や人物像を石で制作しました。

最後に、本学にともなうこととして、1868年にクッリは政府主催の給費生コンクール（建築部門）に出品し、第3位に評価されましたことを付け加えます。そして彼が描いた全作品において、透視図法の法則を知り、正確に運用できることを示していると、さらに言い添えます。

*1 Plautus（紀元前254年頃～紀元前184年頃）。古代ローマの喜劇作家。ゴットホルト・エフライム・レッシングは1750年に『プラウトゥスの囚人批判』を著した。
*2 ヴェリスタは、19世紀末にイタリアに興った芸術運動、真実主義（Verismo）を追求した芸術家のこと。
*3 エンリーコ・アルヴィーノの名前は本文書ではErrico Alvino（エッリコ・アルヴィーノ）と記されている。Enrico（エンリーコ）と表記しているものもある。両方の表記が可能のようであり、以下を参照。Renato De Fusco, Architettura dell'Ottocento, Torino 1980, p. 221.

原文：**Presentazione dei candidati di Cesare Dalbono, Direttore del Regio Istituto di Belle Arti di Napoli, allegata alla lettera del 22 settembre 1875.**

[Intestazione] Regio Istituto di Belle Arti in Napoli

Pittori - disegnatori

Cavaliere Mancini Francesco - È il più vecchio fra quelli che si sono offerti, avendo passato i quaranta anni. Esercita in particolare modo l'arte del paesista. Gode una buona reputazione e le sue pitture di paesaggio, di animali ed anche di figura si possono dire piuttosto stimate e ricercate in Italia e fuori e specialmente in Inghilterra, con cui sta in frequente corrispondenza. Parla il francese e qualche poco anche l'inglese, avendo viaggiato molte volte in Francia ed in Inghilterra.

Cavaliere Netti Francesco - È un pittore che accoppia molta cultura letteraria ed istruito nelle lingue francese ed inglese, cosicché può parlarle entrambe. È dedicato principalmente alla pittura di figura, ma non tralascia gli accessori e particolarmente è pratico della prospettiva. Ha esposto i suoi lavori d'arte in diverse esposizioni nazionali ed estere compresa quella di Firenze del 1862 e quella di Parigi del 1867. In fatto d'insegnamento, ha fatto parte del congresso didattico di Napoli del 1872 per ciò che riguardava le arti del disegno, e nel 1873 fu incaricato dal Municipio di Napoli a riferire sull'andamento e sui bisogni delle scuole di disegno municipali.

Cosenza Giuseppe - Ha ventinove anni ed è stato alunno dell'Istituto, ove ha studiato con lodevolissimo successo e meritato molti premi. Si può chiamarlo un pittore generico perché tratta con la medesima franchezza tanto la figura, quanto il paese e gli animali e l'ornato. Tre anni fa si espose al concorso che si tenne nell'Istituto per il Pensionato Governativo di Roma, anzi con raro esempio volle conoscere a breve intervallo prima per il paesaggio, e poi per la pittura storica. In ambedue i concorsi se non riportò la palma ebbe però un posto fra i primi e non mancò neanche di contrastare il premio a quelli che poi lo ricevettero di fatto, e per questo il merito suo non ne rimase punto diminuito, anzi fu allora che si palesò di quanta forza fosse capace nell'arte. Dopo quel concorso ha continuato a studiare e a produrre opere con sempre crescente ardore e da quello che pubblicamente se ne dice nei circoli artistici ha fatto notevoli progressi. E nella Promotrice ha avuto il vantaggio di vendere fra i primi le sue opere ed anche avanti l'apertura. Egli è nativo di Calabria. Ha dichiarato di parlare e scrivere nella lingua francese e con poco d'esercizio anche l'inglese, essendo iniziato nello studio di questa lingua. Le qualità morali e la serietà di questo giovane lo rendono meritevole di tutta la considerazione.

Fabron Luigi - È nativo di Torino ed anche egli alunno dell'Istituto di Napoli, ma più giovane del Cosenza. Ha solo venti o ventuno anno. Non si può tacere ch'è d'un ingegno assai fervido e studioso diligente. Il suo maestro Commendatore Domenico Morelli lo tiene in conto del migliore allievo della

Scuola. E di fatti le opere che produce riscuotono le pubbliche approvazioni sia nell'Accademia, sia nelle Mostre della Promotrice, dove sono state fin dal primo giorno vendute. Attualmente, mercè apposito concorso, è stato scelto a compiere un quadro sopra una scena dei "Captevei" di Plauto dopo la rappresentazione fatta nell'Istituto della commedia latina per iniziativa dell'Abate Mirabelli. Parlerebbe il francese.

Scultori

Gemito Vincenzo - Quantunque giovane a ventidue anni o poco più, il suo nome è già noto abbastanza in Italia e fuori, avendo fatto il giro dei giornali che gli hanno attribuite molte lodi. In Napoli si può dire che esiste un numero non scarso di ammiratori delle sue opere, fra i quali parecchi artisti di merito. Lo dicono verista per eccellenza e che sa imprimere alla creta vita e sentimenti naturali. Vi è chi giunge a chiamarlo il ristoratore dell'arte statuaria, anzi l'iniziatore di una scuola novella. Nel 1872 il Ministro Correnti venuto in Napoli ad osservare una Statua modellata in creta da questo Gemito, che rappresentava "Bruto" e che era stata lasciata senza premio per parte dell'Istituto, gli diede la commissione di tradurla in marmo e gli fece a quest'oggetto pagare un anticipo di quattrocento lire. A convincersi dei tratti caratteristici della scultura del Gemito basterebbe vedere i busti, da lui modellati sul vero, del Maestro Verdi, del Pittore Fortuny, del Procuratore Diomede Marvasi, del pittore Domenico Morelli. Parlerebbe il francese. Egli è uno dei due pensionati attuali del governo a Roma, ma per speciale permesso del Ministero dimora e studia in Napoli.

Jerace Francesco - Mi pare un giovane di belle speranze. È nativo dell'estrema Calabria e poverissimo di famiglia. Ha studiato nell'Istituto l'arte della scultura in cui ha fatto ottima riuscita. Se è vero che la forza di volontà basti ad arrivare a grandi imprese, io ne veggo una prova evidente in questo giovane, giacché lo ricordo due o tre anni fa, pallido e sparuto per molte privazioni, studiare assiduamente da mane a sera con una costanza veramente esemplare. Conta ventitre anni quasi, e tre anni sono era il più giovane fra tutti i concorrenti al pensionato governativo di Roma e vi fece ottima figura, quantunque i suoi competitori, più vecchi di lui, gli avessero tolto il premio, che non pertanto egli rasentò molto da vicino. Attualmente si sa che lavora con felice successo ricevendo commissioni da italiani e stranieri. Il mese scorso recatosi a Roma, ha guadagnato per concorso fra vari concorrenti venuti da tutta Italia la pensione quatriennale stabilita per il lascito dello Scultore Stanzani morto recentemente in Russia. L'ardore suo naturale, che lo spinge a tentare vie ardimentose, lo indurrebbe in questa occasione ad avventurarsi in lontane regioni lasciando una posizione niente incerta che si va aprendo nella sua patria. Mi ha detto ch'è abbastanza pratico nel parlare il francese ed anche un poco l'inglese, essendo in frequente contratto con forestieri.

D'Orsi Achille - È l'altro pensionato napoletano a Roma per la scultura, che dimora ugualmente a Napoli per concessione del Ministero. Attualmente sta lavorando un gruppo di dimensioni grandi al vero, intorno al quale parecchi professori, che lo hanno veduto, si sono espressi assai favorevolmente e han detto ch'è di un effetto grandioso. Essendo pensionato di Napoli, s'intende che ha studiato, come gli altri, nell'Istituto dove ha meritato premi e menzioni onorevoli. Prima di ottenere la pensione, compì, fra altri lavori, una statua di Salvator Rosa, che fu molto lodata. Dice che parlerebbe il francese.

Ricca Aristide - Scultore napoletano figlio dell'illustre Pasquale Ricca, che fu pensionato del governo ed autore di molte opere. Questo Aristide Ricca ha studiato sotto la direzione del padre ed ha eseguito egli pure molti lavori e ne ha riportato certificati di lodi da distinti Professori di Napoli. Parlerebbe la lingua francese.

Architetto

Curri Antonio - Propriamente non si può chiamare architetto perché non ha laurea né ha fatto gli studi all'Università. Ha studiato invece l'arte nell'Istituto e particolarmente il disegno di architettura e la decorazione, in cui è riuscito abile. Il suo Maestro Cavaliere Errico[sic] Alvino lo aveva in conto di uno dei suoi migliori allievi, tanto che lo ha tenuto per sei anni nel suo studio come coadiutore nella compilazione di progetti architettonici. Durante il corso dei suoi studi nello Istituto, ha meritato sempre per concorsi i primi premi, e molti dei suoi lavori si conservano nell'Istituto ad ornamento e decoro della

Scuola di Architettura. Nel 1873 per raccomandazione di qualche Professori fu chiamato ad eseguire il disegno dell'arco di trionfo d'Alfonso d'Aragona che si pensava destinare per modello nella scuola.

Ha voluto lasciare un foglio di altre notizie che non sono a conoscenza dell'Istituto e perciò si trascrivono qui appresso.

"Prese parte ad un concorso bandito in Italia nel 1872 per un monumento ai caduti dell'Italia[．"]．

Altro concorso pel restauro del Teatro di Foggia, rimasto sospeso, ma non pertanto il Curri sarebbe stato ritenuto il migliore di tutto.

Progetti di restauro da lui compilato per concorso fra molti architetti, della facciata del Duomo di Napoli, e ne ricevette lodi da molti Artisti.

Ha lavorato in pietra, ornamento e figure nelle facciate del palazzo Dini a Napoli e della villa Vitolo a Portici.

Infine come cosa che costa all'Istituto si aggiunge che nel 1868 il Curri si espose al concorso per il pensionato governativo（Sezioni di Architettura）e risultò classificato al terzo posto. E si aggiunge ancora che in tutti i suoi lavori disegnati ha dato prova di conoscere e di sapere applicare esattamente le regole di prospettiva.

23. 1875年9月24日付、ナポリ王立美術専門学校校長チェーザレ・ダルボーノ発、ルッジェーロ・ボンギ公共教育大臣宛文書

［レターヘッド］ナポリ王立美術専門学校
　　　　第425号
　　　　件名：日本の美術学校

在ローマ、公共教育大臣閣下宛

ナポリ発、1875年9月24日

　ナポリの最も優秀で著名な画家の一人である、カヴァリエーレ勲章受章者のサヴェリオ・アルタムーラが現れた時に、日本の学校への志願者に関する私の去る22日付、420号の文書は発出してしまっていました。提案された条件を承知しましたので、イタリア政府が彼を信じられるなら、彼は彼の国へ赴く用意がありましょう。

　かの作品や、画家としてだけでなく、公共教育省が彼の奉仕［の気持ち］を利用しようとするならば、全幅の信頼を抱かせることのできる人物として、イタリア国内外でほめそやされている評判によって、あまりにも有名なので、この美術家について話すのを控えます。

　よって、どうか閣下が、アルタムーラ教授の名前を、去る22日の文書で告げた名前に付け加えられますようお願いいたします。

　　　　　　　　　　　　　　　　　　　　　　　　　　　　　　　　　　校長
　　　　　　　　　　　　　　　　　　　　　　　　　　　　　　　チェーザレ・ダルボーノ

［到着印］公共教育省、1875年9月27日、2、第38447番
［手書きで］9428／9月27日
［文書左側に別の筆跡で］別の返信と纏めるように。

原文：**Lettera di Cesare Dalbono, Direttore del Regio Istituto di Belle Arti di Napoli, a Ruggiero Bonghi, Ministro della Pubblica Istruzione, 24 settembre 1875.**

［Intestazione］Regio Istituto di Belle Arti in Napoli
  N. 425
  Oggetto: Scuola di Belle Arti nel Giappone

A Sua Eccellenza
Il Ministro della Istruzione Pubblica, Roma

Napoli, 24 settembre 1875

　　　　Era partita la mia lettera del 22 corrente n. 420 relativa agli aspiranti alla Scuola del Giappone quando si è presentato uno dei più distinti e rinomati pittori napolitani, il cavaliere Saverio Altamura. Avendo preso conoscenza delle condizioni offerte egli sarebbe disposto a recarsi in quel paese quando il Governo italiano lo credesse.
　　　　Mi risparmio di parlare di questo artista essendo troppo noto per i suoi lavori e per la riputazione che gode in Italia e fuori non solamente come pittore, ma come persona che può ispirare tutta la fiducia al Ministero il quale volesse profittare dei suoi servigi.
　　　　Prego quindi l'Eccellenza Vostra di aggiungere ai nomi segnati nella lettera del 22 corrente quello del professore Altamura.

Il Direttore
Cesare Dalbono

［Timbro dell'arrivo］Ministero di Pubblica Istruzione, 27 settembre 1875, 2, N. 38447
［a mano］9428/27 settembre
［a sinistra del testo di altra mano］Da unirsi alle altre risposte.

24. 1875年9月25日付、ミラーノ王立美術学院事務局長アントニーオ・カイミ発、公共教育省宛文書

［レターヘッド］ミラーノ王立美術学院学長室
  第779番
  去る14日付公文書への返信
  第2局　第35905／8784-8915号
  件名：東京美術学校

在ローマ、王国公共教育省宛

1875年9月25日付

　欄外に記した文書に関し、東京の学校の教師として日本へ赴く用意のある美術家を探すために費やした私の心労は、大変限定された結果にしかならなかったことを、貴王立［公共教育］省へお知らせする義務を遂行いたします。今のところ、5人だけ、つまり建築家1名、画家2名、彫刻家2名を記載できました。
　近日中に他の美術家が現れるにせよ、これらの美術家に関しては、新たな通信を留保しつつも、もはやこれ以上の返信を先送りにすることなく、しかるべき情報を提供いたします。
　建築家は、ジャン・ヴィンチェンツォ・カッペッレッティ氏です。彼はかつて当校の装飾学科、人物画学科、風景画学科に通学し、たいへん立派な生徒の一人でした。学業を終えた後、一度な

372

史　　料（doc. 24）

らず建築設計競技で勝利しました。重要な公共建築や私的な建造物の建設の際に何度も雇われ、鉄道建設において採用されるなど、建築に関する分野において際だった評価を得ており、彼の芸術的な才能はそれに見合うものです。そのうえ、彼は遠近法や画法幾何学に精通しており、フランス語を話し、英語とドイツ語も多少は知っています。また数学や測地学の講座をもったことがあります。彼は30歳を少し越えた年齢で、いつも勤勉で行動的です。

　画家の1人は、ベルティーニ教授の学科の、やはり本学院の生徒だったヴェローナ出身のパオロ・カリアーリ氏です。彼は、人物画や装飾の素描にたいへん訓練を積みました。油彩画から水彩画までおこない、フレスコ画においてもいくらか精通しております。35歳で、第三狙撃隊連隊の下士官の肩書で従軍しました。彼はフランス語を十分に知っています。

　もう1人の画家は、エンリーコ・ロモロ氏です。彼について本学院は、人物素描において際立った熟達振りを記憶しています。その後、有能な美術家になり、ブレラ館における美術展において油彩画から水彩画まで大いにその進歩と真価を証明しました。風景画と装飾画も心得ており、フランス語を話し、英語の知識もいくらかあります。彼の年齢は45歳くらいです。

　2人の彫刻家の内の1人は、パレルモ出身のヴィンチェンツォ・ラグーザ氏で、3年前からミラーノに居を構えています。人物彫刻においてだけでなく、装飾、動物、果物や花々などの彫刻においても、とても有能な美術家です。彼は、室内装飾用の透視画や建築装飾の仕事、大理石やさまざまな石の裁断、またそれらの調整にも従事してきました。ロシア帝国参事官のフォン・デルヴァイズ伯爵閣下[*1]の依頼による、ラグーザの大理石製及びブロンズ製の作品1点の、添付の写真複製は、彼の能力についての見解を提供し得るでしょう、彼はブロンズの鋳造技術に精通しており、また蠟を含むさまざまな種類の造形美術に慣れ親しんでいます。並はずれた作品の多さはこれらの長所と結びついています。彼はフランス語を話し、30歳を少し越えた年齢です。生まれ故郷を離れてミラーノに赴く少し前に、彼は兵役を終えていました。

　もう1人の彫刻家は、ミラーノ生まれの、先述した者たちよりも年長で50歳を越えているインノチェンテ・パンディアーニ氏です。彼は人物像の彫刻家ですが、際立って巧妙に大理石での装飾や動物も手がけます。建築工事に不可分の石材を四角く切り出す仕事という材料の裁断にたいへん長けています。ブロンズ製装飾品の鋳造のための技術的な仕事で有名であり、彫ることにおいても優れて完全におこないます。

　上述した美術家の最後の人物を除き、皆、独身です。全員、健康で、肉体的にも頑健な体質です。

　彼らにとって非常に興味のある問題なのですが、経済上の報告についての日本の条件に関し、いくつかの情報を得ることは、上述の美術家の共通の要望です。

　　　　　　　　　　　　　　　　　　　　　　　　　　　　　　　　　学長不在のため
　　　　　　　　　　　　　　　　　　　　　　　　　　　　　　　　　　　　　書記
　　　　　　　　　　　　　　　　　　　　　　　　　　　　　　　　アントニーオ・カイミ

［到着印］公共教育省、1875年10月3日、第39392番
［手書きで］9712／10月4日

373

*1 正しくは、パウル・ゲオルゲヴィッチ・フォン・デルヴィース男爵である。本文第Ⅲ部第2章221頁参照。

原文：**Lettera di Antonio Caimi, Segretario della Regia Accademia di Belle Arti di Milano, al Ministero della Pubblica Istruzione, 25 settembre 1875.**

［Intestazione］Regia Accademia di Belle Arti di Milano Presidenza
N. 779
Risposta al Dispaccio del giorno 14 andante
Divisione 2ª N. 35905/8784-8915
Oggetto: Scuola di belle arti di Tokio

Al Regio Ministero della Istruzione Pubblica, Roma

Lì 25 settembre 1875

In relazione al riverito Dispaccio notato in margine, mi fo dovere di partecipare a codesto Regia Ministero che le cure da me impiegate per trovare artisti disposti a recarsi nel Giappone come insegnanti nel Collegio di Tokio non ebbero che un risultamento molto limitato. Cinque soli si fecero finora inscrivere, un architetto, cioè, due pittori e due scultori; e intorno a questi, per non indugiare più oltre la risposta, porgerò intanto le debite informazioni, con riserva di ulteriori cenni, se altri in questi giorni si presenteranno.

L'architetto è il Signor Gian Vincenzo Cappelletti, il quale fu già uno dei più distinti allievi di quest'Accademia, in cui frequentò anche le scuole d'ornato, di figura e di paesaggio, e che dopo compiuto il tirocinio scolastico, ottenne in più d'un concorso il premio. La sua valentia artistica è pareggiata dalla distinta perizia che aqcuistò nel ramo costruttivo, essendo stato più volte impiegato nella erezione di rilevanti fabbriche così pubbliche, che private, ed assunto eziandio per lavori ferroviari. Egli è inoltre versato nella prospettiva e nella geometria descrittiva, parla la lingua francese, ed a qualche conoscenza della inglese e della tedesca, ed ha pur fatto un corso di matematica e di geodesia. Ha oltrepassato di poco i trent'anni, ed è studioso sempre e attivo.

Uno dei pittori è il Signor Paolo Caliari di Verona, che fu pure allievo di quest'Accademia nella scuola del Professor Bertini. Egli si è molto esercitato nel disegno di figura e di ornamentazione; tratta la pittura all'olio e all'acquarello, e ha fatto qualche pratica anche in quella a fresco. Ha 35 anni a servì nell'esercito in qualità di sott'ufficiale nel 3º Reggimento Bersaglieri; egli conosce sufficientemente la lingua francese.

L'altro pittore è il Signor Enrico Romolo, di cui l'Accademia ricorda la distinta perizia nel disegno di figura. Si fece in seguito assai abile artista, e i dipinti così all'olio che all'acquarello da lui prodotti nelle Esposizioni di Belle arti nel Palazzo di Brera, ne hanno attestato i progressi e i meriti. Conosce pure il disegno di paesaggio e di ornato, parla il francese ed ha qualche nozione dell'Inglese. La sua età è di circa 45 anni.

Uno dei due scultori è il Signor Vincenzo Ragusa di Palermo, da tre anni stabilito a Milano. E un artista assai abile non solo nella scultura di figura, ma in quella anche di ornato, di animali, di frutta fiori, ecc. Egli è pure esercitato nei lavori di quadratura e decorazione architettoniche, nel taglio dei marmi e delle pietre e nel loro assestamento. La unita riproduzione fotografica di un suo lavoro, eseguito in marmo e in bronzo per commissione di Sua Eccellenza il conte Von Dervies, Consigliere di Stato dell'Impero russo, può fornire un'idea di queste sue capacità. Egli è perito nell'arte della fusione in bronzo, e egli sono famigliari tutti i generi di plastica, compreso quello in cera. A questi meriti unisce una straordinaria operosità. Parla il francese, ed ha di poco superato il 30o anno di età. Poco prima di lasciare la sua città nativa per recarsi a Milano, egli aveva compiuto il servizio militare.

L'altro scultore è il Signor Innocente Pandiani milanese, di età maggiore dei precedenti, avendo più che 50 anni. È scultore di figura, e tratta con singolare bravura la decorazione in marmo e gli animali. E peritissimo nel taglio del materiale per le opere di squadratura inerenti ai lavori architettonici. Gli sono noti i magisteri tecnici per la fusione in bronzo di oggetti d'ornato, che perfeziona egregiamente col cesello.

374

Tranne l'ultimo dei menzionati artisti, gli altri sono celibi. Tutti sono di sana e robusta costituzione fisica.
Sarebbe desiderio comune degli artisti medesimi di avere alcune informazioni circa le condizioni del Giappone sotto il rapporto economico, essendo codesta una questione che sommamente li interessa.

Per il Presidente assente
Il Segretario
Antonio Caimi

[Timbro dell'arrivo] Ministero di Pubblica Istruzione, 3 ottobre 1875, N. 39392
[a mano] 9724/4 ottobre

25. 1875年9月27日付、ナポリ王立美術専門学校校長チェーザレ・ダルボーノ発、公共教育大臣ルッジェーロ・ボンギ宛文書

[レターヘッド] ナポリ王立美術専門学校
　　　第427番
　　　件名：日本へ赴く用意のある他の美術家の名前

[在] ローマ、公共教育大臣閣下宛

ナポリ発、1875年9月27日

　数名の他のナポリ人美術家が、熟考を重ねた後、日本の学校の教師として赴く用意があることを申し立てるために本校に現れました。いまや事務所には志願者の美術家の数があまりに増えたと思われ、選択の余地が多くて当惑するような、長すぎるリストを省へ提出したくはありません。
　これらの美術家の気遣いに同意するために、そう信じて下さいますように閣下に彼らの名前をお知らせします。
　さて、彼らはというと、
　彫刻家、カヴァリエーレ勲章受章者のエマヌエーレ・カッジャーノ
　画家、カヴァリエーレ勲章受章者のフランチェスコ・サリアーノ
　同、ジュゼッペ・デ・ネグリス[*1]
　同、アキッレ・タラリコ
　同、エドアルド・ブッチーニ
　これらの美術家について、わずかな言葉で報告しましょう。
　カッジャーノ。[ナポリ王立美術] 専門学校の名誉教授であり、教授会のメンバーです。1860年以降、フィレンツェにおいて政府給費生でした。多くの作品を制作しました。
　サリアーノ。もっとも著名なナポリ人画家の一人です。彼もまた政府給費生で、本学の名誉教授です。しかし彼は出発の条件が整っています。むしろ、政府が第1に彼の大型作品の《ヴィットーリオ・エマヌエーレのローマ入場》の売却を手助けされた方がよいのですが。彼の家族へ報酬を与えられる方策が必要でしょう。私からは、これ以外に言及することを知りません。
　ジュゼッペ・デ・ニグリス。好評を博している画家で、公的な展覧会に多くの作品を出品し、賞や奨励 [金] を獲得しました。

タラリコ。この美術家について、同じことが言えます。そして、作品は一般に好まれています。

ブッチーニ。本校では知られていませんので、彼に関しては何も正確なことを保証することはできません。

これらの情報は、東京の学校へ志願した美術家について私が前便で提供した情報と同様に、彼らの資格についての手短な情報です。必要とあれば、彼らのうちの誰についてもより広範囲に渡る報告を提供することができましょう。

校長

チェーザレ・ダルボーノ

［到着印］公共教育省、1875年9月29日、2、第38760番
［手書きで］9519／75年9月29日
［文書左側に別の筆跡で］別の返信と纏めるように。

*1 原本には"Giuseppe de Negris"と表記されているが、Giuseppe De Nigrisが正しい。

原文：**Lettera di Cesare Dalbono, Direttore del Regio Istituto di Belle Arti di Napoli, a Ruggiero Bonghi, Ministro della Pubblica Istruzione, 27 settembre 1875.**

［Intestazione］Regio Istituto di Belle Arti in Napoli

N. 427

Oggetto: Nomi di altri artisti che sarebbero disposti a recarsi nel Giappone

A Sua Eccellenza

Il Ministro della Istruzione Pubblica, Roma

Napoli, 27 settembre 1875

Alcuni altri artisti napoletani dopo migliori riflessioni si sono presentati all'Istituto per dichiarare che sarebbe disposti a recarsi come insegnanti nella Scuola del Giappone.

Veggo che ora si moltiplia di troppo il numero degli artisti aspiranti a quell'ufficio e non vorrei presentare al Ministero una lista troppo lunga, la quale potesse procurare imbarazzi nella scelta.

Per annuire alle premure di questi artisti nolifico i loro nomi all'Eccellenza Vostra, affinché ne faccia quel conto che crede.

Essi sono dunque

Scultore Cavaliere Emanuele Caggiano

Pittore Cavaliere Francesco Sagliano

id. Giuseppe de Negris［sic］

id. Achille Talarico

id. Eduardo Buccini

Dirò poche parole sul conto di questi artisti.

Caggiano - È professore onorario dell'Istituto e membro del Consiglio Accademico. È stato pensionato del governo a Firenze dopo il 1860. Ha eseguite parecchie opere.

Sagliano - È uno dei più rinomati pittori napoletani. Anch'egli pensionato governo, e professore onorario dell'Istituto. Il Sagliano però mette una condizione alla partenza, cioè quella che il Governo dovrebbe in primo luogo agevolargli la vendita del suo grande dipinto "l'entrata del Re Vittorio Emanuele a Roma". Senza di che non avrebbe i mezzi di lasciare un appannaggio alla sua famiglia. Da parte mia non so altro che riferire.

Giuseppe De Nigris - È un pittore che gode buona riputazione ed ha esposte molte opere alle pubbliche mostre, e ne ha riportato premi ed incoraggiamenti.

 Talarico - Di questo artista può dirsi lo stesso e generalmente piace la sua pittura.
 Buccini - Non è conosciuto dall'Istituto e non si può assicurare nulla di preciso sul conto suo.
 Queste notizie come quelle altre che ho date con le mie precedenti lettere intorno agli artisti che si sono offerti alla Scuola di Tokio, non sono che notizie sommarie sulle loro qualità. Occorendo, si potrà dare di qualcuno di essi più ampia relazione.

Il Direttore
Cesare Dalbono

[Timbro dell'arrivo] Ministero di Pubblica Istruzione, 29 settembre 1875, 2, N. 38760
[a mano] 9519/29 settembre 75
[a sinistra del testo di altra mano] Da unirsi alle altre risposte.

26. 1875年9月29日付、ナポリ王立美術専門学校校長チェーザレ・ダルボーノ発、公共教育大臣ルッジェーロ・ボンギ宛文書

［レターヘッド］ナポリ王立美術専門学校
 第429番
 件名：東京の学校への志願者

［在］ローマ、公共教育大臣閣下宛

ナポリ発、1875年9月29日

　日本の教師の一つのポストへの志願者が毎日増えていることに心を痛めておりますが、昨日以前にまだ紹介されていないもう2人の美術家の名前を付け加える責務を感じています。これらの多くの応募者の中に大変な軽率さを認め、また出発の時が来たら志願者の大半は何がしかの苦情を噴出させるだろうと確信しているので、私は一層心を痛めております。
　さて、言いましたように、付け加えます。
　1．ラッファエーレ・ベッリアッツィ氏
　2．オスカッレ・カポッチ氏
　ベッリアッツィは、ナポリにおいてのみならず、ナポリ市外の展覧会においても称賛された作品を制作した彫刻家です。
　カポッチは、ナポリ出身の著名な建築家です。のみならず、既にナポリ大学において11年間建築の教授を勤めています。彼は、化学実験室や最近ではヴィッラ・ナツィオナーレの大水族館やその他を建設し、世間から、そしてそれらについての見解を示したアルヴィーノ教授から満足を得ています。彼についてはより長く詳説しましたが、これまでにお伝えした名前の一覧には、重要な仕事をしておらず、大学を卒業していない、たった一人の若い建築家クッリしかいなかったからです。

校長
チェーザレ・ダルボーノ

［到着印］公共教育省、1875年9月29日、2、第38869番

[手書きで] 9543／75年9月30日

原文：Lettera di Cesare Dalbono, Direttore del Regio Istituto di Belle Arti di Napoli, a Ruggiero Bonghi, Ministro della Pubblica Istruzione, 29 settembre 1875.

[Intestazione] Regio Istituto di Belle Arti in Napoli
N. 429
Oggetto: Aspiranti alla Scuola di Tokio

A Sua Eccellenza
Il Ministro dell'Istruzione Pubblica, Roma

Napoli, 29 settembre 1875

Mi duole che i concorrenti ad un posto di maestro nel Giappone sono ogni giorno in aumento, e mi vedo obbligato ad aggiungere altri due nomi di artisti che non si sono presentati prima di ieri. E tanto più mi duole perché ho veduto in parecchi di questi richiedenti molta leggerezza e son persuaso che quando sarebbe il momento di partire buona parte degl'iscritti farebbe sorgere qualche difficoltà.

Aggiungo dunque, come ho detto,
1. il signor Raffaele Belliazzi
2. il signor Oscar Capocci

Il Belliazzi è uno scultore che ha fatto lavori applauditi non solamente a Napoli ma anche nelle Esposizioni fuori Napoli.

Il Capocci è un distinto architetto napoletano, ma di più è già professore d'architettura da undici anni nella Università di Napoli, nella quale ha costruito i gabinetti di chimica e ultimamente il grande Acquario nella Villa Nazionale ed altri lavori che sono stati di soddisfazione del pubblico e del professor Alvino che ha dato parere su di essi. Mi sono disteso più lungamente su di lui anche perché nell'elenco dei nomi trasmessi finora non vi è che un solo giovane architetto, Curri, il quale non ha eseguito lavori d'importanza e non è laureato.

Il Direttore
Cesare Dalbono

[Timbro dell'arrivo] Ministero di Pubblica Istruzione, 30 settembre 1875, 2, N. 38869
[a mano] 9543/20 settembre 75

27. 1875年10月1日付、公共教育大臣ルッジェーロ・ボンギ発、ミラーノ及びトリーノ王立美術学院学長宛文書案文（控え）

美術学院学長宛
　ミラーノ　　9096
　トリーノ　　9097
一般公文書　第9995号
第2局
配置番号35
件名：東京美術学校

ローマ発、1875年10月1日付

史　　料（doc. 27～28）

　貴殿にあっては、日本における東京美術学校に関係することになる美術家について適切な情報を私に提供してくださるようにお願いした、去る8月4日、及び9月14日付の私の文書への返答を頂けますようお願い致します。

署名　ボンギ

　原文：**Minuta delle lettere di Ruggiero Bonghi, Ministro della Pubblica Istruzione, ai Presidenti della Regia di Belle Arti di Milano e di Torino, 1 ottobre 1875.**

　　Al Presidente dell'Accademia di Belle Arti
　　　Milano 9096
　　　Torino 9097
　　Protocollo Generale Numero 9995
　　Divisione 2
　　Numero di Posizione 35
　　Oggetto: Scuola di Belle Arti in Tokio

Roma, addì 1 ottobre 1875

　　Prego la Signoria Vostra di fornire una risposta alla mia lettera del 4 agosto e 14 settembre prossimo passato nelle quali [loro] pregavo a darmi le notizie opportune intorno agli artisti che deriverebbero per parte della scuola di Belle Arti di Tokio nel Giappone.

firmato Bonghi

28. 1875年10月1日付、公共教育大臣ルッジェーロ・ボンギ発、ヴェネツィア王立美術学院学長室宛文書案文（控え）

ヴェネツィア王立美術学院学長室宛
一般公文書番号第9990番
第2局
配置番号35
発信番号9093
件名：東京美術学校

ローマ発、1875年10月1日付

　去る9月18日の貴学長室発文書[*1]において、日本における美術学校に関係することを受け入れうる美術家について、必要な情報を提供するのに少なくとも1ヶ月間を要するとのことでした。
　貴校長室にあっては、できるだけ申し分なく平等を期したいので、可能な限り、その情報の送付を早急にするようお願い致します。

署名　ボンギ

*1　doc. 18を指す

　原文：**Minuta della lettera di Ruggiero Bonghi, Ministro della Pubblica Istruzione, alla Presidenza della Regia Accademia di Belle Arti di Venezia, 1 ottobre 1875.**

　　Al Presidenza della Regia Accademia di Belle Arti, Venezia

Protocollo Generale Numero 9990
Divisione 2
Numero di Posizione 35
Numero di Partenza 9093
Oggetto: Scuola di Belle Arti in Tokio

Roma, addì 1 ottobre 1875

　Nella lettera di cotesto Presidenza del 18 settembre prossimo passato si chiedeva almeno un mese di tempo per dare le notizie occorrenti intorno agli artisti che accetterebbero di far parte della Scuola di Belle Arti nel Giappone.
　Prego cotesta Presidenza di affrettare al possibile la trasmissione di quelle notizie, che desidero quanto più si possa bene ragguagliare.

firmato Bonghi

29. 1875年10月2日付、ナポリ王立美術専門学校校長チェーザレ・ダルボーノ発、公共教育大臣ルッジェーロ・ボンギ宛文書

［レターヘッド］ナポリ王立美術専門学校
　　　第432番
　　　件名：日本における教師への別の美術家の申し出

在ローマ、公共教育大臣閣下宛

ナポリ発、1875年10月2日

　日本の学校へのもう2人の志願者の名前をお知らせしなければなりません。彼らが最後であるように切に願っております。1人は、フランチェスコ・パオロ・ミケッティ——力ある才能の持ち主の若い画家です。彼はほんの少し［ナポリ王立美術］専門学校で勉強しましたが、ナポリで、フランスで、故郷のアブルッツォ州のキエティーノで、絵画芸術の稽古に没頭しました。彼はかつてパリの美術商のグーピル商会と契約し、彼の責任で働きました。彼の作品や銅版画はたいへん称賛されました。東京での絵画教師のポストを目指して競いたいとの願いを私に表明されましたので、私は閣下にこれまでに提供した他の候補者たちの中に彼の名前を付け加えます。
　ルイジ・スタービレ。多くの作品を制作したナポリ出身の画家で、彼は1864年に小学校の素描教師のコンクールに、そして今年本学の准教授のコンクールに出品しています。

校長
チェーザレ・ダルボーノ

［到着印］公共教育省、1875年10月4日、第39586番
［手書きで］9740／75年10月4日

　原文：**Lettera di Cesare Dalbono, Direttore del Regio Istituto di Belle Arti di Napoli, a Ruggiero Bonghi, Ministro della Pubblica Istruzione, 2 ottobre 1875.**

　　［Intestazione］Regio Istituto di Belle Arti in Napoli
　　　　N. 432

史　　料（doc. 29〜30）

Oggetto: Proposta di altri artisti per maestri nel Giappone

A Sua Eccellenza
Il Ministro della Pubblica Istruzione in Roma

Napoli, 2 ottobre 1875

　　Debbo notificare i nomi di due altri aspiranti alla Scuola del Giappone e voglio sperare che sieno gli ultimi. Essi sono.
　　Francesco Paolo Michetti - È un giovane pittore di potente ingegno. Ha studiato qualche poco nell'Istituto, ma si è dato subito all'esercizio dell'arte della pittura, ora in Napoli, ora in Francia, ora nell'Abruzzo Chietino sua patria. È stato un tempo scritturato da Goupil negoziante a Parigi d'oggetti d'arte a lavorare per conto suo, e i suoi lavori sono stati molto lodati ed anche incisi in rame. Avendomi espresso il desiderio di concorrere al posto di maestro di pittura in Tokio, io aggiungo il suo nome fra gli altri canditati che ho proposti finora a Vostra Eccellenza.
　　Luigi Stabile - È un pittore napoletano il quale ha fatto diverse opere e si è esposto nel 1864 al concorso pel posto di Professore elementare di disegno, e nel corrente 1875 all'altro di Professore Aggiunte del nostro Istituto.

Il Direttore
Cesare Dalbono

[Timbro dell'arrivo] Ministero di Pubblica Istruzione, 4 ottobre 1875, N. 39586
[a mano] 9740/4 ottobre 75

30. 1875年10月2日付、公共教育大臣ルッジェーロ・ボンギ発、6校の王立美術学校長宛文書案文（控え）

ミラーノ	9123	王立美術学院学長殿宛
トリーノ［・アルベルティーナ］	9112	
ヴェネツィア	9113	
ナポリ	9121	王立美術専門学校校長殿宛
フィレンツェ	9116	
ローマ	9103	

一般公文書番号第9701番
第2局
配置番号35
件名：東京美術学校
　　　8月5日

ローマ発、1875年10月2日付

　貴殿へ去る7月23日の文書に添付して写しを送った、東京の美術学校に関する説明書を読んで、求めている3名の教師に日本政府が定めた10,000［メキシコ］ドルは、3人ひとまとめにしたものなのか、それとも、各教師が10,000［メキシコ］ドルの給料を得るのかという疑問を私は抱きました。それゆえ、問い合わせを依頼しました[*1]。日本政府の使節［在イタリア日本公使館］は、かか

る金額は3人の教師全体で支払われるものであり、彼らの中で、同額で、あるいは採用場所の条件の勘案により比例して分配される、と返答しました。

　貴殿へのこの返答の通知を、貴殿にあっては、どうか東京の美術学校のポストを目指して競うつもりのある美術家に心得としてお知らせください。

署名　ボンギ

*1　誰に問い合わせをしたのか、明記されていない。

原文：**Minuta delle lettere di Ruggiero Bonghi, Ministro della Pubblica Istruzione, ai direttori dei sei Istituti di Belle Arti, 2 ottobre 1875.**

　　　Al Signor Presidente dell'Accademie di Belle Arti di Milano 9123
　　　　　Torino 9112
　　　　　Venezia 9113
　　　Al Signor Direttore degli Istituto di Belle Arti di Napoli 9121
　　　　　Firenze 9116
　　　　　Roma 9103

　　　Protocollo Generale Numero 9701
　　　Divisione 2
　　　Numero di Posizione 35
　　　Oggetto: Scuola di Belle Arti in Tokio
　　　　　5 agosto

Roma, addì 2 ottobre 1875

　　　Nel leggere l'istruzione riguardante la scuola di Belle Arti di Tokio, di cui Le mandai copia colla una del 23 luglio prossimo passato, mi venne il dubbio se i 10,000 dollari fissati dal Governo Giapponese per 3 Professori che ricerca, fossero per tutti i tre assieme ovvero, se s'intendesse che ogni Professore avesse 10,000 dollari di stipendio. E per ciò chiesi informazioni. L'inviato del Governo Giapponese rispose che tale somma è assegnata per tutti e tre i professori insieme che sarà divisa fra essi in parti uguali o nelle proporzioni che saranno suggerite dalle condizioni del luogo d'ingaggio.

　　　La notizia di questa risposta alla Signoria Vostra affinché Ella favorisca di farla conoscere per loro norma agli artisti che intendessero di concorrere ai posti della scuola di Belle Arti di Tokio.

firmato Bonghi

31. 1875年10月4日付、フィレンツェ王立美術専門学校校長エミーリオ・デ・ファブリス発、公共教育大臣ルッジェーロ・ボンギ宛文書

［レターヘッド］フィレンツェ王立素描美術学院*1
　　　　件名：東京美術学校

［在］ローマ、公共教育大臣閣下宛

フィレンツェ発、1875年10月4日付

　去る2日付の大臣の（通達）への返信を提供するにあたり、閣下にあっては日本政府によって求められた3人の教師のための給料に関する条件は、上述の政府の使節から閣下へ説明されたの

と同じ意味において、既に貴局によって解釈されていましたことをお知らせします。しかしいまや、かのポストを志願している2、3の美術家の申し出に関する、先の9月20日付の私からの公文書を閣下が受け取られていないのではないかという疑問が生じました。ありうる、不必要な遅滞を避けるために、上述の公文書の写しを閣下へお送りするのをお許しください。

彫刻家のジョヴァンニ・パガヌッチ先生と、画家のジョヴァンニ・コスタ氏の候補者は、2人とも倫理的にも芸術的にもすばらしい性質に加えて、件の問題についてはフランス語の完全な知識があると見なしましたし、そしてコスタ氏は英語の十分な知識もあります。

建築のポストへの申し出に関して、誰かからの差し迫った返事を待っていますが、今のところ、誰もおりません。しかし、受け入れる人がある場合には、恐らく素晴らしい報告になるだろうと思います。

校長
エミーリオ・デ・ファブリス

[到着印] 公共教育省、1875年10月5日、第39702番
[手書きで] 9764／75年10月5日

*1 校名については、doc.10の注*1を参照

原文：**Lettera di Emilio De Fabris, Direttore della Regia Accademia delle Arti del Disegno di Firenze a Ruggiero Bonghi, Ministro della Pubblica Istruzione, 4 ottobre 1875.**

[Intestazione] Regia Accademia delle Arti del disegno in Firenze
　　　　　　　Oggetto: Scuola di Belle Arti di Tokio

A Sua Eccellenza Il Ministro della Istruzione Pubblica Roma

Firenze, addì 4 ottobre 1875

Nel dar riscontro alla Ministeriale del dì 2 andante, faccio noto all'Eccellenza Vostra che la condizione relativa allo stipendio per i tre Professori richiesti dal Governo Giapponese era già stata da questa Direzione interpretata nel senso stesso che venne spiegata all'Eccellenza Vostra dall'Inviato del Governo suddetto.

Ora però a me nasce il dubbio che l'Eccellenza Vostra non abbia ricevuta l'Officiale mia del dì 20, del decorso mese di settembre, concernente alcune proposte di Artisti attendenti a quel posto.

Per evitare inutili ritardi, quando ciò fosse, mi permetto inviarle copia della Officiale surricordata, aggiungendo che i candidati Sig. Prof. Giovanni Paganucci scultore, e il sig. Giovanni Costa Pittore posseggono ambedue, oltre alle belle qualità morali ed artistiche, delle quali tenni proposito, la cognizione perfetta della lingua francese, ed il Signore Costa ha anche sufficiente cognizione della lingua Inglese.

Quanto alla proposta per il posto di Architettura aspetto imminente risposta da persona, ora assente, ma che, quando accettasse, crederei potess'essere un eccellente indicazione.

Il Direttore
E. De Fabris

[Timbro dell'arrivo] Ministero di Pubblica Istruzione, 5 ottobre 1875, N. 39702
[a mano] 9764/5 ottobre

383

32. 1875年10月6日付、ヴェネツィア王立美術学院書記ジョヴァンニ・バッティスタ・チェッキーニ発、公共教育省宛文書

［レターヘッド］ヴェネツィア王立美術学院
　　　　　　第267番
　　　　　　9月14日付、10月1日、2日付、第8517番、9093番、9113番への返信
　　　　　　件名：東京美術学校

［在］ローマ、王国公共教育省宛

　　　　　　　　　　　　　　　　　　　　　　　　　ヴェネツィア発、1875年10月6日
　東京において美術を教えることを希望する美術家に関する最初の省通達は、本学へは7月23日の文書も、前便で引き合いに出しました8月5日のも到着しなかったので、9月16日付第8517号の到着を待つことになりました。よって、今までのところ、その知らせを広く伝達しかねておりました。しかし、今のところ、まじめに本件をとらえたものは、誰もおりませんでした。
　確かに、多くの者へ問うことはしませんでした。というのは、本学は、省へ、有能な人物の名前を提供したかったからです。しかし、ここヴェネツィアでは、おそらく、家や家族の愛ゆえか、少数の人に認められる性質である冒険心の不足ゆえか、派遣に応じる者を見つけられませんでした。とはいえ、もう数日われわれは探索を繰り返します。
　上述の省通達が我々には欠けておりましたので、往復旅費についても、住居についても、補償金の上限についても、3名の教師で分配しうる10,000ドルについて述べられている文書の最後についても、確定的なことを言うことができませんでした。
　かの長い旅程に着手する人を決定し、同意を得るための材料を我々に頂けますよう。特に、能力があれば彼の国で確かな地位を得て、数年間稼げるのですから。

　　　　　　　　　　　　　　　　　　　　　　　　　　　　　　　　学長に代わって
　　　　　　　　　　　　　　　　　　　　　　　　　　　　　　　　書記
　　　　　　　　　　　　　　　　　　　　　　　　　　　署名　G・B・チェッキーニ

［到着印］公共教育省、1875年10月8日、第40221番
［手書きで］9872／10月8日

原文：Lettera di Giovanni Battista Cecchini, Segretario della Regia Accademia di Belle Arti di Venezia, al Ministero della Pubblica Istruzione, 6 ottobre 1875.
　　　［Intestazione］Regia Accademia di Belle Arti di Venezia
　　　　　　　　　　N. 267
　　　　　　　　　　Risposta al n. 8517, 9093, 9113
　　　　　　　　　　date 14 settembre, 1º e 2º ottobre
　　　　　　　　　　Oggetto: Scuola di Belle Arti di Tokio

　　　　　　Al Regio Ministero della Istruzione Pubblica, Roma
　　　　　　　　　　　　　　　　　　　　　　　　　　　　　Venezia, il 6 ottobre 1875

史　料（doc. 32〜33）

　　　La prima Nota Ministeriale intorno agli Artisti desiderati per insegnare le belle arti a Tokio, pervenne a quest'Accademia in data 16 settembre n. 8517, perché non ci arrivò né lettera 23 luglio, ultimamente citata; né quella del 5 agosto; e fino d'allora non si mancò di diffondere la notizia. Ma finora non si è trovato alcuno che prendesse in serio la cosa.
　　　Certo la domanda non fu fatta a molti; perché quest'Accademia voleva presentare al Ministero nomi di persone capaci. Ma sia l'amore della casa e della famiglia, sia mancanza di quello spirito di intraprendenza che a pochi natura concede; è probabile che qui, a Venezia, non troveremmo chi risponda all'invito, ancorché in parecchi giorni seguenti ripetessimo le ricerche.
　　　E poiché ci mancavano la lettere Ministeriali sopracitate, non abbiamo potuto fissare i limiti dei compensi tanto per i viaggi che per le dimore, perché nemmeno l'ultima delle lettere, nella quale si parla di 10/m dollari divisibili fra i tre professori; ci offriva elementi per determinare e persuadere qualcuno a imprendere quel lungo viaggio; massimamente chi per capacità guadagnata cogli anni, ha una certa posizione nel proprio paese.

Per la Presidenza
Il Segretario
firmato G. B. Cecchini

［Timbro dell'arrivo］Ministero di Pubblica Istruzione, 8 ottobre 1875, N. 40221
［a mano］9872/8 ottobre

33. 1875年10月7日付、トリーノ・アルベルティーナ王立美術学院学長マルチェッロ・パニッセーラ・ディ・ヴェリオ発、公共教育大臣ルッジェーロ・ボンギ宛文書

［レターヘッド］アルベルティーナ王立美術学院

　　　　　整理番号　第1929番
　　　　　通達第1番＝1875年8月4日付への返信
　　　　　第2局　配置番号35番
　　　　　一般公文書番号28245／7239
　　　　　発出番号7276号

　　　　　（通達）第2番＝1875年9月14日付
　　　　　第2局　配置番号35番
　　　　　一般公文書番号35905／8784
　　　　　発出番号8514号

　　　　　（通達）第3番＝1875年10月1日付
　　　　　第2局　配置番号35番
　　　　　発出番号9097号

　　　　　（通達）第4番＝1875年10月2日付
　　　　　第2局　配置番号35番
　　　　　発出番号9112号

385

日本における東京美術学校の教師のポスト
別添え2通*1

在ローマ、公共教育大臣閣下宛

トリーノ発、1875年10月7日

閣下
　日本政府が要求された美術教育のポストに関する手続きは、以下の理由により不本意な遅れを被りました。
　第1に、受けた任務の込み入った性質ゆえ、印刷物で広く通知するのが妨げられました。
　第2に、夏季休暇のため、美術家のほとんど全員が市外におり、個別に協議することが妨げられました。
　しかしながら、欄外に引用した、10月2日付の第4番の通達において、とりわけ詳細に提示された条件について、最も便利な方法で知らせを広めたところ、本学事務所において見通しがつきました。
　署名者［である私］は、閣下に対し、絵画教師のポストの志願者として、美術家の2件の申請が提供されたことをお知らせします。それは、［トリーノ・］アルベルティーナ王立美術学院名誉教授でカヴァリエーレ勲章受章者の教授であるアルベルト・マゾ・ジッリとトリーノのイタリア国際専門学校*2の素描教師のアモッシ、アレリーノです。
　署名者は、自分の支持を主張するのですが、2人の候補者の内、最初の人物を篤く閣下に委ねます。彼は、8年の間、つまり1865年5月6日から1873年11月まで、准教授の身分で、本校の絵画上級クラスの教育に大変熱心に尽力しました。美術の実際的かつ美的な全ての知識をもち、類稀な意志の強固さと、申し分のない熱心さをもって、教育の最上級の進歩をもたらし、学生たちに最大限の満足をもたらし、任務を果たしました。その期間、彼は公の展覧会における多くの成功をもって腕前を披露し、類稀な評価によって頭角を現しました。そして、その専門の自由な運用のための旅を企てることを希望したので、辞意を受け入れることを決めました。彼の出発にあたっては、教授陣が本当に残念な気持ちを吐露したのでした。
　カヴァリエーレ勲章受章者ジッリは、この地方の最も才能ある画家の一人であることの他に、大いなる成功をもって銅版画の才能を伸ばしました。そして、それゆえ、海外においても卓越した評価を獲得しました。
　署名者は、その遠い国において、疑いなくイタリア美術の名誉を与えるべきたいへん価値のある選択だろうと、十二分に確固とした信頼を抱いています。
　まだ全く申請を受け取っていない、とくに彫刻と建築への新たな申し出が提供されればすぐさま、署名者は閣下に迅速な送付をおこなうよう留意いたします。

学長
M・パニッセーラ

［到着印］公共教育省、1875年10月11日、第40723番

史　　料（doc. 33）

[手書きで] 9955／10月12日

*1　国立中央公文書館には保管されていない。
*2　同校についての詳細は不明。

原文：**Lettera di Marcello Panissera di Veglio, Presidente dalla Reale Accademia Albertina delle Belle Arti, a Ruggiero Bonghi, Ministro della Pubblica Istruzione, 7 ottobre 1875.**

[Intestazione] Reale Accademia Albertina delle Belle Arti
　　　　　　Numero d'Ordine 1929
　　　　　　Risposta a Nota 1° = 4 agosto 1875
　　　　　　Divsione 2ª Numero di posizione 35
　　　　　　Numero di protocollo Generale 28245/7239
　　　　　　Numero di Partenza 7276

2° = 14 settembre 1875
Divsione 2ª Numero di posizione 35
Numero di protocollo Generale 35905/8784
Numero di Partenza 8514

3° = 1° ottobre 1875
Numero di posizione 35
Numero di Partenza 9097

4° = 2 ottobre 1875
Numero di posizione 35
Numero di Partenza 9112

Cattedra di Belle Arti in Tokio in Giappone
Allegati 2*1

A Sua Eccellenza il Ministro della Pubblica Istruzione, Roma
　　　　　　　　　　　　　　　　　　　　　　　　Torino, il 7 ottobre 1875
Eccellenza
　　　La pratica riguardante i posti di insegnamento artistico richiesto dal Governo Giapponese ha subito involontario ritardo per le ragioni seguenti:
　　　1ª La natura delicata dell'incarico ricevuto, impediva il diffondere troppo la notizia colla stampa.
　　　2ª La stagione estiva feriale si opponeva al poter trattare individualmente cogli Artisti, quasi tutti fuori di città.
　　　Sparso tuttavia coi modi più convenienti la novella, e data visione, nell'ufficio dell'Accademia, delle condizioni offerte, e quindi maggiormente dettagliate nella 4ª Nota citata in margine, 2 ottobre.
　　　Il sottoscritto partecipa a Vostra Eccellenza essersi presentate due domande d'artisti che qui unite si trasmettono come aspiranti al posto di Professore di Pittura, e questi sono Il Cavaliere Professore Alberto Maso Gilli Professore Accademico Onorario della Regia Accademia Albertina ect. e Amossi Alerino, Maestro di Disegno all'Istituto Internazionale Italiano in Torino.
　　　Il sottoscritto appoggio caldamente a Vostra Eccellenza il primo de' due nominati attestando in suo favore, che il medesimo per lo Spazio di otto anni, cioè: dal 6 maggio 1865 fino al novembre 1873 prestò con moltissimo zelo, l'insegnamento nella scuola superiore di Pittura in questa Accademia nella qualità di Maestro aggiunto, disimpegnando il suo ufficio con tutte le cognizioni pratiche ed estetiche dell'Arte, con

387

rara costanza, inappuntabile assiduità, con sommo profitto dell'Istruzione, e con massima soddisfazione degli allievi - Durante qual tempo ebbe a distinguersi con raro merito professando l'Arte con molto successo nelle Pubbliche Esposizioni, e desiderando intraprendere viaggio per il libero esercizio della sua professione decise di dare le sue dimissioni che lasciarono nella sua dipartenza vero rammarico nel corpo Accademico.

Il Cavaliere Gilli oltre di essere uno dei più valenti pittori di questa Provincia, coltiva altresì con grande successo l'acquaforte e come tale si è acquistata distinta rinomanza anche all'Estero.

Il sottoscritto ha ben ferma fiducia che sarebbe una scelta vantaggiosissima da onorare indubitamente il nome dell'Arte Italiana in quello lontana contrada.

Presentandosi qualche nuova dimanda, particolarmente per la Scultura e per l'Architettura per cui non si sono ricevute ancora, verune richieste, il sottoscritto avrà cura di farne a Vostra Eccellenza sollecita trasmissione.

Il Presidente
M. Panissera

[Timbro dell'arrivo] Ministero di Pubblica Istruzione, 11 ottobre 1875, N. 40723
[a mano] 9955/12 ottobre

*1 Non sono conservati.

34. 1875年12月、公共教育省第2局局長ジュリオ・レザスコ発文書及び「東京美術学校への応募者」報告書草案

閣下

ついに、東京美術学校において日本政府が設けたポストを獲得するために本省へ提出された申請用の身分証明を閣下へお送りできる運びとなりました。

閣下がよくご存知のように、日本政府は閣下によって指揮されている省へ必要な3名の教師の人選を委任しました。それは、

絵画教師1名
彫刻教師1名
建築教師1名

です。

3人の教師の間で、1年間で合計10,000メキシコ・ドルが、均等に、もしくは応募者の特別な条件を勘案した割合によって分配されるはずです。

閣下宛に、添付の資格証明をまとめるにあたり、閣下による人選がよりたやすく確実にできるように、各美術学校によって我々に提出された、各応募者について述べている全ての特徴を強調させるように配慮しました。

しかし、知るべき最も必要なことは、美術学校を設置するのを日本政府に促した意図です。それについて、かの政府が本省へ送付した覚書[*1]の一部を閣下へお送りします。

「日本における美術学校の目的は、彼らの昔からの産業や、近年の産業を導き、それらを外国の使用及び習慣、国際的な通商の場に、より適合させることなのです。その新しい学校によって、日本が古代ギリシア流の彫像やヨーロッパの古代や近世の流派の絵画を再生することを期待しているわけではありません。日本は、自国で鋳造するための原型制作者、自国の磁器や紙のための

画家、自国の住居や家具のための建築家を求めているのです。これらの目的のさらなる結果として、ただ愉快かつ思いがけない満足が得られることでしょう。」

　建築の候補者の中では、ミラーノのカッペッレッティが、他の候補者よりも優れ、かつ相応しい資質を有していると、私には確かに思われます。

　彫刻の応募者の中では、パレルモ出身のヴィンチェンツォ・ラグーザが最も特筆すべきであると思われます。

　絵画については、戦いはさらにもっと対照をなしています。しかし、カヴァリエーレ勲章受章者サヴェリオ・アルタムーラ、エドアルド・トーファノ［ママ］、カヴァリエーレ勲章受章者のテオフィーロ・パティーニ、そして、カヴァリエーレ勲章受章者のアキッレ・サンジョヴァンニは、いずれも他の候補者の功績を減ずることのない人物であることを閣下へ報告するに留めます。

在ローマ、1875年12月

第2局局長
G・レザスコ

建築

フィレンツェ
出願者なし

ローマ
なし

トリーノ
なし

ミラーノ
ジャン・ヴィンチェンツォ・カッペッレッティ

　ミラーノ［王立美術］学院は、カッペッレッティが学校を卒業したもっとも優秀な建築家だと述べています。彼は装飾学科、人物画学科、風景画学科に通学しました。学業修了後、一度ならず建築設計競技で勝利しました。重要な公共建築や私的な建造物の建設の際に何度も雇われ、鉄道建設において採用されるなど、建築に関する分野において際だった評価を得ており、彼の芸術的な才能はそれに見合うものです。そのうえ、彼は遠近法や画法幾何学に精通しております。フランス語を話し、英語とドイツ語も多少は知っています。30歳を少し越えた年齢で、いつも勤勉で行動的です。独身です。

ヴェネツィア
カルロ・ファッセッタ

　9月15日の文書によって、外務省はヴェネツィア生まれの技師カルロ・ファッセッタ氏の申請

書を発送しました。上述の彼につき、ヴェネツィア［王立］美術学院へ照会したところ、彼はヴェネト州の美術学校では修学していないが、パドヴァ大学で修業したものの、すぐにヴェネツィア市の熟練した技師建築家のカヴァリエーレ勲章受章者ロマーノ氏の指導下において職業の実践に移りました。現在、彼はガベッリ技師の指導下で、バッサーノにおいて鉄道の勉強に努めており、彼の上司から尊重されています。彼はたいへんな勉強家です。日本語をよく知っています。このように、ヴェネツィア［王立］美術学院［は伝えました］。

ナポリ
アントーニオ・クッリ
　美術学校は、彼は学士号ももっておらず、大学で勉強もしていないので、本来は建築家と呼ぶことはできないと言っています。その代わり、彼は［ナポリ王立美術］専門学校で美術を、とりわけ建築素描と装飾を学び、［建築家に］ふさわしいほどまでになりました。師匠のカヴァリエーレ勲章受章者エンリコ・アルヴィーノは、最も優れた生徒の一人として評価し、それゆえ建築設計をまとめる際の協力者として彼を事務所に6年間引き止めておりました。［ナポリ王立美術］専門学校において、彼はいつもコンクールで上位の賞を受賞し、彼の作品の多くは、建築学科の誉れと栄光として保管されています。1868年に彼は政府主催の給費生コンクールで第3位を獲得しました。彼が描いた全作品において、透視図法の法則を知り、正確に運用できることを示しています。1873年に、アルフォンソ・ダラゴンの凱旋門のデザインをしました。これらは同校から差し出された情報です。以下は、彼自身から提出された他の情報です。
　イタリアの戦没者慰霊碑のために、1872年イタリアで公告されたコンクールに出品しました。
　中断されたままになっているフォッジャの劇場修復のための別のコンクール［にも出品しました］が、クッリがすべての中で最優秀と認められたのではないはずです。
　多くの建築家が参加した、ナポリ大聖堂の正面の彼がまとめた修復設計案は、多くの芸術家から称賛を得ました。
　ナポリのパラッツォ・ディーニや、ポルティチのヴィッラ・ヴィトロの正面に装飾や人物像を石で制作しました。

オスカール・カポッチ［ママ］
　美術学校は、カポッチについて、次のように述べて報告しています。ナポリ出身の著名な建築家で、11年以上もナポリ王立大学において建築の教授を勤めています。最近、ヴィッラ・ナツィオナーレの大水族館を建設し、一般及び、彼についての意見を述べたコメンダトーレ勲章受章者のアルヴィーノから満足を得たその他の仕事をしています。公共教育省が、彼が現在就いているナポリ大学の教授のポストを彼のために取っておくと約束しないとしても、彼は東京のポストを受け容れるでしょう。

カルロ・カリ
　彼については、閣下が必要と思われた時に申請した、［ナポリ王立美術］専門学校からの情報に

はありませんでしたが、本報告書を執筆している時に、カリの申請書が届きました。彼は、1867年にはナポリ市立学校の数学と素描の教師、1869年には製粉所の地方技師だったと言っています。1870年から1871年は、ナポリの開拓管理区における臨時職員でした。1872年には在ローマ王室の臨時職員であり、1873年には建設業協会の名誉技師、1873年から現在まで、レッジョ・カラーブリア市局の技師、などです。彼の仕事についての注記を以下に付します。

［別の手で書かれたリスト］
1. ローマにおけるヴァティカン駅までの新しい街道案
2. サン・マリーノ市のための記念碑
3. 1875年、レッジョ・カラーブリアにおけるトリペピ邸案
4. 1875年、レッジョ・カラーブリアにおけるヴィトリオーリ所有のカンパーニャ小教堂案
5. 1875年、レッジョ・カラーブリアにおけるオリーヴァ邸修復
6. 1875年、レッジョ・カラーブリアにおけるジョルダーノ・フェスタ邸修復
7. 1875年、レッジョ・カラーブリアにおけるダ・ロレンツォ邸修復及び拡張
8. 1875年、レッジョ・カラーブリアにおけるプルティーノ邸修復案
9. 1868年、旧オプスコロ・ア・スタンパ[*2]に、主要な新設備システムと修復
10. 運河及びパイプ中の水の動きについての問題解決のための敏速かつ簡単な方策。1873年オプスコロ・ア・スタンパ。テッシトーリ及びマンフレーディ両技師、そしてナポリ予科練習学校の教授委員会から称賛された。
11. 極単純な原則による、堤防建設費対策について印刷中
12. 洪水対策について近刊

絵画

フィレンツェ
ジョヴァンニ・コスタ教授

校長は、彼が芸術そのものにおいて経験を積み、エンリーコ・ポラスティーニ教授の弟子で、東京美術学校の絵画教師の任務に立派に就くために不可欠な全ての必要条件を満たしているので、彼から推薦されていると述べることでコスタについて通知しております。彼はフランス語と英語を知っています。覚書の事情、とりわけ「彼らの全ての時間は政府への奉仕に捧げられなければならない」[*3]という条件の厳密な意味の理解を留保しています。

ローマ

出願なし

トリーノ
アレリーノ・アモッシ

学長は、アモッシについて、トリーノのイタリア国際専門学校において素描教師であること以外知らないと書いています。

アルベルト・マゾ・ジッリ教授

　トリーノ［・アルベルティーナ王立美術学院］の学長は、ジッリが8年の間、つまり1865年5月6日から1873年11月まで、准教授の身分で、同校の絵画上級クラスの教育に大変熱心に尽力し、美術の実際的かつ美的な全ての知識をもち、類稀な意志の強固さと、申し分のない熱心さをもって、教育の最上級の進歩をもたらし、学生たちに最大限の満足をもたらし、任務を果たしましたと強く主張しています。その期間、彼は公の展覧会における多くの成功をもって腕前を披露し、類稀な評価によって頭角を現しました。カヴァリエーレ勲章受章者ジッリは、トリーノ地方の最も才能ある画家の一人であることの他に、大いなる成功をもって銅版画の才能を伸ばしましたと、学長は結論づけています。

カヴァリエーレ勲章受章者アントーニオ・フォンタネージ

　去る11月12日付でリカーソリ男爵宛に書いた手紙の後に、フォンタネージは申請書を発送しました。彼は以下のごとく言っています。ジュネーヴでは、風景画、人物画、遠近法を教えました。イギリスのアルフレッド王子の教師として抜擢されました。1868年、ルッカ王立美術専門学校において人物素描を教え、翌年、トリーノ［・アルベルティーナ］王立美術学院の風景画教師に任命されました。

　トリーノ［・アルベルティーナ］王立美術学院学長は、彼はこの6年間そこで教え、いつも大変熱心に任務に従事したと証明しています。

　ここで私は、この美術家の支持者であるリカーソリ男爵の止めどない要求によって、閣下［ボンギのこと。以下同様］が8月5日に同男爵殿へ、フォンタネージが東京美術学校に開設されるはずのポストの一つに応募する気があるのならば、日本政府から説明を求められた場合には、推薦するための通達に彼の名前を喜んで記しますので、彼に本件を知らせて欲しい、と依頼したことを思い出さなければなりません。

　実は、この手紙が閣下によって指示され、署名されていなかったならば、閣下は判断における大いなる自由をもってご自身の選択をなさることができたと、私は大いに喜んで申し上げられたでしょう。去る11月12日に閣下によってリカーソリ男爵に送られた第2の文書において、私は以下の言葉を記しました。「それぞれの志願者の特質を公平に検討することなくしては、いかなる判断（フォンタネージのことを意味しています）も下せないでしょう」と。

　私が閣下へ美術学校改革についての意見を提案する光栄に浴した折に、それらの一つは風景画教育の廃止でした。しかし、この改革は、ひどくフォンタネージを悩ませたようで、何としてでも政府が本当に称賛に値する人物を放置しないように、彼は彼の文化面と美術面のあらゆる価値を唱えました。

　この試みにより、私はかつてないほどにフォンタネージを尊敬します。

　しかし、それにも関わらず、私の公正心は、以下のことを私が閣下へ十分に警告するように欲しています。たいへん力量のある芸術家ですが、彼のやり方は全ての人から同意を得ているわけではありません。フォンタネージは風景画の教師で、つまり素描芸術の単なる一部分であり、高尚なものでもありません。できなかったから生じたことですが、彼がルッカ［王立美術］専門学

校において人物素描教師として身を置くことができたのであれば、さしあたり、彼の安定した生計もあるいは備えることができたでしょう。フォンタネージのあらゆる熱意にも関わらず、風景画教師からルッカでの人物素描教師へのあの任命は、本省に対して激しい苦情と批判を引き起こしました。そして、日本における絵画教師として、人物素描を主たる専門とし、それゆえ必要な情報を強く要請された美術学校によって称賛されている多くの応募者よりも、フォンタネージが好まれた時には、完全に、この苦情と批判はさらにもっと激しいものになるでしょう。

ミラーノ
ヴェローナ出身のパオロ・カリアーリ
　美術学校からの情報。彼は［ミラーノ王立］美術学院のベルティーニ教授の学科の生徒です。彼は、人物画や装飾の素描にたいへん訓練を積みました。油彩画から水彩画までおこない、フレスコ画においてもいくらか精通しております。35歳で、第三狙撃隊連隊の下士官の肩書で従軍しました。彼はフランス語を十分に知っています。そして独身です。

エンリーコ・ロモロ
　ミラーノ［王立］美術学院は、彼の人物素描における際立った熟達振りを記憶しています。その後、ブレラ館における美術展において、油彩画から水彩画まで扱う大いに有能な美術家となり、信頼されていると述べています。風景画と装飾画も心得ており、フランス語を話し、英語の知識もいくらかあります。独身です。

ヴェネツィア
［アントーニオ・］エルモラオ・パオレッティ
　結婚し、子どもがいます。ヴェネツィア［王立］美術学院は、彼がテンペラ画、フレスコ画、油彩画のいずれの作画法においてもたいへん有能であり、素描にも長けており、そのような様子や物腰からすれば、良い教師に適っていると言います。彼は彼の作品写真と主要な絵画作品のリストを提出しました。写真は[*4]。
［文書の左側に別の手で］付け加えよ。

ナポリ
カヴァリエーレ勲章受章者フランチェスコ・マンチーニ
　40歳です。特に風景画芸術に従事しています。彼は好評を博しており、彼の風景画や動物画や人物画もまた、イタリアや海外、度重なる通信にあるように特にイギリスにおいてかなり評価されています。彼はフランス語を話し、英語も少し話します。校長はかくのごとく[*5]。

カヴァリエーレ勲章受章者フランチェスコ・ネッティ
　校長は次のように書いています。ネッティは、多くの文学的な教養を連結させる画家で、フランス語と英語を教育されています。主に、人物画に身を捧げてきましたが、補助的なもの、特に

透視図法をなおざりにしておりません。彼は、芸術作品を、1862年のフィレンツェでの展覧会や1867年のパリでの展覧会を含む、国内外のさまざまな展覧会に出品しました。彼は、素描芸術に関わる1872年ナポリにおける教育専門会議に参加しましたし、1873年にはナポリ市から市立素描学校［設立］の動きとその必要性について言及する任務を託されました。

カラブリア出身のジュゼッペ・コセンツァ

　コセンツァについて、ナポリ［王立美術］専門学校は次のように通知しています。29歳で、ナポリ［王立美術］専門学校の生徒で、称賛に価する成功を収めるほどの勉強をし、多くの賞を受けました。彼を多方面にわたる画家と呼びうるでしょう。というのも、人物画であれ、風景画、動物画、装飾画であれ、へだたりのない真面目さで扱うからです。3年前、ローマへの政府給費留学のためのコンクールを同校で開催したときに、彼はたいへん稀な例になりますが、短期間に初め風景画を、次に歴史画を出品しました。両作品は、コンクールにおいて勝利をもたらしませんでしたが、上位を占め、そして賞に異を唱えないことはないほどで、実際、その後に賞を得たのでした。そしてそのため、彼の価値は全く減少することはなく、むしろその時、芸術における素質の強さを明らかにしたのです。そのコンクールの後、彼は勉強し、常に増してゆく熱心さをもって制作を続けました。［美術］振興会の展覧会においては、開場以前に彼の絵画作品が売却されました。フランス語と英語を知っています。この若者の倫理上の性質と真面目さは、いかなる条件にあっても価値のあるものでしょう。
　下院議員のベンヴェンターノ氏から篤く推薦されています。

トリーノ出身のルイジ・ファブロン

　21歳で、ナポリで勉学を修めました。彼は非常に熱烈な天分を持ち、勤勉な勉強家です。コメンダトーレ勲章受章者ドメニコ・モレッリはファブロンを学内で最も優秀な生徒であると考えていると、ナポリ［王立美術］専門学校の校長は書いています。彼が制作した作品は学内においても、美術振興会の展覧会においても、公の称賛を博し、その展覧会の初日に売却されました。目下のところ、ミラベッリ大修道院長の発案によるラテン喜劇を本学で公演した後、所定のコンクールのおかげで、今のところ、プラウトゥス*6の『囚人』の1シーンに基づいた絵画を完成することが選ばれました。フランス語を知っています。

カヴァリエーレ勲章受章者サヴェリオ・アルタムーラ

　［ナポリ王立］美術専門学校の校長は、この芸術家に関して次のように表明しています。「彼の作品や、画家としてだけでなく、公共教育省が彼の奉仕［の気持ち］を利用しようとするならば、全幅の信頼を抱かせることのできる人物として、イタリア国内外でほめそやされている評判によって、あまりにも有名なので、この美術家について話すのを控えます。」

カヴァリエーレ勲章受章者フランチュスコ・サリアーノ

　サリアーノはもっとも著名なナポリ人画家の1人だと、［ナポリ王立美術］専門学校の校長は述

史　　料 (doc. 34)

べています。彼もまた政府給費生で、［ナポリ王立美術］専門学校の名誉教授です。任命の他に、彼の家族に遺贈できるほどの金額を得るために、イタリア政府が彼の作品の《ヴィットーリオ・エマヌエーレのローマ入城》を購入することを望んでいます。
［文書の左側に別の手で］付け加えよ。

ジュゼッペ・デ・ニグリス

　［ナポリ王立美術］専門学校の校長によれば、好評を博している画家で、公的な展覧会に多くの作品を出品し、賞や奨励［金］を獲得したとのことです。

アキッレ・タラリコ

　この美術家については、既にデ・ニグリスに対して述べたことと同じことが知られています。作品は一般に好まれています。

エドゥアルド・ブッチーニ

　［ナポリ王立美術］専門学校では知られていませんので、校長は彼に関しては何も正確なことを保証することはできません。

エドアルド・トーファノ　［ママ］

　コメンダトーレ勲章受章者のモレッリは、トーファノは素描と絵画を生み出すところの全てを深く勉強し、風景画であれ、植物画であれ、遠近画法であれ、彼の絵画作品の全ての部分がたいへんよく描けており、彼は本当に巨匠であり、近代水彩画の最も優秀な一人であり、芸術家においては非常に稀な芸術及び文学の教養があると、証言しています。フランス語と英語を話します。

フランチェスコ・パオロ・ミケッティ

　［ナポリ王立美術］専門学校の情報。ミケッティは、力ある才能の持ち主の若い画家です。彼はほんの少し［ナポリ王立美術］専門学校で勉強しましたが、ナポリで、フランスで、故郷のアブルッツォ州のキエティーノで、絵画芸術の稽古に没頭しました。彼はかつてパリの美術商のグーピル商会と契約し、彼の責任で働きました。彼の作品や銅版画はたいへん称賛されました。

ルイジ・スタービレ

　多くの作品を制作したナポリ出身の画家で、彼は1864年に小学校の素描教師のコンクールに、そして1875年ナポリ［王立美術］専門学校の准教授のコンクールに出品しています。彼について他に知られていることはありません。

カヴァリエーレ勲章受章者アキッレ・サンジョヴァンニ

　彼は次のように言っています。歴史画だけでなく、日本政府によって本質的に要請されている知識である陶芸の勉強もしました。王室のために制作した水彩画及び油彩画による、イタリア国

395

王のカヴァリエーレ勲章受章者です。6年間サンクトペテルブルクに滞在し、そこで制作した作品に対して名誉の印を受けました。そして今、彼はナポリ王宮に存在する美術品の所蔵目録作成に従事する国の専門家です。

彼は以下を提出しました。
1. サンジョヴァンニの専門家の公職を証明する王室家具備え付け検査官の証明書
2. サンクトペテルブルク滞在中、サンジョヴァンニは、巧みに多くの油彩画を制作しただけではなく、特にマジョリカ焼の絵付芸術を習得することに専念し、彼の仕事場においてたいへん素晴らしい成功に輝いたこの種の多くの作品を制作したと証明する、サンクトペテルブルク滞在のレオポルド・ボナフェーデの証明書

［文書の左側に別の手で］付け加えよ。

サンジョヴァンニについてナポリ［王立美術］専門学校の校長に質問したところ、何年も前にこの芸術家はアルフィエーリの生涯の一場面を表した絵画作品を制作し、それは［美術］振興会株主による賞を与えるべきものの中に選ばれるほど称賛に値すると思われました。しかし、その時以降、サンジョヴァンニはナポリを出てしまったので、彼によって示された進歩については何も言えないと、返事しました。

カヴァリエーレ勲章受章者テオフィーロ・パティーニ

［ナポリ王立美術］専門学校の校長は、パティーニは何年間もナポリ［王立美術］専門学校のもっとも優秀な生徒の1人だったと述べています。コンクールでローマ給費生を獲得しました。ローマでは、大変称賛を得た多くの作品を展示し、賞金の高い賞を獲得したようです。ナポリ［王立美術］専門学校校長は、日本の学校への志願者の中でもっとも相応しい者の1人だと確信しています。

以下の資格証明を提出しています。
1. 500リラの補助金に対するアークイラ地方評議会の証明書
2. 科学者、文学者、芸術家のイタリア国立協会会員任命
3. ナポリ［王立美術］専門学校証明書
4. 彼に給費を授与するとの通達
5. 1872年までの給費を延長するとの通達
6. 絵画作品《サルヴァトーレ・ローザの仕事場》がローマ地方評議会によって設けられた5,000リラの賞金の受賞者によるものであることを表明しているローマ国際美術会の証明書
7. カヴァリエーレ勲章勲記
8. ウィーン万国博覧会の賞状

アルベルト・ボッツァ

ローマに住み、そこで多くの作品を展示しました。以下は彼の資格を示しています。
1. 素描教師証
2. ボッツァがフィレンツェ美術学院［フィレンツェ王立美術専門学校を指す］において垂直投

影図法、素描学習の正規コースを修めたことを証明するカスターニャ教授の証明書。
 3. <u>休息中のキャラバン</u>を表した絵画作品が、ボッツァによって制作されたものであることに対するマルコ教授による証明書
 4. 品行証明書
 5. 診断書
 6. 28歳であることがわかる出生証明書

[文書の左に別の手で] 付け加えよ。

　時間不足のため、ナポリ王立美術専門学校の校長への照会は申請されませんでした。下院議員のコンティ及びデル・フィオから推薦されています。
[文書の左に別の手で] [2文字不明]

彫刻

フィレンツェ
ジョヴァンニ・パガヌッチ教授

　フィレンツェ[王立美術]専門学校は本省に、彼はフィレンツェ在住の同美術専門学校の教授で、その作品及び教育方法によって称賛されており、そしてフランス語を知っている、と書きました。受諾の前に、彼は覚書の事情、とりわけ<u>彼らの全ての時間は政府への奉仕に捧げられなければならない</u>[*7]という条件の厳密な意味の理解を留保しています。

　フィレンツェ[王立美術]専門学校の事務局長に、自身も日本へ行きたいと書いたセバスチャーノ・フェンチ氏から推薦されています。

ローマ
ミケーレ・カプリ

　[ローマ王立美術]専門学校は誰も推薦しませんでした。

　カプリは自身で申請書を提出しました。校長はカプリについていかなる情報も得ていないと述べています。無名であるということははっきりしています。カプリは単なる大理石の荒削り職人であって、それ以上ではないと何人かの人に言われたと、校長は付け加えています。
[文書の左に別の手で] 付け加えよ。
手紙[1文字不明]

トリーノ
[トリーノ・アルベルティーナ王立美術]学院からの提案も、出願も、候補者もなし。

ミラーノ
パレルモ出身のヴィンチェンツォ・ラグーザ

　ミラーノ[王立]美術学院は、ラグーザは独身で、30歳であり、3年前からミラーノに居を構えていると伝えています。人物彫刻においてだけでなく、装飾、動物、果物や花々などの彫刻に

おいても、とても有能な美術家です。彼は、室内装飾用の透視画と建築装飾の仕事、大理石やさまざまな石の裁断、またそれらの調整にも従事してきました。彼はブロンズの鋳造技術に精通しており、また蠟を含むさまざまな種類の造形美術に慣れ親しんでいます。これらの情報を補う記録として、美術学校は、ロシア帝国参事官のフォン・デルヴァイズ伯爵閣下の依頼による、ラグーザの大理石製及びブロンズ製の作品1点の写真複製を転送しました。彼はフランス語を話します。［文書の左側に別の手で］付け加えよ。

　ジベルト・ボッロメーオ伯爵とカルロ・［バルビアーノ・］ディ・ベルジョイオーソ伯爵から篤く推薦されています。

ミラーノ出身のインノチェンテ・パンディアーニ

　ミラーノ［王立］美術学院は、パンディアーニは50歳で、結婚していると記しています。彼は人物像の彫刻家ですが、際立って巧妙に大理石での装飾や動物も手がけ、建築工事に不可分の石材を四角く切り出す仕事という材料の裁断にたいへん長けています。ブロンズ製装飾品の鋳造のための技術的な仕事で有名であり、彫ることにおいても優れて完全におこなうと、［ミラーノ王立］美術学院は付け加えています。

ミラーノ出身のドナート・バルカリア

　ミラーノ［王立］美術学院は、バルカリアは僅か26歳であるにもかかわらず、経験を積んだ卓越した芸術家であると記しています。ミラーノ［王立］美術学院の生徒であり、試験で常に称賛に値する進歩を示すほど身を捧げてきました。身体的に非常に頑健であり、知的でもあります。フランス語を話し、いくらかの英語の知識もあります。学校教育を完了してから僅かの年月の間に、既に24作品を制作しましたが、その主たるリストは以下のものです。

　<u>時を止めようと試みる青年</u>は、大理石製の等身大群像で、今年ウンベルト皇太子賞として考慮されました。

　<u>石鹸の泡</u>、実物大群像。1873年のウィーン万国博覧会のために制作されました。

　<u>盲目の愛</u>、等身大の群像で、1874年フィレンツェにおいて大金メダルをもって褒賞されました。

　<u>恥ずかしがり屋の女</u>、実物大彫像、市立トリエステ美術館に購入されました。

　<u>祈る人</u>、同上、パドヴァの美術館に購入されました。

　<u>ブドウ摘み</u>、同上、現在ミラーノ王宮にあります。

　<u>蝶と採集者</u>、2人の人物像、ニューヨークの公的美術品コレクションにおいて保管されています。

　バルカリアは、彼の類い稀な功績により、ミラーノ［王立］美術学院や他の美術学校の名誉会員に任命されました。これらの彼の能力に対し、［ミラーノ王立］美術学院は大理石製作品における並はずれた評価を付言しています。

　カルロ・バルビアーノ・ディ・ベルジョイオーソ伯爵及びローマ県知事から、熱烈に推薦されています。

ヴェネツィア

[ヴェネツィア王立]美術学院は、ここでもまた考察すべき人物は皆無であると返答しています。

ナポリ
ヴィンチェンツォ・ジェミト
　[ナポリ王立美術]専門学校の情報によれば、僅か22歳だが、作品によって彼の名前は既に大変知られているとのことです。ナポリには多くの称賛者がいます。人は彼をその卓越さゆえにヴェリスタと呼び、粘土に生命と自然な感情を刻むことができます。彫塑芸術の回復者、むしろある新しい流派の創始者と彼を呼ぶに至る人がいます。1872年、現大臣の依頼により、この粘土で「ブルート」を表現した彫像を造形しました。ジェミトの彫刻の典型的な特徴を納得するには、モデルを見ながら彼によって造形された、ヴェルディ先生の、画家フォルトゥニーの、検察官ディオメデ・マルヴァージの、画家ドメニコ・モレッリの胸像を見れば十分です。彼はフランス語を知っています。現在、彼は政府給費生です。
　給費の延長がなくなった1863年4月8日付王令以前に定められた規則に適合しません。

フランチェスコ・イェラーチェ
　[ナポリ王立美術]専門学校は、イェラーチェは23歳で、カラブリア出身で、かつてナポリ[王立美術]専門学校の生徒だったと述べています。意思の強固さをもって勉強し、正にその強さをもって既に名を上げています。政府給費生試験において素晴らしい人物像を制作しました。今年、ローマにおけるスタンツァーニ賞を獲得しました。フランス語と英語を知っています。

アキッレ・ドルシ
　[ナポリ王立美術]専門学校からの情報は以下のごとくです。ドルシは、ナポリ[王立美術]専門学校で学び、そこで賞や選外佳作賞を獲得しました。目下のところ、等身大の群像を制作中で、彼の《サルヴァトーレ・ローザ》の胸像が大変称賛されたのと同様に、多くの教師は大変好意的な意見を述べています。彼もまた政府給費生です。フランス語を話します。

アリスティーデ・リッカ
　ナポリの出身で、著名な彫刻家のパスクアール・リッカの息子です。彼は、父親の指揮の下で勉強しました。多くの作品を制作し、[ナポリ王立美術]専門学校の証言によれば、ナポリの教養ある教授陣から称賛に値するとの証明書を得たとのことです。フランス語を話します。
　ジュゼッペ・ボンギ氏から推薦されています。

カヴァリエーレ勲章受章者エマヌエーレ・カッジャーノ
　ナポリ[王立美術]専門学校の名誉教授であり、教授会のメンバーです。1860年以降、フィレンツェにおいて政府給費生でした。多くの作品を制作しました。

ラッファエーレ・ベッリアッツィ

ラッファエーレ・ベッリアッツィは、ナポリ［王立美術］専門学校校長が断言しているように、ナポリにおいてのみならず、ナポリ市外の展覧会においても称賛された作品を制作した彫刻家です。

アントーニオ・ボルトーネ

　ボルトーネは、ナポリ［王立美術］専門学校の、特にティート・アンジェリーニ教授の生徒で、教授は、28歳にして、示されたオリジナルからあらゆる複製を描くにあたって、モデルから好感のもてる方法で肖像を描くのに、ボルトーネほど達者な若者に出会ったことはない、と断言するのを躊躇しない、と校長は報告しています。アンジェリーニ教授によれば、ボルトーネはまだとても若いけれども、老練な競争者に対抗してハイレベルな裸体像コンクールに出品し、満場一致で彫刻部門の一等賞を獲得しました。

　聖ヨハネを表現したある彫像（実物大）は、全教員の賛辞と称賛を博し、現在、［ナポリ王立美術］専門学校の彫刻学科において保管されています。ナポリ県は、本当に彼がそう呼んでいるところの本質を、彼の芸術において完全なものとすべく、彼がフィレンツェに赴くための毎月100リラの給付金を授与しました。フィレンツェにおいて、ボルトーネはさまざまな大理石製作品を制作し、裸体作品では同地美術学院［フィレンツェ王立美術専門学校を指す］から授与された一等賞を獲得しました。そのほかに、大理石で大変美しい実物大の聖母像を制作し、また実際の特徴を備えた多くの女性肖像を制作しました。上述のアンジェリーニ教授いわく、より繊細な鑿の使用と仕上げに導かれることによって肌がつくられた、と言います。1872年の展覧会において、ヒポクラテスの彫像で金メダルを得、そしてジーノ・カッポーニの胸像コンクールでは、全ての競争者から好まれました。

［文書の左に別の手で］付け加えよ。

　彼はコメンダトーレ勲章受章者ラッファエーレ・コンフォルティから熱烈に推薦されています。

フランチェスコ・パオロ・エヴァンジェリスタ

　彼はナポリ［王立美術］専門学校で多くの愛を注ぎながら勉強し、奨励コンクールの機会において、教師たちからの大いなる満足を得た作品に対し、数々の賞を受賞する幸せな成功を収めたと、校長は述べています。大変貧困に窮しています。

ニコーラ・アヴェッリーノ

　［ナポリ王立美術］専門学校の生徒であり、賞を獲得し、（1865年に）ローマにおいて政府給費生でした。芸術家として確かな名声を獲得し、価値ある作品の制作に欠けることはないと、［ナポリ王立美術］専門学校の校長は述べています。彼の出願［書］において、アヴェッリーノは［ナポリ王立美術］専門学校の学科において、一等賞を18回、二等賞を5回受賞し、そしてナポリの美術展において金賞及び銀賞を数回獲得したと述べています。［ナポリ王立美術］専門学校の名誉教授ですが、たいへん貧しいとのことです。

*1　レザスコの勘違いである。レザスコが引用しているのは、doc. 5のフェーによる「メモ」である。

*2 印刷物の名称だと思われるが、詳細は不明。
*3 「覚書」記載事項。
*4 以下、記述なし。doc. 36 を参照。
*5 ここで文章は終わっている。
*6 Plautus（紀元前254年頃～紀元前184年頃）。古代ローマの喜劇作家。ゴットホルト・エフライム・レッシングは1750年に『プラウトゥスの囚人批判』を著した。
*7 「覚書」記載事項。

原文：**Minuta della Relazione dei "Richiedenti per la Scuola di Belle Arti di Tokio" con la lettera di Giulio Rezasco, Direttore Capo della Seconda Divisione del Ministero della Pubblica Istruzione, dicembre 1875.**

Eccellenza

Finalmente sono in grado di trasmettere a Vostra Eccellenza uno stato delle domande presentate a questo Ministero per ottenere i posti instituiti dal Governo Giapponese nella Scuola di Belle Arti di Tokio.

Come ben sa Vostra Eccellenza, il Governo Giapponese rimise al Ministero da Lei diretto la scelta dei tre insegnanti che gli abbisognano, e che sono

un professore di pittura,
uno di scultura ed
uno di architettura.

Fra i quali tre Professori, dovrebbe esser divisa la somma annua di 10 mila Dollari Messicani, o in parti uguali, o nelle proporzioni che saranno suggerite dalle particolari condizioni dei richiedenti.

Nel compilare per Vostra Eccellenza l'annesso stato, ho procurato di far notare tutte le particolarità che si riferiscono a ciascun richiedente, e che ci vennero somministrate dai diversi Istituti di Belle Arti, affinché la scelta di Lei possa riuscire più facile e sicura.

Ma ciò che parmi più necessario a sapersi è l'intenzione che mosse il Governo Giapponese nel fondare la Scuola di Belle Arti. Intorno a che Le trascrivo una parte di Nota di quel Governo trasmessa a questo Ministero.

"Lo scopo della Scuola di Belle Arti del Giapponese è quello di guidare le sue industrie secolari e recenti, di renderle più accette agli usi ed alle abitudini estere, e quindi di farle servire di scambio al suo commercio internazionale. Imperocché non si lusinga il Giappone di riprodurre colla nuova Scuola le statue dell'antica Grecia, né i dipinti delle Scuole antiche e moderne di Europa. Egli cerca modellatori per le sue fusioni, pittori per le sue porcellane e per le sue carte, architetti per le sue abitazioni e per i suoi mobili; risultati oltre a questi confini non sarebbero che grate inattese soddisfazioni."

Fra i concorrenti di architettura, che il Cappelletti di Milano abbia qualità più eccellenti ed appropriate degli altri, mi sembra indubitato.

Fra i richiedenti della scoltura mi pare che si renda notabilissimo Vincenzo Ragusa di Palermo.

Per la pittura la battaglia è molto più contrastata. Però mi limito a segnalare all'Eccellenza Vostra il Cavaliere Saverio Altamura, Edoardo Tofano, Cavaliere Teofilo Patini, e il Cavaliere Achille Sangiovanni, senza per questo menomare i meriti degli altri.

Roma, Dicembre 1875

Il Direttore Capo
della 2ª Divisione
G. Rezasco

Architettura

Firenze

Nessuna domanda.

Roma
Nessuna.

Torino
Nessuna.

Milano
Gian Vincenzo Cappelletti
L'Accademia di Milano, dice che il Cappelletti è Architetto dei più distinti usciti dalle sue scuole; frequentò anche le scuole d'ornato, quelle di figura e quelle del paesaggio; e dopo compiuto il tirocinio scolastico ottenne in più d'un concorso il premio; la sua valentia artistica è pareggiata dalla singolare perizia da lui acquistata nelle costruzioni, essendo stato più volte impiegato nella creazione di rilevanti fabbriche pubbliche e private, ed anche nelle strade ferrate; è inoltre versato nella prospettiva e nella geometria descrittiva; ha fatto un sufficiente corso di geodesia e di matematica; parla il francese ed ha qualche conoscenza dell'inglese e del tedesco; passa di poco i trent'anni; è studioso sempre ed attivo; ed è celibe.

Venezia
Carlo Fassetta
Il Ministero degli Affari Esteri con sua lettera del 15 settembre inviò una domanda del signor Ingegner Carlo Fassetta di Venezia. Interrogato sopra di lui l'Accademia di Venezia, si seppe che egli non ha fatto gli studi nell'Accademia Veneta, ma dall'Università di Padova passò subito alla pratica della professione sotto la direzione del valente Ingegnere Architetto del Municipio di Venezia, Cavaliere Romano. Ora sotto la direzione dell'Ingegnere Gabelli si adopera negli studi della strada ferrata di Bassano, ed è tenuto in gran conto dal suo superiore. È studiosissimo. Conosce bene la lingua Giapponese. Così l'Accademia di Venezia.

Napoli
Antonio Curri
L'Istituto crede che il Curri propriamente non si possa chiamare Architetto, perché non ha laurea, né ha fatto gli studi all'Università. Ha studiato invece l'arte nell'Istituto e particolarmente il disegno di Architettura e la Decorazione, in cui è riuscito abile. Il suo Maestro Cavaliere Enrico Alvino lo ha in conto di uno dei suoi migliori Allievi, tanto che lo ha tenuto per sei anni nel suo studio come coadiutore nella compilazione dei suoi progetti architettonici. Nell'Istituto ha meritato sempre per concorso i primi premi, e molti dei suoi lavori ivi si conservano ad ornamento, e decoro della Scuola di Architettura. Nel concorso pel pensionato governativo del 1868 ebbe il terzo posto. In tutti i suoi lavori ha dato prova di conoscere e di sapere applicare esattamente le regole di prospettiva. Nel 1873 eseguì il disegno dell'Arco di trionfo di Alfonso d'Aragona. Queste sono notizie somministrate dall'Istituto. Eccone altre date da lui stesso:

"Prese parte, nel 1872, ad un concorso per un monumento ai caduti d'Italia.

Altro concorso pel restauro del Teatro di Foggia, rimasto sospeso, ma non pertanto il Curri sarebbe stato ritenuto il migliore di tutti.

Progetto di restauro da lui compilato per concorso fra molti Architetti, della facciata del Duomo di Napoli, e ne ricevette lodi da molti Artisti.

Ha lavorato in pietra, ornamenti e figure nelle facciate del palazzo Dini a Napoli e della villa Vitolo a Portici."

Oscar Capocci
L'Istituto informa intorno al Capocci, dicendo che egli è un distinto Architetto Napoletano, e da più di 11 anni Professore di Architettura nella Regia Università di Napoli, nella quale ha costruito i gabinetti di Chimica. Ultimamente costruì il grande acquario nella Villa Nazionale e fece altri lavori che sono stati

di soddisfazione del pubblico e del Com. Alvino, che ha dato pareri su di essi. Egli accetterebbe il posto a Tokio anche se il Ministero non gli promette di conservargli quello che ora ha di Professore nell'Università di Napoli.

Carlo Calì

Nel momento di scrivere questa relazione giunge la domanda del Calì, intorno alla quale non esistono informazioni dell'Istituto, che si richiederanno quando all'Eccellenza Vostra paressero necessarie. Egli dice che è stato Professore di Matematica e di Disegno nelle Scuole Comunali di Napoli nel 1867, Ingegnere provinciale del Macinato nel 1869. È straordinario ne'Circoli delle bonificazini di Napoli dal 1870 al 1871. È straordinario della Reale Casa in Roma nel 1872, Ingegnere onorario di una Società costruttorice nel 1873, Ingegnere presso l'Ufficio Comunale di Reggio di Calabria nel 1873 fino ad ora ec. ec.. Aggiunge ancora una nota dei suoi lavori, che è la seguente.

[l'elenco di altra mano]
1. Progetto di una nuova via della Stazione al Vaticano in Roma.
2. Monumento per la Città di San Marino
3. Progetto della Casa Tripepi in Reggio Calabria nel 1875.
4. Progetto di una Chiesetta di Campagna proprietà Vitrioli, in Reggio Calabria 1875
5. Restauri alla Casa Oliva in Reggio Calabria 1875
6. Restauri alle Case Giordano e Festa in Reggio Calabria nel 1875.
7. Restauri ed ampliamento della Casa De Lorenzo in Reggio Calabria 1875.
8. Progetto di Restauro della Casa Plutino in Reggio Calabria 1875.
9. Principali sistemi delle nuove fondazioni, e restauro delle vecchie <u>Opuscolo a Stampa</u> 1868.
10. Metodo spedito e semplice per la soluzione dei problemi sul moto delle acque nei canali e nei tubi. Opuscolo a Stampa 1873 - commendato dagli Ingegneri Tessitore e Manfredi e da una Commissione di Professore della Scuola d'Applicazione di Napoli.
11. Del riparto delle spese per costruzioni e di argini mediante formule semplicissime in corso di stampa.
12. Del riparto delle alluvioni di prossima pubblicazione.

Pittura

Firenze
Professore Giovanni Costa

Il Direttore dell'Istituto informa del Costa col dire che egli è Allievo del Professor Pollastrini e da lui raccomandato come quello che possiede tutti i requisiti voluti e indispensabili per coprire degnamente l'ufficio di Professore di Pittura nella Scuola di Tokio; che conosce il Francese e l'Inglese. Si riserva di prendere cognizione dello schema di contratto, specialmente del valore preciso della condizione: "<u>Il loro tempo deve esser consacrato al servizio del Governo.</u>"

Roma

Nessuna domanda

Torino
Alerino Amossi

Il Presidente dell'Accademia, scrive che dell'Amossi egli non sa altro se non che è Professore di Disegno, nell'Istituto Internazionale Italiano in Torino.

Professore Alberto Maso Gilli

Il Presidente dell'Accademia Torinese attesta che il Gilli per lo spazio di otto anni, cioè dal 6 Maggio 1865 fino al Novembre 1873, insegnò con moltissimo zelo nella Scuola superiore di pittura in quell'

Accademia nella qualità di Maestro Aggiunto, disimpegnando il suo ufficio con tutte le cognizioni pratiche ed estetiche dell'Arte, con rara costanza, inappuntabile assiduità, con sommo profitto dell'Istruzione, e con massima soddisfazione degli Allievi. Durante il qual tempo ebbe a distinguersi con raro merito, professando l'Arte con molto buon successo nelle pubbliche Esposizioni. Il Cavaliere Gilli oltre di essere uno dei più valenti pittori della Provincia di Torino, conchiude il Presidente, coltiva con grande successo l'acquaforte ed anche in questo s'acquistò un bel nome in Italia e fuori.

Cavaliere Antonio Fontanesi
Dopo la lettera scritta al Barone Ricasoli il 12 novembre prossimo passato il Fontanesi trasmise la sua domanda. Egli dice che a Ginevra insegnò Paesaggio, Figura e Prospettiva; che fu prescelto come Professore del Principe Alfredo d'Inghilterra; che nel 1868 insegnò il disegno della Figura nel Regio Istituto di Belle Arti di Lucca e nell'anno appresso fu nominato Professore di Paesaggio nell'Accademia di Belle Arti di Torino.

Il Presidente dell'Accademia di Torino attesta che egli in questi sei anni che v'insegna, esercitò sempre con molto zelo il suo ufficio.

Qui debbo ricordare a Vostra Eccellenza come per le continue istanze del Barone Ricasoli a pro di quest'Artista, Ella pregò il 5 agosto lo stesso Signor Barone, di voler avvisare il Fontanesi dei posti che si dovrebbero occupare nella scuola di Tokio, perché nel caso che egli volesse concorrere ad uno di essi, <u>Ella volentieri farrebbe in nota il suo nome per proporlo al Governo Giapponese se ne fosse interpellato da quel Governo</u>.

In verità io gradirei assai che questa lettera non fosse da Lei stata ordinata e firmata, e che Ella potesse fare la sua scelta con piena libertà di giudizio. perché Ella potesse riacquistare quella libertà, io misi nella seconda lettera da Lei mandata al Barone Ricasoli il 12 novembre prossimo passato le seguenti parole: <u>Il che sia detto non avventurando alcun giudizio</u> (s'intende a riguarda del Fontanesi) <u>che non sarebbe possibile senza esaminare imparzialmente le qualità di ciascun richiedente</u>.

Quando io ebbi l'onore di proporre i miei concetti sulle riforme Accademiche, uno di questi era l'abolizione delle Scuole di Paesaggio. Ma poiché questa riforma avrebbe percosso troppo duramente il Fontanesi, dissi tutti i meriti suoi, e civile ed artistici, affinché in altro modo il Governo non lasciasse in abbandono un uomo veramente benemerito.

Questo prova che io apprezzo qunt'altri mai il Fontanesi.

Ma con tutto ciò la mia lealtà vuole che io preghi l'Eccellenza Vostra di bene avvertire che il Fontanesi, valentissimo artista ma la cui maniera non è da tutti approvata, è Professore di Paesaggio, cioè d'una parte sola, né la più nobile, dell'Arte del Disegno; che se egli fu posto come Professore di Figura nell'Istituto di Lucca, ciò avvenne perché non si poteva, per allora, provvedere altrimenti al suo stabile sostentamento; che quella nomina di un Professore di Paesaggio a Professore di Figura in Lucca, nonostante tutto lo zelo del Fontanesi, suscitò lagnanze e censure vivissime contro il Ministero; e finalmente che queste lagnanze e censure sarebbero molto più vive quando a Professore di Pittura nel Giappone fosse preferito il Fontanesi, a molti altri richiedenti, che del Disegno della Figura fanno la loro principale occupazione, e che per ciò sono lodati dalle Accademie a cui furono richieste le necessarie informazioni.

Milano
Paolo Caliari di Verona
Informazione dell'Accademia. È allievo della Scuola del Professor Bertini nell'Accademia Milanese; si è esercitato molto nel Disegno della Figura e dell'Ornamentazione; tratta la pittura a olio e all'acquarello; ha fatto qualche pratica anche in quella a fresco; ha 35 anni a servì nell'esercito in qualità di sott'Ufficiale nel 3° Reggimento Bersaglieri; conosce sufficientemente la lingua Francese; ed è celibe.

Enrico Romolo
L'Accademia Milanese ricorda la distinta perizia del Romolo nel Disegno della Figura; dice che

egli in seguito diventò assai abile artista, e i dipinti, così a olio che all'acquarello, da lui prodotti nelle Esposizioni di Belle Arti nel Palazzo di Brera ne fanno fede. Conosce pure il Disegno di Paesaggio e di Ornato; parla il Francese ed ha qualche conoscenza dell'Inglese. È celibe.

Venezia
Ermolao Paoletti

È ammogliato con prole. L'Accademia di Venezia lo dice abilissimo in ogni maniera di pittura a tempera, a fresco e ad olio; capace nel disegno; di tale aspetto e modi quali si convengono ad un buon insegnante. Egli presentò sotto fotografie di alcuni suoi lavori, con l'elenco dei principali suoi quadri; Le fotografie sono.
[a sinistra del testo di altra mano] Aggiunta[*1]

Napoli
Cavaliere Francesco Mancini

Ha quarant'anni di età. Esercita in particolar modo l'arte del Paesista. Gode una buona riputazione, e le sue pitture di paesaggio, di animali e di figure si possono dire piuttosto stimate e ricercate in Italia e fuori, e specialmente in Inghilterra. Parla il francese e qualche poco anche l'Inglese. Così il Direttore dell'Istituto.

Cavaliere Francesco Netti

Scrive il Direttore dell'Istituto: il Netti è pittore che coll'Arte accoppia molta coltura letteraria, ed è istruito nelle Lingue Francese ed Inglese; dandosi principalmente alla Pittura di Figura, non tralascia gli accessori e particolarmente la Prospettiva; espose lavori d'Arte in diverse Esposizioni Nazionali ed Estere, compresa quella di Firenze del 1862 e quella di Parigi del 1867; fu uno del Congresso didattico di Napoli nel 1872 per ciò che riguardava le Arti del Disegno, e nel 1873 fu incaricato dal Municipio di Napoli di riferirgli sull'andamento e sui bisogni delle Scuole di Disegno Municipali.

Giuseppe Cosenza di Calabria

Così informa l'Istituto Napoletano intorno al Cosenza. Ha 29 anni, ed è stato Alunno dell'Istituto Napoletano, ove studiò con lodevolissimo successo e meritò molti premi. Si può chiamarlo un pittore generico perché tratta con la medesima franchezza tanto la Figura, quanto il Paese e gli Animali e l'Ornato. Tre anni fa si espose al concorso che si tenne nell'Istituto per il Pensionato Governativo di Roma, anzi con raro esempio volle concorrere a breve intervallo prima per il Pesaggio, e poi per la Pittura storica. In ambedue i concorsi se non riportò la palma ebbe però un posto fra i primi e non mancò né anche di contrastare il premio a quelli che poi lo ricevettero di fatto, e per questo il merito suo non ne rimase punto diminuito, anzi fu allora che si palesò di quanta forza fosse capace nell'Arte. Dopo quel concorso ha continuato a studiare ed a produrre opere con sempre crescente ardore ed ha fatto notevoli progressi. Nella Esposizione della Società promotrice i suoi quadri furono venduti prima dell'apertura di essa. Conosce la lingua Francese ed Inglese. Le qualità morali e la serietà di questo giovane lo rendono meritevole di tutta la considerazione.

È vivamente raccomandato dal signor Deputato Beneventano.

Luigi Fabron torinese

Ha 21 anno, e fece i suoi studi in Napoli. È d'ingegno assai fervido ed è studioso e diligente. Il Direttore dell'Istituto Napoletano scrive che il Commendatore Domenico Morelli tiene il Fabron in conto del miglior Allievo della sua Scuola. Le sue produzioni ottennero l'approvazione sia nell'Accademia, sia nelle Mostre della Promotrice, dove sono state vendute fin dal primo giorno. Attualmente, mercè apposito concorso, è stato scelto a compiere un quadro sopra una scena dei **Captivei** di Plauto, dopo la rappresentazione fatta nello Istituto della Commedia Latina per iniziativa dell'Abate Mirabelli. Conosce il Francese.

Cavaliere Saverio Altamura

Il Direttore dell'Istituto a proposito di questo Artista si esprime così: "Mi risparmio di parlare di questo Artista essendo troppo noto per i suoi lavori e per la riputazione che gode in Italia e fuori non solamente come pittore, ma come persona che può ispirare tutta la fiducia al Ministero che volesse profittare dei suoi servigi."

Cavaliere Francesco Sagliano

Il Direttore dell'Istituto dice che il Sagliano è uno dei più rinomati Pittori Napoletani; che anch'egli fu pensionato governativo, ed ora è Professore onorario dell'Istituto di Belle Arti. Oltre alla nomina, vorrebbe che il Governo Italiano comprasse il suo quadro "L'entrata di Vittorio Emanuele in Roma" per avere una somma da poter lasciare alla sua famiglia.
[a sinistra del testo di altra mano] Aggiunta

Giuseppe De Nigris

E pittore che, secondo il Direttore dell'Istituto, gode buona riputazione, ed ha esposte molte opere alle pubbliche Mostre, e ne ha riportati premi ed incoraggiamenti.

Achille Talarico

Di questo artista si seppe quanto fu già detto pel De Nigris. Generalmente piace la sua pittura.

Eduardo Buccini

Non è conosciuto dallo Istituto, ed il Direttore non può assicurare nulla di preciso sul conto suo.

Edoardo[sic] Tofano

Il Commendatore Morelli attesta che il Tofano studiò profondamente tutto ciò che forma disegno e pittura, dipingendo benissimo tutte le parti de' suoi quadri, il paesaggio, i fiori, la prospettiva, della quale è veramente maestro; che è uno dei migliori acquarellisti moderni; che ha una coltura artistica e letteraria rarissima negli Artisti. Parla il Francese e l'Inglese.

Francesco Paolo Michetti

Informazioni dell'Istituto. Il Michetti è giovine di potente ingegno; ha studiato qualche poco nell'Istituto, ma s'è dato subito all'esercizio dell'Arte della Pittura, ora in Napoli, ora in Francia, ora nell'Abruzzo Chietino sua patria. Fu un tempo condotto dal Goupil, negoziante famoso di oggetti d'Arte a Parigi, per lavorare a suo conto, e le opere sue furono molto lodate ed anche incise in rame.

Luigi Stabile

Fece diverse opere e si espose nel 1864 al concorso pel posto di Professore elementare di Disegno, e nel corrente 1875 all'altro di Professore Aggiunte dell'Istituto Napoletano. Non altro si è saputo di lui.

Cavaliere Achille Sangiovanni

Egli rappresenta, che non solo fece studi nella pittura storica, ma eziandio in quella della ceramica, cognizione essenzialmente richiesta dal Governo Giapponese; che egli è Cavaliere della Corona d'Italia per lavori ad acquarello e ad olio eseguiti per la Casa Reale; che per sei anni dimorò in Pietroburgo, dove pure riceve onorificenze per lavori eseguiti; e che ora egli è Perito governativo per l'Inventario degli oggetti di Belle Arti esistenti nel Palazzo Reale di Napoli.

Egli presentò
1. Certificato dell'Ispettore del Regio Mobiliare attestante l'ufficio di Perito del Sangiovanni.
2. Certificato di Leopoldo Bonafede, dimorante in Pietroburgo nel quale il Bonafede attesta che il Sangiovanni durante il suo soggiorno in Pietroburgo, oltre a molti quadri ad olio maestrevolmente eseguiti, si occupò in modo particolare a perfezionarsi nell'Arte della pittura

sulla maiolica, ed eseguì nel suo studio molti lavori di questo genere coronati di ottimo successo.

[a sinistra del testo di altra mano] Aggiunta

Interrogato intorno al Sangiovanni il Direttore dell'Istituto di Napoli, rispose che molti anni addietro quell'artista fece un quadro rappresentante una scena della Vita di Alfieri, che fu creduto meritevole di essere scelto fra quelli da darsi in premio agli Azionisti della Promotrice. Ma dopo quel tempo, essendo il Sangiovanni andato fuori di Napoli, non può dir nulla dei progressi da lui fatti.

Cavaliere Teofilo Patini

Il Direttore dell'Istituto dice che il Patini per molti anni fu uno dei più valenti Alunni dell'Istituto di Napoli. Guadagnò la pensione di Roma per concorso. A Roma espose diversi lavori molto lodati, e pare riportasse un forte premio in danaro. Il Direttore dell'Istituto di Napoli lo crede uno dei più meritevoli fra gli aspiranti alla Scuola Giappone.

Presenta i seguenti titoli:
1. Certificato del Consiglio Provinciale di Aquila per un sussidio di Lire 500.
2. Nomina a Membro dell'Associazione Nazionale Italiana degli Scienziati Letterati ed Artisti.
3. Certificato dell'Istituto di Belle Arti di Napoli.
4. Decreto che gli conferisce la pensione.
5. Decreto che gli proroga lo pensione fino al 1872.
6. Certificato del Circolo Artistico Internazionale di Roma, che dichiara il quadro "Lo studio di Salvator Rosa" come vincitore del premio di lire Cinque mila, istituito dal Consiglio Provinciale di Roma.
7. Nomina a Cavaliere.
8. Diploma dell'Esposizione Universale di Vienna.

Alberto Bozza

Dimora in Roma dove ha esposte parecchie sue opere; presenta i suoi titoli che sono i seguenti:
1. Patente di Maestro di Disegno.
2. Certificato del Professor Castagna che attesta avere il Bozza fatto nell'Accademia di Firenze un corso regolare di studi di disegno di proiezioni ortogonali.
3. Attestazione del Professore Markò per il quadro fatto dal Bozza, rappresentante una Carovana in riposo.
4. Certificato di buona condotta.
5. Certrtificato medico.
6. Certificato di nascita da cui risulta avere ventotto anni.

[a sinistra del testo di altra mano] Aggiunto

Per la ristrezza del tempo non furono richieste informazioni al Direttore del Regio Istituto di Belle Arti in Napoli.

È raccomandato dai Deputati Conti e Del Fio.

[a sinistra del testo di altra mano] [due parole non comprensibili]

Scultura

Firenze

Professore Giovanni Paganucci

L'Istituto di Firenze scrisse al Ministero che egli è Professore Residente dell'Accademia di Firenze; lodato per le sue opere e per il metodo d'insegnamento; e che sa il Francese. Prima dell'accettazione egli si riserva di prendere cognizione dello schema di contratto che dovrà stipularsi fra le due parti contraenti, e più specialmente del valore preciso della seguente condizione: Il loro tempo deve essere consacrato al servizio del Governo.

È raccomandato dal Signor Sebastiano Fenzi, il quale scrivendo al Segretario Generale gli dice che andrebbe anche lui nel Giappone.

Roma
Michele Capri
L'Istituto non propose nessuno.

Il Capri presentò da sè la sua domanda. Il Direttore dell'Istituto dice di non aver notizia alcuna da dare intorno al Capri; certo segno della sua oscurità. Aggiunge che alcuno gli disse, essere il Capri un semplice sbozzatore e nulla più.
[a sinistra del testo di altra mano] Aggiunta lettera [una parola non comprensibili]

Torino
Nessuna poposta dell'Accademia, né domanda di richiedenti.

Milano
Vincenzo Ragusa di Palermo
L'Accademia di Belle Arti di Milano informa che il Ragusa è celibe, ha trena'anni di età, dimora da tre anni in Milano. È artista assai abile non solo nella scultura di figura, ma anche in quella d'ornato, di animali, di frutta, di fiori ecc. Egli è pure esercitato nei lavori di quadratura e decorazione architettoniche, nel taglio dei marmi e delle pietre e nel loro assestamento. È perito nell'arte della fusione in bronzo, e gli sono famigliari tutti i generi di plastica, compreso quello in cera. A questi meriti unisce una straordinaria operosità. A corredo di queste notizie l'Accademia trasmette una riproduzione fotografica di un lavoro del Ragusa eseguito in marmo e in bronzo per commissione di Sua Eccellenza il Conte Von Dervies, Consigliere di Stato dell'Impero Russo e sei fotografie di altri lavori da lui fatti. Parla il Francese.
[a sinistra del testo di altra mano] Aggiunta
È vivamente raccomandato dal Conte Giberto Borromeo e dal Conte Carlo [Barbiano] di Belgioioso.

Innocente Pandiani di Milano
L'Accademia di Milano scrive, che il Pandiani ha cinquant'anni di età, e che è ammogliato. È scultore di figura, aggiunge l'Accademia, e tratta con singolare bravura la decorazione in marmo e gli animali; è peritissimo nel taglio del materiale per le opere di squadratura inerenti ai lavori architettonici; conosce i magisteri tecnici per la fusione in bronzo di oggetti d'ornato, e perfeziona egregiamente col cesello.

Donato Barcaglia di Milano
L'Accademia di Milano scrive che il Barcaglia è provetto e distinto Artista, sebbene conti solo 26 anni di età; è Allievo dell'Accademia milanese, e vi diede sempre prova di lodevoli progressi; è di robusta tempra fisica e intellettuale; parla il Francese, ha qualche conoscenza dell'Inglese; nei pochi anni dacché compì il tirocinio scolastico produsse già 24 lavori, di cui ecco la lista dei principali:

La gioventù che tenta arrestare il tempo, gruppo in marmo a grandezza naturale, che in quest'anno fu preso in considerazione per il Premio Principe Umberto.

La bolla di sapone, gruppo al vero; figurò all'Esposizione di Vienna nel 1873;

Amore accieca, gruppo a dimensioni naturali, che nel 1874 fu premiato a Firenze colla grande medaglia di oro.

La Vergognosa, statua al vero, acquistata dal Civico Museo di Trieste.

La Preghiera, id, acquistata pel Museo di Padova.

La Vendemmia, id, che ora trovasi nel Palazzo Reale di Milano.

La Farfalla e il Cacciatore, due figure che conservansi in una pubblica collezione di oggetti d'Arte a New York.

Il Barcaglia pe' suoi distinti meriti fu nominato Socio Onorario dell'Accademia Milanese e di altri Istituti di Belle Arti. A queste sue capacità, così finisce l'Accademia, aggiunge una perizia straordinaria nel lavoro del marmo.

È vivamente raccomandato dal Conte Carlo Barbiano di Belgioioso, e dal Prefetto di Roma.

Venezia
L'Accademia riprese di non avere nessuno da mettere in considerazione.

Napoli
Vincenzo Gemiti [sic]
Secondo le informazioni dell'Istituto, Il Gemiti ha solo 22 anni, ma è già molto conosciuto per le sue opere; in Napoli ha molti ammiratori; lo dicono verista per eccellenza e che sa imprimere alla creta vita e sentimenti naturali; e si giunge fino a chiamarlo il restauratore dell'Arte statuaria, anzi l'iniziatore di una scuola novella; nel 1872 d'ordine del Ministro Correnti modellò una statua in creta, rappresentate Bruto; a convincersi dei tratti caratteristici della scultura del Gemiti basterebbe vedere i busti da lui modellati dal vero del Maestro Verdi, del Pittore Fortunny, del Procuratore Diomede Marvasi, del Pittore Domenico Morelli; sa il Francese, ed attualmente è pensionato governativo.

È di quelli che per non essersi messo in regola dinanzi al Regio Decreto 8 Aprile 1863 non ebbe la prorogazione della pensione.

Francesco Jerace
L'Istituto dice che il Jerace ha 23 anni, che è Calabrese, già Allievo dello Istituto Napoletano; costantissimo nello studio, colle proprie sue forze si fece già bel nome; nei concorsi al pensionato fece ottima figura; in quest'anno vinse in Roma il premio Stanzani; conosce il Francese e l'Inglese.

Achille D'Orsi
Le informazioni dell'Istituto sono le seguenti. L'Orsi fece i suoi studi nell'Istituto di Napoli dove meritò premi e menzioni onorevoli; attualmente sta lavorando un gruppo di dimensioni al vero, su cui diversi Professori si sono pronunziati molto favorevolmente, come pure fu molto lodato il suo busto "Salvator Rosa"; anch'egli è pensionato; parla il Francese.

Aristide Ricca
È Napoletano, figlio dell'illustre Pasquale Ricca scultore. Studiò sotto la direzione del padre. Ha eseguiti molti lavori e ne riportò, secondo afferma l'Istituto, certificati di lode da distinti Professori di Napoli. Conosce il Francese.

È raccomandato dal signor Giuseppe Bonghi.

Cavaliere Emanuele Caggiano
È Professore Onorario dell'Istituto Napoletano e membro del Consiglio Accademico. E stato pensionato del Governo a Firenze dopo il 1860. Ha eseguite parecchie opere.

Raffaele Belliazzi
Raffaele Belliazzi è uno scultore che ha fatto lavori applauditi, come asserisce il Direttore dell'Istituto Napoletano, non solamente a Napoli, ma anche nelle Esposizioni fuori di Napoli.

Antonio Bortone
Il Direttore riferisce che il Bortone è Allievo dell'Istituto di Napoli e particolarmente del Professore Tito Angelini, il quale non esita ad asserire che in 28 anni da che è professore non ha mai trovato un giovane che avesse più del Bortone facilità nel ritrarre dal modello e modo simpatico per condurre ogni copia dall'originale che gli si presentava. Ancora giovanissimo, dice il Professore Angelini, il Bortone essendosi esposto al concorso del nudo in alto rilievo, contro a provetti competitori, ottenne ad unanimità il primo premio della Sezione di scultura.

Una sua statua rappresentante San Giovanni (al vero) riscosse gli encomi e le approvazioni di tutti

409

i Professori, ed ora si conserva nella scuola di scultura dello Istituto. La Provincia di Napoli gli accordò una pensione di Lire 100 al mese recarsi a Firenze ove si perfezionò nell'arte sua, a cui veramente natura lo ha chiamato. In Firenze, il Bortone, ha eseguito diverse opere in marmo, e nel componimento del nudo guadagnò un primo premio conferitogli da quell'Accademia. Oltracciò lavorò anche in marmo una bellissima Madonna, grande al vero, e fece moltissimi ritratti muliebri, tratti dal vero, che, a detta del Professore Angelini, non potrebbero essere condotti con più delicatezza di scalpello e finito lavorò nelle carni. Ebbe la medaglia d'oro nell'Esposizione del 1872 per la statua d'Ippocrate, e fu preferito a tutti i concorrenti nel concorso pel busto di Gino Capponi.

［a sinistra del testo di altra mano］Aggiunta
È vivamente raccomandato dal Commendatore Raffaele Conforti.

Francesco Paolo Evangelista
Ha studiato nell'Istituto Napoletano con molto amore, dice il Direttore, e felice successo avendo meritato parecchi premi per lavori giudicati di molta soddisfazione dai Professori in occasione dei concorsi d'incoraggiamento. È in molto miseria.

Nicola Avellino
È Allievo dell'Istituto dove meritò premi, e fu（nel 1856）pensionato del Governo a Roma. Come Artista, dice il Direttore dell'Istituto, acquistò un certo nome, e non mancò di eseguire lavori di pregio. Nella sua domanda l'Avellino dice d'aver riportato diciotto primi premi e cinque secondi nelle Scuole dell'Istituto e diverse medaglie d'oro e d'argento nelle Esposizioni di Belle Arti di Napoli. È Professore Onorario dell'Istituto; ed è assai povero.

*1　vedi doc. 36.

35. 日付なし、「東京美術学校への応募者」報告書への追加項目リスト草案

絵画
追加

エルモラオ・パオレッティ
彼の絵画作品写真数枚を提出する。
　A. キオッジャの戦い後、ジェノヴァ人囚人の下に救援に赴くヴェネツィア婦人たち
　B. 酒神バッカス祭
　C. D. E. ヴェネツィアのアルメニア人女子修道院において描いた寓意画3点
　F. ミサの葡萄酒
　G. 第2の追撃
　H. オウムをもった婦人

サリアーノ
ヴィットーリオ・エマヌエーレ国王陛下ローマ入場を描いた彼の作品写真を提出する。

トーファノ
コメンダトーレ勲章受章者モレッリ教授から得た彼についての情報と一つにする。

サンジョヴァンニ

王室動産目録編纂における専門家として協力しているというナポリ王宮当局からの証明書3通。

ボッツァ
7. 農工商務省書簡
8. トリエステ王立美術学院委員会の書簡
9. 写真：
    A. 休息中の隊商
    B. 急いで立ち去る隊商
    C. 山々の峡谷の中の隊商
    D. 探検家たち
    E. 旅行中の隊商
    F. 山々の峡谷の中の別の隊商
    G. 2つの風景
10. 新聞
    A. 『アルテ・イン』
    B. 『ファンフッラ』
    C. 『ジョルナーレ・アルティスティコ』
    D. 『ナツィオーネ』
    E. 『リタリア・アルティスティカ』
    F. 『プンゴロ』
    G. 『オピニオーネ』
    H. 『フィレンツェ・アルティスティカ』
    I. 『ラルテ』
    K. 『ガゼッタ・デル・ポポロ・ディ・フィレンツェ』

［バルビエーリの名前の左側に手書きで］（最後に追加すべき）

バルビエーリ、ルーカ

　技術学校の卒業証書を得て3年になります。ウィーン万国博覧会に出品した装飾画を送ってきました。

> 原文：**Minuta dell'elenco dei materiali annessi alla Relazione dei "Richiedenti per la Scuola di Belle Arti di Tokio" del Ministero della Pubblica Istruzione, senza data.**
>
> Pittura
> Aggiunte
>
> Ermolao Paoletti
> 　Presenta alcune fotografie dei suoi dipinti:
> 　　A. Le dame veneziane che soccorrono i prigionieri genovesi dopo la Guerra di Chioggia.

B. Baccanale.
　　　C. D. E. Tre quadri allegorici dipinti nel Convento degli Armeni in Venezia.
　　　F. Il vino della messa.
　　　G. La seconda caccia.
　　　H. La signora dal Pappagallo.

Sagliano
　　　Presenta la fotografia del suo quadro raffigurante l'entrata di Sua Maestà Vittorio Emanuele in Roma.

Tofano
　　　Si unisce l'informazione avuta di lui dal Professore Commendatore Morelli.

Sangiovanni
　　　3° Certificati dell'amministrazione della Reale Casa di Napoli per servigi presentati come Perito nella compilazione dell'Inventario dei Beni mobili della Corona.

Bozza
　　　7°. Lettera del Ministero di Agricoltura, Industria e Commercio.
　　　8°. Lettera del Comitato di R. A. di Trieste.
　　　9°. Fotografie:
　　　　　A. Carovana in riposo
　　　　　B. Carovana fuggente
　　　　　C. Carovana tra gole dei monti
　　　　　D. Gli esploratori
　　　　　E. Carovana in Viaggio
　　　　　F. Altra Carovana tra gole di monti
　　　　　G. Due paesaggi
　　　10°. Giornali:
　　　　　A. Arte in Italia
　　　　　B. Fanfulla
　　　　　C. Giornale artistico
　　　　　D. Nazione
　　　　　E. L'Italia artistica
　　　　　F. Pungolo
　　　　　G. Opinione
　　　　　H. Firenze artistica
　　　　　I. L'arte
　　　　　K. Gazzetta del Popolo di Firenze

［alla sinistra del nome a mano］（da aggiungere a fine）
Barbieri Luca
　　　Da tre anni ebbe la licenza della Scuola Tecnica; mandò i suoi disegni d'ornato all'esposizione di Vienna.

36. 日付なし、文部省によって作成された「東京美術学校教員候補者」報告書最終案（もしくは最終案写し）

　　　　　　　東京美術学校候補者

史　　料（doc. 36）

建築

フィレンツェ
　出願者なし

ローマ
　なし

トリーノ
　なし

ミラーノ
ジャン・ヴィンチェンツォ・カッペッレッティ
　ミラーノ［王立］美術学院は、カッペッレッティが学校を卒業したもっとも優秀な建築家だと述べています。彼は装飾学科、人物画学科、風景画学科に通学しました。学業修了後、一度ならず建築設計競技で勝利しました。重要な公共建築や私的な建造物の建設の際に何度も雇われ、鉄道建設において採用されるなど、建築に関する分野において際だった評価を得ており、彼の芸術的な才能はそれに見合うものです。そのうえ、彼は遠近法や画法幾何学に精通しております。フランス語を話し、英語とドイツ語も多少は知っています。30歳を少し越えた年齢で、いつも勤勉で行動的です。独身です。

ヴェネツィア
カルロ・ファッセッタ
　9月15日の手紙で、外務省はヴェネツィア生まれの技師カルロ・ファッセッタ氏の申請書を発送しました。上述の彼につき、ヴェネツィア［王立］美術学院へ照会したところ、彼はヴェネト州の美術学校では修学していないが、パドヴァ大学で修業したものの、すぐにヴェネツィア市の熟練した技師建築家のカヴァリエーレ勲章受章者ロマーノ氏の指導下において職業の実践に移りました。現在、彼はガベッリ技師の指導下で、バッサーノにおいて鉄道の勉強に努めており、彼の上司から尊重されています。彼はたいへんな勉強家です。日本語をよく知っています。このように、ヴェネツィア［王立］美術学院［は伝えました］。

ナポリ
アントーニオ・クッリ
　［ナポリ王立美術］専門学校は、彼は学士号ももっておらず、大学で勉強もしていないので、本来は建築家と呼ぶことはできないと言っています。その代わり、彼は［ナポリ王立美術］専門学校で美術を、とりわけ建築素描と装飾を学び、［建築家に］ふさわしいほどまでになりました。師匠のカヴァリエーレ勲章受章者エンリコ・アルヴィーノは、最も優れた生徒の一人として評価し、それゆえ建築設計をまとめる際の協力者として彼を事務所に6年間引き止めておりました。［ナポ

413

リ王立美術] 専門学校において、彼はいつもコンクールで上位の賞を受賞し、彼の作品の多くは、建築学科の誉れと栄光として保管されています。1868年に彼は政府主催の給費生コンクールで第3位を獲得しました。彼が描いた全作品において、透視図法の法則を知り、正確に運用できることを示しています。1873年に、アルフォンソ・ダラゴンの凱旋門のデザインをしました。これらは同校から差し出された情報です。以下は、彼自身から提出された他の情報です。

　イタリアの戦没者慰霊碑のために、1872年イタリアで公告されたコンクールに出品しました。

　中断されたままになっているフォッジャの劇場修復のための別のコンクール［にも出品しました］が、クッリがすべての中で最優秀と認められたのではないはずです。

　多くの建築家が参加した、ナポリ大聖堂の正面の彼がまとめた修復設計案は、多くの芸術家から称賛を得ました。

　ナポリのパラッツォ・ディーニや、ポルティチのヴィッラ・ヴィトロの正面に装飾や人物像を石で制作しました。

オスカール・カポッチ［ママ］

　［ナポリ王立美術］専門学校は、カポッチについて、次のように述べて報告しています。ナポリ出身の著名な建築家で、11年以上もナポリ王立大学において建築の教授を勤めています。最近、ヴィッラ・ナツィオナーレの大水族館を建設し、一般及び、彼についての意見を述べたコメンダトーレ勲章受章者のアルヴィーノから満足を得たその他の仕事をしています。公共教育省が、彼が現在就いているナポリ大学の教授のポストを彼のために取っておくと約束しないとしても、彼は東京のポストを受け容れるでしょう。

カルロ・カリ

　彼は、1867年にはナポリ市立学校の数学と素描の教師、1869年には製粉所の地方技師だったと言っています。1870年から1871年は、ナポリの開拓管理区における臨時職員でした。1872年には在ローマ王室の臨時職員であり、1873年には建設業協会の名誉技師、1873年から現在まで、レッジョ・カラーブリア市局の技師、などです。彼の仕事について注記を以下に付します。

1. ローマにおけるヴァティカン駅までの新しい街道案
2. サン・マリーノ市のための記念碑
3. 1875年、レッジョ・カラーブリアにおけるトリペピ邸案
4. 1875年、レッジョ・カラーブリアにおけるヴィトリオーリ所有のカンパーニャ小教堂案
5. 1875年、レッジョ・カラーブリアにおけるオリーヴァ邸修復
6. 1875年、レッジョ・カラーブリアにおけるジョルダーノ・フェスタ邸修復
7. 1875年、レッジョ・カラーブリアにおけるダ・ロレンツォ邸修復及び拡張
8. 1875年、レッジョ・カラーブリアにおけるプルティーノ邸修復案
9. 1868年、旧オプスコロ・ア・スタンパに、主要な新設備システムと修復
10. 運河及びパイプ中の水の動きについての問題解決のための敏速かつ簡単な方策。1873年オプスコロ・ア・スタンパ。テッシトーリ及びマンフレーディ両技師、そしてナポリ予科練

史　料（doc. 36）

　　習学校の教授委員会から称賛された。
11. 極単純な原則による、堤防建設費対策について印刷中
12. 洪水対策について近刊

絵画
フィレンツェ
ジョヴァンニ・コスタ教授
　［フィレンツェ王立美術］専門学校校長は、彼が芸術そのものにおいて経験を積み、エンリーコ・ポラスティーニ教授の弟子で、東京美術学校の絵画教師の任務に立派に就くために不可欠な全ての必要条件を満たしているので、彼から推薦されていると述べることでコスタについて通知しております。彼はフランス語と英語を知っています。覚書の事情、とりわけ「彼らの全ての時間は政府への奉仕に捧げられなければならない」という条件の厳密な意味の理解を留保しています。

ローマ
　出願なし

トリーノ
アレリーノ・アモッシ
　学長は、アモッシについて、トリーノのイタリア国際専門学校において素描教師であること以外知らないと書いています。

アルベルト・マゾ・ジッリ教授
　トリーノ［・アルベルティーナ王立美術］学院の学長は、ジッリが8年の間、つまり1865年5月6日から1873年11月まで、准教授の身分で、同校の絵画上級クラスの教育に大変熱心に尽力し、美術の実際的かつ美的な全ての知識を持ち、類稀な意志の強固さと、申し分のない熱心さをもって、教育の最上級の進歩をもたらし、学生たちの最大限の満足をもたらし、任務を果たしたと強く主張しています。その期間、彼は公の展覧会における多くの成功をもって腕前を披露し、類稀な評価によって頭角を現しました。カヴァリエーレ勲章受章者ジッリは、トリーノ地方の最も才能ある画家の一人であることの他に、大いなる成功をもって銅版画の才能を伸ばしたと、学長は結論づけています。

カヴァリエーレ勲章受章者アントーニオ・フォンタネージ
　彼は、ジュネーヴにおいて風景画、人物画、遠近法を教え、イギリスのアルフレッド王子の教師として抜擢され、1868年にはルッカ王立美術専門学校において人物素描を教え、翌年にはトリーノ［・アルベルティーナ王立］美術学院において風景画教師に任命されたと述べています。
　トリーノ［・アルベルティーナ王立］美術学院学長は、そこで教えたこの6年間、彼はいつも大

415

変熱心に自身の職務を果たしたと証言しています。

ミラーノ
ヴェローナ出身のパオロ・カリアーリ
　[ミラーノ王立美術]学院からの情報。彼はミラーノ[王立]美術学院のベルティーニ教授の学科の生徒です。彼は、人物画や装飾の素描にたいへん訓練を積みました。油彩画から水彩画までおこない、フレスコ画においてもいくらか精通しております。35歳で、第三狙撃隊連隊の下士官の肩書で従軍しました。彼はフランス語を十分に知っています。そして独身です。

エンリーコ・ロモロ
　ミラーノ[王立]美術学院は、彼の人物素描における際立った熟達振りを記憶しています。その後、ブレラ館における美術展において、油彩画から水彩画まで扱う大いに有能な美術家となり、信頼されていると述べています。風景画と装飾画も心得ており、フランス語を話し、英語の知識もいくらかあります。独身です。

ヴェネツィア
エルモラオ・パオレッティ
　結婚し、子どもがいます。ヴェネツィア[王立]美術学院は、彼がテンペラ画、フレスコ画、油彩画のいずれの作画法においてもたいへん有能であり、素描にも長けており、そのような様子や物腰からすれば、良い教師に適っていると言います。彼は彼の作品写真と主要な絵画作品のリストを提出しました。写真は以下のものです。
- A. キオッジャの戦い後、ジェノヴァ人囚人の下に救援に赴くヴェネツィア婦人たち
- B. 酒神バッカス祭
- C. D. E. ヴェネツィアのアルメニア人女子修道院において描いた寓意画3点
- F. ミサの葡萄酒
- G. 第2の追撃
- H. オウムといる婦人

ナポリ
カヴァリエーレ勲章受章者フランチェスコ・マンチーニ
　40歳です。特に風景画芸術に従事しています。彼は好評を博しており、彼の風景画や動物画や人物画もまた、イタリアや海外、度重なる通信にあるように特にイギリスにおいてかなり評価されています。彼はフランス語を話し、英語も少し話します。[ナポリ王立美術]専門学校校長はかくのごとく。

カヴァリエーレ勲章受章者フランチェスコ・ネッティ
　[ナポリ王立美術]専門学校校長は次のように書いています。ネッティは、多くの文学的な教養

を連結させる画家で、フランス語と英語を教育されています。主に、人物画に身を捧げてきましたが、補助的なもの、特に透視図法をなおざりにしておりません。彼は、芸術作品を、1862年のフィレンツェでの展覧会や1867年のパリでの展覧会を含む、国内外のさまざまな展覧会に出品しました。彼は、素描芸術に関わる1872年ナポリにおける教育専門会議に参加しましたし、1873年にはナポリ市から市立素描学校［設立］の動きとその必要性について言及する任務を託されました。

カラブリア出身のジュゼッペ・コセンツァ

コセンツァについて、ナポリ［王立美術］専門学校は次のように通知しています。29歳で、ナポリ［王立美術］専門学校の生徒で、称賛に価する成功を収めるほどの勉強をし、多くの賞を受けました。彼を多方面にわたる画家と呼びうるでしょう。というのも、人物画であれ、風景画、動物画、装飾画であれ、へだたりのない真面目さで扱うからです。3年前、ローマへの政府給費留学のためのコンクールをナポリ［王立美術］専門学校で開催したときに、彼はたいへん稀な例になりますが、短期間に初め風景画を、次に歴史画を出品しました。両作品は、コンクールにおいて勝利をもたらしませんでしたが、上位を占め、そして賞に異を唱えないことはないほどで、実際、その後に賞を得たのでした。そしてそのため、彼の価値は全く減少することはなく、むしろその時芸術における素質の強さを明らかにしたのです。そのコンクールの後、彼は勉強し、常に増してゆく熱心さをもって制作を続けました。［美術］振興会の展覧会においては、開場以前に彼の絵画作品が売却されました。フランス語と英語を知っています。この若者の倫理上の性質と真面目さは、いかなる条件にあっても価値のあるものでしょう。

トリーノ出身のルイジ・ファブロン

21歳で、ナポリで勉学を修めました。彼は非常に熱烈な天分を持ち、勤勉な勉強家です。コメンダトーレ勲章受章者ドメニコ・モレッリはファブロンを学内で最も優秀な生徒であると考えていると、ナポリ［王立美術］専門学校の校長は書いています。彼が制作した作品は学内においても、美術振興会の展覧会においても、公の称賛を博し、その展覧会の初日に売却されました。目下のところ、ミラベッリ大修道院長の発案によるラテン喜劇を本学で公演した後、所定のコンクールのおかげで、今のところ、プラウトゥスの『囚人』の1シーンに基づいた絵画を完成することが選ばれました。フランス語を知っています。

カヴァリエーレ勲章受章者サヴェリオ・アルタムーラ

［ナポリ王立美術］専門学校の校長は、この芸術家に関して次のように表明しています。「彼の作品や、画家としてだけでなく、公共教育省が彼の奉仕の気持ちを利用しようとするならば、全信頼を抱かせることのできる人物として、イタリア国内外でほめそやされている評判で、あまりにも有名なので、この美術家について話すのを控えます。」

カヴァリエーレ勲章受章者フランチュスコ・サリアーノ

サリアーノはもっとも著名なナポリ人画家の1人だと、［ナポリ王立］美術専門学校の校長は述

べています。彼もまた政府給費生で、[ナポリ王立]美術専門学校の名誉教授です。任命の他に、彼の家族に遺贈できるほどの金額を得るために、イタリア政府が彼の作品の《ヴィットーリオ・エマヌエーレのローマ入城》を購入することを望んでいます。

ジュゼッペ・デ・ニグリス
　[ナポリ王立美術]専門学校の校長によれば、好評を博している画家で、公的な展覧会に多くの作品を出品し、賞や奨励[金]を獲得したとのことです。

アキッレ・タラリコ
　この美術家については、既にデ・ニグリスに対して述べたことと同じことが知られています。作品は一般に好まれています。

エドゥアルド・ブッチーニ
　[ナポリ王立美術]専門学校では知られていませんので、校長は彼に関しては何も正確なことを保証することはできません。

エドアルド・トーファノ[ママ]
　コメンダトーレ勲章受章者モレッリは、トーファノは素描と絵画を生み出すところの全てを深く勉強し、風景画であれ、植物画であれ、遠近画法であれ、彼の絵画作品の全ての部分がたいへんよく描けており、彼は本当に巨匠であり、近代水彩画の最も優秀な1人であり、芸術家においては非常に稀な芸術及び文学の教養があると、証言しています。フランス語と英語を話します。コメンダトーレ勲章受章者のモレッリ教授から得た彼についての情報と統合されています。

フランチェスコ・パオロ・ミケッティ
　[ナポリ王立美術]専門学校の情報。ミケッティは、力ある才能の持ち主の若い画家です。彼はほんの少し本学で勉強しましたが、ナポリで、フランスで、故郷のアブルッツォ州のキエティーノで、絵画芸術の稽古に没頭しました。彼はかつてパリの美術商のグーピル商会と契約し、彼の責任で働きました。彼の作品や銅版画はたいへん称賛されました。

ルイジ・スタービレ
　多くの作品を制作したナポリ出身の画家で、彼は1864年に小学校の素描教師のコンクールに、そして1875年ナポリ[王立美術]専門学校の准教授のコンクールに出品しています。彼について他に知られていることはありません。

カヴァリエーレ勲章受章者アキッレ・サンジョヴァンニ
　彼は次のように言っています。歴史画だけでなく、日本政府によって本質的に要請されている知識である陶芸の勉強もしました。王室のために制作した水彩画及び油彩画による、イタリア国

王カヴァリエーレ勲章受章者です。6年間サンクトペテルブルクに滞在し、そこで制作した作品に対して名誉の印を受けました。そして今、彼はナポリ王宮に存在する美術品の所蔵目録作成に従事する国の専門家です。

彼は以下を提出しました。
1. サンジョヴァンニの専門家の公職を証明する王室家具備え付け検査官の証明書
2. サンクトペテルブルク滞在中、サンジョヴァンニは、巧みに多くの油彩画を制作しただけではなく、特にマジョリカ焼の絵付芸術を習得することに専念し、彼の仕事場においてたいへん素晴らしい成功に輝いたこの種の多くの作品を制作したと証明する、サンクトペテルブルク滞在のレオポルド・ボナフェーデの証明書
3. 王室動産目録編纂における専門家として協力しているというナポリ王宮当局からの証明書

サンジョヴァンニについてナポリ［王立美術］専門学校の校長に質問したところ、何年も前にこの芸術家はアルフィエーリの生涯の一場面を表した絵画作品を制作し、それは振興会株主による賞を与えるべきものの中に選ばれるほど称賛に値すると思われました。しかし、その時以降、サンジョヴァンニはナポリを出てしまったので、彼によって示された進歩については何も言えないと、返事しました。

カヴァリエーレ勲章受章者テオフィーロ・パティーニ

［ナポリ王立美術］専門学校の校長は、パティーニは何年間もナポリ［王立美術］専門学校のもっとも優秀な生徒の一人だったと述べています。コンクールでローマ給費生を獲得しました。ローマでは、大変称賛を得た多くの作品を展示し、<u>賞金の高い賞を獲得したようです</u>。ナポリ［王立美術］専門学校校長は、日本の学校への志願者の中でもっとも相応しい者の一人だと確信しています。

以下の資格証明を提出しています。
1. 500リラの補助金に対するアークイラ地方評議会の証明書
2. 科学者、文学者、芸術家のイタリア国立協会会員任命
3. ナポリ［王立美術］専門学校証明書
4. 彼に給費を授与するとの通達
5. 1872年までの給費を延長するとの通達
6. 絵画作品《<u>サルヴァトーレ・ローザの仕事場</u>》がローマ地方評議会によって設けられた5,000リラの賞金の受賞者によるものであることを表明しているローマ国際美術会の証明書
7. カヴァリエーレ勲章勲記
8. ウィーン万国博覧会の賞状

アルベルト・ボッツァ

ローマに住み、そこで多くの作品を展示しました。以下は彼の資格を示しています。
1. 素描教師証
2. ボッツァがフィレンツェ美術学院［フィレンツェ王立美術専門学校を指す］において垂直投

影図法、素描学習の正規コースを修めたことを証明するカスターニャ教授の証明書。
3. <u>休息中のキャラバンを表した絵画作品が、ボッツァによって制作されたものであることに対するマルコ教授による証明書</u>
4. 品行証明書
5. 診断書
6. 28歳であることがわかる出生証明書
7. 農商務省からの手紙
9. 写真
   (a) 休息中の隊商
   (b) 急いで立ち去る隊商
   (c) 山々の峡谷の中の隊商
   (d) 探検家たち
   (e) 旅行中の隊商
   (f) 山々の峡谷の中の別の隊商
   (g) 2つの風景
10. 新聞
    A.『アルテ・イン』
    B.『ファンフッラ』
    C.『ジョルナーレ・アルティスティコ』
    D.『ナツィオーネ』
    E.『リタリア・アルティスティカ』
    F.『プンゴロ』
    G.『オピニオーネ』
    H.『フィレンツェ・アルティスティカ』
    I.『ラルテ』
    K.『ガゼッタ・デル・ポポロ・ディ・フィレンツェ』

ルーカ・バルビエーリ
　技術学校の卒業証書を得て3年になります。ウィーン万国博覧会に出品した装飾画を送ってきました。

彫刻

フィレンツェ
ジョヴァンニ・パガヌッチ教授
　フィレンツェ［王立美術］専門学校は本省に、彼はフィレンツェ在住の同地美術学院［フィレンツェ王立美術専門学校を指す］の教授で、その作品及び教育方法によって称賛されており、そしてフランス語を知っている、と書きました。受諾の前に、彼は覚書の事情、とりわけ<u>彼らの全ての時</u>

<u>間は政府への奉仕に捧げられなければならない</u>という条件の厳密な意味の理解を留保しています。

<u>ローマ</u>
ミケーレ・カプリ
　［ローマ王立美術］専門学校は誰も推薦しませんでした。
　カプリは自身で申請書を提出しました。校長はカプリについていかなる情報も得ていないとのべています。無名であるということははっきりしています。カプリは単なる大理石の荒削り職人であって、それ以上ではないと何人かの人に言われたと、校長は付け加えています。

エットレ・フェッラーリ
　ローマ出身のエットレ・フェッラーリは、以下の書類とともに出願書を提出しました。
 1. 出生記録
 2. ローマの美術学校による試験によって得た賞と給費
 3. アルカディア学会メンバー任命
 4. 科学・教養文学運営委員会メンバー任命
 5. ローマ市賞授与審査会メンバー任命
 6. 芸術会議プロジェクト策定委任
 7. ロンドン芸術協会通信会員任命
 8. 600リラの賞金支給のために美術協会から受けた任命
 9. ローマ国際美術協会から受けたさまざまな選出
 10. 上記協会事務局長任命

以下の写真を提出しています。
 1. 浅浮彫
 2. エルメンガルダ
 3. 気前のいい息子
 4. レスビア
 5. 墓碑のための浅浮彫
 6. ジョヴァンニ・エリアーデのための記念碑
 7. ステファノ・ポルカーリ

<u>トリーノ</u>
　［トリーノ・アルベルティーナ王立美術］学院からの提案も、出願も、候補者もなし。

<u>ミラーノ</u>
パレルモ出身のヴィンチェンツォ・ラグーザ
　ミラーノ［王立］美術学院は、ラグーザは独身で、30歳であり、3年前からミラーノに居を構えていると伝えています。人物彫刻においてだけでなく、装飾、動物、果物や花々などの彫刻に

おいても、とても有能な美術家です。彼は、室内装飾用の透視画と建築装飾の仕事、大理石やさまざまな石の裁断、またそれらの調整にも従事してきました。彼はブロンズの鋳造技術に精通しており、また蠟を含むさまざまな種類の造形美術に慣れ親しんでいます。これらの情報を補う記録として、美術学校は、ロシア帝国参事官のフォン・デルヴァイズ伯爵閣下の依頼による、ラグーザの大理石製及びブロンズ製の作品1点の写真複製を転送しました。彼はフランス語を話します。

　提出された写真は以下のとおりです。
　　A．解放された奴隷
　　B．子供の頭部
　　C．アメリカの奴隷制度廃止
　　D．ピエトロ・マルティーニを表現した胸像
　　E．第1の哀悼
　　F．解放されたイタリア
　　G．大理石製及びブロンズ製の暖炉装飾

ミラーノ出身のインノチェンテ・パンディアーニ

　ミラーノ［王立］美術学院は、パンディアーニは50歳で、結婚していると記しています。彼は人物像の彫刻家ですが、際立って巧妙に大理石での装飾や動物も手がけ、建築工事に不可分の石材を四角く切り出す仕事という材料の裁断にたいへん長けています。ブロンズ製装飾品の鋳造のための技術的な仕事で有名であり、彫ることにおいても優れて完全におこなうと、美術学校は付け加えています。

ミラーノ出身のドナート・バルカリア

　ミラーノ［王立］美術学院は、バルカリアは僅か26歳であるにもかかわらず、経験を積んだ卓越した芸術家であると記しています。ミラーノ［王立］美術学院の生徒であり、試験で常に称賛に値する進歩を示すほど身を捧げてきました。身体的に非常に頑健であり、知的でもあります。フランス語を話し、いくらかの英語の知識もあります。学校教育を完了してから僅かの年月の間に、既に24作品を制作しましたが、その主たるリストは以下のものです。

　<u>時を止めようと試みる青年</u>は、大理石製の等身大群像で、今年ウンベルト皇太子賞として考慮されました。

　<u>石鹸の泡</u>、実物大群像。1873年のウィーン万国博覧会のために制作されました。

　<u>盲目の愛</u>、等身大の群像で、1874年フィレンツェにおいて大金メダルをもって褒賞されました。

　<u>恥ずかしがり屋の女</u>、実物大彫像、市立トリエステ美術館に購入されました。

　<u>祈る人</u>、同上、パドヴァの美術館に購入されました。

　<u>ブドウ摘み</u>、同上、現在ミラーノ王宮にあります。

　<u>蝶と採集者</u>、2人の人物像、ニューヨークの公的美術品コレクションにおいて保管されています。

　バルカリアは、彼の類い稀な功績により、ミラーノ［王立］美術学院や他の美術学校の名誉会員に任命されました。これらの彼の能力に対し、美術学校は大理石製作品における並はずれた評

価を付言しています。

ヴェネツィア
　［ヴェネツィア王立］美術学院は、ここでもまた考察すべき人物は皆無であると返答しています。

ナポリ
ヴィンチェンツォ・ジェミト
　［ナポリ王立美術］専門学校の情報によれば、僅か22歳だが、作品によって彼の名前は既に大変知られているとのことです。ナポリには多くの称賛者がいます。人は彼をその卓越さゆえにヴェリスタと呼び、粘土に生命と自然な感情を刻むことができます。彫塑芸術の回復者、むしろある新しい流派の創始者と彼を呼ぶに至る人がいます。1872年、現大臣の依頼により、この粘土で「ブルート」を表現した彫像を造形しました。ジェミトの彫刻の典型的な特徴を納得するには、モデルを見ながら彼によって造形された、ヴェルディ先生の、画家フォルトゥニーの、検察官ディオメデ・マルヴァージの、画家ドメニコ・モレッリの胸像を見れば十分です。彼はフランス語を知っています。現在、彼は政府給費生です。

フランチェスコ・イェラーチェ
　［ナポリ王立美術］専門学校は、イェラーチェは23歳で、カラブリア出身で、かつてナポリ［王立美術］専門学校の生徒だったと述べています。意思の強固さをもって勉強し、正にその強さをもって既に名を上げています。政府給費生試験において素晴らしい人物像を制作しました。今年、ローマにおけるスタンツァーニ賞を獲得しました。フランス語と英語を知っています。

アキッレ・ドルシ
　［ナポリ王立美術］専門学校からの情報は以下のごとくです。ドルシは、ナポリ［王立美術］専門学校で学び、そこで賞や選外佳作賞を獲得しました。目下のところ、等身大の群像を制作中で、彼のサルヴァトーレ・ローザの胸像が大変称賛されたのと同様に、多くの教師は大変好意的な意見を述べています。彼もまた政府給費生です。フランス語を話します。

アリスティーデ・リッカ
　ナポリの出身で、著名な彫刻家のパスクアール・リッカの息子です。彼は、父親の指揮の下で勉強しました。多くの作品を制作し、［ナポリ王立美術］専門学校の証言によれば、ナポリの教養ある教授陣から称賛に値するとの証明書を得たとのことです。フランス語を話します。

カヴァリエーレ勲章受章者エマヌエーレ・カッジャーノ
　ナポリ［王立美術］専門学校の名誉教授であり、教授会のメンバーです。1860年以降、フィレンツェにおいて政府給費生でした。多くの作品を制作しました。

ラッファエーレ・ベッリアッツィ

ラッファエーレ・ベッリアッツィは、ナポリ［王立美術］専門学校校長が断言しているように、ナポリにおいてのみならず、ナポリ市外の展覧会においても称賛された作品を制作した彫刻家です。

アントーニオ・ボルトーネ

ボルトーネは、ナポリ［王立美術］専門学校の、特にティート・アンジェリーニ教授の生徒で、教授は、28歳にして、示されたオリジナルからあらゆる複製を描くにあたって、モデルから好感のもてる方法で肖像を描くのに、ボルトーネほど達者な若者に出会ったことはない、と断言するのを躊躇しない、と校長は報告しています。アンジェリーニ教授によれば、ボルトーネはまだとても若いけれども、老練な競争者に対抗してハイレベルな裸体像コンクールに出品し、満場一致で彫刻部門の一等賞を獲得しました。聖ヨハネを表現したある彫像（実物大）は、全教員の賛辞と称賛を博し、現在、本校の彫刻学科において保管されています。ナポリ県は、本当に彼がそう呼んでいるところの本質を、彼の芸術において完全なものとすべく、彼がフィレンツェに赴くための毎月100リラの給付金を授与しました。フィレンツェにおいて、ボルトーネはさまざまな大理石製作品を制作し、裸体作品では同地美術学校から授与された一等賞を獲得しました。そのほかに、大理石で大変美しい実物大の聖母像を制作し、また実際の特徴を備えた多くの女性肖像を制作しました。上述のアンジェリーニ教授いわく、より繊細な鑿の使用と仕上げに導かれることによって肌がつくられた、と言います。1872年の展覧会において、ヒポクラテスの彫像で金メダルを得、そしてジーノ・カッポーニの胸像コンクールでは、全ての競争者から好まれました。

ヒポクラテスの彫像写真とアンジェリーニ教授の報告書が付け加えられています。

フランチェスコ・パオロ・エヴァンジェリスタ

彼はナポリ［王立美術］専門学校で多くの愛を注ぎながら勉強し、奨励コンクールの機会において、教師たちからの大いなる満足を得た作品に対し、数々の賞を受賞する幸せな成功を収めたと、校長は述べています。大変貧困に窮しています。

ニコーラ・アヴェッリーノ

［ナポリ王立美術］専門学校の生徒であり、賞を獲得し、（1865年に）ローマにおいて政府給費生でした。芸術家として確かな名声を獲得し、価値ある作品の制作に欠けることはないと、［ナポリ王立美術］専門学校の校長は述べています。彼の出願［書］において、アヴェッリーノは［ナポリ王立美術］専門学校の学科において、一等賞を18回、二等賞を5回受賞し、そしてナポリの美術展において金賞及び銀賞を数回獲得したと述べています。美術学校の名誉教授ですが、たいへん貧しいとのことです。

原文：Minuta (o Copia) finale della Relazione dei "Richiedenti per la Scuola di Belle Arti di Tokio" fatta dal Ministero della Pubblica Istruzione, senza data.

Richiedenti per la Scuola di Belle Arti di Tokio

Architettura

Firenze

Nessuna domanda.

Roma

Nessuna.

Torino

Nessuna.

Milano

Gian Vincenzo Cappelletti

L'Accademia di Milano, dice che il Cappelletti è Architetto dei più distinti usciti dalle sue scuole; frequentò anche le scuole d'ornato, quelle di figura e quelle del paesaggio; e dopo compiuto il tirocinio scolastico ottenne in più d'un concorso il premio; la sua valentia artistica è pareggiata dalla singolare perizia da lui acquistata nelle costruzioni, essendo stato più volte impiegato nella creazione di rilevanti fabbriche pubbliche e private, ed anche nelle strade ferrate; è inoltre versato nella prospettiva e nella geometria descrittiva; ha fatto un sufficiente corso di geodesia e di matematica; parla il francese ed ha qualche conoscenza dell'inglese e del tedesco; passa di poco i trent'anni; è studioso sempre ed attivo; ed è celibe.

Venezia

Carlo Fassetta

Il Ministero degli Affari Esteri con sua lettera del 15 settembre inviò una domanda del signor Ingegnere Carlo Fassetta di Venezia. Interrogato sopra di lui l'Accademia di Venezia, si seppe che egli non ha fatto gli studi nell'Accademia Veneta, ma dall'Università di Padova passò subito alla pratica della professione sotto la direzione del valente Ingegnere Architetto del Municipio di Venezia, Cavaliere Romano. Ora sotto la direzione dell'Ingegnere Gabelli si adopera negli studi della strada ferrata di Bassano, ed è tenuto in gran conto dal suo superiore. È studiosissimo. Conosce bene la lingua Giapponese. Così l'Accademia di Venezia.

Napoli

Antonio Curri

L'Istituto crede che il Curri propriamente non si possa chiamare Architetto, perché non ha laurea, né ha fatto gli studi all'Università. Ha studiato invece l'arte nell'Istituto e particolarmente il disegno di Architettura e la Decorazione, in cui è riuscito abile. Il suo Maestro Cavaliere Enrico Alvino lo ha in conto di uno dei suoi migliori Allievi, tanto che lo ha tenuto per sei anni nel suo studio come coadiutore nella compilazione dei suoi progetti architettonici. Nell'Istituto ha meritato sempre per concorso i primi premi, e molti dei suoi lavori ivi si conservano ad ornamento e decoro della Scuola di Architettura. Nel concorso pel pensionato governativo del 1868 ebbe il <u>terzo</u> posto. In tutti i suoi lavori ha dato prova di conoscere e di sapere applicare esattamente le regole di prospettiva. Nel 1873 eseguì il disegno dell'Arco di trionfo di Alfonso d'Aragona. Queste sono notizie somministrate dall'Istituto. Eccone altre date da lui stesso:

"Prese parte, nel 1872, ad un concorso per un monumento ai caduti d'Italia.

Altro concorso pel restauro del Teatro di Foggia, rimasto sospeso, ma non pertanto il Curri sarebbe stato ritenuto il migliore di tutti.

Progetto di restauro da lui compilato per concorso fra molti Architetti, della facciata del Duomo di Napoli, e ne ricevette lodi da molti Artisti.

Ha lavorato in pietra, ornamenti e figure nelle facciate del palazzo Dini a Napoli e della villa Vitolo a Portici."

Oscar Capocci

L'Istituto informa intorno al Capocci, dicendo che egli è un distinto Architetto Napoletano, e da più di 11 anni Professore di Architettura nella Regia Università di Napoli, nella quale ha costruito i gabinetti di Chimica. Ultimamente costruì il grande acquario nella Villa Nazionale e fece altri lavori che sono stati di soddisfazione del pubblico e del Commendatore Alvino, che ha dato pareri su di essi. Egli accetterebbe il posto a Tokio anche se il Ministero non gli promette di conservargli quello che ora ha di Professore nell'Università di Napoli.

Carlo Calì

Egli dice che è stato Professore di Matematica e di Disegno nelle Scuole Comunali di Napoli nel 1867, Ingegnere provinciale del Macinato nel 1869. È straordinario nei Circoli delle bonificazioni di Napoli dal 1870 al 1871. E straordinario della Regia Casa in Roma nel 1872, Ingegnere Onorario di una Società costruttrice nel 1873, Ingegnere presso l'Ufficio Comunale di Reggio di Calabria nel 1873 fino ad ora ec. ec.. Aggiunge ancora una nota dei suoi lavori, che è la seguente:

1. Progetto di una nuova via dalla Stazione al Vaticano in Roma.
2. Monumento per la Città di San Marino
3. Progetto della Casa Tripepi in Reggio Calabria nel 1875.
4. Progetto di una Chiesetta di Campagna, proprietà Vitrioli, in Reggio Calabria, 1875
5. Restauri alla Casa Oliva in Reggio Calabria 1875
6. Restauri alle Case Giordano e Festa in Reggio Calabria nel 1875.
7. Restauri ed ampliamento della Casa De Lorenzo in Reggio Calabria 1875.
8. Progetto di Restauro della Casa Plutino in Reggio Calabria 1875.
9. Principali sitsemi delle nuove fondazioni, e restauro delle vecchie Opuscolo a Stampa 1868.
10. Metodo spedito e semplice per la soluzione dei problemi sul moto delle acque nei canali e nei tubi. Opuscolo a Stampa 1873 - commendato dagli Ingegneri Tessitore e Manfredi e da una Commissione di Professore della Scuola d'Applicazione di Napoli.
11. Del riporto delle spese per costruzioni e di argini mediante formule semplicissime - In corso di stampa.
12. Del riporto delle alluvioni - Di prossima pubblicazione.

Pittura

Firenze
Professore Giovanni Costa

Il Direttore dell'Istituto informa del Costa col dire che egli è Allievo del Professor Pollastrini e da lui raccomandato come quello che possiede tutti i requisiti voluti e indispensabili per coprire degnamente l'ufficio di Professore di Pittura nella Scuola di Tokio; che conosce il Francese e l'Inglese. Si riserva di prendere cognizione dello schema di contratto, specialmente del valore preciso della condizione: "Il loro tempo deve esser consacrato al servizio del Governo."

Roma

Nessuna domanda

Torino
Alerino Amossi

Il Presidente dell'Accademia, scrive che dell'Amossi egli non sa altro se non che è Professore di Disegno nell'Istituto Internazionale Italiano in Torino.

Professore Alberto Maso Gilli

Il Presidente dell'Accademia Torinese attesta che il Gilli per lo spazio di otto anni, cioè dal 6 Maggio 1865 fino al Novembre 1873, insegnò con moltissimo zelo nella Scuola superiore di pittura in quell' Accademia nella qualità di Maestro Aggiunto, disimpegnando il suo ufficio con tutte le cognizioni pratiche ed estetiche dell'Arte, con rara costanza, inappuntabile assiduità, con sommo profitto dell'Istruzione, e con massima soddisfazione degli Allievi. Durante il qual tempo ebbe a distinguersi con raro merito, professando l'arte con molto buon successo nelle pubbliche Esposizioni. Il Cavaliere Gilli oltre di essere uno dei più valenti pittori della Provincia di Torino, conchiude il Presidente, coltiva con grande successo l'acquaforte ed anche in questo s'acquistò un bel nome in Italia e fuori.

Cavaliere Antonio Fontanesi

Egli dice che a Ginevra insegnò Paesaggio, Figura e Prospettiva; che fu prescelto come Professore del Principe Alfredo d'Inghilterra; che nel 1868 insegnò il disegno della Figura nel Regio Istituto di Belle Arti di Lucca e nell'anno appresso fu nominato Professore di Paesaggio nell'Accademia di Belle Arti di Torino.

Il Presidente dell'Accademia di Torino attesta che egli in questi sei anni che v'insegnò, esercitò sempre con molto zelo il suo ufficio.

Milano
Paolo Caliari di Verona

Informazione dell'Accademia. È allievo della Scuola del Professor Bertini nell'Accademia Milanese; si è esercitato molto nel Disegno della Figura e dell'Ornamentazione; tratta la pittura a olio e all'acquarello; ha fatto qualche pratica anche in quella a fresco; ha 35 anni e servì nell'esercito in qualità di sott'Ufficiale nel 3° Reggimento Bersaglieri; conosce sufficientemente la lingua Francese; ed è celibe.

Enrico Romolo

L'Accademia Milanese ricorda la distinta perizia del Romolo nel Disegno della Figura; dice che egli in seguito diventò assai abile artista, e i dipinti così a olio che all'acquarello da lui prodotti nelle Esposizioni di Belle Arti nel Palazzo di Brera ne fanno fede. Conosce pure il Disegno di Paesaggio e di Ornato; parla il Francese ed ha qualche conoscenza dell'Inglese. È celibe.

Venezia
Ermolao Paoletti

È ammogliato con prole. L'Accademia di Venezia lo dice abilissimo in ogni maniera di pittura a tempera, a fresco e ad olio; capace nel disegno; di tale aspetto e modi quali si convengono ad un buon insegnante. Egli presentò sotto fotografie di alcuni suoi lavori, con l'elenco dei principali suoi quadri. Le fotografie sono:
A. Le dame veneziane che soccorrono i prigionieri genovesi dopo la Guerra di Chioggia.
B. Baccanale.
C. D. E. Tre quadri allegorici, dipinti nel Convento degli Armeni in Venezia.
F. Il vino della messa.
G. La seconda caccia.
H. La signora dal Pappagallo.

Napoli
Cavaliere Francesco Mancini

Ha quarant'anni di età. Esercita in particolar modo l'arte del Paesista. Gode una buona riputazione, e le sue pitture di paesaggio, di animali e di figure si possono dire piuttosto stimate e ricercate in Italia e fuori, e specialmente in Inghilterra. Parla il francese e qualche poco anche l'Inglese. Così il Direttore dell'Istituto.

Cavaliere Francesco Netti

Scrive il Direttore dell'Istituto: il Netti è pittore che coll'Arte accoppia molta coltura letteraria, ed è istruito nelle Lingue Francese ed Inglese; dandosi principalmente alla Pittura di Figura, non tralascia gli accessori e particolarmente la prospettiva; espose lavori d'Arte in diverse Esposizioni nazionali ed estere, compresa quella di Firenze del 1862 e quella di Parigi del 1867; fu uno del Congresso didattico di Napoli nel 1872 per ciò che riguardava le Arti del Disegno, e nel 1873 fu incaricato dal Municipio di Napoli di riferirgli sull'andamento e sui bisogni delle Scuole di Disegno Municipali.

Giuseppe Cosenza di Calabria

Così informa l'Istituto Napoletano intorno al Cosenza. Ha 29 anni, ed è stato Alunno dell'Istituto Napoletano, ove studiò con lodevolissimo successo e meritò molti premi. Si può chiamarlo un pittore generico perché tratta con la medesima franchezza tanto la Figura quanto il Paese e gli Animali e l'Ornato. Tre anni fa si espose al concorso che si tenne nell'Istituto per il Pensionato Governativo di Roma, anzi con raro esempio volle concorrere a breve intervallo prima per il Paesaggio e poi per la Pittura storica. In ambedue i concorsi se non riportò la palma ebbe però un posto fra i primi, e non mancò né anche di contrastare il premio a quelli che poi lo ricevettero di fatto, e per questo il merito suo non ne rimase punto diminuito, anzi fu allora che si palesò di quanta forza fosse capace nell'Arte. Dopo quel concorso ha continuato a studiare ed a produrre opere con sempre crescente ardore ed ha fatto notevoli progressi. Nella Esposizione della Società promotrice i suoi quadri furono venduti prima dell'apertura di essa. Conosce la lingua Francese ed Inglese. Le qualità morali e la serietà di questo giovane lo rendono meritevole di tutta la considerazione.

Luigi Fabron torinese

Ha 21 anno, e fece i suoi studi in Napoli. È d'ingegno assai fervido ed è studioso e diligente. Il Direttore dell'Istituto Napoletano scrive che il Commendatore Domenico Morelli tiene il Fabron in conto del miglior Allievo della sua Scuola. Le sue produzioni ottennero l'approvazione sia nell'Accademia, sia nelle Mostre della Promotrice, dove sono state vendute fin dal primo giorno. Attualmente, mercé apposito concorso, è stato scelto a compiere un quadro sopra una scena dei Captivei di Plauto, dopo la rappresentazione fatta nell'Istituto della Commedia Latina per iniziativa dell'Abate Mirabelli. Conosce il Francese.

Cavaliere Saverio Altamura

Il Direttore dell'Istituto a proposito di questo Artista si esprime così: "Mi risparmio di parlare di questo Artista essendo troppo noto per i suoi lavori e per la riputazione che gode in Italia e fuori non solamente come pittore, ma come persona che può ispirare tutta la fiducia al Ministero che volesse profittare dei suoi servigi."

Cavaliere Francesco Sagliano

Il Direttore dell'Istituto dice che il Sagliano è uno dei più rinomati Pittori Napoletani; che anch'egli fu pensionato governativo, ed ora è Professore onorario dell'Istituto di Belle Arti. Presenta la fotografia del suo quadro raffigurante "l'entrata di Sua Maestà Vittorio Emanuele in Roma" per avere una somma da poter lasciare alla sua famiglia.

Giuseppe De Nigris

È pittore che, secondo il Direttore dell'Istituto, gode buona riputazione, ed ha esposte molte opere alle pubbliche Mostre, e ne ha riportati premi ed incoraggiamenti.

Achille Talarico

Di questo Artista si seppe quanto fu già detto pel De Nigris. Generalmente piace la sua pittura.

Eduardo Buccini

Non è conosciuto dall'Istituto, ed il Direttore non può assicurare nulla di preciso sul conto suo.

Edoardo[sic] Tofano

Il Commendatore Morelli attesta che il Tofano studiò profondamente tutto ciò che forma disegno e pittura, dipingendo benissimo tutte le parti de' suoi quadri, il paesaggio, i fiori, la prospettiva, della quale è veramente maestro; che è uno dei migliori acquerellisti moderni; che ha una coltura artistica e letteraria rarissima negli artisti. Parla il Francese e l'Inglese. Si unisce l'informazione avuta di lui dal Professor Commendatore Morelli.

Francesco Paolo Michetti

Informazioni dell'Istituto. Il Michetti è giovine di potente ingegno; ha studiato qualche poco nell'Istituto, ma si è dato subito all'esercizio dell'Arte della pittura, ora in Napoli, ora in Francia, ora nell' Abruzzo Chietino sua patria. Fu un tempo condotto dal Goupil, negoziante famoso di oggetti d'Arte a Parigi, per lavorare a suo conto, e le opere sue furono molto lodate ed anche incise in rame.

Luigi Stabile

Fece diverse opere e si espose nel 1864 al concorso pel posto di Professore elementare di Disegno, e nel corrente 1875 all'altro di Professore Aggiunto dell'Istituto Napoletano. Non altro si è saputo di lui.

Cavaliere Achille Sangiovanni

Egli rappresenta, che non solo fece studi nella pittura storica, ma eziandio in quella della ceramica, cognizione essenzialmente richiesta dal Governo Giapponese; che egli è Cavaliere della Corona d'Italia per lavori ad acquarello e ad olio eseguiti per la Casa Reale; che per sei anni dimorò in Pietroburgo dove pure riceve onorificenze per lavori eseguiti; e che ora egli è Perito governativo per l'Inventario degli oggetti di Belle Arti esistenti nel Palazzo Reale di Napoli.

Egli presentò

1. Certificato dell'Ispettore del Regio Mobiliare attestante l'ufficio di Perito del Sangiovanni.
2. Certificato di Leopoldo Bonafede, dimorante in Pietroburgo nel quale il Bonafede attesta che il Sangiovanni durante il suo soggiorno in Pietroburgo, oltre a molti quadri ad olio maestrevolmente eseguiti, si occupò in modo particolare a perfezionarsi nell'Arte della pittura sulla maiolica, ed eseguì nel suo studio molti lavori di questo genere coronati di ottimo successo.
3. Certificato dell'Amministrazione della Reale Casa di Napoli per servigi prestati come Perito nella compilazione dell'Inventario dei beni mobili della Corona.

Interrogato intorno al Sangiovanni il Direttore dell'Istituto di Napoli, rispose che molti anni addietro quell'artista fece un quadro rappresentante una scena della *Vita di Alfieri*, che fu creduto meritevole di essere scelto fra quelli da darsi in premio agli Azionisti della Promotrice. Ma dopo quel tempo, essendo il Sangiovanni andato fuori di Napoli, non può dir nulla dei progressi da lui fatti.

Cavaliere Teofilo Patini

Il Direttore dell'Istituto dice che il Patini per molti anni fu uno dei più valenti Alunni dell'Istituto di Napoli. Guadagnò la pensione di Roma per concorso. A Roma espose diversi lavori molto lodati, e pare riportasse un forte premio in danaro. Il Direttore dell'Istituto di Napoli lo crede uno dei più meritevoli fra gli aspiranti alla Scuola del Giappone

Presenta i seguenti titoli:
1. Certificato del Consiglio Provinciale di Aquila per un sussidio di Lire 500.
2. Nomina a Membro dell'Associazione Nazionale Italiana degli Scienziati Letterati ed Artisti.
3. Certificato dell'Istituto di Belle Arti di Napoli.
4. Decreto che gli conferisce la pensione.
5. Decreto che gli proroga la pensione fino al 1872.
6. Certificato del Circolo Artistico Internazionale di Roma, che dichiara il quadro "Lo studio di Salvator Rosa" come vincitore del premio di lire Cinque mila, istituito dal Consiglio Provinciale di Roma.
7. Nomina a Cavagliere.
8. Diploma dell'Esposizione Universale di Vienna.

Alberto Bozza
    Dimora in Roma dove ha esposte parecchie sue opere; presenta i suoi titoli che sono i seguenti:
1. Patente di Maestro di Disegno.
2. Certificato del Professor Castagna che attesta avere il Bozza fatto nell'Accademia di Firenze un corso regolare di studi di disegno di proiezioni ortogonali.
3. Attestazione del Professor Markò per il quadro fatto dal Bozza, rappresentante una <u>Carovana in riposo</u>.
4. Certificato di buona condotta.
5. Certrtificato medico.
6. Certificato di nascita da cui risulta avere ventotto anni.
7. Lettera del Ministero di Agricoltura e Commercio.
9. Fotografie:
    (a) Carovana in riposo
    (b) Carovana fuggente
    (c) Carovana tra gole dei monti
    (d) Gli esploratori
    (e) Carovana in Viaaggio
    (f) Altra Carovana tra gole di monti
    (g) Due paesaggi
10. Giornali:
    A. Arte in
    B. Fanfulla
    C. Giornale artistico
    D. Nazione
    E. L'Italia artistica
    F. Pungolo
    G. Opinione
    H. Firenze artistica
    I. L'arte
    K. Gazzetta del Popolo di Firenze

Luca Barbieri
    Da tre anni ebbe la licenza della Scuola Tecnica; mandò i suoi disegni d'ornato alla Esposizione di Vienna.

Scultura

Firenze
Professore Giovanni Paganucci
    L'Istituto di Firenze scrisse al Ministero che egli è Professore Residente dell'Accademia di Firenze; lodato per le sue opere e per il metodo d'insegnamento; e che sa il Francese. Prima dell'accettazione egli si riserva di prendere cognizione dello schema di contratto che dovrà stipularsi fra le due parti contraenti, e più specialmente del valore preciso della seguente condizione: <u>Il loro tempo dove essere consacrato al servizio del Governo</u>.

Roma
Michele Capri
    L'Istituto non propose nessuno.
    Il Capri presentò da sè la sua domanda. Il Direttore dell'Istituto dice di non aver notizia alcuna da dare intorno al Capri; certo segno della sua oscurità. Aggiunge che alcuno gli disse, essere il Capri un semplice sbozzatore e nulla più.

Ettore Ferrari
Ettore Ferrari di Roma presenta insieme colla sua domanda i seguenti documenti:
1. Atto di nascita.
2. Premio e pensione ottenuta per concorso dall'Accademia Romana di Belle Arti.
3. Nomina a membro dell'Accademia dell'Arcadia.
4. Nomina a membro della Commissione direttiva di Lettere scientifiche e letteraraie.
5. Nomina a membro del giurì per conferire un premio Municipale in Roma.
6. Incarico di formulare un progetto per Consiglio d'Arte.
7. Nomina a Socio Corrispondente della Società Artistica di Londra.
8. Nomina conferitagli dalla Società di belle arti per assegnare un premio di lire 600.
9. Varie altre elezioni conferitegli dall'Associazione artistica internazionale di Roma.
10. Nomina a Segretario Generale dell'Associazione predetta.

Presenta ancora le seguenti fotografie
1. Bassorilievo
2. Ermengarda
3. Il figliuolo prodigo
4. Lesbia
5. Bassorilievo per Monumento sepolcrale
6. Monumento a Giovanni Heliade
7. Stefano Porcari

Torino
Nessuna proposta dell'Accademia, né domanda di richiedenti.

Milano
Vincenzo Ragusa di Palermo
L'Accademia di Belle Arti di Milano informa che il Ragusa è celibe, ha trent'anni di età, dimora da tre anni in Milano. È artista assai abile non solo nella scultura di figura, ma anche in quella d'ornato, di animali, di frutta, di fiori ec. Egli è pure esercitato nei lavori di quadratura e decorazione architettoniche, nel taglio dei marmi e delle pietre e nel loro assestamento; È perito nell'arte della fusione in bronzo, e gli sono famigliari tutti i generi di plastica, compreso quello in cera. A questi meriti unisce una straordinaria operosità. A corredo di queste notizie l'Accademia trasmette una riproduzione fotografica di un lavoro del Ragusa eseguito in marmo e in bronzo per commissione di Sua Eccellenza il Conte Von Dervice, Consigliere di Stato dell'Impero Russo; e sei fotografie di altri lavori da lui fatti. Parla il Francese.

Le fotografie presentate sono le seguenti.
A. Lo schiavo liberato
B. Testa d'un bambino
C. L'abolizione della schiavitù in America
D. Busto rappresentante Pietro Martini
E. Il primo cordoglio
F. L'Italia redenta
G. Decorazione d'un caminetto, in marmo ed in bronzo.

Innocente Pandiani di Milano
L'Accademia di Milano scrive, che il Pandiani ha cinquant'anni di età, e che è ammogliato. E'scultore di figura, aggiunge l'Accademia, e tratta con singolare bravura la decorazione in marmo e gli animali; è peritissimo nel taglio del materiale per le opere di squadratura inerenti ai lavori architettonici; conosce i magisteri tecnici per la fusione in bronzo di oggetti d'ornato, e perfeziona egregiamente col cesello.

Donato Barcaglia di Milano

L'Accademia di Milano scrive che il Barcaglia è provetto e distinto Artista, sebbene conti solo 24 anni di età; è Allievo dell'Accademia milanese, e vi diede sempre prova di lodevoli progressi; è di robusta tempra fisica e intellettuale; parla il Francese, ha qualche conoscenza dell'Inglese; nei pochi anni dacché compì il tirocinio scolastico produsse già 24 lavori, di cui ecco la lista dei principali:

La gioventù che tenta arrestare il tempo, gruppo in marmo a grandezza naturale, che in quest'anno fu preso in considerazione per il Premio Principe Umberto.

La bolla di sapone, gruppo al vero; figurò all'Esposizione di Vienna nel 1873;

Amore accieca, gruppo a dimensioni naturali, che nel 1874 fu premiato a Firenze colla grande medaglia di oro.

La Vergognosa, statua al vero, acquistata dal Civico Museo di Trieste.

La Preghiera, id, acquistata pel Museo di Padova.

La Vendemmia, id che ora trovasi nel Palazzo Reale di Milano.

La Farfalla e il cacciatore, due figure che conservansi in una pubblica collezione di oggetti d'Arte a New York.

Il Barcaglia pe' suoi distinti meriti fu nominato Socio Onorario dell'Accademia Milanese e di altri Istituti di Belle Arti. A queste sue capacità, così finisce l'Accademia, aggiunge una perizia straordinaria nel lavoro del marmo.

Venezia

L'Accademia riprese di non avere nessuno da mettere in considerazione.

Napoli
Vincenzo Gemiti [sic]

Secondo le informazioni dell'Istituto, il Gemiti ha solo 22 anni, ma è già molto conosciuto per le sue opere; in Napoli ha molti ammiratori; lo dicono verista per eccellenza e che sa imprimere alla creta vita e sentimenti naturali; e si giunge fino a chiamarlo il restauratore dell'Arte statuaria, anzi l'iniziatore di una scuola novella; nel 1872 d'ordine del Ministro Correnti modellò una statua in creta, rappresentate Bruto; a convincersi dei tratti caratteristici della scultura del Gemiti basterebbe vedere i busti da lui modellati dal vero del Maestro Verdi, del Pittore Fortunny, del Procuratore Diomede Marvasi, del Pittore Domenico Morelli; sa il Francese, ed attualmente è pensionato governativo.

Francesco Jerace

L'Istituto dice che il Jerace ha 23 anni, che è Calabrese, già Allievo dello Istituto Napoletano; costantissimo nello studio, colle proprie sue forze si fece già bel nome; nei concorsi al pensionato fece ottima figura; in quest'anno vinse in Roma il premio Stanzani; conosce il Francese e l'Inglese.

Achille D'Orsi

Le informazioni dell'Istituto sono le seguenti. L'Orsi fece i suoi studi nell'Istituto di Napoli dove meritò premii e menzioni onorevoli; attualmente sta lavorando un gruppo di dimensioni al vero, su cui diversi Professori si sono pronunziati molto favorevolmente, come pure fu molto lodato il suo busto "Salvator Rosa"; anch'egli è pensionato; parla il Francese.

Aristide Ricca

È napoletano, figlio dell'illustre Pasquale Ricca scultore. Studiò sotto la direzione del padre. Ha eseguiti molti lavori e ne riportò, secondo afferma l'Istituto, certificati di lode da distinti Professori di Napoli. Conosce il Francese.

Cavaliere Emanuele Caggiano

È Professore Onorario dell'Istituto Napoletano e Membro del Consiglio Accademico. È stato pensionato del Governo a Firenze dopo il 1860. Ha eseguite parecchie opere.

Raffaele Belliazzi

  Raffaele Belliazzi è uno scultore che ha fatto lavori applauditi, come asserisce il Direttore del'Istituto Napoletano, non solamente a Napoli, ma anche nelle Esposizioni fuori di Napoli.

Antonio Bortone

  Il Direttore riferisce che il Bortone è Allievo dell'Istituto di Napoli e particolarmente del Professore Tito Angelini, il quale non esita ad asserire che in 28 anni da che è Professore non ha mai trovato un giovane che avesse più del Bortone facilità nel ritrarre dal modello e modo simpatico per condurre ogni copia dall'originale che gli si presentava. Ancora giovanissimo, dice il Profesoor Angelini, il Bortone essendosi esposto al concorso del nudo in alto rilievo, contro a provetti competitori, ottenne ad unanimità il primo premio della Sezione di Scultura. Una sua statua rappresentante San Giovanni (al vero) riscosse gli encomi e le approvazioni di tutti i Professori, ed ora si conserva nella scuola di scultura dell'Istituto. La Provincia di Napoli gli accordò una pensione di Lire 100 al mese recarsi a Firenze ove si perfezionò nell'arte sua, a cui veramente natura lo ha chiamato. In Firenze, il Bortone, ha eseguito diverse opere in marmo, e nel componimento del nudo guadagnò un primo premio conferitogli da quell'Accademia. Oltracciò lavorò anche in marmo una bellissima Madonna, grande al vero, e fece moltissimi ritratti muliebri, tratti dal vero, che, a detta del Professor Angelini, non potrebbero essere condotti con più delicatezza di scalpello e finito lavorò nelle carni. Ebbe la medaglia d'oro nell'Esposizione del 1872 per la statua d'Ippocrate, e fu preferito a tutti i concorrenti nel concorso pel busto di Gino Capponi.

  Si aggiunge la fotografia della statua d'Ippocrate e un rapporto del Professor Angelini.

Francesco Paolo Evangelista

  Ha studiato nell'Istituto Napoletano con molto amore, dice il Direttore, e felice successo avendo meritato parecchi premii per lavori giudicati di molta soddisfazione dai Professori in occasione dei concorsi d'incoraggiamento. È in molta miseria.

Nicola Avellino

  È Allievo dell'Istituto dove meritò premii, e fu (nel 1856) pensionato del Governo a Roma. Come Artista, dice il Direttore dell'Istituto, acquistò un certo nome, e non mancò di eseguire lavori di pregio. Nella sua domanda l'Avellino dice d'aver riportato diciotto primi premii e cinque secondi nelle Scuole dell'Istituto e diverse medaglie d'oro e d'argento nelle Esposizioni di Belle Arti di Napoli. È Professore Onorario dell'Istituto; ed è assai povero.

37. 1875年12月17日付、公共教育大臣ルッジェーロ・ボンギ発、外務大臣エミーリオ・ヴィスコンティ・ヴェノスタ宛文書案文

在ローマ、外務大臣宛
総公文書番号35905／8584
第2局
配置番号35
発出番号11344
9月10日付文書の返信
第3局　第1課　第51号
件名：東京美術学校

ローマ発、1875年12月17日付

東京美術学校設立への貢献に関し、日本公使からの要請という栄誉を与えられて、私は彼の学校でのなにがしかの教育を受け入れる用意のある相応しい芸術家を探索し、推薦される者の情報を提供されるよう、王国内の主要校である、ローマ、フィレンツェ、ナポリ、ヴェネツィア、ミラーノ、トリーノの美術学校に問い合わせました。
　いくつかの地域では、私の要望に対して十分な広告をしなかった美術学校長もあれば、提供された条件を有利なものと見なさなかった地域の芸術家もあり、また、上述の美術学校のいくつかの所在地においては、応募者が溢れており、他のところでは非常に乏しいという具合です。
　しかし、応募者総数については、彼らの内の何人かは議論の余地のない価値ゆえに、むしろ注目に値する良い結果を得ました。
　私は、美術学校毎にリストをまとめさせ、私の元に届いた彼らの名前、身分、肩書、情報のそばに注釈を施させました。
　いまや重要かつよりデリケートな部分だけが残り、東京の学校のために必要である3名の教師の選抜をしたいと思います。
　この目的のため、私は閣下へ各応募者の資格証明とともに上述のリストをお送りします。そして、これらの資料をもって彼の国に設立される最初の美術学校という特別な性質により相応しいと思われる人選をおこない得るように、なにとぞこれらの文書を日本公使殿へお送りくださいますようお願いいたします。このようにして、これほどにも高貴な機関に貢献できれば、私は大変嬉しく思います。
　もし、日本公使殿が私の省も選抜実務に加わることを望まれるのであれば、委員には応募者が修学した講座の教師は選ばないように配慮しつつ、上述の日本公使殿から選ばれた2人と、本省からの2人の計4人の芸術家で構成された委員会を招集し、人選をおこなうようご提案申し上げます。
　そして、この部分に関しても、私は日本公使殿へ、必要とされ得る情報を提供することを申し出ます。

　　　　　　　　　　　　　　　　　　　　　　　　　　　　　　　　　　署名　ボンギ

[文書の左側、別人の手書きで] 1.（別に）小包一つを添付

　原文：**Minuta della lettera di Ruggiero Bonghi, Ministro della Pubblica Istruzione, a Emilio Visconti-Venosta, Ministro degli Affari Esteri, 17 dicembre 1875.**

　　　Al Ministro degli Affari Esteri, Roma
　　　Protocollo Generale Numero 35905/8584
　　　Divisione 2
　　　Numero di Posizione 35
　　　Numero di Partenza 11344
　　　Risposta a lettera del 10 settembre
　　　Divisione 3ª, Sezione 1ª, Numero 51
　　　Oggetto; Scuola Belle Arti di Tokio

　　　　　　　　　　　　　　　　　　　　　　　　　　　Roma, addì 17 dicembre 1875

Onorato dell'invito del Ministro del Giappone per contribuire all'istituzione di una scuola di Belle Arti in Tokio, io mi rivolsi alle Accademie di Roma, Firenze, Napoli, Venezia, Milano e Torino che sono le principali dei Regno, affinché facessero le ricerche opportune degli artisti disposti ad accettare qualche insegnamento in quella scuola, ed insieme mi fornissero le loro informazioni proposte.

Sia che in alcuni luoghi i Direttori delle Accademie non abbiano dato una sufficiente pubblicità alla mia richiesta, o sia che gli artisti di quei luoghi non abbiano reputato vantaggioso il partito loro offerto, fatto è che in alcune sedi delle suddette Accademie i richiedenti abbondarono, dove in altre scarreggiarono grandemente. Ma tuttavia il numero complessivo dei richiedenti è riuscito piuttosto ragguardevole, anche pel merito incontrastato di alcuni di essi.

Io ho fatto compilare un elenco dei richiedenti, divisi Accademia per Accademia, ed ho fatto annotare a lato di loro nomi tutte le loro qualità, i loro titoli e le informazioni che intorno ad essi mi sono pervenute.

Resta ora la parte principale e più delicata, intendo a quella della scelta dei tre Professori che abbisognano per la scuola di Tokio.

A questo fine trasmetto a Vostra Eccellenza il predetto elenco insieme coi titoli di ciascun richiedente e prego la cortesia di Lei di volere trasmettere [una parola non comprensibile] queste carte al Sig. Ministro del Giappone, affinché colla scorta di esse possa fare quella scelta che crederà più consentanea all'indule speciale della prima scuola di Belle Arti che si istituisce nel suo paese; e sarò molto lieto di avere in questa guisa contribuito ad una così nobile istituzione.

Che se per avventura il Signore Ministro del Giappone desiderasse che pure il mio Ministero entrasse nell'opera della scelta in questo caso proporrei che tale scelta, fosse demandata ad una Commissione composta di quattro artisti, metà eletti dal detto Signore Ministro e metà dal mio Ministero, avvertendo per altro di non eleggere per commissario nessuno di Professori sotto i quali i richiedenti abbiano fatto il corso dei loro studi. E anche per questa parte mi offro di fornire al Signor Ministro giapponese le notizie di cui essi potessi abbisognare.

firmato Bonghi

[a sinistra del testo di altra mano] 1. allegato a un pacco（a parte）

38. 1875年12月29日付、外務省事務次官イザッコ・アルトム（外務大臣エミーリオ・ヴィスコンティ・ヴェノスタに代わって）発、公共教育省宛文書

［レターヘッド］外務省　領事商務総局
　　　　　第2局
　　　　　第1事務室
　　　　　第65号
　　　　　件名：東京美術学校のためのコンクール

公共教育省宛

ローマ発、1875年12月29日付

　日本公使殿は、貴省に対し、東京美術学校の教師のポストに応じる用意のあるイタリア人美術家の探索の手段を講じ、そして彼ら個々についての適切な情報を収集するという配慮につき、感謝しています。

　だがしかし、もしこれら3名が日本政府によって用意された契約において定められた条件に従うのであれば、前述の公使は候補者の能力及び適性を的確に判断できかねるので、貴省に3名の教師の選抜を全面的に委ねています。

それゆえ署名者は、誰が選ばれたかをしかるべき時にお知らせいただくことを祈念しつつ、去る17日の第2局第11344号の通達とともに送られたリスト、資格証明書類、その他の文書を返送します。

大臣に代わって
署名　アルトム

［手書きで］021 10741／1月4日［75］

原文：**Lettera di Isacco Artom, Segretario Generale, per conto di Emilio Visconti-Venosta, Ministro degli Affari Esteri, al Ministero della Pubblica Istruzione, 29 dicembre 1875.**

　　　［Intestazione］Ministero degli Affari Esteri Direzione Generale dai Consolati del Commercio
　　　　　　Divisione 2
　　　　　　Ufficio 1
　　　　　　Numero 65
　　　　　　Oggetto: Concorso alla scuola di Belle Arti in Tokio

　　Al Ministero della Istruzione Pubblica

Roma, addì 29 dicembre 1875

　　Il signor Ministro del Giappone ringrazia cotesto Ministero della premura con cui provvide alla ricerca degli artisti italiani disposti ad accettare il posto di professore nella scuola di belle arti di Tokio, e raccolse, intorno di medesimi, ogni opportuna informazione. Non essendo per altro in grado di giudicare rettamente della capacità e idoneità dei concorrenti, il prefato Ministro si rimette interamente a cotesto Dicastero per la scelta dei tre professori, purché questi si sottopongano alle condizioni stabilite nel contratto preparato dal Governo giapponese.
　　Il sottoscritto rinvia pertanto al Ministero dell'Istruzione pubblica lo elenco, i titoli e gli altri documenti che trasmise con Nota del 17 corrente Divisione 2ª n. 11344, con preghiera di fargli conoscere, a suo tempo, su chi sarà caduta la scelta.

Pel Ministro
firmato Artom

　　　［a mano］021 10741/ 4 gennaio［75］

39. 1876年1月24日付、外務省領事商務総局局長アウグスト・ペイロレーリ（外務大臣エミーリオ・ヴィスコンティ・ヴェノスタに代わって）発、公共教育省宛文書

［レターヘッド］外務省領事商務総局
　　　　第2局
　　　　第1事務室
　　　　第3号
　　　　件名：東京美術学校のためのコンクール

公共教育省宛

ローマ発、1876年1月24日付

436

史　　料（doc. 39）

　東京美術学校のために、署名者へ非公式な方法によって貴公共教育省から指名されたカポッチ、フォンタネージ、トーファノ、ラグーザ、4氏の芸術家の名前を日本公使殿へ同様に非公式にお伝えしました。しかし河瀬氏は、かの学校の教師の採用は3名のみ、つまり絵画に1名、彫刻に1名、建築に1名であり、全体で10,000ドルの給与と定められており、それを越えることはできない、絵画教育を2講座に分けるという助言にどんな理由があろうとも、公使から既に指示された3名の芸術家という数を断固維持せざるを得ない状態にある、と指摘されました。

　それゆえ、署名者は、河瀬氏に指摘された芸術家の数を3名に減らすことで、提案を変更されるように御同輩へお願いしなければなりません。ご返答あり次第、署名者は、選抜された3名の人物との契約書に署名する義務のある彼の代表者へ、それについての正式な通知を差し上げましょう。

大臣に代わって
A・ペイロレーリ

［受領印］公共教育省、1876年1月25日、2. 第3686号
［手書きで］870／1月25日

原文：**Lettera di Augusto Peiroleri, Direttore Generale della Direzione Generale dei Consolati e del Commercio, per conto di Emilio Visconti-Venosta, Ministro degli Affari Esteri, al Ministero della Pubblica Istruzione, 24 gennaio 1876.**

　　　［Intestazione］Ministero degli Affari Esteri Direzione Generale dai Consolati del Commercio
　　　　　　Divisione 2
　　　　　　Ufficio 1
　　　　　　Numero 3
　　　　　　Oggetto: Scuola di Belle Arti in Tokio

　　Al Ministero della Pubblica Istruzione

Roma addì 24 gennaio 1876

　　Furono comunicati officiosamente al signor Ministro del Giappone i nomi dei quattro artisti Signori Capocci, Fontanesi, Tofano e Ragusa che, in via parimente officiosa, erano stati dall'Onorevole Ministro della Istruzione Pubblica designati al sottoscritto per la Scuola di Belle Arti in Tokio. Il signore Kawase fece però osservare che i posti di professore in quella scuola non essendo che tre, uno per la pittura, uno per la scultura ed un altro per l'architettura, pei quali fu fissato, in complesso, un assegno di 10,000 dollari che non potrebbe essere oltrepassato, egli si trova costretto a mantenere fermo il numero, già da lui indicato, di tre artisti, qualunque sieno le ragioni che consiglierebbero a dividere in due l'insegnamento della pittura.

　　Il sottoscritto deve pertanto pregare l'onorevole Collega di voler modificare la sua proposta, riducendo a 3 il numero degli artisti da designarsi al signore Kawase. Avuta una risposta, il sottoscritto ne darà partecipazione ufficiale a quel Rappresentante al quale spetta di firmare il contratto colle tre persone prescelte.

Pel Ministro
A. Peiroleri

　　［Timbro dell'arrivo］Ministero di Pubblica Istruzione, 25 gennaio 1876, 2, N. 3686
　　　［a mano］870/25 gennaio

40. 1876年2月11日付、公共教育大臣ルッジェーロ・ボンギ発、外務省宛文書案文（控え）

在ローマ、外務省宛
総公文書番号第870
第2局
配置番号35
発出番号1607
1月24日付、第2局　第1課　第3号通達への返信

　　　　　　　　　　　　　　　　　　　　　　　　　　　ローマ発、1876年2月11日付
　東京の学校のために日本公使殿へ全く公式な方法で提案された4名の芸術家は、
　　　建築にカポッチ氏
　　　彫刻にラグーザ氏
　　　絵画にカヴァリエーレ勲章受章者のフォンタネージ氏とトーファノ氏
です。
　さて、絵画の教育者はたった1人ということですので、絵画の教育においてはカヴァリエーレ勲章受章者フォンタネージかトーファノかの選択になります。カヴァリエーレ勲章受章者のフォンタネージ氏は、イギリスにおいてたいへん好意的に知られている優れた風景画家で、かつてルッカ王立美術専門学校で人物素描を教え、現在はトリーノ［・アルベルティーナ］王立美術学院の風景画教師です。トーファノ氏は趣味のいい人物画、花鳥画、遠近画などの教師で称賛に値し、両者とも優秀な美術家です。しかし、私が強調しましたように、両者にはそれぞれ異なる長所と能力があります。イタリアの教育施設ということであれば、容易に両者のうちのいずれかを選択することができましょう。しかし、私の全く与り知らない国で初めて創設される教育施設のことでありますので、2名の候補者の確実な選択をおこなえる人は、その国における必要性を知り、いずれの教育がより有効かについても知っている日本国公使だけです。その判断には、上述いたしました2人の芸術家の異なる特質についての私の評価が、信用できる指標としてお役に立つでしょう。
　　　　　　　　　　　　　　　　　　　　　　　　　　　　　　　　　　署名　ボンギ

　　原文：**Minuta della lettera di Ruggiero Bonghi, Ministro della Pubblica Istruzione, al Ministero degli Affari Esteri, 11 febbraio 1876.**

　　　　　Al Ministero degli Affari Esteri, Roma
　　　　　Protocollo Generale Numero 870
　　　　　Divisione 2
　　　　　Numero di Posizione 35
　　　　　Numero di Partenza 1607
　　　　　Risposta a nota del 24 gennaio
　　　　　Divisione 2ª, Sezione 1º, Numero 3

　　　　　　　　　　　　　　　　　　　　　　　　　　　　　Roma, addì 11 febbraio 1876
　　　I quattro artisti proposti in via puramente ufficiosa al signor Ministro del Giappone per la scuola di Tokio sono

il signore Capocci per l'architettura,
il signore Ragusa per la scultura,
i signori Cavaliere Fontanesi e Tofano per la pittura.

La scelta addunque è limitata fra il signor Cavaliere Fontanesi e il signor Tofano per l'insegnamento della pittura perché uno solo è l'insegnante di quest'arte. Il signor Cavaliere Fontanesi è un valente pittore di paese conosciuto molto favorevolmente anche in Inghilterra ed insegnò il disegno della figura nel Regio Istituto di Lucca ed ora è Professore di paesaggio nell'Accademia di Torino. Il signor Tofano è lodato Professore di graziose figure, di fiori e di prospettiva, sono bravi artisti ambedue. Ma bensì hanno dei pregi e delle attitudini alquanto diverse come ho notato. Se si trattasse di un Istituto d'Italia potrei scegliere fra loro agevolmente. Ma trattandosi di un istituto che sorge primo in un paese a me affatto sconosciuto, chi può fare la scelta più sicura fra quei due candidati è il solo Ministro del Giappone, il quale conoscendo i bisogni del suo paese, deve pure conoscere quale insegnamento gli debba tornare più utile. Al quale giudizio gli potrà servire di sicura guida l'indicazione delle diverse qualità dei due artisti da me riferite di sopra.

firmato Bonghi

41. 1876年2月19日付、公共教育省事務次官エンリーコ・ベッティ（公共教育大臣ルッジェーロ・ボンギに代わって）発、在イタリア日本公使館特命全権公使河瀬真孝宛文書案文（控え）

在ローマ、イタリア国王陛下の下、日本帝国特命全権公使閣下宛
総公文書番号第2021
第2局
配置番号35
発出番号1896
件名：東京美術学校

ローマ発、1876年2月19日付

　東京の美術学校に関し、厳封された王国の国立美術機関へ本省から書かれた2通の文書の複写を、閣下を信頼してお送りします。

敬具
大臣に代わって
署名　ベッティ

原文：**Minuta della lettera di Segretario Generale Enrico Betti, per conto di Ruggiero Bonghi, Minisro della Pubblica Istruzione, a Masataka Kawase, Ministro Plenipotenziario della Legazione del Giappone dell'Italia, 19 febbraio 1876.**

A Sua Eccellenza il Ministro Plenipotenziario dell'Impero Giapponese, presso Sua Maestà Re d'Italia, Roma
Proto Generale Numero 2021
Divisione 2ª
Numero di Posizione 35
Numero di Partenza 1896
Oggetto: Scuola di belle arti di Tokio

Roma, addì 19 febbraio 1876

Per norma di Vostra Eccellenza stimo bene di trasmettere le qui acchiuse copie di due lettere scritte da questo Ministero agli Istituti governativi di Belle Arti del Regno intorno alla Scuola di belle arti del Tokio. E Le dichiaro i sensi della mia profonda osservanza.

Pel Ministro
firmato Betti

42. 1876年2月26日付、外務省領事商務総局局長アウグスト・ペイロレーリ（外務大臣エミーリオ・ヴィスコンティ・ヴェノスタに代わって）発、公共教育省宛文書

［レターヘッド］外務省領事商務総局
　　　　　　　第2局
　　　　　　　第1事務室
　　　　　　　第10号
　　　　　　　件名：東京美術学校

公共教育省宛

ローマ発、1876年2月26日付

　日本公使殿は、彼に明示された東京美術学校への芸術家選抜を、つまり、建築にカポッチ氏、彫刻にラグーザ氏、絵画にフォンタネージ氏という人々に関し、たいへん快く受け入れました。しかし、契約を結ぶ前に、これら各氏が在東京の王国公使であるフェー・ドスティアーニ伯爵によって送られた案において示された全ての条件――例えば、絵画教師は歴史画[*1]と風景画を教えなければならない、のような――に同意するという確約を得ることを求めています。
　完全受諾の確証を得次第、日本公使殿は、契約を締結する用意があります。

大臣に代わって
A・ペイロレーリ

［受領印］公共教育省、1876年2月27日、2、第8879号
［文書の左側に手書きで］2205／2月28日

　　*1　「覚書」には「地景及び画像」すなわち「風景画及び人物画」と記されていたが、ここでは「歴史画と風景画」にとって代えられている。

原文：**Lettera di Augusto Peiroleri, Direttore Generale della Direzione Generale dei Consolati e del Commercio, per conto di Emilio Visconti-Venosta, Ministro degli Affari Esteri, al Ministero della Pubblica Istruzione, 26 febbraio 1876.**

　　　　［Intestazione］Ministero degli Affari Esteri Direzione Generale dai Consolati del Commercio
　　　　　　　　Divisione 2
　　　　　　　　Ufficio 1
　　　　　　　　Numero 10
　　　　　　　　Oggetto: Scuola di Belle Arti in Tokio

史　　料（doc. 42〜43）

Al Ministero della Pubblica Istruzione

Roma, addì 26 febbraio 1876

　　Il signor Ministro del Giappone accetta ben volentieri la scelta, che gli venne designata, degli artisti per scuola di belle arti in Tokio, nelle persone del signor Capocci per l'architettura, del signore Ragusa per la scoltura, e del signore Fontanesi per la pittura. Prima però di firmare il contratto, egli gradirebbe aver l'assicurazione che questi signori consentono a tutte le condizioni accennate nel progetto che venne spedito dal Regio Ministro a Tokio Conte Fè d'Ostiani, come, per esempio, che il professore di pittura deve insegnare la pittura storica ed il paesaggio, ec.

　　Avuta la certezza d'una piena accettazione, il signore Ministro del Giappone è pronto a conchiudere il contratto.

Pel Ministro
A. Peiroleri

[Timbro dell'arrivo] Ministero di Pubblica Istruzione, 27 febbraio 1876, 2, N. 8879
[a mano] 2205/28 febbraio

43. 1876年3月6日付、公共教育省事務次官エンリーコ・ベッティ（公共教育大臣ルッジェーロ・ボンギに代わって）発、選抜された美術家への文書案文（控え）

カヴァリエーレ勲章受章者アントーニオ・フォンタネージ氏　トリーノ王立美術学院風景画教授
カヴァリエーレ勲章受章者オスカール・カポッチ氏［ママ］　ナポリ王立大学建築教授

総公文書番号第2205
第2局
配置番号35
発出番号2439-40-41
件名：東京美術学校

ミラーノ在住彫刻家ヴィンチェンツォ・ラグーザ殿

ローマ発、1876年3月6日付

　私は、日本公使館が、貴下を日本の東京に設立される美術学校において××××教師に任命するのとは恐らく無縁ではないことを知っています。しかし、この計画を前に進める前に、同公使館は、貴下が率直に言って、在東京の国王陛下の公使によって送られた2通の覚書及び、その覚書に添付された契約案において示された全ての条件にいかなる制限もなく同意するのかを知りたいと願っており、もし上述の条件に従うのであれば、同公使館は契約に署名する用意があります。貴下へ覚書2通と契約草稿をお送りしますので、明確な返答をお願いします。

大臣に代わって
署名　ベッティ

原文：Minuta delle lettere di Segretario Generale Enrico Betti, per conto di Ruggiero Bonghi, Ministro della Pubblica Istruzione, agli artisti scelti, 6 marzo 1876.

Al signore Cavaliere Antonio Fontanesi Professore di Paesaggio nella Reale Accademia di Belle Arti di Torino
Al signore Cavaliere Oscar Capocci Professore di Architettura nella Regia Università di Napoli

Protocollo Generale Numero 2205
Divisione 2
Numero di Posizione 35
Numero di Partenza 2439-40-41
Oggetto: Scuola di Belle Arti di Tokio

Al signor Vincenzo Ragusa Scultore in Milano

Roma, addì 6 marzo 1876

So che la Legazione giapponese non sarebbe forse aliena dall'elegger la Signoria Vostra a Professore di ……………… nella scuola di Belle Arti istituita in Tokio nel Giappone. Ma innanzi di procedere più oltre in questo suo divisamento, essa vorrebbe conoscere se la Signoria Vostra consentirebbe francamente e senza limitazione alcuna di tutte le condizioni accennate nelle due Promemoria trasmesse dal Ministro di Sua Maestà in Tokio, e nel proggetto [sic] di contratto unito alle dette Promemoria e se accettando le suddette condizioni, Ella sarebbe pronta a sottoscrivere il contratto. E Le mando le due Promemoria e la bozza di contratto, e La prego di una risposta categorica.

Pel Ministro
firmato Betti

44. 1876年3月20日付、公共教育省事務次官エンリーコ・ベッティ（公共教育大臣ルッジェーロ・ボンギに代わって）発、外務省宛文書案文（控え）

在ローマ、外務省宛
総公文書番号第3029
第2局
配置番号35
発出番号2944
件名：東京の学校

ローマ発、1876年3月20日付

　日本公使館の願いを叶えるために、フォンタネージ、ラグーザ、カポッチの3氏に、東京の学校のために示された、在東京王国公使フェー・ドスティアー二伯爵から送られた2通の覚書と契約書案を送付し、提示された条件を受け入れるのか、拒むのか率直に返答するように彼らに頼みました。
　ラグーザ氏は肯定的に返答しました。カヴァリエーレ勲章受章者フォンタネージ氏も同様でした。しかしながら、カポッチ氏は、決断する前に、2通の覚書及び契約書案に示された条件のいくつかに関するなにがしかの説明を必要としておりました。それらの解明のために、今週、ローマを訪問することを心に決めました。
　閣下にあっては、日本公使の準備のために、この私の報告を彼に伝えるようお願いします。

大臣に代わって

史　　料（doc. 44～45）

署名　ベッティ

原文：**Minuta della lettera di Segretario Generale Enrico Betti, per conto di Ruggiero Bonghi, Ministro della Pubblica Istruzione, al Ministero degli Affari Esteri, 20 marzo 1876.**

Al Ministero degli Affari Esteri, Roma
Protocollo Generale Numero 3029
Divisione 2
Numero di Posizione 35
Numero di Partenza 2944
Oggetto: Scuola di Tokio

Roma, addì 20 marzo 1876

　　　　Secondando il desiderio della Legazione Giapponese, trasmisi ai Sgnori Fontanesi, Ragusa e Capocci, designati per la scuola di Tokio, le due promemoria che vennero spediti dal Regio Ministro a Tokio Conte Fè d'Ostiani ed il progetto di contratto e gl'invitai a rispondere francamente se accettavano o rifiutavano le condizioni proposte.

　　　　Il Signor Ragusa rispose affermativamente. Similmente fece il Cavaliere Fontanesi. Invece il Signor Capocci rispose che prima di decidere aveva bisogno di alcune dilucidazioni relativamente a talune fra le condizioni accennate nelle due promemoria nel proggetto[sic] di contratto; per le quali dilucidazioni egli si proponeva di venire a Roma in questa settimana.

　　　　Prego Vostra Eccellenza di dare partecipazione di questa mia al Ministro giapponese pei suoi provvedimenti.

Pel Ministro
firmato Betti

45. 1876年4月8日付、外務省領事商務総局局長アウグスト・ペイロレーリ（外務大臣ルイジ・アメデオ・メレガーリに代わって）発、公共教育省宛文書

［レターヘッド］外務省領事商務総局
　　　第2局
　　　第1事務室
　　　第15号
　　　件名：東京の学校

公共教育省宛

ローマ発、1876年4月8日付

　日本公使殿は、次の木曜日（来る13日）を、東京美術学校において教育するために招聘される芸術家の契約締結の日に定めました。

　従って、公共教育省にあっては、恐縮ですが、指定日にローマにいることができるように3名の教師に迅速な通知をしてください。10,000ドルの総額は、3名で均等に分配されるはずだと、日本公使殿が申し分なく判断されて明言した、今月1日付の通達第2局第3433号[*1]の複写を添付します。

大臣に代わって
A・ペイロレーリ

443

［到着印］公共教育省、1876年4月9日、2、第14307号
［手書きで］至急
　　　　3948／4月10日

*1　この文書は「工部美術学校関係史料」に保管されていない。

原文：**Lettera di Augusto Peiroleri, Direttore Generale della Direzione Generale dei Consolati e del Commercio, per conto di Luigi Amedeo Melegari, al Ministero della Pubblica Istruzione, 8 aprile 1876.**

　　　　［Intestazione］Ministero degli Affari Esteri
　　　　　　　　　　　Direzione Generale dai Consolati del Commercio
　　　　　　　　　　　Divisione Generale dei Consolati e del Commercio
　　　　　　　　　　　Divisione II
　　　　　　　　　　　Ufficio I
　　　　　　　　　　　Numero 15
　　　　　　　　　　　Oggetto: Scuola di Tokio

Al Ministero della Pubblica Istruzione

　　　　　　　　　　　　　　　　　　　　　　　　　　　　　　Roma, addì 8 aprile 1876

　　Il Signor Ministro del Giappone ha fissato a Giovedì prossimo（13 corrente）il giorno della conclusione del contratto cogli artisti chiamati di insegnare nella Scuola di Belle Arti di Tokio.

　　Il Ministero dell'Istruzione Pubblica si compiacerà adunque di darne sollecito avviso ai tre professori acciò possano trovarsi in Roma nel giorno indicato. Si aggiunge in replica alla Nota del 1° corrente Divisione 2ª, n. 3433, che il Signor Ministro del Giappone ha dichiarato essere bene inteso che la somma di 10,000 Dollari dovrà esser divisa fra tutti e tre a parti eguali.

　　　　　　　　　　　　　　　　　　　　　　　　　　　　　　Pel Ministro
　　　　　　　　　　　　　　　　　　　　　　　　　　　　　　A. Peiroleri

［Timbro dell'arrivo］Ministero di Pubblica Istruzione, 9 aprile 76, 2, N. 14307
［a mano］Urgente
　　　　3948/10 aprile

46. 1876年4月10日付、公共教育大臣ミケーレ・コッピーノ発、トリーノ・アルベルティーナ王立美術学院教授カヴァリエーレ勲章受章者アントーニオ・フォンタネージ及びミラーノ王立美術学院書記宛電報案文（控え）

［文書の左側に別人の筆記で］優先

　　　　　　　　　　　　　　　　　　　　　　　　　　　　ローマ発、1876年4月10日付

トリーノ・アルベルティーナ［王立］美術学院教授カヴァリエーレ勲章受章者アントーニオ・フォンタネージ

　東京行き契約のローマでの署名は来る13日に定められた。即出発せよ。

　　　　　　　　　　　　　　　　　　　　　　　　　　　　　　　　　　大臣
　　　　　　　　　　　　　　　　　　　　　　　　　　　　　　署名　M・コッピーノ

史　　料（doc. 46～47）

［文書の左側に別人の筆記で］優先
　ミラーノ［王立］美術学院書記
　来る13日、東京行き契約をローマで署名しなければならないと、直ちにヴィンチェンツォ・ラグーザに知らせよ。

　　　　　　　　　　　　　　　　　　　　　　　　　　　　　　　　　大臣
　　　　　　　　　　　　　　　　　　　　　　　　　　　　　　　署名　M・コッピーノ

　　原文：Minuta dei telegrammi di Michele Coppino, Ministro della Pubblica Istruzione, al Cavaliere Antonio Fontanesi Professore dell'Accademia Albertina di Torino e al Segretario dell'Accademia di Belle Arti di Milano, 10 aprile 1876.

　　　　［a sinistra del testo di altra mano］Precedenza

　　　　　　　　　　　　　　　　　　　　　　　　　　　　　　　Roma, addì 10 aprile 1876

　　　　［sopra del testo di altra mano］Telegrammi

　　　　　　Cavaliere Antonio Fontanesi Professor Accademia Albertina, Torino
　　　　　　È fissato pel 13 corrente sottoscrizione a Roma contratto per Tokio.
　　　　　　Partite subito.
　　　　　　　　　　　　　　　　　　　　　　　　　　　　　　　　Il Ministro
　　　　　　　　　　　　　　　　　　　　　　　　　　　　　　firmato M. Coppino

　　　　［a sinistra del testo di altra mano］Precedenza

　　　　　　Segretario Accademia di Belle Arti, Milano
　　　　　　Annunciate immediatamente Vincenzo Ragusa che giorno 13 corrente egli deve sottoscrivere in Roma contratto per Tokio. Parta subito.
　　　　　　　　　　　　　　　　　　　　　　　　　　　　　　　　Il Ministro
　　　　　　　　　　　　　　　　　　　　　　　　　　　　　　firmato M. Coppino

47. 1876年4月10日付、アントーニオ・フォンタネージ発、公共教育大臣ミケーレ・コッピーノ宛電報

1876年4月10日16時20分受領
回線第36号
受理者　ピソッツィ
住居登録第［149］番

ローマ・トリーノ136 15 4月10日16時10分。在ローマ公共教育大臣コッピーノ閣下、昨日書簡書く。明日11日出発、12日到着。フォンタネージ。

　　原文：Telegramma di Antonio Fontanesi, a Michele Coppino, Ministro della Pubblica Istruzione, 10 aprile 1876.

445

Ricevuto il 10 aprile 1876 ore 16 20
Pel circuito n. 36
Ricevente Pisozzi
Numero [149] del registra di recapito

ROMA TORINO136 15 10/4 16.10- Sua Eccellenza COPPINO MINISTRO ISTRUZIONE ROMA - SCRISSI LETTERA IERI. PARTO DOMANI 11. GIUNGERO' 12 - FONTANESI=

48. 1876年4月11日付、公共教育大臣ミケーレ・コッピーノ発、外務大臣ルイジ・アメデーオ・メレガーリ宛文書案文（控え）

在ローマ、外務大臣閣下宛
総公文書番号第4041号
第2局
配置番号35
発出番号3676
件名：東京の学校、カポッチ教授

ローマ発、1876年4月11日付

至急

　東京の学校における建築教師として任命されたカポッチ教授氏は、ローマを来訪し、契約に際してある事を知りたがりましたが、心変わりを私に示しました。私は閣下へ、彼の［心境の］変化の理由を説明しようとしているカポッチ教授本人が私に宛てた書簡の写しと共に書簡をお送りします。閣下にあっては、日本公使館へ両書簡をお送りするようお願いします。

　上述の公使館が、カポッチ教授からの申し出に関して為しうる決断がどのようなものであれ、閣下にあってはそれが3人全員の教師のために日本政府によって既に定められた10,000［メキシコ］ドルの3分の1に相当する給与が守られるように私が望んでおり、彼らのそれぞれには、他の2人の教師の利益に損害を与えてはならないように、上述の公使館に伝えるよう、私にはお願いをする義務があります。

大臣
署名　M・コッピーノ

原文：**Minuta della lettere di Michele Coppino, Ministro della Pubblica Istruzione, a Luigi Amedeo Melegari, Ministro degli Affari Esteri, 11 aprile 1876.**

A Sua Eccellenza Ministro degli Affari Esteri, Roma
Protocollo Generale Numero 4041
Divisione 2ª
Numero di Posizione 35
Numero di Partenza 3676
Oggetto: Scuola di Tokio, Professore Capocci

史　　料（doc. 48～49）

Roma, addì 11 aprile 1876

Urgente

　　Il signor Professor Capocci, designato come Professore di Architettura nella scuola di Tokio, è venuto a Roma e mi ha presentato le variazioni che egli desidererebbe sapere fatte al contratto. Io le trasmetto a Vostra Eccellenza insieme con una copia di lettera, diretta a me dallo stesso signore Professore Capocci, nella quale egli intende spiegare le ragioni delle sue variazioni, e prego l'Eccellenza Vostra di trasmettere le une e l'altra alla Legazione giapponese.

　　Qualunque sieno le risoluzioni che la suddetta Legazione vorrà prendere intorno alle proposte del Professor Capocci, io debbo pregare Vostra Eccellenza ad avvertire la suddetta Legazione come esse non dovrebbero pregiudicare gli interessi degli altri due Professori a ciascuno dei quali desidero che sia conservato lo stipendio corrispondente alla terza parte dei 10,000 dollari, già stabilita dal Governo giapponese per tutti e tre Professori.

Ministro
firmato M. Coppino

49. 1876年4月25日付、公共教育省事務次官カミッロ・フェッラーティ（公共教育大臣ミケーレ・コッピーノに代わって）発、外務宛文書案文（控え）

［在］ローマ、外務省宛
総公文書番号第15791／4007
第2局
配置番号35
発出番号4116
件名：東京美術学校

ローマ発、1876年4月25日付

　東京美術学校のために選ばれたラグーザ及びフォンタネージ両教師に、いつ新しい職場へ移るつもりか聞いてみたところ、出発は去る今月13日から3ヶ月以内におこなわれなければならないと、日本公使館との関係において確定したと答えました。

大臣に代わって
署名　フェッラーティ

原文：**Minuta della lettera di Camillo Ferrati, Segretario Generale, per conto di Michele Coppino, Ministro della Pubblica Istruzione, al Ministero degli Affari Esteri, 25 aprile 1876.**

　　Al Ministro degli Affari Esteri, Roma
　　Protocollo Generale Numero 15791/4007
　　Divisione 2
　　Numero di Posizione 35
　　Numero di Partenza 4116
　　Oggetto: Scuola di Belle Arti di Tokio

Roma, addì 25 aprile 1876

　　Interrogati i Professori Ragusa e Fontanesi eletti per la Scuola di Belle Arti di Tokio quando intenderebbero di trasferirsi al loro nuovo uffizio, risposero di aver convenuto colla Legazione del

447

Giappone, che la loro partenza dovrebbe aver luogo fra tre mesi, decorrenti dal 13 di questo mese.

Pel Ministro
firmato Ferrati

50. 1876年6月19日付、公共教育省によるメモ

個々の関係書類一式を見よ。

カポッチ、オスカール ＝ 辞退
ラグーザ、ヴィンチェンツォ ｝
フォンタネージ、アントーニオ ｝（日本）東京美術学校の教師に任命された。
カッペッレッティ、ヴィンチェンツォ ｝

絵画教師の職にとって、もっとも素晴らしい資格証明を提出すべき候補者たちを［一語不明］不思議な文書*¹

76' 19／6 29

*1 何を意味しているのか不明だが、このように記されている。

原文：**Memorandum del Ministero della Pubblica Istruzione, forse 19 giugno 1876.**

Veggasi al personale le pratiche di
Capocci Oscar = Rinuncia
Ragusa Vincenzo   nominati professori
Fontanesi Antonio   alla scuola di Tokio
Cappelletti Vincenzo （Giappone）

Lettera mistica con la quale si ［una parola non chiara］ concorrenti a presentare i migliori titoli pel posto professore Pittura.
alla ［due parole non chiare］
76' 19/6 29

51. 1876年12月15日付、外務省領事商務総局局長アウグスト・ペイロレーリ（外務大臣ルイジ・アメデオ・メレガーリに代わって）発、公共教育省宛文書

［レターヘッド］外務省領事商務総局
　　　　　第2局
　　　　　第1事務室
　　　　　第92号
　　　　　件名：東京の学校のイタリア人教師

公共教育省宛

ローマ発、1876年12月15日付

当地日本公使館は、東京美術学校のための3名のイタリア人教師は健康で目的地に到着し、日

史　　料（doc. 50～52）

本政府からの十分な満足を得ましたことを報告され、以下に示されているように、公共教育大臣閣下へかくの如くの人選に対し貴政府へ深甚の謝意を表したいと署名者に依頼されました。

本件は、本省去る6月8日付第2局第5816号通達[*1]に関係しています。

大臣に代わって
A・ペイロレーリ

［到着印］公共教育省、1876年12月16日、第47870号
［手書きで］11743／12月18日

*1　本文書は「工部美術学校関係史料」に保管されていない。

原文：Lettera di Augusto Peiroleri, Direttore Generale della Direzione Generale dei Consolati e del Commercio, per conto di Luigi Amedeo Melegari, Ministro degli Affari Esteri, al Ministero della Pubblica Istruzione, 15 dicembre 1876.

［Intestazione］Ministero degli Affari Esteri Direzione Generale dai Consolati del Commercio
Divisione 2ª
Ufficio 1º
Numero 92
Oggetto: Professori italiani alla Scuola di Tokio

Al Ministero dell'Istruzione Pubblica

Roma addì 15 dicembre 1876

Questa Legazione del Giappone, nel partecipare che i tre professori italiani per la scuola di belle arti in Tokio sono giunti a destino in buona salute, e che hanno incontrato il pieno gradimento del Governo Giapponese, ha pregato il sottoscritto di porgere, come fa colla presente, a Sua Eccellenza il Ministro dell'Istruzione Pubblica, i più vivi ringraziamenti del suo Governo per tale scelta.

Si riferiva in ultimo a questo argomento la nota di cotesto Ministero dell'8 giugno scorso, Divisione 2ª numero 5816.

Pel Ministro
A. Peiroleri

［Timbro dell'arrivo］Ministero di Pubblica Istruzione, 16 dicembre 1876, N. 47870
［a mano］11743/18 dicembre

52. 1879年4月23日付、外務省通商領事総局局長アウグスト・ペイロレーリ（外務大臣アゴスティーノ・デプレーティスに代わって）発、公共教育省宛文書

［レターヘッド］外務省通商領事総局
第2局
第1事務室
第37号
件名：東京美術学校にイタリア人教師1名を得るための日本からの依頼

449

公共教育省宛

ローマ発、1879年4月23日付

　在東京王国公使は、少し前、筆者に、かの帝国美術学校の絵画教師カヴァリエーレ勲章受章者フォンタネージと、1876年4月1日付第3433号[*1]第2局の貴重な通達の件を知らせました。健康上の理由により、来る11月で満期となるはずの彼の契約を満了できず、去る7月に日本政府へ、その期間までの間、当時イギリス領インド在住だったフェッレッティ教授を代理させたい、と提案しました。

　帝国政府はその提案を受け入れ、イタリアへ帰国したカヴァリエーレ勲章受章者のフォンタネージの代わりに、続く9月から、かの美術学校において講座を始めました。

　しかし、教育において独自の新たな方法を導入したフェッレッティ氏は、日本政府の期待に応えられず、生徒たちが集団で学校を放棄するほどまでに彼らの嫌悪を引き起こし、恐らく、［絵画］教育を閉鎖する決定をせざるを得ないでしょう。このような状況において、上述の美術学校が属している工部省副大臣[*2]は、バルボラーニ伯爵の下へ赴き、可能な限りのよい結果を残せることが十分に保証できる別の絵画教師1名を、できるだけ早く送るよう、王国政府へ努力してもらうように頼み込みました。日本政府は、これを示すべく、イタリア美術に敬意を抱いています。さらに、現在1ヶ月あたり277［メキシコ・］ドル[*3]と定まっている給料を300［メキシコ・］ドルまで上げる用意があることも示したようです。契約は3年間で、帝国政府は往復の旅費を教師に支払うようです。

　バルボラーニ伯爵は、その依頼を受け止め、新たな選考によってカヴァリエーレ勲章受章者フォンタネージが向こうで残してきた高評価に応えることのできる教師が選ばれるよう、王国政府に努めてもらうようにすると山尾氏に確約しました。

　同じ要求が同時に、在ローマ日本代理公使[*4]から本省へ向けられました。公共教育省の尊敬すべき同僚が前もって知っておかれるべきことを記しますと、日本政府の要求を鑑みるに、こうした状況において、すなわち、彼の国の行政におけるさまざまな部門を既に独占し、これまでのところイタリアに留保されている本件にも介入しようとしている、イギリス人との競争に立ち向かい、国家の利益や名誉を守るべく、芸術上の能力だけでなく、倫理的な資質においても、本当に称賛に値する、確実な人物を探されるまで、筆者は、彼らの強い要請から逃れられません。筆記者は、しかるべき時にこの日本代理公使のみならず、在東京の王国公使へ、この問題に対する返答をできるように、尊敬すべき同僚とともに耐えるでしょう。

大臣に代わって
A・ペイロレーリ

［受領印］公共教育省、1879年4月25日、第19838号
［手書きで］870／1879年4月29日

　　　　*1 「工部美術学校関係史料」中に保管されていない。本文書の内容についても不明である。
　　　　*2 山尾庸三工部大輔を指す。

*3　277.75円が正しい給与額である。
*4　中村博愛臨時代理公使を指す。

原文：**Lettera di Augusto Peiroleri, Direttore Generale della Direzione Generale dei Consolati e del Commercio, per conto di Agostino Depretis, Ministro degli Affari Esteri, al Ministero della Pubblica Istruzione, 23 aprile 1879.**

[Intestazione] Ministero degli Affari Esteri Direzione Generale dai Consolati del Commercio
　　　　　　Divisione 2
　　　　　　Ufficio 1
　　　　　　Numero 37
　　　　　　Oggetto: Domanda del Giappone per avere un Professore italiano alla Scuola di Belle Arti Tokio

Al Ministero della Pubblica Istruzione

Roma addì 23 aprile 1879

　　Il Regio Ministro a Tokio ha testè fatto conoscere allo scrivente che il Cavaliere Fontanesi, Professore di Pittura in quell'Accademia Imperiale di Belle Arti ed oggetto della pregiata nota del 1o aprile 1876 N.3433 Div. 2 non avendo potuto, per ragioni di salute, compiere il suo contratto, che sarebbe scaduto col prossimo Novembre, propose nel mese di Luglio u.s. al Governo Giapponese farsi surrogare, sino a quell'epoca, dal Professore Ferretti che allora trovavasi nelle Indie inglesi.

　　Il Governo Imperiale accettò tale proposta ed il Ferretti intraprese il suo corso di lezioni presso quell'Accademia di Belle Arti nel successivo Settembre, in luogo del Cavaliere Fontanesi, il quale ritornò in Italia.

　　Senonchè il Signor Ferretti non seppe corrispondere all'aspettativa del Governo Giapponese, avendo il nuovo metodo da lui introdotto nell'insegnamento eccitato la ripugnanza degli allievi al punto che questi avevano disertato la scuola in massa, e probabilmente si sarebbe dovuto prendere il partito di chiuderla. In tale stato di cose, il Vice Ministro di Lavori Pubblici, dal quale dipende la detta Accademia, si recò dal Conte Barbolani pregandolo a volersi adoperare presso il Regio Governo affinché mandi, al più presto, un altro Professore di Pittura il quale offra tutte le possibili guarentigie di buona riuscita. Il Governo Giapponese, per dimostrare questo tenga in pregio l'arte italiana, si sarebbe dimostrato inoltre disposto ad aumentare lo stipendio ora stabilito in dollari 277 mensili sino a 300. Il contratto si farebbe per 3 anni ed il Governo Imperiale pagherebbe al Professore le spese di viaggio per l'andata e per il ritorno.

　　Il Conte Barbolani dichiarò di accettare l'incarico assicurando al Signor Yamao che si sarebbe adoperato presso il Regio Governo affinché la nuova scelta avesse a cadere sopra di un Professore il quale sapesse rispondere all'alta riputazione che aveva di se lasciato colà il Cavaliere Fontanesi.

　　La stessa domanda venne rivolta contemporaneamente a questo Ministero dall'Incaricato d'Affari Giapponese a Roma.

　　Nel portare quanto precede a conoscenza dello Onorevole suo Collega dell'Istruzione Pubblica, il sottoscritto non dispensarsi dal fargli vive istanze affinché, prendendo in considerazione la domanda del Governo Giapponese, voglia far ricerca di una persona veramente degna e provata non solo per la sua capacità artistica ma anche pei suoi requisiti morali, trattandosi, in siffatta circostanza, di tutelare l'interesse ed il decoro nazionale contro la concorrenza degli inglesi i quali esercitano di già in quel paese un monopolio in molti rami della Pubblica Amministrazione e tentano d'intromettersi anche in questo finora riservato all'Italia.

　　Chi scrive sarà insieme tenuto all'Onorevole suo Collega se vorrà a suo tempo, porlo in grado di dare una risposta sull'argomento al Regio Ministro a Tokio nonché a questo Incaricato d'Affari giapponese.

Pel Ministro
A. Peiroleri

451

[Timbro dell'arrivo] Ministero di Pubblica Istruzione, 25 aprile 1879, art, 19838
[a mano] 4828/29. 4. 79

53. 1879年5月2日付、公共教育省事務次官ジョヴァンニ・プッチーニ（公共教育大臣ミケーレ・コッピーノに代わって）発、ナポリ王立美術専門学校学長*¹ フィリッポ・パリッツィ宛文書案文（控え）

ナポリ王立美術専門学校学長宛
総公文書番号4828
配置番号35、4
発信番号5493
件名：東京美術学校

ローマ発、1879年5月2日付

　日本の東京美術学校において絵画教師の職が空いたので、イタリア政府は日本政府へ新たな教師を推薦しなければならなくなりました。閣下にあっては、本省が彼らの名前を書き留められるように、美術家たち、すなわちルイジ・ファブロン、サヴェリオ・アルタムーラ、フランチェスコ・サリアーノ、エドアルド・トーファノ、フランチェスコ・パオロ・ミケッティが、相変わらずその職を受ける用意があるかどうかを私にお知らせ下さいますようお願いします。

　日本政府は現在1ヶ月277［メキシコ・］ドル*² に定められた給料を300［メキシコ・］ドルまで上げる用意があることを示されたようです。契約は3年間で、日本政府は、教師に往復の旅費を支払うようです。

大臣に代わって
署名　G・プッチーニ

*1　1875年代の文書では校長（Direttore）だったが、1879年代の文書では学長（Presidente）が使われている。以下同様。
*2　277.75円が正しい給与額である。

原文：Minuta della lettera di Giovanni Puccini, Segretario Generale, per conto di Michele Coppino, Ministro della Pubblica Istruzione, a Filippo Palizzi, Presidente del Regio Istituto di Belle Arti di Napoli, 2 maggio 1879.

Al Presidente del Regio Istituto di Belle Arti, Napoli
Protocollo Generale Numero 4828
Numero di Posizione 35, 4ª
Numero di Partenza 5493
Oggetto: Scuola di Belle Arti in Tokio

Roma, addì 2 maggio 1879
　Essendosi reso vacante nella Scuola di Belle Arti di Tokio nel Giappone il posto di Professore di Pittura e dovendo il Governo Italiano proporre al Giapponese il Professore novello prego la Signoria Vostra a volermi far sapere se gli Artisti Luigi Fabron, Saverio Altamura, Francesco Sagliano, Edoardo

Tofano, e Francesco Paolo Michetti, siano tuttora disposti ad ottenere a quel posto, affine che il Ministero possa tener conto del loro nome insieme con quello di altri Artisti.

　　Il Governo Giapponese si farebbe dimostrato disposto ad aumentare lo stipendio ora stabilito in Dollari 277 mensili fino a Trecento. Il Contratto si farebbe per tre anni ed il Governo Giapponese pagherebbe al Professore le spese di viaggio per l'andata e per il ritorno.

Pel Ministro
firmato G. Puccini

54. 1879年5月2日付、公共教育省事務次官ジョヴァンニ・プッチーニ（公共教育大臣ミケーレ・コッピーノに代わって）発、トリーノ・アルベルティーナ王立美術学院学長マルチェッロ・パニッセーラ・ディ・ヴェリオ宛文書案文（控え）

トリーノ［・アルベルティーナ］王立美術学院学長宛
総公文書番号4828
配置番号35、4
発信番号5494
件名：東京美術学校

ローマ発、1879年5月2日付

　日本の東京美術学校においては、絵画教師の職が空いたので、イタリア政府は日本政府へ新たな教師を推薦しなければならなくなりました。閣下にあっては、本省が他の美術家の名前とともに、アルベルト・マゾ・ジッリの名前を書き留められるように、相変わらず彼がその職を受ける用意があるかどうかを私にお知らせ下さいますようお願いします。

　日本政府は現在一月277ドルに定められた給料を300ドルまで上げる用意があることを示されたようです。契約は3年間で、日本政府は、教師に往復の旅費を支払うようです。

大臣に代わって
署名　ジョヴァンニ・プッチーニ

原文：**Minuta della lettera di Giovanni Puccini, Segretario Generale, per conto di Michele Coppino, Ministro della Pubblica Istruzione, a Marcello Panissera, Presidente della Reale Accademia di Belle Arti di Torino, 2 maggio 1879.**

Al Presidente della Reale Accademia di Belle Arti, Torino
Protocollo Generale Numero 4828
Numero di Posizione 35 (4ª)
Numero di Partenza 5494
Oggetto: Scuola di Belle Arti in Tokio

Roma, addì 2 maggio 1879

　Essendosi reso vacante nella Scuola di Belle Arti di Tokio del Giappone il posto di Professore di Pittura e dovendo il Governo Italiano proporre al Giapponese il Professore novello, prego la Signoria Vostra a volermi far sapere se il Professore Alberto Maso Gilli sia tuttora disposto ad ottenere di quell'uffizio affine che il Ministero possa tener conto del suo nome insieme con quello di altri Artisti.

　Il Governo Giapponese si sarebbe dimostrato disposto ad aumentare lo stipendio ora stabilito in Dollari 277 mensili fino a Trecento. Il Contratto si farebbe per tre anni ed il Governo Giapponese pagherebbe al Professore le spese di viaggio per l'andata e per il ritorno.

Pel Ministro
firmato G. Puccini

55. 1879年5月5日付、サンジョヴァンニによって提出された資料、及び文書リスト
ナポリ在住画家アキッレ・サンジョヴァンニに関する文書、新聞、書簡。

新聞28部
パンフレット2部
日本の教員ポストに関し、在ローマ日本公使河瀬閣下発、マンチーニ先生宛文書1通
日本の天皇、皇后陛下の肖像に関する、在ローマ[臨時]代理公使コメンダトーレ勲章受章者桜田[親義]氏の文書1通
イタリア領事の認証付き、コメンダトーレ勲章受章者モザイク及びマジョリカ焼き帝国工場長ボナフェーデの証明書1通
在サンクトペテルブルク、イタリア領事の文書2通
ナポリ県庁の文書1通
全ナポリ王宮所蔵の美術品専門家の身分を立証するナポリ王宮理事室の証明書1通
ナポリ王宮長官コメンダトーレ勲章受章者A・サッコの短い文書1通
制作委嘱に関する、ウンベルト皇子殿下王宮の文書4通
女王陛下執務室の文書1通
ヴィットーリオ・エマヌエーレ陛下枢密院の文書1通
卒業証書について述べ、次に帝国美術学校学長ウラジミール大公陛下に紹介した、ウルビーノ王立美術学校学長の文書1通
在ロシア代表団の身分としての、ウルビーノ王立美術学院との通信物（小冊子）
ロシア皇帝陛下の2ヶ月間のソッレント滞在中の間私がずっとそこに留まり、ロシアの習慣に則した美術部門担当官としてロシア皇帝陛下のご意向を酌むように告げた、ウルビーノ王立美術学校学長の文書1通
クルスク知事閣下の令嬢の等身大肖像画を制作したことについての令嬢直筆文書（新聞参照）1通
時代物の絵画鑑定に関する公共教育省官房の文書1通
時代物の絵画鑑定に関するナポリ美術館本部の文書2通

....

両陛下随員の帝国宮廷著名医師長であり、ロシア皇帝陛下の私設顧問チャールズ・デ・ハルトマンの文書4通
ロシア皇帝陛下宮廷第一侍従閣下ワンラー・ラルスキー（ロシア人）の文書1通
実物大で全肖像を描いた巨大水彩画（所謂、バザール）に関し、第一宮廷夫人かつ慈善団体会長クシュレフ伯爵夫人の短い文書。この作品はロシア貴族階級から女王陛下への贈呈品として制作され、大臣、宮廷夫人及び[一語不明]が据え付けた。3通

454

　　　　　　　　………………………………………

これらの文書を同封するのは、私がサンクトペテルブルクにおいて成した報告と、私が私の仕事によって手に入れた評価を明らかにするためです。

　　　　　　　　………………………………………

ナポリ美術会議会員証

　　　　　　　　………………………………………

ローマにて、1879年5月5日
他に新聞5部

　　　　　　　　　　　　　　　　　　　　　　　　サンジョヴァンニ

実物大頭部1点
下絵2点
1.40メートルの実物大の2人の裸体（1絵画作品）
ヴィットーリオ・アルフィエーリのエピソード
ベンヴェヌート・チェッリーニの仕事場でのエピソード

［下部に別の手で］他に新聞5部サンジョヴァンニ

原文：**Elenco di documenti e lettere presentati da Sangiovanni, 5 maggio 1879.**

　　　Documenti, giornali e lettere appartenenti ad Achille Sangiovanni, pittore di Napoli

　　　Giornali N. 28
　　　Opuscoletti N. 2
　　　Lettere del Ministro del Giappone a Roma Sua Eccellenza Kawasé, scritta all'onorevole Mancini, pel posto di prof. al Giappone
　　　N. 1
　　　Lettera dello Chargé d'affaires del Giappone a Roma Monsieur Commendatore Sakurada, pei ritratti delle Loro Maestà l'imperatore e l'Imperatrice del Giappone
　　　N. 1
　　　Certificato del Commendare Bonafede, Direttore dell'Imperiale fabbrica del Musaico e Majolicho con autentica del Console Generale italiano
　　　N. 1
　　　Lettere del Console Generale d'Italia in Pietroburg［sic］
　　　N. 2
　　　Lettera della Prifettura［sic］di Napoli
　　　N. 1
　　　Certificato dell'Amministorazione della Real Casa in Napoli che attesta la qualità di perito delle opere d'arti esistenti in tutte le Regie del Napoletano
　　　N. 1
　　　Letterina del Commendatore A. Sacco direttore della R. Casa in Napoli
　　　N. 1
　　　Lettere della Real casa di Sua Altezza Reale il Principe Umberto per commissioni di lavori
　　　N. 4
　　　Lettera del Gabinetto di Sua Maestà la Regina
　　　N. 1

Lettera del Gabinetto di Sua Maestà, Vittorio Emanuele
N. 1
Lettera del Presidente della Reale Accademia in Urbino che parla del diploma che poi presentaì a Sua Altezza Imperiale il Granduca Wladimiro, Presidente della Imperiale Accademia di Belle Arti.
N. 1
Corrispondenza colla Reale Accademia in Urbino in qualità di Rappresentante in Russia (volumetto)
Lettera del Presidente della Reale Accademia in Urbino che mi pose a disposizione di Sua Maestà l'Imperatrice della Russia, addetto al ramo artistico secondo il costume Russo, per il soggiorno di due mesi di Sua Maestà a Sorrento ove rimasi al seguito tutto il tempo
N. 1
Lettera autografo della Signorina, figlia di Sua Eccellenza il Governatore di Koursk a cui feci un gran ritratto al naturale (vedi giornali)
N. 1
Lettera di ufficio del Gabinetto della Pubblica Istruzione riguardante perizia di quaderni antichi
N. 1
Lettera della Direzione del museo di Napoli per perizie di quadri antichi
N. 2

....

Lettere di Sua Eccellenza Charles da Haartmann celebre medico capo della Corte Imperiale, al seguito delle Loro Maestà e Consigliere privato di Sua Maestà l'Imperatore delle Russie
N. 4
Lettera di Sua Eccellenza il Primo Ciambellano di Corte di Sua Maestà l'Imperator delle Russie Wanlar Larsky (russo)
N. 1
Letterina della prima dama di Corte e presidentessa delle opere pie, Contessa de Kouchleff, per il gigantesco acquarello che feci con tutti ritratti dal vero (detto le Bazar). Questo lavoro fu eseguito per farne dono, l'aristocrazia russa a Sua Maestà la Imperatrice, e posarono Ministri, dame di Corte e [una parola non cmprensibile].
N. 3

....

Se accludo queste lettere è per dimostrare le relazioni che feci in Pietroburgo, e la stima che mi procurai coi miei lavori.

....

Tessera per il Congresso Artistico in Napoli

....

La a Roma 5 Maggio 1879

altri 5 giornali

Sangiovanni

una testa al vero
due bozzetti
due nudi (un quadro) al vero di m. 1.40
un episodio di Vittorio Alferi
un episodio dello studio di Benvenuto Cellini

[a basso del testo di altra mano] altri 5 giornali Sangiovanni

56. 日付なし、パオロ・ミケッティ発、ナポリ王立美術専門学校学長フィリッポ・パリッツィ宛文書[*1]

史　　料（doc. 56～57）

［上部に別人の筆記で］第417号

ナポリ1879年5月7日

いとも令名高き学長殿

　ご親切な閣下の書簡を拝受しました。私を覚えていて下さったことに対し、私は閣下に感謝すべきと感じています。閣下の文書において提示された僅かな旅、日本での3年間の滞在、条件の職を、私は喜んで受けましょう。それゆえ、ミカドの政府の申し出に対し好意的に解決されるよう、他の美術家の名前とともに私の名前も付け加えられるようお願いします。私に好意的な結果に終わるという希望を持ち、閣下へは心から感謝しつつ。

　フランカヴィッラ・ア・マーレ（アブルッツォ）にて

敬具

F・パオロ・ミケッティ

*1　文書は1879年5月7日にナポリ王立美術専門学校に到着し、doc. 60に添付されて公共教育省へ転送された。

原文：**Lettera di Paolo Michetti a Filippo Palizzi, Presidente del Regio Istituto di Belle Arti di Napoli, non datato.**

［in alto di altra mano］N. 417

Napoli 7 maggio 79

Illustrissimo Signor Presidente

　　Ho ricevuta la graziosa lettera di Vostra Signoria e sento il dovere di ringraziarla perché si sia ricordato di me. Volentieri prenderei posto ad un viaggetto e ad un soggiorno di 3 anni nel Giappone alle condizioni esposte nella lettera della Signoria Vostra. Prego perciò a voler mettere il mio nome insieme con quello degli altri che pure si decidono favorevolmente alla proposta del Governo del Mikado, e colla speranza che mi voglia riuscire favorevole ringraziando Vostra Signoria di tutto cuore
　　sono
Francavilla a mare
（Abruzzo）

Devotissimo

F. Paolo Michetti

［in alto di altra mano］N. 417
Np. 7 Mag 79

57. 1879年5月11日付、王宮総督マルチェッロ・パニッセーラ・ディ・ヴェリオ発、公共教育大臣ミケーレ・コッピーノ宛文書

［レターヘッド］王宮総督官房

ローマ発、1879年5月11日

閣下

　日本における絵画教師の任命に関し、謹んで大臣の通達に対し文書で回答するという重大事項において、公務外としても、失礼ながらジッリ教授をもちろん推薦いたします。

457

その作品によっても、教育において主張する方法によっても大変著名なジッリは、日本においても確実にイタリア美術に栄光をもたらすでしょう。彼が［トリーノ・］アルベルティーナ美術学院の代理教員だった何年も前から、私は彼を知っており、彼の美点を評価しておりますゆえに、良心の声に従って彼を推薦します。
　ジッリは身分のあまり定まらない境遇にありますが、（しばしば貧しい美術家に欠けている）生きていくための手立てを彼に世話すれば、彼にとってだけでなく、芸術にとっても確実に恵みとなるという、ある種の表明を私は彼自身の目に［認めた？］こともまた、私は閣下に言い添えます。
　絵を描くけれどもデザインするすべを知らない多くの美術家が日々認められます一方で、美術におけるこの文法［デザインすること］が見いだされる場合には、私は称賛すべきであると信じておりますが、教師としてのジッリは著名なデザイナーであるという長所ももっているのです。
　閣下にあっては、ジッリを推薦することに時間をかける［私の］熱意をお許し下さい。しかし、私は確信しているので、そうするのです。私は謹んで閣下への敬意を確約し、十字を切ります。

閣下のもっとも忠実な僕
M・パニッセーラ

［文書の上部に別人の手で］35 東京
条項第5677
レザスコ
第5799／1879年5月16日

原文：**Lettera di Marcello Panissera, Prefetto di Palazzo della Real Corte, a Michele Coppino, Ministro della Pubblica Istruzione, 11 maggio 1879.**

［Intestazione］Gabinetto del Prefetto di Palazzo

Roma 11 maggio 1879

Eccellenza
　Nel merito ho l'onore di riscontrare alla nota del Ministro, riguardante la nomina di un Professore di Pittura al Giappone, mi permetto di raccomandare certamente il Prof. Gilli anche in via extra-ufficiale.
　Il Gilli conosciutissimo per la sua opera, per il modo nel quale protesse l'insegnamento farebbe certamente onore all'arte Italiana anche nel Giappone. Io lo conosco da molti anni essendo egli stato Maestro Aggiunto di Pittura all'Accademia Albertina, e posso valutarne i pregi, e quindi raccomandarlo con tutta coscienza.
　Aggiungo ancora a Vostra Signoria che il Gilli trovasi in condizioni poco fluide di fortuna, e che qualche dimostrazione che ho [una parola non chiara] a suoi propri occhi, - gli procurasse i mezzi di poter fare (cosa che manca spesso ai poveri artisti) sarebbe certamente non solo un benefizio per lui, ma anche per l'arte.
　Come insegnante il Gilli ha poi anche il merito di essere distinto disegnatore, questa grammatica dell'arte credo si deve apprezzare quando si trova, mentre giornalmente si vedono molti artisti che dipingono ma non sanno disegnare.
　Perdoni Eccellenza il calore che impiego nel raccomandarle il Gilli, ma lo faccio perché sono convinto. Ho l'onore di assicurarle il mio ossequio e di segnarmi
　Dall'Eccellenza Vostra

Devotissimo servitore
M. Panissera

史　　料（doc. 58〜59）

　　　　　　　　［in alto di altra mano］35 Tokio
　　　　　　　　　　　　　　　　　　　Art 5677
　　　　　　　　　　　　　　　　　　　Rezasco
　　　　　　　　　　　　　　　　　　　N. 5799/16. 5. 79

58. アキッレ・サンジョヴァンニの名刺
［レターヘッド］公共教育省

アキッレ・サンジョヴァンニ

［名詞の上に手書きで］1879年6月12日に、美術［教育中央］監督局の［一語不明］へ、ここにまと
　　　　　　　　められた一覧の通り、文書と証書を手渡す。
　　　　　　　　　　　　　　　　　　　　　　　　　　　　　　　　　署名　レザスコ
［文書の上部に別人の手で］35
　　　　　　　　6899／1879年6月13日
　　　　　　　　　　　　　　　　　　　　　　　　　　　　　　　　　署名　レザスコ

　　　　原文：**Biglietto da visita di Achille Sangiovanni**
　　　　　　　［Intestazione］Il Ministro dell'Istruzione

　　　　　　　Achille Sangiovanni
　　　　　　　［sul biglietto da vista a mano］Rezasco
　　　　　　　　　　　　　　　consegno all'［una parola non chiara］del Provveditore artistico, nel giorno
　　　　　　　　　　　　　　　12 di giugno 79 documenti e titoli come dall'elenco che qui［si unisce］.
　　　　　　　　　　　　　　　ore 6 pomeridiano del 12/6 79
　　　　　　　　　　　　　　　　　　　　　　　　　　　　　　　　　firmato Rezasco

　　　　　　　［in alto di altra mano］35
　　　　　　　　　　　　　　6899/13. 6. 79

**59. 1879年5月9日付、ルイジ・ファブロン発、ナポリ王立美術専門学校学長フィリッポ・パリッ
　　　ツィ宛文書**[*1]
［上部に別人の筆記で］第426号
　　　　　　　　ナポリ1879年5月12日
学長殿
　5月4日付の貴文書の返信として、東京の学校における絵画教師の職を喜んで受けることを表明
し、今回、大臣が私を選ばれますように。
　　　　　　　　　　　　　　　　　　　　　　　　　　　　　　　　　敬具
　　　　　　　　　　　　　　　　　　　　　　　　　　　　　　　ルイジ・ファブロン

　本日、1875年5月9日

459

*1 本文書は、1879年5月12日にナポリ王立美術専門学校に到着し、doc. 60に添付されて公共教育省へ転送された。

原文：**Lettera di Luigi Fabron, a Filippo Palizzi, Presidente del Regio Istituto di Belle Arti di Napoli, 9 maggio 1879.**

[in alto di altra mano] N. 426
Napoli 12 Maggio 79
Signor Presidente
　　In risposta alla sua lettera in data 4 corrente, dichiaro che accetterei volentieri il posto di professore di pittura nella scuola di Tochio[sic], queste volte il Ministro avesse la bontà di presceglermi.
Con ossequio mio
Luigi Fabron

Oggi 9 Maggio 1879

60. 1879年5月12日付、ナポリ王立美術専門学校学長フィリッポ・パリッツィ発、公共教育大臣ミケーレ・コッピーノ宛文書

［レターヘッド］ナポリ王立美術専門学校
　　　　第431号
　　　　本月2日付通達への返信
　　　　発出番号5493、美術管理者
　　　　件名：日本の美術学校

ローマ、公共教育大臣閣下宛

ナポリ発、1879年5月12日

　欄外に示された省通達において含まれた指令を実施し、私は、アルタムーラ、サリアーノ、トーファノ、ミケッティ、ファブロンの画家たちにあくまでも日本の美術学校における教職を受ける意図があるかを尋ねました。彼らのうち、最後の2人だけが、つまりミケッティとファブロンが、私に肯定的な返答をしましたので、私は閣下へここに同封する、彼らの表明の原本*1を転送します。
　アルタムーラとサリアーノは、省から得た留意へ感謝する一方、彼らが受け入れることのできない家族の私的な理由を述べて返答しました。
　エドゥアルド・トーファノに関しては、数年前から住んでいるパリへ直接問い合わせましたが、現在までのところ、何の返答もありません。私の下に彼の返答が届き次第、それを閣下に必ずお伝えします。
　誤解を避けるために、去る2日付の省通達においては、トーファノではなくフォッサーノと書かれていましたが、フォッサーノという名前の画家はナポリでは知られておらず、4年ほど前の申し出においてトーファノが含まれていましたので、私はトーファノに尋ねたことをお知らせするのは有益だと思います。
　それゆえに、現在までのところ、2人の美術家、フランチェスコ・パオロ・ミケッティとルイジ・ファブロン、すなわち美術において既に名声を獲得している2人の優秀な若者だけを推薦することができます。もし、閣下へ推薦することが私に許されるのであれば、近年の展覧会における彼

の作品が成した偉大な功績、また芸術遍歴に邁進することへの希望、大いなる慎重さをもって日本へ行くことへの欲求を私に示しておりますので、できればミケッティを推薦したいと思います。

校長
フィリッポ・パリッツィ

［受領印］公共教育省、1879年5月13日、第40723号
［手書きで］9677／1879年9月14日
［文書上部に別人の手書きで］35、条項第5624

*1　doc. 56及び59を指す。

原文：Lettera di Filippo Palizzi, Presidente del Regio Istituto di Belle Arti di Napoli, a Michele Coppino, Ministro della Pubblica Istruzione, 12 Maggio 1879.

[Intestazione] Regio Istituto di Belle Arti in Napoli
N. 431
Risposta alla nota 2 corrente
Numero di partenza 5493, Provveditore artistico
Oggetto: Scuola di Belle Arti nel Giappone

A Sua Eccellenza
Il Ministro della Istruzione Pubblica Roma

Napoli, 12 Maggio 1879

In esecuzione degli ordini contenuti nella nota Ministeriale segnata al margine ho interrogato i pittori Altamura, Sagliano, Tofano, Michetti, Fabron se mai persistano nella intenzione di accettare il posto di professore nella Scuola di Belle Arti del Giappone. Di essi soltanto gli ultimi due, cioè Michetti e Fabron, mi anno[sic] dato risposta affermativa, ed io trasmetto all'Eccellenza Vostra originalmente le loro dichiarazioni qui accluse.

I Signori Altamura e Sagliano mi hanno risposto ringraziando dell'attenzione avuta dal Ministero ed esponendo ragioni private di famiglia che non permettono loro di accettare.

In quanto al Signor Tofano Eduardo non ho avuto finora alcuna risposta alla interrogazione che gli ho diretta a Parigi, dove dimora da parecchi anni. Appena mi perverrà la sua risposta non mancherò di comunicarla all'Eccellenza Vostra.

A scanso d'equivoco credo utile di notare che nella nota Ministeriale del 2 corrente è scritto Fossano e non Tofano, ma io ho interpetrato Tofano perché nessun pittore è conosciuto a Napoli di nome Fossano, tanto più che il Tofano si trova compreso nelle proposte di quattro anni or sono.

Per ora dunque posso proporre solamente due Artisti, che sono Francesco Paolo Michetti e Luigi Fabron, due bravi giovani, che hanno già acquistato una riputazione[sic] nell'arte.

Se mi è permesso fare una raccomandazione alla Vostra Eccellenza, io vorrei raccomandare a preferenza il Michetti sia perché s'ha fatto molto merito con le sue opere nelle ultime esposizioni, sia perché, desideroso di slanciarsi in peregrinazioni artistiche, mi ha dimostrato con molta premura il desiderio di andare al Giappone.

Il Presidente
Filippo Palizzi

[Timbro dell'arrivo] Ministero di Pubblica Istruzione, 13 maggio 1879, art, N. 40723
[a mano] 9677/14. 9. 79
[in alto di altra mano] 35 art 5624

461

61. 1879年5月24日付、事務次官ジョヴァンニ・プッチーニ（公共教育大臣ミケーレ・コッピーノに代わって）発、ナポリ王立美術専門学校学長フィリッポ・パリッツィ宛文書案文（控え）

ナポリ王立美術専門学校学長宛

総公文書番号5677

配置番号35

発信番号6326

件名：ナポリ在住フランチェスコ・パオロ・ミケッティ

　　　パリ在住エドアルド・トーファノ

　　　ナポリ在住ルイジ・ファブロン

　　　各氏への文書

［文書の端に別人の手で］3／書留

　　　　　　　　　　　　　　　　　　　　　　　　　　ローマ発、1879年5月24日付

　日本の東京美術学校における絵画教師の職を望んでいるフランチェスコ・パオロ・ミケッティ、ルイジ・ファブロン、エドアルド・トーファノ［ママ］氏に宛てた同封の文書を書留便で閣下へ送付しますので、できるだけ早く、確実な方法で彼らに送り、彼らが受け取ったことを私に知らせて下さい。

　　　　　　　　　　　　　　　　　　　　　　　　　　　　　　　大臣に代わって
　　　　　　　　　　　　　　　　　　　　　　　　　　　　　　　署名　G・プッチーニ

［文書の下方に名刺が貼り付けてある］パオロ・ミケッティの住所

　　　　　　　　　　ニコーラ・マルコーネ

　　　　　　　　　　元下院議員

　　　　　　　　　　ローマ、ウルバーナ通り116番

原文：Minuta della lettera di Giovanni Puccini, Segretario Generale, per conto di Michele Coppino, Ministro della Pubblica Istruzione, a Filippo Palizzi, Presidente del Regio Istituto di Belle Arti di Napoli, 24 maggio 1879.

Al Signor Presidente del Regio Istituto di Belle Arti, Napoli
Protocollo Generale Numero 5677
Numero di Posizione 35
Numero di Partenza 6326
Oggetto:
Lettere per i signori
Francesco Paolo Michetti, Napoli,
Edoardo Tofano, Parigi,
Luigi Fabron, Napoli

[a lato del testo di altra mano] 3/Raccomandata

Roma, addì 24 maggio 1879

史　　料（doc. 61～62）

　　　Trasmetto alla Signoria Vostra raccomandate per la posta, le qui unite lettere dirette ai signori Francesco Paolo Michetti, Luigi Fabron ed Edoardo Tofano, che aspirano al posto di Professore di Pittura nella Scuola di Belle Arti di Tokio nel Giappone, e La prego di fargliele avere al più presto e in modo sicuro, dandomi un cenno di ricevimento della presente.

Pel Ministro
firmato G. Puccini

［in basso del testo un biglietto da visita attaccato］
Indirizzo di Paolo Michetti
Nicola Marcone
Ex deputato
Roma Via Urbana 116

62. 1879年5月24日付、公共教育省事務次官ジョヴァンニ・プッチーニ（公共教育大臣ミケーレ・コッピーノに代わって）発、5名の候補者宛文書案文（控え）

総公文書番号5677
配置番号35
発信番号6327-6311
件名：東京美術学校

1. いとも令名高きフランチェスコ・パオロ・ミケッティ殿宛、ナポリ6328
2. いとも令名高きエドアルド・トーファノ殿宛、パリ、6329
3. いとも令名高きルイジ・ファブロン殿宛、ナポリ、6330
4. いとも令名高きカヴァアリエーレ勲章受章者アキッレ、サンジョヴァンニ殿宛、ローマ、カーポ・レ・カーゼ通り75、1階、6331
5. いとも令名高きカヴァリエーレ勲章受章者アルベルト・マゾ・ジッリ殿宛、キエーリ、6327

（書留）

ローマ発、1879年5月24日付

　他の人と同様に、貴殿は日本の東京美術学校の絵画教師に専念する欲求を保持していることが知られましたので、貴殿にあっては、私が複数の候補者から選ぶことができるように、来る6月12日に遅れることなく本省へ、デッサン、スケッチ、習作、写真で構成された貴殿の作品、賞状、その他本省で美術における貴殿の優秀さを立証できるものを送って下さい。

大臣に代わって
署名　G・プッチーニ

原文：**Minuta della lettera di Giovanni Puccini, Segretario Generale, per conto di Michele Coppino, Ministro della Pubblica Istruzione ai cinque candidati, 24 maggio 1879.**

　Protocollo Generale Numero 5677
　Numero di Posizione 35
　Numero di Partenza 6327-6331

463

Oggetto: Scuola di Belle Arti a Tokio

1. Al Chiarissimo Signor Francesco Paolo Michetti, Napoli 6328
2. Al Chiarissimo Signor Edoardo Tofano, Parigi 6329
3. Al Chiarissimo Signor Luigi Fabron, Napoli 6330
4. Al Chiarissimo Signor Cavaliere Achille Sangiovanni, Roma Via di Capo le Case 75 1° piano 6331
5. Al Chiarissimo Signor Cav. Alberto Maso Gilli, Chieri 6327

(raccomandate)

Roma, addì 24 maggio 1879

Avendo saputo che la Signoria Vostra insieme con altri, conserva il desiderio di attendere al posto di Professore di Pittura nella Scuola di Belle Arti di Tokio nel Giappone, prego la Signoria Vostra affinché io possa scegliere fra i diversi Candidati, di trasmettere a questo Ministero non più tardi del giorno 12 del prossimo giugno i suoi titoli, consistenti in disegni, schizzi, studi, fotografie, attestazioni onorevoli, e quant'altro possa dar prova al Ministero del valore di Lei nell'Arte.

Pel Ministro
Firmato G. Puccini

63. 1879年5月27日付、ナポリ王立美術専門学校学長フィリッポ・パリッツィ発、公共教育大臣ミケーレ・コッピーノ宛文書

［レターヘッド］ナポリ王立美術専門学校
　　　第456号
　　　件名：本5月24日付通達への返信
　　　配置番号　35
　　　発出番号5677、発出番号6326

ローマ、公共教育大臣閣下宛

ナポリ発、1879年5月27日

　欄外に言及されていた省通達へ同封された文書を受け取ったことを表明し、すぐに個々人へ直接、つまりここナポリ在住のファブロン、トッコ在住のミケッティ、パリ在住のトーファノへ、閣下によって定められた方法により、文書を送付したことを閣下に保証することができます。

校長
フィリッポ・パリッツィ

［受領印］公共教育省、1879年5月28日、第25789号
［手書きで］6286／1879年5月29日
［文書の上部に別人の手書きで］35、記録

原文：**Lettera di Filippo Palizzi, Presidente del Regio Istituto di Belle Arti di Napoli, a Michele Coppino il Ministro della Pubblica Istruzione, 27 Maggio 1879.**
　　［Intestazione］Regio Istituto di Belle Arti in Napoli
　　　　Numero 456

Oggetto: Risposta alla nota 24 Maggio corrente
Protocollo Centrale Numero di Posizione 35
Protocollo Generale 5677, di Partenza 6326

A Sua Eccellenza
Il Ministro della Istruzione Pubblica Roma

Napoli, 27 Maggio 1879

　Nell'accusare ricevuta delle lettere alligate alla riverita Nota Ministeriale, al margine ricordata, posso assicurare L'Eccellenza Vostra di averle spedite immediatamente alle persone a cui sono dirette cioè al Fabron, quì in Napoli, al Michetti, in Tocco e al Tofano a Parigi nel modo prescritto da Vostra Eccellenza.

Il Presidente
Filippo Palizzi

　[Timbro dell'arrivo] Ministero di Pubblica Istruzione, 28 maggio 1879, art, N. 25789
　[a mano] N. 6286/29. 5. 79
　[in alto del testo di altra mano] 35　　atti

64. 1879年6月8日付、公共教育省事務次官ジョヴァンニ・プッチーニ（公共教育大臣ミケーレ・コッピーノに代わって）発、ナポリ王立美術専門学校学長フィリッポ・パリッツィ宛文書案文（控え）

ナポリ王立美術専門学校学長宛
総公文書番号6256
配置番号35
発信番号6963
件名：コメンダトーレ勲章受章者ドメニコ・モレッリ氏の弟子

ローマ発、1879年6月8日付

至急

　早急に、フランチェスコ・パオロ・ミケッティ、ルイジ・ファブロン、オドアルド[*1]・トーファノら美術家が、コメンダトーレ勲章受章者のドメニコ・モレッリ教授の学生だったか否かを、どうか私に詳しくお知らせ下さいますようお願いします。

大臣に代わって
署名　ジョヴァンニ・プッチーニ

*1　史料原文ではOdoardoとなっているが、Eduardo（エドゥアルド）が正しい。

原文：**Minuta della lettera di Giovanni Puccini, Segretario Generale, per conto di Michele Coppino, Ministro della Pubblica Istruzione, a Filippo Palizzi, Presidente del Regio Istituto di Belle Arti di Napoli, 8 giugno 1879.**

Al signor Presidente del Regio Istituto di Belle Arti, Napoli
Protocollo Generale Numero 6256
Numero di Posizione 35
Numero di Partenza 6963

Oggetto: I Allievi del Signor Commendatore Domenico Morelli

Roma, addì 8 giugno 1879

Urgente

La prego a volermi ragguagliare con sollecitudine se gli artisti Francesco Paolo Michetti, Luigi Fabron ed Odoardo [Edoardo] Tofano sieno stati allievi del Professor Commendatore Domenico Morelli.

Pel Ministro
firmato G. Puccini

65. 1879年6月9日付、ナポリ王立美術専門学校学長フィリッポ・パリッツィ発、公共教育大臣ミケーレ・コッピーノ宛文書

［レターヘッド］ナポリ王立美術専門学校
　　　　第482号
　　　　本月8日付通達への返信
　　　　発出番号6963　配置番号35
　　　　美術管理者
　　　　件名：モレッリ教授の弟子

ローマ、公共教育大臣閣下宛

ナポリ発、1879年6月9日

　欄外に記録された通達への返信として、私は閣下へフランチェスコ・パオロ・ミケッティ、ルイジ・ファブロン、エドアルド・トーファノの3人の画家が全員コメンダトーレ勲章受章者のドメニコ・モレッリ教授の学生だったことを保証できます。

校長
フィリッポ・パリッツィ

［受領印］公共教育省、1879年6月10日、第28102号
［手書きで］6836／1879年6月21日
［文書上部に別人の手書きで］35、条項

　　原文：**Lettera di Filippo Palizzi, Presidente del Regio Istituto di Belle Arti di Napoli, a Michele Coppino, Ministro della Pubblica Istruzione, 9 giugno 1879.**

　　　　［Intestazione］Regio Istituto di Belle Arti in Napoli
　　　　　　　　Numero 482
　　　　　　　　Risposta alla nota 8 corrente
　　　　　　　　Numero di partenza. 6963, Numero di Posizione 35
　　　　　　　　Provveditore artistico
　　　　　　　　Oggetto: Allievi del professore Morelli

　　　　A Sua Eccellenza
　　　　Il Ministro della Istruzione Pubblica
　　　　Roma

史　　料（doc. 65～66）

Napoli, 9 giugno 1879
　　In risposta alla riverita nota al margine ricordata posso assicurare l'Eccellenza Vostra che i tre pittori Francesco Paolo Michetti, Luigi Fabron e Edoardo[sic] Tofano sono stati tutti allievi del professore comm. Domenico Morelli.

Il Presidente
Filippo Palizzi

［Timbro dell'arrivo］Ministero di Pubblica Istruzione, 10 giugno 79, art, N. 28102
［a mano］N. 6836/21. 6. 79
［in alto del testo di altra mano］35　　atti

66. 日付なし、フランチェスコ・パオロ・ミケッティ発、公共教育大臣ミケーレ・コッピーノ宛文書

［レターヘッド］公共教育省

公共教育大臣閣下宛

閣下
　私の出願に対して不意に生じた個人的な理由により、閣下にあっては、日本の教師の採用試験を放棄した者とみなして下さい。

F・パオロ・ミケッティ

［文書の上部に別人の手書きで］35
　　　　6976／1879年6月16日
［文書の左側に別人の手で、垂直方向に］資料を引き取ったことを明言します。

F・パオロ・ミケッティ

　　原文：**Lettera di Paolo Michetti non datata, a Michele Coppino, Ministro della Pubblica Istruzione.**

　　　［Intestazione］Ministro dell'Istruzione

　　　A Sua Eccellenza Ministro dell'Istruzione Pubblica

　　　Eccellenza
　　　　Per mie particolari ragioni, sopraggiunte alla mia domanda, prego la Signoria Vostra di tenermi rinunciatario dal Concorso di Professore al Giappone.

F. Paolo Michetti

　　　［in alto del testo di altra mano］35
　　　　　　6976/16. 6. 79
　　　［a sinistra del testo di altra mano, verticalmente］Dichiaro d'aver ritirato i documenti

F. Paolo Michetti

467

67. 1879年6月9日付、アルベルト・マゾ・ジッリ発、公共教育大臣ミケーレ・コッピーノ及び、公共教育省事務次官ジョヴァンニ・プッチーニ宛文書

キエーリ発、1879年6月9日付

公共教育大臣によって私になされた依頼に対する返信において
美術教育中央監督局
配置番号35、公文書番号9.5677
1879年5月24日付

大臣閣下［及び］、［ジョヴァンニ・］プッチーニ氏宛
　東京美術学校の教師の職を希望いたしますので、大臣閣下によって「候補者」として審査されますように、私は今朝、以下の紙葉29点からなる私の作品を送付したことを、謹んで閣下にお知らせします。
　19点の絵画作品をさまざまなやり方によって複製した紙類　16点
　デッサン習作　5点
　補足的な習作　4点
　7種類の賞状　4点
　令名高き閣下にあっては、要求を満たす根拠になっているかどうか私にお伝え下さい。

ジッリ、アルベルト・マゾ

［文書の上方に別人の手で］コメンダトーレ勲章受章者レザスコ
6894／1879年6月13日

原文：**Lettera di Alberto Maso Gilli, a Michele Coppino, Ministro della Pubblica Istruzione, 9 giugno 1879.**

Chieri 9 giugno 1879

In ristposta all domanda fattami del Ministro dell'Istruzione Pubblicca
Provveditorato Centrale per l'Istruzione artistica
Numero di Posizione 35 - Numero di Protocollo 9.5677
data addì 24 Magg. 1879

A Sua Eccellenza il Ministro al Signor Puccini

　　　Ho l'onore di annunziare a Vostra Signoria che stamane, per aspirare al posto di professore nella scuola di Belle Arti in Tokio ho spedito, affinché vengano esaminati da Sua Eccellenza il Ministro "Chi per essa", i miei titoli consistenti in Fogli 29 cosi suddivisi.......
N.19 quadri riprodotti con vari sistemi .... Fogli 16
Disegni di studio 5
Studi complementari 4
N.7 Attestazioni onorevoli 4
Nella Persuasione d'aver adempito alla richiesta
pregio dirmi　　　di Vostra Signoria Illustrissima

Gilli Alberto Maso

史　　料（doc. 67～68）

[in alto di altra mano] Com. Rezasco
6894/13.6.79

68. 1879年6月12日付、アキッレ・サンジョヴァンニ発、教師選抜審査委員会[*1]宛文書

アキッレ・サンジョヴァンニ

　尊敬すべき東京の絵画教師職採用試験委員会御中
　私の人物に関係する作品を貴委員会へ提出するにあたり、私の作品の大半は外国にあり、提出するために集めることはできないので、私が過小評価されるのは避けられないと考えます。
　最近、即席で制作した2人の<u>裸体</u>を表現した試作品は、予定された採用試験までの短い期間において、数日間で用意した作品で、必然的に関連する附属品が欠けておりますが、私は、教育者である全ての教師にとって、とりわけ裸体画は変わることのない知識であり、絵画や素描の教師により直接的に課せられる義務であるので、何をおいても先ず提示すべきだと考えたのです。
　前述のごとく私は、さまざまな様式の知識や、さまざまな国において念入りに作られた試作品を、経験として付け加える義務を感じています。
　一つの模範的な作品［以下、破損により判読不能］に打ち込む者は誰でも、その結果［以下、破損により判読不能］

ローマ発、1879年6月12日

注記
　（王宮絵画館が所有しているヴィットーリオ・アルフィエーリの絵画と、水彩画を除き）彩色した頭部の全ての下絵は、ローマにおいて20日間で仕上げました。2人の裸体は15日間です。

［文書の上方に別人の手で］35
　　　　　第6899号

　*1　原文書にはCommissioneもしくはCommissione giudicatrice del Concorsoと記されている。翻訳にあたってはどちらの場合も教師選抜審査委員会とする。以下、同様。

原文：Lettera di Achille Sangiovanni, alla Commissione giudicatrice del Concorso, 12 giugno 1879.

　　　Alla Onorevole Commissione di esame pel concorso al posto di professore di pittura a Tokio

　　　Nel presentare a codesta Commissione i titoli che concernono la mia persona, stimo dovere sommettere alla medesima che, buona parte dei miei lavori trovandosi all'estero, non mi è stato possibile raccogliere più di quanto ebbi a presentare.
　　　Che nell'ultimo improvvisato saggio rappresentante due <u>Nudi</u>, lavoro preparato in pochi giorni pel breve termine prefisso al concorso, ed al quale necessariamente mancano i relativi accessori, ho tenuto ad esporre innanzi tutto quanto più direttamente incomber debba ad un professore di pittura e di disegno nella indeclinabile conoscenza principalmente del nudo per ogni professore insegnante.
　　　Al premesso sento il dovere di aggiungere come la esperienza, la conoscenza di varie scuole, i saggi

elaborati presso diverse nazioni non possono a meno di esser considerati come un corollario essenziale e producente in chiunque si dedichi ad un esemplare [la parte danneggiata]
　　Conseguentemente [parte danneggiata]

Achille Sangiovanni
Roma 12 giugno 1879

　　N. B.
　　　　Tutti i bozzetti la testa dipinta, (eccetto il quadro di Vittorio Alfieri e l'aquerello che appartengono alla pinacoteca della Real Casa) sono stati fatti in Roma nello spazio dei 20 giorni. I due nudi di 15 giorni.

[in alto del testo di altra mano] 35
　　　　　　　N. 6899

69. 1879年6月18日付、公共教育省発、5名の教師選抜審査委員会委員宛文書案文（控え）
コメンダトーレ勲章受章者ローマ王立美術専門学校学長フィリッポ・プロスペリ殿宛　　7427

総公文書番号7063
第2局
配置番号35
発信番号
件名：東京の絵画教師

コメンダトーレ勲章受章者ドメニコ・モレッリ殿宛　　7428
コメンダトーレ勲章受章者アントーニオ・チゼリ殿宛　　7429
コメンダトーレ勲章受章者グリエルモ・デ・サンクティス殿宛　　7430
コメンダトーレ勲章受章者シエナ県立美術学院学長ムッシーニ教授殿宛　　7431

ローマ発、1879年6月18日付

　本省は日本政府から、東京美術学校の絵画教師を推薦するように依頼されましたので、私は、かつてその任務獲得への欲求を示した画家たちに、絵画教育における彼らの能力を立証する作品を提出するように、既に求めました。
　アキッレ・サンジョヴァンニとアルベルト・ジッリの2名だけが、必要な書類を送付して返答しました。
　大変重要な問題において、私は、判断資格のある人々の意見を聞くのが有効であると確信していますが、そのような目的により、貴殿にあっては、私が指名いたしました委員会メンバーになって頂きたく、それはコメンダトーレ勲章受章者アントーニオ・チゼリ氏、コメンダトーレ勲章受章者グリエルモ・デ・サンクティス氏、コメンダトーレ勲章受章者ドメニコ・モレッリ氏の各位で構成されます[*1]。
　委員会は来る19日木曜日午前10時、本省建物内の通称マッジョランツァの間で開催されます。
　貴殿が美術へのこの新たな役務においても役立たれることを望みつつ、私は前もって感謝する

史　　料（doc. 69～70）

とともに、完全なまでの注意深い敬意の気持ちを繰り返します。

署名　（解読不可能）

*1　発出番号を取っているが、文書中には「コメンダトーレ勲章受章者ローマ王立美術専門学校学長フィリッポ・プロスペリ」及び「コメンダトーレ勲章受章者シエナ県立美術学校校長ムッシーニ教授」の名前は記されていない。しかしdoc. 70に記されているように、合計5名が選考にあたった。

原文：**Minuta della lettera del Ministero della Pubblica Istruzione, ai cinque membri della Commissione giudicatrice del Concorso, 18 giugno 1879.**

Al Signor Commendatore Filippo Prosperi, Direttore dell'Istituto di Belle Arti, Roma , 7427

Protocollo Generale Numero 7063
Divisione 2
Numero di Posizione 35
Numero di Partenza
Oggetto: Professore di Pittura a Tokio

Commendatore Domenico Morelli, 7428
Commendatore Antonio Ciseri -7429
Commendatore Guglielmo De Sanctis Pittore, 7430
Commendatore Professore Mussini, Presidente dell'Accademia provinciale di Belle Arti di Siena, 7431

Roma, addì 18 giugno1879

　　Questo Ministero essendo stato invitato dal Governo Giapponese a proporgli un'insegnante di Pittura nella Scuola di Belle Arti di Tokio, io ho invitato Pittori che avevano già altre volte dimostrato desiderio di ottenere quell'ufficio a presentare i titoli comprovanti la loro capacità nell'insegnamento della Pittura.
　　Due soli i signori Achille Sangiovanni e Alberto Gilli risposero inviando i documenti necessari.
　　In affare di tanta importanza io credo conveniente di chiedere il parere di persone competenti, e però prego la Signoria Vostra a voler fare parte della Commissione che ho nominato a tal fine e che è composto di Vostra Signoria dei signori Commendatore Antonio Ciseri, Commendatore Guglielmo De Sanctis, e Commendatore Domenico Morelli.
　　La Commissione si raduna il giorno di giovedì 19 corrente alle ore 10 antimeridiane nella sala detta della Maggioranza nel Palazzo di questo Ministero.
　　Nella speranza che Ella vorrà rendere anche questo nuovo servizio all'arte ed a me ne La ringrazio anticipatamente e Le ripeto i sensi della mia perfetta stima ed osservante.

firma illeggibile

70. 1879年6月19日付、教師選抜審査委員会発、公共教育大臣ミケーレ・コッピーノ宛文書
件名：東京の絵画教師
公共教育大臣閣下宛

ローマ発、1879年6月19日

　6月18日付の閣下の文書に記された指令により、署名者たちは日本の東京美術学校の絵画教師職への3名*1の候補者が提出した試作品と資料を審査した結果につき、以下のように述べます。
　アルベルト・マゾ・ジッリは、彩色された試作品を全く提出せず、彼の価値を完全に示すため

471

の必要欠くべからざる材料が欠けていますが、疑いなく、彼はアキッレ・サンジョヴァンニよりも優れています。

　イタリア美術に名誉を与える要請という重要性を鑑みるに、署名者たちは、提出された作品によって、決定的な判断を述べることができるとは思いません。

A・チゼリ
D・モレッリ
グリエルモ・デ・サンクティス
フィリッポ・プロスペリ
L・ムッシーニ

*1　審査の対象となったのは実際には2名だったが、ここでは「3名」と記されている。

原文：**Lettera della Commissione giudicatrice, a Michele Coppino, Ministro della Pubblica Istruzione, 19 giugno 1879.**

Oggetto: Professore di Pittura a Tokio
A Sua Eccellenza il Ministro della Pubblica Istruzione

Roma 19 giugno 1879

　　In ordine alla lettera dell'Eccellenza Vostra del dì 18 giugno, i sottoscritti, esaminati i saggi e i documenti presentati dei tre Concorrenti al posto di Professore di Pittura all'Accademia di Belle Arti di Tokio al Giappone, espongono quanto appresso:

　　Il Signor Albertomaso[sic] Gilli è indubbiamente superiore al Signor Cavaliere Achille Sangiovanni, se non che non avendo egli presentato verun saggio dipinto, manca un elemento esssenziale per dimostrare compiutamente il suo valore.

　　Considerando l'importanza di un invito che onora l'Arte Italiana, non credono i sottoscritti poter formulare sulle opere presentate un giudizio definitivo.

A. Ciseri
D. Morelli
Guglielmo De Sanctis
Filippo Prosperi
L. Mussini

71. 1879年6月24日付、公共教育省事務次官ジョヴァンニ・プッチーニ（公共教育大臣ミケーレ・コッピーノに代わって）発、アルベルト・マゾ・ジッリ宛文書案文（控え）

カヴァリエーレ勲章受章者アルベルト・マゾ・ジッリ殿宛
総公文書番号7281
配置番号35
発信番号7635
件名：東京の絵画教師

ローマ発、1879年6月24日付

　日本の絵画教師のポストへ、2人、つまり貴殿ともう1人の美術家だけが課題と作品を提出し

史　　料（doc. 71～72）

ました。教師選抜審査委員会は、疑いなく貴殿の競争相手よりも貴殿が優れていると認めました。しかしながら、貴殿は彩色された試作品を全く提出せず、従って、貴殿の価値を完全に示すための必要欠くべからざる材料に欠けており、決定的な判断を述べませんでした。それゆえ、もし貴殿が私の要求を実行し続けるのであれば、貴殿が大臣へ、本来の意味での絵画における能力を推定することができる彩色された試作品を提出する必要があります。

大臣に代わって
署名　G・プッチーニ

原文：Minuta della lettera di Giovanni Puccini, Segretario Generale, per conto di Michele Coppino, Ministro della Pubblica Istruione a Alberto Maso Gilli, 24 giugno 1879.

　　Al Signor Cavaliere Alberto Maso Gilli, Chieri
　　Protocollo Generale Numero 7281
　　Numero di Posizione 35
　　Numero di Partenza 7635
　　Oggetto: Professore di Pittura a Tokio

Roma, addì 24 giugno1879

　　Due soli presentarono temi e titoli per la Cattedra di pittura nel Giappone; la Signoria Vostra ed un altro artista. E la Commissione giudicatrice riconobbe la Signoria Vostra indubbiamente superiore al suo competitore. Se non che, non avendo Ella presentato alcun saggio dipinto, e quindi mancando un elemento essenziale per dimostrare compiutamente il suo valore, non formulò un giudizio definitivo. Egli è quindi necessario, se Ella continua a mantenere la mia domanda, che Ella presenti al Ministro un suo saggio dipinto, dal quale si possa ricavare la sua abilità nella pittura propriamente detta.

Pel Ministro
firmato G. Puccini

72．1879年6月25日付、宮内省管理係アンジェロ・アゴストーニ[*1]発、公共教育省宛文書

［レターヘッド］公共教育省

　採用試験のために送付された各々にカヴァリエーレ勲章受章者サンジョヴァンニの絵画作品が入った2箱が公共教育省から返送され、宮内省がここに受け取ったことを表明します。
ローマ発、1879年6月25日

管理係
アンジェロ・アゴストーニ

［文書上方に別人の筆記で］35

　　*1　宮内省のアゴストーニが公共教育省に出向いて箱を受け取り、そこで公共教育省のレターヘッドが印刷された用紙に受領の証明を記したものと考えられる。

原文：Lettera di Angelo Agostoni, Conservatore del Ministero della Real Casa, al Ministero Pubblica Istrusione, 25 giugno 1879.

[Intestazione] Il Ministero dell'Istruzione

 Il Ministero della Real Casa accusa ricevuta colla presente di Due casse, ciascuna contenente un quadro del Cavaliere Sangiovanni, ritornate dal Ministero di Pubblica Istruzione a cui erano state trasmesse per un concorso.
Roma 25/6 79

Il Conservatore
Angelo Agostoni

[in alto del testo di altra mano] 35

73. 1879年6月28日付、アルベルト・マゾ・ジッリ発、公共教育大臣及び、公共教育省事務次官ジョヴァンニ・プッチーニ宛文書

公共教育省宛
美術教育のための中央管理者
配置番号35
東京の絵画教師の件対する返信

公共教育大臣閣下に代わって
令名高きプッチーニ殿

パリ発、1879年6月28日
レンヌ通り124番

 東京の絵画教師の任命に関し、委任された委員会が完全に判断しうることを目的に、時間を極力短縮するために、ミラーノの県庁舎内にある<u>ラヴァテール</u>という題名の、私が制作し、所有している絵画作品、それは私が提出した作品の中に複製写真がありますが、を政府へ提出します。
 その絵画は、既に数年前に制作されたものですが、その作品が価値を有し、要求を満たせることを願います。

ジッリ、アルベルト・マゾ
画家

原文：**Lettera di Alberto Maso Gilli, a Michele Coppino, Ministro della Pubblica Istruzione, 28 giugno 1879.**

Al Ministero della Istruzione Pubblica

Provveditorato centrale per L'Istruzione artistica
Numero di Posizione 35
Risposta all'oggetto Prof. di Pittura a Tokio

Pel Vostra Eccellenza Il Ministro dell'Istruzione Pubblica.
All'Illustre Signor G. Puccini

Parigi, 28 giugno 1879
Rue de Rennes 124

A fine che la Commissione incaricata possa compiutamente formulare il suo giudizio, riguardo alla nomina di Professore di pittura in Tokio, per ogni migliore sollecitudine, presento al Governo un quadro da me eseguito e di sua proprietà, esistente nel Palazzo di Prefettura in Milano, intitolato Lavater, del quale trovasene una riproduzione fotografica fra i titoli da me presentati.

Malgrado il quadro sia già da qualche anno eseguito spero possa valere qual titolo e soddisfare alla richiesta.

Gilli Alberto Maso
Pittore

74. 1879年7月1日付、公共教育省官房事務次官カルロ・クロダラ・ヴィスコンティ発、同省公共教育省美術教育中央監督局局長ジュリオ・レザスコ宛文書

［レターヘッド］公共教育省事務局長
　　　　　ファイル番号842
　　　　　件名：東京の絵画教師の任用試験を受けるジッリ、アルベルト氏は、彼の他の作品とともに審査されるように、ミラーノ県庁に在る彼の一点の油彩画を提出する。

いとも令名高き［公共教育］省美術教育中央監督局局長殿

ローマ発、1879年7月1日

［印字］事務次官殿の指令により、関連する情報が備わったこの紙葉を本秘書官へ返却されるのを願いつつ、いとも令名高き閣下へ、記載された文書を返却します。

［印字］上述の件に関係する情報

［印字］課長
クロダラ・ヴィスコンティ

［文書の上部に別人の手書きで］35
　　　　　7453番／1879年7月1日

原文：**Lettera di Carlo Crodara-Visconti, Segretario Generale del Gabinetto del Ministro della Pubblica Istruzione, a Giuglio Rezasco, Provveditorato Capo per l'Istruzione Artistica, 1 luglio 1879.**

　［Intestazione］Ministero della Pubblica Istruzione, Segretario Generale
　　　　Numero 842 d'Archivio
　　　　Oggetto: Il Signor Gilli Alberto che concorre alla nomina di Professore di Pittura a Tokio presenta un suo quadro a olio esistente nel Palazzo di Prefettura a Milano affinché sia giudicato cogli altri lavori suoi.

　Illustrissimo Signor Provveditorato Capo per l'Istruzione Artistica Ministero

Roma, 1 Luglio 1879

　［a stampa］D'ordine del signor Segretario Generale rimetto alla Signoria Vostra Illustrissima la lettera emarginata, con preghiera di volerla ritornare a questo Segretario in un al presente foglio, munito delle relative informazioni.

Il Capo Sezione
Crodara-Visconti

[a stampa] INFORMAZIONE RIGUARDANTI L'OGGETTO DI CUI SOPRA

[in alto di altra mano] 35
N. 7453/1.7.79

75. 1879年7月6日付、公共教育大臣ミケーレ・コッピーノ発、ミラーノ県知事ルイジ・グラヴィーナ宛文書案文（控え）

王国ミラーノ県知事宛
総公文書番号7453
配置番号35
発信番号8060
件名：アルベルト・ジッリ氏の絵画

ローマ発、1879年7月6日付

　ある採用試験の審査のために、貴県庁にあるというアルベルト・ジッリ氏が描いた<u>ラヴァテール</u>という絵画作品を検討しなければならず、審査が完了したら直ちに返却することを条件に、貴殿にあってはその作品を本省へ送付していただければ幸甚です。

大臣
署名　M・コッピーノ

原文：**Minuta della lettera di Michele Coppino, Ministro della Pubblica Istruzione a Luigi Gravina, Regio Prefetto di Milano, 6 luglio1879.**

Al Regio Prefetto di Milano
Protocollo Generale Numero 7453
Numero di Posizione 35
Numero di Partenza 8060
Oggetto: Quadro del Signor Alberto Gilli

Roma, addì 6 Luglio 1879

　　Pel giudizio di un Concorso, dovendosi esaminare il quadro del signor Alberto Gilli, rappresentante <u>Lavater</u>, che si dice esistere presso cotesta Prefettura, sarei molto grato alla cortesia della Signoria Vostra se Le piacesse di trasmettere quel quadro a questo Ministero, il quale lo rimanderebbe così subito che l'esame fosse compiuto.

Il Ministro
firmato M. Coppino

76. 1879年7月18日付、ミラーノ県知事ルイジ・グラヴィーナ発、公共教育大臣ミケーレ・コッピーノ宛文書案文（控え）

［レターヘッド］ミラーノ県知事

史　　料（doc. 75～76）

第5局、M課
番号14044／52
件名：画家ジッリの表したラヴァテールという絵画作品の送付について

［在］ローマ、公共教育大臣閣下
美術教育中央監督局

ミラーノ発、1879年7月18日

　画家ジッリが描いた《ラヴァテール》という絵画作品は、ミラーノ県庁の所有物です。従って、尊敬に値する県議会へ当月6日付の貴公文書に記載された要求を問いただしたところ、去る11日の会議は、尊敬に値する公共教育大臣が、安全を保証し、梱包、送付、返却の費用を配慮する場合に限って、採用試験の審査のために検討されるべく、その絵画作品のローマへの送付に同意する、と決定しました。

県知事
グラヴィーナ

［到着印］公共教育省、1879年7月22日、第36314号
［手書きで］8127／1879年7月23日

原文：**Lettera di Luigi Gravina, Prefetto della Provincia di Milano a Michele Coppino, Ministro della Pubblica Istruzione, 18 luglio 1879.**

[Intestazione] Prefettura della Provincia di Milano
　　　　　　　Divisione 5, Sezione M
　　　　　　　Numero 14044/52
　　　　　　　Oggetto: Circa l'invio d'un quadro del pittore Gilli rappresentante Lavater

Alla Sua Eccellenza il Signor Ministro
Della Pubblica Istruzione,
Provveditorato Artistico, Roma

Milano, 18 Luglio 1879

　Il quadro del pittore Gilli rappresentante "Lavater" è di proprietà della Provincia di Milano. Ho quindi rivolto all'Onorevole Deputazione Provinciale la richiesta contenuta nel riverito Dispaccio 6 andante mese, e questa in seduta dell'11 corrente ha deliberato "di prestarsi alla trasmissione a Roma del quadro per essere esaminato pel giudizio di un concorso, semprechè l'Onorevole Ministro della Pubblica Istruzione pensi alle spese di imballaggio, di spedizione, e di ritorno, garantendo l'incolumità."

　Il che mi affretto portare a cognizione dell'Eccellenza Vostra per le disposizioni che reputerà di impartire.

Il Prefetto
Gravina

[Timbro dell'arrivo] Ministero di Pubblica Istruzione, 22 luglio 1879, art, N. 36314
[a mano] 8127/23.7.79

477

77. 日付なし、アキッレ・サンジョヴァンニ発、公共教育大臣フランチェスコ・パオロ・ペレツ宛文書

　署名者は、日本の東京での絵画教師職の採用試験に参加するように要請を受けました。大臣に自己紹介し、非公開で上述の採用試験が開催されました。しかし、コメンダトーレ勲章受章者のコッピーノは、参考程度だが資格証明によって採用試験を始めると言いました。

　応募者は、自らの価値を示すために、より知的な美術家の称賛を獲得した資格証明や作品を提出するように配慮し、15日間で、高さ1mの2人の描かれた裸体を制作する負担を負いました。

　ここで署名者が知っている、以下を書き留めるのは時宜に適っています。しかるべき委員会によって作品による採用試験がおこなわれることを知るに際して、その中に美術家モレッリ（彼［サンジョヴァンニを指す］の個人的な敵対者）がいるのであれば、モレッリは辞任すべきだと、私は主張しました。大臣は、彼を入れないという言葉を交わしたのに、最初に彼を入れました。そして、最終的にもう一人の競争相手である、コッピーノの同郷人のジッリ氏が、確かに彼のものとされる絵画作品や絵を提示することなく、合格しました。

　委員会が開かれ、想定されていたことですが、満たすべき主要な任務は絵画であるにもかかわらず、［まず］銅版画家であり次いで画家であるジッリを選抜しました。

　また思うに、サンジョヴァンニによって提出された絵画作品は、ナポリの王立カポディモンテ美術館において展示される栄誉を浴しているのだから、ジッリが歴史画を提出するだけでは十分ではありません。

　この場合、ジッリは申立人が提出したように、美術哲学に関する要素である描かれた裸体を同様に提出すべきでしょう。

　そうすれば、比較によって誰が優位に属するのかを判断することができるでしょう。

　最後に、申立人は［公共教育］省がジッリ氏を非公開で準備なしの裸体画制作の試験に召喚すること、そしてこの内輪の採用試験を審査するための最初の委員会とは異なる、別の委員会を選出することを要請します。

　署名者は、昨年、在ローマ日本公使[1]より、日本皇帝［明治天皇を指す］及び皇后の2枚の大きな肖像画、さらにウンベルト国王陸下ならびにヘイズ・アメリカ合衆国大統領肖像画を制作する任務を得、後者2点は皇帝陸下所蔵のヨーロッパ元首［肖像画］コレクションを補完する目的を適えるものだったことを言い添えるのは、閣下の興味を引くことと思います。

　署名者にとって不運なことに、これらの制作物は少し遅れて送付され、本件に役立てることができませんでした。

　東京美術学校での絵画教師のトリーノのフォンタネージ氏は、健康上の理由により、2年後に辞職せざるを得ず、その学校において教師は不可欠だったので、日本政府は同教師に、彼の業務の埋め合わせをする［人物の推薦を］依頼しました。誤認選抜により、臨時教師はあまりに不適格だと認められたために、かの政府は別の選抜による新たなすばらしい教師をイタリア政府に要請しました。

　ローマ在住の臨時代理公使中村氏は、この新たな要求を受け取るやいなや、すぐに公文書で署名者本人へそのことを通知するのが義務だと判断しました。

史　　料〔doc. 77〕

　当然のこととして、サンジョヴァンニは、数日のうち実行されるものと信じてローマへ行き、そこで折り合いをつけるために、退いたコッピーノ大臣の下へ赴きましたが、彼は実施について何も知りませんでした。そして、ヴィゾーネ伯爵だけでなく、コメンダトーレ勲章受章者タヤーニは、採用試験は要請されていないので、署名者に件の職が委ねられることに全く困難はないだろうと、約束しました。しかし、2日後には、コッピーノは考えを変え、採用試験は要請されていなかったにもかかわらず、彼の同郷人〔ジッリ〕に好都合となるように、多くの芸術家を促しました。

　ミケッティ、サンジョヴァンニ、ジッリの3人の候補者のうち、ミケッティはサンジョヴァンニに配慮して辞退しました。そして上記に示した詳細な報告のごとく、コッピーノは正義を脇に置いたのです。

アキッレ・サンジョヴァンニ
本文書執筆者は、ローマ、ヴァンタッジョ通り14番に住む。

〔到着印〕公共教育省事務次官官房、1879年7月24日
〔手書きで〕8127／1879年7月26日
〔文書の上部に別人の筆記で〕35
　　　　第77番／美術〔教育中央〕監督局

*1　1877（明治10）年7月21日付で河瀬真孝が在イタリア日本公使館特命全権公使を退任後、臨時代理公使を務めた桜田親義を指している。

　　原文：Lettera non datata di Achille Sangiovanni, a Francesco Paolo Perez, Ministro della Pubblica Istruzione.

　　　　Il sottoscritto fu invitato far parte d'un concorso per un posto di maestro di pittura in Tokio nel Giappone. Si presentò al Ministro e si offrì a fare il menzionato concorso a porte chiuse; però il Commendatore Coppino disse che il concorso era consultivo e si apriva per titoli.

　　　　Il richiedente si fece allora premura di presentare titoli e lavori e per mostrare la sua valentia, assunse l'impegno di fare due nudi dipinti di un metro di altezza in 15 giorni, che furono esposti e raccolsero il plauso di artisti più intelligenti.

　　　　È qui opportuno notare che il sottoscritto allorché seppe che il concorso era per titoli con apposita Commissione dichiarò che se in essa si trovasse l'artista Morelli (suo perosonale nemico) egli si sarebbe ritirato; che il Ministro impegnò la parola di non metterlo e poi lo mise per il primo; e finalmente che l'altro concorrente signor Gilli compatriotta[sic] del Coppino fu ammesso senza avere esibiti quadri ed opere di pittura a lui attribuiti con certezza.

　　　　Si riunì la Commissione e fece ciò che era da prevedersi cioè col preferire il Gilli benché <u>incisore e poi pittore</u> incaricandola a completare la parte principale che sarebbe la pittura.

　　　　Ammettendo pure che il Gilli presentasse un quadro storico non sarebbe sufficiente perché neanche i quadri presentati dal Sangiovanni furono considerati benché collocati al posto d'onore nella Reale Pinacoteca di Capodimonte in Napoli.

　　　　In questo caso il Gilli dovrebbe presentare altrettanti nudi dipinti come l'ha presentati l'esponente, che sarebbe la parte filosofica dell'arte, e allora si che si potrebbe, col paragone, giudicare a chi spetta il primato.

　　　　Inultimo[sic] l'esponente chiede al Ministero di invitare il signor Gilli ad una pruova[sic]

479

estemporanea a porte chiuse a fare dei nudi dipinti, e scegliere un'altra Commissione differente della prima per giudicare questo privato concorso.

 Il sottoscritto crede nel suo interesse aggiungere che l'anno scorso, incaricato dal Ministro del Giappone in Roma, di fare due grandi ritratti dell'Imperatore e l'Imperatrice, più il ritratto di Sua Maestà il Re Umberto e quello di Sua Eccellenza il Presidente dei Stati Uniti d'America Ayes, questi due ultimi servirono per completare la collezione dei Sovrani d'Europa di proprietà di Sua Maestà l'Imperatore.

 Malauguratamente pel sottoscritto questi lavori furono spediti un po' tardi e impedirono a giovarlo; imperocché all'Accademia di Belle Arti in Tokio quel professore di pittura che vi era signor Fontanesi di Torino dovette dopo due anni rinunziare al posto per causa di salute, e siccome nella scuola era indispensabile il professore; il governo del Giappone pregò lo stesso prof. per farsi supplire come fece. Quando per cattiva scelta il supplente professore fu riconosciuto di tale incapacità, che quel governo si rivolse di bel nuovo al governo Italiano per un altra scelta.

 L'Incaricato d'Affari <u>interim</u> residente in Roma signor Nakamura, avendo ricevuto la prattica di questa nuova chiesta crede suo debito avvissarne, immediatamente il sottoscritto l'istesso di con lettera di Ufficio.

 Con ragione il Sangiovanni si recò in Roma credendo che la cosa fosse fattibili in pochi dì, tanto che si diresse al cessato Ministro Coppino per intendersi, ma questi rispose che nulla sapeva della prattica e promise tanto a Sua Eccellenza il Conte Visone, come al Commendatore Tajani che se il concorso non era richiesto non avrebbe trovato nessuna difficoltà dare al sottoscritto il posto in parola, ma dopo due dì il Coppino mutò pensiero e, nonostante che il concorso non fosse richiesto, per giovare al suo compatriota invitò vari artisti a concorrere.

 Dei tre concorrenti Michetti, Sangiovanni e Gilli, il Michetti si ritirò dal concorso a riguardo del Sangiovanni ed il Coppino pose da banda la giustizia come risulta ragguagli esposti di sopra.

Achille Sangiovanni
Il presente abita, Via del Vantaggio 14 Roma.

[Timbro dell'arrivo] Gabinetto dei Segretario Generale del Ministero dell'Istruzione Pubblica, 24 luglio 1879
[a mano] 8234/26.7.79
[in alto del testo di altra mano] 35
N. 77/Provveditorato Artistico

78. 日付[*1]及び署名のないメモ

 東京美術学校の絵画講座のための教師の選考。カヴァリエーレ勲章受章者サンジョヴァンニ、アキッレとアルベルト・ジッリ氏が競った。そして教師選抜審査委員会は、彼らによって提出された試作品や文章を審査し、もう1人の競争相手よりも疑いなく優れているとして、ジッリを上位に置いた。しかし、最終的な判断を下す前に、彼は全く絵画作品を提出していなかったので、委員会は、彼の絵画作品、ミラーノ県庁舎内に在る代表作ラヴァテールを審査することを要請した。

 本省は、ミラーノ県知事に、その作品をここローマへ送るように依頼した。今、県は、本省が作品の安全を保証するのであれば、県所有のその作品を送付すると返答している。

 コメンダトーレ勲章受章者ヴィゾーネによって推薦されたもう1人の競争相手は、採用試験の審査のために、ジッリの別の試作品をここに持ってこさせること、彼にも新たな制作物を提出することに同意していること、あるいは彼と競争相手との間で描かれた裸体を制作することからなるような、準備なしで第2の試験をすることを要求している。審査員の1人であるコメンダトーレ勲章受章者のモレッリは彼の敵対者であると言っている。

史　　料（doc. 78〜79）

*1　教師選抜審査委員会開催後に書かれたことは確かである。

原文：**La nota non datato senza la firma**

　　　　Scelta di un Maestro per la Cattedra di Pittura nella Accademia di Belle Arti di Tokio. Fu fatto un concorso per proporre al Governo Giapponese il migliore dei concorrenti. Concorsero il Cavaliere Sangiovanni Achille e il signor Alberto Gilli. E la commissione giudicatrice, esaminati i saggi e i documenti presentati da essi, pose innanzi il Gilli, come indubbiamente superiore all'altro concorrente. Ma prima di fare un giudizio definitivo, non avendo egli presentato alcun dipinto, la Commissione ha chiesto di esaminare un quadro di lui, rappresentante Lavater, ed esistente nel Palazzo Prefettizio di Milano: e il Ministero ha pregato il Prefetto di Milano che mandi quel quadro qui a Roma.

　　　　Ora il Prefetto risponde che manderà il dipinto di proprietà della Provincia, se il Ministero garantisce l'incolumità del quadro.

　　　　L'altro Concorrente, che è raccomandato dal Commendatore Visone, fa istanza che, dove si faccia venir qua un altro saggio del Gilli pel giudizio del concorso, si accordi anche a lui di presentare nuovi lavori o, meglio si ordini una seconda prova estemporanea fra esso e il suo competitore, la quale vorrebbe che consistesse nel fare un nudo dipinto. Dice perché uno dei commissori, il Commendatore Morelli, gli è nemico.

79. 1879年8月12日付、公共教育大臣フランチェスコ・パオロ・ペレツ発、アキッレ・サンジョヴァンニ宛文書案文（控え）

カヴァリエーレ勲章受章者アキッレ・サンジョヴァンニ殿宛
ローマ、ヴァンタッジョ通り14番
総公文書番号8234
配置番号35
発信番号9623
件名：東京美術学校

　　　　　　　　　　　　　　　　　　　　　　　　　　　ローマ発、1879年8月12日付

　東京美術学校の絵画教師職を授けるために、ジッリ氏は、絵画作品の提出によって資格証明を満たすように要求されましたので、もし、貴殿もまた教師選抜審査委員会が審査していない新たな絵画作品を本省へ提出する見解を抱いているのであれば、所有者の名前、もしくはどこに展示されているのかを私に言って頂ければ、そこにそう知らせるよう、あなたの意に沿うよういたします。

　　　　　　　　　　　　　　　　　　　　　　　　　　　　　　　　　　署名　F・ペレツ

追伸：［教師選抜審査委員会に審査されていない］新たな作品を提出したければ20日以内に提出するように。

原文：**Minuta della lettera di Francesco Paolo Perez, Ministro della Pubblica Istruzione, ad Achille Sangiovanni, 12 agosto 1879.**

　　Al Signor Cavaliere Achille Sangiovanni,
　　via del Vantaggio 14, Roma.

481

Protocollo Generale Numero 8234
Numero di Posizione 35
Numero di Partenza 9623
Oggetto: Scuola di Belle Arti al Tokio

Roma, addì 12 agosto 1879

Giacché per conferimento del posto di Professore di Pittura nella Scuola di Belle Arti di Tokio fu invitato il signor Gilli a compiacere i suoi titoli colla presentazione di un dipinto, se Ella pure credesse di presentare al Ministero, qualche nuovo dipinto non esaminato della Commissione. Ella è in facoltà di farlo avvertendoLa per altro di aver la compiacenza di dirmi il nome del proprietario o dove sia stato esposto.

firmato F. Perez

P.S. I nuovi dipinti dovrebbero esser presentati entro giorni venti.

80. 1879年8月12日付、公共教育大臣フランチェスコ・パオロ・ペレツ発、ミラーノ県知事ルイジ・グラヴィーナ宛文書案文（控え）

ミラーノ県知事宛
総公文書番号8127及び8234
配置番号35
発信番号9624
7月18日付通達への返信
第5局、14044／521番
件名：画家ジッリ氏の絵画

ローマ発、1879年8月12日付

　画家ジッリの絵画作品ラヴァテールを私に送付することへの同意に関し、尊敬すべき県会議に深甚なる謝意を表します。本省は、安全を保障し、往復の梱包及び焼き印をして返却する費用を負担します。それゆえ美術学校の助言も役立てつつ、最大限に用心して、最大限の配慮をもって梱包をされるよう、お願いいたします。

署名　F・ペレツ

原文：Minuta della lettera di Francesco Paolo Perez, Ministro della Pubblica Istruzione, a Luigi Gravina, Prefetto di Milano, 12 agosto 1879.

Al Prefetto di Milano
Protocollo Generale Numero 8127 e 8234
Numero di Posizione 35
Numero di Partenza 9624
Risposta a nota del 18 Luglio
Divisione 5, N. 14044/521
Oggetto: Quadro del Pittore Gilli

Roma, addì 12 agosto 1879

La prego di ringraziare per me cotesta onorevole Deputazione Provinciale per la sua adesione a

史　　料（doc. 80～81）

trasmettermi il quadro del pittore Gilli il Lavater, di cui s'intende che il Ministero garantisce la incolumità e sosterrà le spese di imballaggio e di restituirla ferrata per l'andata e pel ritorno. Io prego dunque Lei di far sì che l'imballaggio sia fatto colla maggiore cura, valendosi, per maggior sicurezza, anche dei consigli dell'Accademia di Belle Arti.

firmato F. Perez

81. 1879年8月16日付、アキッレ・サンジョヴァンニ発、公共教育大臣フランチェスコ・パオロ・ペレツ宛文書

コメンダトーレ勲章受章者氏宛公共教育大臣フランチェスコ・パオロ・ペレツ閣下

閣下

　閣下が光栄にも私に送られた、去る12日付総文書番号8234号の文書によって、既に提出した作品の他に私が私の新たな絵画数点を審査に提出する権限を認められたことが明らかになりました。私は親切な要請を受け入れますが、時間不足のために、外国にある数点の私の作品、ロンドンのダグラス家にあるマリア・ストゥアルダの防衛、またはニューヨークのシジル夫人の下にある自分の人生を口述するベンヴェヌート・チェッリーニ、あるいはペテルブルクにある、実物大の首相、及びパオロ・ガガーリン皇太子陛下の肖像、クレシェフ伯爵夫人の下にあるロシア貴族のバザール、または高貴な身分の夫妻の委嘱によって制作した日本の皇帝陛下並びに皇后陛下の肖像画などを提出できません。制作に費やした時間は20日間を超えるはずはなかったし［今後も］そのはずはないこと、そして、この首都の日本公使館には上述の日本皇后陛下の肖像画の複製品があることへの注意を促します一方で、制作中の他の作品の他に、ローマでの短期滞在中に制作した数点の作品を提出するに留めましょう。

　絵画教師の職のための審査に全く絵画を提出しなかったのにもかかわらず、以前の委員会は候補者の一人に対して過度の愛着を示し、他の候補者よりもその一人を好むほどで、その同じ人物が自身で己の行為を非難するとは想像できないので、私にとっては新たな審査を受け入れるのは余計な仕事でしょう。よって、この前の諮問委員会の決議を変更された、その公正な判断力に心を動かされ、閣下へ感謝の気持ちをもって、私は、芸術家による別の委員会を召集するように要求いたします。

　閣下にあっては、新たな委員会を召集するのはたやすくできますでしょうし、以前の委員は、定期的な会合のためにここにおりました美術高等会議もしくは協議会の委員がローマに居合わせていることを利用して、彼らに候補者の作品についての意見を述べるように求めたというもので、大臣によって適切に召集されたのではないことも想像できます。その会合日の前後関係から、閣下にはそのことをお汲み取りいただけるでしょう。従って、それらの委員が指示された意見を述べるべく招かれた時には、彼らは彼らの仕事を完遂してまさに出発しようとしており、彼らの判定には因果関係がありました。なおまた、この意見は、同じ委員会の委員の一人であるコメンダトーレ勲章受章者のモレッリによって判定されたものであり、パトリツィ男爵、王室主席建築家のカヴァリエーレ勲章受章者のペターニャ、画家のカヴァリエーレ勲章受章者のクリシートやその他の人々に提示された委員会の票は単に参考のために過ぎず、政府は当然受け入れる、もしくは考慮すると言いました。

483

私は、私の作品を審査し、その評価への理由付けができる委員会を要求します。そして、考査において本当に真剣な結果を得るために、閣下にあっては非公開での採用試験を選択されるように私はこいねがいます。そのような選択は、偽の、そして資格証明による採用試験よりも、真剣で、現実的で、非公開の採用試験を重んじることで、閣下がいつも思慮深く表明してきたという聡明さと調和するものでしょう。

　閣下にあっては、私の深甚なる尊敬の意をお受け取り下さいますよう。

アキッレ・サンジョヴァンニ
ローマ発、1879年8月16日

ヴァンタッジョ通り14番

[到着印] 公共教育省官房、第1695番
[文書の上部に別人の筆記で] 35
　　　　　美術［教育中央］監督局官房
　　　　　美術［教育中央］監督局番号
[文書の上部に別人の筆記で] 8月17日
　　　　　おこない得る後続のことのために前便とまとめよ。

署名　［解読不明］

原文：**Lettera di Achille Sangiovanni, a Francesco Paolo Perez, Ministro della Pubblica Istruzione, 16 agosto 1879.**

A Sua Eccellenza Il Commendatore Francesco Paolo Perez Ministro della Pubblica Istruzione

Eccellenza
　Dal foglio del 12 corrente, Numero di Protocollo 8234, che l'Eccellenza Vostra, mi ha fatto l'onore di mandarmi, rilevo che mi è stata accordato facoltà di presentare al concorso, oltre i lavori già presentati, qualche nuovo mio dipinto. Accetto il gentile invito, e, non potendo per la ristrettezza del tempo, presentar alcuni miei dipinti che si trovano all'estero, come in Londra, presso la famiglia Douglas, la difesa di Maria Stuarda, o in New-York, presso la Signora Sijll, Benvenuto Cellini che detta la sua vita, o in Pietroburgo, il ritratto al vero del Presidente dei Ministri, Sua Altezza il Principe Paolo Gagarine, ed il Bazar della Nobilità russa, che si trova presso la Contessa de Kouchéleff, o i ritratti delle Loro Maestà l'Imperatore e l'Imperatrice del Giappone, eseguiti per commissione dell'augusta coppia, ecc. io mi limiterò a presentare alcuni lavori eseguiti nel mio breve soggiorno in Roma, oltre alcuni altri in via di esecuzione, facendo notare che il tempo impiegatosi non ha mai potuto e non potrà superare i 20 giorni, ed una copia del sopra cennato ritratto di Sua Maestà l'Imperatrice del Giappone che si trova presso la Legazione Giapponese in questa Capitale.
　Con grato animo all'Eccellenza Vostra che, mossa del suo senso di giustizia, ha modificato le deliberazioni della passata Commissione consultiva, io chiedo che venga chiamato altra Commissione di artisti, poiché la prima avendo mostrata troppa tenerezza per l'uno dei concorrenti sino al punto di preferirlo all'altro, quantunque non avesse ad un concorso per posto di professore di pittura presentato alcun dipinto, sarebbe per me opera superflua accettare il nuovo concorso, non potendo mai supporre che gli stessi individui vogliano condannare da sé stessi il loro operato.
　Tanto più all'Eccellenza Vostra riuscirà facile il chiamare una nuova Commissione quanto più penserà che la precedente non venne convocata appositamente dal Ministro, ma questi, profittando della presenza in Roma dei membri del Consiglio superiore o Giunta di Belle Arti che si trovavano qui per le

consuete riunioni, li chiamò a dare il loro parere sui lavori dei concorrenti. Dall'ordine del giorno di quella riunione l'Eccellenza Vostra potrà ciò rilevare. Dunque fu causale il giudizio di quei Commissari, i quali, dopo aver compiuta l'opere loro eran sulle mosse, quando furono invitati a dare il cennato parere. E questo parere del resto fu giudicato da uno dei membri della stessa Commissione, il Commendatore Morelli, il quale, presenti il Barone Patrizi, il Cavaliere Petagna, Architetto capo della Real Casa, il Cavaliere di Criscito, pittore, ed altri, disse che il voto della Commissione non fu che semplicemente consultivo e che il Governo poteva tenere o non tenerne conto.

  Io chiedo una Commissione che giudichi i miei lavori e sia ragionato il suo giudizio; e perché riesca veramente serio l'esperimento, io desidererei che l'Eccellenza Vostra preferisse un concorso a porte chiuse. Tale preferenza sarebbe in armonia con gl'intendimenti che l'Eccellenza Vostra ha sempre, con tanto senno, manifestato, e recentemente anche, anteponendo ai concorsi fittizzi e per titoli, i concorsi seri, reali ed a porte chiuse.

  Accolga fra tanto l'Eccellenza Vostra l'espressione del mio profondo rispetto.

Achille Sangiovanni
Roma 16 agosto 1879

Via vantaggio 14

[Timbro dell'arrivo] Ministero di Pubblica, Gabinetto N. 1695
[in alto di altra mano] 35
    Gabinetto Provveditorato Artistico
    Provveditorato Artistico Numero

[a sinistra di altra mano] A 17 agosto
    Si unisca ai precedenti per l'ulteriore a praticarsi.

firma illeggibile

82. 1879年9月1日付、公共教育省によるメモ

メモ

明日9月2日で、この採用試験のための新たな試作品が提出される有効期限が切れる。
カヴァリエーレ勲章受章者サンジョヴァンニは、口頭で延期を求めたという。
もう1人の競争相手であるジッリ氏の絵画作品は、まだ本省へ到着していない。

原文：**Promemoria del Ministero della Pubblica Istruzione, 1° settembre 1879.**

  Promemoria

    Domani, 2 settembre scade il tempo utile perché siano presentati nuovi saggi per questo concorso.
    Il signor Cavaliere Sangiovanni dice di aver chiesto verbalmente una proroga –
    Il quadro dell'altro concorrente signor Gilli non è ancora pervenuto al Ministero.

83. 1879年9月4日付、公共教育省事務次官マルティーノ・スペチャーレ・コスタレッリ（公共教育大臣フランチェスコ・パオロ・ペレツに代わって）発、ミラーノ県知事ルイジ・グラヴィーナ宛文書案文（控え）

ミラーノ県知事宛
総公文書番号8127及び8234
第2局

配置番号35
発信番号10306
7月18日付通達への返信
第5局、第1部、4044／521番
件名：画家ジッリ氏の絵画

　　　　　　　　　　　　　　　　　　　　　　　　　　　　　ローマ発、1879年9月4日
　ラヴァテールを描いた画家ジッリの絵画作品は、まだ本省へ到着していないので、貴殿にあっては、去る8月12日付の文書*1において、私が記した条件による送付に何か困難があるか否かを私に知らせて下さい。

　　　　　　　　　　　　　　　　　　　　　　　　　　　　　　　　　大臣に代わって
　　　　　　　　　　　　　　　　　　　　　　　　　　　　　　署名　M・スペチャーレ

*1　doc. 80 を指している

原文：**Minuta della lettera di Martino Speciale Costarelli, Segretario Generale, per conto di Francesco Paolo Perez, Ministro della Pubblica Istruzione, a Luigi Gravina, Prefetto di Milano, 4 settembre 1879.**

Al Prefetto di Milano
Protocollo Generale Numero 8127 e 8234
Divisione 2
Numero di Posizione 35
Numero di Partenza 10306
Risposta a nota del 18 luglio
Divisione 5, Sezione 1, N. 4044/521
Oggetto: Quadro del Pittore Gilli

　　　　　　　　　　　　　　　　　　　　　　　　　　　　　　Roma, addì 4 settembre 1879
　Non avendo ancora pervenuto a questo Ministero il quadro del Pittore Gilli rappresentante Lavater, prego la Signoria Vostra di dirmi s'è c'è qualche difficoltà nell'invio delle condizioni da me espresse nella lettera 12 agosto prossimo passato.

　　　　　　　　　　　　　　　　　　　　　　　　　　　　　　　　　　　Pel Ministro
　　　　　　　　　　　　　　　　　　　　　　　　　　　　　　　　　Firmato M. Speciale

84. 1879年9月4日付、公共教育省事務次官マルティーノ・スペチャーレ・コスタレッリ（公共教育大臣フランチェスコ・パオロ・ペレツに代わって）発、アキッレ・サンジョヴァンニ宛文書案文（控え）

カヴァリエーレ勲章受章者アキッレ・サンジョヴァンニ氏宛
ローマ、ヴァンタッジョ通り14番
総公文書番号8127-8234
第2局

史　　料（doc. 84～85）

配置番号35
発信番号10305
件名：東京美術学校

ローマ発、1879年9月4日付

　貴殿の要求に応じ、東京の絵画教師職の採用試験のための新たな絵画作品を提出する有効期限を今月20日まで延期します。

大臣に代わって
署名　M・スペチャーレ

　　原文：**Minuta della lettera di Martino Speciale Costarelli, Segretario Generale, per conto di Francesco Paolo Perez, Ministero della Pubblica Istruzione ad Achille Sangiovanni, 4 settembre 1879.**

　　　Al Signor Cavaliere Achille Sangiovanni,
　　　via del Vantaggio 14, Roma
　　　Protocollo Generale Numero 8127-8234
　　　Divisione 2
　　　Numero di Posizione 35
　　　Numero di Partenza 10305
　　　Oggetto: Scuola di Belle Arti di Tokio

Roma, addì 4 settembre 1879
　　　Accondiscendendo alla domanda della Signoria Vostra. Le prolungo sino al giorno 20 del corrente mese il tempo utile per presentare nuovi dipinti pel Concorso al posto di Prof. di Pittura a Tokio.
Pel Ministro
Firmato M. Speciale

85. 1879年9月9日付、ミラーノ県知事ルイジ・グラヴィーナ発、公共教育大臣フランチェスコ・パオロ・ペレツ宛文書

［レターヘッド］ミラーノ県庁
　　　第5局、M部、第17021番
　　　9月4日付通達第8234／10206番への返信
　　　件名：画家ジッリ氏の絵画

［在］ローマ、公共教育大臣閣下
美術［教育中央］監督局

ミラーノ発、1879年9月9日
　ラヴァテールを描いた画家ジッリの絵画作品の送付に際し、全く困難は生じていません。ただ、県会議での梱包作業に立ち会うために出席する美術学院からわざわざ招かれることになった担当者を待っています。

県知事

487

グラヴィーナ

［到着印］公共教育省、1879年9月13日、第36314号
［手書きで］10073／1879年9月15日

原文：**Lettera di Luigi Gravina, Prefetto di Milano, a Francesco Paolo Perez, Ministro della Pubblica Istruzione, 9 settembre 1879.**

[Intestazione] Prefettura della Provincia di Milano
　　　　　　　Divisione 5, Sezione M, Numero 17021
　　　　　　　Risposta alla Nota del 4 settembre N. 8234/10206
　　　　　　　Oggetto: Quadro del pittore Gilli

A Sua Eccellenza il Signor Ministro della Pubblica Istruzione - Provveditorato Artistico, Roma

Milano, 9 settembre 1879

　Nessuna difficoltà è sorta per l'invio del quadro del Pittore Gilli rappresentante Lavater. Solo si attende che un incaricato dell'Accademia di Belle Arti, espressamente invitato, si presenti in Deputazione Provinciale per presenziare le operazioni di imballaggio.
　Lo appresterò la venuta dell'incaricato e la spedizione del quadro.

Il Prefetto
Gravina

[Timbro dell'arrivo] Ministero di Pubblica Istruzione, 13 settembre 1879, art, N. 36314
[a mano] 10073/15 settembre 79

86. 1879年9月16日付、ミラーノ県知事ルイジ・グラヴィーナ発、公共教育大臣フランチェスコ・パオロ・ペレツ宛文書

［レターヘッド］ミラーノ県庁
　　　　　　　第5局、M部、第17021番
　　　　　　　件名：画家ジッリ氏の絵画

［在］ローマ、公共教育大臣閣下

ミラーノ発、1879年9月16日

　去る9日付で閣下へ予告した文書の続きですが、明日正午の鉄道で、尊敬に値する県会議は、9月4日付第8294／10306号[*1]の文書で貴省から依頼された画家ジッリのラヴァテールを描いた絵画作品を貴省へ送付します。

県知事
グラヴィーナ

［到着印］公共教育省、1879年9月19日、第46798号
［手書きで］美術［教育中央］監督局、第10260／1879年9月20日
［文書上方に別人の筆記で］［一語不明］絵画受領

史　　料（doc. 86～87）

*1　1879年9月4日付第10306号はdoc. 83。第8294号の意味は不明。

原文：**Lettera di Luigi Gravina, Prefetto della Provincia di Milano, a Francesco Paolo Perez, Ministro della Pubblica Istruzione, 16 settembre 1879.**

　　［Intestazione］Prefettura della Provincia di Milano
　　　　　　　　　Divisione 5, Sezione M, Numero 17021
　　　　　　　　　Oggetto: Quadro del pittore Gilli

　　A Sua Eccellenza il Signor Ministro della Pubblica Istruzione, Roma

　　　　　　　　　　　　　　　　　　　　　　　　　　　　　　　Milano, 16 settembre 1879
　　　　Faccio seguito al foglio 9 andante significando a Vostra Eccellenza. che domani a mezzo della Ferrovia l'onorevole Deputazione Provinciale spedisca a codesto Ministero il Quadro rappresentante Lavater del Pittore Gilli richiesto da ultimo col foglio 4 andante N. 8294/10306.

　　　　　　　　　　　　　　　　　　　　　　　　　　　　　　　　　　　Il Prefetto
　　　　　　　　　　　　　　　　　　　　　　　　　　　　　　　　　　　Gravina

　　［Timbro dell'arrivo］Ministero di Pubblica Istruzione, 19 settembre 1879, art, N. 46798
　　［a mano］Provveditorato Artistico Numero 10260/20.9/79
　　［in alto del testo di altra mano］［una parola non chiara］ricevuta del quadro

87. 1879年9月17日付、公共教育省事務次官マルティーノ・スペチャーレ・コスタレッリ（公共教育大臣フランチェスコ・パオロ・ペレツに代わって）発、ミラーノ王立美術学院学長ルイジ・ビージ文書案文（控え）

ミラーノ王立美術学院学長宛
総公文書番号10073
配置番号35
発信番号10815
件名：ジッリの絵画

　　　　　　　　　　　　　　　　　　　　　　　　　　　　　　ローマ発、1879年9月17日付
緊急
　　貴王国県庁は、本省へラヴァテールを描いた画家ジッリの絵画作品を送付する必要があり、最大限の配慮とまた貴美術学校の助言によって、梱包を厳格になすに際し、貴殿にあっては上述の作業に立ち会うために、上述の県庁に必ず出席する依頼に足る人物を委任して下さいますようお願いします。

　　　　　　　　　　　　　　　　　　　　　　　　　　　　　　　　　大臣に代わって
　　　　　　　　　　　　　　　　　　　　　　　　　　　　　　　　　署名　M・スペチャーレ

　　原文：**Minuta della lettera di Martino Speciale Costarelli, Segretario Generale, per conto di Francesco Paolo Perez, Ministro della Pubblica Istruzione, a Luigi Bisi, Presidente della Regia Accademia di Belle Arti di Milano, 17 settembre 1879.**

　　Al Presidente della Regia Accademia di Belle Arti, Milano

Protocollo Generale Numero 10073
Numero di Posizione 35
Numero di Partenza 10815
Oggetto: Quadro del Gilli

Roma, addì 17 settembre 1879

Urgente

    Codesta Reale Prefettura dovendo trasmettere a questo Ministero un quadro del Pittore Gilli rappresentante Lavater, ed essendo bene che l'imballaggio sia fatto colla maggior cura e anche con i consigli di cotesta Accademia, io prego la Signoria Vostra di delegare per assistere alla suddetta operazione una persona di sua fiducia, la quale perciò dovrà presentarsi alla sudetta Prefettura.

Pel Ministro
firmato M. Speciale

88. 1879年9月17日付、ミラーノ県議会長ルイジ・グラヴィーナ発、公共教育大臣フランチェスコ・パオロ・ペレツ宛文書

［レターヘッド］ミラーノ県議会
        第401番、A
        件名：画家ジッリ氏の絵画

［在］ローマ、王国公共教育大臣閣下宛
美術［教育中央］監督局

ミラーノ発、1879年9月17日

  ラヴァテールを描いた美術家ジッリの絵画作品は、貴省へ送付されるために、本日、鉄道に手渡されたことを、王国の貴省へお知らせしなければなりません。
  絵画作品は絵画の価値にも、額の特別な繊細さにもふさわしいあらゆる配慮と慎重さをもって梱包されました。

議長
グラヴィーナ

［到着印］公共教育省、1879年9月19日、第46738号
［手書きで］美術［教育中央］監督局、第10257／1879年9月20日

原文：Lettera di Luigi Gravina, Presidente della Deputazione Provinciale di Milano, a Francesco Paolo Perez, Ministero della Pubblica Istruzione, 17 settembre 1879.

    ［Intestazione］Deputazione Provinciale di Milano
        Numero 401 A
        Oggetto: Quadro del pittore Gilli

Al Regio Ministro della Pubblica Istruzione / Provveditorato Artistico / in Roma

Milano, 17 settembre 1879

  Mi faccio dovere d'informare codesto Reale Ministero che il dipinto dell'artista Gilli rappresentante

史　　料（doc. 88～89）

Lavater venne oggi consegnato alla Ferrovia per essere spedito a codesto Dicastero.
　　Il quadro venne incassato con tutta la cura e le precauzioni che meritano, tanto il pregio del dipinto, come la delicatezza particolare della cornice.

Il Presidente
Gravina

［Timbro dell'arrivo］Ministero di Pubblica Istruzione, 19 settembre 1879, N. 46738
［a mano］Provveditorato Artistico Numero 10257/20.9/79

89. 1879年9月20日付、ミラーノ王立美術学院学長ルイジ・ビージ発、公共教育大臣フランチェスコ・パオロ・ペレツ宛文書

［レターヘッド］ミラーノ王立美術学院学長室
　　　　第670番
　　　　当月17日付公文書への返信
　　　　美術［教育中央］監督局、第10073＝10815
　　　　件名：ジッリの絵画

［在］ローマ、王国公共教育大臣閣下宛

ミラーノ発、1879年9月20日付

　当地王国県庁の要請により、県会議秘書室において、今月10日に、貴省へ送付される《ラヴァテール》を描いた画家ジッリの絵画作品を梱包する任務を委ねる人物を、信任状をもって派遣しました。上述の絵画作品は、去る17日に鉄道へ手渡されました。

署名　学長
ルイジ・ビージ

［到着印］公共教育省、1879年9月22日、第471458号
［手書きで］美術［教育中央］監督局

　　原文：**Lettera di Luigi Bisi, Presidente della Regia Accademia di Belle Arti di Milano, a Francesco Paolo Perez, Ministro della Pubblica Istruzione, 20 settembre 1879.**

　　　［Intestazione］Regia Accademia di Belle Arti di Milano, Presidenza
　　　　　Numero 670
　　　　　Risposta al Dispaccio del giorno 17 andante
　　　　　Provveditorato artistico N. 10073=10815
　　　　　Oggetto: Quadro del Gilli

　　Al Regio Ministro della Pubblica Istruzione Roma

Lì, 20 settembre 1879

　　　A richiesta della locale Real Prefettura ho accreditato presso la segretaria della Deputazione Provinciale in data del 10 corrente mese la persona cui affidare al'incarico dell'imballaggio del quadro del pittore Gilli rappresentante "Lavater" da spedirsi a codesto Ministero. Il detto quadro venne consegnato alla Ferrovia il giorno 17 andante.

firmato Il Presidente

491

Luigi Bisi

[Timbro dell'arrivo] Ministero di Pubblica Istruzione, 22 settembre 1879, art, N. 47145
[a mano] Provveditorato Artistico Numero

90. 1879年9月26日付、公共教育省事務次官マルティーノ・スペチャーレ・コスタレッリ（公共教育大臣フランチェスコ・パオロ・ペレツに代わって）発、ミラーノ県知事ルイジ・グラヴィーナ宛文書案文（控え）

ミラーノ県知事宛
総公文書番号10259
配置番号35
発信番号11095
9月16日及び17日付通達への返信
第5局、M部、第4044／521号
件名：画家ジッリの絵画

ローマ発、1879年9月26日付

《ラヴァテール》を描いた画家ジッリの絵画作品が本省に到着したことを、貴殿へお知らせすることを義務と感じ、それを私に送付して下さったことを知るにつけ、できる限り謝意を表します。この作品が要求された目的で使用されたらすぐに、貴県会議へそれを返却するように配慮いたします。

大臣に代わって
署名　M・スペチャーレ

原文：**Minuta della lettera di Martino Speciale Costarelli, Segretario Generale, per conto di Francesco Paolo Perez, Ministro della Pubblica Istruzione, a Luigi Gravia, Prefetto di Milano, 26 settembre 1879.**

Al Prefetto di Milano
Protocollo Generale Numero 10259
Numero di Posizione 35
Numero di Partenza 11095
Risposta a lettere del 16 e 17 settembre
Divisione 5 Sezione M N. 17021/401. a
Oggetto: Quadro del Pittore Gilli

Roma, addì 26 settembre 1879

Mi reco a debito di avvisare la Signoria Vostra che è pervenuto a questo Ministero il quadro del Pittore Gilli, rappresentante "Lavater" e La ringrazio quanto so e posso d'avermelo trasmesso. Appena esso quadro abbia servito al fine per cui fu richiesto, sarà mia cura di rimandarlo a cotesta Onorevole Deputazione Provinciale.

Pel Ministro
firmato M. Speciale

史　料（doc. 90〜91）

91. 1879年9月26日付、公共教育省事務次官マルティーノ・スペチャーレ・コスタレッリ（公共教育大臣フランチェスコ・パオロ・ペレツに代わって）発、5名の教師選抜審査委員会委員宛文書案文（控え）

いとも令名高きコメンダトーレ勲章受章者ローマ王立美術専門学校長フィリッポ・プロスペリ殿宛　11096

いとも令名高きコメンダトーレ勲章受章者ドメニコ・モレッリ殿宛　11097
いとも令名高きコメンダトーレ勲章受章者アントーニオ・チゼリ殿宛　11098
いとも令名高きコメンダトーレ勲章受章者シエナ［県立］美術学院学長ムッシーニ教授殿宛　11099
いとも令名高きコメンダトーレ勲章受章者グリエルモ・デ・サンクティス殿宛　1095

第2局
配置番号35
発信番号11096-99
件名：東京における絵画教師の選考

ローマ発、1879年9月26日付

　貴殿がメンバーだった東京の絵画教師職の志願の教師選抜審査委員会は、カヴァリエーレ勲章受章者アキッレ・サンジョヴァンニ氏よりもカヴァリエーレ勲章受章者アルベルト・ジッリの方が疑いなく優れているとの決定を下しましたが、ジッリによって提出された作品の中には、彩色された絵画作品が全くなかったので、最終的な判断を下せないと考えました。そのような慎重な意見の結果、大臣はミラーノから<u>ラヴァテール</u>を描いたジッリの絵画作品を取り寄せさせました。あらゆる批判の根拠をぬぐい去るために、サンジョヴァンニへも、彼の能力を示す別の試作品を提出するように要請しました。今や彼はその提案された要請に応じたので、私は新たに今月30日に委員会を開きますところ、貴殿にあっては、イタリア美術のたいへん重大な価値の選択にかかわるので、ご出席願います。

敬白
大臣に代わって
署名　M・スペチャーレ

原文：**Minuta della lettera di Martino Speciale Costarelli, Segretario Generale, per conto di Francesco Paolo Perez, Ministro della Pubblica Istruzione ai cinque membri della Commisione giudicatrice del Concorso, 26 settembre 1879.**

Al Chiarissimo Signor Commendatore Professore Filippo Prosperi Direttore dell'Istituto di Belle Arti, Roma, 11096
Al Chiarissimo Signor Commendatore Domenico Morelli Professore nell'Istituto di Belle Arti di Napoli, 11097
Al Chiarissimo Signor Commendatore Professore Antonio Ciseri, Firenze, 11098
Al Chiarissimo Signor Commendatore Professor Luigi Mussini, Presidente dell'Accademia di Belle Arti

di Siena, 11099
Al Chiarissimo Signor Commendatore Guglielmo De Sanctis, Roma, 11095

Divisione 2
Numero di Posizione 35
Numero di Partenza 11096-99
Oggetto: Concorso per il Professore di Pittura in Tokio

Roma, addì 26 settembre 1879

La Commissione esaminatrice dei concorrenti pel posto di Prof. di Pittura in Tokio, della quale Ella fece parte, mentre determinava il Cavaliere Alberto Gilli indubbiamente superiore al signor Cavaliere Achille Sangiovanni, non credette di dare un giudizio definitivo sulle opere presentate dal Gilli non essendovi fra esse alcun saggio dipinto. In seguito a tale prudente parere il Ministro ha fatto venire da Milano il quadro del Gilli rappresentante Lavater; per togliere ogni appiglio a commenti, ha pure invitato il Sangiovanni a presentare qualche altro saggio dell'abilità sua. Avendo egli ora aderito a tale invito convocata ho nuovamente la Commissione per il giorno 30 del corrente mese e prego vivissimamente la Signoria Vostra a voler intervenirvi trattandosi di una scelta di importanza grandissima per l'arte italiana.

Accolga la Signoria Vostra i sensi della mia profonda stima ed osservante.

Pel Ministro
firmato M. Speciale

92. 1879年9月29日付、ナポリ王立美術専門学校学長フィリッポ・パリッツィ発、公共教育大臣フランチェスコ・パオロ・ペレツ宛文書

［レターヘッド］ナポリ王立美術専門学校
　　　　第697番
　　　　件名：日本の学校

［在］ローマ、公共教育大臣閣下

ナポリ発、1879年9月29日

　コメンダトーレ勲章受章者のドメニコ・モレッリ教授は、健康上の具合が優れないので、受け取った要請により、日本における教師職の採用試験の採決に出席するためにローマへ向かうべく今晩ナポリを発つことはできないと、知らせてきました。
　私からは、別の美術家に代替させる必要があれば、閣下にあっては迅速に通知して頂きたくお願いします。

学長
フィリッポ・パリッツィ

［到着印］公共教育省、1879年10月1日、第48653号
［手書きで］第10560番／1879年9月30日
　　　　記録へ
［上部に別人の手で］35　　　10536

史　　料（doc. 92〜93）

原文：**Lettera di Filippo Palizzi, Presidente del Reale Istituto di Belle Arti di Napoli, a Francesco Paolo Perez, Ministro della Pubblica Istruzione, 29 settembre 1879.**

［Intestazione］Reale Istituto di Belle Arti in Napoli
　　　　　　　N. 697
　　　　　　　Oggetto: Scuola del Giappone

A Sua Eccellenza Il Ministro dell'Istruzione Pubblica, Roma

Napoli, 29 settembre 1879

　　　Il Professore Commendatore Domenico Morelli mi ha fatto conoscere che per causa d'indisposizione di salute non può partire questa sera da Napoli per recarsi a Roma per prendere parte alla decisione del concorso per il posto di professore nel Giappone, secondo lo invito ricevuto.
　　　Da parte mia non manco di darne sollecito avviso a Vostra Eccellenza affinché possa, se è necessario farlo sostituire da altro artista.

Il Presidente
Filippo Palizzi

［Timbro dell'arrivo］Ministero Pubblica Istruzione, 1 ottobre 79, art, N. 48653
［a mano］N. 10560/2. 10. 79
　　　　Agli Atti
［in alto di altra mano］35　10536

93. 1879年9月30日付、教師選抜審査委員会発、公共教育大臣フランチェスコ・パオロ・ペレッツ宛文書

件名：東京における絵画教師

公共教育大臣閣下宛

ローマ発、1879年9月30日

　東京の絵画教師職への志願者によって送付された絵画の新たな試作品を審査すべく召集され、署名者たちは、その審査の結果として、相互に評価の意見交換をし、以下に続くような意見の一致に至りました。
　この委員会の最初の報告に合致し、アルベルト・ジッリ氏は、彼の競争相手であるカヴァリエーレ勲章受章者アキッレ・サンジョヴァンニ氏よりもやはり優れていると認めます。写真や、彼の彩色された他の絵画の版画を評価していましたが、ジッリ氏が提出した絵画作品は彼の初期の制作物の一点であるようです。しかしながら、委員会は、この美術家において、自然な方法で真実から描くまじめさ、教育者として主として求められる性質を見いだしています。創作力という観点からも、多数制作されたジッリの構成力は、創作力を暗に示しています。
　これらのありきたりではない資質を鑑みるに、署名者は絵画教師の任務における、アルベルト・ジッリ氏の適正を否定し得ません。絵画作品で彼の価値をより広く示す作品が提出されず、この作品がイタリア美術の名誉を保証するとなると、委員会の心には、ただ残念な気持ちが残ります。

アントーニオ・チゼリ
グリエルモ・デ・サンクティス

495

フィリッポ・プロスペリ
ルイジ・ムッシーニ

［上部に別人の手で］美術［教育中央］監督局、第10536／1 86 79

原文：**Lettera della Commissione giudicatrice del Concorso, a Francesco Paolo Perez, Ministro della Pubblica Istruzione, 30 settembre 1879.**

Oggetto: Professore di Pittura in Tokio

A Sua Eccellenza
Il Ministro della Pubblica Istruzione

Roma, 30 settembre 1879

  Richiamati a prendere in esame i nuovi saggi di pittura inviati dai Concorrenti al posto di Professore di Pittura in Tokio, i sottoscritti, al seguito di tale esame, e reciproco scambio di apprezzamenti, sono concordi nell'esporre quanto segue.
  Conformando al primo rapporto di questa Commissione, si riconosce il Signor Alberto Gilli sempre superiore al suo competitore, Signor Cavaliere Achille Sangiovanni. Il quadro che il Signor Gilli presenta, quando si tenga conto delle fotografie ed incisioni di altri suoi dipinti, sembra essere uno dei suoi primi lavori; tuttavia la Commissione riscontra in quest'Artista un modo semplice e coscienzioso di ritrarre il vero, qualità che principalmente si ricerca in un insegnante. Anche dal lato della invenzione, le composizione del Gilli, prodotte in buon numero, accennano a molta arte nel comporre.
  Viste queste non comuni qualità non [puossi] dai sottoscritti negare l'idoneità del Signor Aleberto Gilli all'ufficio d'insegnante di pittura. Rimane solo nell'animo dei Commissari il rammarico che in cosa nella quale è impegnato l'onore dell'Arte Italiana, non siasi presentato al Concorso tale Artista che già avesse data più larga misura del sul valore nel maneggio della tavolozza.

Ant. Ciseri
Guglielmo De Sanctis
Filippo Prosperi
Luigi Mussini

［in alto di altra mano］Provveditorato Artistico Numero 10536/ 1 86 79

94. 1879年10月2日付、公共教育省美術教育中央監督局オラツィオ・チャッキ（公共教育大臣フランチェスコ・パオロ・ペレツに代わって）発、同省カヴァリエーレ勲章受章者財務担当者宛文書案文（控え）

ローマ、カヴァリエーレ勲章受章者財務担当者氏宛
第2局
配置番号35
発信番号11364
件名：ジッリの絵画

ローマ発、1879年10月2日付

史　　料（doc. 94～95）

貴殿にあっては、大至急、ミラーノ県庁へラヴァテールを描いたジッリの絵画作品を梱包して送られるようにお願いいたします。

費用は本省の経費となるでしょう。

大臣に代わって

署名　O・チャッキ

原文：**Minuta della lettera di un funzionario Orazio Ciacchi, Provveditorato Centrale per l'Istrzuione Artistica, per conto di Francesco Paolo Perez, Ministro della Pubblica Istruzione, al signor Cavaliere Economo (?) del Ministero Roma, 2 ottobre 1879.**

Al signor Cavaliere Economo del Ministero Roma
Divisione 2
Numero di Posizione 35
Numero di Partenza 11364
Oggetto: Quadro del Gilli

Roma, addì 2 Ottobre 1879

　　La Signoria Vostra è pregata di far incassare e far spedire a grande velocità alla Prefettura di Milano il quadro del Gilli rappresentante Lavater. La spesa sarà a carico di questo Ministero.

Pel Ministro
firmato O. Ciacchi

95. 1879年10月2日付、公共教育省事務次官マルティーノ・スペチャーレ・コスタレッリ（公共教育大臣フランチェスコ・パオロ・ペレツに代わって）発、ミラーノ県知事ルイジ・グラヴィナ宛文書案文（控え）

ミラーノ県知事宛
第2局
配置番号35
発信番号11363
9月17日付通達への返信
第5局、M部、117021／401号
件名：ジッリ氏の絵画

ローマ発、1879年10月2日付

深甚なる謝意を送り返しつつ、貴県代表委員会が親切にも本省にご送付されたラヴァテールを描いたジッリの絵画作品を返却いたします。絵画は、鉄道で早晩、貴殿の元に到着する予定です。受取の通知を頂けますと幸いです。

大臣に代わって

署名　M・スペチャーレ

原文：**Minuta della lettera di Martino Speciale Costarelli, Segretario Generale, per conto di Francesco Paolo Perez, Ministro della Pubblica Istruzione, a Luigi Gravina, Prefetto di Milano, 2 ottobre**

1879.

Al Signor Prefetto di Milano
Divisione 2
Numero di Posizione 35
Numero di Partenza 11363
Risposta a Nota del 17 settembre
Divisione 5, Sezione M, Numero 117021/401.a
Oggetto: Quadro del Gilli

Roma, addì 2 ottobre 1879

  Rimandandole i più vivi ringraziamenti, restituisco alla Signoria Vostra il quadro del Gilli rappresentante Lavater che cotesta Deputazione Provinciale ebbe la cortesia d'inviare a questo Ministero. Il quadro Le perverrà col mezzo della Ferrovia ed a grande velocità.
  Le sarei grato d'un cenno di ricevimento.

Pel Ministro
firmato M. Speciale

96. 1879年10月2日付、公共教育省事務次官マルティーノ・スペチャーレ・コスタレッリ（公共教育大臣フランチェスコ・パオロ・ペレツに代わって）発、アキッレ・サンジョヴァンニ宛文書案文（控え）

［レターヘッド］イタリア王国公共教育省美術教育中央監督局
   配置番号35
   発信番号11865
   件名：東京における絵画教師のポストのためのコンクール

いとも令名高きカヴァリエーレ勲章受章者アキッレ・サンジョヴァンニ殿宛
ローマ（ヴァンタッジョ通り14番）

至急

ローマ発、1879年10月2日付
  東京の美術教師採用試験のための選考委員会は、候補者の資格審査を終えたので、貴殿にあっては、できるだけ早く、貴殿が提出した絵画作品と書類を本省から引き取られるようお願いいたします。私は採用試験の結果を貴殿にお知らせするのを差し控えておきます。

大臣に代わって
署名　M・スペチャーレ

原文：**Minuta della lettera di Martino Speciale Costarelli, Segretario Generale, per conto di Francesco Paolo Perez, Ministero della Pubblica Istruzione ad Achille Sangiovanni, 2 ottobre 1879.**

  ［Intestazione］Regno d'Italia Ministero della Istruzione Pubblica Provveditorato Centrale per l'Istruzione Artistica
  Numero di Posizione 35

史　　料（doc. 96～97）

Numero di Partenza 11865
Oggetto: Concorso per posto di Professore di Pittura a Tokio

Al Chiarissimo Signor Cavaliere Achille Sangiovanni
Roma（Via del Vantaggio, 14）

Roma, addì 2 ottobre 1879

Urgente
　　　La Commissione pel concorso al posto di Professore di Pittura a Tokio, avendo terminato l'esame dei titoli dei concorrenti, io prego la Signoria Vostra voler ritirare da questo Ministero al più presto i quadri e i documenti da Lei presentati. E mi riservo di farle sapere il risultamento del concorso.

Pel Ministro
firmato［M. Speciale］

97. 1879年10月3日付、アキッレ・サンジョヴァンニ発、公共教育大臣フランチェスコ・パオロ・ペレツ宛陳情書

［表紙］　　　　　　　　　　　　請願書
　　　　　　　　　　　　ローマ、公共教育大臣閣下
［表紙に別人の手で］10月4日
　　　　事務次官宛
　　　　本請願書に関係する前便全てを参照し、講ずべき措置を私に話して下さい。
　　　　　　　　　　　　　　　　　　　　　　　　　　　　署名R［レザスコ？］
　　　　美術［教育中央］監督局　第10663番／1879年10月6日
［表紙にさらに別人の手で］至急
　　　　美術［教育中央］監督局
　　　　事務次官殿と会談する
［表紙上方に別人の手で］35　参照のために

閣下！
　日本政府は3年半前に、イタリア政府に東京美術学校のための3名の教師、すなわち1人の画家、1人の彫刻家、1人の建築家を要請しました。絵画教師職の採用試験の項目には資格証明が含まれておりましたが、私はその目的に立ち向かおうと決意しました。これらの資格証明は、確かにボンギが指定したように、ある委員会によって審査されるはずでしたが、告知は変更され、国家元首が独断で交付する法令[*1]により、その職は風景画家のフォンタネージに命じられました。
　2年後、フォンタネージは病気になり、日本政府の願いにより、代理人を置きましたが、彼は能力がなく、まもなく解雇されました。そして、彼の政府は再度、我々の政府に［教師選抜依頼を］差し向けました。私は、日本公使河瀬氏、そして彼の2名の後任者の知遇を得るとともに尊重されてきました。そして昨年末、ウンベルト国王陛下並びにハイエツ・アメリカ合衆国大統領の肖像画のみならず、日本皇帝［明治天皇を指す］及び皇后陛下の肖像画を制作するという重責を担いました。

499

私の作品はローマの代理公使の称賛と声援を受けました。そして日本政府が必要とするならば、私を選ぶだろうと約束されました。作品が目的地に向かっている間に、[日本政府は]フォンタネージの交替要員となる別の絵画教師をイタリア政府に要請しました。
　すぐに秘書の田中[健三郎]氏のみならず、中村[博愛]臨時代理公使によっても、私はこの新たな要求を知らされました。そして遅れを取らないように、私がいつでも日本へ行く準備があることをコッピーノ氏へ知らせるために、私はナポリからタヤーニへ電報を打ち、そしてタヤーニはすぐに彼[コッピーノ]に電報を打ちました。私がローマの日本人たちの下へ行くと、私の決意を喜んだ彼らは、公共教育省へ私が話しに行くよう勧めました。しかし、実務は外務省に止まっており、そしてコッピーノはそのことを知らず、さしあたり何もすることができませんでした。私は外務省へ行き、全てを知りました。そして、私はコッピーノにこのことを通知すべく、ヴィゾーネとタヤーニは彼[コッピーノ]に話し、彼[コッピーノ]は彼ら[ヴィゾーネとタヤーニ]に採用試験の実施が議論されない場合には、私が好適であるだろうと約束しました。
　実務を担うことになった彼[コッピーノ]の省[公共教育省]へ、私が役目をつとめるべく行くと、彼は通告なしに他の美術家が採用試験に参加することになったという口実の下に、前言を撤回しました。言葉不足のために、私は動揺し、最終的に何によってかかる採用試験において競われるのかと尋ねたところ、彼は「資格証明と作品」と返答しました。私にとっては、ボンギによって作られた前例をふまえた採用試験をするのは好都合ではありませんでしたが、その後、私の愛そのものによって突き動かされ、私は採用試験を非公開でおこなうようにコッピーノに依頼しました。これは公共教育省には好都合ではなかったのですが、私はそのことに長い間気付かないままでいました。他の美術家が採用試験に参加するだろうというコッピーノの前言を実行した少しの人々によって私は汚名を着せられましたが、一方、私は彼らに先駆けてこの新たな要求についての情報を得たのでした。
　私はいつも外国で仕事をしてきており、6年間過ごしたロシアにおいて陶芸を導入して祖国の名誉となるよう寄与してきましたし、ある重要性を有する歴史画を制作しましたが、この作品は遠方にあって提出できないので、ナポリの王立絵画館に設置されている私のヴィットーリオ・アルフィエーリ[を提出すること]に思い至りました。それから公共教育省が作品と資格証明の提出を私に認めたので、ここでは15日間の短期間に20作品を制作し、私は自由な造形で、とりわけ絵画教師に属する解剖学の深い知識によって、高さ1メートルの油彩画による古代ローマの2人の拳闘家を描きました。これは、省でおこなわれる課題ということを鑑みて見当を付け、自発的におこなったのでした。
　候補者はミケッティと私とジッリの3名でしたが、ミケッティは私のために親切にも辞退し、2名が残りました。私は必要な時に局長のコメンダトーレ勲章受章者のレザスコの下へ行き、これは私が望んでいたことですが、正義に従って、候補者側から2名の、そして公共教育省側からも2名の審査員を配する死を覚悟した決闘であると彼に言いましたが、レザスコは最初からなんとかできるだろうと考えて、私を断念させました。
　定例の会合のために高等会議が開かれていたので、レザスコはその5名を招聘し、採用試験を審査させました。

採用試験は、上述のように絵画［油彩画を指す。以下、同様］についてのものだったので、私はそのように自己を紹介しましたが、私の競争者はわずかな素描を除いて一枚も絵画作品を提出しませんでした。しかし信じられないことに、教師選抜審査委員会は私が再提出した絵画作品や裸体画に、多少の長所を認めつつも、全く価値がないかのように判断しました。

　ジッリはあまりにも便宜を与えられ、かわいがられており、採用試験の期限が切れた後で辻褄を合わせるために彼に絵画作品を提出するよう穏やかに命じられましたが、有効期間において主要条件がおろそかにされたのだから、上述のコメンダトーレ勲章受章者［レザスコ］は、採用試験対象外であると表明すべきだったことを指摘するのは、ここでは話題から外れることにはなりません。

　これらの事実全体から、既にその候補者［ジッリ］が東京の学校へ予定されていたということが、必然的な筋道であったとの推論に達しました。

1. 実際、そうでなければ、どうして絵画を全く提出しなかった人が私よりも優れていると判断できたのでしょうか。
2. どうして教師選抜審査委員会はジッリに絵画作品を提出させるための延期を表面的に（決定するのを留保したのだが）認めることができたでしょうか。
3. どのような基準によって、教師選抜審査委員会は、私と、上述したように絵画を全く提出しなかったジッリとを比較して表明したのでしょうか。

　教師選抜審査委員会は、同郷者を身贔屓する過去の大臣［コッピーノ］の欲望を満たすことに甘すぎます。それゆえ、上述した理由により、私は信頼することができません。

　現行の大臣が、私の異議申し立てに基づいて、また、そこに正しさを認めて、自由課題による新たな絵画作品を提出する権利を認めてくれたのは事実です。そして、素描と絵画を教える教師にとって必要とされる技術というその要求に対して、私が完全であることを示すために、私は準備し、精一杯働き、多大な出費を再度おこないました。

　想定されるべきだったように、話題になっている委員会は先入観をもって判断しました。つまり、是非とも最初の判定を主張したかったのです。局長室のコメンダトーレ勲章受章者［レザスコ］によって構成された委員は、生き生きとした魂を見抜くことなく、数点の絵画作品を持ち上げて、適切な光の下にそれを置く係の役人もなく、それゆえ、右には視線を向けられたままの作品があり、左には古物商の倉庫の中のように地面に置かれた作品があることを知っていたのですから、委任された最初の試験のみならず、2回目においても、そのように請け負われました。コメンダトーレ勲章受章者の構成委員にとって、椅子4脚、小テーブル1台、議事録を作成するための必需品がありさえすれば、より不適切な場所でも十分だったでしょう。彼らの先入観の限りにおいては、絵画作品が誰のものであっても、彼らの方法によって評決を認定すれば十分であっただろうと思われます。従って、私の全ての努力は何の意味もなかったことは明らかです。つまり、時は失われてしまいました！

　閣下、私が上述したように、信じられないことであり、むしろ、不祥事であり、悪行です。こんな風に芸術家の価値を踏みにじられるものでしょうか。また、こんな風に彼［芸術家、つまりサンジョヴァンニ自身］の評判を汚されるものでしょうか。いいえ、私がそれを知り得なくとも、私

はそれを支持することはできません。公平であり、誠実で優れて教養豊かな人であり、魂において芸術家である閣下は、きっと、私が公正に扱われることを期待できる魂を与えてくださるに違いありません。絵画を教える教師のために確実な比較となる裸体画をそれぞれに制作させる非公開での試験を達成するよう、かつての大臣に、そして閣下に何度お願いしたことでしょうか。閣下、これらの書類、つまりこれらの私の異議申立が彼［かつての大臣］に読まれなかったことを、私は確信しています。さもなければ、閣下はすぐに対抗策を講じられたことでしょう。陥ったことの憂き目をみないように、委員会を変更してほしいという私の要求に対し、なんと私はなおざりにされたことでしょう。

　私の競争相手についてよくよく考えていると、奇妙に思えます。どのようにして！　彼は競うことができるのでしょう？　彼は競争者が彼を打ちのめすために熱心に制作しているのを知るのでしょう？　その場にいるのでしょう？　そして、この男性は、ローマへ行くという夢さえ抱いたことはないと、どうして十分に想像できるのでしょうか？　彼の愛が彼に数点の他の新しい作品を制作するようにせき立てないのでしょうか？　全くそのようなことはありません。彼のために考える人がいたので、彼は穏やかな静寂の中で眠っていました。

　コッピーノ閣下がこの職を信頼によって与えようとせずに、採用試験を官報において公然と公告していたならば、恐らく採用試験を受けようという意志のある他の優秀な芸術家もあったことでしょう。そうであれば、5人の委員を招聘するという事に期待される真剣さは、本来の目的に適ったものだったでしょう。それでも十分ではありません！　イタリアが、外国政府に好印象を与え、かつ真摯に貢献することを望むのなら、公共教育大臣［コッピーノ］もコメンダトーレ勲章受章者［レザスコ］も同様に、日本において美術がおかれている状況をよく知るべきでしたし、そのこと以上にコメンダトーレ勲章受章者［レザスコ］はその詳細を憂慮して議論すべきでした。日本における意匠の技能がどれくらいのものなのかを知らない者があるでしょうか。日本人は高度な意匠力をもっており、パリの大展覧会［前年のパリ万国博覧会か］はその証しでした。日本人はどこに欠点があるのかを知っていますし、何に苦しんでいるのかを知っています。だからこそ、彼らは専門医を捜しているのです。なぜ日本政府は絵画教師を得るために、私たちの政府に助力を求めるのでしょうか。彼らが理解し、学びたいのは、まさに彩色法、造形技法、肌の色［の描き方］、堅牢さに関してだからです。日本は、ロンドン、パリ、ドイツ、ベルギーなど、いたるところに給費留学生を送って美術を学ばせており、今では授業をおこなえるほど優秀な美術家がいるということをご存知ないのでしょうか。

　従って、繰り返します。彼らには、色をよく感じられ、それを伝え広められる優れた画家が必要です。一刷毛の肌［の描き方］に苦しみ惨憺するような者や、彫ることには長けた者、あるいは、まさに彼らの欠点に通じる、線の細い描法の類の者は、彼らには必要がありません。

　それゆえ、私が信用し確信している、正義感と高貴な心をもっている閣下におかれては、純粋に諮問的な方法で既に結論がでていた委員会によって申し渡された判定を再び検討させるようお願いいたしたく、私は敬意をもって強く主張します。私の立場からは、もし新たな答弁者が公正心にせき立てられ導かれるのであれば、課題において指示された条件に付き従って、私の熱望が有利に判断されるよう確信しています。

この状況において、閣下によって承認されないのであれば、私は、ローマにおける両競争者の作品の展覧会によって、志の低さを疎んじる、この町の多くの信頼でき、尊敬すべき階級の芸術家の判断を仰ぐよう請願します。イタリア美術本来の関心という平静な機会において、そして外国の地域で威厳をもって象徴するように見せるという意識において、疑いようのない公正さをもって、評決が述べられるのがわかるでしょう。その評決に完全に従うことを、今から表明します。
　　　　　　　　　　　　　　　　　　　　　　　　　　　　　アキッレ・サンジョヴァンニ
ローマ発、1879年10月3日

注記：提出する権利の期限が切れる前の日に、私は上に示したヴィットーリオ・アルフィエーリの絵画作品と、ベンヴェヌート・チェッリーニの水彩画を［不明］できるように提出するという請願を王室にしました。［以下、破損により判読不可能］

*1　管見によれば、このような法令の有無は不明だが、ボンギ公共教育大臣の一存による決定であったことを示している。

原文：**Ricorso di Achille Sngiovanni, a Francesco Paolo Perez, Minisitro della Pubblica Istruzione, 3 ottobre 1879.**

　　　［Copertina］　　　　　　　　　　　Ricorso
　　　　　　　　　　　　　　　　　　A Sua Eccellenza
　　　　　　　　　　　　　　Il Ministro della Pubblica Istruzione
　　　　　　　　　　　　　　　　　　　　Roma

　　　［Sulla copertina di altri mani］4 ottobre
　　　　　　　　　　　　Al Segretario Generale
　　　　　　　　　　　　Prego che, veduti tutti gli antecedenti in relazione al presente reclamo me ne parli pei provvedimenti ad adottare.
　　　　　　　　　　　　　　　　　　　　　　　　　　　　　firma illeggibile
　　　　　　　　　　　　　　Provveditorato Artistico Numero 10663/ 6 ottobre '79

　　　［di altra mano］Urgente
　　　　　　　　　Provveditore Artistico
　　　　　　　　　　conferire col Signor Segretario Generale
　　　［in alto di altra mano］35　Per riferimento

　　　　　　　　　　　　　　　　　　Eccellenza!
　Il Governo del Giappone 3 anni e mezzo fa chiedeva al Governo Italiano 3 Professori per l'Accademia a Tokio, cioè un Pittore, uno Scultore, ed un Architetto. Il programma del concorso a posto di Prof. di pittura consisteva in titoli ed io mi decisi a correre la meta. Questi titoli avrebbero dovuto esser esaminati da una qualche Commissione come giustamente prescrisse il Bonghi, ma mutato avviso, dette il posto di motu-proprio al Fontanesi, Paesista.
　Dopo 2 anni il Fontanesi si ammalò ed a preghiera del Governo Giapponese, pose un supplente, il quale trovato insufficiente, fu licenziato dopo non molto tempo; e quel Governo di nuovo si diresse al Nostro. È da premettersi che io ero già conosciuto e stimato dal Ministro Giapponese Sig. Kawasé e da due altri suoi successori e nella fine dell'anno scorso fui incaricato di fare i ritratti delle Loro Maestà l'Imperatore e l'Imperatrice del Giappone, non che il ritratto di Sua Maestà Umberto e quello del Presidente degli Stati Uniti d'America, Ayes.

503

I miei lavori riscossero l'ammirazione ed il plauso dell'Incaricato d'Affari in Roma, e mi promise che se il suo governo avesse avuto bisogno avrebbe preferito me: disgrazia volle che mentre i lavori si avviarono a destinazione, si chiedeva al Governo Italiano un'altro professore di Pittore in rimpiazzo al Fontanesi.

Io immediatamente informato dall'Incaricato d'Affari Signor Nakamura non che dal suo segretario signor Tanaka i quali mi avvertirono di questa nuova chiesta, senza perder tempo feci un telegramma da Napoli a Tajani per avvertire Coppino che ero sempre mai disposto di andare al Giappone, ed il Tajani gli rimise subito il telegramma. Mi recai in Roma dai Sigg. Giapponesi i quali lieti della mia risoluzione mi consigliarono, come feci, di parlarne al Ministero della Pubblica Istruzione, ma la prattica[sic] stando al Ministero degli Esteri ed ignorandola il Coppino pel momento si restò sospesi. Vado agli Esteri, seppi tutto, e ne avverti Coppino, al quale parlarono e Visone e Tajani ai quali promise che, se non si parlava nella pratica di concorso, mi sarebbe stato favorevole.

Arrivato la pratica al suo dicastero andai ad ufficiarlo ed egli, mutato avviso, disdisse il già detto sotto pretesto che altri artisti avrebbero concorso. Ne fui conturbato per la mancata parola e domandai in fine, in che vertirebbe detto concorso, rispose "in titoli ed opere". A me non conveniva di fare il concorso dietro gli antecedenti creati dal Bonghi, ma poi, spinto dal mio amor, proprio, pregai il Coppino acciocché il concorso si facesse a porte chiuse; questo non conveniva al Ministro ignoro lo scopo, e mantenne duro. Taccio dai pochi avverati detti del Coppino che altri artisti l'avessero domandato, mentre fui io il primo a dargli la notizia di questa nuova chiesta.

Avendo io sempre lavorato all'estero, e nelle mie forze, avendo fatto onore alla Patria introducendo anche l'arte ceramica pure in Russia dove ho passato 6 anni compiendo lavori storici di certa importanza e non potendo tali lavori per la lontananza esser presentati volsi il pensiero al mio Vittorio Alfieri, collocato nella Reale Pinacoteca in Napoli, qui poi nel breve tempo di 15 giorni dei 20 che il Ministero mi accordò per la presentazione delle opere e titoli, ho fatto due Pugilatori romani dipinti ad olio di un metro di altezza con una plastica libera e profonda conoscenza di anatomia ciò soprattutto che compete al Prof. insegnante di pittura. Questo fu fatto spontaneamente, dapoichè nulla o poco raccapezzavasi nel programma Ministeriale.

I concorrenti eravamo 3 Michetti, io e Gilli, il Michetti gentilmente si ritirò per me e rimanemmo in due, all'uopo mi diressi al Capo di Divisione Commendatore Rezasco per dirgli che essendo un <u>duello a morte</u> questo avrei desiderato, secondo giustizia, mettere due giudici da parte dei concorrenti e due da parte del Ministero. Il Rezasco da prima credè che la cosa si poteva fare alla buona e mi dissuase.

Riunitosi il consiglio superiore per le consuete riunioni, ne chiamò cinque e fece giudicare il concorso.

Il concorso, come dissi di sopra, era di pittura ed io mi presentai analogamente, il mio competitore non presentò nessuna opera di pittura tranne che pochi disegni è, <u>cosa incredibile</u>, la Commissione trovò superiore il Gilli come se il mio quadro ed i miei nudi non valessero nulla, e che io, trovandovi qualche merito, ripresento.

Non è qui fuori di proposito osservare che Gilli è stato troppo favorito, troppo carezzato, col volergli far completare, dopo scaduti i termini del concorso, invitandolo a presentare lavori in pittura, articolo principale trasanto[sic] nel tempo utile e che quindi la prelodata Commendatore avrebbe dovuto dichiararlo fuori concorso!

Dal complesso di questi fatti viene necessaria logica, la deduzione, che già in <u>pectore</u> vi era il predestinato per la scuola di Tokio. 1° In effetti come poteva altrimenti giudicarsi meglio di me chi in pittura non aveva nulla presentato? 2° Come poteva la Commissione accordare simulatamente (riservandosi di decidere) una proroga al Gilli per presentare opere in pittura? 3° Con quale criterio la Commissione elevava paragonare fra me ed il Gilli che nulla aveva presentato, come dissi, in pittura?

La Commissione fa troppo condiscendente ad a secondare i desideri del passato Ministro favorendo un suo Compatriotta si è perciò che io non posso aver fiducia in essa per le sopraccennate ragioni.

È vero che l'attuale Ministro, dietro miei reclami, e trovandoli giusti, mi ha dato facoltà di presentare nuovi dipinti e senza alcun programma, ed io per la 2ª volta mi sono accinto, sforzato, dispendiato[sic] a farli mostrandomi completo per tutte quelle esigenze che l'arte richiede per un Professore insegnante di disegno e pittura.

Come era da prevedersi, la Commissione in parola ha deciso con idea preconcetta; volle sostenere a tutto costo il primo giudizio. Ciò appalesa oltre ché la prima pruova data, anche per la seconda inquanto ché si sappia che i Componenti la Commendatore nella stanza del Capo di Divisione senza che penetrasse anima viva, né un usciere per alzare qualche quadro onde, metterlo in buona luce, cosicché le opere rimasero gittate a destra ed a sinistra per terra come in magazzino di rigattiere. Si comprende che per i componenti la Commendatore sarebbe bastato il luogo più disadatto purché vi fossero quattro sedie, un tavolino, e l'occorrente per istendere un verbale. In quanto al loro preconcetto appare che qualunque fosse stata l'opera di pittura sarebbe loro bastata onde legalizzare a loro modo il verdetto. Ed è chiaro che tutti i miei sforzi a nulla valsero; e fu tempo perduto!

Eccellenza, come ho detto sopra è cosa incredibile, anzi, scandalo immoralità. Ed è così che si calpesta il merito di un artista? è così che si compromette la sua reputazione? No, non lo posso supportare né lo posso ingoiare. Vostra Eccellenza che è giusto, che è un'uomo integro e letterato esimio, ed artista nell'anima deve darmi animo a sperare che mi farà giustizia. Quante volte ho pregato l'altro Ministro ed il vostro per ottenere una pruova a porte chiuse col fare due nudi dipinti, paragone infallibile per il prof. insegnante di pittura! Eccellenza son certo che queste carte, questi miei reclami non glieli hanno fatti leggere, altrimenti Vostra Eccellenza avrebbe presto provveduto. Come pure non ho trascurato nelle mie istanze di voler cambiata la Commissione per non incorrere in quello che si è in corso.

È strano poi quando rifletto al mio competitore. Come! egli sa che concorre, sa che a questo suo competitore lavora alacremente per abbatterlo, e che sta sul luogo, e come è supponibile che questo signore mai gli sia venuta la velleità di venire a Roma? L'amor proprio perché non lo spinse a fare qualche altra opera nuova? niente! Esso ha dormito il suo sonno tranquillo perché vi era chi pensava per lui.

Quando Sua Eccellenza Coppino non volle dare questo posto per fiducia e volle un concorso avrebbe dovuto bandirlo pubblicamente nel giornale Ufficiale e così forse vi sarebbero stati altri bravi artisti intenzionati a concorrere. Allora si che quella serietà che ha voluto dare alla cosa col chiamare cinque Commissari sarebbe stata rispondente allo scopo! Ciò non basta! Volendo servire seriamente un governo estero affinché l'Italia facesse buona figura, tanto il Ministro della Pubblica Istruzione quanto la Commendatore avrebbero dovuto ben conoscere lo stato in cui trovasi l'arte nel Giappone, e la Commendatore che più ad essa competeva preoccuparsi di questo particolare. Chi non sa l'arte del disegno nel Giappone in che stato trovisi? I Giapponesi disegnano bene e ne abbiamo avuto una pruova nella Grande Esposizione a Parigi. Essi sanno in che peccano, sanno di che male patiscono ed è perciò che cercano il medico specialista. Perché il governo del Giappone si rivolge al Nostro per avere un professore- insegnante di Pittura? Perché è appunto nel colorito, nella plastica, nella carnagione, nella robustezza che essi vogliono entrare ed apprendere. Chi non sa che il Giappone ha pensionati dappertutto, a Londra, a Parigi, in Germania, nel Belgio etc: per far loro apprendere l'arte e vi son già dei bravi artisti che potrebbero dar lezione? Il Sovrano di questo popolo progressista imita Pietro il Grande e gli fa onore. Vuole introdurre in casa propria, pagando bene, quei professori specialisti affinché il suo popolo si educhi e si metta a livello di tutta Europa.

Dunque ripeto: a loro serve un buon pittore che senta bene il colore, tanto da poterne diffondere; non gli serve certamente chi va mendicando la pennellata di carne o che incide bene, o disegna fino, genere che assomiglia appunto al loro difetto.

Io quindi rispettosamente insisto presso Vostra Signoria della cui equità e nobiltà d'animo vado fidente e sicuro, perché voglia far rivedere il giudizio pronunciato in via puramente consultiva dalla Commissione già raccolta essendo da parte mia certo che qualora i nuovi interpellati vogliano esser guidati da spinto di imparzialità e colla scorta delle condizioni prescritte da Programma, le mie aspirazioni potranno essere dal suo giudizio favorite.

Che se a questo partito non potrà essere dall'Eccellenza Vostra accolto, io la supplico di promuovere, mediante una esposizione in Roma dei lavori di entrambi competitori, il giudizio della numerosa autorevole e rispettabile classe artistica di questa Città, la quale aliena di basse passioni saprà nel sereno campo dei veri interessi dell'Arte Italiana e nella coscienza di vederla degnamente figurare in Estere regioni pronunciare con indubitabile giustizia, un Verdetto al quale fin d'ora dichiaro completamente sottomettermi.

Achille Sangiovanni

Roma 3 ottobre 1879

N. B. Prima del giorno che scadesse il diritto di presentazione, io avevo fatto istanza a Casa Reale di presentare il mio quadro di Vittorio Alfieri, che accennai di sopra, ed un acquarello di Benvenuto Cellini acciocché poter [parte danneggiate].

98. 1879年10月6日付、公共教育省事務次官マルティーノ・スペチャーレ・コスタレッリ（公共教育大臣フランチェスコ・パオロ・ペレツに代わって）発、シエナ県立美術学院学長ルイジ・ムッシーニ宛文書案文（控え）

コメンダトーレ勲章受章者シエナ［県立］美術学院学長ムッシーニ教授殿宛
総公文書番号10689
配置番号35
発信番号11422
件名：旅費及び日当の諸手当

ローマ発、1879年10月2日付

本日、東京の絵画教師就職のための教師選抜審査委員会の業務に携わったことに関する旅費及び日当として、109.40リラの支払いが指示されました。

貴殿のご好意に対して深く感謝しつつ、貴殿へ深い敬慕と恭順の意を表します。

大臣に代わって
M・スペチャーレ

原文：**Minuta della lettera di Martino Speciale Costarelli, Segretario Generale, per conto di Francesco Paolo Perez, Ministro della Pubblica Istruzione, a Luigi Mussini, Presidente dell'Accademia di Belle Arti di Siena, 6 ottobre 1879.**

Al Chiarissimo Signor Commendatore Professore Luigi Mussini, Presidente dell'Accademia di Belle Arti di Siena
Protocollo Generale Numero 10689
Numero di Posizione 35
Numero di Partenza 11422
Oggetto: Indennità di viaggio e diaria

Roma, addì 6 ottobre 1879

Oggi è stato ordinato il pagamento di L.109.40 come indennità di viaggio e diaria che le spettano per aver preso parte ai lavori della Commissione giudicatrice del Concorso pel posto di Professore di Pittura a Tokio.

E nel ringraziarla vivamente della sua compiacenza Le invio i sensi della sua profonda stima ed osservante.

Pel Ministro
firmato M. Speciale

史　　料（doc. 98〜100）

99. 1879年10月7日付、フィレンツェ王立美術専門学校[*1]教授アントーニオ・チゼリ発、公共教育大臣フランチェスコ・パオロ・ペレツ宛文書
件名：費用の明細書の送付

フィレンツェ発、1879年10月7日

　尊敬に値する公共教育省へ、同省の命によっておこなった最近のローマ出張で彼［チゼリ本人］に生じた経費の2点の伝票原本を送付する行為において、フィレンツェ王立美術学院教授である署名者は、申告する機会を活用します。

敬具
アントーニオ・チゼリ

［到着印］公共教育省、1879年10月8日、第50007号
［手書きで］第10773／1879年10月9日
［文書の上方に別人の筆記で］35

*1　学校名は公共教育省による名称に従った（doc. 17の注参照）。

原文：Lettera di Antonio Ciseri, Professore dell'Istituto di Belle Arti di Firenze, a Francesco Paolo Perez, Ministro della Pubblica Istruzione, 7 ottobre 1879.

Oggetto: Invio di nota di spese

A Sua Eccellenza Il Ministro della Pubblica Istruzione Roma

Firenze 7 Ottobre 1879

　Il sottoscritto professore della Regia Accademia della Belle Arti di Firenze, nell'atto che trasmette all'Onorevole Ministro della Pubblica Istruzione la nota in doppio esemplare delle spese da lui incontrate nella recente gita fatta a Roma per ordine del Ministero medesimo, si approfita dell'occasione per dichiararsi.

Suo Devotissimo
Ant. Ciseri

［Timbro dell'arrivo］Ministero di Pubblica Istruzione, 8 ottobre 79, Art, N. 50007
［a mano］N. 10773/9.10.79
［in alto di altra mano］35

100. 1879年10月8日付、シエナ県立美術学院教授ルイジ・ムッシーニ宛、公共教育省支払い書式
［レターヘッド］公共教育省

省

1865年10月19日付勅令第2758号により承認

　総計109.40リラという、シエナ美術学院教授コメンダトーレ勲章受章者のルイジ・ムッシーニ

507

教授氏から提出された文書が検討され、本省から委ねられた出張用務に関連する旅費及び日当につき、

　一時金としての分配金　64.40 リラ
　一時金としての旅費　45 リラ
　一日に付き 15 リラの日当 3 日分

　かかる文書は承認され、1879 年運用のための本省会計規則第 5 章に規定された資金から支出される前記の 109.40 リラが、上述のシエナ在住のコメンダトーレ勲章受章者のルイジ・ムッシーニ氏に送金される。

ローマ発、1879 年 10 月 8 日付

大臣に代わって
M・スペチャーレ

原文：**Modulo di Pagamento dal Ministero della Pubblica Istruzione a Luigi Mussini, Professore dell'Accademia provinciale di Belle Arti di Siena, 8 ottobre 1879.**

［Intestazione］Ministero della Istruzione Pubblica

Il Ministero

Veduto il Regio Decreto 19 ottobre 1865 N. 2758

Veduta la nota presentata dal Signor Commendatore Prof. Luigi Mussini Professore dell'Accademia di Belle Arti di Siena
nella complessiva somma di Lire 109.40
per sperse di viaggio e di diaria in seguito alla missione avuta da questo Ministero,
divisa cioè in Lire 64.40 per indennità
di viaggio ed in Lire 45 per indennità
di diaria per giorni 3 a Lire 15 il giorno

Approva tale nota e manda a pagarsi al detto
Signor Commendatore Prof. Luigi Mussini a Siena le anzidette Lire 109.40 le quali saranno prelevate dal fondo stanziato al Capitolo 5 del Bilancio passivo di questo Ministero per l'esercizio 1879.

Dato a Roma addì 8 ottobre 1879

Pel Ministro
firmato M. Speciale

101. 1879 年 10 月 10 日付、ミラーノ県知事ルイジ・グラヴィーナ発、公共教育大臣フランチェスコ・パオロ・ペレツ宛文書

［レターヘッド］ミラーノ県庁
　　　　第 5 局、M 課、第 18994／570 号
　　　　件名：ジッリの絵画

史　　料（doc. 101～102）

［在］ローマ、公共教育大臣氏閣下宛
美術［教育中央］監督局

ミラーノ発、1879年10月10日

　本日、鉄道により、<u>ラヴァテール</u>を描いたジッリの絵画作品が私の下に届きましたので、すぐに、所有者である尊敬に値する県代表委員会に届けに参ります。

県知事
グラヴィーナ

［到着印］公共教育省、1879年10月14日、第51085号
［手書きで］第11364
［文書の上方に別人の筆記で］35

原文：**Lettera di Luigi Gravina, Prefetto della Provincia di Milano, a Francesco Paolo Perez, Ministro della Pubblica Istruzione, 10 ottobre 1879.**

[Intestazione] Prefettura della Provincia di Milano
　　　　　　Divisione 5, Sezione M, Numero 18994/570
　　　　　　Oggetto: Quadro del Gilli

A Sua Eccellenza il Signor Ministro della Pubblica Istruzione Provveditorato Artistico Roma
Milano, 10 ottobre 1879

　A mezzo della Ferrovia mi è giunto oggi il quadro del Gilli rappresentante <u>Lavater</u>, che vado a consegnare subito all'Onorevole Deputazione Provinciale proprietaria.

Il Prefetto
Gravina

[Timbro dell'arrivo] Ministero di Pubblica Istruzione, 14 ottobre 1879, art, N. 51085
[a mano] N. 11364
[in alto di altra mano] 35

102. 1879年10月14日付、公共教育省事務次官マルティーノ・スペチャーレ・コスタレッリ（公共教育大臣フランチェスコ・パオロ・ペレツに代わって）発、フィレンツェ王立美術専門学校教授アントーニオ・チゼリ宛文書案文（控え）

コメンダトーレ勲章受章者アントーニオ・チゼリ教授殿宛
フィレンツェ、ベッレ・ドンネ通り16番
総公文書番号10773
配置番号35
発信番号11745
10月7日付通達の返信
件名：旅費及び日当の諸手当

509

ローマ発、1879年10月14日付

　本日、東京の美術教師の職のための教師選抜審査委員会業務に携わったおりに、貴殿に負っている旅費及び日当手当として、121.20リラの支払いが指示されたことを謹んで貴殿にお知らせします。

　取り急ぎ、貴殿が本省にもたらした本業務に対しても貴殿に謝意を表し、貴殿への私の率直な敬意を一新いたします。

大臣に代わって
署名　M・スペチャーレ

原文：**Minuta della lettera di Martino Speciale Costarelli, Segretario Generale, per conto di Francesco Paolo Perez, Ministro della Pubblica Istruzione a Antonio Ciseri, 14 ottobre 1879.**

Al Signor Professor Commendatore Antonio Ciseri
Firenze, Via delle Belle Donne 16.
Protocollo Generale Numero 10773
Numero di Posizione 35
Numero di Partenza 11745
Riposata a Nota del 7 ottobre
Oggetto: Indennità di viaggio e diaria

Roma, addì 14 ottobre 1879

　　　Mi pregio di far sapere alla Signoria Vostra che oggi è fatto ordinato il pagamento di L.121.20 come indennità di viaggio e diaria dovutele per aver preso parte ai lavori della Commissione giudicatrice del Concorso al posto di Professore di Pittura a Tokio.

　　　Intanto La ringrazio anche di questo servizio da Lei reso al Ministero, e Le rinnovo i sensi della mia sincera stima.

Pel Ministro
firmato M. Speciale

103. 1879年10月14日付、フィレンツェ在住コメンダトーレ勲章受章者アントーニオ・チゼリ宛、公共教育省支払い書式

［レターヘッド］公共教育省

省

1865年10月19日付勅令第2758号により承認

　総計121.20リラという、コメンダトーレ勲章受章者教授アントーニオ・チゼリ氏から提出された文書が検討され、本省から委ねられた出張用務に関する旅費及び日当につき、
　一時金としての分配金　　76.20リラ
　一時金としての旅費　　　45リラ
　一日につき15リラの日当3日分

　かかる文書は承認され、1879年運用のための本省会計規則第5章に規定された資金から支出さ

史　　料（doc. 103〜104）

れる前記の121.20リラが、上述のフィレンツェ在住のコメンダトーレ勲章受章者教授アントーニオ・チゼリ氏に送金される。

ローマにて、1879年10月14日付

大臣に代わって
署名　M・スペチャーレ

原文：**Modulo di Pagamento dal Ministero della Pubblica Istruzione, a Antonio Ciseri, 14 ottobre 1879.**

［Intestazione］Ministero della Istruzione Pubblica

Il Ministero

Veduto il Regio Decreto 19 ottobre 1865 N. 2758

Veduta la nota presentata dal Signor Commendatore Professore Antonio Ciseri
nella complessiva somma di Lire 121.20
per sperse di viaggio e di diaria in seguito alla missione avuta da questo Ministero,
divisa cioè in Lire 76.20（Settantasei e Centesimi Venti）per indennità
di viaggio ed in Lire 45（Quarantacinque）per indennità
di diaria per giorni 3 a Lire 15 il giorno

Approva tale nota e manda a pagarsi al detto
Signor Commendatore Professore Antonio Ciseri in Firenze le anzidette Lire Centoventuna e cent venti le quali saranno prelevate dal fondo stanziato al Capitolo 5 del Bilancio passivo di questo Ministero per l'esercizio 1879.

Dato a Roma addì 14 ottobre 1879

Pel Ministero
firmato M. Speciale

104. 1879年10月15日付、アキッレ・サンジョヴァンニ発、公共教育大臣フランチェスコ・パオロ・ペレツ宛文書

イタリア王国公共教育大臣閣下宛

閣下
　空席である東京の絵画教師職の採用試験に関し、ここに一つの決定もないまま7ヶ月ほどが過ぎました。私の財政状態を無限に損なう一方、私の志気に対して計り知れないほど大きい打撃を引き起こしているので、この長引いている未決定はかつてないほどに私の不利益となっています。
　双方の悪夢から私を慰めるために、私は閣下に、何らかの決定が下されるようにこいねがい、それに先だって心からの謝意を述べます。

アキッレ・サンジョヴァンニ
ローマ発、1879年10月15日

511

［到着印］公共教育省、1879年10月15日、第91447号
［手書きで］美術［教育中央］監督局第11091号、1879年10月16日

原文：**Lettera di Achille Sangiovanni, a Francesco Paolo Perez, Ministro della Pubblica Istruzione, 15 ottobre 1879.**

A Sua Eccellenza
Il Ministro dell'Istruzione Pubblica del Regno d'Italia

Eccellenza
　Sette mesi circa son trascorsi dacché trovansi qui e veruna decisione è stata presa a riguardo del concorso al posto di Professore di Pittura, vacante a Tokio. Questa prolungata indecisione mi è quanto mai dannosa, poiché mentre nuoce immensamente al mio stato finanziario, arreca non pochi inestimabili danni al mio morale.
　Ad alleviarmi sì dall'uno che dall'altro incubo, pregherei l'Eccellenza Vostra che una qualsisia determinazione venga presa, e di ciò gliene anticipo sentite grazie.

Achille Sangiovanni
Roma li 15 ottobre 79

[Timbro dell'arrivo] Ministero della Pubblica Istruzione, 15 ottobre 1879, N. 91447
[a mano] Provveditorato Artistico Numero 11091, 16 ottobre 1879

105. 1879年10月24日付、ミラーノ県知事ルイジ・グラヴィーナ発、公共教育大臣フランチェスコ・パオロ・ペレツ宛文書

［レターヘッド］ミラーノ県庁
　　　　　第5局、M課、第20321号
　　　　　10月2日付通達への返信
　　　　　第14363号
　　　　　件名：ジッリの絵画

［在］ローマ、公共教育大臣閣下宛

ミラーノ発、1879年10月24日

　尊敬に値する県代表委員会は、ラヴァテールを描いた画家ジッリの絵画作品のローマへの送付にあたって必要となった費用の請求書を、今、私に通知しました。請求書は総額で64リラに達しますが、県代表委員会によって55リラと査定されました。
　去る8月12日付の附属文書第8127／8234号[*1]でなされた確約にまさに関連する支払いを命じられるようお願い申し上げます。

県知事
グラヴィーナ

［到着印］公共教育省、1879年10月27日、第53766号

512

史　　料（doc. 105～106）

［手書きで］11550／28.10.79
［文書の上方に別人の筆記で］35

　　*1　doc. 79を指している。8127が何を示しているのか不明。

　　原文：Lettera di Luigi Gravina, Prefetto della Provincia di Milano a Francesco Paolo Perez, Ministro della Pubblica Istruzione, 24 ottobre 1879.

　　　　［Intestazione］Prefettura della Provincia di Milano
　　　　　　　　　　　Divisione 5, Sezione M, Numero 20321
　　　　　　　　　　　Risposta a Nota del 2 andante
　　　　　　　　　　　Numero 14363
　　　　　　　　　　　Oggetto: Quadro del pittore Gilli

　　　　A Sua Eccellenza il Signor Ministro della Pubblica Istruzione Roma

　　　　　　　　　　　　　　　　　　　　　　　　　　　　　　　　Milano, 24 ottobre 1879
　　　　　L'onorevole Deputazione Provinciale mi ha ora comunicato la parcella della spese incontrate per la spedizione a Roma del quadro del Pittore Gilli rappresentante Lavater. La parcella ammonta alla somma di L.64 ma venne liquidata dalla Deputazione Provinciale a L.55.
　　　　　Prego di voler disporre sul pagamento relativo giusto la promessa fatta col inerito Dispaccio 12 agosto prossimo passato N. 8127/8234.

　　　　　　　　　　　　　　　　　　　　　　　　　　　　　　　　　　　　　Il Prefetto
　　　　　　　　　　　　　　　　　　　　　　　　　　　　　　　　　　　　　Gravina

　　　　［Timbro dell'arrivo］Ministero di Pubblica Istruzione, 27 ottobre 1879, art, N. 53766
　　　　［a mano］N. 11550/28.10.79
　　　　［in alto di altra mano］35

106.　1879年10月28日付、公共教育大臣フランチェスコ・パオロ・ペレツ発、外務大臣ベネデット・カイローリ宛文書案文（控え）

［在］ローマ、外務大臣閣下殿宛
総公文書番号10663
配置番号35
発信番号12187
件名：東京における絵画教師

　　　　　　　　　　　　　　　　　　　　　　　　　　　　　　　　ローマ発、1879年10月28日付
　東京の絵画教師職への候補者は、ただ2人だけでした。つまり、アルベルト・マゾ・ジッリ氏とカヴァリエーレ勲章受章者アキッレ・サンジョヴァンニ氏です。これらの芸術家によって採用試験に提出された審査作品は2点でした。私は、上述の教師選抜審査委員会からの2通の報告書の写しを閣下へお送りしますので、私が選択、もしくは彼の国の利益に好都合だと考えられる他の決定という判断を委任する日本公使館へそれらを届けられますようお願い申し上げます。

　　　　　　　　　　　　　　　　　　　　　　　　　　　　　　　　　　　署名　F・ペレツ

513

原文：**Minuta della lettera di Francesco Paolo Perez, Ministro della Pubblica Istruzione, a Benedetto Cairoli, Ministro degli Affari Esteri, 28 ottobre 1879.**

A Sua Eccellenza Il Signor Ministro degli Affari Esteri Roma
Protocollo Generale Numero 10663
Numero di Posizione 35
Numero di Partenza 12187
Oggetto: Professore di Pittura in Tokio

Roma, addì 28 ottobre 1879

Due soltanto furono i concorrenti pel posto di Professore di Pittura in Tokio, e sono il signor Alberto Maso Gilli e signor Cavaliere Achille Sangiovanni; e due furono gli esami delle opere presentate da quelli artisti al concorso. Io trasmesso a Vostra Eccellenza copia delle due Relazioni della Commissione di tale Concorso, e La prego di passarle alla Legazione Giapponese, alla quale io rimetto il giudizio della scelta o di quelle altre determinazioni che essa crederà convenienti nell'interesse del suo paese.

frimato F. Perez

107. 1879年11月2日付、外務省通商領事総局局長アウグスト・ペイロレーリ（外務大臣ベネデット・カイローリに代わって）発、公共教育省宛文書

［レターヘッド］外務省通商領事総局
　　　　第2局
　　　　第1事務室
　　　　第37号
　　　　件名：東京での絵画教師

公共教育省宛

ローマ発、1879年11月2日付

　去る10月28日付公共教育省美術教育中央監督局大35-10063-12137号文書とともに、署名者は東京の絵画教師職のために競った2名の芸術家の美術作品についての教師選抜審査委員会の2通の報告書を受け取りました。これらの報告書の1通は、アルベルト・マゾ・ジッリという人において同意しているに違いない選択に関し、少しの疑いも引き起こさせません。
　日本政府は王国政府に、芸術上の能力のみならず、道徳上の資質によって選択する必要がある、1人の候補者を提案するという配慮を委ねたと考えますし、また日本公使館は確実に1人を選択するという責任を引き受けられないとも考えますので、それゆえ、署名者は、非常に有能な芸術家たちによって表明された採択を確信しますが、同人において他の必要条件も吟味する場合には、そのような必要によって任命された委員会が意見を述べるという援助をもって、王国政府は疑いなく候補者間においてその任命を示唆しなければならないと考えます。
　しかしそれをする前に、筆者は、判断する資格のある公共教育省から、この通信に対する迅速な返答を受け取れるようお願いいたします。

大臣に代わって
A・ペイロレーリ

514

史　　料（doc. 107〜108）

［到着印］公共教育省、1879年11月3日、第55005号
［手書きで］35　11664

　　原文：Lettera di Augusto Peiroleri, Direttore Generale della Direzione Generale dei Consolati e del Commercio, per conto di Benedetto Cairoli, Ministro degli Affari Esteri, al Ministero della Pubblica Istruzione, 2 novembre 1879.

　　　［Intestazione］Ministero degli Affari Esteri Direzione Generale del Consolati e del Commercio
　　　　　　　Divisione 2ª
　　　　　　　Ufficio 1°
　　　　　　　Numero 119
　　　　　　　Oggetto: Professore di Pittura a Tokio

　　Al Ministero dell'Istruzione Pubblica

　　　　　　　　　　　　　　　　　　　　　　　　　　　Roma, addì 2 novembre 1879

　　　　Assieme alla nota del Ministero dell'Istruzione Pubblica in data del 28 ottobre scorso, Provveditorato centrale per l'Istruzione artistica Numeri 35-10063-12137, il sottoscritto ha ricevuto le due relazioni della Commissione esaminatrice delle opere d'arte dei due artisti che concorsero pel posto di Professore di Pittura in Tokio. La lettura di queste relazioni non può lasciare suscitare alcun dubbio intorno alla scelta che dovrebbe farsi nella persona del signor Alberto Maso Gilli.

　　　　Ritenendo, pertanto, avere il Governo Giapponese lasciata al Governo del Re la cura di proporre un candidato, al quale non solo per capacità artistica, ma ben anco per requisiti morali conviensce dare la preferenza, e ritenendo altresì non essere certamente la Legazione Giapponese in grado di prendere sopra di sé la responsabilità di una scelta, il sottoscritto pensa che, forte del voto emesso da artisti competentissimi, debba il Governo del Re suggerire senz'altro la nomina di quello fra i candidati in favore del quale si pronunziò la Commissione a tal uopo nominata, quando però nel medesimo concorrano anche gli altri requisiti.

　　　　Prima, però di ciò fare lo scrivente gradirà di ricevere dal competente Ministero dell'Istruzione Pubblica una sollecita risposta a questa comunicazione.

　　　　　　　　　　　　　　　　　　　　　　　　　　　　　　　　　Pel Ministro
　　　　　　　　　　　　　　　　　　　　　　　　　　　　　　　　　A. Peiroleri

　　　［Timbro dell'arrivo］Ministero di Pubblica Istruzione, 3 novembre 1879, N. 55005
　　　［a mano］35　11664

108.　1879年11月14日付、アルベルト・マゾ・ジッリ発、公共教育省前事務次官ジョヴァンニ・プッチーニ宛文書

配置番号35

件名：東京での美術学校

公共教育大臣閣下、いとも令名高きプッチーニ氏宛

　　　　　　　　　　　　　　　　　　　　　　　　　　　　　キエーリ発、1879年11月14日
　私はますます健康が不十分だと感じているので、遅滞による面倒を引き起こさないように、東京における絵画教師任命という採用試験の結果を辞退すべきだと考えます。
　採用試験開催に先立って生じた責務のために、賞状7点と写真と素描の使用25点から成る私の

515

資格証明のファイルを使う必要があります。従って、時間と健康の余裕の無いために、閣下にあっては、それらを私にご返却して頂ければ幸甚です。

閣下への
謝意と敬具
ジッリ、アルベルト・マゾ
画家

［手書きで］N. 12448／25. 11. 79
［文書の上部に別の手で］35

原文：Lettera di Alberto Maso Gilli, a Giovanni Puccini, l'ex Segretario Generale del Ministero della Pubblica Istruzione, 14 novembre 1879.

Numero di Posizione 35
Oggetto: Scuola Belle Arti a Tokio

Per Sua Eccellenza Il Ministro della Pubblica Istruzione all'Illustrissimo Signor Puccini

Chieri, 14 novembre 1879

  Sentendomi la salute sempre più in deficienza, mi trovo obbligato, per non causare ritardi ad impicci, di rinunziare all'esito del concorso per la nomina di professore di pittura in Tokio.
  Riconoscentissimo sarei perciò all'Eccellenza se volesse rimandarmi la cartella de miei titoli consistenti in sette attestati onorifici, ed in venticinque fogli di fotografie e disegni, che nella strettezza di tempo e di salute, debbo utilizzarli secondo impegni presi anteriormente all'apertura del concorso.

Di Vostra Signoria
obbligatissimo e devotissimo
Gilli Alberto Maso
Pittore

［a mano］N. 12448/25.11.79
［in alto del testo di altra mano］35

109. 1879年11月15日付、公共教育大臣フランチェスコ・パオロ・ペレツ発、外務大臣ベネデット・カイローリ及び通商領事総局宛文書案文（控え）

［在］ローマ、外務大臣閣下殿［及び］通商領事総局宛
総公文書番号11664
配置番号35
発信番号12763
10月2日付通達への返信
第2局、第1事務室、第119号
件名：東京での絵画教師

ローマ発、1879年11月15日付

  東京での絵画教師採用試験の教師選抜審査委員会の2通の報告書は、私としては、一つの決定

で絶対に事足りると思われました。しかしながら、私の意見が断固要求されるのであれば、2人を候補者として見たところ、教師選抜審査委員会はアルベルト・マゾ・ジッリ氏が疑いなく優れていると評価しており、私はこれらの判断する資格のある人々の判断に反論するいかなる理由ももち合わせていないと、貴殿に率直に言いましょう。

　ジッリ氏の徳性に関し、記録文書中にはパニッセーラ伯爵閣下の彼に対するたいへん好意的な文書がさらに効力を有しているので、私には全く反論することはありませんが、そのような点に関して、閣下がさらなる詳細な報告を望まれるのであれば、私たちの尊敬に値する同僚である内務大臣に問い合わせるしかないでしょう。

大臣　ペレツ*1

*1　ジュリオ・レザスコと最初に記されていた署名は消去され、「大臣　ペレツ」と署名されている。

原文：**Minuta della lettera di Francesco Paolo Perez, Ministro della Pubblica Istruzione, a Benedetto Cairoli, e Direzione Generale del Consolati e del Commercio, 15 novembre 1879.**

　A Sua Eccellenza il Ministero degli Affari Esteri Direzione Generale del Consolati e del Commercio Roma
　Protocollo Generale Numero 11664
　Numero di Posizione 35
　Numero di Partenza 12763
　Risposta a Nota del 2 corrente
　Divisione 2, Sezione 1, Numero 119
　Oggetto: Professore di Pittura a Tokio

Roma, addì 15 Novembre 1879

　　　Io credevo che le due Relazioni della Commissione sul Concorso al posto di Professore di Pittura in Tokio, così io come sono, fossero più che bastevoli per una decisione. Tuttavia, poiché si richiede il mio parere, io Le dirò francamente che, visto come dei due concorrenti, la Commissione giudicatrice estimi indubbiamente superiore il signor Alberto Maso Gilli, io non ho nessuna ragione di contraddire al giudizio di quegli uomini competenti.

　　　Quanto alla moralità del Signor Gilli quantunque non mi risulta nulla in contrario, molto più esistendo fra gli atti una lettera a lui molto favorevole di Sua Eccellenza il Conte Panissera, tuttavia quando l'Eccellenza Vostra volesse più larghi ragguagli a tal proposito, Ella non avrebbe, se non a rivolgersi al nostro Onorevole Collega Ministro dell'Interno.

Il Ministro Perez*1

*1　La firma di Giulio Rezasco è stata cancellata.

110. 1879年11月21日付、公共教育省美術教育中央監督局局長ジュリオ・レザスコ（公共教育大臣フランチェスコ・パオロ・ペレツに代わって）発、トリーノ・アルベルティーナ王立美術学院学長宛電報案文（控え）

トリーノ［・アルベルティーナ王立］美術学院学長宛

総公文書番号12360

配置番号35

発信番号12935

ローマ発、1879年11月21日付

電報

現在、画家のアルベルト・マゾ・ジッリがどこにいるのかを私にお知らせ下さい。電報にて返信を。
大臣に代わって
署名　G・レザスコ

原文：**Minuta del telegramma di Giulio Rezasco, Provveditore capo della Provveditorato Centrale per l'Istruzione Artistica, per conto di Francesco Paolo Perez, Ministro della Pubblica Istruzione, a Marcello Panissera, Presidente Accademia Belle Arti Torino, 21 novembre 1879.**

Al Presidente Accademia Belle Arti Torino
Protocollo Generale Numero 12360
Numero di Posizione 35
Numero di Partenza 12935

Roma, addì 21 novembre 1879

Telegramma

La prego dirmi ove sia presentemente pittore Alberto Maso Gilli. Risposta telegrafica.
Pel Ministro
firmato G. Rezasco

111. 1879年11月21日付、トリーノ・アルベルティーナ王立美術学院ジョヴァンニ・バッティスタ・ビスカッラの電報複写

［文書上部に別の手で］35

本省に届いた電報の複写
ローマ・トリーノ、21／11　18／30
ジッリ教授はトリーノ県キエーリにいる
敬意をもって
ビスカッラ

（電報原本は在ローマ日本公使館担当官田中健三郎氏へ送付された）

原文：**Risposta alla nota di Giovanni Battista Biscarra, Accademia Albertina delle Belle Arti Torino, 21 novembre 1879.**

［in alto del testo di altra mano］35

Copia di un telegramma pervenuto al Ministero.
Roma Torino 297-15　21/11　18/30
Professore Gilli trovasi in Chieri presso Torino
Per pregio

Biscarra

(L'originale del Telegramma fu mandato al signor Kenzaburo Tanaka addetto alla Legazione Giapponese in Roma)

112. 1879年11月29日付、王宮総督マルチェッロ・パニッセーラ・ディ・ヴェリオ発、公共教育大臣フランチェスコ・デ・サンクティス宛文書

［レターヘッド］王宮総督官房

ローマ発、1879年11月29日

いとも尊重されたコメンダトーレ勲章受章者
　ジッリ教授は、彼の健康状態が安定した後に、日本の職を辞退するという考えをとりやめましたと、トリーノから私に書いて知らせました。恐らく、選抜されなかったのではないかという懸念が、彼に辞退することを強いたのでしたが、喜ばしい知らせが彼に自信を取り戻させました。
　この最終決定については、大臣が既にそのように通知されていると想像いたします。ジッリは彼自身に対しても、彼を送り出す国に対しても、必ずや栄光をもたらすでしょうから、私としてはそれ［最終決定を指す］を大変嬉しく思います。

敬白
M・パニッセーラ

原文：**Lettera di Marcello Panissera di Veglio, Prefetto del Palazzo di Sua Maestà, a Francesco De Sanctis, Ministro della Pubblica Istruzione, 29 novembre 1879.**

［Intestazione］Gabinetto del Prefetto di Palazzo

Roma, 29 novembre 1879

Commendatore Stimatissimo
　　Mi scrivono da Torino che il Professore Gilli dopo essersi rassicurato sulle condizioni di sua salute, ha smessa l'idea di rinunziare al posto del Giappone - Forse la teme di non essere prescelto, avevalo indetto a ritirarsi, ma poi la lieta notizia lo rinfrancò.
　　Immagino che di questa ultima determinazione, il Ministro ne sia già informato. Per conto mio ne sono lietissimo perché il Gilli non mancherà di fra onore a se, ed al paese che lo manda.
　　Con distintissimi saluti mi［una parola non comprensibile］.

Devotissimo Suo
M. Panissera

113. 1879年11月29日付、公共教育省美術教育中央監督局局長ジュリオ・レザスコ発、王宮総督マルチェッロ・パニッセーラ・ディ・ヴェリオ宛文書案文（控え）

いとも令名高き王宮総督パニッセーラ・ディ・ヴェリオ伯爵殿宛
配置番号35
発信番号13243

［文書左側に別の手で］コメンダトーレ勲章受章者レザスコ氏の私信

519

ローマ発、1879年11月29日付

いとも令名高き伯爵殿

　健康の理由のために東京の職を辞退した文書の他に、本省はジッリ氏からいかなる文書をも受け取っていません。

　貴殿にさらに申しますと、昨日、日本［臨時］代理公使が私の元に参り、4ヶ月の出発延期を求め、その延期が認められない場合には辞退することを明言しているジッリ氏からの電報を私に見せました。

　代理公使は、彼にそれを認められないと私に言いました。

　今さら何ができるというのでしょうか。あのジッリ氏はピエモンテ人には思えません。つまり、頭が停止した男です。

　大臣に決定を下すようにせき立てられるので、どうか、私に何らかの説明を与えてください。

　そして、最大限の期待をもって私を信じて下さい。

敬白
署名　G・レザスコ

原文：**Minuta della lettera di Giulio Rezasco, Provveditore capo della Provveditorato Centrale per l'Istruzione Artistica, a Marcello Panissera di Veglio, Prefetto del Palazzo di Sua Maestà, 29 novembre 1879.**

All'Illustrissimo Signor Conte Panissera di Veglio, Prefetto del Palazzo di Sua Maestà
Numero di Posizione 35
Numero di Partenza 13243

［A sinistra del testo di altra mano］privata del Signor Commendatore Rezasco

Roma, addì 29 novembre 1879

Illustrissimo Signor conte
　　Il Ministero non ha ricevuto del signor Gilli nessuna lettera, oltre a quella nella quale rinunziare al posto di Tokio per ragioni di salute.
　　Le dirò anche di più, ieri fu da me l'incaricato d'affari del Giappone, e mi mostrò un telegramma del signor Gilli nel quale domandava una dilazione alla partenza di quattro mesi, dichiarando che rinunziava, se tale dilazione non gli era concessa.
　　L'incaricato d'affari mi disse che non poteva concedergliela.
　　Ora che cosa fare? Quel signor Gilli non mi pare un Piemontese, cioè un uomo di testa ferma.
　　La prego a procurarmi qualche schiarimento, essendo pressato il Ministro a prendere una determinazione.
　　E mi creda colla maggior stima.

Devotissimo Suo
firmato G. Rezasco

114. 1879年11月30日付、外務省通商領事総局局長アウグスト・ペイロレーリ（外務大臣ベネデット・カイローリに代わって）発、公共教育省宛文書

［レターヘッド］外務省通商領事総局
　　　第2局

史　　料（doc. 114）

第1事務室
第129号
件名：東京での絵画教師

公共教育省宛

ローマ発、1879年11月30日付

大至急

　貴省11月15日付美術教育中央監督局第12763号通達に基づいて、アルベルト・マゾ・ジッリ氏への東京における素描・絵画教師の任命が提出された日本の代理公使は、今や、この芸術家は文書と電報により、4ヶ月以内に旅立つことはできないと予告したと、報告しています。

　かの政府の訓令により、彼にこの出発遅延を認めることはできず、かの政府にイタリア人の芸術家を頼りにするべきではないという電報を中村氏に打つのを余儀なくさせることのないように、中村氏は3週間の期限を限度として東京に出発する用意のある別の教師が任命されるように要求しています。

　我々にとって、最高の関心は東京美術学校において、この教師の職を守ることなので、筆者は尊敬に値する同僚に対し、心からジッリに理解させるようにお願いいたします。万が一彼が定められた期限内に出発するのを拒む場合、採用試験における彼の競争者が定められた期限内に旅立つという条件を受け入れるならば、王国政府はこの競争者に頼まなければならないでしょう。

　さらに署名者は、貴省にあっては、緊急にジッリ氏のみならず、カヴァリエーレ勲章受章者のアキッレ・サンジョヴァンニ氏へ適切な連絡をとった後、最速でお返事を頂けるようお願いいたします。

大臣に代わって
A・ペイロレーリ

［到着印］公共教育省官房　第100号
［手書きで］美術［教育中央］監督局　第12617号

原文：**Lettera di Augusto Peiroleri, Direttore Generale della Direzione Generale dei Consolati e del Commercio, per conto di Benedetto Cairoli, Ministro degli Affari Esteri, al Ministero della Pubblica Istruzione, 30 novembre 1879.**

［Intestazione］Ministero degli Affari Esteri Direzione Generale del Consolati e del Commercio
　　　　　　　Divisione 2ª
　　　　　　　Ufficio 1°
　　　　　　　Numero 129
　　　　　　　Oggetto: Professore di Pittura a Tokio

　　　　Al Ministero della Istruzione Pubblica

Roma, addì 30 novembre 1879

urgentissima

　　L'incaricato d'affari del Giappone, al quale venne proposto, in base alla nota di codesto Ministero in

521

data 15 Novembre numero 12763 Provveditorato Centrale per l'Istruzione Artistica, la nomina del Signor Alberto Maso Gilli a Professore di disegno e pittura a Tokio, informa ora che questo artista gli ha, con lettera e telegramma, significato di non poter mettersi in viaggio che fra 4 mesi.

 Siccome le istruzioni del suo Governo non gli permettono di accordare questo ritardo alla partenza, il Signor Nakamura fa istanza affinché gli sia designato altro Professore, il quale sia disposto a partire per Tokio nel termine estremo di tre settimane senza di che egli sarebbe costretto a telegrafare al suo Governo di non dover contare su di un artista italiano.

 Essendo di sommo interesse per noi di conservare nella scuola di Belle Arti di Tokio questo posto di Professore, il sottoscritto prega vivamente l'Onorevole suo Collega di far sentire al Signor Gilli che, qualora egli si rifiuti a partire nel termine prefisso, il Governo del Re dovrebbe rivolgersi al di lui competitore nel concorso, quando però questi accetti la condizione di mettersi in viaggio entro il termine stabilito.

 Il sottoscritto prega inoltre codesto Ministero di favorirgli risposta colla massima sollecitudine dopo aver fatto d'urgenza, le comunicazioni opportune tanto al Signor Gilli quanta al Cavaliere Achille Sangiovanni.

Pel Ministro
A. Peiroleri

［Timbro dell'arrivo］Ministero di Pubblica Istruzione Gabinetto, Numero 100
［a mano］Provveditorato Artistico Numero 12617

115. 1879年11月30日付、アキッレ・サンジョヴァンニ発、公共教育大臣フランチェスコ・デ・サンクティス宛文書

コメンダトーレ勲章受章者デ・サンクティス公共教育大臣閣下宛

閣下

　閣下の善意を信じて疑わない、ナポリ出身の画家・芸術家である署名者のアキッレ・サンジョヴァンニが、日本政府からの要請による、東京の絵画教師職のために貴省において先頃おこなわれた採用試験について、丁重に申し上げることをお許し下さい。その機会に、貴省は、日本政府が就任させたい唯一のポストのための選択ができるように、トリーノ出身のジッリ氏と、署名者の名前を、本国外務省に提案しました。外務省は、ただ一人の名前を知らせるようにとの願いを明らかにさせるよう、公共教育省に業務を差し戻しました。

　いまや、上述のジッリ氏は、日本へ赴くのを放棄したことを公式に認めましたので、署名者はもたらされた経験に基づき、貴省に対して、彼［署名者サンジョヴァンニ］が上述の職に任命されるようにとの説得において、そこに憧れていることへの心からの懇願を繰り返し、勇気をもって閣下に問い合わせます。

　その実現に際し、閣下にあっては、貴省に保存されている書類を参照されるようお願いいたします。そこから、閣下にあっては、過去の採用試験の経過や、署名者の希望を後押しする資格を見いだされるでしょう。

　閣下の温情ある後援を信じて疑わない署名者は、閣下に心よりの感謝を先んじて述べ、そして明言します。

敬具

史　　料（doc. 115～116）

教授アキッレ・サンジョヴァンニ
ローマ発、1879年11月30日
ヴァンタッジョ通り14番

原文：Lettera di Achille Sangiovanni, a Francesco De Sanctis, Ministro della Pubblica Istruzione, 30 novembre 1879.

A Sua Eccellenza Commendatore De Sanctis
Il Ministro della Pubblica Istruzione

Eccellenza

Il sottoscritto, Achille Sangiovanni, artista pittore di Napoli, fiducioso nella bontà di Vostra Eccellenza si permette esporle ossequiosamente che da ultimo ha concorso presso codesto Ministero per il posto di prof. di Pittura a Tokio nel Giappone, chiesto da quel Governo. In quella occasione Codesto Ministero propose i nomi del Signor Gilli di Torino e del sottoscritto al Ministero degli Esteri nazionale, affinché il Governo Giapponese potesse poi fare la scelta per l'unico posto che si desiderava coprire. Il Ministero delli［sic］Esteri ritornò a quello dell'Istruzione Pubblica l'affare, facendo palese il desiderio che gli fosse fatto conoscere un solo nome. Allora venne dato il nome del Gilli.

Ora essendo officialmente constatato che il signor Gilli predetto ha rinunziato a recarsi al Giappone, il sottoscritto si fa animo a rivolgersi all'Eccellenza Vostra ripetendo le sue vive istanze per l'aspirazione al posto sopraccenato, nella persuasione che egli per le pruove［sic］offerte a codesto Dicastero vi possa essere nominato.

A questo effetto prega Vostra Eccellenza di voler richiamare le carte esistenti presso codesto Ministero, da cui l'Eccellenza Vostra potrà rilevare l'andamento del passato concorso e i titoli a cui erano appoggiate le sue aspirazioni.

Fiducioso nel benevolo patrocinio di Vostra Eccellenza, il sottoscritto Le anticipa sentiti ringraziamenti e si professa.

Dell'Eccellenza Vostra Devotissimo
Professor Achille Sangiovanni
Roma 30 novembre 1879
Via del Vantaggio 14

116. 1879年12月1日付、宮内大臣ジョヴァンニ・ヴィゾーネ発、公共教育大臣フランチェスコ・デ・サンクティス宛文書

［レターヘッド］宮内省大臣官房
　　　　　　　第1476号

［在］ローマ、公共教育大臣閣下宛

ローマ発、1879年12月1日付

閣下
　ナポリ出身の画家・芸術家であるアキッレ・サンジョヴァンニ教授は、申立てを添えて表明した彼の希望が適うようにとの意図をもって、私——閣下を頼りにしている者ですが——に問い合わせました。彼の心からの申し出に応じて、私は閣下の温情ある処置がなされるよう閣下に託し

523

ます。また、前述の芸術家は、以前に王室から一つ以上の絵画の注文を受け、立派に制作しました。それらの中には高い評価に値するものもあり、王宮やカポディモンテ絵画館において目立っております。

　閣下におかれては、私の心から敬意を受け取られますよう。

大臣
ヴィゾーネ

［到着印］公共教育省　1879年12月2日、美術、第60708号
［手書きで］美術［教育中央］監督局　第12672／2／12　79号

原文：**Lettera di Giovanni Visone, Ministro della Real Casa, a Francesco De Sanctis, Ministro della Pubblica Istruzione, 1° dicembre 1879.**

［Intestazione］Ministero della Casa di Sua Maestà Gabinetto del Ministro
N. 1476

A Sua Eccellenza
il Ministro della Pubblica Istruzione Roma

Roma lì 1 Dicembre 1879

Eccellenza

　Il Professore Achille San Giovanni ［sic］ Artista Pittore di Napoli si è rivolto a me nell'intento ch'io appoggiassi presso Vostra Eccellenza le aspirazioni manifestate nell'unito suo Ricorso ch'io aderendo alle vive di lui istanze, raccomando alla Eccellenza Vostra per le sue benevoli disposizioni, potendo soggiungere, che il predetto Artista ha avuto in addietro della Real Casa più d'una ordinazione di dipinti, che eseguì lodevolmente, alcuni fra i quali, assai pregevoli, figurano nella Reggia e nella Pinacoteca di Capodimonte.

　Riceva, Eccellenza, l'omaggio della distintissima mia considerazione.

Il Ministro
Visone

［Timbro dell'arrivo］Mnistero della Pubblica Istruzione, 2 dicembre 1879, Artistico, N. 60708
［a mano］Provveditorato Artistico Numero 12672/2/12　79

117.　1879年12月1日付、公共教育省美術教育中央監督局局長ジュリオ・レザスコ（公共教育大臣フランチェスコ・デ・サンクティスに代わって）発、アルベルト・マゾ・ジッリ教授宛電報案文（控え）

総公文書番号12617
配置番号35
発信番号13257

電報

ローマ発、1879年12月1日付

キエーリ、アルベルト・マゾ・ジッリ教授殿

524

定められた期間内に日本へ出発するのを拒絶した場合には、絶対的な放棄とみなされる。電報にて返答されよ。

大臣に代わって
署名　G・レザスコ

原文：**Minuta del telegramma di Giulio Rezasco, Provveditore capo della Provveditorato Centrale per l'Istruzione Artistica, per conto di Francesco De Sancti, Ministro della Pubblica Istruzione, al Professor Alberto Maso Gilli, 1 dicembre 1879.**

Protocollo Generale Numero 12617
Numero di Posizione 35
Numero di Partenza 13257

Telegramma

Roma, addì 1° dicembre 1879

Signor Professor Alberto Maso Gilli Chieri
　　Qualora Ella rifiuti partire pel Giappone entro termine stabilito, ciò si reputerebbe per assoluta rinunzia. Risponda per telegramma.

Pel Ministro
firmato G. Rezasco

118. 1879年12月2日付（？）、アルベルト・マゾ・ジッリ発、公共教育省宛電報

［レターヘッド］中央ローマ電報局 Ufficio Telegrafico di Roma Centrale

　　　　受領　2日　1879年　10時30分
　　　　回線　第102号
　　　　受領者　レンツァ
　　　　住所名簿　第908号

ローマ・キエーリ貨物駅26 32 2 7／30
　［在］ローマ公共教育省コメンダトーレ勲章受章者レザスコ。日本の代理公使は、待てないと私に言った。昨日パリでの所用を終え、私はトリーノにいる。トリーノ出身のジラルディ教授がすぐに日本へ発つ用意があるのなら、私は辞退の意志を固める。ジッリ

原文：**Telegramma di Alberto Maso Gilli, al Ministero della Pubblica Istruzione, probabilmente 2 dicembre 1879.**

　［Intestazione］Ufficio Telegrafico di Roma Centrale
　Ricevuto il 2　　1879 ore 10.30
　Pel circuito N. 102
　Ricevente Renza
　N. 908 del registro di recapito

　Roma Chieri scalo 26 32 2 7/30

Commendatore Rezasco Ministro Istruzione Roma. Incaricato Giappone mi disse non poter attendere. Io Torino ieri conchiusi affari per Parigi confermare mia rinunzia se professore Gilardi da Torino disposto subito per Giappone = Gilli.

119. 1879年12月2日付（？）、アルベルト・マゾ・ジッリ発、王宮総督マルチェッロ・パニッセーラ・ディ・ヴェリオ宛電報

［レターヘッド］中央ローマ電報局
　　　　　　　　受領　2日　1879年　10時30分
　　　　　　　　回線　第102号
　　　　　　　　受領者　レンツァ
　　　　　　　　住所名簿　第909号

ローマ・キエーリ貨物駅27 15 2 7／30
　［在］ローマ、クイリナーレ宮パニッセーラ伯爵閣下。すぐに日本へ出発できるジラルディを後押しするよう願う。ジッリ

　　　原文：Telegramma di Alberto Maso Gilli, a Marcello Panisella di Veglio, Prefetto del Palazzo di Sua Maestà, probabilmente 2 dicembre 1879.

　　　　　［Intestazione］Ufficio Telegrafico di Roma Centrale
　　　　　Ricevuto il 2　　1879 ore 10.30
　　　　　Pel circuito N. 102
　　　　　Ricevente Renza
　　　　　N. 909 del registro di recapito

　　　　　Roma Chieri scalo 27 15 2 7/30
　　　　　Eccellenza Conte Panissera Quirinale Roma. Prego voler proporre appoggiare Gilardi pronto partire subito Giappone: Gilli

120. 1879年12月2日付、公共教育省美術教育中央監督局局長ジュリオ・レザスコ発、王宮総督マルチェッロ・パニッセーラ・ディ・ヴェリオ宛文書案文（控え）

［在］ローマ、王宮監督総督パニッセーラ・ディ・ヴェリオ伯爵閣下宛
配置番号35
発信番号13243

［文書左側に別の手で］コメンダトーレ勲章受章者レザスコ氏の私信

　　　　　　　　　　　　　　　　　　　　　　　　　　　　ローマ発、1879年12月2日付
いとも令名高き伯爵殿
　ジッリは放棄を認め、ジラルディ[*1]はすぐに日本へ発つ用意があると言いました。しかし、ジ

526

ラルディは先だって全く出願をしませんでした。いまや、あたかも、ジッリよりも劣ると表明されたもう1人の候補者を無視しているかのようですが、彼は教育不能と表明されたでしょうか。私はそうではないと信じています。私は、大臣を見かけたらすぐにこのことを話しましょう。私は狡猾になります。というのも、ジッリの決断が理解できないことを白状いたしますし、彼は気まぐれで私たちを当惑させたので、私は彼を信頼することができませんから。

敬白
署名　G・レザスコ

*1　ピエール・チェレスティーノ・ジラルディ（Pier Celestino Gilardi, 1837-1905）。

原文：**Minuta della lettera di Giulio Rezasco, Provveditore capo della Provveditorato Centrale per l'Istruzione Artistica, a Marcello Panissera di Veglio, Prefetto del Palazzo di Sua Maestà, 2 dicembre 1879.**

All'Eccellenza Vostra il Conte Marcello Panissera di Veglio Prefetto del Palazzo di Sua Maestà, Roma
Numero di Posizione 35
Numero di Partenza 13322

Roma, addì 2 dicembre 1879

Illustrissimo Signor Conte
　　Il Gilli confermò la sua rinunzia, e disse che il Gilardi sarebbe disposto a partire subito per Gippone. Ma il Gilardi non fece mai alcuna domanda preventiva; e come si sarebbe ora a dare un calcio all'altro concorrente, il quale se fu dichiarato inferiore al Gilli, non fu però dichiarato incapace all'insegnamento? Io credo che non si possa. Ne parlerò col Ministro tosto che potrò vederlo. Sarò troppo malizioso; ma confesso che nella risoluzione del Gilli non vedo chiaro, e non gli voglio bene, perché ci ha messo nell'imbarazzo colla sua instabilità.
　　Mi conservi la sua benevolenza e gradisca i sensi della mia maggior stima.

Devotissimo
firmato G. Rezasco

121. 1879年12月4日付、王宮総督マルチェッロ・パニッセーラ・ディ・ヴェリオ発、公共教育省美術教育監督官長ジュリオ・レザスコ宛文書

［レターヘッド］王宮総督官房

ローマ発、1879年12月4日

いとも尊敬されたコメンダトーレ勲章受章者
　ジッリが放棄した東京の職への競争に参加しようと企てている、トリーノ・アルベルティーナ［王立美術］学院絵画科の代理教師であるピエール・チェレスティーノ・ジラルディ氏の手紙を受け取って数日経ちます。ジラルディは、ガスタルディの教室の助手として、ジッリの代理をしたその人物で、議論の余地なく価値のある芸術家でもあります。私は新たな採用試験が公告されたならば、ジラルディが推薦されたでしょうと、彼に返答しましたが、大臣がそのような意図をお持ちであったか、あるいはジッリが不在の時にもう1人の候補者であるサンジョヴァンニを指

名する決断が下されたかを知りませんでした。

　ジッリは、4ヶ月間の出発延期を求めましたが、日本の代理公使は彼に許可しようとしなかった結果、ジッリは決意したのだと知りました。

　しかし、公使館からの拒絶の結果、ジッリが何をしようとしているのか、私は知りません。本日、緘封された電報を受け取りましたので、貴殿にお送りします。

　ジッリは単に、その職をジラルディに譲りたいのか、あるいは何か他のために放棄しようとしているのか。事の次第からすれば、しかし、その引き継ぎを提供するという方法において、貴省がそのことを確定する場合を除いて、日本公使館の意向に従って、ジッリは肯か否かを述べる必要があると、私には思われます。別の採用試験で［一語不明］することなく、1人の芸術家を選択しようとする場合には、ジラルディは数年来美術学院においてかかる職に従事してきたので、芸術家としても教師としても［一語不明］なので、私はジラルディを推薦することができます。

　いとも令名高き閣下にあっては、キエーリへの電報によって申請者を［二語不明］ジッリからの迅速かつ最終的な返答を得られるでしょう。この間、私はジラルディに関し、彼からの電報に返答はいたしません。なにしろ私は貴省の意図を知らないのですから。

　ご回答の指示をもって、私に返答していただけるのであれば、私は心より感謝いたしましょう。
　いとも令名高き閣下への心からの私の敬意を信じて下さい。

敬白
M・パニッセーラ

原文：**Lettera di Marcello Panissera di Veglio, Prefetto del Palazzo di Sua Maestà, probabilmente a Giulio Rezasco, Provveditore capo del Ministro della Pubblica Istruzione, 4 dicembre 1879.**

［Intestazione］Gabinetto del Prefetto di Palazzo

Roma, 4 dicembre 1879

Commendatore Stimatissimo

　Giorni sono io ho ricevuto una lettera del signor Pier Celestino Gilardi Maestro aggiunto alla scuola di Pittura presso l'Accademia Albertina di Torino, il quale si proponeva di concorrere al posto di Tokio quando il Gilli aveva rinunciato. Il Gilardi è quello stesso che sostituì il Gilli come assistente alla scuola della Gastaldi, ed è anche incontestabilmente artista di valore. Risposi al Gilardi ch'egli si sarebbe potuto presentare quando si bandisse un nuovo concorso, ma che io ignoravo se il Ministro avesse tali intenzioni, ovvero si sarebbero deciso a proporre in assenza del Gilli l'altro concorrente Sangiovanni.

　Seppi in seguito che il Gilli si sarebbe deciso, ottenendo una dilazione di 4 mesi per la partenza, dilazione che l'incaricato d'affari del Giappone non intendeva accordargli.

　Ma in seguito al rifiuto della Legazione, io non so cosa intende fare il Gilli. Fatto ［una parola illeggibile］ che oggi ho ricevuto l'occluso telegramma che le spedisco.

　Vuole il Gilli cedere semplicemente il posto al Gilardi ovvero intende di rinunciare a favore di qualsiasi altro? Per me ritengo che allo stato della cosa sia necessario far pronunciare il Gilli per il sì o per no, secondo le intenzioni della Legazione giapponese, salvo però che Ministro lo stabilisca nel modo di dargli un successione. In caso si volesse scegliere un artista senza ［una parola non chiara］ ad altro concorso, il Gilardi lo posso raccomandare perché ［una parola non chiara］ come artista e come insegnante esercitando egli tale qualità all'Accademia da alcuni anni.

　Per la Signoria Vostra Illustrissima vuole avere una pronta e definitiva risposta del Gilli allo ［una parola non chiara］ richiedente col mezzo di telegramma a Chieri. Io intanto non rispondo del di lui

telegramma riflettente il Gilardi. Tanto ch'io non conosco gli intendimenti del Ministero.
　　Se vorrà con un cenno di risposta, mettermi in grado di rispondere le io sarò riconoscentissimo.
　　Mi creda con tutta stima per la Signoria Vostra Illustrissima.

Devotissimo suo
M. Panissera

122. 1879年12月5日付、公共教育大臣フランチェスコ・デ・サンクティス発、外務省通商領事総局宛文書案文（控え）

［在］ローマ、外務省通商領事総局閣下宛
総公文書番号12672
配置番号35
発信番号13499
11月30日付通達への返信
第2局、第1課、第129号
件名：日本における絵画教師

ローマ発、1879年12月5日付

大至急
　日本の東京における絵画教師職への候補者は、カヴァリエーレ勲章受章者アルベルト・マゾ・ジッリ氏とカヴァリエーレ勲章受章者アキッレ・サンジョヴァンニ氏のたった2人になり、採用試験の2度の審査においてアルベルト・ジッリ氏が競争相手のサンジョヴァンニ氏よりも優れていると認められましたが、後者はここで要求されている任務が不能だとは表明されませんでした。従って、ジッリが放棄したので、日本政府がカヴァリエーレ勲章受章者サンジョヴァンニ氏を選びたいのであれば、本省は彼の任命に反論すべき理由はありません。

大臣
デ・サンクティス

原文：**Minuta della lettera di Francesco De Sanctis, Ministro della Pubblica Istruzione, a Benedetto Cairoli, Ministro degli Affari Esteri, 5 dicembre 1879.**

　A Sua Eccellenza il Ministero degli Affari Esteri Direzione Generale del Consolati e del Commercio Roma
　Protocollo Generale Numero 12672
　Numero di Posizione 35
　Numero di Partenza 13499
　Risposta a Nota del 30 novembre
　Divisione 2, Sezione 1, Numero 129
　Oggetto: Professore di Pittura nel Giappone

Roma, addì 5 dicembre 1879

　Urgentissima
　　Visto che i concorrenti al posto di Professore di Pittura in Tokio nel Giappone si ridussero a due soli, il signor Cavaliere Alberto Maso Gilli ed il signor Cavaliere Achille Sangiovanni, e che se nei due giudizi

del concorso il signor Alberto Gilli fu riconosciuto superiore al suo competitore signor Sangiovanni, non perciò questi fu dichiarato incapace dell'uffizio a cui aspirava; Questo Ministero, avendo il Gilli rinunziato non avrebbe ragioni da opporre alla nomina del signor Cavaliere Sangiovanni, quando al Governo Giapponese piacesse di eleggerlo.

Il Ministro
De Sanctis

123. 1879年12月14日付、アルベルト・マゾ・ジッリ発、公共教育省美術教育中央監督局局長ジュリオ・レザスコ宛文書

キエーリ発、1879年12月14日

コメンダトーレ勲章受章者レザスコ殿

　閣下にあっては、東京の採用試験のために送った素描及び資格証明書類が封入された書類ばさみを私に返送して下さるようにお願いいたします。

　その書類ばさみの中には、制作中の作品を完成させるために不可欠な材料がありますので、その送付を心からお願いします。

　温情を確信し、感謝を申し上げるのを光栄に思います。

ジッリ、アルベルト絵画教師

[文書上方に別の手で] 第13191号

原文：**Lettera di Alberto Maso Gilli a Giulio Rezasco, Provveditore capo della Provveditorato Centrale per l'Istruzione Artistica, 14 dicembre 1879.**

Chieri, 14 dicembre 1879

Commendatore Rezasco

　Prego la Signoria Vostra a voler rinviarmi la cartella contenente i disegni e titoli stata spedita pel concorso di Tokio.

　Mi raccomando caldamente della spedizione perché in essa cartella vi sono materiali dei quali ho molto bisogno per finire lavori che tengo in esecuzione.

　Persuaso della gentilezza pregio dirmi obbligatissimo.

Gilli Alberto Professore di Pittura

[in alto del testo di altra mano] N. 13191

124. 1879年12月15日付覚書

署名者はサンジョヴァンニ氏の文書を手渡した。

署名 [一語判読不可能] ヴィンチェンツォ・[パンテーティか]

サンジョヴァンニ氏の要求により彼の文書を引き出した。

ローマ、1879年12月15日
署名 [ピエトロレッティ・ピエトロ？]

史　　料（doc. 123〜125）

原文：**Nota del 15 dicembre 1879.**

　　　Il sottoscritto ho consegnato i documenti del Signor Sangiovanni
　　　　　　　　　　　　　(firma) In [una parola non comprensibile] Vincenzo [Panteti]

　　　Per ordine del Signor Sangiovanni ritiro i suoi documenti.
　　　　　　　　　　　　　　　　　　　　　　　　　　　　Roma 15 dicembre 1879
　　　　　　　　　　　　　　　　　　　　　　　　　　　　firmato [Pietroletti Pietro?]

125. 1879年12月23日付、公共教育省美術教育中央監督局局長ジュリオ・レザスコ（公共教育大臣フランチェスコ・デ・サンクティスの命により）発、キエーリ市長宛文書案文（控え）

キエーリ市長宛
総公文書番号13191
配置番号35
発信番号14431
件名：アルベルト・ジッリの文書

書留

　　　　　　　　　　　　　　　　　　　　　　　　　　ローマ発、1879年12月23日付

　私が貴殿へお送りする、アルベルト・マゾ・ジッリ教授氏によって本省へ提出された素描及び資格証明書類が封入された書類ばさみを彼に手渡して下さいますようお願いいたします。規定の受取通知を心より歓迎いたします。貴殿に感謝いたします。

　　　　　　　　　　　　　　　　　　　　　　　　　　　　　　大臣の命により
　　　　　　　　　　　　　　　　　　　　　　　　　　　　　　署名　G・レザスコ

[文書上方に別の手で] 東京

原文：**Minuta della lettera di Giulio Rezasco, Provveditore capo della Provveditorato Centrale per l'Istruzione Artistica, per conto di Francesco De Sanctis, Ministro della Pubblica Istruzione, al Sindaco di Chieri, 23 dicembre 1879.**

　　　Al Sindaco di Chieri
　　　Protocollo Generale Numero 13191
　　　Numero di Posizione 35
　　　Numero di Partenza 14431
　　　Oggetto: Documenti di Alberto Gilli

　　　Raccomandata
　　　　　　　　　　　　　　　　　　　　　　　　　　　　Roma, addì 23 dicembre 1879
　　　La prego di voler consegnare al Signor Professor Alberto Gilli la cartella che Le Invio, la quale contiene disegni e titoli da lui presentati a questo Ministero. Gradirò un cenno di regolare ricevuta, e vivamente. La ringrazio.

　　　　　　　　　　　　　　　　　　　　　　　　　　　　　　D'ordine di Il Ministro
　　　　　　　　　　　　　　　　　　　　　　　　　　　　　　firmato G. Rezasco

531

[in alto di altra mano] Tokio

126. 1879年12月26日付、アルベルト・マゾ・ジッリ発、公共教育大臣フランチェスコ・デ・サンクティス宛文書

キエーリ、1879年12月26日

　私、署名者は、東京での絵画教師採用試験のために公共教育省へ私によって送られた資格証明書類をいとも令名高きキエーリ市市長氏から受け取ったことを表明いたします。

ジッリ、アルベルト・マゾ

　　原文：Lettera di Alberto Maso Gilli, a Francesco De Sanctis, Ministro della Pubblica Istruzione, 26 dicembre 1879.

Chieri, 26 dicembre 1879

Io sottoscritto dichiaro d'aver ricevuto dall'Illustrissimo Signor Sindaco dalla Città di Chieri, i titoli stati da me spediti al Ministero dell'Istruzione Pubblica pel concorso di professore di pittura per Tokio.

Gilli Alberto Maso

127. 1879年12月27日付、キエーリ市長発、公共教育省美術教育中央監督局宛文書

［レターヘッド］トリーノ郡キエーリ市
　　　　　　総公文書番号14178
　　　　　　12月23日の公文書への返信
　　　　　　配置番号35、発信番号13191
　　　　　　件名：アルベルト・ジッリ教授殿への文書返却

［在］ローマ、公共教育省美術教育中央監督局宛

キエーリ発、1879年12月27日付

　署名者は、いとも高貴な文書の欄外に示されたように、アルベルト・ジッリ氏が素描や資格証明書類を封入した書類ばさみを受け取ったという表明を、ここに同封して、閣下に転送しなければならないと考えます。

市長に代わって
評議員
メンス、ジュゼッペ

［到着印］公共教育省　1879年12月30日、美術、第65825号
［文書上方に手書きで］35　記録

　　原文：Lettera del Sindaco della città di Chieri, al Ministero della Pubblica Istruzione, Provveditorato per L'Istruzione Artistica, 27 dicembre 1879.

　　　［Intestazione］Città di Chieri Circondario di Torino
　　　　　　　Numero 14178 di protocollo

Risposta al dispaccio de 23 concorrente
Numero di Posizione 35, Numero di Partenza 13191
Oggetto: Documenti rimessi al Signor Professor Alberto Gilli

Al Ministero dell'Istruzione Pubblica Provveditorato per L'Istruzione Artistica Roma

Chieri, addì 27 dicembre 1879

Il sottoscritto si reca a dovere di qui compiegata trasmettere a Vostra Eccellenza la dichiarazione del Signor Alberto Gilli di aver ricevuto la cartella contenente disegni e titoli diversi, di cui nel pregiatissimo dispaccio a margine indicato;
Si dichiara con profondo rispetto.

Per Il Sindaco
L'assessore
Mens Giuseppe

［Timbro dell'arrivo］Ministero di Pubblica Istruzione, 30 dicembre 1879, N. 65825
［in alto di altra mano］35 atti

128. 1880年5月20日付、海軍大臣フェルディナンド・アクトン発、公共教育省宛文書

［レターヘッド］海軍省
　　　　　　　総書記局
　　　　　　　第1局
　　　　　　　第2課
　　　　　　　総公文書番号5202
　　　　　　　件名：日本におけるイタリア人教師についての「ヴェットール・ピサーニ」司令
　　　　　　　　　　部の情報

［在］ローマ、公共教育省宛

ローマ発、1880年5月20日付

　閣下にあっては、イタリア王国コルヴェット軍艦「ヴェットール・ピサーニ」号司令部から届いた報告書の一部にあります、日本在住で、彼の政府から給与を支払われているイタリア人美術教師について、お知らせすべく連絡をとるのは有効だと思います。
　よく知られているように、どういうわけで日本がたいへん早くヨーロッパ文明のレベルに身をおけるようになったかというと、数年来他国よりも優れていると考えられる学問においてさまざまな国の教師に教育と指導を任せた専門的な学校を設立したからです。すなわち、新しい病院や外科医の学校の指導をドイツ人教師に任せました。既に何年も前から、フランス軍の使節団に軍隊の制度と教育を委任しています。機械工学や工業に関してはイギリスへ、そして最後に美術学校をイタリアへ委ねました。教師たち（十分に多く報酬が支払われている）全員が、在イタリア日本公使館によって選抜されたのかどうか私は知りませんが、噂が広められてもいますが、部分的には我々の政府の提案に拠ったと聞きました。私が感じたことは、少なくとも部分的には、彼らはイタリアが提供することができるはずのことよりも、そして日本が彼らに要求している権利よりも、大変劣っていることに、概して私は憤慨しております。

彼らの間には全く調和がなく、社会的に生きるすべが絶対的に欠けており（誰がもっとも悪いのかを述べるのではありませんが）、日本政府は、多くの人［御雇い外国人］には満了に際し契約の更新を望んでおらず、愛想を尽かすのも遅くはありません。日本政府は、実際に感じているこうした全てのことにもかかわらず、我々の同国人に対し、常に最良の配慮を示してきました。

何人かの日本人大臣から言われて私の知る限りでは、我々の興味、権利、倫理に取るに足らないことですが、ここに招聘されたイタリア人教師たちは彼らの立場に比肩しうる者でした。我々の同国人の同意によっては、美術学校は今や10倍にふくれあがっていた可能性もあります。

それゆえ、日本が外国人なしで済ませるようになる前に、我々に委ねられた上述の唯一の学校が外国人の手に渡るのが明らかになったとしても、嘆いてはなりません。けれども、イタリアにおいて、美術に打ち込んでいる途方もない数の人々をもってして、能力のある、そしてとりわけ世の中をよく知っていることが授けられ、仕えている国を尊重し、生徒たちや政府から愛され、敬意を払われることを知っている幾人もの教師を見つけることは難しくなかったはずでしたし、［今後も］難しくはないでしょう。

その者たちはさておき、非常に高い給料（金貨で150,000リラ）[*1]で、世界の中で最も色彩豊かな国で数年過ごすことは、本当の美点に欠くことのない、古代文明と芸術を学ぶ大いなる興味を見いだすことでしょう。

大臣
F・アクトン

［到着印］公共教育省、1880年5月21日、第23235号
［手書きで］第36097号／1880年5月22日
［上方に別の手で］35

*1　金額は誤りだろう。doc. 166参照。

原文：**Lettera di Ferdinando Acton, Ministro della Marina, al Ministero dell'Istruzione Pubblica, 20 maggio 1880.**

　　　　　［Intestazione］Ministero del Marina Segretario Generale
　　　　　　　　　Divisione 1ª
　　　　　　　　　Sezione 2ª
　　　　　　　　　Numero Protocollo Speciale 5202
　　　　　　　　　Oggetto:　Notizie del Comando della "Vettor Pisani" circa i Professori Italiani al Giappone

　　　　Ministero dell'Istruzione Pubblica Roma
Roma, addì 20 maggio 1880
　　　　Credo utile comunicare a Sua Eccellenza per sua conoscenza alcuni brani di una relazione pervenutami dal Comando della Regia Corvetta "Vettor Pisani", intorno ai Professori italiani di belle arti, residenti al Giappone e stipendiati da quel Governo.
　　　　"Come è ben noto il Giappone onde mettersi al più presto al livello della civiltà Europea, istituì da qualche anno scuola speciale di cui affidò l'insegnamento e la direzione a professori delle diverse nazioni

che in una data scienza ritengasi avere una supremazia delle altre. Così affidò la Direzione dei nuovi Spedali e le scuole di medicina a chirurgia a professori tedeschi; già da molti anni incaricò una missione militare francese delle organizzazione[sic] ed istruzione dell'esercito; quanto riguarda la meccanica e l'industria all'Inghilterra, ed infine accordò all'Italia le scuole di belle arti. Ignoro se i professori (molti generosamente retribuiti) siano stati tutti scelti dalla Legazione Giapponese in Italia e, come sentii[sic] anche vociferare, suggeriti in parte del nostro Governo, in quello che sentii[sic] generalmente lamentarsi è che essi sono, almeno in parte, molto al disotto di quanto l'Italia poteva fornire e di quanto il Giappone era in diritto di esigere da loro.

La nessuna armonia fra di loro, l'assoluta mancanza del saper vivere sociale (per non dire di qualcuno molto peggio) non tardarono a disgustare il Governo giapponese che a parecchi non volle rinnovare il contratto alla sua scadenza. Tutto ciò malgrado che il governo giapponese sentisse realmente e avesse sempre dimostrato le migliori disposizioni verso i nostri connazionali.

Constami essere stato detto da qualche Ministro Giapponese che se i professori italiani qui invitati fossero stati all'altezza della loro posizione, le scuole di belle arti da accordarsi a nostri connazionali sarebbero a quest'ora decuplicate, con non lieve nostro interesse diritto e morale. Non dovremo quindi lamentarci se per evidente, prima che il Giappone sia in grado di fare a meno dei forestieri, vedremo passare a mani straniere dette Scuole le sole che ci furono affidate. Eppure colla straordinaria quantità di persone che in Italia si dedicano alle arti belle non era e non sarebbe difficile trovare un qualsiasi numero di professori capaci, e specialmente forniti di buone conoscenze di mondo, che sapessero, rispettando che il paese che servono, farsi amare e stimare e dagli Allievi e del Governo. Costoro a parte un fortissimo stipendio (da 150 mila lire in oro) ed il passare alcuni anni nel più pittoresco paese del mondo, troverebbero sempre in grande interesse a studiarne l'antica civiltà e l'arte che per non manca di reali pregi".

Il Ministro
F. Acton

[Timbro dell'arrivo] Ministero di Pubblica Istruzione, 21 mabbio 1880, N. 23235
[a mano] N. 36097/ 22.5.80
[in alto di altra mano] 35

129. 1880年5月22日付、公共教育省美術教育中央監督局局長ジュリオ・レザスコ（公共教育大臣フランチェスコ・デ・サンクティスに代わって）発、外務大臣ベネデット・カイローリ宛書簡案文（控え）

［在］ローマ、外務大臣宛
総公文書番号6057
配置番号35
発出番号6741
件名：美術学校

ローマ発、1880年5月22日付

閣下へ、イタリア王国コルヴェット軍艦"ヴェットール・ピサーニ"号艦長の報告書の数節からなる東京美術学校のイタリア人教師に関する海軍大臣の文書の写しを転送します。
その報告書によれば、彼に示唆した別の重要人物の最大限の危機感もあって、日本政府は特に非常識な行動により満了を迎えたイタリア人教師の契約更新を承認するのを拒んだことを明らか

にしています。それゆえに、その学校が他の国の芸術家たちの手に委ねられるかもしれないことを危惧すべきとのことです。閣下にあってはよくご存じのように、東京のイタリア人教師は3人です。建築に1人、彫刻に1人、絵画に1人です。

　絵画教師は少し前に東京に着いたばかりですので、非難も称賛も契約満了も認められません。

　それゆえ、批判は建築と彫刻の2人の教師だけに関するものに違いありません。

　これら2人の教師は私の省で選ばれました。しかし本省は能力以外で保証することはできませんでした。これについて、これらの美術家は、有効な方法で美術の教育を実施するために必要な要素は欠けていませんでしたし、また欠けているはずもないことは、確実でありうるとの情報を得ていました。

　能力以外に公共教育省は、品行方正さを問うことなく、任命することはできませんでした。これについても、疑う理由はありません。

　とりわけ外国において、平穏で称賛に値する共同生活にとって必要なことは、社会的な天分とバランス感覚です。そしてこの要素に関し、これらの教師が彼らの義務に対して欠けている以上、だがしかし、彼らに対してイタリア政府によってなされるべきだった事前研究から漏れたことであると認めるならば、本省は悔やむ以外に力を有しません。

　しかしそれにもかかわらず、どんな能力であれ、これら2人の教師が社会生活を営む上での行動について悪い証拠をなしたのであれば、そこからはイタリア人にその教育を存続させるどころか、終わらせられるように思われます。

　しかし、イタリア政府は再び要求されるかもしれない、新たな教師の選考において可能な限りの熱意をもっておこなうことを約束しつつ、閣下がイタリア人美術家のためのあの学校を守るべく必要な任務を遂行できるように、閣下に本件の状況を詳しく知らせるのは国家の利益に適うと私は思いました。

大臣に代わって
署名　G・レザスコ

原文：**Minuta della lettera di Giulio Rezasco, Provveditore capo della Provveditorato Centrale per l'Istruzione Artistica, per conto di Francesco De Sanctis, Ministro della Pubblica Istruzione, a Benedetto Cairoli, Ministro degli Affari Esteri Roma, 22 maggio 1880.**

Alla Sua Eccellenza il Ministro degli Affari Esteri Roma
Protocollo Generale Numero 6057
Numero di Posizione 35
Numero di Partenza 6741
Oggetto: Scuola di Belle Arti

Roma, addì 22 maggio 1880

　Trasmetto copia a Vostra Eccellenza di una lettera del Ministro della Marina, contenente alcuni brani di una Relazione del Comandante del Regia Corvetta Vettor Pisani, concernenti i Professori italiani di Belle Arti nella scuola di Tokio.

　Secondo quella Relazione, che acquista anche maggior gravità del nome dell'altro personaggio che la dettò si rileva che il Governo Giapponese rifiutò di confermare il contratto ai Professori italiani, pei quali era scaduto, specialmente pel loro contegno irregolare. Onde è da sospettare che quella Scuola possa passare ad artisti di altre nazioni.

　　Com'è ben noto a Vostra Eccellenza i Professori Italiani in Tokio sono tre; uno di Architettura, uno di Scultura ed uno di Pittura.

　　Quello di Pittura giunse in Tokio da poco tempo, e non può aver dato ragione né di biasimo, né di lode, né il suo contratto è scaduto.

　　Quindi le censure debbono riguardare soltanto i due Professori di Architettura e di Scultura.

　　Questi due Professori furono scelti dal mio Ministero. Ma esso non poteva garantire se non per la capacità; e di questa ebbe tali informazioni da potere essere sicuro che quelli artisti non mancavano, e non debbono mancare, delle parti necessarie per condurre l'insegnamento in modo utile all'arte.

　　Oltre alla capacità, il Ministero di Pubblica Istruzione non poteva creare se non la moralità; e di questa pure non aveva ragione di dubitare.

　　Restano quelle doti sociali e quel senso di convenienza che è necessario per una quieta e lodevole convivenza, specialmente in paese straniero. E se per questa parte quei Professori mancarono al loro dovere, questo Ministero non può se non dolersene, avvertendo per altro che è cosa, la quale sfugge alle ricerche preventive che si potevano fare dal Governo italiano sopra di essi.

　　Ma con tutto ciò se quei due Professori, quantunque capaci, fecero male prova pel loro contegno sociale, non sembra che da questo possa conchiudersi contrariamente al mantenere quell'insegnamento agli Italiani.

　　E però io ho creduto pel bene del paese di ragguagliare dello stato delle cose Vostra Eccellenza, affinché Ella possa fare gli uffici necessari per la conservazione di quella Scuola agli artisti Italiani, promettendo che il Governo Italiano adopererebbe tutto lo zelo possibile nella scelta dei nuovi Professori di cui fosse richiesti.

Pel Ministro
firmato G. Rezasco

130. 1880年5月22日付、公共教育省美術教育中央監督局局長ジュリオ・レザスコ（公共教育大臣フランチェスコ・デ・サンクティスに代わって）発、海軍大臣フェルディナンド・アクトン宛書簡案文（控え）

海軍大臣閣下宛
総公文書番号6057
配置番号35
発出番号6742
件名：日本におけるイタリア人教師

ローマ発、1880年5月22日付

　彼らがその報告書に見られる批判にふさわしいことを深く残念に思いますが、日本の東京美術学校のイタリア人教師に関する報告書につき、閣下へお礼申し上げます。

　それらの教師は2名以外ではありません。3人目は少し前に東京に到着し、称賛も批判も得るほどの時を経ていません。

　本省が彼らの選抜に関わりを持ったのは、全くもって真実です。

　しかし、その主な実務は、彼らの能力について審査することでした。その結果、同局は疑う余地が全くありません。

　彼らの品行方正さについても、やはり信用できたはずでした。これに反することは全くありま

せんでした。適切で、称賛に値する共同生活、とりわけ外国において常に必要な社会的な性質に関しては、本省の考察や判断において全て漏れていたことです。しかしながら、もしそれら2人の教師が社会生活を営む上での行動が適切であれば、彼らの契約が保証されることになり、そうすれば、道理上、上述の学校が他国の手に渡ってしまうことはあり得ないでしょう。

　この最後の部分のために、公共教育省は、日本帝国政府が強く求める新たな2人の教師の選考に対して、最大限の熱意をもっておこなうことを確約しつつ、この必要な任務に向けて外務省へ文書を記します。

大臣に代わって
署名　G・レザスコ

原文：**Minuta della lettera di Giulio Rezasco, Provveditore capo della Provveditorato Centrale per l'Istruzione Artistica, per conto di Francesco De Sanctis, Ministro della Pubblica Istruzione, a Ferdinando Acton, Ministro della Marina, 22 maggio 1880.**

Alla Sua Eccellenza il Ministero della Marina
Protocollo Generale Numero 6057
Numero di Posizione 35
Numero di Partenza 6742
Oggetto: Professori Italiani al Giappone

Roma, addì 22 maggio 1880

　Ringrazio Vostra Eccellenza della Relazione intorno ai professori italiani della Scuola di Belle Arti di Tokio nel Giappone; benché io mi dolga profondamente che essi si siano meritati le censure che in quel Rapporto si trovano.

　Quei Professori non possono esser che due; poiché il terzo giunse da poco in Tokio e non ebbe tempo da meritare né lode né biasimo.

　Questo Ministero, è verissimo, ebbe parte, nella scelta di essi.

　Ma il suo ufficio principale era d'investigare intorno alla loro capacità; e per questo esso non ha alcuna ragione di dubitare.

　Doveva ancora essere sicuro intorno alla loro moralità; e contro a questa non esisteva alcun fatto.

　Quanto alle qualità sociali, sempre necessarie per una giusta e lodevole convivenza, specialmente in paese straniero, è cosa che sfuggiva al tutto alle considerazioni ed in giudizi di questo Ministero.

　Per altro se quei due Professore meritarono per la loro condotta sociale, che non fosse loro confermato il contratto, da ciò non potrebbe ragionevolmente conchiudersi che la suddetta scuola dovesse passare ad altra nazione.

　E per quest'ultima parte, io scrivo per gli uffici necessari al Ministero degli Affari esteri, assicurandolo che il Ministero di Pubblica Istruzione adoprerebbe il maggiore zelo per la scelta dei nuovi due Professori che gli fossero richiesti dall'Imperiale Governo Giapponese.

Pel Ministro
firmato G. Rezasco

131. 1880年7月21日付、ミラーノ県知事A・ボジオ発、公共教育大臣フランチェスコ・デ・サンクティス宛文書

［レターヘッド］ミラーノ県知事
　　　第5局、M課、第14678号

史　　料（doc. 131〜132）

件名：画家ガッリ[ママ]・ジッリの絵画

公共教育大臣閣下宛
美術教育［中央］監督局、ローマ

ミラーノ、1880年7月21日

　尊敬に値する県代表委員会は、画家ガッリ[ママ]の絵画のローマへの送付のために生じた費用を早く返済するよう要求しています。
　1879年12月21日付第20321[*1]の私の前便を引用しつつ、閣下にあっては、かかる懸案事項の解決をできるだけ急がれますようお願いいたします。

県知事
A・ボジオ

［到着印］公共教育省、1880年7月21日、第34951号
［手書きで］第8675号
［上方に別の手で］35

*1　正しい日付は10月24日である。doc. 105参照。

原文：Lettera di A Bosio, Prefetto della Prefettura della Provincia di Milano, a Francesco De Sanctis, Ministro della Pubblica Istruzione, 21 luglio 1880.

　　［Intestazione］Prefettura della Provincia di Milano
　　　　　　　　　Divisione 5, Sezione M, Numero 14678
　　　　　　　　　Oggetto: Quadro del pittore Galli Gilli

A Signoria Vostra il Ministro della Pubblica Istruzione Provveditorato Artistico Roma

Milano, 21 luglio 1880

　L'Onorevole Deputazione Provinciale mi sollecita il rimborso delle spese incontrate, per la spedizione a Roma del Quadro del Pittore Galli［sic］.
　　Richiamando la precedente mia del 21 dicembre 1879 n. 20321 prego l'Eccellenza Vostra di voler possibilmente affrettare la definizione di tale pendenza.

Il Prefetto
A. Bosio

　　［Timbro dell'arrivo］Ministero di Pubblica Istruzione, 27 luglio 1880, art, N. 34951
　　［a mano］N. 8675
　　［in alto del testo di altra mano］35

132. 1880年7月22日付、在日本イタリア王国特命全権公使ラッファエーレ・バルボラーニ発、首相兼外務大臣ベネデット・カイローリ宛の報告書の、公共教育省による写し[*1]
54重複
［手書きによるレターヘッド］在日本、王国日本公使館

539

商業（通信）第33号

保秘

首相兼［在］ローマ、外務大臣カヴァリエーレ勲章受章者ベネデット・カイローリ閣下宛

箱根発、1880年7月22日

大臣殿

　光栄にも去る5月29日付で閣下が私に宛てられた王立コルヴェット軍艦"ヴェットール・ピサーニ"号艦長トンマーゾ皇子王室殿下の報告書の抜粋に関連する保秘の公文書商業通信第32号[*2]へ遅滞なく返信するにあたり、閣下はイタリア人教師に委ねられている東京美術学校について、私の特別な注意を要請されました。

　まず最初に閣下にお知らせしなければならないのは、数人の教師によって犯されたことは、慎重さを欠くということではなく、ずいぶんと気が利かないということであり、そのことが本当に最初からトンマーゾ殿下に意地悪く印象づけたのでした。殿下は、絵画と彫刻の学生の制作物が収容された部屋を訪問するのをあまり望んでおらず、学校への短い訪問は、ほとんど鳥の飛翔というべきものでした。私が残念に思った最初のことは、この純然たる礼儀の欠如は少しも私を驚かせなかったということです。よくわかりませんが、我々南の国の気質によるものかもしれません。というのも、綿密な教育と良く生きるための長い間の習慣は、それぞれのしきたりに従って適切な尺度を見いだすように修正されない場合には、下劣さと傲慢さの間を揺れ動くものだからです。殿下は同じ場所にある工科学校も訪問しました。そこでは、決して自分から話を始めず、あらん限りの慎重さをもって殿下の質問に返答するよう自制している、生真面目なイギリス人の同校の校長[*3]が訪問中付き従っていました。階段の下で、殿下を独占した2人のイタリア人案内人と向かい合うやいなや、これらの対比が殿下の心に浮かんだに違いありませんでした。閣下の想像にお任せしますが、彼らは隅々まで殿下に付き従い、我々の美術館の傑作を示すときと同様な大げさな言葉遣いで、日本人学生による質素な制作物を殿下に説明しておりました。私がこのような微細なことに及んでしまったことは、閣下にご寛恕願います。しかし、これらによって、私は、私たち固有の、そして彼らが持っているこれらの欠点が、私たちの教師を、こんなにも悪く殿下に印象づけたことを示したかったのでした。世界で最も形式尊重主義者である民族である日本人のもとでは、彼らは確かに彼ら自身を傷つけるに違いありません。

　それゆえ、私の報告書において、彼は、[*4]

　日本政府からもたらされた任務のために、新たな絵画教師の派遣の要請において、私は、王国の公共教育省が、職務において不可欠な能力に個人的に必要な天分と、外国で生き方を知る上で称賛に値する、主として授けられた天賦の才をともに持っている人物を捜すように熱心に要求しておりました。我々がその人物自身においてこれら全ての美点を併せ持つ人物を見いだし、さらにその人物がそうであると認めるのはたやすくないことはよく理解しています。しかしながら、直近の選抜はたいへん幸運であったことを閣下に確約することができて私は嬉しく思います。カ

史　　料（doc. 132）

ヴァリエーレ勲章受章者サンジョヴァンニは、皆の魂を勝ち取ることに成功し、日本人は彼をたいへん称賛しています。

　残念ながら、トンマーゾ殿下が嘆かれた私たちの教師間の対立は真実ですが、今や完全に消失しました。しかしこれについての原因の大部分は日本政府自体にありますので、簡潔に原因を述べます。

　絵画、彫刻、建築の3部門の教育を持つ美術学校が東京に設置されたとき、尊敬すべき前任者を通じて［イタリア］王国政府へ3人のイタリア人教師、つまり画家1人、彫刻家1人、建築家1人の派遣が要請されました。しかしながら、彼らがここに到着するやいなや、物事は変更されていました。時の経つ間に、建築教育は美術学校から取り上げられ、工科学校もしくはここでは技師学校とよばれている学校*5に移譲されたかのようで、かかる教育は既にイギリス人の建築家に委ねられてしまっていました。従って、イタリア人建築家のカッペッレッティ氏が到着すると特定の仕事はないという状態になっていました。しかし彼は3年間拘束されており、日本政府はその契約を活用するのは適切だと考え、彼のために同じ美術学校の中に予備教育を創設し、そこで彼は線画、幾何学初歩、装飾などを教育する任務を得ました。これらの科目において十分に習熟できた学生は、彼らにそれぞれの適正や素質に従って、彫刻教育や絵画教育へ進みました。きちんと定義され構想された境界をもたないこの新たな教育は、イタリア人教師たちの間に対抗心、不一致、軋轢を生じさせました。美術学校の校長*6は、彼にとって全く関係のない美術の現実における意見の違いを解決できるような適任者ではないために、日本政府が調停することも止めさせることもできない軋轢でした。実際、この美術学校の運営は、機械工学を勉強すべくイギリスに数年間滞在した一人の日本人に委ねられています。知る必要があるのですが、私の意見としては、主たる不運は、美術学校が公共教育省ではなく、工部省に従属していることにあると思います。

　私は日本人の大臣たちに、これは全くもって異常なことであり、美術学校において嘆いている不幸は、混乱と無秩序を引き起こしている実質的な運営の欠如に起因していることだと理解させるよう努めました。美術学校を工部省から分離することが可能ではないのであれば、少なくとも運営もしくは事務当局を教師の一人に委ねて仕事をさせるようにと言いました。しかし、革命や開国直後においては、日本人は導かれるままに、外国公使館の助言に耳を傾けていましたが、いまや同様に、彼らは彼らの目的に頑固で敏感で強情になりました。彼らは、保護は十分に続き、いまや日本は自力でできると信じています。

　従って、私が前に論じた不都合に着手するために、すばやく別の方策へ転じなければならなかったのですが、幸い、成功しました。カッペッレッティ氏の契約が期待されていたので、私は日本政府へ、彼を予備教育から外し、建築家として政府の任務に廻すように提案しました。この提案は受け入れられて、カッペッレッティ氏だけでなく美術学校へも効果的に作用しました。そしてそれ以降、絵画と彫刻の2つの教育は、より落ち着いた規則正しい経過を示しています。

　学校を訪問したイタリア人や他の国の判断資格のある人々は皆、そこでの教育が熱意と知性を持って授けられ、生徒たちによってなされた進歩はたいへん意義深いときっと認めているに違いありません。これについては、日本人にも好都合であり、私は閣下に、彼らがイタリア人教師をイギリス人やフランス人に取り替えることを全く考えていないと確約することができます。なお

541

また、その証拠として、最近、サンジョヴァンニ教授は3年間の契約を締結しました。
　それゆえ、この観点からすれば、イタリアの機関としての東京美術学校について、心配することは何もありません。もし、それを脅かす危険があるとすれば、この危険は、ここに設置され、そのほとんどが既に消滅している多くの外国の全ての機関に差し迫っているものです。その報告書において3年間の後における、半年ごとの契約更新に関して、トンマーゾ殿下が述べておられることは、イタリア人だけに対する個別の措置ではなく、3年間の契約が満了した全ての外国人に対して適用された一般的な方策です。何年も前からここにいて、学校の設立者でもある工科学校の校長自身*7は、日本政府と半年ごとの契約さえもありません。
　一方では、こんなにも早く日本人を襲ってしまった苛立ちによって、それは先に指摘したように、彼ら自身で十分であると信じているということですが、他方では、恐らくさらに大きいことですが、彼らの財政が進んだたいへん悲しむべき状態によって、日本政府は2年この方、任務に就いていた外国人職員を大勢送り返しました。
　海軍兵学校には、もはや1人のイギリス人教師もいません。海軍の造船所にはもはや同国の現場監督も作業員もおりません。今年の年頭には、閣下がご存知のように、日本で陸軍を組織し、その種類において真の模範であり、いまや日本人の手に落ちて恐らく滅びる運命にありましょうが、陸軍学校を開設したフランス軍使節団は帰国させられてしまいました。
　万が一、いつの日か、同様の避けられない運命に、帝国美術学校が見舞われたら、私たちは確かに、いや、私たち以上に日本人たちがもっと後になって、そのことを嘆き悲しみ、考え方を改めるでしょう。
　閣下にあっては、私のより深い敬意の言明を受理されますよう。

署名　バルボラーニ

*1　doc. 135「注意事項」に「本省での使用のため複写する必要がある」と記されている。
*2　この文書は保管されていない。
*3　都研のヘンリー・ダイアーを指している。
*4　この後に続く文章はなく、改行されている。
*5　工学寮、当時の工部大学校を指す。
*6　大鳥圭介を指す。大鳥は工部大学校の校長であり、工部美術学校の校長も兼任した。
*7　ヘンリー・ダイアーを指している。

原文：**Copia del Ministero della Pubblica Istruzione, della relazione di Raffaele Barbolani Ministro Plenipotenziario della Legazione d'Italia in Giappone, a Benedetto Cairoli, Minisro degli Affari Esteri, 22 luglio 1880.**

<u>54 bis</u>
［Intestazione di mano］Regia Legazione d'Italia nel Giappone
　　　　　　　　　　　Commerciale N. 33

Riservato

A Sua Eccellenza Il Cavaliere Benedetto Cairoli Presidente del Consiglio Ministro Signor di Stato per gli Affari Esteri, Roma

史　　料（doc. 132）

Hakone 22 luglio 1880

Signor Ministro,

　　　Rispondo senza indugio al <u>riservato</u> Dispaccio Commerciale di n. 32 che Vostra Eccellenza mi faceva l'onore di indirizzarmi in data del 29 del scorso Maggio e col quale riferendosi allo estratto di un rapporto di Sua Altezza Reale il Principe Tommaso, Comandante la Regia Corvetta Vittor[sic] Pisani, l'Eccellenza Vostra richiama la mia particolare attenzione sulla Scuola di Belle Arti in Tokio affidata a professori italiani.

　　　Debbo innanzi tutto far notare a Vostra Eccellenza che parecchie mancanze di tatto, non di riguardo, commesse da qualche professore, impressionarono sinistramente il Principe Tommaso sin dal bel principio, sicché egli nella breve visita che fece alla scuola percorse di assai mala voglia e quasi a <u>vol di uccello</u> le sale contenenti le produzioni degli allievi di pittura e scultura. Queste mancanze di pura forma, che io fui il primo a deplorare, non mi stupirono punto, essi procedono dalla nostra indole meridionale che non sa, quando una accurata educazione e[sic] un lungo uso di buon vivere non l'abbia corretta, trovar nei suoi modi la giusta misura e ondeggia quindi fra la bassezza e l'alterigia. Sua Altezza Reale aveva pure visitato lo Istituto Politecnico, che è nello stesso locale ed era stato accompagnato nella sua visita dal Direttore del medesimo che è un inglese tutto di un pezzo, che non facevasi mai innanzi e che con tutto riserbo limitavasi a rispondere alle domande del Principe. Quale contrasto dovette sorgere nell'animo del Principe allorché ci trovassi in presenza dei due ciceroni italiani che lo accapararono a piè della scala, scortandolo poi dappertutto ed additandogli i modesti prodotti degli allievi giapponesi con la stessa enfasi con cui si mostrano i capolavori de' nostri musei lascio all'Eccellenza Vostra lo imaginarlo.

　　　Chiedo scusa a Vostra Eccellenza essere entrato in questi particolari, ma ho voluto con essi dimostrare che questi difetti a noi inerenti e che hanno sì malamente impressionato Sua Altezza Reale contro i nostri professori, debbono certo pur nuocere a costoro presso i giapponesi che sono il popolo più formalista del mondo. Egli è perciò che col mio rapporto di.[sic]

nel chiedere, per incarico avutone dal Governo Giapponese lo invio di un nuovo professore di pittura io raccomandavo caldamente perché il Regio Ministero della Pubblica Istruzione cercasse un individuo che alla indispensabile capacità nel mestiere accoppiasse le altre doti personali necessarie e che fosse principalmente fornito del dono, pregevolissimo all'estero del <u>savoire vivre</u>. Comprendo benissimo che non sia facile trovar da noi un soggetto che aduni in se tutti questi pregi e che per soprassella consenta ad essa trovarsi. Nondimeno sono lieto di poter assicurare Vostra Eccellenza che la scelta ultima è stata felicissima il Cavaliere Sangiovanni è riuscito ad accattivarsi l'animo di tutti e i Giapponesi lo apprezzano moltissimo.

　　　Le scissure lamentate dal Principe Tommaso fra i nostri professori furono vere purtroppo, ma sono ora totalmente scomparse. Di questo però fra in gran parte cagione il Governo Giapponese stesso e ne dirò brevemente il perché.

　　　Quando fu instituita a Tokyo l'Accademia di Belle Arti coi tre rami d'insegnamento di pittura, scultura ed architettura venne richiesto, per mezzo del mio onorevole predecessore, al Governo del Re lo invio di tre professori italiani, un pittore cioè, uno scultore ed un architetto. Se non che allorché essi qui giunsero trovaron mutate le cose; nello intervallo ero stato deciso che lo insegnamento dell'architettura fosse sottratto all'Accademia delle Belle Arti e devoluto al Collegio Politecnico o degli Ingegneri come qui lo nomano, e tale insegnamento era già stato affidato ad un Architetto inglese. L'architetto italiano Signor Cappelletti trovossi quindi in arrivando senza una occupazione determinata. Ma siccome egli era stato impegnato per tre anni il Governo Giapponese stimo opportuno di usufruire l'opera creando per lui una scuola <u>preparatoria</u> nella stessa Accademia di Belle Arti nella quale egli ebbe il compito d'insegnare il disegno lineare, gli elementi di geometria, di ornamento ecc. ecc. Divenuti gli allievi abbastanza provetti in queste materie passavano secondo le loro diverse attitudini e inclinazioni alle scuole di scoltura e di pittura. Questa nuova instituzione non avendo confini ben definiti e tracciati fu sorgente di rivalità, di dissapori e di attriti tra i tre professori italiani, attriti che il Governo Giapponese non seppe mai né comporre né far cessare perché il Direttore dell'Accademia non è uomo competente a decidere

543

controversie in fatto di arti belle cui egli è totalmente estraneo. Le Direzione infatti di quest'Accademia è commessa ad un Giapponese che è stato qualche anno in Inghilterra a studiarvi la Meccanica; dappoichè fa d'uopo sapere, ed è questo a mio avviso il principale malanno, che L'Accademia di Belle Arti dipende non da Ministero di Pubblica Istruzione ma da quello dei Lavori Pubblici.

Io mi sono studiato di far comprendere ai Ministri Giapponesi che questa era una vera anomalia, che i mali che si lamentavano nell'Accademia derivarono da una mancanza di direzione effettiva il che ingenerava confusione ed anarchia. Dissi che se non era possibile disgregare l'Accademia dal Ministero dei Lavori Pubblici facea mestieri almeno darne la direzione o le presidenza ad uno dei professori. Ma non riuscii a persuadere per quanto i Giapponesi nei primordi della loro rivoluzione e dell'apertura del paese lasciavansi guidare e davano ascolto ai suggerimenti delle Legazioni Esteri, altrettanto sono divenuti ora tenaci ai loro propositi, suscettivi e ricalcitranti. Credono che la tutela abbia durato abbastanza e che ormai il Giappone possa far da sè.

Per avviare quindi agli incovenienti[sic] di cui ho dianzi ragionato dovetti riscorrere ad altro espediente che per fortuna mi riuscii. Essendo sperato il contratto del Signor Cappelletti proposi al Governo Giapponese di toglierlo dalla Scuola preparatoria e farlo passare come Architetto al sevizio del Governo. Questa proposta fu accettata e messa ad effetto con vantaggio tanto del Sig. Cappelletti come dell'Accademia e d'allora in poi le due scuole di pittura e scoltura hanno segnato un andamento più calmo e regolare.

Tutti gli uomini competenti di italiani che di altre nazioni, che hanno visitato le scuole hanno dovuto riconoscere che lo insegnamento vi è impartito con zelo ed intelligenza e i progressi fatti dagli allievi sono significatissimi. Di questo convengono anche i Giapponesi ed io posso assicurare Vostra Eccellenza che essi non pensano punto a sostituire i professori italiani con professori inglesi o francesi. Ne è prova del resto il recente contratto triennale stipulato col professore Sangiovanni.

Da questo lato quindi l'Accademia di Belle Arti in Tokio, come institutione italiana non ha nulla a temere. Se vi ha un pericolo che lo minaccia, questo pericolo sovrasta a tutte le istituzioni estere qui impiantate parecchie delle quasi sono già sparite. Ciò che dice il Principe Tommaso nel suo rapporto circa il rinnovamento semestrale di contratti invece del triennale non è un provvedimento parziale per gli Italiani soltanto, ma una misura generale adattata per tutti coloro il cui contratto triennale è scaduto. Lo stesso Direttore del Collegio Politecnico che è qui da molti anni ed ha fondato quell'Istituto non ha più col Governo Giapponese che un contratto semestrale.

Parte per la smania da cui si precocemente sono stati invasi i Giapponesi e a cui ho dianzi accennato di credere già di bastare a sè stessi, parte e forse ancor più per le deplorevolissime condizioni in cui sono andate le loro finanze il Governo Giapponese da due anni in qua rimanda in frotte gl'impiegati esteri che erano al suo servizio.

Nell'Accademia Navale non ci è più un professore inglese; nello Arsenale di Marina non più un capomastro o un operaio della stessa nazione. Col primo di quest'anno è stato congedato la missione militare francese, la quale, come sa Vostra Eccellenza ha qui organato l'esercito e impiantato l'Accademia Militare che è un vero modello nel suo genere e che caduta ormai nelle mani di giapponesi è forse destinata a perire.

Se allo stesso fato dovesse un giorno pur soggiacere l'Accademia Imperiale di Belle Arti noi ce ne dovemmo certamente, ma più di noi dovrebbero più tardi dolersene e pentirsene i giapponesi.

Prego Vostra Eccellenza di accogliere le riproteste del mio più profondo ossequio.

firmato Barbolani

133. 1880年7月31日付、公共教育省美術教育中央監督局局長ジュリオ・レザスコ（公共教育大臣フランチェスコ・デ・サンクティスに代わって）発、ミラーノ県知事A・ボジオ宛書簡案文（控え）

ミラーノ県知事宛
総公文書番号8675
第2局

史　　料（doc. 133～134）

配置番号35
発出番号9410
件名：美術学校

7月21日の通達への返信
第5局、M課、第14678号
件名：画家ジッリの絵画

ローマ発、1880年7月31日付

　1879年10月24日付の貴殿の文書とともに、画家ジッリの絵画送付のために尊敬に値する貴県代表委員会によってなされた経費の請求書が私に送られ、経費は55リラと査定されたことに注意を促しましたが、請求書そのものによって明示する必要があるので、私は請求書を全て揃えてほしいという願いを込めて、それを貴殿にお送りします。

大臣に代わって
署名　G・レザスコ

原文：**Minuta della lettera di Giulio Rezasco, Provveditore capo della Provveditorato Centrale per l'Istruzione Artistica, per conto di Francesco De Sanctis, Ministro della Pubblica Istruzione, ad A. Bosio, Prefetto di Milano, 31 luglio 1880.**

Al Prefetto di Milano
Protocollo Generale Numero 8675
Divisione 2
Numero di Posizione 35
Numero di Partenza 9410

Risposta a nota del 21 luglio
Divisione 5, Sezione M, Numero 14678
Oggetto: Quadro del Pittore Gilli

Roma, addì 31 luglio 1880

　　　La Signoria Vostra colla sua lettera del 24 ottobre 1879 nell'inviarmi la parcella delle spese fatte da cotesta Onorevole Deputazione Provinciale per la spedizione del quadro del Pittore Gilli, facevo notare che la spesa era stata liquidata in L.55, ma ciò occorrendo che risulti dalla parcella stessa, io gliela mando con preghiera di completarla.

Pel Ministro
firmato G. Rezasco

134.　1880年9月9日付、外務省政務行政局ジャコモ・マルヴァーノ（外務大臣ベネデット・カイローリに代わって）発、公共教育省宛文書

［レターヘッド］外務省通商領事総局
　　　第2局
　　　第1事務室

545

第79号
件名：東京美術学校

公共教育省宛

ローマ発、1880年9月9日付

保秘

　5月22日付美術教育［中央］監督局第6741号公共教育省文書*¹が届くやいなや、署名者は東京美術学校のイタリア人教師に関して言及していた王立コルヴェット軍艦"ヴェットール・ピサーニ"号艦長の報告書に関し、これへの注意を喚起するために、在東京［イタリア］王国公使へその内容を通知するよう配慮いたしました。

　今、署名者は光栄にも、絶対保秘文書として、そして返却をお願いしつつ尊敬に値する同僚へ、在日本王国公使が到着させたかかる主題についての報告書を通信いたします。

大臣に代わって
署名　マルヴァーノ

［到着印］公共教育省、1880年9月10日、第41919号
［手書きで］第10419号／1880年9月11日
［上方に別の手で］35［以下の手書きの7語不明］

*1　doc. 129を指している。

原文：**Lettera di Giacomo Malvano, Direttore Generale degli affari Politici e degli Uffici Amministrativi per conto di Benedetto Cairoli, Ministro degli Affari Esteri, al Ministero dell'Istruzione Pubblica, 9 settembre 1880.**

　　［Intestazione］Ministero degli Affari Esteri Direzione Generale dei Consolati e del Commercio
　　　　　　　　Divisione 2
　　　　　　　　Ufficio 1
　　　　　　　　Numero 79
　　　　　　　　Oggetto: Scuola di Belle Arti a Tokio

　　Al Ministero dell'Istruzione Pubblica

Roma, addì 9 settembre 1880

　　Riservato

　　　Non appena gli pervenne la nota del Ministero della Pubblica Istruzione, in data del 22 Maggio, Provveditorato per l'Istruzione artistica Numero 6741, il sottoscritto si fece premura di comunicarne il contenuto al Regio Ministro a Tokio, chiamando la sua attenzione su questo, nel rapporto del Comando della Regia Corvetta "Vittor Pisani" era riferito intorno ai professori italiani alla Scuola di Belle Arti di Tokio.

　　　Pregiasi ora il sottoscritto di comunicare in via del tutto riservato e con preghiera di restituzione all'Onorevole suo Collega un rapporto che, su tale argomento, ha fatto pervenire il Regio Ministro al Giappone.

Pel Ministro
firmato Malvano

史　料（doc. 135）

[Timbro dell'arrivo] Ministero di Pubblica Istruzione, 10 settembre 1880, N. 41919
[a mano] N. 10419/ 11.9.80
[in alto di altra mano] 35　[una parola non chiara] Veda [tre parole non chiare] di [una parola non comprensibile] .

135. 1880年9月27日付、公共教育省事務次官フランチェスコ・テネレッリ（公共教育大臣フランチェスコ・デ・サンクティスに代わって）発、外務大臣ベネデット・カイローリ宛文書案文（控え）

［在］ローマ、外務省領事通商総局宛
総公文書番号 10419
配置番号 35
発出番号 11659
去る9日付通達への返信
第2局、第1課、第79号
件名：東京美術学校

　　　　　　　　　　　　　　　　　　　　　　　　　　ローマ発、1880年9月27日付
　東京美術学校のイタリア人教師に関する在日本王国公使の報告書を閣下に返却し、私になさった通信へ心よりお礼申し上げます。

　　　　　　　　　　　　　　　　　　　　　　　　　　　　　　　　　大臣に代わって
　　　　　　　　　　　　　　　　　　　　　　　　　　　　　　　　　F・テネレッリ

注意事項　文書送付の前に、1880年7月22日付在日本イタリア公使館の保秘報告書[*1]につき、本省での使用のため複写する必要がある。

*1　doc. 132を指している。

　　原文：**Minuta della lettera di Francesco Tenerelli, Segretario Generale, per conto di Francesco De Sanctis, Ministro della Pubblica Istruzione, a Bnedetto Cairoli, Ministro degli Affari Esteri, 27 settembre 1880.**
　　　Al Ministro degli Affari Esteri Direzione Generale dei Consolati e del Commercio Roma
　　　Protocollo Generale Numero 10419
　　　Numero di Posizione 35
　　　Numero di Partenza 11659
　　　Risposta a nota del 9 corrente
　　　Divisione 2ª, Sezione 1ª, Numero 79
　　　Oggetto: Scuola di Belle Arti a Tokio

　　　　　　　　　　　　　　　　　　　　　　　　　　　　　　　Roma, addì 27 settembre 1880
　　　Restituisco all'Eccellenza Vostra il rapporto del Regio Ministero al Giappone intorno ai Professori italiani alla scuola di Belle Arti di Tokio, e vivamente La ringrazio della comunicazione fattami.
　　　　　　　　　　　　　　　　　　　　　　　　　　　　　　　　　　　　　　Pel Ministro
　　　　　　　　　　　　　　　　　　　　　　　　　　　　　　　　　　　　　　F. Tenerelli

N. B. Prima di spedire la lettera è necessario far copia per uso del Ministero, del rapporto riservato della Legazione italiana al Giappone, 22 Luglio 1880.

136. 1881年4月2日付、外務省領事通商総局局長アウグスト・ペイロレーリ（外務大臣ベネデット・カイローリに代わって）発、公共教育省宛文書

［レターヘッド］外務省通商領事総局
　　　　　第2局
　　　　　第1事務室
　　　　　第19号
　　　　　件名：カヴァリエーレ勲章受章者サンジョヴァンニ

公共教育省宛

ローマ発、1881年4月2日付

　在東京［イタリア］王国公使は、その美術学院［工部美術学校を指す。以下、同様］教師カヴァリエーレ勲章受章者サンジョヴァンニの功績を主張する報告書[*1]を筆者に差し出され、とりわけその美術学院におけるイタリア的要素の優越性をより一層確かなものにするという重要性において適切であるという理由により、王国政府は彼にイタリア王冠級コメンダトーレ勲章を授与すべきと提案しています。

　バルボラーニ伯爵から申し立てられた論題を検討すべきことに関して、本省はカヴァリエーレ勲章受章者サンジョヴァンニが美術において有している実際の価値を判断する資格を有しておらず、また、とりわけ現在までのところ、彼は単なるカヴァリエーレでしかないのに、イタリアにおいて最も卓越した他の芸術家と比べて高い等級の勲章授与が正当であることを証明することはできません。それゆえ、筆者は公共教育省が必ずその判断を下すことができると考えますので、2月18日付商業文書第39号のバルボラーニ伯爵の文書の返却をお願いしつつ、お伝えいたします。

大臣に代わって
A・ペイロレーリ

追伸　去る1879年12月5日付第35-12672-13499号[*2]美術教育中央監督局の貴省通達に関連する、東京の絵画教師であるカヴァリエーレ勲章受章者のサンジョヴァンニの提案について。

［到着印］公共教育省、1881年4月3日、第18082号
［手書きで］第574号／1881年4月4日
［上方に別の手で］12／5

*1 「工部美術学校関係史料」には保管されていない。
*2 doc. 122を指している。

原文：**Lettera di Augusto Peiroleri, Direttore Generale dei Consolati e del Commercio, per conto di Benedetto Cairoli, Ministro degli Affari Esteri, al Ministero dell'Istruzione Pubblica, 2 aprile 1881.**

［Intestazione］Ministero degli Affari Esteri Direzione Generale dei Consolati e del Commercio
　　　　　　Divisione 2
　　　　　　Ufficio 1
　　　　　　Numero 19
　　　　　　Oggetto: Cavaliere Sangiovanni
　　　　　　Al Ministero dell'Istruzione Pubblica

Roma, addì 2 aprile 1881

　　　　Il Regio Ministro a Tokio ha diretto allo scrivente un rapporto, nel quale, facendo valere i meriti del Cavaliere Sangiovanni, professore in quell'accademia di belle arti, e ragioni di convenienza nell'interesse sopratutto di meglio assicurare la preponderanza dell'elemento italiano in quell'accademia, proporre che il Governo del Re gli conferisca la decorazione di Commendatore dell'Ordine della Corona d'Italia.

　　　　Per quanto siano da valutarsi gli argomenti addotti dal Conte Barbolani, questo Ministero non saprebbe prendere sopra di sé di accogliere favorevolmente tale proposta, non essendo competente a giudicare del valore che in arte abbia realmente il Cavalier Sangiovanni, e che possa anche giustificare, in faccia agli altri artisti i più distinti in Italia, il conferimento di una decorazione di grado elevato, sopratutto se egli non fosse finora che semplice Cavaliere. Gli è perciò che lo scrivente crede di dover deferirne il giudizio al Ministero dell'Istruzione Pubblica, al quale comunica per ciò con preghiera di restituzione, il rapporto del Conte Barbolani in data 18 febbraio Numero 39 Commerciale.

Pel Ministro
A. Peiroleri

P. S. Della proposta del Cavaliere Sangiovanni di Professore di Pittura a Tokio, trattata in ultimo la nota di codesto Ministero del 5 Dicembre 1879 Numero 35-12672-13499, Provveditorato Centrale per l'Istruzione Artistica.

［Timbro dell'arrivo］Ministero di Pubblica Istruzione, 3 aprile 1881, N. 18082
［a mano］N. 574/4.4.81
［in alto di altra mano］12/5

137. 1881年4月9日付、公共教育省王国美術館及び古代遺跡発掘総局長ジュゼッペ・フィオレッリ（公共教育大臣グイド・バッチェッリに代わって）発、外務省宛文書案文（控え）

外務省宛
総公文書番号18082
574
配置番号12
発出番号436
件名：サンジョヴァンニ教授のための名誉称号についての返答

ローマ発、1881年4月9日付
　尊敬に値する貴省によってなされたいとも正当な考察に関し、美術学校教師カヴァリエーレ勲章受章者サンジョヴァンニを、イタリア王冠級コメンダトーレ勲章へ昇格させるという在東京

［イタリア］王国公使［バルボラーニを指す］の提案に関するいかなる判断も、さしあたり中断するのは前例を踏まえたことであると思います。

大臣に代わって
署名　フィオレッリ

［上方に別の手で］12／5

原文：**Minuta della lettera di Giuseppe Fiorelli, Direttore Generale delle Antichità e Belle Arti, per conto di Guido Baccelli, Ministro della Pubblica Istruzione, al Ministero degli Affari Esteri, del 9 aprile 1881.**

Al Ministero degli Affari Esteri
Protocollo Generale Numero 18082
574
Numero di Posizione 12
Numero di Partenza 436
Oggetto: Riposta di Onorificenza a favore del Professore Sangiovanni

Roma, addì 9 aprile 1881
　　Per le giustissime considerazioni fatte da codesto Onorevole Ministero ritengo sia cosa precedente sospendere per ora ogni decisione riguardo alla proposta del Regio Ministro a Tokio di promuovere a Commendatore della Corona d'Italia il Cavaliere Sangiovanni, professore in quell'Accademia di Belle Arti.

Pel Ministro
firmato Fiorelli

［in alto di altra mano］12/5

138. 1881年4月13日付、外務省領事通商総局局長アウグスト・ペイロレーリ（外務大臣ベネデット・カイローリに代わって）発、公共教育省宛文書

［レターヘッド］外務省通商領事総局
　　　　第2局
　　　　第1事務室
　　　　第23号
　　　　件名：カヴァリエーレ勲章受章者サンジョヴァンニ

公共教育省（古代遺跡及び美術総局）宛

ローマ発、1880年4月13日付
　署名者は、古代遺跡及び美術総局にあっては、4月2日付第19号文書[*1]によって返還をお願いしつつ貴省に伝えられたカヴァリエーレ勲章受章者サンジョヴァンニに関する在東京王国公使バルボラーニ伯爵の報告書[*2]を返却されるようお願いいたします。

大臣に代わって
A・ペイロレーリ

550

史　　料（doc. 138～139）

［到着印］公共教育省、1881年4月14日、第19903号
［手書きで］第1136号総局／1881年4月14日［一語不明］
［上方に別の手で］5／［総文書番号？］

*1　doc. 136を指している。
*2　「工部美術学校関係史料」には保管されていない。

原文：**Lettera di Augusto Peiroleri, Direttore Generale dei Consolati e del Commercio, per conto di Benedetto Cairoli, Ministro degli Affari Esteri, al Ministero dell'Istruzione Pubblica, 13 aprile 1881.**

　　［Intestazione］Ministero degli Affari Esteri Direzione Generale dei Consolati e del Commercio
　　　　　　　　　Divisione 2
　　　　　　　　　Ufficio 1
　　　　　　　　　Numero 23
　　　　　　　　　Oggetto: Cavaliere Sangiovanni

Al Ministero dell'Istruzione Pubblica（Direzione Generale delle Antichità e Belle Arti）
　　　　　　　　　　　　　　　　　　　　　　　　　　　　Roma, addì 13 aprile 1881
　　Il sottoscritto prego la Direzione Generale delle Antichità e Belle Arti a volergli restituire il rapporto del Conte Barbolani, Regio Ministro a Tokio, relativo al Cavaliere Sangiovanni, che con preghiera di rinvio, veniva comunicato a codesto Ministero con nota del 2 aprile Numero 19.
　　　　　　　　　　　　　　　　　　　　　　　　　　　　　　　　Pel Ministro
　　　　　　　　　　　　　　　　　　　　　　　　　　　　　　　　A. Peiroleri

　　［Timbro dell'arrivo］Ministero di Pubblica Istruzione, 14 aprile 1881, N. 19903
　　［a mano］N. 1136, Direzione Generale, 14 aprile 1881. Urgenza
　　［in alto di altra mano］5/［Prat.］Generale

139. **1881年4月18日付、王国美術館及び古代遺跡発掘総局長ジュゼッペ・フィオレッリ（公共教育大臣グイド・バッチェッリに代わって）発、外務省宛文書案文（控え）**

外務省宛
総公文書番号19903
区分1138
配置番号5
発出番号937
4月13日付文書への返答
第2局、第1課、第23号、
件名：文書の返却

　　　　　　　　　　　　　　　　　　　　　　　　　　　　　　ローマ発、1881年4月18日付
　いとも令名高き閣下の［一語不明］文書において、含意された要望に従ってカヴァリエーレ勲章受章者サンジョヴァンニに関する在東京イタリア王国公使の1881年2月18日付報告書*1をここ

551

に密封して、尊敬に値する貴省へ返却いたします。

大臣に代わって
署名　フィオレッリ

［上方に別の手で］5／O. G.

*1 「工部美術学校関係史料」には保管されていない。

原文：**Minuta della lettera di Giuseppe Fiorelli, Direttore Generale dei Musei e degli Scavi di Antichità del Regno, per conto di Guido Baccelli, Ministro della Pubblica Istruzione, al Ministero degli Affari Esteri, 18 aprile 1881.**

Al Ministero degli Affari Esteri
Protocollo Generale Numero 19903
Divisione 1138
Numero di Posizione 5
Numero di Partenza 997
Risposta a lettera del 13 aprile
Divisione 2, Sezione 1, Numero 23
Oggetto: Restituzione di documento

Roma, addì 18 aprile 1881

In conformità della richiesta contenuta nella lettera [cont.] della Sua Eccellenza Illustrissima, si restituisce qui inchiuso a codesto Onorevole Ministero il rapporto 18 febbraio 1881 del Regio Ministro italiano a Tokio relativo al Cavaliere Sangiovanni.

Pel Ministro
firmato Fiorelli

［in alto di altra mano］5/ O. G.

140. 覚書

［レターヘッド］公共教育省事務次官

プランツェッティ氏
前便と［一語判読不可能］

尊敬に値する［サリアーニ］

［下方に別の手で］1462──事務次官
　　　　　　　　1881年11月12日

　　　　　日本におけるイタリア人画家サンジョヴァンニ教授への名誉称号
［下方に別の手で］第9248号事務次官1881年11月14日

史　　料（doc. 140〜141）

［署名判読不可能］
［下方に別の手で］事務次官氏へ報告するための、資格に関する本状の王国の古代遺跡美術総局への前例

1881年11月14日
プランツェッティ

［上方に別の手で］5／P．G．

原文：**Nota**
　　　［Intestazione］Ministero dell'Istruzione Il Segretario Generale

　　　Signor Pranzetti
　　　Precedenti e［una parola non comprensibile］

　　　Onorevole［Sariani］

　　　［sotto di altro mano］1462-Segretario Generale
　　　　　　　　　　　　　　12-11-81

　　　　　　　　　　Onorificenza al Professore Sangiovanni pittore italiano nel Giappone.
　　　［sotto il testo di altro mano］N.9248 Direzione Generale 14.11.81
　　　　　　　　　　　　　　　　　　　　　　　　　　　　　　　　　　　［firma illeggibile］
　　　［sotto il testo di altro mano］I Precedenti alla Regia Direzione Generale di Antichità e Belle Arti, cui si
　　　　　　　　　　　　passa la presente per competenza e per riferire al Signor Segretario Generale.
　　　　　　　　　　　　　　　　　　　　　　　　　　　　　　　　　　　14 novembre 1881
　　　　　　　　　　　　　　　　　　　　　　　　　　　　　　　　　　　　　　Pranzetti
　　　［in alto di altra mano］5 P. G.

141.　1881年11月19日付、公共教育省古代遺跡発掘総局長ジュゼッペ・フィオレッリ（公共教育大臣グイド・バッチェッリに代わって）発、同省事務次官宛文書案文（控え）

かくも令名高き事務次官殿宛
総文書番号第9248号
配置番号5
発出番号P．G．10727号

ローマ発、1881年11月19日付
　在東京イタリア公使が、去る2月に、その美術学院における絵画教師カヴァリエーレ勲章受章者サンジョヴァンニに、イタリア王冠級コメンダトーレ勲章に昇格させる提案をしました。
　かかる提案を本省へ知らせる中で、外務省としてはイタリアにおけるもっと卓越した他の芸術家と比べて、単なるカヴァリエーレ勲章受章者であるサンジョヴァンニへの高い等級の勲章授与は、十分正しいと証明されていないように思われますので、それを受け入れられないと表明しました。また、今、東京で彼が占めている職への採用試験において、彼は競争相手であるカヴァリエーレ勲章受章者アルベルト・マゾ・ジッリによって凌駕されました。彼が職を得たのは、ジッ

リが放棄し、サンジョヴァンニの他に候補者がなかったからでした。というのも、採用試験には［候補者が］これら2人しかいなかったのでした。

　かかる正当な用件を尊重して、在東京［イタリア王国］公使の提案に関し、いかなる判断も延期するのが思慮深いことと思われます。

　いとも尊敬に値する閣下へお知らせしなければならないことは、貴方から私に届いた覚え書きに関連して、上述の問題について、尊敬に値するコメンダトーレ勲章受章者のタヤーニが事実［関係］を問い合わせてきたということです。

総局長
［署名なし］

原文：**Minuta della lettera di Giuseppe Fiorelli, Direttore Generale Antichità e Belle Arti del Ministero della Pubblica Istruzione, a Carlo Fiorilli, Segretario Generale dello stesso Ministero, 19 novembre 1881.**

All'Illustrissimo Signor Segretario Generale
Protocollo Generale Numero 9248
Numero di Posizione 5
Numero di Partenza P. G. 10727

Roma, addì 19 novembre 1881

　Il Ministro italiano a Tokio propose nello scorso febbraio di promuovere a Commendatore della Corona d'Italia il Cavaliere Sangiovanni Professore di Pittura presso quella Accademia di Belle Arti.

　Il Ministero degli Esteri, nel comunicare a codesto Ministero tale proposta, dichiarò, da parte sua, di non accettarla, sembrandogli non abbastanza giustificato, in faccia ad altri artisti più valenti in Italia, il conferimento di una decorazione di grado elevato al Sangiovanni, che è semplice Cavaliere, e che, nel concorso al posto che ora esso occupa a Tokio, fu superato dal suo competitore Cavaliere Alberto Maso Gilli, e, se ebbe il posto, si fu perché il Gilli lo rinunziò, e non restava altro concorrente che il Sangiovanni, giacché quei due soli artisti vi avevano concorso.

　Apprezzando tali giuste condizioni, si ritenne prudente sospendere ogni decisione riguardo alla proposta del Ministro a Tokio.

　Tutto ciò debbo far conoscere alla Signoria Vostra Onorevolissima, in seguito ad un appunto pervenutomi da parte di Lei, dal quale vedo che dell'affare sopra accennato ha chiesto notizia l'Onorevole Commendatore Taiani.

Il Direttore Generale
［senza firma］

142. 1882年7月10日付、外務省通商領事総局局長アウグスト・ペイロレーリ（外務大臣パスクアーレ・スタニスラオ・マンチーニに代わって）発、公共教育省宛文書

［レターヘッド］外務省通商領事総局
　　　　第2局
　　　　第1事務室
　　　　第60号
　　　　件名：東京美術学校

史　　料（doc. 142～143）

公共教育省宛

ローマ発、1882年7月10日付

　署名者は謹んで、尊敬に値する同僚へ、返却をお願いしつつ、ここに同封いたしますが、ご存知のようにイタリア人教師で構成されている東京美術学校の将来に関するあまり喜ばしくない予想が語られ、その機関の凋落を導いた原因を明らかにしている、私たちの在東京代理公使の極秘報告書[*1]をお送りいたします。

大臣に代わって
A・ペイロレーリ

［到着印］公共教育省、1882年7月11日、第41156号
［到着印］古代遺跡美術総局1882年7月11日
　　　　配置5. P. G.
　　　　総文書番号7853

*1　1882年5月6日付一般業務系第49号、在日本イタリア王国代理公使ランチャーレス発外務省宛文書（doc. 146も参照）は、「工部美術学校関係史料」には保管されていない。

　　原文：**Lettera di Augusto Peiroleri, Direttore Generale dei Consolati e del Commercio, per conto di Pasquale Stanislao Mancini, Ministro degli Affari Esteri, al Ministero dell'Istruzione Pubblica, 10 luglio 1882.**

　　　　［Intestazione］Ministero degli Affari Esteri Direzione Generale dei Consolati e del Commercio
　　　　　　　　　　　Divisione 2
　　　　　　　　　　　Ufficio 1
　　　　　　　　　　　Numero 60
　　　　　　　　　　　Oggetto: Scuola di Belle Arti in Tokio

　　　　Al Ministero della Pubblica Istruzione

Roma, addì 10 luglio 1882

　　　　Il sottoscritto si pregia di trasmettere al suo Onorevole Collega, qui unito e con preghiera di rinvio, un rapporto confidenziale del nostro Incaricato di Affari a Tokio, in cui sono esposte poco liete previsioni intorno all'avvenire della Scuola di Belle Arti di Tokio, composta, com'è noto, di professori italiani, e si indicano le cause che hanno contribuito alla caduta di quella Istituzione.

Pel Ministro
A. Peiroleri

　　　　［Timbro dell'arrivo］Ministero di Pubblica Istruzione, 11 luglio 1882, N. 41156
　　　　［Timbro dell'arrivo］Direzione Generale delle Antichità e Belle Arti, 11 luglio 1882
　　　　　　　　　　　　　　Posizione 5. P. G.
　　　　　　　　　　　　　　Protocollato Numero 7853

143. 1882年7月18日付、公共教育省古代遺跡発掘総局長ジュゼッペ・フィオレッリ（公共教育大臣グイド・バッチェッリに代わって）発、外務大臣パスクアーレ・スタニスラオ宛文書案文（控え）

外務大臣宛

555

総公文書番号41156
区分7853
配置番号5．P．G．
発出番号9055
7月10日付け第60号への返答
件名：東京美術学校

ローマ発、1882年7月18日付

　しかるべき謝意をもって、日本政府が財政上の理由により、かの都市のイタリア人教師からなる帝国美術学校を閉鎖する決定をしたことを、残念な思いをもって理解することのできる、5月6日付の私たちの在東京［イタリア王国］代理公使の報告書[*1]を返却します。

　政府にそのような決定を思いとどまるよう、説得に努めた優れた上級職員に対し、私の名において本省は当然受けるべき称賛が捧げられるのを見るでしょう。また同時に、彫刻のクラスは再びイタリア人教師に委ねられて再開された[*2]のだから、少なくとも、なんとしてでもそのクラスは維持されるようにと、彼［ランチャーレス］が心を配るのをやめないように要請いたします。

大臣に代わって
署名　フィオレッリ

[*1]　doc. 142で言及された文書。「工部美術学校関係史料」には保管されていない。
[*2]　「彫刻のクラス」は誤謬である。サンジョヴァンニの来日によって、〈画学〉の教育が本格的に再開されたことを意味している。

原文：**Minuta della lettera di Giuseppe Fiorelli, Direttore Generale delle Antichità e Belle Arti, per conto di Guido Baccelli, Ministro della Pubblica Istruzione, a Pasquale Stanislao Mancini, Ministro degli Affari Esteri, 18 luglio 1882.**

Al Ministro degli Affari Esteri
Protocollo Generale Numero 41156
Divisione 7853
Numero di Posizione 5. P. G.
Numero di Partenza 9055
Risposta a lettera del 10 luglio Numero 60
Oggetto: Scuola di Belle Arti in Tokio

Roma, addì 18 luglio 1882

　Restituisco, coi dovuti ringraziamenti, a codesto Onorevole Ministero la relazione del nostro Incaricato di Affari a Tokio in data 6 maggio, dalla quale apprendo con dispiacere che il Governo giapponese, per ragioni di economia, ha deciso di chiudere l'imperiale scuola di Belle Arti di quella città, composta di Professori italiani.

　All'egregio funzionario, che tanto si è adoperato per indurre il Governo a desistere da tale decisione, codesto Ministero verrà tributare, in nome mio, la meritata Lode, raccomandandogli nello stesso tempo di non cessare dalle sue premure perché fosse almeno mantenuta la classe di scultura, e, in ogni modo, perché ove la Scuola venisse riaperta, fosse di nuovo affidata a Professori italiani.

史　料（doc. 144）

Pel Ministro
firmato Fiorelli

144. 1882年10月28日付、外務省通商領事総局局長アウグスト・ペイロレーリ（外務大臣パスクアーレ・スタニスラオ・マンチーニに代わって）発、公共教育省宛文書
［レターヘッド］外務省通商領事総局
　　　　　　　第2局
　　　　　　　第1事務室
　　　　　　　第88号
　　　　　　　件名：東京美術学校

公共教育省宛

　　　　　　　　　　　　　　　　　　　　　　　　　ローマ発、1882年10月28日付
　去る7月18日付第5号、41156／7853／9055の貴省通達[*1]に関し、署名者は謹んで尊敬に値する同僚に、在東京［イタリア王国］公使館が絵画クラスの存在ができる限り延びるようにあらゆる努力を尽くしていることをお知らせいたします。
　私たちの在東京［イタリア王国］代理公使の詳細な報告によれば、今年の終わり頃に終了する[*2]はずのカヴァリエーレ勲章受章者サンジョヴァンニ教授と結んだ契約の満了に際して、同クラスの保持に関する決定が下されるだろうとのことです。
　筆者は、尊敬に値する同僚に、在東京［イタリア］王国代表団が本件に関して伝えてくる、あらゆる他の詳細な報告をお知らせするよう配慮いたしましょう。

　　　　　　　　　　　　　　　　　　　　　　　　　　　　　　大臣に代わって
　　　　　　　　　　　　　　　　　　　　　　　　　　　　　　A・ペイロレーリ

［到着印］公共教育省、1882年10月29日、第66261号
［到着印］古代遺跡美術総局1882年10月30日
　　　　　配置5．P．G.
　　　　　総文書番号13287

*1　doc.143を指している、
*2　誤謬である。正しい契約満了期日は1883（明治16）年2月11日である。

　原文：**Lettera di Augusto Peiroleri, Direttore Generale dei Consolati e del Commercio, per conto di Pasquale Stanislao Mancini, Ministro degli Affari Esteri, al Ministero della Pubblica Istruzione, 28 ottobre 1882.**

　　　［Intestazione］Ministero degli Affari Esteri Direzione Generale dei Consolati e del Commercio
　　　　　　　　　Divisione 2
　　　　　　　　　Ufficio 1
　　　　　　　　　Numero 88
　　　　　　　　　Oggetto: Accademia di Belle Arti a Tokio

557

Al Ministero della Pubblica Istruzione

Roma, addì 28 ottobre 1882

　　　　Riferendosi alla nota di cod. Dicastero del 18 Luglio ultimo scorso Numero 5 41156/7853/9055 Direzione Generale di Antichità e Belle Arti, il sottoscritto si pregia di far conoscere al suo Onorevole Collega che la Legazione a Tokio adopererà ogni sforzo per prolungare, per quanto è possibile, l'esistenza della Scuola di Pittura.
　　　　Una decisione in ordine al mantenimento della medesima sarà presa soltanto, secondo i ragguagli del nostro Incaricato d'Affari a Tokio, alla scadenza del contratto conchiuso col Professor Cavaliere Sangiovanni il quale dovrebbe terminare verso la fine di quest'anno.
　　　　Lo scrivente avrà cura di comunicare al suo Onorevole Collega, ogni altro ragguaglio che la Regia Rappresentanza a Tokio forse per trasmettergli in proposito.

Pel Ministro
A. Peiroleri

［Timbro dell'arrivo］Ministero di Pubblica Istruzione, 29 ottobre 1882, N. 66261
［Timbro dell'arrivo］Direzione Generale delle Antichità e Belle Arti, 30 ottobre 1882
　　　　Posizione 5. P. G.
　　　　Protocollato Numero 13287

145. 1882年11月10日付、アキッレ・サンジョヴァンニ発、在日本イタリア王国代理公使エウジェニオ・マルティン・ランチャーレス宛文書

［レターヘッド］王国のイタリア公使館
　　　　いとも令名高いカヴァリエーレ勲章受章者のマルティン・ランチャーレス殿。イタリア国王陛下の王国代理公使。

東京発、1882年11月10日

いとも令名高きイタリア国王陛下の王国代理公使殿

　昨日11月9日付文書[*1]により、ミカド皇帝陛下の工部省は、日本における美術教育に関する日本とイタリアとの間で締結された契約は、私の契約終了時の1883年2月11日に終了する、と私に通知しています。
　美術学校の閉鎖を含むこの私の契約についての終了通告は、いとも令名高き代理公使［ランチャーレス］殿、私には、貴殿にとっても、極東におけるイタリアの影響に対しての取り返しの付かない損害を目の当たりにすることになるように思われます。なぜならば、世論から得て確かめた結果を考慮して、私は、私たちの祖国が、日本における美術的な価値観の伝播の独占を維持するのを願う権利を持っているからです。私の使命に関しては、尊敬に値する国家に憧れうる、言い換えれば、美術における文明化という最も羨望に値する地位において、私の国を維持すべく、精神において有している生命力や経験というあらゆることを私はここに持ち込みました。
　日本人は、イタリアがヨーロッパの全ての国よりも実質上勝っていることをイタリアに確約していた、着手された事業［西洋美術の教育］を続けられない、と現在の資力不足のために、恐らく

史　　料（doc. 145）

断言することになるでしょう。

　今日、私が多くの心痛をもって獲得した専有物や、合法的に獲得した確かさを剥ぎ取られたイタリアは、その決定によって、日本に対するイタリアの全ての影響を失うでしょう。

　いとも令名高き代理公使殿、瞬時を危惧する貴殿の愛国心をよく存じております。閣下はこの問題に深く心を動かされたでしょうし、現在、光栄にも代理をされている国の利益において、祖国の手から持ち去られようとしている美術上の首位の座を落とさせるのを阻止するために、あらゆる努力をほどこしているのを確かに見ています。

　いとも令名高き代理公使殿、私の全幅の敬意を信じて下さい。

　　　　　　　　（署名）カヴァリエーレ勲章受章者アキッレ・サンジョヴァンニ
　　　　　　　　　　　　東京帝国美術学院絵画正教授

*1　1882年11月9日付工部省発、サンジョヴァンニ宛文書は保管されていない。

原文：**Copia della lettera di Achille Sangiovanni, a Eugenio Martin Lanciarez, Regio Incaricato d'Affari dalla Legazione d'Italia in Giappone, 10 novembre 1882.**

[Intestazione] Regia Legazione d'Italia

　　　　　　　Illustrissimo Signor Cavaliere Martin Lanciarez. Regio Incaricato d'Affari di Sua Maestà il Re d'Italia

Tokio, 10 novembre 1882

Illustrissimo Signor Incaricato d'Affari di Sua Maestà il Re d'Italia

Signore

　Con lettera in data di ieri 9 Novembre il Ministero dei Lavori Pubblici di Sua Maestà Imperiale il Mikado, m'informa che a termine del mio contratto l'ingaggio stipulato tra il Giappone e l'Italia per l'insegnamento delle Belle Arti nel Giappone terminerà l'undici del mese di Febbraio 1883.

　Questa denunziazione del mio contratto, Illustrissimo Signor Incaricato d'Affari, involgendo la chiusura dell'Accademia di Belle Arti sembrami com'Ella pure potrà vedere un'offesa irrimedibile all'influenza dell'Italia nell'Estremo Oriente perché di fronte ai risultati che io ho ottenuti e controllati dall'opinione pubblica, io ero in diritto di sperare che la nostra patria conservasse il monopolio della propagazione del sentimento artistico nel Giappone. Per quanto riguarda la mia missione, io avevo qui portato tutto quello che possedeva nello spirito di vitalità e di esperienza per mantenere il mio paese nel rango il più invidiabile che possa desiderare una rispettabile Nazione, vale a dire, la civilizzazione nell'arte.

　I Giapponesi potranno forse asseverare, per la ristrettezza attuale dei loro mezzi, di non poter continuare l'opera intrapresa che assicurava all'Italia la preponderanza morale su tutte le Nazioni d'Europa.

　Oggi l'Italia spogliata dell'appannaggio che io gli avevo con tanta pena ottenuto e la certezza d'averglielo legittimamente acquistato, perderebbe, per quella determinazione, tutto la sua influenza al Giappone.

　Io conosco troppo bene, Illustrissimo Signor Incaricato d'Affari, i di Lei sentimenti pattriotici[sic], per dubitare un'istante che la Signoria Vostra sarebbe profondamente commossa di questo affare e che nell'interesse del paese che presentemente ha l'onore di rappresentare son certo che verrà fare tutti gli sforzi affine d'impedire di far cadere dalle mani della patria lo scettro artistico che ora si vorrebbe carpire.

Mi creda, Illustrissimo Signor Incaricato d'Affari, con tutto il rispetto.

（firmato）Cavaliere Achille Sangiovanni
Professore titolare di pittura all'Imperiale
Accademia di Belle Arti in Tokio

146. 1882年11月17日付、在日本イタリア王国代理公使エウジェニオ・マルティン・ランチャーレス発、外務大臣パスクアーレ・スタニスラオ・マンチーニ宛文書の複写

［レターヘッド］王国のイタリア公使館
　　　　　　　商業［通信］
　　　　　　　第84号

在ローマ、イタリア国王陛下の外務大臣閣下宛

東京発、1882年11月17日

　去る5月6日付の一般業務系第49号の私の報告書[*1]によって、残念ながらそれを予見していましたように、帝国美術学校の閉鎖が発令され、その機関で唯一生き残っている絵画教師カヴァリエーレ勲章受章者アキッレ・サンジョヴァンニ氏の契約についての通告とともに確定されました。
　ここに写しを同封した、サンジョヴァンニ教授から私へ宛てられた文書による、本件についての通知を得ました。
　日本政府によって下されたその決定を前にして、私はまず、サンジョヴァンニ教授から設立以来、美術学校において、ものごとがどのように過ぎ去ったのか、そしてとりわけ通告は有効な期限内になされたのかどうかを尋ねるために、彼を公使館に招こうと判断しました。もっとも、よい調和をかき乱した教師間に生じたいくつかの不一致が気詰まりの原因だったのは真実ですが、これらは純粋に組織運営上のことであり、政府が称賛する以外はない教師の誠実さや能力を誹謗していたものは何もないと言い足しました。
　そして、サンジョヴァンニ教授は、私自身に話す時間をあたえることなく、帝国の財政状態が直ちに改善されれば、美術学校を再開する、その場合、日本政府は、美術に関して優位はイタリアに帰属するものだと認めることに満足し、同時に確信したので、過ぎ去った事実と同様に、教師と美術家を得るために、政府にそこへの新たな召集をするでしょう、と彼に約束したという信頼を私に述べて終わりました。
　それゆえ、私には、あらゆる日本人が芽を持っている美術上の趣味を発展させ、完成させるために、まだなすべきことがたくさんある日本は、直ちに、イタリアの教師と材料による帝国美術学校を再開できる状態になるでしょうから、イタリアや美術学校の過去の、そして現在の、今日に至ってては唯一カヴァリエーレ勲章受章者サンジョヴァンニに象徴される教師に関し用いられた温かく喜ばしい言葉に対し、校長と大臣に対し、誓って感謝の意を表することだけしかあり得ませんでした。
　そして、カヴァリエーレ勲章受章者サンジョヴァンニが、彼の後に、美術学校は新たな基盤と

560

他の国家の教師によって再開されるのではないかという危惧を私に述べましたので、万が一、それを確かめなければならなくなった場合には、そのような措置はイタリアにとってあまり喜ばしくなく温情もなかったでしょうが、私は大臣[*2]がそのことについての言葉を必ず守るに違いないと思いました。

巷で聞こえるそのような噂話に信頼を置くことはできないので、美術学校は財政上の措置により閉校するので、イタリア人教師によって担われた美術学校の維持のための金額を予算に割り当てられないのに、まるで魔法のように他国の教師に報酬を支払うことに関わるようなお金が発生すると不利に憶測しうるような、あらゆる点で間違っているそのような情報を信用しようとしないことに、大鳥氏[*3]も大臣も感謝の意を述べました。

どんなにも優先して、カヴァリエーレ勲章受章者サンジョヴァンニ教授に正確に伝えるのは私の義務だと思いました。しかし、彼は前もって美術学校の閉鎖について伝えられ、それに関して意見を尋ねられることなく、そのこと［閉校決定］が発令されたという思いがけないやり方に満足していないようです。彼は、そのことにおいて、イタリアの名にかけて侮辱と見ており、彼が［それを］得られない場合には、美術家としての自尊心を守るべく、ジャーナリズムという手段に必ず訴えるつもりだと私に言ったのでしたが、日本政府から賠償を要求するのを目指した書面による異議を送付したことを私に報告しました。

すべきかどうか、またどのように着手すべきかを知るために、異議が私に届き次第、検討することにしたいと思います。その間に、アメリカ便は出発しなければならないので、閣下に、やはり彫刻の教育が廃止された瞬間から予想された美術学校の最終的な閉鎖をともなった状況を説明するのを遅れてはならないと判断しました。そこで、たった1人の教師からなる美術学校の存在を合理的に説明されるでしょう。だがしかし、カヴァリエーレ勲章受章者サンジョヴァンニは、5、6ヶ月前に王国領事カルカーノ伯爵[*4]から彼に与えられた極秘通知によって、彼が私とともに必要としていることに精通することになりました。

こんなにも不幸な結果となってしまったけれども、絵画教育を保持できるように今日私がどんなにかおこなった甘い期待において、閣下にあっては彫刻教育を保持するために私によってなされた努力[*5]がうまくいったのと同様の温情あるもてなしを見いだされるでしょう。

閣下にあっては、私の最大限の尊敬の表現を喜んで受けて頂くのを願うばかりです。

いとも尊敬に値する大臣殿
署名　E・マルティン・ランチャーレス

*1　本文書は「工部美術学校関係史料」には保管されていない。
*2　工部卿を指していると考えられる。当時の工部卿は佐々木高行。
*3　工部大学校校長の大鳥圭介。
*4　シルヴィオ・カルカーノ（Silvio Carcano）、1879（明治12）年3月から1882（明治15）年9月まで在横浜領事館領事。財団法人日伊協会『幕末・明治期における日伊交流』日本放送出版協会、1984年、82頁参照。
*5　この点に関する内容を示唆する文書は見あたらない。

原文：Copia del rapporto di Eugenio Martin Lanciarez, Incaricato d'Affari della Legazione d'Italia in Giappone, a Pasquale Stanislao, Ministro degli Affari Esteri, 17 novembre 1882.

[Intestazione] Regia Legazione d'Italia
Commerciale
Numero 84

A Sua Eccellenza
Il Ministro degli Affari Esteri di Sua Maestà il Re d'Italia Roma

Tokio, 17 novembre 1882

Onorevolissimo Signor Ministro,
Siccome ebbi disgraziatamente a prevederlo col mio rapporto Numero 49 di serie Affari in Genere delli 6 Maggio ultimo scorso, la chiusura della Accademia Imperiale di Belle Arti venne decretata e stabilita colla denunzia del contratto del Professore di Pittura Signor Cavaliere Achille Sangiovanni, unico superstite di tale istituzione.

Ebbi avviso di ciò dalla lettera, direttami dal Professore Sangiovanni, qui unita in copia.

In presenza di tale determinazione presa dal Governo Giapponese stimai anzitutto di invitare il Professore Sangiovanni a venire in Legazione per sentire da lui come si erano passate le cose, e principalmente se la denunzia era stata data in tempo utile e nell'Accademia dall'epoca della sua fondazione. Soggiunsero che alcune discrepanze insorte tra i Professori, alterandone la buona armonia, erano state bensì causa di imbarazzi è vero, ma che questi furono di ordine puramente amministrativo e che in nulla attaccavano la onestà e la capacità dei Professori, dei quali il Governo non aveva che a lodarsi.

E terminarono collo esprimermi spontaneamente, senza darmi il tempo di farlo io stesso, la fiducia che le condizioni finanziarie dell'Impero presto potessero migliorare e permettergli di riaprire l'Accademia, nel quale caso siccome il Governo Giapponese era lieto e convinto ad un tempo di riconoscere che all'Italia spettasse il primato in fatto di Belle Arti, avrebbe come per lo passato fatto nuovamente appello ad essa ed al suo Governo onde averne Professori ed Artisti.

Non mi rimaneva quindi che a ringraziare ed il Direttore ed il Ministro per le cortesi e lusinghiere espressioni adoperate riguardo all'Italia ed ai Professori passati e presenti dell'Accademia, personificati al giorno d'oggi nel solo Cavaliere Sangiovanni, ed a far voti perché il Giappone il quale tanto ha ancora da fare per sviluppare e perfezionare il questo artistico, di cui ogni giapponese ha innato il germe, possa trovarsi presto in condizione di riaprire l'Accademia imperiale di Belle Arti con Professori ed elementi italiani.

E siccome il cavaliere Sangiovanni mi aveva espresso il timore che dopo di lui l'Accademia venisse riaperta sotto novelle basi e con Professori di altre Nazionalità, credetti dover tenere parola di ciò al Ministro, facendogli presente che qualora ciò si avesse a verificare, una tale misura sarebbe stata assai poco lusinghiera e benevole per l'Italia; ma che non potevo però prestar fede a tale diceria messa in circolazione.

Tanto il Signor Ôtori come il Ministro mi ringraziarono per non avere voluto prestar fede ad una tale notizia falsa in ogni punto, soggiungendomi che l'Accademia chiudendosi per misure d'economia, mal si poteva supporre che non potendosi stanziare nel bilancio una somma per il mantenimento dell'Accademia retta da Professori Italiani, i quattrini sorgessero come per incanto trattandosi di retribuire Professori di altre Nazionalità.

Ho di quanto precede creduto mio dovere informare esattamente il Professor Cavaliere Sangiovanni, il quale però sembra non essere soddisfatto del modo improvviso col quale la chiusura dell'Accademia venne decretata, senza renderevelo prima informato e chiedere il suo avviso in proposito. Egli vede in ciò una offesa al nome italiano e mi ha annunziato l'invio di un reclamo scritto, tendente a chiedere una soddisfazione dal Governo Giapponese nel caso non la ottenesse ebbe a dirmi che per salvaguardare il suo amor proprio di artista avrebbe dovuto ricorrere alla stampa.

Mi riservo di esaminare il reclamo appena questo mi sia pervenuto per sapere se e come dovrò darvi corso. Intanto siccome il Corriere Americano deve partire ho stimato non dover ritardare di render conto all'Eccellenza Vostra delle circostanze che hanno accompagnato la definitiva chiusura dell'Accademia di

Belle Arti, prevista del resto fino dal momento in cui venne soppressa la Scuola di Scultura. Ne si saprebbe ragionevolmente spiegare l'esistenza di un'Accademia composta di un solo Professore.

  Il Cavaliere Sangiovanni del resto fu reso edotto di ciò cinque o sei mesi fa mediante avviso confidenziale che gliene feci dare dal Regio Console Conte Carcano, cosa di cui egli convenne meco.

  Nella lusinga che quanto ho fatto in oggi onde poter conservare la Scuola di Pittura, sebbene con un risultato così infelice, troverà presso l'Eccellenza Vostra la stessa benevola accoglienza che incontrarono gli sforzi da me fatti per conservare la Scuola di Scultura, non mi rimane che a pregare l'Eccellenza Vostra di voler gradire gli atti del massimo mio ossequio.

firmato E. Martin Lanciarez

147. 1882年12月31日付、外務省通商領事総局局長アウグスト・ペイロレーリ（外務大臣パスクアーレ・スタニスラオ・マンチーニに代わって）発、公共教育省宛文書

［レターヘッド］外務省通商領事総局
   第2局
   第1事務室
   第109号
   件名：東京美術学校

公共教育省宛
ローマ発、1883年1月31日付[*1]

 去る10月28日付第88号通達[*2]に関し、署名者は、尊敬に値する同僚へ返却をお願いしつつ、［工部］省が絵画教育も廃止して、現在までかの首都に存在している美術学校を閉鎖するという日本政府によって決裁された決定を伝えている同封の私たち在東京［イタリア王国］代理公使の報告書[*3]を急いでお送りします。

 公共教育省にも知られているように、その決定は、カヴァリエーレ勲章受章者マルティン・ランチャーレス［在日本イタリア王国代理公使］から数ヶ月前に予告されておりました。

大臣に代わって
A・ペイロレーリ

［到着印］公共教育省、1883年1月3日、第504号
［到着印］古代遺跡美術総局1883年1月3日
  配置5．P．G．
  総文書番号107

［上方に別の手で］報告書及び添付文書の複写をすること。

 *1 本文書の日付は1882年12月31日と書くべきところを1883年1月31日と書かれている。到着印の日付と次のdoc.148は本文書の返信と記されているので前者の日付が正しい。
 *2 doc.144を指している。
 *3 「工部美術学校関係史料」には保管されていない。

原文：**Lettera di Augusto Peiroleri, Direttore Generale dei Consolati e del Commercio, per conto di Pasquale Stanislao Mancini, Ministro degli Affari Esteri, al Ministero della Pubblica Istruzione, 31 dicembre 1882.**

［Intestazione］Ministero degli Affari Esteri Direzione Generale dei Consolati e del Commercio
Divisione 2ª
Ufficio 1
Numero 109
Oggetto: Scuola di Belle Arti di Tokio

Al Ministero della Pubblica Istruzione

Roma, addì 31 Gennaio 1883[*1]

Facendo seguito alla nota del 28 Ottobre ultimo scorso Numero 88, il sottoscritto si affretta a trasmettere, qui unito al suo onorevole Collega, con preghiere di rinvio, un rapporto del nostro Incaricato d'affari a Tokio, nel quale si informa il Ministero della decisione presa dal Governo del Giapponese di chiudere, sopprimendo anche l'insegnamento della pittura, l'Accademia di Belle Arti, finora esistente in quella Capitale.

Tale determinazione ci era già stata preannunciata, com'è noto al Ministero della Pubblica Istruzione, alcuni mesi or sono dal Cavaliere Martin Lanciarez.

Pel Ministro
A. Peiroleri

［Timbro dell'arrivo］Ministero di Pubblica Istruzione, 3 gennaio 1883, Numero 504
［Timbro dell'arrivo］Direzione Generale delle Antichità e Belle Arti, 3 gennaio 1883
Posizione 5. P. G.
Protocollato Numero 107

［a sinistra del testo di altra mano］si faccia copia del rapporto e delle lettere unite.

*1　La data di questa lettera è scritto "31 Gennaio 1883" invece di scrivere "31 dicembre 1882". Tenendo conto della data dei timbri dell'arrivo e la sua risposta（doc. 148）, è giusto il secondo.

148. 1883年1月13日付、公共教育省古代遺跡発掘総局長ジュゼッペ・フィオレッリ発、外務大臣パスクアーレ・スタニスラオ・マンチーニ宛文書案文（控え）

在ローマ、外務大臣閣下通商領事総局宛
総公文書番号107
配置番号5．P．G．
発出番号461
12月31日付への返答
第2局、第1事務室、第109号
件名：東京美術学校

ローマ発、1883年1月13日付
　日本政府が、断固としてその首都に絵画教育を維持しえないと明言したことを私はたいへん残念に思いますけれども、しかしながら、閣下へ私たちの在東京［イタリア王国］代理公使の同教育

について記された報告書*1を返却しつつ、政府が関与している教育が保持される結果に終わるよう試みた彼がおこなった全てのことに対し、この優れた職員にしかるべき謝意を、私からも、表することをただお願いするばかりです。

署名　フィオレッリ

*1　doc. 147で言及されている文書。「工部美術学校関係史料」には保管されていない。

原文：**Minuta della lettera di Giuseppe Fiorelli, Direttore Generale delle Antichità e Belle Arti del Ministero della Pubblica Istruzione, a Pasquale Stanislao Mancini, Ministro degli Affari, 13 gennaio 1883.**

Alla Sua Eccellenza il Ministro degli Affari Esteri Direzione Generale dei Consolati e del Commercio Roma
Protocollo Generale Numero 107
Numero di Posizione 5. P. G.
Numero di Partenza 461
Risposta a nota del 31 dicembre
Direzione 2, Sezione 1, Numero 109
Oggetto: Scuola di Belle Arti di Tokio

Roma, addì 13 gennaio 1883

Quantunque mi dolga assai che il Governo del Giapponese abbia recisamente dichiarato di non poter conservare nella sua capitale la scuola di pittura, tuttavia restituendo all'Eccellenza Vostra il rapporto fattole sulla scuola stessa del nostro Incaricato d'Affari a Tokio, non posso a meno di non pregarla di voler rendere, anche da parte mia, a quell'egregio funzionario le dovute grazie di quanto egli fece per vedere di riuscire a far mantenere dal suo Governo la scuola di cui si tratta.

firmato Fiorelli

149. 1884年6月18日付、在日本イタリア王国代理公使エウジェニオ・マルティン・ランチャーレス発、外務大臣パスクアーレ・スタニスラオ・マンチーニ宛文書の複写

［手書きのレターヘッド］王国のイタリア公使館

［在］ローマ、イタリア国王陛下の外務大臣閣下宛

東京、1884年6月18日

<u>複写</u>

いとも尊敬に値する大臣殿
　帝国美術学校の閉校が真実となった後で、美術学校に相次いで現れた複数の教師に、名誉となる特別な措置［以下に言及されている教師への叙勲］が認められることを達成するために、そのときまで工部省及び外務省において根回しをするのが私の義務だと考えました。
　私は、熟慮した2種のことに対しての要求を主張しました。はじめに、イタリア人教師によっ

て日本政府への任務を果たしたこと、そして美術学校の閉校は、教師たちが犯した落ち度によるものではなく、経済上の措置によるものであることを表明する必要性です。

　賞勲局が従属している宮内省は、日本政府から雇われている外国人になかなか勲章を授与しないという態度をし、工部省や井上［馨］氏によって熱心に後押しされ、擁護されましたけれども、交渉は長く難しいものでした。

　6ヶ月ほど経って、私の願いに応じるのが適切であることが、かろうじて賞勲局によって認められましたが、サンジョヴァンニ、ラグーザ、カッペッレッティの各教師へ単に旭日勲章勲六等を授与しようとしました。私は私の同国人である教師たちに対し、ここでは外国人事務労働者へ授章する下級の勲位を受け入れることはできませんでしたので、さらなる交渉が開始されました。

　そうこうしているうちに、周知のように大山将軍*¹の使節団がイタリアにおいて歓待の的になり、ここ［日本］においてたいへん喜ばしい印象を引き起こしましたので、私は、件の悶着を満足のいく、品格のある方法で直ちに解決されるように、井上氏に彼の影響力を行使するように促す機会を掴みました。

　実際、［イタリア国王］陛下は、当事者を来させるようにとの願いをもって、かかる最高の勲章を授与して下さり、数日後、［日本］帝国外務省は、ヴィンチェンツォ・ラグーザ、ジョヴァンニ・ヴィンチェンツォ・カッペッレッティ、カヴァリエーレ勲章受章者アキッレ・サンジョヴァンニに宛てた3つの勲章を私に贈られました。

　カッペッレッティ氏は得た特別待遇に対し大変な名誉であると表明し、井上氏へ書簡で感謝の意を表しました。ラグーザ氏へはパレルモに勲章と勲記を送り、その返信を待っていますが、喜んで受け入れるだろうと確信しています。

　カヴァリエーレ勲章受章者のサンジョヴァンニ氏は、王国領事に同僚と同等の勲章を受け入れる自尊心をもち合わせていないと言っておりましたが、長い熟考の後に悔い改め、その要請に謝意を表し、勲五等を受章しました。

　いとも令名高き大臣にあっては、私の最大限の敬意を受け取られますよう。

　　　　　　　　　　　　　　　　　　　　署名　E・マルティン・ランチャーレス

*1　大山巌陸軍卿を指している。

原文：**Copia del rapporto da Eugenio Martin Lanciarez, Incaricato d'Affari della Legazione d'Italia in Giappone, a Pasquale Stanislao Mancini, Ministro degli Affari Esrteri, 18 giugno 1884.**

　［Intestazione di mano］Regia Legazione d'Italia
　　　　　　　　　　A Sua Eccellenza il Ministro degli Affari esteri di Sua Maestà il Re d'Italia, Roma

　　　　　　　　　　　　　　　　　　　　　　　　　　　　　　　　　Tokio, 18 giugno 1884

　　　Copia

　　　Onorevolissimo Signor Ministro,
　　　　Dopo la verificatasi chiusura dell'Accademia Imperiale di Belle Arti, io credetti mio dovere di far passi fin d'allora presso questo Ministero dei Lavori Pubblici e presso quello degli Affari Esteri onde

ottenere che ai diversi Professori che si erano succeduti all'accademia venisse accordato una onorifica distinzione.

 Io appoggiava la mia domanda ad un doppio ordine di considerazioni, i servizi resi al Governo Giapponese dapprima dai Professori Italiani, e la necessità di dimostrare che la chiusura della Accademia non doveva attribuirsi che ad una misura di economia e non a demerito dei Professori che la componevano.

 I negoziati quantunque vivamente appoggiati e difesi dal Ministro del Lavori Pubblici e dal Signor Inouyé furono lunghi e difficili, il Ministero della Casa Imperiale, da cui dipende l'ufficio delle decorazioni mostrandosi restio assai da accordare onorificenze a stranieri stipendiati dal Governo Giapponese.

 Sei mesi or sono soltanto venne riconosciuto dal Decoration Board la convenienza di aderire al mio desiderio, ma si voleva accordare ai Professori Sangiovanni, Ragusa e Cappelletti la 6ª Classe solamente dell'ordine del sole Levante. Io non potevo accettare per Professori miei connazionali una classe che quì si vuole dare a degli impiegati forestieri di un ordine subalterno, e si intavolarono altri negoziati.

 In questo frattempo la Missione del Generale Oyama veniva fatta segno in Italia ad accoglienze tali, che produssero qui la più lieta impressione ed io colsi il destro per decidere il signor Inouyé ad usare della sua influenza onde venisse prontamente data una soluzione a tale vertenza in modo soddisfacente e decoroso.

 Giorni sono in fatti il Ministero Imperiale degli Affari Esteri mi trasmetteva tre insegne di Cavaliere del Sole Levante (5ª Classe) coi rispettivi diplomi, destinate ai Professori Vincenzo Ragusa, Giovanni Vincenzo Cappelletti e Cavaliere Achille Sangiovanni, ai quali Sua Maestà si era degnata conferire tale Sovrana onorificenza, con preghiera di farle pervenire agli interessati.

 Il Signor Cappelletti si dimostrò onoratissimo per la distinzione avuta e ne ringraziò per lettera il signor Inouyè. Ho spedito a Palermo al signor Ragusa la decorazione ed il diploma conferitigli e ne attendo riscontro che, non dubito, sarà di piena accettazione.

 Il Cavaliere Sangiovanni, il quale ebbe a dire al Regio Console non essere del suo decoro accettare una onorificenza di grado eguale a quella dei suoi compagni, dopo lunga e matura riflessione si è ravveduto ed ha ringraziato alla sua pretesa, accettando di buon grado la 5ª Classe.

 Voglia gradire, Onorevolissimo Signor Ministro, i sensi del mio massimo ossequio.

firmato E. Martin Lanciarez

150. 1884年8月26日付、公共教育省古代遺跡発掘総局長ジュゼッペ・フィオレッリ（公共教育大臣グイド・バッチェッリに代わって）発、外務省宛文書案文（控え）

［在］ローマ、外務省宛
総公文書番号14064
配置番号5．（P．G．）
発出番号11142
件名：サンジョヴァンニ、ラグーザ、カッペッレッティへの名誉称号

ローマ発、1884年8月26日付

　サンジョヴァンニ、ラグーザ、カッペッレッティへのかの政府によって認められた勲章についての、在東京イタリア王国公使館の報告を理解しました。なお、私の下に届いた報告書には貴省発の文書が添付されていなかったことをお知らせしつつ、感謝の意をもって、貴省に報告書をお返しします。

大臣に代わって

署名　フィオレッリ

記録文書へ保管するために添付の報告書の複写をすること。

原文：**Minuta della lettera di Giuseppe Fiorelli, Direttore Generale delle Antichità e Belle Arti, per conto di Guido Baccelli, Ministro della Pubblica Istruzione al Ministero degli Affari Esteri, 26 agosto 1884.**

Al Ministero degli Affari Esteri, Roma
Protocollo Generale Numero 14064
Numero di Posizione 5.（P. G.）
Numero di Partenza 11142
Oggetto: Onorificenze ai Professori Sangiovanni, Ragusa e Cappelletti

Roma, addì 26 agosto 1884

  Ho preso cognizione del rapporto della Regia Legazione d'Italia a Tokio, circa le onorificenze concesse da quel Governo ai Professori Sangiovanni, Ragusa e Cappelletti, e lo restituisco a cotesto Ministero con i miei ringraziamenti, avvertendo per altro che il rapporto meco mi pervenne da cotesto stesso Ministero senza nessuna lettera di accompagnamento.

Pel Ministro
firmato Fiorelli

Si faccia copia dell'unito Rapporto per conservarsi agli atti.

151. 1884年9月16日付、外務省政務行政局局長ジャコモ・マルヴァーノ（外務大臣パスクアーレ・スタニスラオ・マンチーニに代わって）発、公共教育省宛文書

［レターヘッド］外務省通商領事総局
　　　　　　第2局
　　　　　　第1事務室
　　　　　　第85号
　　　　　　件名：東京美術学校

公共教育省宛

ローマ発、1884年9月16日付

　前便と同じ問題に関し、署名者は謹んで日本政府が廃校となった東京帝国美術学院のイタリア人教師への承認証明書を発出し、旭日章勲五等の勲章を同人らに授けたということを、王国公共教育省にお知らせいたします。

大臣に代わって
マルヴァーノ

［到着印］公共教育省、1884年9月17日
［到着印］古代遺跡美術総局1884年9月17日

史　　料（doc. 151〜152）

配置 5.（総文書）
総文書番号 12930

原文：**Lettera di Giacomo Malvano, Direttore Generale degli Affari Politici e degli Uffici Amministrativi, per conto di Pasquale Stanislao Mancini, Ministro degli Affari Esteri, al Ministero della Pubblica Istruzione, 16 settembre 1884.**

［Intestazione］Ministero degli Affari Esteri Direzione Generale dei Consolati e del Commercio
　　　　　　　Divisione 2
　　　　　　　Ufficio 1
　　　　　　　Numero 85
　　　　　　　Oggetto: Accademia di Belle Arti in Tokio

Al Ministero dell'Istruzione Pubblica
　　　　　　　　　　　　　　　　　　　　　　　　　　Roma, addì 16 settembre 1884
　　Facendo seguito alle precedenti comunicazioni sullo stesso argomento, il sottoscritto si pregia d'informare il Regio Ministero della Pubblica Istruzione che il Governo del Giapponese, volendo dare un attestato di gradimento ai professori italiani della soppressa Accademia Imperiale di Belle Arti in Tokio, ha concesso ai medesimi la decorazione di V Classe del Sole Levante.
　　　　　　　　　　　　　　　　　　　　　　　　　　　　　　　　　Pel Ministro
　　　　　　　　　　　　　　　　　　　　　　　　　　　　　　　　　Malvano

［Timbro dell'arrivo］Ministero di Pubblica Istruzione, 17 settembre 1884
［Timbro dell'arrivo］Direzione Generale delle Antichità e Belle Arti, 17 settembre 1884
　　　　　　　　　　Posizione 5 Prot. Generale
　　　　　　　　　　Protocollato Numero 12930

152. 1884年9月23日付、公共教育省古代遺跡発掘総局長ジュゼッペ・フィオレッリ（公共教育大臣グイド・バッチェッリに代わって）発、外務大臣パスクアーレ・スタニスラオ・マンチーニ宛文書案文（控え）

［在］ローマ、外務大臣閣下通商領事総局宛
総公文書番号 12930
配置番号 5PG
発出番号 12446
9月16日付通達への返信
第2局、第1事務室、第85号
件名：東京美術学校

　　　　　　　　　　　　　　　　　　　　　　　　　　　ローマ発、1884年9月23日付
　廃校となった東京帝国美術学院のイタリア人教師へ、日本政府が承認した勲章についてお知らせ下さった報告に対して閣下にお礼申し上げます。そして本省の立場からも、日本政府に対してのみならず、当然のこととして、上述の勲章を提案し達成された在日本の我々の代表団へのしかるべき感謝の意を表して頂ければ幸いです。

569

大臣に代わって
署名　フィオレッリ

原文：**Minuta della lettera di Giuseppe Fiorelli, Direttore Generale delle Antichità e Belle Arti, per conto di Guido Baccelli, Ministro della Pubblica Istruzione, a Pasquale Stanislao Mancini, Ministro degli Affari Esteri, 23 settembre 1884.**

A Sua Eccellenza il Ministro degli Affari Esteri Direzione Generale dei Consolati e del Commercio Roma
Protocollo Generale Numero 12930
Numero di Posizione 5 PG
Numero di Partenza 12446
Risposta a nota del 16 settembre
Direzione 2, Sezione 1, Numero 85
Oggetto: Accademia di Belle Arti in Tokio

Roma, addì 23 settembre 1884

Ringrazio Vostra Eccellenza della comunicazione che Ella si piacque di farmi circa le decorazioni concesse dal Governo del Giapponese ai Professori italiani della soppressa Accademia di Belle Arti in Tokio, e Le sarò grato se vorrà anche da parte di questo Ministero porgere le dovute azioni di grazie non solo a quel Governo, ma anche al nostro Rappresentante colà residente, che giustamente propose ed ottenne le decorazioni suddette.

Pel Ministro
Fiorelli

153. 1872年カノニカ財団主催建築設計競技のためのジョヴァンニ・ヴィンチェンツォ・カッペッレッティによる「大ホテル」案説明書

Descrizione del progetto di un *Grande Albergo* scritta da Giovanni Vincenzo Cappelletti nel 1872 per il Concorso della Fondazione Canonica.

Descrizione del progetto di un Grande Albergo per una popolosa Città - contradistinto[sic] coll'Epigrafe Prosperità.

Nel compilare la pianta di tale progetto fu cura dell'autore di tenere per quanto gli fu concesso dalla sua capacità, una facile e semplice distribuzione che più meglio addicesi a tal generi[sic] di Edifizi sia per la facilitazione del servizio che per le comodità volute, come anche per le condizioni d'igene[sic], della luce, e libera ventilazione non meno d'una certa spaziosità dei locali avuto riguardo a tutte le esigenze stabilià dal Programma.

Per cui introdussse nell'edificio tanti cortili quanti stimò necessarii per le condizioni sucitate[sic] ponendo nel mezzo un vasto cortile principale, anche [per] centralizzare la parte più consacrata alla frequenza dei forastieri[*1]. Due altri cortili a lato uno pel servizio della cucina e locali annessi, l'altro pel servizio delle scuderie e sue dipendenze. Altro libero spazio corrispondente alla via secondaria, parvegli necessario di ridurlo ad uso giardino con getto d'acqua, e di quella dimensione per quanto seppe disporre. L'introduzione del quale per la comodità e ricreazione le forastieri che intervengano gli sembrò indispensabile massime[sic] nei tempi odierni, ove tali costruzioni vanno tutto sempre più diffondendosi ovunque.

Altri due cortili minori uno pel disinpegno[sic] di bagni circostanti e suoi servizi annessi, l'altro per le scuderie pel servizio di Città, e sue relative dipendenze e comodità.

Quattro altri cortiletti trovansi distribuiti ripartitamente ad esclusivo servizio degli annessi locali e meglio facilitare la ventilazione delle scuderie della cucina. In uno di questi cortiletti e precisamente quello segnato in A corrispondente ai bagni, è destinato al piccolo cavallo d'alimentazione dei serbatoi d'acqua calda per i bagni e riscaldamento d'acqua fredda del rifornitore della colonna idraulica elevatrice e serbatoi d'acqua fredda pel servizio dei piani superiori.

Situò la cucina in una parte che più gli parve adattarsi alla comodità delle vicine sale da pranzo per compagnie, ed altri locali inerenti ed al pronto e facile servizio rispetto alla disposizione locale della gran sala da pranzo superiormente [una parola non chiara].

L'introduzione delle botteghe da Profumeriere e Parucchiere gli parve pure necessaria per la comodità dei forastieri, come anche la località (opportuno...) situandola in vicinanza ai bagni e corrispondenti alla via seccondaria[sic]. Così pure dei locali di trattoria e Caffe sala da bigliardo ponendoli rispetto al giardino (parola danneggiata) alla via seccondaria[sic] perchéanche i conduttori di tali esercizi ne possano godere un maggiore vantaggio trovandosi in comunicazione coll'esterno. Il passaggio poi dei forastieri comunicanti coll'altra via debbono essere vigilati con quelle convenzioni [fra] il proprietario dell'albergo ed i conduttori stessi che sono di pratica in simili casi.

Destinò il lato sinistro del fabbricato per le scuderie ed i suoi locali di servizio e rimesse ed altre (dipendenze) tenendole così affatto segregate dalla corte civile all'uopo d'allontanare anche il romore dell'andirivieni dei cavalli e veicoli e con queste non imbarazzare le frequenze continue dei pacifici forestieri.

Intese poscia che il passaggio dei veicoli fosse praticato dalla parte della via secondaria, mentre l'ingresso delle carozze e dei cavalli dei forestieri venga fatto dalla via principale entrando dal vestibolo.

I locali di Posta, Telegrafo, Amministrazione e cassa sono situati nella fronte corrispondente alla via principale, come meglio sembra opportuno per la comodità di questi uffici, per sicurezza e vigilanza del proprietario.

Due grandi scaloni ammettono al primo piano, e per facilitare la frequenza di forestieri nelle creazioni delle feste che si terranno nella gran sala da pranzo. Infine introdusse per maggiore comodità un locale consacrato all'uso della macchina elevatrice pei forestieri, e per l'innalzamento dei bagagli sino al secondo piano.

L'esperienza fatta dalle osservazioni degli edifici di tal genere ultimamente costruiti nei diversi paesi nazionali ed esteri, e le relazioni dei viaggiatori su quelli d'Inghilterra, Francia, Svizzera, e sulle rive del reno arrecano che l'opulenza anziché un modesto lusso predomina e riveste ogni lato dell'edificio massime quelle parti consacrate alla contemplazione dei frequentatori; basta qui il solo citare a mo d'esempio il più sontuoso, agiato ed ampio albergo sinora esistente quale il metropolitano Hotel in Nuova York detto il S. Nicola che secondo le relazioni dei più recenti viaggiatori per ciò che riguarda alla magnificenza nulla gli sta a confronto.

Volle così usare di tali confronti, perché non vorrebbe che le proprie idee fossero in certi (posti) interpretate come tendenti ad un lusso superfluo.

Due grandi salotti corrispondenti ai due grandi saloni servono all'ingresso della gran sala da pranzo.

Gran Sala da Pranzo

L'ubicazione di questa gran sala gli parve al concorrente decisamente la più idonea situandola corrispondente alla fronte principale siccome la parte più cospiqua di tutto l'edificio, e per tutte quelle ragioni che rendono indispensabile nelle grandi solennità l'affacciarsi al publico dal balcone come accade alle pubbliche autorità e delegazioni.

In quanto alla decorazione interna di questa gran sala fu intenzione del concorrente per quanto seppe approfittarsene delle proprie idee una decorazione idonea alla grandezza voluta che rispondesse meglio all'uso cui è destinata avuto riguardo al carattere d'Architettura ch'esso impresse a trattare che in quanto a decorazioni simili forse non avrà troppi esempii. Preferì inoltre a rilevarsi in prima, è la linea architettonica piùttosto che un molteplice amasso[sic] ornamentale essendo che questo un puro rivestimento della prima di cui ogni parte ne è sempre susciettibile[sic]. L'introduzione del colonnato a piccole colonne accopiate per accresciere[sic] il lusso dovuto e produrre un buon effetto sovrapronendo una loggia all' (ingire) comunicante col piano superiore e che può servire nelle ocasioni[sic] di feste a quelle comodità ed usi che già l'esperienza di tali introduzioni diede sempre buoni efetti.

Permettendo innoltre[sic] d'intrudurre[sic] più direttamente la luce dalla parte del cortile. In quanto al genere di costruzione della decorazione intenderebbe fosse fatta di rilievo plastico applicato alle murature ed al ferro con tutte le regole dell'arte, somministrate dalle più recenti applicazioni. [una parola che l'autore ha cancellato] e col bianco di detto rilievo con opportuni fili dorati ma senza profusione e con fondi a colori sembragli il genere di decorazione che intenderebbe addottare e che meglio possa produrre un maggiore effetto che meglio risponda al carattere dello stile addottato a meno che non si voglia aver riguardo al troppo dispendio, costruendola in pietra.

Le camere da letto, i salotti, cabinetti[sic] possonsi tenere tanto separati, che comunicanti tra loro in modo da formare tanti appartamenti decorati ciascuno ni[sic] diverso stile e foggia a maggiore aggradimento e capriccio dei forastieri.

Riguardo alle abitazioni degli impiegati ed altre persone inerenti al servizio dell'albergo ove parimenti trovansi le guardarobe, camere da lavoro, più venticinque camere da letto calcolate con cinque salotti che uniti a quelli degli altri piani formano il numero richiesto dal Programma.

Il salone occupando in altezza il primo ed il secondo piano, e quindi rispetto all'interno non formando che un unico piano il concorrente non trovò logico che nel suo aspetto e (tono) avesse a mentire la interna disposizione ed è perciò che nella facciata introdusse i finestroni a tutta luce comprendendo i due piani in armonia al carattere di tutto l'edificio dividendoli con uno scomparto addatto e corrispondente al parapetto interno.

Epigrafe.
Prosperità

*1 原文には"forastieri"と"forestieri"が混同して使用されている。

154. 1877年1月8日付、ジョヴァンニ・ヴィンチェンツォ・カッペッレッティ発、大蔵卿大隈重信宛文書[*1]

東京'77年1月8日

閣下

　閣下の建築家の知遇を得る喜びにはまだ浴しておりませんが、失礼を顧みず、閣下が建設中の建物用の柱頭の素描数枚をお送りいたします。

　上述の建築は上品な様式をもっていると拝察されますので、できる限り、然るべき風格のある古代風の柱頭を作るべきだと思いました。

　そして、閣下がシーボルト男爵とともに私にお見せになったコンポジット式オーダーの柱頭は、[一語不明]とてもきれいであり、ロッジアの支柱として悪くないものになろうかと考えます。

史　　料 (doc. 154)

かような考えをもって、失礼を顧みずこれに関する数枚の下絵を閣下へお送りいたします。それらが何らかの価値を有し、閣下のご一考に足るものであるように期待しつつ。

閣下が小生の案に満足されますよう。

敬具

カッペッレッティ、V・G

[上部に別の手で] 161

*1　目録には「Cappellittis」とあるが署名からカッペッレッティと確認できる。『大隈文書目録』早稲田大学大隈研究室編、早稲田大学図書館、1952年、273頁参照。

原文：Lettera di Giovanni Vincenzo Cappelletti dell'8 gennaio 1877 a Shigenobu Ôkuma, Ministre delle Finaze e dell Tesoro.

A son Exellance
Monsieur Ocuma minister des Finance

Tokio 8 Janvier 77

Son Excellance

　　N'ayant pas eu ancore le plaisir de faire la connaysance[sic]*1 avec l'Architecte di Votre Excellance je me prende[sic]*2 la liberté Vous envoyer quelque esquisse des chapiteaux pour la maison en construction de Votre Sieur.
　　Comme l'Architecture du [susdit] palait ayant du stile de genre, je me suis tenue à faire des chapiteaux plutôt [en ancien] plus que possible avec le dit caracter.
　　Et je serait d'avis que le chapiteaux d'ordre composite que Votre Excellance m'a montre avec Monsieur Le Baron Siebold, [quagne] soit il tres joulie[sic]*3, ariverait il pas bien applique a[sic]*4 soutenir une loge.
　　C'est avec cette consideration que je me suis pris la liberté d'envoyer à Votre Excellance quelques ébauches en propos, dan[sic]*5 l'espoire que s'ils auront une merite quelqunque[sic]*6 Vous les faront dige[sic]*7 de Votre consideration.
　　Agree[sic]*8. Monsieur le Minister s'apurairce de ma tante consideration.

Notre Devoir
Cappelletti V. G.

[in alto di altra mano] 161

*1　connaissance
*2　prends
*3　très jolie
*4　à
*5　dans
*6　quelconque
*7　feront digne
*8　Agrée

573

155. 1875年11月12日付、オスカッレ・カポッチ発、ナポリ大学学長アンジェロ・スカッキ宛文書の写し

［レターヘッド］イタリア王国、ナポリ王立大学

写し

ナポリ発、1875年11月12日

拝啓
　署名者［カポッチ］、この王立大学の建築の臨時教員は、謹んで以下のことを貴殿に申し上げます。
　イタリア政府は、日本政府から、同地へ赴き、3年間ある条件の下で、絵画、彫刻、建築を教えるつもりのある3人の芸術家を指名するようにとの要請を得ました。そして既にしかるべき時に署名者は、候補者の1人に数えられるべく適切な書類を揃えました。しかし、彼の境遇からすれば、引き受けた義務を果たして帰国した際に、現在本大学で彼が従事している職に戻ることができるということを予め確認できないのであれば、そこへ行くことに同意できないでしょう。
　抜擢されるという栄誉が上述の者［署名者］に振り落ちた場合に、彼の願いが聞き入れられ、安心して出かけていくことを可能とすべく、監督官庁である公共教育省において恐縮ですが貴殿の説得力のある言葉が尽くされますように、このように手短に閣下に要点を説明し、署名者としては、切なる要求に対し閣下へ助力を求めるばかりです。
　署名者は、公共教育省並びに閣下が要請をおこなった日本人の政府に対し、人選任務を請け負ったイタリア人を満足させるべく、あらゆる配慮と力添えが向けられるでしょうことを、少しの疑いもなく確信しております。

署名者　オスカッレ・カポッチ
［原文］一致の写しとして
書記長
ヴォルピチェッロ

原文：**Copia della lettera di Oscarre Capocci del 12 novembre 1875 trasmessa dal Rettore dell'Università di Napoli, al Ministero della Pubblica Istruzione.**

［Intestazione］Regno d'Italia, Regia Università di Napoli

Copia ec:

Napoli, 12 novembre 1875

　Illustrissimo Signore: Lo scrivente Professore straordinario di Architettura in questa Regia Università, ha l'onore di esporre alla Signoria Vostra quanto segue:
　Il governo Italiano ebbe invito da quello del Giapponese, di designare tre artisti che volessero recarsi colà ad insegnare, per tre anni ed a certe condizioni, Pittura, Scultura ed Architettura, e già a suo tempo il sottoscritto fece le opportune pratiche per essere annoverato fra i candidati; senonchè le sue condizioni non gli consentirebbe lo andare[sic], quando non fosse prima accertato che al suo ritorno, adempito all'obbligo assunto, egli potesse tornare al posto che attualmente occupa in questa Università. Esposto così succintamente il fatto alla Signoria Vostra, non rimane al sottoscritto che rivolgerle le più vive istanze perché voglia benignarsi a spendere la sua autorevolissima parola presso il superiore Ministero della Pubblica Istruzione, acciò il suo desiderio venga ascoltato, ed egli possa andarsene tranquillo quando

l'onore della scelta cada sovr'esso.
　　　Egli spera che tanto il Ministero della Pubblica Istruzione quanto Vostra Signoria non dubiteranno menomamente che ogni sua cura e forza sarà rivolta a contentare ed il Governo del Giapponese che fece la richiesta, e l'Italiano che accettò l'incarico della scelta. - firmato: Oscarre Capocci
Per Copia Conforme
Il Direttore della Segretario
Volpicello

156. 1875年11月13日付、ナポリ王立大学学長アルカンジェロ・スカッキ発、公共教育大臣ルッジェーロ・ボンギ宛書簡

［レターヘッド］イタリア王国　ナポリ王立大学
　　　　　　　第1975号
　　　　　　　件名：カポッチ教授の嘆願

［在］ローマ、公共教育大臣閣下宛

ナポリ発、1875年11月13日

　［原文］一致の写しとして、閣下へ建築の臨時教員オスカッレ・カポッチ氏の嘆願書を送ります。彼は、日本における3年間の特別な任務のために、イタリア政府によって抜擢された場合に、帰国に際し、我が大学において現在保有している職が［他者に］占有されていないように望んでいます。
　私が非公式に意見を求めた学部の教授たちは、カポッチの願いに対して賛成の見解を表明しました。
　彼らは、日本における同氏の特別な任務は、イタリアへの栄誉ある結果という成果を挙げなければならないものであり、また彼が我々の学生を教育する方法にはたいへん満足しているので、代替するのが困難である同僚を失うのは遺憾であると考えています。
　私としては、数学部の教授たちの意見に従い、閣下にカポッチ氏の嘆願を依頼しなければならない義務を感じています。

学長
A・スカッキ

［到着印］公共教育省　1875年11月14日　第46327号
［手書きで］第3局　第84　15／11号

　原文：**Lettera di Arcangelo Scacchi, Rettore della Regia Università di Napoli, a Ruggiero Bonghi, Ministro della Pubblica Istruzione, 13 novembre 1875.**
　　［Intestazione］Regno d'Italia, Regia Università di Napoli
　　　　　　　Numero 1975
　　　　　　　Oggetto: Istanza del Professore Capocci

A Sua Eccellenza Il Ministro dell'Istruzione Pubblica Roma

Napoli, 13 novembre 1875

　　Rimetto per copia conforme all'Eccellenza Vostra una istanza del Professore straordinario di architettura Signor Oscarre Capocci, il quale nel caso che fosse scelto dal Governo Italiano per una missione triennale nel Giappone, desidera che al suo ritorno non trovi occupato il posto che ora tiene nella nostra Università.

　　I professori della Facoltà che ho confidenzialmente consultato mi han manifestato il loro avviso favorevole ai desiderii[sic] del Capocci, sì perché essi credono che la missione del medesimo al Giappone debba riuscire per l'esito onorevole all'Italia, come pure perché, essendo contentissimi della maniera come egli istituisce [sic] i nostri studenti, sarebbero dispiaciuti di perdere un collega difficile a rimpiazzarsi.

　　Per parte mia uniformandomi all'avviso dei professori della Facoltà di matematica, sento il dovere di raccomandare all'Eccellenza Vostra l'istanza del Capocci.

Il Rettore
A. Scacchi

[Timbro dell'Arrivo] Ministero di Pubblica Istruzione, 14 novembre 1875, N. 46327
[a mano] Divisione 3
　　N.84　15/11

157. 1875年11月16日付、オスカッレ・カポッチ発、公共教育大臣ルッジェーロ・ボンギ宛文書
公共教育大臣閣下殿宛

閣下
　もし閣下が、日本人の政府へ建築教師を推薦するのに署名者が相応しいと判断されるのであれば、彼は感謝の意をもって任務に応じると、閣下に表明します。
　彼が選抜される結果になったところで、彼の3年間の不在に際しての許可を得られることを目的とした、本大学の学長氏の事務局から閣下に既に到着したはずの件に関して[*1]。
　本状で、閣下が話題になっている許可を彼に是認しうると判断される場合には、署名者[カポッチ]は栄えある特別な任務に応じることを表明します。

ナポリにて　1875年11月16日　オスカッレ・カポッチ

[到着印] 公共教育省　1875年11月18日　第46327号
[手書きで] 第3局　第8570　18／11号
[上方に別の手で] 13／ナポリ　35
　　　　　　　　11411／11月26日
[文書の右側に別の手で] 本事務所へ来訪した。第3局の配慮として、本省は、日本からの帰国まで、ナポリ大学における臨時教員の職をカポッチ氏のために保持しておくことはできないと返答した。

　*1　文章はここで切れている。

史　　料（doc. 157〜158）

原文：**La lettera di Oscarre Capocci, a Ruggiero Bonghi, Ministro della Pubblica Istruzione, 16 novembre 1875.**

A Sua Eccellenza
Il Signor Ministro di Pubblica Istruzione

Eccellenza
　　Se Ella giudica degno il sottoscritto di proporlo a Professore di Architettura al Governo del Giappanese, egli manifesta a Vostra Eccellenza che accetterebbe con riconoscenza lo incarico.
　　Relativamente a ciò deve essere già pervenuto a Vostra Eccellenza un'ufficio del signor Rettore di questa Università tendente a fargli ottenere un permesso per la sua triennale assenza ove egli risultasse prescelto.
　　Colla presente il sottoscritto dichiara che accetterebbe l'onorevole missione anche nel caso che Vostra Eccellenza non credesse potergli accordare il permesso in parola.

Napoli 16 novembre 1875 Oscarre Capocci

［a destra del testo di altra mano］Venne questo ufficio - e per cura della Divisione 3ª si rispose che il Ministero non può promettere al professore Capocci di mantenergli il posto di Professore straordinario nella Università di Napoli fino al suo ritorno dal Giappone.
［Timbro dell'arrivo］Ministero di Pubblica Istruzione, 2, 18 novembre, 1875, N. 46327
［a mano］Divisione 3, N. 8570 18/11
［in alto di altra mano］13/Napoli 35　11411/26 novembre

158.　1875年11月18日付、公共教育省事務次官エンリーコ・ベッティ（公共教育大臣ルッジェーロ・ボンギに代わって）発、ナポリ王立大学学長アルカンジェロ・スカッキ宛文書

［レターヘッド］イタリア王国　公共教育省
　　　　第3局　第1課
　　　　配置番号　13
　　　　総公文書番号　46327／8403号
　　　　発出番号　9998
　　　　件名：カポッチ教授の嘆願

ナポリ王立大学学長宛

ローマ発、1875年11月18日付

　残念ですが、オスカッレ・カポッチ教授が私のところへ問われた保証を決して与えることはできません。彼は毎年の確認が必要な臨時教員です。そのような条件の教師に対し、本省はたとえ勤務先において継続するつもりの場合であっても確実な未来の保証を与えることはできないでしょう。ましてや、勤務を中断した後の新たな任用の保証はなおさらです。
　確かに、優れた教授が旅から戻った時に、政府は彼の功績も彼によって果たされた任務も、彼の大学のキャリアを中断させた名誉ある理由も忘れていないでしょう。しかし、貴下がカポッチ教授のために彼のポストを留保し、彼に再び認めようとし、また認めさせようとしている正式な約束は、私も、どんな大臣でも、できないでしょう。

大臣に代わって
署名　ベッティ

原文：**Minuta della lettera di un funzionario Betti, per conto di Ruggiero Bonghi, Ministro della Pubblica Istruzione, a Arcangelo Scacchi, Rettore della Regia Università di Napoli, 18 novembre 1875.**

［Intestazione］Regno d'Italia, Ministero della Istruzione Pubblica
　　　　　　　Divisione 3ª, Sezione 1ª
　　　　　　　Numero di Posizione 13
　　　　　　　Numero di Protocollo Generale 46327/8403
　　　　　　　Numero di Partenza 9998
　　　　　　　Oggetto: Istanza del Professor Capocci

Al Rettore della Regia Università di Napoli

Roma, addì 18 novembre 1875

　　Ne sono dispiacente, ma l'affidamento che il Professore Oscarre Capocci chiede da me non lo posso dare in alcun modo. Egli è Professore straordinario che abbisogna ogni anno di conferma; e ai professori siffatta condizione, il Ministero non potrebbe nemmeno dare affidamento di futura conferma, quando anche intendessero continuare nell'ufficio loro: molto meno poi quello di una nuova nomina dopo interruzione di servizio. Certamente allorché l'egregio Professore tornerà dal suo viaggio, il Governo non potrà dimenticare i meriti suoi, né i sevizi da lui resi, né la causa onorevole che gli fece interrompere la sua carriera Universitaria, ma la Signoria Vostra intenderà e farà intendere al Professore Capocci che la promessa formale di conservargli il suo posto e di riammertevelo né io, né, penso, alcun Ministro la potrebbe fare.

Pel Ministro
firmato Betti

159. 1876年5月31日付、ナポリ王立大学学長アルカンジェロ・スカッキ発、公共教育省宛文書

［レターヘッド］イタリア王国　ナポリ王立大学
　　　　第1100号
　　　　件名：1876～77年度カポッチ教授の承認

［在］ローマ、公共教育大臣閣下宛

ナポリ発、1876年5月31日付

　大学規定第75条に厳正に一致して、去る3月15日の法令によって、貴省は、本大学の嘱託及び臨時教員の1876～77年度に向けての教育について承認するでしょう。
　現在、上述の法令の中に含まれていない建築素描の臨時教員であるオスカッレ・カポッチ氏は、彼の他の同僚と等しく、同様の承認を求めており、私は、閣下がかかる申請を受理してくださいますようお願いいたします。

学長
Ａ・スカッキ

［到着印］公共教育省　1876年6月1日　第31094号

史　　料（doc. 159〜160）

［手書きで］第3局　第4849-16号

［上方に別の手で］前文書と統合する

［文書の左側に別の手で］日本へ行くはずだった。公文書録あり。

［端に別の手で］承認せよ。

原文：**Lettera di Arcangelo Scacchi, Rettore della Regia Università di Napoli, a Michele Coppino, Ministro della Pubblica Istruzione, 31 maggio 1876.**

［Intestazione］Regno d'Italia, Regia Università di Napoli
Numero 1100
Oggetto: Conferma del Professore Capocci per l'anno scolastico 1876-77

A Sua Eccellenza
Il Ministro della Pubblica Istruzione Roma

Napoli, addì 31 maggio 1876

Codesto Ministero in conformità dell'articolo 75 del Regolamento Universitario in rigore, con decreto del 15 marzo ultimo scorso confermerà nell'insegnamento per l'anno scolastico 1876-77 di Professori Incaricati e straordinarii di questa Università.

Ora il signor Oscarre Capocci, Professore Straordinario del Disegno di Architettura, il quale non trovasi compreso nel sopradetto decreto chiede la stessa conferma al pari degli altri suoi colleghi ed io prego l'Eccellenza Vostra di voler accogliere tale istanza.

Il Rettore
A. Scacchi

［Timbro dell'arrivo］Ministero di Pubblica Istruzione, 1 giugno 1876, N. 31094
［a mano］N. 4849 - 1/6
［in alto di altra mano］Unire i precedenti.
［a sinistra del testo di altra mano］Doveva andare al Giappone. C'è un carteggio ufficiale.
［a lato di altra mano］Si faccia la conferma.

160. 1876年8月12日付、公共教育省第3局第1課課長ルイジ・ザンフィ発、同省第2局宛文書案文（控え）

第2局宛

総公文書番号　21094　4849号

第3局

第1課

配置番号　13

発出番号　8387

件名：カポッチ教授

ローマ発、1876年8月12日付

　貴省にあっては、オスカッレ教授が昨年、日本政府に建築の教師の職に指名された［一語不明］ために提案した要求に関して、どのような措置が取られたかを第3局にお知らせ願いたい。

579

課長

署名　ザンフィ

原文：**Minuta della lettera di Luigi Zanfi, Capo Sezione della Divisione Terza del Ministero della Pubblica Istruzione, alla Divisione Seconda del medesimo Ministero, 12 agosto 1876.**

Alla Divisione 2ª
Protocollo Generale Numero 21094 4849
Divisione 3
Sezione 1
Numero di Posizione 13
Numero di Partenza 8387
Oggetto: Capocci Professore

Roma, addì 12 agosto 1876

Si prega di codesta Divisione di far conoscere, alla 3ª Divisione quale provvedimento sia stato preso intorno alla domanda presentata pel [una parola non comprensibile] dell'anno ultimo del Professore Oscarre per essere proposto al Governo del Giappone per la cattedra di Architettura.

Il Capo Sezione
firmato Zanfi

161. 1876年8月14日付、公共教育省第2局局長ジュリオ・レザスコ発、同省第3局局長宛文書案文（控え）

［レターヘッド］イタリア王国　公共教育省
　　　　　第2局
　　　　　　　配置番号　35
　　　　　　　総公文書番号　8339
　　　　　　　発出番号　8136
　　　　　　　件名：オスカッレ・カポッチ

第3局局長宛

ローマ発、1876年8月14日付

　オスカッレ・カポッチ氏は、東京美術学校の建築教師の公務のために日本政府によって提示された条件に応じなかったので、そのポストには他の者が選ばれました。

第2局局長
G・レザスコ

原文：**Lettera di Giulio Rezasco, Direttore Capo della Divisione Seconda del Ministero della Pubblica Istruzione, a Prospero Padoa, Direttore Capo della Divisione Terza, 14 agosto 1876.**

［Intestazione］Regno d'Italia, Ministero della Istruzione Pubblica
　　　　　Divisione 2ª
　　　　　Numero di Posizione 35
　　　　　Numero di Protocollo Generale 8339
　　　　　Numero di Partenza 8136

史　　料（doc. 161〜162）

Oggetto: Oscar Capocci

Signor Direttore Capo della 3ª Divisione

Roma, addì 14 agosto 1876

　　　Il Signor Oscarre Capocci non avendo accettato le condizioni poste dal Governo Giapponese per l'ufficio di Professore di Architettura nella Scuola di Belle Arti di Tokio fu eletto un altro in luogo suo.

Il Direttore

Capo della 2ª Divisione

G. Rezasco

［a lato del testo di altra mano］Divisione 3, N. 7256　10/8
［in alto di altra mano］13

162. 1877年4月11日付、在カルカッタ・イタリア王国領事館総領事ジョヴァンニ・ガッリア発、パレルモ天文観測所天文学者ピエトロ・タッキーニ宛文書

［レターヘッド］カルカッタ、イタリア国王陛下総領事

令名高きコメンダトーレ勲章受章者ピエトロ・タッキーニ教授殿
パレルモ天文観測所天文学者

1877年4月11日付

いとも敬愛なるコメンダトーレ勲章受章者

　プロスペロ・フェッレッティ教授の功績並びに天分は、本当にイタリアの名誉となっております。当地の新聞に鼓舞されたイタリアの新聞が我々の同胞を称賛してきたのは当然のことです。彼は1874年の東洋の展覧会において首位にふさわしい者として知られました。その後、副国王[*1]のための制作をおこなうために招かれ、宮廷に迎え入れられました。1874年11月にはノースブルック卿の［一語不明］に出席しました。1875年12月21日にはプリンス・オヴ・ウェールズに謁見し、引き続き宮廷入りを許され、現在の副国王リットン卿にも謁見しました。これら全てのことは、「イングリッシュマン」「ステーツマン」「インディアン・デイリー・ニュース」といった公の刊行物においても確かめられます。

　フェッレッティ氏はたいへん名声を博しております。そして彼に名誉となる記章が授与されるようにと、貴方様が熟慮するに値します。こんなにも称賛に値する同胞に賞を授けて勇気を与えることに関しては、私はこれからもずっと貴方様の働きかけを支持し励ましましょう。

　卓越せるコメンダトーレ勲章受章者殿に私の最も明白な敬意を表する表現が受け入れられますように。

敬具

ジョヴァンニ・ガッリア

［以下、略］[*2]

*1　誰のことを指しているのか不明。
*2　以下はフェッレッティと全く関係のない話題が続く。

原文：**Lettera di Giovanni Gallia, Console Generale italiano a Calcutta, al Professore Pietro Tacchini, Astronomo della Specola di Palermo, 11 aprile 1877.**

［Intestazione］Consolato Generale di Sua Maestà Il Re d'Italia Calcutta

Illustrissimo Signore
Signor Commendatore professor Pietro Tacchini
Astronomo della Specola di Palermo

addì 11 Aprile 1877

Pregiatissimo Signor Commendatore,
 I meriti e le doti del professore Ferretti Prospero, sono veramente tali da far'onore all'Italia. A ragione la stampe italiana inspirata da questi giornali locali, faceva elogio al nostro connazionale, il quale in quest' esposizione orientale del 1874 seppe meritarsi il primato, in seguito di che, fu chiamato ad eseguire lavori pel Vice Re, ed ammesso a Corte prese parte al ［una parola con comprensibile］ di Lord Northbrook nel Novembre del 1874. A' 21 Dicembre 1875 fu presentato al Principe di Wales, e continuò ad essere ammesso a Corte, anche fatto il governo dell'attuale Vice Re Lord Lytton. Tutto ciò, è pur confermato dalle pubblicazioni ufficiali dell'Englishman, dello Statesman e dell'Indian Daily News.
 Il Signor Ferretti gode veramente di buona fama, e sono dello di Lei opinione che merita d'essere preso in considerazione, onde sia gli conferito un distintivo onorifico. Io sarò sempre per appoggiare ed incoraggiare la di Lei opera, allorché trattasi di premiare ed incoraggiare un sì degno connazionale.
 Gradisca Egregio Signor Commendatore, gli atti di mia più distinta considerazione.

Devotissimo
Giovanni Gallia

［ecc. ecc.］

163. 日付なし、ピエトロ・タッキーニ発、ミケーレ・コッピーノ公共教育大臣宛、フェッレッティへのイタリア王国カヴァリエーレ勲章任命のための推薦状

閣下
 レッジョ・エミーリア出身のプロスペロ・フェッレッティは、カルカッタでの画家のポストのためのミラーノでの採用試験で生活の糧を得た後、その遠い地方で気に入られ、モデナ美術学校に学んでいた時期から時をおかずに卓越した画家としての名声を獲得しました。彼の家が破産してから3年の間、勉強を開始するための後ろ盾もありませんでした。しかし運良くフェッレッティの性格と能力が独力での学習を可能にし、短期間で多くの仕事を手に入れることになり、自身の地位を確固としたものにしました。カルカッタ領事とともにおこなったパレルモの地質学博物館にインド象の頭部を入手させる目的の交渉に［フェッレッティが］関与した件により、彼に十字架形のカヴァリエーレ勲章を授章させるべく尽力することを私はその領事に提案し、その領事はカルカッタのイギリス人社会においてフェッレッティが得た評価について説明すべく書かれた添付の書簡によって私に返答しました。
 フェッレッティはレッジョ・エミーリアの良家の［一語不明］であり、教育を受けました。そして、イギリス（植民地下の）インドの首都においてイタリアの誉れとなった限られた者の一人であり、奨励されるに値します。私は彼と1874年から1875年に、カルカッタにおいて個人的に知り合い、あらゆる考察からして、卓越した功績のある若者であることを断言できます。そしてイタリア人として、私は閣下にこのような提案──［一語不明］、つまりかの地方において功労が

582

史　　料（doc. 163〜164）

あったように、より良い事業をするためにフェッレッティは確実に役に立つでしょう——、をするのは光栄であると考えます。

尊敬に値する閣下のための
あなたの
P・タッキーニ

［上方に別の手で］［4語不明］
　　　　フェッレッティ

原文：**Lettera di presentazione per la nomina del Cavalier della Corona d'Italia da Pietro Tacchini, Senatore a Michele Coppino, Ministro della Pubblica Istruzione, non datata.**

Eccellenza

　　Prospero Ferretti di Reggio-Emilia dopo guadagnato il concorso a Milano per un posto di pittore a Calcutta, egli si gustò in quelle lontane contrade e ben presto si acquistò nome di distinto artista, allievo dell'accademia di Belle Arti di Modena. Dopo tre anni fallita la casa presso la quale trovavasi impiegato, rimase isolato e senza mezzi per aprire prontamente uno studio per proprio conto. Il ben volere però, la permetta di carattere e la abilità del Ferretti egli permisero di arrivare in breve tempo a procurasi tanto lavoro da rendersi sicuro della propria posizione. In seguito ad alcune trattative anche col Console di Calcutta allo segno di procurare al museo geologico di Palermo una testa di elefante indiano, io comunicavo a quel console il mio proposto di adoperarmi per fare accettare al Ferretti una croce di Cavaliere e quel console mi rispondeva colla qui unita lettera, che scrive a dimostrare in qual conto sia tenuto il Ferretti nell'essa società inglese di Calcutta.

　　Il Ferretti [una parola non comprensibile] a buona famiglia di Reggio d'Emilia, essa attiva educazione ed è fra i pochissimi che fanno onore all'Italia nella capitale dell'India inglese, e merita di essere incoraggiata. Io lo conobbi personalmente in Calcutta al 1874 e 1875 e posso assicurare che è un giovane distinto meritevole di ogni considerazione: e come, Italiano io mi sono creduto in onore di fare a Vostra Eccellenza una tale proposta, di [una parola non comprensibile] cioè un brevetto di Cavaliere che in quei paesi servirà sicuramente al Ferretti per fare migliori affari come merita.

Onorevole Signoria Vostra
per suo
P. Tacchini

　　　　[in alto di altra mano] [quattro parole non comprensibili]
　　　　　　Ferretti

164. 1877年12月31日付、メモ

4.
カルカッタ在住、レッジョ・エミーリア出身のフェッレッティ、プロスペロ

1877年12月16日付で、イタリア王国カヴァリエーレ勲章を受章した。
元老院議員タッキーニを通じて勲記は送付された。
1877年12月31日

583

原文：**Nota, 31 dicembre 1877.**

    4.

    Ferretti Prospero di Reggio Emilia–Pittore a Calcutta

    Nominato Cavaliere della Corona d'Italia 16 Dicembre 1877.
    Spedito il Diploma a mezzo del Senatore Tacchini
    il 31 Dicembre 1877

165. 1878年1月3日付、ピエトロ・タッキーニ発、ミケーレ・コッピーノ公共教育大臣宛文書

［レターヘッド］イタリア人分光学者協会

［在］ローマ、公共教育大臣コメンダトーレ勲章受章者コッピーノ閣下宛

パレルモ発、1878年1月3日

令名高き大臣殿

  昨日、フェッレッティ氏へのカヴァリエーレ勲章の勲記を拝受し、友人としての立場からも、閣下へ心より御礼申し上げるとともに、カルカッタにおいて上述の勲記発送を私に委任されるという大変高尚なお考えに浴し、非常に有り難く感じております。

  ともあれ、閣下による私への指示を得て光栄です。

敬具
P・タッキーニ

［上部に別の手で］4. フェッレッティ
    記録文書（ヘ）

原文：**Lettera di Pietro Tacchini, a Michele Coppino, Ministro della Pubblica Istruzione, 3 gennaio 1878.**

    ［Intestazione］Società degli Spettroscopisti Italiani

    A Sua Eccellenza il Commendatore Coppino
    Ministro della Pubblica Istruzione Roma

Palermo 3 gennaio 1878

    Illustrissimo Signor Ministro
      Ho ricevuto ieri il diploma di Cavaliere pel Signor Ferretti, e ringrazio di cuore l'Eccellenza Vostra anche da parte dell'amico, oltremodo grato in ［una parola non comprensibile］ tempo del gentilissimo pensiero di incaricare me dello invio in Calcutta del diploma suddetto.
      Ho l'onore intanto di segnarmi dell'Eccellenza Vostra.

Devotissimo
P. Tacchini

    ［in alto di altra mano］4. Ferretti
        Atti

166. ブレシャ・ニコロ・タルターリア王立技術専門学校、プロスペロ・フェッレッティの「身上書」

Stato Personale **di Prospero Ferretti del Regio Istituto Tecnico Nicolò Tartaglia in Brescia.**

[Intestazione] Regio Istituto Tecnico Nicolò Tartaglia in Brescia
　　　　　　Stato Personale
　　　　　　Del signor Ferretti Prospero figlio del viv. Antonio della fu Maria Leurini nato addì 27 marzo 1836 in Reggio Emilia, Provincia di Reggio Emilia

I. Generalità		
Stato di famiglia (nome della moglie e dei figli e data della loro nascita) e variazioni succesive	Gradi Accademici ed onorificenze	Pubblicazioni
Ammogliato (adi' 18 ottobre 1887) con Aurelia Chierichini nata in America il 17 gennaio 1864 figli: Ettore nato in Brescia il 1 gennaio 1888, Tito nato in Brescia il 3 maggio 1889	Cavaliere della Corona d'Italia (Decreto 16 dicembre 1877) promozione del Ministero Pubblica Istruzione Socio onorario e corrispondente della R. Accademia Raffaello in Urbino. Socio onorario di altre accademie. Certificato di benemerenza patriottica, specie per un atti di valor civile, compiuto dal titolare, rilasciatogli dal Municipio di Reggio nell'Emilia con atto 27 giugno 1883 (e per aver preso parte alle guerre dell'indipendenza). Patente di abilitazione all'insegnamento del disegno rilasciato dell'Istituto di Belle Arti in Bologna il 3 luglio 1883 (in seguito a concorso per titoli 120 su 120).	Partecipò a varie esposizioni artistiche, specie a quelle di Calcutta (1874) e di Roma (internazionali di Belle Arti nel 1883).

II. Carriera percorsa anteriormente all'Insegnamento			
	Denominazione e luogo degli Uffici	Titoli di nomina ed altri atti che riguardano la carriera percorsa	Data della nomina	Stipendio assegni retribuzioni
1	Professore pittura all'Imperiale Accademia di Yeddo.	Veggasi nota 6 febraio 1880 n.61 del Ministero dei Lavori Pubblici in Tokio (recante assegnamento di gratificazione straordinaria a servizio compiuto)	1876	L.16.650,-

III. Ufficio presente nell'Istituto			
	Denominazione e luogo degli Uffici	Titoli di nomina ed altri atti che riguardano la carriera percorsa	Data della nomina	Stipendio assegni retribuzioni
1	Reggente di disegno	Decreto ministeriale	27 settembre 1887	L.1.920,-

167. 1875年2月付、公共教育省からフォンタネージへの名誉称号授与提案*¹案文（控え）

［レターヘッド］イタリア王国公共教育省

件名：カヴァリエーレ勲章受章者フォンタネージ氏への名誉称号授与提案

ローマ発、1875年2月付*²

　カヴァリエーレ勲章受章者のフォンタネージ氏は、1848年に志願兵だったが、翌年、将校より除隊を与えられた。彼が公言しているように、1849年から1858年まで風景画の個人教授として海外で暮らし、1857年にイギリスのアルフレッド王子*³の教師に抜擢された。1859年、王国軍の将校の立場で呼び戻され、翌年、再度辞任した。1868年、ルッカ［王立美術］専門学校の上級素描と絵画の教授に1,600リラで任命された。1869年、彼が住宅を持ち、その結果、そこで風景画の制作が容易になるように、わざわざ彼のために、1,800リラの給与を支給するトリーノ美術学校の風景画教授のポストが設けられた。現在、永続的な生徒への授業をすることなく、給与を享受している。

　アコルツィ氏*⁴が述べるように、イギリスにおいて彼［フォンタネージ］が得ていた有利な身分を放棄したために、リカーソリ内閣によって彼へなされ、そして次期ラタッツィ内閣によっては達成されなかった約束を特別に慮って、アコルツィ氏は彼を推薦している。

　　*1　具体的な称号の名称は記されていない。
　　*2　日にちは記されていない。
　　*3　Alfredo Ernest Albert, 1844-1900か。
　　*4　アコルツィ氏が何者であるか不明。

　　原文：**Minuta della proposta di onorificenza per Fontanesi da parte Ministero della Pubblica Istruzione, febbraio 1875.**

　　　　［Intestazione］Regno d'Italia Ministero della Istruzione Pubblica
　　　　　　Oggetto: Proposta di onorificenza per il Signor Cavaliere Fontanesi

Roma, addì febbraio 1875

　　　　Il Signor Cavaliere Fontanesi fu volontario nel 1848, e nell'anno seguente diede le sue dimissioni da Uffiziale［sic］- Dal 1849 all'anno 1858 visse all'estero come professore privato di paesaggio, e nel 1857 fu prescelto a maestro del Principe Alfredo d'Inghilterra, come egli ha dichiarato. - Richiamato al posto di Uffiziale della Regia armata nel 1859, si dimise nuovamente l'anno appresso - Nel 1868 fu nominato professore di disegno superiore e di pittura nell'Accademia di Lucca con Lire 1600 - Nel 1869, fu istituito il posto di professore di paesaggio nell'Accademia di Belle Arti di Torino appositamente per lui affinché avesse una residenza, ove gli fosse facile esitare i suoi lavori di paesaggio, assegnandogli uno stipendio di Lire 1800 - Al presente gode stipendio, senza far lezione permanenza［sic］di alunni.

　　　　Il Signor Acorzi lo raccomanda, in considerazione specialmente, come dice, delle promesse fattagli dal Ministero Ricasoli, e non ottenute dal successivo Ministero Rattazzi, per le quali egli lasciò una lucrosa posizione che aveva in Inghilterra.

168. 1875年10月9日付、公共教育大臣ルッジエーロ・ボンギ発、ベッティーノ・リカーソリ・ブロリオ宛て文書案文（控え）

史　　料（doc. 167～168）

令名高きベッティーノ・リカーソリ・ブロリオ男爵殿宛
発出番号：3589号

ローマ発、1875年10月9日付

令名高き男爵殿

　あなた様から私のもとに達するあらゆるものと同様に、去る9月29日付の文書をたいへんありがたいものと存じました。そして、今、ことのほか敬意をもって別々にご回答申し上げます。あなた様が暗に示されたことについてです。フォンタネージの件から始めるならば、彼にふさわしく、またあなた様が彼のためにこいねがう、ある条件を彼に与えるために、私はあらん限り心を配って、そのことを確認するしかありません。そして、私が日本政府にそのことを承認させられることができるならば、私にとっても、それが最善の選択だと思われますので、私はそれを喜ばしいものと存じます。

(中略)*1

署名　ボンギ

追伸

　フォンタネージの件で重大な問題は次のことです。美術学校に導入され、そして少しずつ普及しつつある改革によって、風景画科は、設置されていないところに設置されるというよりも、むしろ設置されているところから廃止されることになっています。トリーノの美術学校には他のポストはありません。それに予算は尽き果ててしまっています。

　よって、フォンタネージは、よそへ、たとえばローマ美術学校に移って、残っている教職を選ぶ必要があるでしょう。彼の意見としては、これらの教職のなかでどれが彼にもっとも都合がいいのか、彼に尋ねて下さい。私は、可能になればすぐにでも、彼を雇うようにお世話いたします。あなた様がこいねがうところの全てを私がこいねがっているということだけをあなた様は信じてください。

　申請が届き次第、シエナの避難所のための用意をいたしましょう。

[上部に別の手で] 2．リカーソリ

*1　以下、手紙の本文終わりまでフォンタネージとは関係ない内容が続く。

原文：**Minuta della lettera di Ruggiero Bonghi, Ministro della Pubblica Istruzione, a Bettino Ricasoli Brolio, 9 ottobre 1875.**

　　Al Molto Illustre Signor Barone Bettino Ricasoli Brolio
　　Numero di Partenza 3589

Roma, addì 9 ottobre 1875

　　Molto Illustre Signor Barone
　　　　Mi trovò graditissima come tutto che mi viene da Lei la lettera del 29 settembre ultimo; ed ora mi reco

587

a singolare pregio di rispondere partitamente. Su quanto in essa Ella viene accennando. E cominciando dal Fontanesi, non posso che accertarla di tutta la mia premura, di dargli una condizione quale egli si merita ed a Ella desidera per lui; e se mi riuscisse di farlo accettare dal governo Giapponese, ne sarò lieto giacché pare pure a me che questo sarebbe il miglior partito.

 In quanto trasferire dall'Università di [una parola non comprensibile] a quella di [sieno] nella cattedra d'[una parola non comprensibile] farmaceutica il professor Giannetti non potrebbe in massima esservi difficoltà alcuna. Se non che il consiglio superiore di Pubblica Istruzione fece già regolare proposta, affinché la detta cattedra fosse messa a concorso; il che starà per avvenire fra brevissimo. Ciò non dovrebbe impedire al professor Giannetti consequimento di quanto desidera, perché i titoli che egli possiede sono tali che altri difficilmente potrà vincerlo nel concorso. Peraltro egli dovrebbe di necessità, quando questo fosse bandito presentare domanda e documenti a tale oggetto, dentro il termine utile che verrà assegnato per concorso.

 Il Ministero suol [una parola non comprensibile] veramente sussidi ad asili infantili, quando peraltro si verifichino certe condizioni. Io prenderò cura particolare della domanda che farà a tal oggetto il direttore dell'asilo Fröbeliano recentemente aperto insieme, e nel deliberare intorno ad esso mi ricorderò della raccomandazione di che Ella mi fece.

 Godo che Ell'abbi conseguito felicemente il suo viaggio fuori d'Italia e od desiderio di presto rivederla me professo con un grandissima stima.
Tutto [una parola non comprensibile].

firmato Bonghi

D. S. La difficoltà grande per il Fontanesi è questa, che la scuola di paesaggio, secondo le riforme introdotte nelle Accademie e da introdursi via via, andrà piuttosto [una parola non comprensibile] dov'è, che messa dove non è. Nell'Accademia di Torino non v'è altri posti; ed il bilancio è esaurito.

 Bisognerebbe quindi che il Fontanesi andasse altrove e scegliesse un insegnamento di quelli che sono rimasti, per esempio, nell'Istituto di Belle Arti di Roma. Gli chieda quale di questi insegnamenti gli convenga meglio, nel parer suo, ed io procurerò di allogarlo, appena si darà modo. Ella non può dubitare che il desidero tutto quello che desidera Lei.

 Per l'asilo di Siena provvederò appena la domanda sia venuta.

[in alto di altra mano] 12. Ricasoli

169. 1877年12月17日付、公共教育省官房長官フェルディナンド・ボジオ発、同省美術局管理長官ジュリオ・レザスコ宛文書案文（控え）

コメンダトーレ勲章受章者の美術局管理長官レザスコ氏宛
発出番号　4511

ローマ発、1877年12月17日付

いとも令名高きコメンダトーレ勲章受章者殿

 大臣閣下の命により、東京美術学校での彼の3年間の契約を満了した後に、トリーノ［・アルベルティーナ王立］美術学院の元の職へ呼び戻すことを本省が確約しているアントーニオ・フォンタネージ教授宛の文書の写しを貴殿へお送りいたします。いとも令名高き貴殿にあっては、しかるべき時期に対策を講じるべく、そのことを心に留め置かれますようお願いいたします。

敬具
官房長官

史　　料（doc. 169～170）

ボジオ

［上部に別の手で］10．A・フォンタネージ

原文：**Minuta della lettera di Ferdinando Bosio, Capo del Gabinetto del Ministero della Pubblica Istruzione, a Giulio Rezasco, Provveditore Capo della Direzione Belle Arti del medesimo Ministero, 17 dicembre 1877.**

Al signor Commendatore Rezasco Provveditore Capo, Direzione Belle Arti
Numero di Partenza 4511

Roma, addì 17 dicembre 1877

Illustrissimo Signor Commendatore
　　D'ordine di Sua Eccellenza il Ministro mi pregio trasmetterle copia di una sua lettera indirizzata al Professore Antonio Fontanesi, nella quale lo si assicura che compiuto il triennio del suo impegno alla scuola di Belle Arti di Tokio, il Ministero lo richiamerà al suo antico posto nell'Accademia di Torino. Prego la S. V. Illustrissima a volerne prendere atto per provvedere a suo tempo.
　　Mi è cara [occasione] di potermi ripetere con distinta stima e considerazione.

Suo Devotissimo
Il Capo del Gabinetto
Bosio

[in alto di altra mano] 10. A. Fontanesi

170. 1877年12月17日付、公共教育大臣ミケーレ・コッピーノ発、東京美術学校教授アントーニオ・フォンタネージ宛文書案文（控え）

いとも明晰なカヴァリエーレ勲章者アントーニオ・フォンタネージ氏宛
（日本）東京美術学校教授
発出番号4513

ローマ発、1877年12月17日付

卓越せる、そして親愛なる教授
　貴下が私の官房のコメンダトーレ勲章受章者ボジオ長官を通して私に知らせた、健康についての芳しくない知らせを頂いて大変心を痛めております。しかし現在のところ、以前の地位へ戻るためにイタリアへ帰るべきだとあなたに忠言することができかねることに、たいへん悲しみ悩んでおります。東京の学校での3年間の教授職を満了した後には、彼[1]に約束させたように、本省はあなたのためにおさえてあるトリーノの美術学校風景画教授のポストにあなたを復職させることを確約いたしますし、彼に約束を履行させます。それはともかく、私の意見としては、健康状態をよくするどころか、さらに悪化させるでしょうから、その時まで日本にとどまり、長旅の不快さや危険を冒さない方がよいように思います。今は少しでも健康を回復されることを心より祈っております。
　明白かつ情愛のこもった心をもって。

敬具
コッピーノ

［上部に別の手で］10．A・フォンタネージ

*1　トリーノ・アルベルティーナ王立美術学院学長のマルチェッロ・パニッセーラ・ディ・ヴェリオ（Marcello Panissera di Veglio, 1830-1886）であろう。

原文：**Minuta della lettera di Michele Coppino, Ministro della Pubblica Istruzione, a Antonio Fontanesi Professore della Scuola del Belle Arti Tokio, 17 dicembre 1877.**

Al Chiarissimo Signore Cavaliere Antonio Fontanesi
Professore nella Scuola delle Belle Arti Tokio（Giappone）
Numero di Partenza 4513

Roma, addì 17 Dicembre 1877

Egregio e caro Professore
　　Sono dolentissimo delle non buone notizie sulla sua salute, che Vossignoria[*1] mi ha fatto sapere per mezzo del Commendatore Bosio Capo del mio Gabinetto; ma più mi accora di non poter presentemente consigliarla[sic] a ritornare in Italia per rifarsi nello stato di prima. Spirato il suo triennio d'insegnamento a codesta scuola, certamente, come gliene fare e gliene ripetè la promessa, il Ministero La restituirà al suo antico posto di Professore di paesaggio nell'Accademia di Torino; posto che Le si conserva. Ma fino allora gioverà, a mio credere, ch'ella rimanga al Giappone e non si avventuri ai pericoli e ai disagi di un lungo viaggio, che potrebbe peggiorare, non migliorare, le condizioni della sua salute. La quale spero oggimai si sarà alquanto rifatta, come di cuore Le auguro.
　　Con distinta e affettuosa anima

Suo Devotissimo
Coppino

　　［in alto di altra mano］10. A. Fontanesi

*1　Vostra Signoriaを意味する。

171. 1879年3月13日付、公共教育省美術教育中央監督局局長ジュリオ・レザスコ発、同省経理係長宛文書

［レターヘッド］イタリア王国公共教育省美術教育中央監督局
　　　　　　　配置番号4
　　　　　　　総公文書番号3014
　　　　　　　発出番号3176
　　　　　　　9月10日付書簡の返信
　　　　　　　件名：カヴァリエーレ勲章受章者のフォンタネージ

いとも令名高き本省経理係長殿

ローマ発、1879年3月13日付

トリーノ［・アルベルティーナ］王立美術学院風景画教授カヴァリエーレ勲章受章者のフォンタネージ氏は、1876年に東京へ赴くために公務を放棄すべきでした。今や、彼はその職に戻り、1878年12月1日からの給与を彼に送金する必要があります。そして、そのことについて、トリーノ［・アルベルティーナ］美術学院学長氏へ書かれ、［学長氏は］適切な申請を県財務局へ既におこなったと、たった今返答しています。フォンタネージ宛であれば、規則正しく支払われるからですが、以下のように付言しています。「月給の記名伝票上のカヴァリエーレ勲章受章者のフォンタネージの変更について注記をもって、計上するようにとの本省の許可がないのであれば、もはや必要ありませんが、現状では上述の財務局による措置を待っております」。

　恐れ入りますが、貴下にあっては、カヴァリエーレ勲章受章者のフォンタネージが彼の給与を受け取れるように、この点についても準備されるようにお願い申し上げます。

監督局局長
レザスコ

［左側に別の手で］［4語不明］No．18、14写し［1語不明］1876年7月1日の1876年
　　　　1879年1月16日の省令［1語不明］過日1879年1月1日

　　原文：**Lettera di Giulio Rezasco, Provveditore capo della Provveditorato Centrale per l'Istruzione Artistica, al Capo Ragioniere del Ministero, 13 marzo 1879.**

　　　［Intestazione］Regno d'Italia Ministero della Istruzione Pubblica Provveditorato Centrale per l'Istruzione Artistica
　　　　　　　Numero di Posizione 4. ae.
　　　　　　　Numero di Protocollo Generale 3014
　　　　　　　Numero di Partenza 3176
　　　　　　　Oggetto: Cavaliere Fontanesi
　　　　　　　Illustrissimo signor Capo Ragioniere del Ministero

Roma, addì 13 marzo 1879

　　　Il Signor Cavaliere Antonio Fontanesi Professore di Paesaggio nella Reale Accademia di Belle Arti di Torino, dovette nel 1876 lasciare il ufficio per andare a Tokio. Ora si è restituito al suo posto ed occorre rimettergli in corso il suo stipendio dal 1° dicembre 1878. E di ciò fu scritto al signor Presidente dell'Accademia Torinese, il quale ora risponde di aver già fatte alla Tesoreria provinciale le istanze opportune, perché fosse al Fontanesi regolata la paga, ed aggiunge: "Più non occorre per tanto se non se l'autorizzazione di cotesto Ministero per iscrivere colla nota di variazione il Cavaliere Fontanesi sulla Nota nominativa mensile degli stipendi, provvedimento che si attende tuttora dalla suddetta Tesoreria"

　　　Abbia la Signoria Vostra la compiacenza di disporre anche per questa parte, affinché il Cavaliere Fontanesi possa riscuotere il suo stipendio.

Il Capo Provveditore
Rezasco

　　　［a sinistra del testo di altra mano］［quattro parole non comprensibili］N. 28 Copia 14［una parola non comprensibile］1876 del 1 luglio 1876.
　　　　　　　d. m. 16 gennaio 1879［una parola non comprensibile］del decorso del 1 gennaio 1879.

172. 1879年3月14日付、公共教育省経理局長発、公共教育省美術教育中央監督局局長ジュリオ・レザスコ宛文書案文

美術［教育中央］監督局局長へ
配置番号48
発出番号902
件名：カヴァリエーレ勲章受章者のフォンタネージ

ローマ発、1879年3月14日付

　カヴァリエーレ勲章受章者のフォンタネージ氏は、直接送金によるローマでの給与［二語不明、受領？］の希望を述べたので、彼が東京へ出発した後、トリーノ［・アルベルティーナ王立］美術学院の教授としての彼の給与に関する財務監督局における記帳は、本省の命により1876年7月1日に閉鎖されました。

　実際、当該年の［一語不明］委任者96第14条をもって、彼は1876年7月1日から10月一杯までの彼の給与を受け取りました。

　それから以後、カヴァリエーレ勲章受章者のフォンタネージ氏は給与を依頼することも送金することもありませんでした［以後判読不能］。それゆえ、今後、給与の支払いがなされるのか否か、どうか私にお知らせ下さい。

［1語不明］経理局長
署名［不明］

［左側に別の手で］フォンタネージ
　　　［1語不明］1879年3月28日59、写し第79号を見よ
　　　［2語不明］第96号［1語不明］79　28の1879年

原文：Lettera del Direttore del Ragioniere del Ministero della Pubblica Istruzione, a Giulio Rezasco, Provveditore capo della Provveditorato Centrale per l'Istruzione Artistica, 14 marzo 1879.

Al Provveditore di Direttore Artistico
Numero di Posizione 48
Numero di Partenza 902
Oggetto: Cavaliere Fontanesi

Roma, addì 14 marzo 1879

　　　Dopo la partenza per Tokio del signor Cavaliere Antonio Fontanesi la partita relativa al suo stipendio come professore nell'Accademia di Belle Arti di Torino, venne chiusa d'ordine di questo Ministero, presso quella intendenza di finanza del 1° luglio 1876 avendo il signor Fontanesi espresso il desiderio di ［due parole non comprensibili］ del proprio stipendio in Roma mediante mandati diretti.

　　　Egli difatti riscosse il proprio stipendio del 1° luglio a tutto ottobre 1876 col mandante 96 Capitolo 14 ［una parola non comprensibile］ detto anno.

　　　Dopo d'allora il signor Cavalier Fontanesi né chiese né riscosse stipendio, ［una parola non comprensibile］ gli rimangono dovuta ［una parola non comprensibile］ del 1 ［una parola non comprensibile］ 1876 e questo è quanto. Prego pertanto ［tre parole non comprensibili］ di dirmi se debba

史　　　料（doc. 172～173）

porre sarebbe in corso di pagamento lo stipendio per il tempo ulteriore.
$\qquad$ Il ［una parola non comprensibile］Direttore di Ragioniere
$\qquad$ firmato ［firma illeggibile］

　　　［a sinistra del testo di altra mano］Fontanesi
　　　　　　vedi ［una parola non comprensibile］Numero Copia 79 1879 del 28 marzo 59.
　　　　　　［due parole non comprensibili］Numero 96 ［una parola non comprensibile］79 1879 del 28.

173. 1875年10月14日付、ミラーノ王立美術学院評議員ジベルト・ボッロメーオ発、公共教育大臣ルッジェーロ・ボンギ宛文書

［レターヘッド］［王冠の下にhumilitasの文字があるボッロメーオ家の紋章］

"神が私の言葉を種にするなら、
　私が推奨する彫刻家のポストはどんな実か、
　私は君とともに語り、感謝することに身を捧げた"

いとも親愛なる友、
　十二分のしかるべき敬意の言葉遣いでつづられた紙片において、失礼を顧みず、厚かましくも、友人であるボンギへ直接、これらわずかの字句を加え、無視し得ないご迷惑をかけるようにせき立てる気持ちを慮られ、許しても下さるでしょう。
　ヴィンチェンツォ・ラグーザは、私に熱心に熱心に頼み込み、そして、私にはそうする資格はないのですが、本学院の名において、そして本学評議員、名誉顧問として、私は彼を推薦します。
　私は、イーゾラ・ベッラの広すぎる館から、この冬に私が建てた質素な田舎家へ移ります。
　質素である者はすべて、客としてもてなすことを（アキッリーニが言うでしょうが）、満足に思うでしょう。大臣ではなく、友人のボンギとして、［来訪する］日が来ることを知っています。感情に襲われた讃美者である私があなたに述べます。

$\qquad$ ジベルト・ボッロメーオ
$\qquad$ 1875年10月14日

原文：**Lettera di Giberto Borromeo, Consigliere dell'Accademia di Belle Arti di Milano, a Ruggiero Bonghi, Ministro della Pubblica Istruzione, 14 ottobre 1875.**

　　［Intestazione］［l'emblema della colonna, disotto "humilitas"］

　　"E se la mia parola esser dei il seme
　　"Che frutti il posto dello scultore ch'io lodo,
　　"Parlar e ringraziar mi votai tu insieme

　　Gentilissimo Amico
　　　　Nel foglio condito di frasi di ben dovuto ossequio, mi permetto di includere queste poche righe

593

dirette all'amico Bonghi, il quale vorrà pure perdonare l'ardire mio in considerazione di sentimenti che lo spingono a dargli questo non lieve disturbo.

　　Vincenzo Ragusa mi si raccomanda caldamente, e caldamente lo raccomando, anche in nome dell' accademia, di cui sono pur che indegno, consigliere e savio onorario.

　　Io passo, dal troppo vasto Palazzo dell'Isola bella, al modesto casino che mi sono fabbricato questo inverno.

　　Tutto chi modesto, esso sarebbe orgoglioso（direbbe l'Achillini）di ospitare, non fosse che per un giorno lo so, non il Ministro ma l'amico Bonghi. Al quale mi dico Affetto Ammiratore.

Giberto Borromeo
14 ottobre 1875

174. 1875年12月28日付、公共教育大臣ルッジェーロ・ボンギ発、ミラーノ王立美術学院評議員ジベルト・ボッロメーオ宛文書案文

尊敬に値するジベルト・ボッロメーオ伯爵殿宛

ローマ、1875年12月28日付

いとも親愛なる友人

　彫刻家ヴィンチェンツォ・ラグーザの勤務に、改作したダンテの詩句数行で始まった10月14日付の君の手紙に対し、私は「あらゆる希望を捨てなさい」とは返答しないでしょう。しかし、私はポンツィオ・ピラートのようであって、私のところには彼が期待するようなものはない、とだけ言うことになるでしょう。芸術を教育するために日本へ行きたいという他の彫刻家と比較して君が推挙した人の功績が耐えうるかどうか、私にはわかりません。しかし、王国の美術学校を［統括する？］本省の管理によって収集された必要な情報をともなう候補者の申請［書類］や資格証明が送付された、こちらに在駐の日本帝国の代表者［河瀬真孝公使］が判断を下すだろうということは、私はよくわかっています。

　イーゾラ・ベッラよりも広大で著名ではなくとも、君たちの住まいに選ばれたという価値を持つ、バヴェーノの君の別荘への招待という、こんなにも親切で真心のこもった歓待にも感謝します。

敬具
署名　ボンギ

［別の手で上方に］10、A、ラグーザ、ボッロメーオ

原文：**Minuta della lettere di Ruggiero Bonghi, Ministro della Pubblica Istruzione, a Gilberto Borromeo, Consigliere dell'Accademia di Belle Arti di Milano, 28 dicembre 1875.**

All'Onorevole Signor Conte Giberto Borromeo Milano

Roma, addì 28 dicembre 1875

Gentilissimo Amico,

　　Alla tua del 14 ottobre che cominciavo con alcuni versi di Dante accomodati in servizio dello Scultore Vincenzo Ragusa, io non risponderò con dirgli, "lasciate ogni speranza"; ma dirò soltanto che egli non ha nulla da attendere da me, che ho fatto come Ponzio Pilato. Non so se i meriti del tuo raccomandato

史　　料（doc. 174〜175）

reggano, oppure no, al paragone di quelli degli altri scultori che vogliono andare al Giappone ad insegnar l'arte loro; ma ben so che il giudizio lo farà il rappresentante dell'Impero Giapponese qui residente, al quale furono mandate le istanze ed i titoli dei concorrenti colle necessarie informazioni raccolte per cura di questo Ministero della [una parola illeggibile] Accademie del Regno.

　　　　Ti ringrazio anche dell'ospitalità così gentilmente e cordialmente offertami nel tuo casino di Baveno, che se è meno vasto e celebrate dell'Isola Bella, ha sopra questa il pregio di essere stato scelto a dimora vostra.

[una parola illeggibile] sempre il tutto tuo
firmato Bonghi

[in alto di altra mano] 10. A. Ragusa Borromeo

175. 1876年1月1日付、ミラーノ王立美術学院評議員ジベルト・ボッロメーオ発、公共教育大臣ルッジェーロ・ボンギ宛文書

いとも親愛なる友人

　回復に時間がかかって、まだ君は具合が悪いことを知っているので、<u>日本の芸術上の問題に関</u>し、君から私に宛てられた、礼儀正しく、情愛のこもったご連絡に重ね重ね謝意を表します。

　従って、この困難な採決は、<u>チャン・リン・フー</u>[*1]に委ねましょう。たとえどんな代償を招こうとも、漆と龍の国を代表することとなるのですが、私はどの神が彼に霊感を与えるのかわかりません。

　よく言われるように、平凡な彫刻家を<u>追い払う</u>ために、その彫刻家を推挙したという考えが、ボンギ大臣に抱かれた、もしくは抱かれてすぐに失われたのではないということが、私を悩ましています。ラグーザは、本当に才能がある人物です。いや、むしろすばらしい彫刻家である上に、卓越した鋳造者であるので、2倍の才能がある人物です。彼は、向こう［日本］において、イタリアの誉れとなるでしょうから、芸術家として私は、誓って貴殿によって恐らくなされる任命を促します。

　友人に対してうんざりするような、大臣にとっては迷惑千万な、この長い無駄話を少々お許し下さい。もう二言だけ……回復された健康に対し心からお祝いを申し上げるとともに、これから始まる新年に対し本当に心よりのお祝いを。

情け深く、謝意を表する友
ジベルト・ボッロメーオ
ミラーノ、ボッロメーオ広場
1876年1日[*2]

［上方に別の手で］［一語不明］事前に
　　　　10. A. ラグーザ

　*1　何を指しているのか不明。
　*2　月は記されていない。1876年1月1日と考えられる。

595

原文：**Lettera di Giberto Borromeo, Consigliere dell'Accademia di Belle Arti di Milano, a Ruggiero Bonghi, Ministro della Pubblica Istruzione, 1 gennaio 1876.**

Amico gentilissimo

Mi risulta doppiamente grata la cortese e cordiale comunicazione da te fattami a proposito della Questione Giapponese-artistica, in quanto ti so ancora disturbato da una lenta convalescenza.

Lasciamo dunque codesta ardua decisione a quel Chang-Ling-Foo. Qualunque che costi rappresenta la nazione della lacca e dei draghi e non so quale divinità l'ispiri.

A me preme solo che al Ministro Bonghi non sia entrata (o subito ne esca se entrata) l'idea che io gli abbia raccomandato uno scultore qualunque, tanto per levarmelo d'attorno, come suol dirsi. Il Ragusa è un vero talento, anzi un doppio talento perché è eccellente fonditore oltre ad essere buon Scultore. Egli farebbe onore all'Italia laggiù, e io come artista, affretto coi voti la Sua probabile nomina.

Perdona un po' questa cicalata nojosa per l'amico, nojosissima per un ministro - due sole parole ancora..... una cordiale felicitazione per la ricuperata salute, e un cordialissimo augurio per l'anno novello con coda di cento altri.

Amico Affettuoso e Conoscentissimo
Giberto Borromeo
Milano, Piazza Borromeo
1 del 76

[in alto di altra mano] [una parola illeggibile] in precedenza
10. A. Ragusa

176. 1854年2月24日付、両シチリア王国「聖職事務及び公共教育省、及び国家官房」局長発、ナポリ王立美術専門学校校長宛文書

Lettera del Direttore del "Ministero e Reale Segretaria di Stato degli Affari Ecclesiastici e dell'Istruzione Pubblica" del Regno delle Due Sicilie, al Direttore del Reale Istituto di Belle Arti di Napoli, 24 febbraio 1854.

[Intestazione] Ministero e Reale Segretaria di Stato degli Affari Ecclesiastici e dell'Istruzione

1 Ripartimento
2 Carico
Numero 264

Signor Direttore del Reale Istituto di Belle Arti

Napoli, 24 febbraio 1854

Signor Direttore

In risposta dei suoi rapporti del 20 e del 22 di questo mese l'autorizzo ad ammettere in cotesto Reale Istituto in qualità di Alunni i signori Francesco Vista, Achille Sangiovanni, Giuseppe Tango, Gennaro de Risi, Raffaelle Iesa e Gennaro Laface; e come dilettanti i signori Carlo Frojo e Giuseppe Patini.

Le restituisco i correlativi documenti.

L'autorizzo inoltre ad ammettere per alunno il signor Ferdinando Piscione di cui le trasmetto le debite fedi.

Il Direttore
[F. Scorpa]

史　　料（doc. 176～177）

177. 1854年1月31日付、ナポリ市発行アッキレ・サンジョヴァンニの出生証明書
Atto di Nascita di Achille Sangiovanni rilasciato dalla città di Napoli, 31 gennaio 1854.

‹recto›
[Intestazione] Corpo della città di Napoli

　　　　　　　　　　Sezione *Montecarvario*

Estratto da' registri degli atti di Nascita 1840
Numero d'ordine *681*

L'anno mille ottocento*quaranta* il dì *quindici* del mese di *Agosto* alle ore *quattordici* avanti di Noi *Francesco Nirdini Aggiunto* ed Uffiziale dello Stato Civile del Circondario *Montevcavario* Comune di Napoli, Provincia di Napoli, è comparso *Vincnezo Sangiovanni, di Napoli di anni ventisei, Guantajo, domiciliato Vicotre Regine n. 12*.

Il quale ci ha presentato *un maschio* secondochè abbiamo ocularmente riconosciuto, ed ha dichiarato, che *Lo stesso è nato da lui, e da Marianna Greca, di Napoli di anni ventidue sua moglie legittima con esso domiciliata* nel giorno *quattordici* del mese *sudetto* anno *corrente* alle ore *una e trenta* nella *Casa sudetta*.

Lo stesso ci ha inoltre dichiarato di dare al medesim*o* i nom*i* di *Achille Loffredo Giovanni*.

[a destra]
Numero d'ordine
L'anno mille ottocento *quaranta* di *ventotto* del mese di *Agosto*. Il Parocco di *Santa Maria Ogni Bene*.
Mi ha restituito il [una parola non chiara] che noi gli abbiamo rimesso nel giorno *quindici* del mese di *agosto*
Del controscritto atto di nascita, in piè del quale ha indicato che il Sagramento del Battesimo è stato amministrato al *controscritto neonato nello stesso giorno*.
In visto di tale notamento, dopo di averlo cirato [sic] abbia, disposto, che forse conservato nel volume dei documenti al foglio *goll*
Abbiamo inoltre accusato al Parroco la ricezione de medesimo ed abbiamo formato il presente otto, ch'è stato inscritto sopra I due reg. in margine del corrispondente atto di nascita, ed indi lo abbiamo [una parola non chiara] .

　　　　　　　　　　　　　　　　　　　　　　　　　　　　Nirdini Augusto

‹verso›
La presentazione, e dichiarazione anzidetta si è fatta alla presenza di *Nicola Flavis, di Napoli di anni cinquantadue* di professione *Guantajo* domiciliato *Vico Pitte Nappia n. 21*.

e di *Michele Evangelista, di Napoli di anni ventidue* di professione *Guantajo* domiciliato *Strada Antonio di Monti n. 36*.
Testimonj interventi al presente atto e dal dichiarante prodotti.

Il presente Atto; che abbiamo formato all'uopo, è stato iscritto ne' due registri, letto al Dichiarante, ed a Testimonj, ed indi nel giorno, mese, ed anno come sopra, da Noi firmato *dal dichiarante, testimoni Vincenzo*

597

Sangiovanni, Nicola Flavis, Michele Evangelista, Francesco Nirdini Augusto R. carobelli. [una parola non chiara].

Rilasciato a 31 gennaio 1854
[varie firme illeggibili]

178. 1854年2月5日付、ピッツォファルコーネ区サンタ・マリーア・デッリ・アンジェリ教会区サン・マルコ・ディ・パラッツォ教区教会司祭発行［秘蹟］証明書
Dichiarazione del Parroco di San Marco di Palazzo nella Chiesa di S. Maria degli Angeli a Pizzofalcone, 5 febbraio 1854.

[Intestazione] Parrocchia di San Marco di Palazzo nella Chiesa di Santa Maria degli Angeli a Pizzofalcone

Ho fede io sottoscritto Parroco, come il giovinetto Don Achille Sangiovanni, figlio di Don Vincenzo, di questa mia cura, è di buoni costumi frequenta i Santissimi Sacramenti, né vi si è inteso mai per cosa alcune di sinistro. Ed in fede. Napoli di cinque Febbraio 1854.

pel Parrocco
Antonio di maggio Coadiutore.
[Timbro della Parrocchia di S. Marco di Palazzo]

179. 1854年2月6日付、サン・フェルディナンド区警察発行［人物］証明書
Dichiarazione del Commissario di Polizia del Quartiere S. Ferdinando, 6 febbraio 1854.

[Intestazione] Commessario[sic] di Polizia del Quartiere S. Ferdinado

Il Commissario di Polizia del Quartiere suddetto, dietro informi raccolti certifica qualmente Il nominato Achille Sangiovanni, figlio di Achille, di Napoli di anno 14 circa, studente, domiciliato Strada di Chiaia numero 76 sia di buon condotta morale, politica, e religiosa. Napoli sei Febbraio 1854.

Il Commissario
Con gli onori di grado di giudici del Tribunale Civico
[firma illeggibile]

[a sinistra del testo di altra mano] Valga per essere ammesso nei registudi[sic] .

180. 日付なし、アキッレ・サンジョヴァンニ発、両シチリア王国「公共教育省」局長宛文書
Lettera non datata[*1] di Achille Sangiovanni, al Direttore del "Ministero dell'Istruzione Pubblica" del Regno delle Due Sicilie.

A Sua Eccellenza
Il Direttore del Ministero di Stato dell'Istruzione Pubblica

Eccellenza
  L'innata bontà dell'Eccellenza Vostra in proteggere la studiosa artista gioventù mi sprona a far ricorso alle generosità dell'animo Vostro nella presente critica circostanza in cui rattorovasi[sic] l'Alunno del Reale Istituto di belle Arti Achille Sangiovanni uscito nel sorteggio di Leva al Quartiere Montecalvario Numero 409. Egli in sua memoria non presume di arrogarsi il merito di grande artista, ma si lusinga di aver meritato

史　　料（doc. 178〜182）

la piena soddisfazione di tutti i Professori, e sopratutto del Cavaliere Mancinelli, il quale ha rilasciato al supplicante un rapporto assai lusinghiere sul profitto da lui ritratto da tanti anni nello studio di disegno, e di pittura, non che per avere avuto il primo premio nella classifica del nudo.

　　Spera l'umile Oratore, che voglia l'E. V. il buon animo aderire alle premure del supplicante di ottenergli cioè la grazia dell'esenzione di Leva, come in simili casi ha praticato per altri alunni dell'istesso Istituto, tanto più, che si vede privo di mezzi per poter sostituire un cambio a proprie spese, avendo una numerosa famiglia che poggia tutta sulle fatiche giornaliere d'un padre avanzato nelli[sic] anni.

[senza firma]

[a sinistra del testo di altra mano] 19 maggio 59
　　　　　　　　　Si sente il direttore dell'istituto.

*1　La lettera venne scritta prima del 19 maggio 1859.

181. 1859年5月17日付、ナポリ王立美術専門学校教授ジュゼッペ・マンチネッリによる、生徒アキッレ・サンジョヴァンニの事績証明書

Dichiarazione del professor Giuseppe Mancinelli del Reale Istituto dei Belle Arti di Napoli sui meriti dell'alunno Achille Sangiovanni, 17 maggio 1859.

‹recto›

　　Dichiaro io sottoscritto, che l'alunno di questo Reale Istituto di belle arti Achille Sangiovanni di Napoli assiste e studia con moltissimo profitto nella scuola di disegno da me diretta, ove spesso si distingue col riportare vari primi premi nelle classi superiori. Egli promette buona riuscita nell'arte della pittura avendo già eseguito un quadro di sua composizione sotto la mia direzione. Ed è perciò che io lo raccomando al signore Direttore perché caldissimamente si cooperi presso il Real Ministero, onde fare ottenere a questo bravo giovane la Grazia Sovrana dell'Esenzione di leva.

Cavaliere Giuseppe Mancinelli
Napoli 17 Maggio 1859

　　Certifico io qui questo Ispettore Ecclesiastico del Reale Istituto di Belle Arti, come il giovane Sngiovanni ha serbato sempre una morale irriprensibile, e merita in preferenza degli altri ogni riguardo, ed eccezione.

Gennaro [Sommella]

[a fondo del testo di altra mano] Visto e con caldissima raccomandazione.
　　　　　Il Direttore del Reale Istituto di Belle Arti
　　　　　Pietro Valente

‹verso›

　　Sangiovanni ha riportato premio nella scuola di disegno. Nell'altra classificazione di essa ebbe il primo posto nella scuola del nudo. Nella scuola di pittura studio dal vero classificazione di 1° posto, tesa di D. 2570. Padre gravato del peso di sei figlioli quattro femmine donne. Strada Chiara Numero 75.

182. 1859年5月［日付なし］、ナポリ王立美術専門学校教授陣による、生徒アキッレ・サンジョヴァ

599

ンニの事績証明書
    Dichiarazione dei professori del Reale Istituto di Belle Arti di Napoli sui meriti dell'alunno Achille Sangiovanni, maggio 1859.

    Dichiaro io qui sottoscritto, che l'alunno di questo Reale Istituto di belle Arti Achille Sangiovanni di Napoli assiste, e studia con moltissimo profitto nella scuola del disegno da me diretta ove spesso si distingue col riportare vari primi premi nelle Classi superiori del nudo. Egli promette buona riuscita nell'arte della pittura avendo già eseguito un quadro di sua composizione sotto la mia direzione.

    Ed è perciò che io lo raccomando al signor Direttore perché caldissimamente si cooperi presso il Real Ministero, onde fare ottenere a questo bravo giovane la Grazia Sovrana dell'Esenzione di leva.

Cavaliere Giuseppe Mancinelli
Napoli ii 17 Maggio 1859

Confermo quanto su è detto per giovane Sangiovanni impegnandone il signore Direttore Valente. Napoli questo dì 18 Maggio 1859.

Cavaliere Tommaso di Vico
Ulisse Rizzi Architetto,
Cavaliere Gabriele [Imargiatti]
Pasquale M. Veneri
Federico Madarelli
Giovanni Salomone

Il Direttore Istituto Belle Arti, che caldissimamente raccomanda questo bravo giovane e ben promettente giovinetto di Achille Sangiovanni.

Pietro Valente

183. 1859年5月19日付、両シチリア王国「聖職事務及び公共教育省、及び国家官房」局長発、ナポリ王立美術専門学校校長宛文書
    Lettera del Direttore del "Ministero e Reale Segretaria di Stato degli Affari Ecclesiastici e dell' Istruzione Pubblica" del Regno delle Due Sicilie, al Direttore del Reale Istituto di Belle Arti di Napoli, 19 maggio 1859.

[Intestazione] Ministero e Reale Segretaria di Stato degli Affari Ecclesiastici e dell'Istruzione Pubblica
    1 Ripartimento
    2 Carico
    Numero 841
    Signor Direttore del Reale Istituto di Belle Arti

Napoli, 19 Maggio 1859

Signor Direttore
    Le trasmetto per informo e parere le dimande de' Signori Costantino Pappauna ed Achille Sangiovanni i quali implorano l'esenzione dalla leva.

Il Direttore
[F. Scorpa]

史　　料（doc. 183～185）

[a sinistra del testo di altra mano] Visti gli antecedenti e prese le convenienti informazioni ei professori alle cui scuole appartengono, si raccomandino analogamente.

Il direttore
[P. Valente]

184.　1859年5月21日付、ナポリ王立美術専門学校校長発、両シチリア王国「内務省」宛文書案文（控え）
Minuta della lettera del Direttore del Reale Istituto di Belle Arti di Napoli, al Direttore del "Ministero dell'Interno" del Regno delle Due Sicilie, 21 maggio 1859.

Al Ministero
Il 21 Maggio 1859

Signor Direttore

Con ministeriale di 19 corrente numero 841. Ella degnavasi trasmettermi una dimanda del signor Achille Sangiovanni alunno di questo Reale Istituto il quale per l'ultima leva [bussolata] nella sezione Montecalvario, chiamato al militare servizio, implora la grazia di essere esentato.

In risposta mi onoro riferirle essere il supplicante uno di buoni giovani inoltrati nello studio della pittura. Egli ha riportato per concorso premii nella scuola elementare di disegno, ha ottenuto distinti posti nella classificazione mensuale dello studio del nudo ed in questo di pittura dal naturale. Il Cavaliere Giuseppe Mancinelli professore ordinario di disegno in questo Reale Istituto raccomandando vivamente che il supplicante venga serbato alla cultura dell'arti, mi attesta avere il medesimo ultimamente eseguito sotto la sua direzione un valente quadro di storica composizione. Prego quindi la bontà Sua Signor Direttore adoperare a pro del supplicante i suoi valentissimi ufizi presso il signor Direttore del Reale Ministero dell'Intero, affinché gli tenga della Clemenza del [Re=D. G] la grazia di essere sostituito nell'esercizio da un cambio dei Reali orfanotrofii.

Il Direttore
[P. Valente]

[a sinistra del testo di altra mano] Si [una parola non comprensibile] decretar la supplica del direttore.

185.　1859年10月11日付、ナポリ王立美術専門学校教授ジュゼッペ・マンチネッリによる、生徒アキッレ・サンジョヴァンニの事績証明書
Dichiarazione del professor Giuseppe Mancinelli del Reale Istituto di Belle Arti di Napoli sui meriti dell'alunno Achille Sangiovanni, 11 ottobre 1859.

Dichiaro io sottoscritto che l'allievo di questo Reale Istituto di belle arti Achille Sangiovanni à riportato vari premii nelle classi superiori dell'Istituto medesimo, promette buona riuscita nell'arte della pittura. E però io lo raccomando perché si posso ottenere a favore di questo bravo giovane la grazia Sovrana dell'esenzione della leva.

Napoli 11 ottobre 1859

Cavaliere Giuseppe Mancinelli
Direttore della scuola di disegno

601

186. 1859年10月12日付、ナポリ王立美術専門学校校長による、生徒アキッレ・サンジョヴァンニの事績証明書

> Dichiarazione del Direttore del Reale Istituto di Belle Arti di Napoli sui meriti dell'alunno Achille Sangiovanni, 12 ottobre 1859.

3673

Certifico io qui sottoscritto Direttore del Reale Istituto di Belle Arti come il signor Achille Sangiovanni alunno di questo Reale Istituto ha riportato per concorso premii nella scuola elementare di disegno, ed à ottenuto posti distinti nelle classificazioni mensuali per lo studio del nudo e per la pittura dal modello vivente.

Certifico, inoltre, come il medesimo signor Sangiovanni essendo chiamato al militare servizio, per la leva ultimamente bussolata nella sezione Montecalvario, trovasi con analogo rapporto raccomandato al Reale Ministero per ottenere dalla Maestà del Re= D. G. = la grazia di essere sostituito da un cambio dei Reali Orfanotrofii. In attestato del vero gli si rilascia il presente, oggi 12 ottobre 1859.

Il Direttore

[Saponieri]

187. 日付なし、アキッレ・サンジョヴァンニ発、両シチリア王国「聖職事務及び公共教育大臣」宛文書

> Lettera non datata[*1] di Achille Sangiovanni al "Ministro degli Affari Ecclesiastici e della Pubblica Istruzione" del Regno delle Due Sicilie.

A Sua Eccellenza
Il Ministro delli[sic] affari Eclestiastici e della Pubblica Istruzione

Eccellenza

Achille Sangiovanni, alunno del Reale Istituto di Belle Arti, espone alla Eccellenza Vostra come dovendo eseguire un quadro in sua casa, à bisogno d'uno dei manichini, che si conservano nel nostro Istituto così il supplicante spera fidelmente d'ottenere dall'Eccellenza Vostra questo permetto tanto più che son giorni di vacanza, e così profittare di cotesto beneficio.

Tanto chiede è l'avrà.

Achille Sangiovanni

[a sinistra del testo di altra mano] 17 ottobre 1859
Si sente il direttore dell'Istituto.

*1 La lettera venne scritto prima del 17 ottobre 1859.

188. 1859年10月15日付、両シチリア王国「聖職事務及び公共教育省、及び国家官房」局長発、ナポリ王立美術専門学校校長宛文書

> Lettera del Direttore del "Ministero e Reale Segretaria di Stato degli Affari Ecclesiastici e dell'Istruzione Pubblica" del Regno delle Due Sicilie, al Direttore del Reale Istituto di Belle Arti di Napoli, 31 ottobre 1859.

[Intestazione] Ministero e Reale Segretaria di Stato degli Affari Ecclesiastici e dell'Istruzione Pubblica
 1 Ripartimento

2 Carico
Numero 2063

Signor Direttore del Reale Istituto di Belle Arti.

Napoli, 31 ottobre 1859

Signor Direttore

　Le trasmetto per informo e parere le dimande di signori Achille Sangiovanni e Pasquale Riccio i quali chieggono il primo un manichino del Real Istituto dovendo studiare le pieghe, e l'altro una pensione per proseguire lo studio del l'architettura.

Il Ministro Segretario di Stato

[F. Scorpa]

[in alto di altra mano] 3902
[una parola non comprensibile] 3672

189. 1861年5月15日付、公共教育省発、ナポリ王立美術専門学校校長宛文書

Lettera del Ministero dell'Istruzione Pubblica, al Direttore del Reale Istituto di Belle Arti di Napoli, 15 maggio 1861.

[Intestazione] Ministero dell'Istruzione Pubblica
　　1 Ripartimento
　　3 Carico
　　N. 678

Al Signor Direttore del Reale Istituto di Belle Arti

Napoli, 15 maggio 1861

Signor

　L'alunno di cotesto Istituto Signor Achille Sangiovanni ha esposto a questo Dicastero di essere molto innanzi nella carriera di pittore istorico, ma di non aver mezzi per proseguirla; epperò ha chiesto una pensione da' fondi provinciali.

　Desidero ch'Ella m'infomi sul proposito.

Pel Segretario Generale

L'Ispettore generale degli Studi.

[L. Settembrini]

[a sinistra del testo di altra mano] si faccia rapporto ai termini del certificato del signor Guerra.

[Saponieri]

190. 1861年5月21日付、ナポリ王立美術専門学校教授カミッロ・グエッラによる、生徒アキッレ・サンジョヴァンニの事績証明書

Dichiarazione del professor Camillo Guerra del Real Istituto di Belle Arti di sui meriti dell'alunno Achille Sangiovanni, 21 maggio 1861.

　Si certifica da me sottoscritto Professore, come il signor Achille Sangiovanni Alunno dell'Istituto di Belle Arti avendo assistito per diverso tempo la scuola di Pittura del medesimo à mostrato buona

disposizione per l'Arte ed à sempre progredito, avendo anche ottenuto più premii nella Seconda classe di detta scuola ove si studia il Modello Vivo; come del pari è stato un giovane modesto ed educato per le queste ragioni merita essere incoraggiato onde proseguire l'incominciata carriera. Napoli 21 Maggio 1861.
Il Professore della scuola di Pittura dell'Istituto di Belle Arti
Cavaliere Camillo Guerra

[a fianco di altra mano] Visto
    Il Direttore dell'Istituto di Belle Arti
[Francesco Saponieri]

[a sinistra del testo di altra mano] Visto per la firma del Cavaliere Guerra. Il Segretario dell'Istituto.
[P. Prova]

191. 1861年5月29日付、ナポリ王立美術専門学校校長発、公共教育省事務次官宛文書案文（控え）
Minuta della lettera del Direttore dell'Istituto di Belle Arti di Napoli, al Segretario Generale del Ministero della Pubblica Istruzione, 29 maggio 1861.

Numero 4346

Il Signor Segretario Generale del Ministero della Pubblica Istruzione

Li 29 Maggio 1861

Signor Segretario Generale
 In esecuzione dei suoi ordini contenuti nella Dicasteriale di 15 corrente Numero 678 intorno al Signor Achille Sangiovanni il quale chiede una pensione sui fondi provinciali; mi onoro rassegnarle essere il supplicante alunno di questo Istituto: appartenente alla provincia di Napoli. Egli ha assistito per diverso tempo nella scuola di pittura ove ha dimostrato buona disposizione per l'arte nella quale ha sempre progredito riportando più volte, a titolo di premio, il primo posto nelle classificazioni mensuali fatte in detta scuola da professori dello studio del modello vivente ed il Cavaliere Signor Camillo Guerra attesta essere il signor Sangiovanni un giovane modesto ed educato e però lo vuole meritevole dell'incoraggiamento chiesto per proseguire l'incominciata carriera.
Il Direttore
[Saponieri]

192. 1862年2月17日付、ジョヴァンニ・ヴィゾーネ（ナポリ県知事に代わって）発、ナポリ王立美術専門学校校長宛文書
Lettera di Giovanni Visone, per conto del Prefetto della Provincia di Napoli, al Direttore dell' Istituto di Belle Arti di Napoli, 17 febbraio 1862.

[Intestazione] Prefettura della Provincia di Napoli
  2° Ufficio
  1° Carico
  Numero 481

Al Signor Direttore dell'Istituto di Belle Arti

Napoli, 17 febbraio 1862
Signor

Il Consiglio Provinciato di Napoli stanziava nel bilancio della Provincia pel 1862 la somma di [una parola non comprensibile] di seicento per incoraggiamento agli Alunni di Belle Arti che si fossero stimali meritevoli ed avessero avuto bisogno di essere coadiuvati con questo mezzo, e quindi per effetto di analoga deliberazione della Deputazione provinciale è rimasto determinato.

1°. Che a termini del rescritto del dì 4 settembre 1860 la pensione d'incoraggiamento non debba essere goduta oltre Anni tre.
2°. Che l'assegnamento non debba accedere i mensuali [una parola non comprensibile] di tre.
3°. Che un Deputato Provinciale sia delegato a sorvegliare gli Alunni godenti le pensioni, indipendentemente da Certificati di assistenza, buona condotta, e profitto, che sono richiesti col Regolamento in vigore, e sui quali si rilascia il mandato di pagamento.

Conseguentemente, avendo esclusi gli alunni che godono la pensione da anni tre, e dopo discusso le petizione ricevute à assegnato l'incoraggiamento per 1862 à sotto notati Alunni.

1°. Pasquale d'Aquino   } Godenti l'assegno dal 1860
2°. Vincenzo Bellimelli
3°. Francesco Martoielli   } Godenti l'assegno dal 1861
4°. Errico Davosa
5°. Giuseppe Recufiero
6°. Francesco Provitera
7°. Luigi Capaldi
8°. Alberto Colucci   } Nuovi ammessi
9°. Leonardo Mazzetta
10°. Angelo Fischielli
11°. Achille delle Croce
12°. Giuseppe Isè
13°. Luigi Ceci
14°. Achille Sangiovanni
15°. Fedele Lazzaro
16°. Raffaele Ferrara

Inoltre à delegato il Consigliere provinciale Signor Carlo Colletta, anche egli Deputato Provinciale, a servegliare gli Alunni anzidetti.

Mi pregio rendernela consapevole Lei per sua intelligenza, e per l'uso riusultamento.

Pel Prefetto
Visone

193. 1869年2月9日付、イタリア国王陛下特務局長ナターレ・アゲーモ発、アキッレ・サンジョヴァンニ宛文書案文（控え）

Minuta della lettera di Natale Aghemo, Capo del Gabinetto Particolare di Sua Maestà, a Achille Sangiovanni, 9 febbraio 1869.

605

[Intestatazione] Numero di Protocollo 237
　　　　　　　Numero di ordine 384

Napoli, 9 febbraio 1869

Copiato li 9　detto
Spedito li 10
Carte Ammesse
N° [Apills]

Gabinetto Particolare di Sua Maestà

Minuta

All'Onorevole Signor Achille Sangiovanni, Salita Pontecorvo N.54, I° Piano Napoli.

　　Sua Maestà il Re che benevolmente accoglieva l'omaggio della Signoria Vostra umiliatole di uno stemma sabaudo in colori si compiacque destinarle a Suo ricordo lo spillo che ho il pregio di accompagnarle.
　　Facendole i miei rallegramenti per questa onorificenza ed uno [una parola non comprensibile] Lo esterno gli atti della mia stima.

N. A.

194. 1869年2月26日付、アキッレ・サンジョヴァンニ発、イタリア国王陛下特務局長ナターレ・アゲーモ宛文書

Lettera di Achille Sangiovanni, a Natale Aghemo, Capo del Gabinetto Particolare di Sua Maestà, 26 febbraio 1869.

Napoli, 26 Febbraio 69

Illustre signor Commendatore,
　　Non mi sarei preso la libertà di scriverle se la Signoria Vostra Illustrissima non mi avesse fatto degno di tanto: ciò mi lusinga assai; e sarei uno scortese se facessi passare più tempo.
　　Non posso però mai dimenticare la bella accoglienza fattami quando Le presentai lo Stemma Sabaudo per farne omaggio al Re, e che per suo mezzo ne ottenni il lusinghiero Ricordo che giammai si scompagnerà da me.
　　Illustre signor Commendatore, si rammenti che per la decorazione Lei di moto proprio mi annunziava così. "Per ora questo spillo, per la decorazione appresso". Io non posso e non voglio essere importuno. Avrei piacere di avere una decorazione sol perché, come Lei sa, deva recarmi in Russia dove è indispensabile un distintivo per un artista massimamente quando si ha da fare con persone di Corte, come Lei sa da maestro. Peraltro io mi affido interamente a Lei, e son certo che mi compatirà.
　　Mi rincrebbe moltissimo che per brevità di tempo non potrei mostrarle le mie opere d'arte in pittura ad olio per darle un'idea dei miei studi e taluni giornali che mi fanno onore.
　　Vivo dunque in lusinghiera attesa di sue grazie e mi riprotesto con viva riconoscenza.

Di Lei obblgligatissimo Devotissimo Servo
A. Sangiovanni

[in alto di altra mano] Atti 237

195. 1869年4月17日付、アキッレ・サンジョヴァンニ発、イタリア国王陛下特務局長ナターレ・アゲーモ宛文書

  Lettera di Achille Sangiovanni, a Natale Aghemo, Capo del Gabinetto Particolare di Sua Maestà, 17 aprile 1869.

                            17 aprile di 69

Illustre signor Commendatore
 Eccomi vicino alla partenza per S. Pietroburgo, non attendo che alla Signoria Vostra Illustrissima per muovermi.
 Egregio Commendatore, Lei sa cosa io desiderio, ed è inutile seccarla ripetendolo La prego caldamente d'appagare questo mio pio desiderio che ansiosamente attendo.
 Mi creda con i sensi di riconoscenza e d'inalterabile stima.
 Di Lei Obbligatissimo Devoto Servo

Eccole il mio indirizzo
Salita Pontecorvo N.54
Napoli
                            Achille Sangiovanni

［in alto di altra mano］13

196. 1869年4月29日付、イタリア国王陛下特務局長ナターレ・アゲーモ発、アキッレ・サンジョヴァンニ宛文書案文（控え）

  Minuta della lettera di Natale Aghemo, Capo del Gabinetto Particolare di Sua Maestà, a Achille Sangiovanni, 29 aprile 1869.

［Intestazione］Numero di Protocollo 237
      Numero di Ordine 1115
      Firenze, 29 Aprile 1869
      Spedito li 1 Maggio
      Oggetto: Riscontro lettera

Gabinetto Particolare di Sua Maestà
          Minuta［Parta］

All'Onorevole Signor Achille Sangiovanni, Salita Pontecorvo Numero 54, Napoli

 Mi è dispiacente dovere constatare che i tentativi che me fatti sulle affare che Ella conosce non ebbero ［asortire］favorevole esito.
 Ella avrà già ricevuto di ritorno il dipinto che mi faceva pervenire durante l'ultima dimora di S. M. in Napoli, per cui ora non mi resta col rincrescimento di fare una tale comunicazione che il pregio di dichiararmele.
                               Devotissimo
                               N. A.

197. 日付なし、アキッレ・サンジョヴァンニ発、公共教育大臣ルッジェーロ・ボンギ宛文書
Lettera non datata[*1] **di Achille Sangiovanni, a Ruggiero Bonghi, Ministro della Pubblica Istruzione.**

Eccelenza

Il sottoscritto dovendo pregare L'Eccellenza Vostra d'un suo affare riguardante concorso di pittura, chiede un'udienza particolare. Sicuro che l'Eccellenza Vostra gli accorderà questo onore, si pregia ringraziarla.

Cavaliere Achille Sangivanni
abita Via del Vataggio14. Roma

[in alto di altra mano] per l'udienza del Capo del Gabinetto.
    Fatto.

*1 La lettera venne scritta verso il 9 ottobre. Si veda i documenti 201 e 206.

198. 1875年10月9日発、イタリア国王陛下特務局長ナターレ・アゲーモ発、コメンダトーレ勲章受章者公共教育大臣ルッジェーロ・ボンギ宛文書
Lettera di Natale Aghemo, Capo del Gabinetto Particolare di Sua Maestà, al Commendatore Ruggiero Bonghi, Ministro della Pubblica Istruzione, 9 ottobre 1875.

[Intestazione] Gabinetto particolare di Sua Maestà IL RE

Torino, li 9 ottobre 1975

A Sua Eccellenza, il Commendatore Ruggiero Bonghi
Ministro della Pubblica Istruzione

Eccellenza,

Mi permetto presentare a Vostra Signoria Eccellentissima nell'esibitore di questa mia il distinto pittore napoletano Signor Cavaliere Achille Sangiovanni, che attualmente disimpegna incarichi affidatigli dalla Real Casa in quella Città e che aspira ad essere proposto dall'Eccellenza Vostra al Governo del Giappone essendo venuto a conoscere che dal Governo stesso furono fatte al nostro richieste di Professori di disegno per l'impianto di una Scuola di Belle Arti in quel paese.

Conoscendo il Cavaliere Sangiovanni come artista di merito non esito di segnalarlo e raccomandarlo assai vivamente alla considerazione benevola di Vostra Eccellenza affinché possa essere prescelto per la missione di cui è argomento, certo che non potrà che far onore alla riputazione artistica italiana corrispondendo sicuramente alla fiducia che il Regio Governo in lui riponesse.

Questo Signore è anche molto ben noto in Russia dove ha soggiornato a lungo.

Gradisca, Eccellenza, che con mille anticipati ringraziamenti per l'accoglienza ch'Ella sarà per fare al Signor Sangiovanni, Le porgo gli atti del mio ossequio perfettissimo.

Il Capo del Gabinetto Particolare di Sua Maestà
N. Aghemo

199. 1875年12月23日付、在ナポリM・マティーノ発、公共教育大臣ルッジェーロ・ボンギ宛文書
Lettera di M. Matino di Napoli, a Ruggiero Bonghi, Ministro della Pubblica Istruzione, 23 dicembre 1875.

史　　料（doc. 197〜201）

Divisione 2ª
Napoli, 23 dicembre 75

Mio Caro Amico

　　Vuoi, se puoi farmi un favore? Ecco di che si tratta.

　　Il Giappone ha chiesto al nostro governo l'invio di tre pittori per insegnare la pittura. Tra gli altri artisti vi ho concorso il pittore Sangiovanni, adducendo a maggior titolo l'abilità sua nella pittura ceramica.

　　Io mi prendo la libertà raccomandartelo[sic], ed augurandoti un buono anno 1876, ti stringo cordialmente la mano.

Tuo affettuosissimo amico
M. Matino

200. 1875年12月30日付、公共教育大臣ルッジェーロ・ボンギ発、在ナポリM・マティーノ宛文書案文（控え）

Minuta della lettera di Ruggiero Bonghi, Ministro della Pubblica Istruzione, a M. Martino di Napoli, 30 dicembre 1875.

All'onorevole Signor M. Matino, Napoli

Roma, addì 30 dicembre 1875

Mio caro Amico

　　Pel tuo raccomandato Signor Sangivanni io non posso far cosa che ti torni gradita, giacché dei suoi meriti e di quelli degli altri artisti che vogliono andare al Giappone ad insegnare l'arte loro, darà giudizio il Rappresentante dell'Impero Giapponese qui residente, al quale furono mandate le istanze ed i titoli dei concorrenti colle necessarie informazioni raccolte per cura di questo Ministero dalle varie Accademie del Regno.

　　Grazie dei tuoi auguri che ti contraccambio di cuore, mentre con tutta stima mi proffera.

tuo
firmato Bonghi

201. 1876年1月24日付、アキッレ・サンジョヴァンニ発、公共教育大臣ルッジェーロ・ボンギ宛文書

Lettera di Achille Sangiovanni, a Ruggiero Bonghi, Ministro della Pubblica Istruzione, 24 gennaio 1876.

Illustrissimo Signor Commendatore

　　Mi permetto di rivolgermi alla Sua Vostra Ill.ma per pregarla a voler essere cortese di presentare alla Onorevole Giunta di Belle Arti la presente intesa ad ottenere che venga esaminato il mio Dipinto rappresentante "Vittorio Alfieri sorpreso dalla sua ganza" che trovasi presentemente esposto nell' Appartamento di Sua Altezza Reale il Duca d'Aosta nel Reale Palazzo del Quirinale, allo scopo che possa essere riconosciuto in esso il vero merito da poter concorrere per il posto di Professore al Giappone.

　　Il detto dipinto dovevasi mandare alla grande Esposizione di Vienna nel 1873, perché prescelto dalla Commissione di Belle Arti di Napoli fra i lavori esitenti nella Real pinacoteca di Capodimonte per essere stato giudicato meritevole dietro ballottaggio coll'insigne artistica Signor Cammarano e quindi destinato in 1a categoria. Con sorpresa poi seppi che il dipinto venne poscia passato dalla 1ª alla 3ª Categoria senza conoscere lª causa. E poiché questa categoria fu abolita il medesimo ed unico quadro venne restituito di

609

nuovo alla Real pinacoteca di Capodimonte senza darne veruna spiegazione.

Premesse tali cose io prego la Signoria Vostra Illustrissima a volermi fare accordare due o tre giorni di tempo fino a che mi giungano dall'Amministrazione della Real Casa in Napoli le copie dei rapporti che potranno servire a constatare la verità dei fatti di cui ho avuto l'onore di esporle.

Nel mio breve soggiorno a Roma ho eseguito alcuni lavori a lapis di nuovo genere che amerei di sottoporre ad esame per mostrare la facilità ed il metodo con cui sono stati fatti.

Nella fiducia che la Signoria Vostra Illustrissima accoglierà di buon grado le mie preghiere le offro, Illustrissimo Signor Commendatore, con le mie grazie anticipate gli attestati del mio distinto ossequio.

Roma 24 gennaio 1876
Devotissimo Servitore
Professore Achille Sangiovanni

Via delle Muratte Numero 78, Roma
3° piano

[in alto di altra mano] 910/25 [una parola non comprensibile]

202. 1878年7月2日付、発信者不明、公共教育大臣フランチェスコ・デ・サンクティス宛メモ
Promemoria anonimo indirizzato a Francesco De Sanctis, Ministro della Pubblica Istruzione, 2 luglio 1878.

A Sua Eccellenza il Ministro della Pubbulica Istruzione

Pro Memoria

Sua Maestà il Re Vittorio Emmanuele, di suo motu-proprio nel 1872 nominò Cavaliere dell'ordine della Corona d'Italia, il Professor Achille Sangiovanni per meriti speciali artistici.

Ricordo per Sua Eccellenza il Commendatore De Sanctis Ministro della Pubblica Istruzione relativamente alla promozione nell'ordine stesso.

Roma 2 luglio 1878

[in alto di altra mano] s [p. p.] Dono
emplicemente perché si conservi.

203. 1875年10月5日付、アキッレ・サンジョヴァンニ発、イタリア国王陛下特務局長ナターレ・アゲーモ宛文書
Lettera di Achille Sangiovanni, a Natale Aghemo, Capo del Gabinetto Particolare di Sua Maestà, 5 ottobre 1875.

Dal Palazzo Reale   Napoli 5 ottobre 1875
Pregiatissimo signor Commendatore

Mi permetto di indirizzarle la presente, trattandosi di un affare in cui nessuno meglio di Lei può giovarne e nella piena fiducia ch'Ella sarà così buono da dar luogo alla mia umilissima richiesta.

Conosco che si richiedono professori di disegno installarsi al Giappone, ed essendo dispostissimo ad accettare questa missione mi rivolgo a Lei perché si compiacesse farmi una lettera di presentazione per Sua Eccellenza il ministro Bonghi, al quale avrei bisogno di parlare per ottenere il mio scopo.

La rispettabilità del suo nome e l'alto suo grado, mi sarà di alto giovamento presso Sua Eccellenza il Ministro, e son sicuro ch'Ella vorrà condiscendere alla mia preghiera.

In tale certezza, anticipandone i ringraziamenti, passo a salutarla di tutto cuore.

Di Lei Devotissimo
Achille Sangiovanni

204. 1875年10月23日付、公共教育大臣ルッジェーロ・ボンギ発、イタリア国王陛下特務局長ナターレ・アゲーモ宛文書

Lettera di Ruggiero Bonghi, Ministro della Pubblica Istruzione, a Natale Aghemo, Capo del Gabinetto Particolare di Sua Maestà, 15 ottobre 1875.

［Intestazione］Ministero della Istruzione Pubblica, Gabinetto Particolare
Numero 3631
All'Onorevole Signor Commendatore Natale Aghemo
Capo del Gabinetto Particolare di Sua Maestà, Torino

Roma 15 ottobre 1875

Signor Commendatore

In replica alla pregiata Sua del 9 di questo mese concernente pittore Signor Cavaliere Sangiovanni mi onoro significarle aver il date all'egregio Artista tutti quegli indirizzi valevoli ad avvicinarlo alla meta a cui aspira. Peraltro essendo non pochi ad aver comune con esso lui il desiderio di ottenere pubblico ufficio d'insegnamente all'Accademia di Belle arti che si fonderà nel Giappone, io non potrei più da ora dargli affidamento ch'egli sarà tra i prescelti dal Governo Giapponese.

Con l'usata considerazione me Le professo.

Devotissimo
Bonghi

205. 1875年10月23日付、アキッレ・サンジョヴァンニ発、イタリア国王陛下特務局長ナターレ・アゲーモ宛文書

Lettera di Achille Sangiovanni, a Natale Aghemo, Capo del Gabinetto Particolare di Sua Maestà, 23 ottobre 1875.

Illustrissimo Signor Commendatore

Vengo a ringraziarla di tutto cuore della Sua bellissima raccomandazione presso Sua Eccellenza il Ministro Bonghi. In verità, fui ben ricevuto come meglio non si poteva, tutto per l'alta stima che fa il Ministro per l'ornatissimo nome di Lei.

Ho, per altro, una nuova noja a darle, e voglio sperare ch'Ella me ne scuserà. Avrei bisogno ormai d'essere raccomandato o presentato all'Ambasciata del Giappone. Sua Eccellenza il Ministro mi disse che nessuno meglio di Lei poteva giovarmi in quanto a questo, ed ecco perché io approfitto nuovamente della Sua cortesia.

Sicuro ch'Ella signor Commendatore, si compiacerà favorirmi nel minor tempo possibile, La ringrazio e riverisco.

Di Vostra Signoria Illustrissima
Devotissimo
Dal Palazzo Reale di Napoli

23 ottobre 75
Achille Sangiovanni

206. 1875年10月30日付、イタリア国王陛下特務局長ナターレ・アゲーモ発、在イタリア日本公使館特命全権公使河瀬真孝宛文書案文（控え）

Minuta della lettera di Natale Aghemo, Capo del Gabinetto Particolare di Sua Maestà, a Masataka Kawase, Ministre straordinario e plenipotenziario della Legazione del Giappone in Italia, 30 ottobre 1875.

[Intestazione] Numero di Ordine 1589
　　　　　　　Turin, 30 ottobre 1875
　　　　　　　Copiato li / Spedito li 30 ottobre
　　　　　　　Oggetto: Achille Sangiovanni

Gabinetto Particolare di Sua Maestà

　　　　　　　　　　Minuta

A Son Excellence Kawase Ministre du Japon, Roma
　　Monsieur le Chevalière Achille Sangiovanni napoletan qui a l'honneur de se présenter à Votre Excellance porteur de cette lettre, est un Artiste Peintre distingué dont quelqunes un de ses [una parola non comprensibile] a été aprécié par le Ministère de la Maison Royale.
　　J'ose ainsi de le recommander á la bonté de Votre Excellance priant de bien vouloir appuyer auprès son Gouvernement Illustre a fin qi'il puisse a obtenir d'etre nommé Professeur de dessin au Japon.
　　En vous remerciant d'avance de votre gracieuseté et aimable concours en faveur du Chevalière Sangiovanni, veuillez agréer, excellence, les assurances de ma haute consideration.

207. 1875年11月10日付、アキッレ・サンジョヴァンニ発、イタリア国王陛下特務局長ナターレ・アゲーモ宛文書

Lettera di Achille Sangiovanni, a Natale Aghemo, Capo del Gabinetto Particolare di Sua Maestà, 10 novembre 1875.

Illustrissimo Signor Commendatore
　　Mi è pervenuta la sua bellissima lettera di raccomandazione, la quale non poteva farmi avere migliore accoglienza.
　　Io non so come esprimerla tutta la mia riconoscenza. Nel caso che Le si desse l'occasione di approfittare di me, Le assicuro che di tutto cuore mi farò un pregio di servirla.
　　Nel caso che vi saranno novità non mancherò d'informarvela. Colla cooperazione sua, avendo tanta influenza, son certo di riuscire pienissimamente al mio intento.
　　Gradisca le manifestazioni della stima più sincera, e non mi dimenticherò mai.
　　　　　　　　　　　　　　　　　　　　　　　　　　　Roma 10 novembre 1875
　　　　　　　　　　　　　　　　　　　　　　　　　　　Devotissimo servo
　　　　　　　　　　　　　　　　　　　　　　　　　　　Sangiovanni

208. 1875年12月9日付、イタリア国王陛下特務局長ナターレ・アゲーモ発、公共教育大臣ルッ

史　　料（doc. 206～208）

ジェーロ・ボンギ宛文書

[レターヘッド] 公文書番号1139
　　　　　　ローマ発、1875年12月9日
　　　　　　複写日／発送日9日
　　　　　　件名：カヴァリエーレ勲章受章者アキッレ・サンジョヴァンニ
　　　　　　　　イタリア国王陛下特務局

コメンダトーレ勲章受章者ルッジェーロ・ボンギ［在］ローマ、公共教育大臣閣下宛
　去る10月10日のトリーノからの私の文書以降、閣下もご存知のように、美術学校設立のために芸術家を要求している日本政府に対し、閣下によって指名されるように熱望している画家のカヴァリエーレ勲章受章者アキッレ・サンジョヴァンニに有利になるように特別な推薦を、無礼ながら閣下に向けてきました。
　事態は、いまや、閣下によって決定されるところであると私は確実に知っていますので、彼に有利になるような、私のもっとも熱のこもった願いを閣下に繰り返すことを控えることはできません。サンジョヴァンニ氏は有名な功績の他に、日本政府にとって特別な関心事である［一語不明］陶器への応用をなす美術を扱うことを得意とし、これはロシアにおいても実施しました。［こうした情報は］恐らく閣下へも有利な影響を与えるでしょうから、彼を選ばれますように。
　敬具

　　　　　　　　　　　　　　　　　　　　　　　　　　　　　　　特務局のN・A

原文：**Minuta della lettera di Natale Aghemo, Capo del Gabinetto Particolare di Sua Maestà, a Ruggiero Bonghi, Ministro della Pubblica Istruzione, 9 dicembre 1875.**

　　[Intestazione] Numero di Protocollo 1139
　　　　　　　　Roma, 9 dicembre 1875
　　　　　　　　Copiato li / Spedito li 9
　　　　　　　　Oggetto：Cavaliere Achille Sangiovanni

Gabinetto Particolare di Sua Maestà

　　　　　　　　　　　　　　　　　　　　　　　　　　　　　　　　　Minuta Particolare

　　　　A Sua Eccellenza il Commendatore Ruggero[sic] Bonghi Ministro della Istruzione Pubblica Roma

　　　Fino dal 10 Ottobre decorso con mia lettera da Torino mi ero permesso di rivolger a Vostra Eccellenza una speciale raccomandazione a favore del Signor Cavaliere Achille Sangiovanni pittore che come Le è noto aspira ad essere proposto dall'Eccellenza Vostra al Governo del Giappone che fece ricerca di un artista per l'impianto di una Scuola di Belle Arti.
　　　Constandomi che la cosa sta ora per essere definita da Vostra Eccellenza non posso astenermi dal ripeterle le mie più calorose preghiere in favore del Signor Sangiovanni, il quale ha oltre a meriti notori la specialità di trattare l'arte nelle fece applicazioni alla ceramica [una parola non comprensibile], questa a cui applicossi anche in Russia che avendo un'interesse peculiare per il Governo Giapponese potrebbe forse influire vantaggiosamente anche l'Eccellenza Vostra faccia cadere la scelta sopra di Lui.
　　　Gradisca.
　　　　　　　　　　　　　　　　　　　　　　　　　　　　　　　　N. A. del Gabinetto

613

209. 1875年12月22日付、イタリア国王陛下特務局長ナターレ・アゲーモ発、外務大臣エミーリオ・ヴィスコンティ・ヴェノスタ宛文書案文（控え）

Minuta della lettera di Natale Aghemo, Capo del Gabinetto Particolare di Sua Maestà, a Emilio Visconti-Venosta, Ministre degli Affari Esteri, 22 dicembre 1875.

[Intestazione] Numero di Protocollo 1139
    Roma, dicembre 1875[*1]
    Copiato li / Spedito li 22
    Oggetto: Cavaliere Achille Sangiovanni

Gabinetto Particolare di Sua Maestà
        Minuta Particolare

A Sua Eccellenza il Cavaliere Visconti-Venosta Ministro degli Affari

  Fino dall'Ottobre decorso mi ero permesso di rivolger a Vostra Eccellenza, il Minstero dell'Istruzione Pubblica una speciale raccomandazione in nome del Ministro a favore del Signor Cavaliere Achille Sangiovanni pittore che aspira ad essere proposto al Governo del Giappone che fece ricerca di un artista per l'impianto di una Scuola di Belle Arti.
  Constandomi che la cosa del dei Lei Collega dell'Istruzione Pubblica venne passata all'Eccellenza Vostra per essere definita non posso astenermi del ripeterle le mie più calorose preghiere in favore del Signor Sangiovanni, il quale ha oltre a meriti notori la specialità di trattare l'arte nelle sue applicazioni alla ceramica (partita questa a cui applicossi anche in Russia) e che avendo un'interesse peculiare per il Governo Giapponese potrebbe forse influire vantaggiosamente anche l'Eccellenza Vostra faccia cadere la scelta sopra di Lui nelle sue conclusioni e proposta a Sua Eccellenza il Ministro Kawase.
  Gradisca.

                        N. A. del Gabinetto

 *1 Il giorno non è scritto.

210. 1875年12月30日付、外務省事務次官イザッコ・アルトム（外務大臣エミーリオ・ヴィスコンティ・ヴェノスタに代わって）発、イタリア国王陛下特務局長ナターレ・アゲーモ宛文書

Lettera di Isacco Artom, Segretario Generale, per conto di Emilio Visconti-Venosta, Ministro degli Affari Esteri, a Natale Aghemo, Capo del Gabinetto Particolare di Sua Maestà, 30 dicembre 1875.

[Intestazione] Ministero degli Affari Esteri
    Signor Commendatore Aghemo, Capo del Gabinetto Particolare di Sua Maestà il Re

                        Roma, 30 dicembre 1875

Signor Commendatore,
  Ricevetti la lettera in data 22 di questo mese, colla quale [G. S.] mi raccomanda il Cavaliere Achille Sangiovanni che aspira ad ottenere un posto di professore nella scuola italiana di belle arti che va impiantarsi a Tokio.
  Mi reco a premura di parteciparle dal Signor Ministro del Giappone, la scelta dei tre artisti, che saranno chiamati ad insegnare in quella Scuola, è stata rinviata al Regio Ministero dell'Istruzione Pubblica.
  Gradisca, Illustrissimo Signor Commendatore, i sensi della mia ben distinta considerazione.

614

史　　料（doc. 209〜212）

Pel Ministro

Artom

211. 1876年2月5日付、イタリア国王陛下特務局長ナターレ・アゲーモ発、在日本イタリア王国公使館特命全権公使アレッサンドロ・フェー・ドスティアーニ伯爵宛文書案文（控え）

Minuta della lettera di Natale Aghemo, Capo del Gabinetto Particolare di Sua Maestà, al Conte Alessandro Fè d'Ostiani, Ministro straordinario e plenipotenziario della Regia Legazione d'Italia in Giappone, 5 febbraio 1876.

［Intestazione］Roma, febbraio 1876[*1]
　　　　　　Copiato li 5 e
　　　　　　Spedito li
　　　　　　Oggetto: Cavaliere Achille Sangiovanni

Gabinetto Particolare di Sua Maestà

　　　　　　　　　　　　Minuta

Al Nobile Signor Conte Fè d'Ostiani Ministro d'Italia al Giappone, Tokio

　Mi permetto usare delle di Lei esperimentata cortesia per significarle che il Signor Cavaliere Achille Sangiovanni artista pittore di Napoli che si occupò per incarichi della Casa reale fu da me raccomandato nelle sue aspirazioni ad essere scelto nella ricerca fatta dal Governo Giapponese al nostro, di un artista fece l'impianto di una scuola di Belle Arti costà.

　Questo giovane ha la specialità di trattare l'arte nelle sue applicazioni alla ceramica, partita di cui occupossi anche in Russia e che avendo un'interesse peculiare per il Governo Giapponese potrebbe forse influire vantaggiosamente anche la scelta fosse caduta sopra di Lui.

　Sembra però adesso che Questo Ministro del Giappone abbia dimostrato al suo Governo la opportunità di mandare due invece che un solo artista per poter comprendersi il Sangiovanni che è di lui conosciuto. Se ad ottenere ciò Ella potrà cooperare farà cosa giovevole ad un nostro connazionale, ed io non manco di segnalargliene la convenienza.

　Gradisca, Nobile Signor Conte, gli atti delle discreta mia stima ed osservanza.

N. A. del Gabinetto

　　*1　Il giorno non è scritto.

212. 1877年2月7日、アキッレ・サンジョヴァンニ発、イタリア国王陛下特務局長ナターレ・アゲーモ宛文書

Lettera di Achille Sangiovanni, a Natale Aghemo, Capo del Gabinetto Particolare di Sua Maestà, 7 febbraio 1877.

Napoli, 7 Febbraio 1877

Gentilissimo Signor Commendatore

　Mi permetto scriverla riguardo i ritratti di Sua Maestà il Re Vittorio Emanuele da me eseguiti per commissione del Ministro della Real Casa.

　Siccome per le modifiche che si chieggono sui medesimi occorre un certo tempo, non troverà

615

certamente fuor di proposito se facessi conoscere le mie condizioni.

Si tratterebbe quindi di 600 Lire pagabili 300, anticipate ed il resto alla consegna dei ritratti modificati e completati secondo le intenzioni del Ministero, le quali debbono essere manifestate per iscritto.

Le prevengo però che non accetterò modifiche impossibili allo stato in cui si trovano i detti dipinti, per le quali si richiederebbe un lavoro straordinario.

Nel caso poi ch'Ella volesse, a parte, qualche ritratto da nuovo, potremmo metterci di accordo.

Accolga intanto, Signor Commendatore, gli attestati di mia profonda stima.

Devotissimo Sempre
A. Sangiovanni

Eccola il mio indirizzo
Vico Freddo alla Pignasecca
Numero 3, 2° piano

213. 1877年2月8日付、イタリア国王陛下特務局長ナターレ・アゲーモ発、宮内大臣ジョヴァンニ・ヴィゾーネ宛文書案文（控え）

Minuta della lettera di Natale Aghemo, Capo del Gabinetto Particolare di Sua Maestà, a Giovanni Visone, Ministro della Real Casa, 8 febbraio 1877.

[Intestazione] Numero d'ordine 252
   Napoli, 8 febbraio 1877
   Copiato li / Spedito li 8
   Oggetto: Achille Sangiovanni

Gabinetto Particolare di Sua Maestà

Minuta confidenziale

A Sua Eccellenza il chiarissimo Giovanni Visone Ministro della Real Casa, Roma

Qui unita mi pregio trasmettere in via confidenziale alla Eccellenza Vostra in lettera a me diretta dal pittore Sangiovanni in proposito ai noti ritratti di Sua Maestà.

Prego rispettosamente Vostra Eccellenza di volerne prendere conoscenza e di farmi conoscere poi Le di Lei determinazione.

Gradisca, Signor Ministro, i miei ossequi più distinti.

N. A. del Gabinetto

214. 1877年2月9日付、宮内大臣ジョヴァンニ・ヴィゾーネ発、イタリア国王陛下特務局長ナターレ・アゲーモ宛文書

［レターヘッド］宮内省
   第2局
   整理番号641
   1877年2月8日付第252号の書類への返信
   件名：陛下の肖像画

史　　料（doc. 213～215）

いとも令名高きコメンダトーレ勲章受章者アゲーモ国王陛下特務局長宛

ローマ発、1877年2月9日

　画家サンジョヴァンニの文書について、私宛に頂いた通信に対し、貴殿に御礼申し上げ、謹んで貴殿にご返却いたします。私の意見としては、［申し出は］あまり控えめなものではないし、サンジョヴァンニはいつも不完全に仕事を終わらせているので、彼の提案を拒否した方が良いと思われます。外国人君主や要人へ贈答するために肖像画が必要な場合には、別の芸術家に任務を委嘱しましょう。ともかく、美術学校や、教育あるいは慈善団体の施設の部屋を飾る必要があるときには、国王の2点［の肖像画］は使用することができるでしょう。なぜならば、結局のところ、肖像画はあまり似ていないように見えるからです。貴殿がこうした考えと分かつようであれば、ローマへの肖像画の返還を私にご指示下さい。

　最大限の敬意をもって。

大臣
ヴィゾーネ

原文：**Lettera di Giovanni Visone, Ministro della Real Casa, a Natale Aghemo, Capo del Gabinetto Particolare di Sua Maestà, 9 febbraio 1877.**

　　［Intestazione］Ministero della Casa di Sua Maestà
　　　　　　　　　Divisione Seconda
　　　　　　　　　Numero d'Ordine 641
　　　　　　　　　Risposta al Foglio del 8 febbraio 1877, Numero 252
　　　　　　　　　Oggetto: Ritratti di Sua Maestà

　　All'Illustrissimo Signor Commendatore Aghemo Capo del Gabinetto Particolare di Sua Maestà

Roma, 9 febbraio 1877

　　　La ringrazio della comunicazione fattami della lettera del Pittore Sangiovanni, che mi pregio restituirle. A mio avviso crederei preferibile ricusare le sue proposte, perché poco discrete, e perché si finirà sempre per avere un lavoro non perfetto.

　　　Occorrendo il bisogno di ritratti per offerire［sic］a Sovrani esteri ad altri Personaggi, se ne potrà affidare l'incarico ad altro artista; intanto i due del Sangiovanni pare si possano utilizzare, allorché si tratta di aderire ad istanze di qualche Accademia ad Istituto di Educazione o di Beneficenza; perché infine se ne vedono anche di quelli meno rassomiglianti. In questo caso, dividendo Ella tal opinione, favorisca ordinarmene il ritorno a Roma.

　　　Con piena considerazione.

Il Ministro
Visone

　　［in alto di altra mano］Particolare

215. 1877年2月13日付、イタリア国王陛下特務局長ナターレ・アゲーモ発、宮内大臣ジョヴァンニ・ヴィゾーネ宛文書案文（控え）

Minuta della lettera di Natale Aghemo, Capo del Gabinetto Particolare di Sua Maestà, a Giovanni Visone, Ministro della Real Casa, 13 febbraio 1877.

［Intestazione］Numero di protocollo 179

617

Numero d'ordine 276
Napoli, 13 febbraio 1877
Copiato li / Spedito li 13
Oggetto: Ritratti di Sua Maestà

Gabinetto Particolare di Sua Maestà

Minuta

A Sua Eccellenza Signor Commendatore Giovanni Visone Ministro della Real Casa, Roma

Ho dovuto riscontro delle di Lei pregiata nota 9 corrente Numero 641, mi onoro informarle che al non lontano suo ritorno a Roma avrò cura di riportare i due ritratti di Sua Maestà dipinti dal Sangiovanni, che a secondo di quanti giudica Vostra Eccellenza potranno essere di Lei utilizzati nell'aderire ad Istanze di qualche Istituto di Educazione o di Beneficienza.
Gradisca, Eccellenza, i miei migliori ossequi.

N. A. del Gabinetto

216. 1873年5月29日付、アウグスト・ペイロレーリ領事商務局事務局長（エミーリオ・ヴィスコンティ・ヴェノスタ外務大臣に代わって）発、公共教育省宛文書

［レターヘッド］外務省通称領事総局
　　　　第1局
　　　　第2事務室
　　　　第721号／サンフランシスコ195
　　　　件名：カリフォルニア州サンフランシスコ美術学校

公共教育省宛

ローマ発、1873年5月29日付

よく知られた［ゴールド・ラッシュによる経済的］繁栄との関係において、生まれてから間もないにもかかわらず、アメリカ合衆国の都市の中でも注目に値する地位を得たカリフォルニアのサンフランシスコ市には、これまでのところ、美術の深い知識をサンフランシスコ当地の文化振興に役立てるための施設が不足しておりました。
　同市市長であるアルヴォード氏[*1]によって興された「サンフランシスコ美術協会」が、そのような不足を補おうとしているところで、同氏が協会傘下の美術学校を設置する指揮を執っています。
　およそ2年前に創設されたこの協会は、同地在駐のイタリア国王の領事が会員となっておりますが、外国の、主に美術の発祥の地であり、今なお首位を保っている国々の援助と協力を頼みにしております。
　寄贈と月々の寄付金によって、既に資金が集まっておりますが、その収益は維持費と教育費に充てなければなりません。実際、古典美術に順応するための主要な基礎、つまり手本やイタリア

史　料（doc. 216）

の偉大な彫刻家や画家の複製品群の大部分がまだ欠けています。

　フランス政府は、既に石膏像の素晴らしいコレクションを上述の協会に寄贈しており、そのリストを添付しましたが、全てフランス政府の支出により、梱包されて到着地まで送られました。協会は当然のことのように、イタリアからもっと効果的な援助が受けられると確信しており、王国の主たる都市の美術学校が力を貸してくれることを期待しています。

　従って、その新しい協会の期待が好結果をもって実現されるように、署名者［ペイロレーリ］は、協会の会長から公布されたさまざまな回状の写しと、上述の協会がもっとも必要としている美術品のリスト——これはメッザーラ氏という、揺籃期にある学校当局がとりわけ頼りにしている彫刻家で、作者名も思い出せないような作品がイタリアに存在することに気付いているような、教養のある人物が通知するものであり、その中には、美術品の描写やもっとも著名な古代美術家のモニュメントに加えて、大きさが明確に示されているのですが——も同封し、貴省に特別な助力を依頼いたします。

　かの地に在留する我らの同胞に対する寛大な手厚いもてなしと、我らの国の政治的な発展が常にカリフォルニアのサンフランシスコの人々の中に呼び覚ました共感を慮って、この国王に属する省［公共教育省］が、かの国で興り、始まったばかりの美術協会の利益になるように、貴省にとってあらゆる関心を展開するものと署名者は信じております。

　　　　　　　　　　　　　　　　　　　　　　　　　　　　　　　　　大臣に代わって
　　　　　　　　　　　　　　　　　　　　　　　　　　　　　　　　　A・ペイロレーリ

［上部に別の手で］公共教育省　第3573号
　　　　　　　　1873年6月2日
　　　　　　　　第18970号、O.1.f.

*1　ウィリアム・アルヴォード（William Alvord, 1833-1904）、1871年12月4日から1873年11月30日までサンフランシスコ市長を務めた。

　　原文：**Lettera di Augusto Peiroleri, Direttore Generale della Direzione Generale dei Consolati e del Commercio, per conto di Emilio Visconti Venosta, Ministro degli Affari Esteri, al Ministero della Pubblica Istruzione, 29 maggio 1872.**

　　　　［Intestazione］Ministero degli Affari Esteri Direzione Generale dai Consolati del Commercio
　　　　　　　　Divisione 1ª
　　　　　　　　Ufficio 2°
　　　　　　　　Numero 721/ S. Francisco 195
　　　　　　　　Oggetto: Accademia di Belle Arti S. Francisco di California

　　　　Al Ministero della Pubblica Istruzione
　　　　　　　　　　　　　　　　　　　　　　　　　　　　　　　　　Roma, addì 29 Maggio 1873
　　　　　La città di S. Francisco di California, che in pochi ani di esistenza prese un ragguardevole posto fra quelle dell'Unione Americana nei rapporti della pubblica prosperità, era finora priva di stabilimenti che avessero per iscopo la cultura delle Belle Arti a incremento della sua civiltà.
　　　　　A tale mancanza sta per provvedere una Società presenta dal "Maire" della città medesima, Signore

619

Alvord, diretta a stabilire una Accademia sotto il titolo di "San Francisco Art Association".

 Questa istituzione iniziata da circa due anni, e della quale è membro il regio Console ivi residente, fa assegnamento sull'aiuto e cooperazione dei paesi esteri e segnatamente di quelli ove le arti del bello ebbero cuna e che ne conservano tuttora il primato.

 Colla donazione e sottoscrizione mensili si riuscì a creare già un fondo, le di cui rendite dovranno far fronte alle spese di manutenzione e di insegnamento; ma la base principale per informarsi al belle artistico classico, cioè un buon corredo di modelli e di copie dei grandi scultore e pittori italiani, manca in gran parte ancora.

 Il Governo francese ha già fatto dono alla detta Società di una bellissima collezione di modelli in gesso, dei quali si acclude la lista, e che vennero imballati e spediti fino a destinazione a tutte sue spese. Dall'Italia com'è di ragione, la Società confida ottenere un più valida ausilio, al quale spera vorranno concorrere le Accademie delle principali città del Regno.

 All'effetto quindi che la aspettativa della nuova istituzione vengono coronata da favorevole successo, il Sottoscritto si rivolge con particolare raccomandazione a codesto ministero accludendogli diverse copie della Circolare emanata dal Presidente della Società, nonche la lista degli oggetti d'arte di cui maggiormente abbisognerebbe il detto stabilimento, avvertenda che il distinto scultore Signore Mezzara, al quale specialmente si appoggia la Direzione del nascente Istituto, osserva esistere in Italia un opera di cui non rammenta il nome dell'autore, nella quale, oltre alla descrizione degli oggetti d'arte e monumenti dei più celebri artisti antichi, vengono specificate le dimensioni. Quest'opera che stima essere di somma utilità per quell'Accademia, potrebbe essere compresa nel desiderato invio di oggetti d'arte.

 In considerazione della generosa ospitalità che i nostri connazionali trovano in quelle regioni e della simpatia che il progresso politico del nostro paese ha sempre destato nella popolazione di S. Francisco di California, crede il sottoscritto che codesto Regio Ministero vorrà spiegare tutto il suo interesse a vantaggio della nuova Società artistica che sorge in quel paese.

Pel Ministro
A. Peiroleri

[in alto di altra mano] I. P. N. 3573
        2 giugno 73
        N. 18970 - 01. f.

217. doc. 216に添付された、ピエトロ・メッザーラ作成文書「B」

B

フランス政府の寄贈
 《ボルゲーゼの剣士》
 《ガビイのディアナ》
 《円盤投げ》
 《子どもといるファウヌス》
 《ミロのウェヌス》
 《ベルヴェデーレのアポロ》
 《ゲルマニクス》
 《音楽好きのファウヌス》
 《入浴するウェヌス》
 《パルテノン神殿フリーズ浅浮彫》14点

《古代美術に基づく胸像》25点──ユピテル、大アイアース、ホメロス、アイスクラピウス、アンティノウス、ニオベとその娘、狩猟の女神ディアナ、その他。

メッザーラ

原文：Documento B firmato da Mezzara senza data allegato al documento 216.

B

  Donation du Gouvernement Français
    Gladiateur
    Diane de Gabi
    Diascobole [sic]
    Faune à l'enfant
    Venue de Milo
    Apollon du Belvedere
    Germanicus
    Faune dansant
    Venus accroupie
    14 Bas – reliefs choisis de la frige du Parthénon
    25 Bustes d'après l'Antique, tels que – Jupiter – Ajax – Homère – Esculape – Antinoùs – Socrates – Niobé et ses filles – Diane Chasseresse – et autres

Mezzara

218. doc. 216に添付された、ピエトロ・メッザーラ作成文書「C」

C

イタリア領事チェッルティ宛の覚書

 彫刻
ミケランジェロのモーゼ像の頭部及び腕の複製

 絵画
ヴァティカンのロッジアの2、3のラファエッロ［作品に］基づく複製画、特に最初の代表例である《カオスを砕く永遠なる父》
大構図画のモデルとなる、ラファエッロによるすばらしい絵画《キリストの変容》の複製画1点

 建築資料
ナヴォナ広場の泉及びオベリスクの版画もしくは写真
ローマの聖ピエトロ大聖堂──聖堂の内部及び外部を描いた絵、特に、見事な洗礼盤、地下墓所、中央祭壇［もしくは大祭壇］を描いた絵
これらのデッサンに、モニュメントの正確な高さを示す寸法を引用している文献を加えることができるならば、教師にとっては大きな助けとなるでしょうし、彼らの生徒への教育を大いに助けるでしょう。

メッザーラ

原文：**Documento C firmato da Mezzara senza data allegato al documento 216.**

C

Indications pour Mr Cerruti Consul d'Italie

  Sculpture
Moulages de la tête et des bas du Moïse de Michelange.

  Peinture
Copie d'après Raphael de deux ou trois des Loges du Vatican, particulièrement de la première représentant le Père Eternel Crisant[sic]*¹ le Chaos.
Une Copie comme modèle de grand composition, du magnifique tableau da[sic] Raphael La Transfiguration (Grandeur naturelle).

  Documents d'Architecture
Gravures ou photographies prises de la Fontaine et de l'Obelisque de la Piazza Navona.
St Pierre de Rome : Vues de l'intérieur et des l'extérieur de l'église; principalement celles des magnifiques Benitiers, des caveaux et de l'autel du milieu (ou grand autel).
S'il était possible de joindre à ces dessins le texte des quotations des mesures, donnant la hauteur exacte des monuments, ce serait une grande aide pour les professeurs, et ce la leur faciliterait beaucoup l'enseignement à leurs élèves.

Mezzara

*1　正しくは Criant.

219. 1873年6月2日付、公共教育省第2局局長ジュリオ・レザスコ（公共教育大臣アントーニオ・シャローヤに代わって）発、フィレンツェ、トリーノ、ミラーノ、ヴェネツィア、ナポリの5校の王立美術学校長宛文書案文（控え）

フィレンツェ 3876
トリーノ 3837
ミラーノ 3858
ヴェネツィア 3839
ナポリ 3840
美術学院学長*¹殿宛
総公文書番号［判読不可］
第2局
配置番号35番
件名：カリフォルニア州サンフランシスコ美術学校

ローマ発、1873年6月2日付

　カリフォルニア州サンフランシスコ市において、「サンフランシスコ美術協会」名義下の美術学校が、同地在住の王国領事が一部支援しているある協会によって設立されました。しかし、協会の資金はかろうじて通常経費を満たすものですし、新たな組織には、教育のための手本を全

622

く欠いているので、協会の会長は、その学校に役立つ美術上の備品［の収集］に協力するように、いくつかの政府に依頼しました。

　可能な限り、依頼されたことに対して支援することが本省の願いです。それゆえ、貴美術学校にあっては、学科にとって無用に複製されたいくつかの石膏像と、［一語不明］搬送の準備があり得るかを私にお知らせ下さるようお願いしつつ、上述の協会の会長であるアルヴォード氏の回状の写しを貴殿にお送りします。可能であれば、石膏像の内容のみならず、寸法の明細、ローマまでの搬送費見積りを文書にて私にお送り下さいますようお願いいたします。

大臣に代わって
署名　G・レザスコ

*1　公共教育省で使用していた各校の名称については、doc. 10を参照。

原文：**Minuta della Relazione della lettera di Giulio Rezasco, Direttore Capo della Seconda Divisione, per conto di Antonio Scialoja, Ministro della Pubblica Istruzione, ai direttori dei cinque Istituti di Belle Arti, 2 giugno 1873.**

Al Signor Presidente dell'Accademie di Belle Arti di
Firenze 3876
Torino 3837
Milano 3858
Venezia 3839
Napoli 3840
Protocollo Generale Numero [illeggibili]
Divisione 2
Numero di Posizione 35
Oggetto: Accademia di Belle Arti in S. Francisco di California

Roma, addì 2 giugno 1873

　Nella città di S. Francisco di California è stato istituto da una società prestata, dalla quale la parte il Regio Console ivi residente, un'Accademia di Belle Arti sotto il titolo di "S. Francisco Art Association". I fondi sociali, però bastando appena alle spese ordinarie, e la nuova istituzione mancando affatto di modelli per l'insegnamenti, il presidente dell'Associazione s'è rivolto a diversi governi perché concorressero a servire quella scuola della suppellettile artistica.

　Sarebbe desiderio di questo Ministero di assecondare per quanto gli è possibile la domanda fattagli, epperciò trasmetto alla Signoria Vostra copia della Circolare del Signor Alvord, Presidente dell'Associazione suddetta pregandola di dirmi la codesta Accademia può disporre di qualche modelli in gesso duplicato ad inutile per le sue scuole e di [una parola illeggibile] trasporto. In caso affermativo sia Elle cortese di inviarmi una nota della quale, oltre al soggetto del modello sia specificato la dimensione e la presumibile spesa pel trasporto a Roma.

Pel Ministro
Firmato G. Rezasco

220. 1873年6月9日付、フィレンツェ王立美術専門学校*1学長エンリーコ・ポッラスティーニ発、公共教育大臣アントーニオ・シャローヤ宛文書

［レターヘッド］フィレンツェ王立素描美術学院

623

閣下宛

フィレンツェ発、1873年6月9日

　今月2日付の大臣の公務の中に含まれていた要請を履行すべく、私は、私に意味があると思われる目的に適うような利用できる何らかの物品を見つけられた、つまりカリフォルニア州サンフランシスコ美術学校へ寄贈することを意味するのですが、と私が認められたかどうかを判断するために、本美術学校が所有する石膏像の現物と素描を検討することを怠りませんでした。

　実際、本学が所有している、建築、人物、装飾の多くの石膏像現物のうち、一部は、形態及び状態が良好で、教育には必要不可欠であること、しかし、大理石製及び青銅製の古代美術品から新たな鋳型を作ることを禁止する法律に基づき、原作から［石膏像を］得ることはできないこと、そして多くの年月の間、教育に使用されてきたものから成る他のものは、その原因となる使用のために、そのような状態にあり、要請されている目的に対して提案すべきではないことを検証しました。

　それから、本学は多くの素描を所有していますが、それらのうちの最良のものは、少なからぬ生徒の教育のために必要です。一方、それら以外の素描は、使用の結果大きく破損しているか、美術上すばらしいとは言い難い時代のものなので、上述の目的に適っていないと私は思います。

　これらの中で、過去になされたいくつかの出版物に由来する石版画製のいくつかの線画も残っており、それ自体が良好な原本となりうるでしょう。しかし、数量が不十分なので、それを提案するのは適切ではないように思われます。

　かくのごとくですので、このような場合、閣下にあっては、閣下になされた要求を満足させるための私の苦肉の策を提示するのをお許し下さい。閣下は、選択された、多様な優れた原作の小コレクションを購入してもらうのが有益であるという私［の考え］を信じてくださいますように。もし、そのような職務において私に名誉をお与えになりたいとお考えならば、私は、最重要な経済活動と同じくらい、［教材となる］品々に対して敬意を払っておりますので、出来る限り、その任務を果たすためにどんな配慮をも致しましょう。

学長の署名
エミーリオ・ポッラスティーニ

［上部に別の手で］公共教育省　第3740号／1873年6月11日
［上部に別の手で］総公文書番号20053　6月10日　第2

*1　学校名はその他の公共教育省発文書にならった（doc. 10参照）。

原文：Lettera di Emilio Pollastini, Direttore della Regia Accademia delle Arti del Disegno in Firenze, ad Antonio Scialoja, Ministro della Pubblica Istruzione, 9 giugno 1873.

［Intestazione］Regia Accademia delle Arti degli Disegno in Firenze

A Sua Eccellenza

Firenze addì 9 giugno 1873
Per soddisfare all'invito contenuto nell'Ufficio Ministeriale del di' 2 andante non ho mancato di

史　　料（doc. 221）

prendere in esame gli Originali in Gesso ed i Disegno posseduti da questa Accademia, per vedere se mi fosse dato di trovarne disponibile qualcuno da servire allo oggetto che mi viene significato; quello vo'[*1] dire, di farne dono all'Accademia di Belle Arti di San Francisco in California.

　　Sono però nella necessità di significarLe che, tutto considerato, sembrami di non potere, mio malgrado, corrispondere al desiderio superiore.

　　Infatti ho potuto riscontrare che, fra i molti Originali in gesso che questa Accademia possiede sì di Architettura, che di Figura e di Ornato, una parte di quelli che sono in buona forma e condizione sono indispensabili per l'insegnamento; e non si potrebbe averne esemplari in forza della legge che vieta di fare nuove forme sulle opere degli Antichi in marmo ed in bronzo: ed un'altra parte si compone di quelli che avendo per molti anni servito alle Scuole, sono perciò in tale stato, per l'uso che ne venne fatto, da non potersi proporre allo scopo per cui sono richiesti.

　　Possiede poi l'Accademia molti Disegni, i migliori dei quali occorrono per l'insegnamento di non pochi scolari; mentre il rimanente di tali disegni sia perchè o troppo manomessi per lo uso, o perchè pertinenti ad epoche di arte non troppo felici, tengo non siano adatti all'oggetto suindicato.

　　Resterebbero, fra questi, anche alcuni Contorni in litografia provenienti da alcune pubblicazioni fatte in passato, e sarebbero per sè stessi Originali buoni; ma ne è così scarso il loro numero che non mi sembra conveniente di farne proposta.

　　Ciò permesso, voglia la Signoria Vostra permettermi di esibirle la opera mia pel caso in cui, per compiacere alle fattele richieste, potesse Ella credermi utile a fare acquisto di una collezione piccola, ma scelta e svariata di buoni Esemplari; sicuro che ove volesse onorarmi di tale incarico, io porrei ogni premura per disimpegnarlo quanto meglio si possa sì rispetto agli oggetti come alla maggiore economia.

Il firma di Presidente
Emilio Pollastrini

　　［in alto del testo di altra mano］Pubblica Istruzione Numero 3740/ 11 giugno 73
　　［in alto alla destra del testo di altra mano］Protocollo Generale Numero 20053 10 Giugno 2ª

　*1　vo'=voglio

221. 1873年6月10日付、ミラーノ王立美術学院書記アントーニオ・カイミ発、公共教育省宛文書

［レターヘッド］ミラーノ王立美術学院
　　　　学長室
　　　　第516号

今月2日付公文書への返信
第2局　第18970／3573＝3838号

件名：カリフォルニア州サンフランシスコ美術学校

ローマ、国王の公共教育省宛

1873年6月10日

　私は謹んで、脇に引用した敬意を表する公文書に対して検討したことをお伝えします。王国の貴省へ公式に通知いたします。王国の本学においては、カリフォルニア州サンフランシスコ市において設立される新たな美術学校の意に応えるべき、石膏像の複製も、人物画教育のための他の

手本もありません。しかし、ミラーノ［王立］美術学院が銅版画を所有しているアルベルトッリによる装飾学科用の手本一式を寄贈することができます。提供が歓迎されると思われるのであれば、少しの経費もかけず、王国の貴省へ一巻きで送付できるでしょう。

校長不在のため
書記
アントーニオ・カイミ

［上部に別の手で］公共教育省　第3791号／1873年6月14日
　　　　　　　第20376　17. 2

原文：Lettera di Antonio Caimi, Segretario della Regia Accademia delle Belle Arti di Milano, al Ministero della Pubblica Istruzione, 10 giugno 1873.

［Intestazione］Regia Accademia delle Belle Arti di Milano
PRESIDENZA
Numero 516

Risposto al dispaccio del giorno 2 andante
Divisione 2ª Numero 18970/3573=3838

Oggetto
Accademia di belle arti di San Francisco in California

Al Regio Ministero dell'Istruzione Pubblica Roma

Lì 10 giugno 1873

　　Mi pregio dar riscontro al rispettato Dispaccio citato a fianco, significando a codesto Regio Ministero che presso questa Regia Accademia non si trovano duplicati di gessi ne' d'altri modelli per l'insegnamento del disegno di figura, da porre a disposizione della nuova Accademia di belle arti istituita nella città di San Francisco in California. Posso però offrire un esemplare completo del corso d'Ornato dell'Albertolli, di cui l'Accademia di Milano possiede i rami. Si spedirebbe in un rotolo a codesto Regio Ministero, senza spesa di sorta, quando credesse che l'offerta potesse essere gradita.

Per Il Presidente assente
Il Segretario
Antonio Caimi

［in alto del testo di altra mano］Pubblica Istruzione Numero 3791/ 14 giugno 73
　　　　　　Numero 20376 17. 2

222. 1873年6月（日付の記載なし）、ナポリ王立美術専門学校校長チェーザレ・ダルボーノ発、公共教育大臣アントーニオ・シャローヤ宛文書

［レターヘッド］ナポリ王立美術専門学校
　　　　　第506号

今月7日付第3840号第2局通達への返信

史　　料（doc. 222）

件名：カリフォルニア州サンフランシスコ美術学校

［在］ローマ公共教育大臣閣下宛

ナポリ発、1873年6月

　本学にとって、その石膏像コレクションから、生まれつつあるカリフォルニア州のサンフランシスコ美術学校へ寄贈されるための相当数の手本を取り去ることは難しくありません。芸術的価値が不十分ではない手本ですが、それらの現在の状態としては、使用されていない［一語不明］によって、若干使い古されています。だからといって、それらを捨て去るとしたら、本校に不足することになるので、好ましくありません。閣下の要求に厳密に従うのであれば、こうなります。しかし、上述の美術学校をより良く奨励したいのであれば、よりよく保管されている、いくつかの別の手本を含めるよう試みることができましょう。いずれにしても、添付のリストに記述した手本は、初期の図案家の訓練に常に有益で全く無視できないものであると確信しています。

　それらの搬送に必要となると思われる費用に関し、以下のように見積もることができます。これらの全ての石膏像には、各々の間におがくずを入れてしっかり固定し安定させた1.20平方メートルの5つの箱に分割した方がよいでしょう。5つの箱は、それぞれ少なくとも20リラずつかかるでしょう。おがくず（2キンタル、200キログラム相当）は、12リラに達するでしょう。それぞれの物の重量は、およそ8キンタルと算定できます。従って、搬送費は約40リラになり、箱とおがくずの112リラを足すと、総額152リラになるでしょう。

　私は、本校の立場と可能性を完全に示すためにこのように述べました。とはいえ、もし、あえて私の意見を述べなければならないのであれば、本校の何人かの教授によって、より有益だと思われるほんの少しのものを選ばせて、手本の数を減らすという案が考えられます。というのも、他の美術学校の立場から等しい関係だと仮定するならば、生まれつつあるカリフォルニアの学校は、十分に提供されたと思われるでしょう。ことによると、これらの石膏像の搬送費が、石膏像の実際的な価値を越えるかもしれないような計算をなぜする必要があるのか、と申し上げたく思います。

校長
チェーザレ・ダルボーノ

原文：Lettera di Cesare Dalbono, Direttore del Regio Istituto di Belle Arti in Napoli, ad Antonio Scialoja, Ministro della Pubblica Istruzione, 9 giugno 1873.

［Intestazione］Regio Istituto di Belle Arti in Napoli
　　　　　　　Numero 506

Risposta alla nota
7 corrente Numero 3840 Divisione 2ª

Oggetto
Accademia di Belle Arti in San Francisco di California

A Sua Eccellenza

Il Ministro della Istruzione Pubblica Roma

Napoli, Giugno 1873[*1]

A questo Istituto non e' difficile di togliere dalla sua collezione di gessi un qualche numero di modelli per essere donati alla nascente Accademia di belle arti in San Francisco di California. Sarebbero modelli non mancanti di valore artistico, ma per il loro stato attuale, essere alquanto consumati dal [una parola illeggibile] trovansi fuori uso e quindi non farebbero positivo mancanza all'Istituto qualora dovesse privarsene - Questo, per tenermi strettamente alla richiesta di Vostra Eccellenza; ma, ove mai volesse meglio favorire la sopraddetta Accademia, potrei cercare d'includere qualche altro modello meglio conservato. Ad ogni modo credo che i modelli che ho descritti nello annesso elenco sieno sempre utili e punto da disprezzare per una Scuola d'incipienti disegnatori.

In quanto alla spesa che potrebbe occorre per il loro trasporto, ecco ciò che si può presumere. Tutti questi gessi si dovrebbero scompartire in cinque casse di metro 1.20 quadra ognuna, assicurati e fermati frammezzo a segatura di legno. Le cinque casse costrebbero al minimo lire 20 ognuna; la segatura (quintali 2) importerebbe lire 12; il pese di ogni cosa si può calcolare ad otto quintali approssimativamente, cosicchè la spesa del trasporto potrebbe essere di lire 40 circa, alle quali, unendo le 112 lire per le casse e la segatura, si avrebbe un totale di lire 152.

Questo ho detto per esporre completamente la posizione e la possibilità dell'Istituto. Se poi dovessi avventurare la mia opinione, sarebbe quella di restringere il numero di modelli facendo scegliere da qualche professore dell'Istituto solamente alcuni pochi che potessero essere più utili. Tanto più che, supponendo una eguale connessione per parte delle altre Accademie, potrebbe la nascente Scuola di California trovarvi a sufficienza fornita. Dico ciò perchè bisognerebbe fare il calcolo se mai la spesa del trasporto di questi gessi non dovesse superare il valore effettivo di essi.

Il Direttore
Cesare Dalbono

[in alto del testo di altra mano] Pubblica Istruzione Numero 3861/ 15 giugno 73
Numero 20661 14. 2

*1　Senza data.

223. 1873年6月発文書（doc. 222）添付のナポリ王立美術専門学校における送付可能な石膏像リスト

［レターヘッド］ナポリ王立美術専門学校

複製があるため、もしくは使用していないために送付可能な石膏像リスト

		高さ	幅
1	ローマ——巨大な胸像	m. 1,40	m. 0,63
2	ルキウス・ウェルス、同上、	0,70	0,55
3	ピュロス、頭部	0,91	0,43
4	ミネルヴァ、同上	0,96	0,49
5	ヘラクレス、同上	0,90	0,59
6	大アイアース、同上	0,84	0,46

7	ニオベの娘、同上	0,69	0,34
8	ローマ、同上	0,70	0,27
9	メドゥーサ、同上	0,59	0,38
10	カラカッラ帝、同上	0,48	0,20
11	無名老人、同上	0,60	0,40
12	サティルス、同上	0,50	0,35
13	アルキメデス、同上	0,64	0,39
14	アレッサンドロス、マスク	0,56	0,35
15	解剖学、頭部	0,42	0,20
16	同上、トルソ	0,52	0,50
17	土壌、脚部	0,32	0,32
18	アンティノの脚部、巨大	0,29	0,47
19	同上、同上、同上	0,29	0,47
20	ヘラクレス右脚	0,27	0,51
21	無名脚部	0,14	0,35
22	ふくらはぎまでのラオコーン、同上	0,60	0,35
23	女性像、同上	0,23	0,30
24	巨大なつま先	0,15	0,20
25	（ベルヴェデーレの）アポロの脚部	0,27	0,34 各
26	ファルネーゼのヘラクレスの脚部	0,27	0,35
27	ラオコーンの両手と両前腕	0,65	0,25 各

原文：**Elenco dei Modelli di Gesso disponibili del Regio Istituto di Belle Arti in Napoli, allegato alla lettera del 9 giugno 1873**（doc. 222）.

［Intestazione］Regio Istituto di Belle Arti in Napoli

Modelli di gesso disponibili perchè o duplicati o fuori uso

		altezza	larghezza
1	Roma – busto colossale	m. 1,40	m. 0,63
2	Lucio Vero id.	0,70	0,55
3	Pirro – Testa	0,91	0,43
4	Minerva id.	0,96	0,49
5	Ercole id.	0,90	0,59
6	Ajace id.	0,84	0,46
7	Figlia di Niove id.	0,69	0,34
8	Roma id.	0,70	0,27
9	Medusa id.	0,59	0,38
10	Caracalla id.	0,48	0,20
11	Vecchio ignoto id.	0,60	0,40
12	Satiro id.	0,50	0,35
13	Archimede id.	0,64	0,39
14	Alessandro – maschera	0,56	0,35

15	Anatomia testa	0,42	0,20
16	id. torso	0,52	0,50
17	id piede	0,32	0,32
18	Piede di Antino. Colossale	0,29	0,47
19	id id id	0,29	0,47
20	Piede destro di Ercole	0,27	0,51
21	Piede ignoto	0,14	0,35
22	id del Laocoonte con mezza gamba	0,60	0,35
23	id muliebre	0,23	0,30
24	Punta di piede colossale	0,15	0,20
25	Piede di Apollo (Belvedere)	0,27	0,34 ognuna
26	Piede di Ercole farnese	0,27	0,35
27	Mani ed avambraccia del Laocoonte	0,65	0,25 ognuna

あとがき

　本書は、2001年1月にヴェネツィア・カ・フォスカリ大学へ提出した博士学位申請論文 *Kôbu Bijutsu Gakkô. Relazioni diplomatiche e rapporti artistici tra Italia e Giappone nella storia della prima Scuola Statale di Belle Arti di Tokio (1876-1883)*, tesi di dottorato di ricerca, Università Ca' Foscari di Venezia, XI ciclo, Venezia, 2001が基になっている。論文は、2000年12月28日発効法令D. R. 1542号により、ヴィテルボ大学マリア・アンダローロ（Maria Andarolo）先生、ボローニャ大学アンナ・マリア・マッテウッチ（Anna Maria Matteucci）先生、ヴェネツィア・カ・フォスカリ大学のヴィンチェンツォ・フォンターナ（Vincenzo Fontana）先生の3名の先生が選出され、論文の審査にあたられた。2001年3月6日の最終口頭試問に合格し、5月21日に博士の学位Dottore di Ricercaを得た。審査にあたって下さった3名の先生に心から感謝を申し上げたい。そして、そこまでの道のりを導いて下さった指導教授のリオネッロ・プッピ（Lionello Puppi）先生には深甚の謝意を表したい。

　少し長くなるが、本研究の契機と本書ができるまでについて述べたいと思う。
　私は早稲田大学及び同大学院においてイタリア美術、特にルネサンス期ヴェネツィアの画家ジョルジョーネについての研究を続けていた。それゆえ、1995～1996年度イタリア政府奨学金留学生として留学するにあたり、ヴェネツィア・カ・フォスカリ大学のプッピ先生に研究指導を依頼した。国際電話でご指導をお願いすると、快く引き受けて下さった。イタリア政府による奨学金は大学が始まる11月からだった。これに先駆けて8月から10月はヴェネツィア・グッゲンハイム財団から給費を得て、同美術館でのインターンをおこなう試験にも合格しており、7月末にはヴェネツィアへ出発した。夏期休暇中ということもあり、プッピ先生に連絡がつかず、進級試験がおこなわれる9月になってやっとお会いすることができた。
　イタリア政府による奨学金の期間は8ヶ月間だったが、もう少し長く滞在して、ある程度まとまった成果を発表してから留学を終えることができれば、と考えていた。当時置かれていた、カッレ・デッラ・サン・バルナバの美術史学科事務局で初めてプッピ先生にお会いした時にそう述べると、博士課程があるので試験を受けたらどうかと勧められた。1996～1997年度博士課程入学試験の申請締め切りは翌日だという。私は怯んだけれども、翌日、大学本部のあるカ・フォスカリ館で申請をおこなった。数日後までに資格証明関係書類を提出することになった。書類が正規のものであることの証明印をもらうために、すぐに在ミラーノ日本国領事館へ出かけた。領事館の便宜により、その日、書類を持ち帰ることができ、なんとか申請を終えた。
　イタリアの大学（Università）において博士課程が設置されたのは近年のことであり、当初は複数の大学に1つの博士課程が置かれていた。美術史学の博士課程は5校にあり、ミラーノ大学（ミ

ラーノ大学・トリーノ大学)、ヴェネツィア大学（ヴェネツィア大学・パドヴァ大学・トリエステ大学）、ボローニャ大学（ボローニャ大学、フェッラーラ大学）、ピサ大学（ピサ大学）、フィレンツェ大学（フィレンツェ大学・ローマ大学）だった。イタリア人の博士課程学生には3年間の給費があり、どの大学も定員は2名もしくは3名だった。外国人学生には給費はなく、イタリア人学生の半数であることが大学令で定められていた。しかし、試験問題はイタリア人も外国人も同じで、試験開場も一緒だった。当時は博士課程進学希望の学生の大半が5校全ての入学試験を受けるのが通例だったようで、試験が最後におこなわれたヴェネツィア大学も申請時には300名ほどがおり、内2名が私を含む外国人だったと記憶している。

　ヴェネツィアはいつも観光客に溢れている町だが、一本筋を入るとその喧噪から隔絶された静寂があり、落ち着いて勉強できる環境に恵まれている。美術史学徒が利用できる図書館も多く、サン・マルコ図書館、コッレール図書館、チーニ財団図書館、クエリーニ・スタンパーリア図書館などがあり、これらの図書館のハシゴをすると、8時半から23時まで利用できた。ヴェネツィアの多くの学生はこんな風に勉強している。受験勉強に必要な書物が届くまで、私もその例に従った。書物はなかなか届かず、結局、冬の間ずっと同じ生活を続けた。クエリーニ・スタンパーリア図書館からアッカデミア美術館裏のアパートまで、しんしんと冷え込む夜のヴェネツィアには静寂だけがあった。

　晩秋、大学が始まった。プッピ先生の講義を聴講し、図書館をハシゴしながら勉強する日々が続いた。毎週火曜日はプッピ先生とその指導下の博士課程学生や受験生が一緒に昼食を取りながら、議論をする日になっていた。私もヴェネツィアにいる間はこの昼食会に参加していた。4、5人から多い時で10人くらいいただろうか。話すのも食べるのも早い彼らに追いつくのは大変だったが、美術史学研究の動向、展覧会や新書の情報、政治・経済から、サッカーや「今日の星占い」まで、ありとあらゆる話題があり、イタリアの今、を知ることができる貴重な時間だった。プッピ先生のお人柄に触れることのできる愉快な時間でもあった。

　1996年4月24日、1次試験の日を迎えた。試験日前の昼食会で、プッピ先生は「今年がだめでも、試験は来年もあるから」と言われた。私はその言葉に安堵して、さほど緊張せずに試験に臨むことができたように思う。試験はサン・セバスチャーノ広場に面した建物の大教室でおこなわれた。会場には100名強の受験生がいただろうか。半数を上回る申請者は試験を放棄していたのだった。開始直前に事務職員の女性が黒板に問題を書き終えた瞬間、ガラガラと椅子を引く音が教室内に響き渡った。何が起きたのかと驚いた。20名ほどの学生が試験を受けずに一斉に退出してしまったのだった。

　1次試験は6時間に及ぶ筆記試験で、中世、近世・近代、現代の美術史の領域それぞれ1題ずつ合計3題が出題され、1題を選択して論述するという方法だった。私が選択したのは、近世・近代の問題で「16世紀ヴェネツィア画家による肖像画について」だった。9時半に開始され、暫くすると、書き終わった学生が順に退出していった。途中、お昼の時間になると、事務の人が試験会場内でパニーニ（サンドイッチ）の販売を開始したのには、文化の違いを感じたけれども、空腹には勝てず、私もパニーニをかじりながら答案を書き続けた。時間制限ぎりぎりまで書いて

退出すると、黄昏時の光が満ちていた。

　翌日、結果発表があり、1次試験通過者10名の中に名前を見つけた。プッピ先生へ報告に行くと、「お祝いをしよう」と言われた。サン・セバスチャーノ教会近くのバーカロ（立食式の食堂）に行き、赤ワインを注文し祝福してくださった。そして、話題はすぐに2次試験に移った。2次試験は口頭試験で、博士学位申請論文の研究計画を説明するというものだった。プッピ先生は右手で、いつものゴロワーズと赤ワインのつがれたグラスを持ちながらゆっくりと話された。まず、イタリアでの美術史学の博士学位申請論文においては、新たな作品と新たな史料の発見が必ず求められること、そのどちらかでも良いが両方あればなお良いこと、この点からすると、真作が少ないジョルジョーネを研究テーマにすることは賢明ではないこと。そして、日本人であることを強みにできる研究はどうかと提案されたのだった。先生のお話をうかがいながら、複雑な想いがこみあげてきたことを、私はよく覚えている。プッピ先生は、よく考えて、テーマを決めたら報告しなさい、と言われてバーカロを後にした。

　2次試験は6月5日におこなうという通知を受けた。1ヶ月強の時間があった。美術を介した日伊交流、それは当時の私の小さな引き出しの中にはほとんど無かったものである。幸い、ヴェネツィア大学には東洋言語・文化学科があり、日本学関係の図書室に関係書籍もあって、勉強することができた。そうして、日本における西洋美術受容史を研究テーマに据えてみることにした。膨大な南蛮美術史研究の蓄積があることを知った上での無謀ともいえる決定だったが、根が楽天家なのか、私にできることが1つぐらいはあるだろう、漠然と考えていた。

　プッピ先生に研究テーマを報告して暫くすると、呼び出された。先生は、5月末にヴェネツィア大学で開催される葛飾北斎に関するシンポジウムの招待状を示しながら、日本から参加される、この先生に研究計画を相談し、その結果をまた報告しなさい、と言われたのである。その先生とは、当時、西洋美術館の館長をされていた高階秀爾先生だった。それまでに高階先生との面識はなかった。

　5月28日のシンポジウム初日の朝、新しいアパートの契約をしなければならず、フォンダメンタ・トレッタを歩いていると、主催者で浮世絵研究者のジャン・カルロ・カルツァ先生に出逢った。カルツァ先生は高階先生をお連れしていた。旧知のカルツァ先生とイタリア語で挨拶をするだけで、ひとまず別れた。アパートの契約を済ませ、シンポジウム会場のドルフィン館に向かった。日本から、高階先生をはじめ、芳賀徹先生や数名の著名な先生が集合されていた。

　午前の部が終了し、立食式の昼食会が用意されていた。プッピ先生から課せられた"宿題"をすべく、頃合いを見計らって高階先生に話しかけた。研究計画を話していると、芳賀先生も加わってくださり、工部美術学校の話題になった。そうして私は、両先生による、工部美術学校に関するすばらしい「講義」を聴くことができたのである。そして、隈元謙次郎による研究成果とそこには問題が残されていることを知ったのだった。私は必死になってノートをとった。この時の両先生による「講義」は、私が工部美術学校を研究対象として見ることになった出発点である。両先生へのご恩は忘れることはできない。

　6月5日、2次試験がおこなわれた。初対面の3名の審査委員の先生に研究計画を話した。私は

633

緊張と語彙不足で、時々言葉を失いながらも、なんとか研究の意義を伝えようとした。ある先生は、キリスト教伝来から工部美術学校設立までの美術を介した日伊交流史を辿るという研究計画によって、成果を出すことができるのかと何度も質された。こちらの準備不足を見抜いていたのだろう。高階、芳賀、両先生から頂いた知識の断片を並べたところで、説得力があるはずもない。しかし別の先生が、日本におけるフォンタネージの活動に興味を示され、何らかの成果を得られるのではないか、と助け船を出され、救われたのだった。

しかし、さらなる難問が提示された。上述のように、イタリア人学生には3年間の給費があるのだが、外国人の私には給費はない。どのように3年間の博士課程在籍中、経済的な保障を得るのか、という問いだった。はっきり言って、何の当てもなかった。美術史を専攻して以降、学費は自分で働いて納め、一方で奨学金や助成金を探して申請するという生活を続けていたので、なんとかなるだろうという気持ちだけはあった。その年の秋からキヤノン・ヨーロッパ財団のリサーチ・フェローとして助成を受けることが確定していたので、1年目は問題無く研究を続けられるし、その後も同様に日本の助成金を得てイタリアでの研究を続けるつもりだと答えた。日本経済は傾きつつあったが、それでも円の力はまだ強く、審査委員の先生方はこの返答に満足されたようだった。

翌日、発表があった。3名のイタリア人と私の名前があった。数日後、火曜日のプッピ先生とその弟子たちの昼食会があり、先生は祝福の言葉をかけて下さった後で、「マリ、これから囚人のような生活が始まる。出ようとしても、出られない苦しい日々が始まるんだ」と言われた。そのときは、ただ先生の言葉を受けて止めるだけだった。しかし間もなく、先生が言われた言葉の真意を否が応でも理解することになった。

1996年6月末で8ヶ月間のイタリア政府の奨学金が終了し、帰国した。大学院が始まる秋までの3ヶ月間、日本に滞在し研究資料の収集にあてることにしていた。帰国前に、書簡によって、早稲田大学での指導教授であった濱谷勝也先生と、近代美術史研究でご指導を仰がなければならない同大の丹尾安典先生に、研究テーマの変更をお知らせしていた。お目にかかると、濱谷先生には厳しいお言葉を頂いたが、同時に吉浦盛純の『日伊文化史考』を頂戴した。濱谷先生は既に鬼籍に入られてしまったけれども、それまでのご指導に感謝の意を捧げたいと思う。

丹尾先生はヴェネツィアという地に根ざした研究の道もあるのにと言われたけれども、新たな研究テーマに関し、1ヶ月後にある程度まとまったレポートを提出しなさいと言って下さった。工部美術学校に関する論文や、本書で何度も引用した書物を集め、熟読した。そうして得た疑問点は、まさに本書の出発点となった疑問点である。何を問題としたいのかは、おぼろげながら見えてきたわけだが、当然、答えは導き出せなかった。1ヶ月後に丹尾先生にレポートを提出すると、丁寧に読んで下さり、問題点や疑問点を投げかけて下さった。もう一度レポートの提出と返却が繰り返され、私はヴェネツィアへ戻った。この間に書いていたことが第Ⅰ部の核になっている。留学を終えて日本で研究論文の発表に際しても、丹尾先生は厳しくも懇切丁寧なご指導をして下さった。また、工部美術学校研究上欠くことのできない、青木茂先生、金子一夫先生をご紹

あとがき

介下さった。そのご恩は忘れることはできないものである。

　1996年11月、新年度の博士課程が始まった。当時は博士課程の授業はなく、指導教授の下で粛々と研究を進め、年に1回の報告会において研究の進捗状況を発表することだけが課せられていた。第1回の報告会は11月12日におこなわれた。我々、第11期生として入学した1年生は研究テーマと研究方法を述べることになっていた。総勢20名ほどのヴェネツィア、パドヴァ、トリエステの各大学の先生を前にして、私は緊張していた。ここでも、キリスト教伝来から工部美術学校までという、あまりにも長い時間を研究対象とすることへの批判があった。工部美術学校研究に絞り込めるほどまで、調査と研究は深めておらず、それ以上のことは何も言えなかった。

　隅元謙次郎の『明治初期来朝伊太利亜美術家の研究』を読み、まず、履歴が不明なイタリア人教師について調べてみようと考えていた。同書には、ラグーザが選ばれるきっかけとなったのは1872年のミラーノでの全イタリア美術展覧会であると記されていたので、その手がかりを見いだすべく、1997年2月、ミラーノへ行き、ブライデンセ図書館で調査を開始した。当時は、一日の閲覧冊数に制限がなく、閲覧申請した書物を片っ端から見て行くことができた。そうして出逢ったのは、カッペッレッティだった。彼がミラーノ王立美術学院で学んでいたことがわかったのである。さらなる手がかりを得て、ヴェネツィアに戻り、プッピ先生に調査結果を報告すると、「戸籍簿を調べなさい」と言われ、「次はいつミラーノへ行くのか」と尋ねられた。先生は一刻も早くミラーノでの調査を続けるように指示されたのである。

　戸籍簿がどのようなものなのか、その閲覧のために行くべき図書館・資料館の名称もわからなかった。電話帳で調べて見当をつけ、行くべき図書館を探し当て、宿を予約し、またミラーノへ向かった。手応えを得てヴェネツィアにもどり、またミラーノへ出かけるということを何度繰り返しただろうか。1997年の初夏には「ジョヴァンニ・ヴィンチェンツォ・カッペッレッティ研究——新出資料による来日以前の経歴」をまとめ、『日伊文化研究』第36号、1998年に発表することになった。新たな史料を見いだし、書かれてこなかった歴史を著述することの苦労と楽しさを経験することになった。このカッペッレッティ研究により、博士学位申請論文のテーマを工部美術学校研究に絞り込めそうだと考えるに到った。

　ヴェネツィアでプッピ先生のご指導の下、研究三昧の幸福な時を過ごしていたが、同時に経済問題が浮上していた。キャノン財団の助成終了後に続く、継続的な経済的基盤を得られなかったのである。残る2年間をどうすべきか、頭を抱えていた。そのようなおり、日伊交流史の一端を研究テーマとしていた私に、「イタリア文化及び日伊文化広報に関する調査・研究」が委嘱事項となっている在イタリア日本国大使館外務省専門調査員職への受験が勧められた。勧めて下さったのは、北斎のシンポジウムの際に知己を得た、当時在ミラーノ日本総領事であった小松久也氏だった。東京の外務省で採用試験を受け、1997年10月、ローマに赴任することになった。自ら決定したことだったが、ヴェネツィアを離れるのはとても辛く、悲しいことに思われた。

635

イタリアの10月は雨期である。冷たく、暗い雨のローマでの暮らしになかなかなじむことができなかった。冬が過ぎ、春の光が包まれるようになると、自然と意欲がわいてくるものなのだろうか。ローマにいるからこそできる調査をしようと考え、行動を起こした。東京の国立公文書館に相当する資料館（Archivio）に行ってみようと思い立った。電話帳で調べてみると、資料館は山のようにあり、一体どれが行くべき資料館なのかわからない。そうして、エウルにある国立中央公文書館が該当することがわかった。

　資料館での調査は、まず適切な目録を見つけることから開始する。そうして公共教育省の目録にたどり着いたのだが、どの簿冊に知りたい情報が入っているのかについては、簿冊を明けてみないとわからない。これはと思う簿冊の閲覧申請をし、中を確かめ行くということを続けることになった。大使館での勤務は9時半から17時半だったように記憶する。国立中央公文書館は月曜日から金曜日は9時から19時まで、土曜日は9時から13時まで開館しているので、退庁後に文書館へ行き、翌日用の閲覧申請を書き、前日に申請した簿冊を精査する、という日々を続けた。ところが、興味を引かれた簿冊――「工部美術学校関係史料」を含んでいたのだが――は、書類入れそのものの交換が必要であり、1ヶ月ほどかかるとのことだった。

　1ヶ月後、その簿冊を開き、「工部美術学校関係史料」を見いだしたのである。その時の感動は忘れられない。全ての文書の複写を申請したが、仕上がってくるまでにまた1ヶ月強の時間がかかった。複写を受け取った後は、毎日、書き起こしをしていった。浄書文書はなんとか読めるが、案文の文書は殴り書きで省略が多く、当初はほとんど読めなかった。宝を目の前にして、触れないようなもどかしさに気分が萎えた。それでも、毎日眺めていると、同じ執筆者の癖が理解でき、なんとなくわかってくる。どうしても読めないものは、友人の手を煩わせた。史料の書き起こしは随分と時間を要した。その内容理解と翻訳にはさらに時間がかかってしまった。

　一方で、休暇を利用して、イタリア人教師の履歴や作品の調査のため、ローマからイタリア各地へ出かけた。トリーノでフォンタネージを、パレルモでラグーザを、レッジョ・エミーリアでフェッレッティを、ナポリでサンジョヴァンニについて調べた。イタリア各地での調査は限られた時間内でおこなわなければならない緊張感があったけれども、どの資料館・図書館においても、適切な助言を頂いた。記して感謝の意を表したい。また、それぞれの郷土色を味わうことができた。どの町も魅力に富んでいたのは幸いだった。

　1999年9月末に専門調査員職の期限を迎えた。日本大使館での勤務は2年間だったが、日本政府によるイタリア人留学生選抜や、外国人叙勲のための功績調書作成などの業務に携わることによって、ほんの僅かだが「外交」の一端を見聞できたように思う。当初、想像さえしていなかったここでの経験は、本研究を成す上で大いに役立っていることは言うまでもない。記して感謝したいと思う。当初ローマ暮らしになじめなかったのに、ローマを発つ頃には、私はこの永遠の都にすっかり魅了され、離れがたいとさえ思った。けれども、私はヴェネツィアへ戻り、さらに1年半滞在して論文を仕上げる決意を固めた。

　ジュデッカ島に借りたアパートにおいても、史料の書き起こしを続け、一方で論文の執筆を進

あとがき

めていった。思うように仕事がはかどらず、気がふさいだ。恐らく、悲壮感を漂わせていたのだろう。留学当初からの友人であるヴァレンティーナ・コンティチェッリ（Valentina Conticelli）さんは時々私を外に連れ出してくれた。彼女は史料原本中の難解な文字を解読するのを手伝ってもくれた。その友人であるラウラ・ジナプリ（Laura Ginapri）さんはしばしば夕食に招いてくれた。イタリア語で論文を執筆するにあたり、2人は大いに私を助けてくれた。彼女たちの手助けがなかったら、論文を提出することはできなかった。心から感謝を表したい。

　2001年7月、留学生活に終止符を打ち、帰国した。就職先もなく、履歴に空白期間が空くよりも大学に籍をおいた方が良いという諸先輩の意見もあり、早稲田大学大学院へ復学した。指導教授であった濱谷先生は定年退職され、大髙保二郎先生のご指導を仰ぐことになった。2002年度美術史学会全国大会において、学位論文の主要な部分を発表する機会に恵まれた。その準備の際に、大髙先生は時間を割き、客観的な視点に立って、いろいろとアドヴァイスをして下さったことは忘れ得ないことである。記して感謝したい。

　東京大学大学院教授だった藤森照信先生へも記して感謝の意を表したい。藤森先生は2004年6月に東京大学において明治建築史勉強会を主催され、美術史学を専門としながらも、建築史学にも踏み込まざるを得なくなった私を招かれ、日本近代建築史を専門とする諸先生の前でカッペッレッティ研究を披露する機会を作って下さった。大変有り難いことだった。その後、あまり時を経ずして鬼籍に入られてしまった小野木重勝先生はカッペッレッティによる建築図面をご覧になり、いたく感心して下さったことを今も鮮明に覚えている。藤森先生は、サンフランシスコ時代のカッペッレッティ研究の必要性を述べられ、現地調査を勧められた。その年の9月にサンフランシスコへ出かけ、カッペッレッティのサンフランシスコ時代の情報を得ることができた。調査結果を、翌年の日本建築学会大会において「サンフランシスコにおけるカッペッレッティ」という題で発表した。藤森先生の励ましのお言葉が、私を初めてアメリカへ向かわせることになったのは確かである。その後、再度サンフランシスコへ行き、カッペッレッティの病状悪化の情報を探し得たのである。

　話は前後するが、2001年3月6日の学位申請論文の最終口頭試験において、審査委員の先生は研究成果にたいへん満足して下さった。プッピ先生が学位論文執筆にあたって最初に提示された課題——新たな作品と史料の発見——にも応えることができたと思う。しかし帰国後、論文の執筆によって見えてきたイタリア王国の「美術外交」という問題をもっと掘り下げて考察する必要があるとの想いが次第に大きくなっていった。言い訳がましいが、学位論文の出版が遅れたのは私の怠惰な性格によるところもあるのだが、このような事情があったことも確かである。

　「工部美術学校関係史料」を読み始めた当初は、時の経過に沿って発生した出来事に注視せざるを得なかった。だが、全体として見えてきたのは、イタリア王国における美術外交という問題で、工部美術学校はそれが大きく展開した例であると理解することができた。そして、美術外交という営為の広がりを知るために、それが日本以外の国に対してもおこなわれていたのかどうか

を調査・研究する必要があった。幸い、平成18年度から平成20年科学研究費補助金「19世紀におけるイタリア王国の美術外交に関する研究」（研究代表者）（萌芽研究18652020）により可能となった。その成果は特に第Ⅳ部に反映されている。当初の学位申請論文にはなかった部分である。

　従って、本書は学位申請論文を土台としているが、帰国後、日本におけるさまざまな形で個別に研究論文を発表する際に加筆・修正し、さらに本書をまとめるにあたり、それらの研究論文に再度、加筆・修正し、字句の統一を図ったことを記しておきたい。

　本書とそれらの個別の研究論文の関係は以下のごとくである。

　第Ⅰ部第2章、第3章、第4章、第Ⅱ部は、「工部美術学校設立事情考」『美術史』155冊、2003年、93～104頁。

　第Ⅱ部第3章は、「プロスペロ・フェッレッティ研究──インド、日本、そしてイタリア──」『近代画説』第10号、2001年、33～53頁の一部、及び「アントーニオ・フォンタネージ来日経緯再考」『日伊文化研究』第41号、2003年、70～79頁。

　第Ⅱ部第4章は、「〈家屋装飾術〉考──日伊英間の外交として見た工部美術学校」『京都造形芸術大学紀要 GENESIS 14 2009』2010年、110～123頁。

　第Ⅲ部第1章のカッペッレッティ伝は、「ジョヴァンニ・ヴィンチェンツォ・カッペッレッティ研究──新出資料による来日以前の経歴」『日伊文化研究』第36号、1998年、32～50頁；「ジョヴァンニ・ヴィンチェンツォ・カッペッレッティと19世紀後半のイタリア建築」『地中海学研究』XXVI、2003年、55～80頁；「サンフランシスコにおけるカッペッレッティ」『日本建築学会大会学術講演梗概集』2005年、201～202頁。

　第Ⅲ部第2章のラグーザ伝は、「ヴィンチェンツォ・ラグーザ伝の検討──マリオ・オリヴェーリ著『大理石の芸術家』を中心に」『地中研究所紀要』第2号、2004年、29～43頁。

　第Ⅲ部第3章のフォンタネージ伝、及び第4章のフェッレッティ伝は、「プロスペロ・フェッレッティ研究──インド、日本、そしてイタリア──」『近代画説』第10号、2001年、33～53頁。

　第Ⅲ部第5章のサンジョヴァンニ伝は、「工部美術学校研究寄与──教師アキッレ・サンジョヴァンニの画家形成過程を中心に──」『鹿島美術研究』（年報第18号別冊）、2001年、499～507頁；「海外に在留して教育すること──アキッレ・サンジョヴァンニの場合──」『美術フォーラム21』9号、2004年、40～43頁；「アキッレ・サンジョヴァンニと日本──来日経緯と《明治天皇・昭憲皇太后肖像》及び、宮内庁三の丸尚蔵館蔵「締盟國元首肖像」二点の制作──」『京都造形芸術大学紀要 GENESIS 12 2007』2008年、70～86頁。

第Ⅳ部第1章は、「美術と政治家──19世紀イタリア王国の国家建設過程から──」『京都造形芸術大学紀要 GENESIS 11 2006』2007年、120～132頁。

第Ⅳ部第2章は、「イタリア王国の「美術外交」──「美術」という制度の「輸出品」としての美術学校──」『Aube　比較藝術学　03』2008年、116～130頁。

　本書の刊行は平成22年度科学研究費補助金（研究成果公開促進費225018）によるものだが、

あとがき

　本研究を進めるにあたり、イタリア政府（平成7年度）、キャノン・ヨーロッパ財団（平成8年度）、トヨタ財団（平成11年度）、鹿島美術財団（平成12年度）、笹川科学研究助成（平成15年度）の奨学金・助成金を得た。記して深甚の謝意を表します。

　出版に際しては、中央公論美術出版の小菅勉氏をはじめ、実際の編集の労をとって下さった鈴木拓士氏、小野瀬あや氏に大変心配をかけ、かつお世話になったことのお詫びとお礼を申し上げたい。提出期限が定められた出版であるのに、私の作業が遅れて鈴木さんと小野瀬さんに随分としわ寄せがいったと思う。加えて、海外出張で連絡がつきにくい時もあり、お二人をやきもきさせることになったと思う。それでも、私の思うように作業をさせて頂き、満足の行く形になった。衷心より深く感謝いたします。

　最後に夫の清水重敦と5歳になった息子の開へ。2人の協力と励ましが、どんなにか私を支えてくれたことか。私事だがこの場を借りて心から述べたいと思う。ありがとう。

　　　2011年1月、京都にて

　　　　　　　　　　　　　　　　　　　　　　　　　　　　　　　　　　　河上 眞理

索　引

1. 機関・学校

a. 日本
外務省　25, 35, 47, 95, 278
京都府画学校　280
宮内省　24, 25, 35, 151, 295
工学寮　6, 22, 29, 30, 31, 34, 40-43, 45, 46, 51, 91, 93, 94, 102-106, 108, 109, 115, 117, 118, 125, 172, 188, 257
工部省　3, 6, 22, 25, 26, 29, 34-36, 41, 44, 46, 56, 94, 96, 102, 103, 108, 114, 115, 117, 120, 123, 125, 130, 132, 144, 148-152, 155, 157, 158, 160, 162, 163, 165-167, 187-190, 195, 196, 202, 212, 243, 251, 252, 287, 288
工部大学校　22, 41, 43, 46, 48, 94, 102, 103, 107, 125, 145, 149, 150, 156, 158, 159, 160, 162, 165, 166, 172, 211, 253, 257, 317, 318
在イタリア日本公使館　50, 54-59, 78, 86, 90, 96, 137, 138, 141, 143, 168, 169, 196, 272, 276, 282
賞勲局　162-165, 169
東京美術学校　101
文部省　22, 33, 36, 86, 150, 158

b. イタリア
アッカデミア・サン・ルーカ　66
ヴェネツィア王立美術学院　53, 59, 62, 64, 67, 68, 110, 176
ウルビーノ・ラッファエッロ王立美術学校　255
外務省　29, 35, 50, 51, 53-60, 68, 78, 83, 84, 86, 95-97, 100, 101, 104-107, 109, 112-114, 117, 122, 123, 132, 133, 141, 143, 153, 157, 160, 163, 166, 196, 224, 225, 244, 252, 277, 288, 300, 311, 312, 315, 316
宮内省　134, 269, 274
公共教育省　7, 50, 53-61, 66-70, 73, 77-79, 83, 84, 86, 88, 90, 92, 95, 96, 98-101, 104, 106-109, 113, 114, 116, 117, 122, 123, 127-130, 132-135, 137-143, 146, 152, 154-162, 166, 176, 186, 210, 217, 223, 224, 235, 237, 241, 244, 250-252, 254, 255, 266, 270-272, 275, 276, 288, 298-300, 303, 304, 310-312, 316, 317
公共事業省　158, 166
在日本イタリア公使館　42, 51, 53, 54, 56, 96, 153, 159, 163, 165, 169, 241, 280
トリーノ・アルベルティーナ王立美術学院　53, 59, 62, 64, 66, 86, 88, 89, 98, 99, 110, 124, 127-129, 133, 134, 147, 223, 244, 251, 270, 299, 310, 317
ナポリ王立美術専門学校　53, 62, 64, 69, 70-78, 85, 110, 133-135, 145, 223, 263, 266, 267, 270, 278, 298, 299, 310, 317
ナポリ大学　73, 98, 99, 100, 104, 108, 156
パレルモ王立美術専門学校　232, 234, 254
フィレンツェ王立美術専門学校　53, 60-62, 64, 98, 110, 135, 223, 270, 299, 310, 317
ブレシャ・ニコロ・タルターリア王立技術専門学校　88, 113
ボローニャ王立美術専門学校　253

641

ミラーノ王立美術学院
   53, 59, 62, 64, 66, 67, 96, 101, 110, 133,
   137, 139, 173-179, 185, 186, 188, 195,
   197, 209, 210, 220, 221, 223, 224, 236,
   270, 273, 297-299, 310, 311, 317
ローマ王立美術専門学校
   53, 59, 61, 62, 64, 66, 98, 110, 133, 135,
   223, 234, 270, 310, 317

c. その他の国

サウスケンジントン美術学校 108
サンフランシスコ美術学校 9, 302-317
ロンドン大学 108

2. 事　項

ウィーン万国博覧会
   7, 14, 17-19, 21-24, 26, 28, 30-32, 34, 74,
   76, 152, 158, 221, 286, 287, 305, 315, 316
西南戦争 129, 148, 149, 189, 212
第1回全イタリア美術展覧会 72, 290
第2回全イタリア美術展覧会
   69, 76, 179, 218, 220, 223, 273, 298
第2回内国勧業博覧会 152, 279
ナポリ美術振興会 72, 73, 75, 77, 280, 281
ロンドン万国博覧会 30, 32, 43, 253, 288

3. 人　名

a. 日本（政府関係者）

伊藤博文 6, 17, 22, 25, 26, 31, 33-35, 41, 42, 48,
   55, 93, 97, 101-103, 105, 123, 151, 158,
   163, 190, 289, 315, 317
井上馨 162, 165, 166, 169, 170, 243, 246
井上勝 162, 164
岩倉具視 17, 34, 189, 289, 315
大隈重信 187
大鳥圭介 46, 117, 160, 162, 166, 195, 247, 252,
   257
大山巌 163-165, 189
河瀬真孝 42, 54, 56-58, 78, 79, 86, 271
久米邦武 17
西郷従道 190
桜田親義 275-277
佐々木高行 160, 166
三條實美 22, 31, 41, 93, 94, 102, 105, 162, 169
田中不二麿 33, 166, 170
寺島宗典 211, 241-243, 245, 246
中村博愛 132, 134, 137, 138, 142, 143, 144, 277,
   282
中村重遠 189, 190
柳原前光 164, 165, 169
山内勝明 164, 169
山尾庸三 102, 132, 244, 279
山縣有朋 162, 169, 189, 190
渡邊洪基 166

b. 日本（美術関係者）

伊藤為吉 201, 202, 212
加地為也 14, 286
川村清雄 14, 140, 286
国沢新九郎 14, 140, 286
五姓田芳柳 14
五姓田義松 14
小山正太郎 5, 247, 252, 258
佐野昭 150, 153
下田菊太郎 203, 214
曾山幸彦 152, 263
辰野金吾 109, 150, 192, 253
寺内信一 125
百武兼行 14, 286
平野勇造 201
藤雅三 152, 161, 279
松岡壽 5, 37, 244, 251, 252, 258
松室重剛 152
八杉敬次郎 109, 110, 230
山口直昭 201
山本芳翠 140

c. イタリア（政府関係者）

アクトン, フェルディナンド　107, 154, 155
アゲーモ, ナターレ　64, 269, 270, 271, 272, 274
アルトム, イザッコ　54, 78, 271
ヴィゾーネ, ジョヴァンニ
　　　　137, 143, 145, 267, 269, 274
ヴィットーリオ・エマヌエーレ2世
　　　　72, 76, 267, 269, 275, 284, 290, 291, 294, 319
ヴィスコンティ・ヴェノスタ, エミーリオ
　　　　9, 54-56, 59, 78, 95, 101, 106, 109, 158, 186, 271, 293-297, 299-301, 303
ウンベルト1世　70, 137, 272, 275, 276, 277, 319
カイローリ, ベネデット
　　　　126, 137, 141-143, 154-156, 195, 277
カヴール, カミッロ・ベンソ　291, 294, 319
カステッリ, ピエトロ　242, 243, 245
ガッリア, ジョヴァンニ　249, 250
グラヴィーナ, ルイジ　137-139
コッピーノ, ミケーレ
　　　　100, 101, 122, 126-128, 130, 133, 134-138, 140, 145, 250, 251
ジェナラ, フランチェスコ　166
ジェノヴァ公　→ディ・サヴォイア
シャローヤ, アントーニオ　310
スペチャーレ・コスタレッリ, マルティーノ
　　　　128, 139, 140, 146
タッパレッリ・ダゼーリオ, マッシモ　290, 291
タヤーニ　137
ディ・サヴォイア, トンマーゾ・アルベルト・ヴィットーリオ
　　　　107, 126, 153-157, 168, 189, 291
デ・サンクティス, フランチェスコ
　　　　142, 143, 145, 277
デプレーティス, アゴスティーノ　129, 132, 137
デ・マルティーノ, レナート　165, 169
サリエール・デ・ラ・トゥール, ヴィットーリオ
　　　　16
バッチェッリ, グイド　159
バルボラーニ, ラッファエーレ・ウリッセ
　　　　106-109, 112, 126, 132, 153-158, 169, 189, 195, 241-246
フィオレッリ, ジュゼッペ　159, 161
フェー・ドスティアーニ, アレッサンドロ
　　　　6, 17, 19, 25, 26, 29, 34-36, 40, 42, 49-51, 54-57, 97, 105, 106, 111, 113, 114, 156, 158, 196, 203, 225, 272, 286-290, 293, 315-317
フォン・デルヴィース, パウル・ゲオルゲヴィッチ
　　　　221-223, 238
プッチーニ, ジョヴァンニ　133-136, 141
ペイロレーリ, アウグスト
　　　　56, 57, 79, 129, 132, 143, 159-161, 303, 304, 308
ベッティ, エンリーコ　56, 59, 99, 100, 113
ペレツ, フランチェスコ・パオロ
　　　　137-141, 234, 276
ボジオ, フェルディナンド　127
ボンギ, ルッジェーロ
　　　　45, 48, 54-56, 58, 59, 61, 67, 68, 77, 78, 82, 84-87, 89, 90, 95, 96, 99, 100, 106, 108, 110, 113, 116, 185, 186, 210, 224, 270-272, 292
マンチーニ, パスクアーレ・スタニスラオ
　　　　159-162
メレガーリ, ルイジ・アメデーオ　100
ランチャーレス, エウジェニオ・マルティン
　　　　159-166
リカーソリ, ベッティーノ
　　　　62, 66, 87-90, 92, 129, 224, 244, 291-294
レザスコ, ジュリオ
　　　　78, 83, 88, 89, 99, 101, 127, 128, 142, 143, 145, 155

d. イタリア（美術関係者）

アイエツ, フランチェスコ　224
アヴェッリーノ, ニコーラ　64, 70, 76, 82, 142
アモッシ, アレリーノ　62, 66, 80, 89
アルタムーラ, サヴェリオ
　　　　62, 69, 71, 72, 75, 78, 81, 83, 99, 133

643

イェラーチェ，フランチェスコ　　64, 69, 75, 81
ヴァレンテ，ピエトロ　　266
ヴィッラレアーレ，ヴァレリオ　　216, 225
ヴェーラ，ヴィンチェンツォ　　222
ウゴリーニ，ジュゼッペ
　　　　19, 24-26, 35, 275, 277, 295
エヴァンジェリスタ，フランチェスコ・パオロ
　　　　64, 70, 82
カイミ，アントーニオ　　66, 176, 185, 210, 311
カステッラッツィ，ジュゼッペ　　61
カッジャーノ，エマヌエーレ　　64, 69, 74, 81
カッペッレッティ，ジョヴァンニ・ヴィンチェンツォ
　　　　4, 5, 8, 45, 47, 56, 62, 66, 67, 78-80, 93,
　　　　96, 98, 99, 101, 104, 107-109, 114, 119,
　　　　123-126, 151, 152, 154, 155, 157, 162,
　　　　164, 172-214, 217, 223, 261, 273, 295 299
カプリ，ミケーレ　　61, 64, 80
カポッチ，オスカッレ
　　　　62, 70, 79, 82, 86, 98, 99, 100, 101, 104,
　　　　108, 110, 111, 113, 114, 186, 223, 272
カメラーナ，ジョヴァンニ　　239
カリアーリ，パオロ　　62, 67
カリ，カルロ　　70, 82
カルデリーニ，マルコ　　86, 88-90, 239-241
キヨッソーネ，エドアルド
　　　　4, 19, 24-26, 35, 289, 295
グエッラ，カミッロ　　267, 278
クッリ，アントーニオ　　62, 69, 70, 81, 104
コスタ，ジョヴァンニ　　61, 62, 80
コセンツァ，ジュゼッペ　　62, 69, 81
サリアーノ，フランチェスコ　　62, 69, 72, 81, 133
サンジョヴァンニ，アキッレ
　　　　4, 5, 8, 59, 64, 70, 78, 79, 82, 83, 99, 119,
　　　　124, 126, 131-145, 150, 152, 154, 157,
　　　　160, 161, 162, 164, 169, 202, 251, 253,
　　　　263-284
ジェミト，ヴィンチェンツォ
　　　　64, 69, 74, 81, 270, 288, 317
ジッリ，アルベルト・マゾ
　　　　62, 66, 80, 89, 134-143, 145, 277, 278

ジラルディ，ピエール・チェレスティーノ
　　　　143, 277
スカッキ，アンジェロ　　98-101
スタービレ，ルイジ　　64, 70, 82
ストラッタ，カルロ　　86, 116, 122, 123
ダルボーノ，チェーザレ　　69, 74-77, 311
チヴィレッティ，ベネデット　　218, 221
チゼリ，アントーニオ　　135, 139
デ・サンクティス，グリエルモ　　135, 139
デ・ティヴォリ，セラフィーノ　　72
デ・ニグリス，ジュゼッペ　　62, 69, 81
デ・ニッティス，ジュゼッペ　　73, 75
デ・ファブリス，エミーリオ　　60, 61
トーファノ，エドゥアルド
　　　　64, 70, 72, 73, 75, 78, 79, 82-86, 91, 99,
　　　　104, 133-135, 147, 223, 272
ドルシ，アキッレ　　64, 69, 75, 76, 81
ネッティ，フランチェスコ　　62, 69, 71, 81
パオレッティ，アントーニオ・エルモラオ
　　　　62, 68, 69, 80
パガヌッチ，ジョヴァンニ　　61, 64, 80
パティーニ，テオフィーロ
　　　　64, 70, 73, 74, 78, 82, 83, 99
パニッセーラ・ディ・ヴェリオ，マルチェッロ
　　　　62, 66, 89, 90, 127, 128, 134, 142, 143,
　　　　145
パリッツィ，ニコーラ　　72
パリッツィ，フィリッポ　　77, 134, 135, 139, 147
バルカリア，ドナート　　64, 67, 80
バルビエーリ，ルーカ　　64, 70, 82
パンティアーニ，インノチェンテ　　64, 67, 80
ビージ，ルイジ　　139, 147, 178, 185, 211
ファッセッタ，カルロ　　62, 68, 80
ファブロン，ルイジ　　62, 69, 81, 133-135, 147
フェッラーリ，エットレ　　61, 64, 66, 80
フェッレッティ，プロスペロ
　　　　5, 8, 88, 113, 121, 124, 129-132, 144-147,
　　　　153-155, 169, 234, 239, 241-244, 247-263,
　　　　277, 278, 318
フォンタネージ，アントーニオ

644

索　引

5, 8, 40, 47, 56, 59, 62, 66, 70, 78, 79, 82-91, 96, 98-101, 104, 108, 113-117, 119, 121-132, 134, 144-146, 149, 152, 154, 157, 169, 187, 188, 196, 197, 201, 211, 213, 223, 224, 239-247, 250-252, 257, 261, 263, 270, 272, 288, 292, 293, 295, 299, 317

ブッチーニ，エドゥアルド　62, 70, 82
プロスペリ，フィリッポ　61, 135, 136, 139
ベッリアッツィ，ラッファエーレ　64, 69, 76, 82
バルビアーノ・ディ・ベルジョイオーソ，カルロ
　　　64, 67, 224
ボイト，カミッロ　176-178, 185, 186, 191, 209
ポッラスティーニ，エンリーコ　310
ボッレーア，L・C　86, 88, 146, 239, 240, 241
ボッロメーオ，ジベルト　64, 67, 224
ボルトーネ，アントーニオ　64, 70, 82
マンチーニ，アントーニオ　74
マンチーニ，フランチェスコ　62, 69, 81
マンチネッリ，ジュゼッペ　72, 73, 266, 267, 278
ミケッティ，フランチェスコ・パオロ
　　　64, 70, 73, 75, 82, 133-135, 138, 147, 270, 277, 288, 317
ムッシーニ，ルイジ　135, 136, 139
モレッリ，ジョヴァンニ　297
モレッリ，ドメニコ
　　　64, 68, 71-74, 77, 85, 135-137, 139, 253
モレッロ，ヌンツィオ　216, 217, 220, 225
モンテヴェルデ，ジュリオ　217, 218, 221
ラグーザ，ヴィンチェンツォ
　　　4, 8, 40, 47, 56, 64, 67, 76, 78-80, 86, 96, 98, 100, 101, 104, 108, 109, 113, 114, 116, 119, 123, 124, 126, 144, 150-152, 154, 155, 157, 159, 161-165, 179, 187, 188, 196, 202, 210, 215-238, 255, 257, 272, 273, 295, 298, 299
リスタ，スタニスラオ　74
ロ・フォルテ，サルヴァトーレ　216, 217
ロモロ，エンリーコ　62, 67

e．イタリア（その他民間人）

セッキ，ピエトロ・アンジェロ　255, 257
タッキーニ，ピエトロ　130, 249-251
マティーノ，M　272
レイモンド，カルロ　126

f．その他の国

アルヴォード，ウィリアム　303-305
ヴァグナー，ゴットフリート　30-32, 36
グリーツニン　33
コンドル，ジョサイア
　　　102, 103, 108, 109, 149, 192, 194, 211
フォン・シーボルト，アレキサンダー　31, 187
ダイアー，ヘンリー　46, 102, 117, 149, 156
ダイアック，ジョン　102
ベールント，グスタフ　202, 203, 214
シャストゥル・デ・ボアンビル，アルフレッド・チャールズ
　　　102, 151
メッザーラ，ピエトロ　303-308, 310, 312
モルビオ，ピオ・A　204-206

645

[著者略歴]
河上 眞理（かわかみ・まり）

京都造形芸術大学芸術学部准教授。
ヴェネツィア・カ・フォスカリ大学博士（Ph. D）
1963年千葉県生まれ。早稲田大学、同大学院で美術史学を学ぶ。1995年度イタリア政府奨学金留学生としてヴェネツィア・カ・フォスカリ大学文学部美術史学科に留学、2001年工部美術学校研究により同大学から博士号を取得。1997年〜1999年、在イタリア日本国大使館外務省専門調査員として日伊交流事業に従事。共立女子大学、早稲田大学、成城大学、京都造形芸術大学非常勤講師を経て、2007年より現職。
著書に『松岡壽研究』（共著、中央公論美術出版、2002年）、『国際社会で活躍した日本人　明治〜昭和13人のコスモポリタン』（共著、弘文堂、2009年）、論文に "Due modelli di Francesco Fontebasso per Trento"（*Arte Veneta*, 1997）等。

工部美術学校の研究
——イタリア王国の美術外交と日本——　©

平成二十三年二月　十　日印刷
平成二十三年二月二十八日発行

著者　河上　眞理
発行者　小菅　勉
印刷　藤原印刷株式会社
製本
用紙　王子製紙株式会社

中央公論美術出版
東京都中央区京橋二丁目八—七
電話〇三—三五六一—五九九三

製函　株式会社加藤製函所

ISBN978-4-8055-0637-0